“十二五”国家重点图书出版规划项目
21 世纪先进制造技术丛书

服务型制造执行系统理论与关键技术

江平宇　张富强　付颖斌 等　著

科学出版社
北京

内 容 简 介

本书对服务型MES中存在的不同理论方法和关键技术进行论述。其中，第1章概述服务型MES的概念、产生背景、需求和研究意义，并对相关文献进行综述；第2章给出支撑服务型MES运行的信息架构、软硬件配置与整体执行逻辑；第3章对制造和服务在车间层面上的融合机理进行阐述；第4章描述在服务型制造车间采用RFID和二维码进行生产资源和物流标识与跟踪的方法，并重点强调Auto-ID计算方法及通信流程；第5章论述支撑服务型制造执行过程的若干关键使能技术；第6章介绍一种基于Web的服务型MES——soMES的研发方法和软件原型实现。

本书可供从事先进制造领域研发和工程应用的科技人员、高校院所的研究人员作为技术参考，也可作为机械工程、工业工程、自动化与信息工程等相关专业本科生及研究生的教学辅助资料。

图书在版编目(CIP)数据

服务型制造执行系统理论与关键技术/江平宇等著. —北京:科学出版社,2015
“十二五”国家重点图书出版规划项目:21世纪先进制造技术丛书
ISBN 978-7-03-043719-8

Ⅰ.①服… Ⅱ.①江… Ⅲ.①制造工业-工业企业管理-计算机管理系统 Ⅳ.①F407.406

中国版本图书馆CIP数据核字(2015)第049852号

责任编辑:陈 婕 耿建业 / 责任校对:桂伟利
责任印制:吴兆东 / 封面设计:蓝正设计

科 学 出 版 社 出版
北京东黄城根北街16号
邮政编码: 100717
http://www.sciencep.com
北京厚诚则铭印刷科技有限公司 印刷
科学出版社发行 各地新华书店经销
*
2015年6月第 一 版 开本:720×1000 1/16
2022年1月第五次印刷 印张:24 1/4
字数:471 000

定价:150.00元

(如有印装质量问题，我社负责调换)

《21 世纪先进制造技术丛书》编委会

《21世纪先进制造技术丛书》序

21世纪，先进制造技术呈现出精微化、数字化、信息化、智能化和网络化的显著特点，同时也代表了技术科学综合交叉融合的发展趋势。高技术领域如光电子、纳电子、机器视觉、控制理论、生物医学、航空航天等学科的发展，为先进制造技术提供了更多更好的新理论、新方法和新技术，出现了微纳制造、生物制造和电子制造等先进制造新领域。随着制造学科与信息科学、生命科学、材料科学、管理科学、纳米科技的交叉融合，产生了仿生机械学、纳米摩擦学、制造信息学、制造管理学等新兴交叉科学。21世纪地球资源和环境面临空前的严峻挑战，要求制造技术比以往任何时候都更重视环境保护、节能减排、循环制造和可持续发展，激发了产品的安全性和绿色度、产品的可拆卸性和再利用、机电装备的再制造等基础研究的开展。

《21世纪先进制造技术丛书》旨在展示先进制造领域的最新研究成果，促进多学科多领域的交叉融合，推动国际间的学术交流与合作，提升制造学科的学术水平。我们相信，有广大先进制造领域的专家、学者的积极参与和大力支持，以及编委们的共同努力，本丛书将为发展制造科学，推广先进制造技术，增强企业创新能力做出应有的贡献。

先进机器人和先进制造技术一样是多学科交叉融合的产物，在制造业中的应用范围很广，从喷漆、焊接到装配、抛光和修理，成为重要的先进制造装备。机器人操作是将机器人本体及其作业任务整合为一体的学科，已成为智能机器人和智能制造研究的焦点之一，并在机械装配、多指抓取、协调操作和工件夹持等方面取得显著进展，因此，本系列丛书也包含先进机器人的有关著作。

最后，我们衷心地感谢所有关心本丛书并为丛书出版尽力的专家们，感谢科学出版社及有关学术机构的大力支持和资助，感谢广大读者对丛书的厚爱。

熊有伦

华中科技大学

2008 年 4 月

前　言

制造与服务的融合不仅是当前与未来制造领域实现价值增值的新增长点，也是学术研究的重要切入点之一。在德国工业 4.0 中，与将所有制造实体进行互联的物联网络同等重要的就是服务网络。而车间级制造系统是跨企业生产的基础环节，对其配置与运行过程进行控制和管理的软件系统——制造执行系统(manufacturing execution systems, MES)则起着核心作用。因此，把服务理念引入 MES 中，形成服务型 MES 来实现对车间级制造系统的控制与管理是在此层面上实现制造与服务融合的基石，对服务型 MES 的研究具有重要的学术意义和工程应用价值。

据此，依托国家自然科学基金项目“认知与服务计算驱动的新一代服务型制造执行系统运行理论研究”(51275396)、“复杂网络分析理论驱动的服务型制造执行系统配置建模方法研究”(50875204)、“工业产品服务系统的运作与服务增值机理研究”(71071125)，国家 863 计划项目“基于过程集成的服务型制造执行系统新方法研究”(2007AA04Z108)，国家 973 计划项目“难加工航空零件的数字化制造基础研究”课题 5“难加工异形零件复合加工过程的误差波动监测与工艺能力评估”(2011CB706805)的研究成果，本书针对在车间级制造与服务融合过程中的学术研究和工程应用难点，分别从生产车间提供和接受制造服务这两个角度出发，重点总结了课题组在制造执行过程中的服务承包与外包关系、体系结构、实时数据采集、若干关键使能技术等方面的最新研究进展。

全书共 6 章，分别对服务型 MES 中存在的不同理论方法和关键技术进行了论述。其中，第 1 章概述服务型 MES 的概念、产生背景、需求和研究意义，并对相关文献进行综述；第 2 章在需求描述与功能分析的基础上给出支撑服务型 MES 运行的信息架构、软硬件配置与整体执行逻辑；第 3 章在分析制造执行过程服务特点的基础上，围绕加工任务的外协与承包、车间原材料/在制品/成品/备件存储、车间高端数控加工装备服务和面向车间多加工任务的刀具服务等形态，对制造和服务在车间层面上的融合机理进行阐述；第 4 章主要从制造数据采集的角度出发，描述在服务型制造车间采用 RFID 和二维码对生产资源和物流进行标识与跟踪的方法，并重点强调 Auto-ID 计算方法及通信流程；第 5 章论述支撑服务型制造执行过程的若干关键使能技术，即面向加工装备的 e-服务节点模型、生产排程与运行调度、生产过程质量控制与追踪、生产维护、生产物流规划、库存与在制品跟踪技术；第 6 章介绍一种基于 Web 的服务型 MES——soMES 的研发方法和软件原型实现，以验证上述概念、信息架构与关键使能技术的可行性。

全书的章节规划、终稿统稿工作由江平宇教授完成，初稿统稿工作由张富强博士、曹伟博士完成，具体章节内容的撰写由江平宇教授、张富强博士、付颖斌博士、曹伟博士、朱琦琦博士等共同完成。

借此机会感谢国家自然科学基金项目、国家 973 计划项目和 863 计划项目给予课题组在服务驱动的 MES 技术研究方向的资助；感谢课题组已毕业的研究生刘道玉博士、李勇硕士、朱浩武硕士、罗磊硕士、赵勇硕士、林秀菊硕士、罗勇硕士、张挺硕士、周晓婧硕士等在西安交通大学机械工程学院 CAD/CAM 研究所读研期间为完成上述科研项目以及本书涉及的研究成果所做出的学术贡献。

由于作者水平有限，书中不妥之处敬请读者批评指正。

江平宇

2014 年 11 月

于西安交通大学曲江校区

目　　录

第1章 概 论

1.1 服务型制造执行系统概念的产生

1.1.1 产生背景

制造业是国民经济的重要组成部分。国家统计局发布的《第二次全国经济普查主要数据公报》显示，我国制造业直接创造了国内生产总值的36%，且占全部工业产值的86.8%，贡献了出口总额的93%，为国家财政提供了1/3以上的收入[1]。2010年中国占世界制造业产出的19.8%，国内外销售总额已超过日本和美国，成为名副其实的制造大国。但从总体来看，我国制造业尚未完全摆脱粗放型、外延式发展的倾向，现代制造服务业发展缓慢，绝大多数制造企业的服务收入占比低于10%。一项调查表明，当前我国制造与服务融合的企业仅占整个制造企业的3%左右，与发达国家有较大差距(美国58%，芬兰51%，荷兰40%，德国30%，法国20%)。着力发展现代制造服务业、促进生产性服务和制造业的交互融合已成为由制造大国向制造强国转变的重要手段之一。

国家"十二五"规划已将"加快发展生产性服务业"独立成章地写入纲要中，"深化专业化分工，加快服务产品和服务模式创新，促进生产性服务业与先进制造业融合，推动生产性服务业加速发展"已成为国家未来重要的发展战略方向[2]。《国家中长期科学和技术发展规划纲要(2006—2020)》也指出发展信息产业和现代服务业是推进新型工业化的关键，并将现代服务业信息支撑技术、大型应用软件、传感器网络及智能信息处理列为优先发展对象[3]。国家和政府逐步调整"重制造、轻服务"的产业政策，把服务业的发展定位提高到与发展先进制造业同等重要的战略高度，强调服务业与制造业的有机融合、协调发展。

众所周知，制造业是一个国家的工业基础，是创造社会财富的直接源泉；而制造企业是一个国家实体经济的体现，是国家发展的基石。依托制造企业这样实体经济的生产性服务业恰是激发实体经济活力和价值增值的催化剂，也是制造与服务融合理念的核心所在。在制造企业中，制造活动的全球化、组织结构的哑铃化是促进生产性外包服务(含承包与发包两种形态)的源泉。而制造核心企业的零部件制造活动依附于跨企业的制造车间，且其对应的生产性外包服务机制是伴随着优化制造资源配置、参与相关制造活动的多方共同获益等理念而发展起来的一种车间级制造服务运行模式。通过车间级制造与多服务机制的融合来揭示出发包方与承包方间的复杂交互作用规律，并进一步通过信息服务手段处理制造车间运行的实时过程状态与工况、工件质量等信息，并在整个制造服务关系网络上进行共享是实现这种新模式的关键环节。因此，在车间级体现上述服务与制造融合运行模式的制造实体就是服务型制造车间（service-oriented manufacturing shop floors），支撑该服务型制造车间运行的工程软件包则称为服务型制造执行系统（service-oriented manufacturing execution systems，soMES）。

在工业实践方面，我国现有众多的为大型核心制造企业配套的专业化机械加工服务企业，所承接的外协加工任务从批量零件制造到特殊工序加工应有尽有，且涵盖的行业广泛。同时，国内飞机制造企业承接来自空客和波音公司的飞机结构件外包加工，诸如富士康这样的“代工”巨头从白牌机到 iPhone 代工、大众汽车制造工厂的刀具工业产品服务系统（industrial product service system，iPSS）等都是上述模式的实践者，且呈现出大量的专业化服务型制造车间的雏形，这些都表明生产外包正在经历从非核心业务向核心业务转化、从低端加工向高端制造转移。

1.1.2 需求分析

上述服务型制造执行系统理念的提出依赖于服务与制造融合的大背景，是伴随着相关学科与工程实践的发展轨迹而逐步形成的，且在某种程度上体现了工程实践推动学术研究的特质，并至少涉及以下两方面的需求：

(1) 制造产业发展与升级的需要。产品全生命周期涉及从调研、设计、制造、包装、运输、分销、回收和维修、最终再循环或作为废物处理等环节组成的过程链。其中，制造环节是依据产品设计的功能与性能、质量与成本等方面的综合要求来形成产品实体及其原始成本的核心所在。实践表明，控制与降低制造环节成本的一条有效途径就是体现制造活动全球化、企业组织结构哑铃化的专业化生产性外包/众包服务机制。体现在零部件制造活动中就是越来越多的专业化服务型制造车间的涌现。专业化生产性外包/众包服务的优势在于能快速响应产品设计的实物化要求，确保在均衡产品制造质量与效率前提下实现发包方与承包方间的利益多赢，并能缩短产品投放市场的时间。因此，制造产业发展与升级需要专业化生产性外包/众包服务的支持，尤其是面向核心业务和高端制造的专业化生产性外包/众包服务企业的涌现是产业升级的必由之路，这也为依托在生产性外包/众包服务的交互作用规律作用下的服务型制造执行系统的深化应用夯实了基础，同时为在服务型制造车间内部引入支撑制造服务高端化的工业产品服务系统技术提供了依据。

(2) 产业集群发展的需要。专业化生产性外包/众包服务机制的规模化发展是必然趋势，体现的是现代制造服务业集聚化发展的必然结果。其中，按地域与专业的规模化分工是优化产业链、形成专业化生产性外包/众包服务产业集群的关键要素。这种从产业集群出发的聚集效应极大地降低了服务交易成本，优化了制造企业的发展环境，并带动了周边区域制造业的发展。例如，上海作为服务业高度发达的中心城市，其生产性服务业越发展，周边区域制造业越能受益。在地理位置上最接近上海这个现代服务中心的苏南地区和浙江北部制造业的迅猛发展势头就是一个典型的例证。在珠三角地区，在地理位置上越接近香港、深圳的地区如东莞等城市的制造业发展势头越猛。这种产业聚集效应要求与制造活动相关的信息能在整个产业服务链上达到共享，这也就对服务型制造执行系统的制造信息处理方式提出了新的要求。因此，在整个产业服务链上实现信息服务与共享则凸显了其重要性。

1.1.3　概念的提出与定义

作为制造与服务融合理念的核心所在，制造车间主要通过内外两方面实现其自身生产活动的价值增值。对内，可将低成本/低附加值/能力不足的生产活动(如零件加工、粗加工工序、特种加工工序等)和稀有/高端/精密加工装备及库存等以制造服务的方式外包给第三方专业服务提供商，这种第三方服务提供商既可依托工业产品服务系统实施服务外包，也可提供通常意义上的生产性服务；对外，则作为服务的接收方承包其他企业发包的生产加工任务。如图 1.1 所示，制造车间的输入为承接各类单件/中小批量/大批量的零件级/工序级加工任务，稀有/高端/精密加工装备的产品服务，贵重/精密刀具/夹具等工装附件的产品服务，面向原材料/半成品/成品/备件库存的仓储、物流等服务；输出为零件级/工序级加工任务二次外包、复杂/重点工序任务的外包、满足交货期/数量/质量要求的零件产成品和各类工业废料；约束为制造车间的加工能力/产能；支撑为各种硬件(各种加工机床、刀具、夹具和运输小车等)、软件(制造执行系统 MES、分布式控制系统 DCS、可

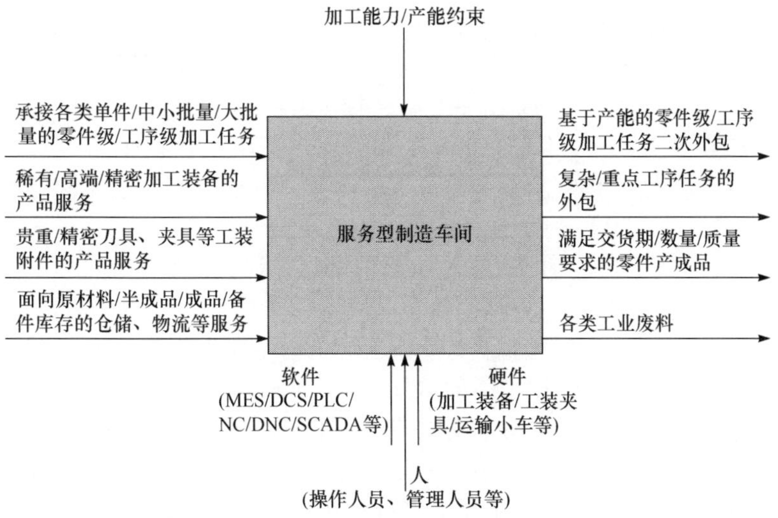

图 1.1　服务型制造车间的活动模型图

编程控制器 PLC 和数控软件 NC/DNC 等)及人员(操作人员、管理人员)。其中,DCS 为 distributed control system 的简写;PLC 为 programmable logic controller 的简写;NC/DNC 为 distributed/numerical control 的简写;SCADA 为 supervisory control and data acquisition 的简写。

基于上述服务活动的描述,本书以服务型制造执行过程和资源利用为研究对象,介绍依托面向服务型制造执行系统的理论方法与关键技术的学术研究,从车间层面上揭示制造与服务的融合机理,并介绍相应的服务型制造执行系统软件包。本书中服务型制造执行系统可定义为一种专业化生产性外包服务模式和多iPSS协同工作模式联合驱动的,构建在车间级相关制造硬件资源配置或服务型制造车间基础上的,并依托诸如信息服务计算、Auto-ID 计算、智能和认知计算等在内的信息处理技术来建模及解算面向复杂混流式制造任务的车间级生产排程与调度、生产过程控制、生产库存、生产维护和生产协同等方面问题的工程软件包。其中,生产性外包服务/多 iPSS 协同工作模式既涉及承包外部的制造任务,也涵盖发包内部的制造硬件资源、加工工序、车间业务流程等;而制造任务则涉及基于多批量类型/多品种/多交货形式的复杂混流生产方式的零件加工任务。依据多向多维的服务机制,可实现服务驱动的车间级制造过程和资源利用的价值共创、质量保证与增值增效。

1.1.4 服务型制造执行系统的特点

据上述定义可知,运行于服务型制造车间中、且面向动态零件制造任务的服务型制造执行系统 soMES 具有以下显著特点:

(1) 以车间相关的全方位生产性外包/众包服务作为系统配置与运行的基本指导原则。除满足基于承包的常规/重大/高端零部件专业化生产性服务需求外,服务型制造车间一方面需要逐步实现从承接非核心及低价值业务的外包任务向承接核心与高附加值业务和零部件加工任务的外包任务转移;另一方面,车间内部的核心生产任务或业务流程也可通过众包服务模式实现价值增值,并与云制造模式互联。全方位的生产性外包/众包服务的决策规划为服务型制造车间的配置和运行提供了基础。

(2) 以车间物联网驱动的信息服务计算和认知计算作为系统运行的实时数据与信息处理的基本手段。服务型制造车间底层数据量大,种类繁多,信息处理不仅涉及工件、加工装备、刀夹具、人员等资源要素的时空变化特性,也涉及在服务型制造车间中"人-物"双向交互作用下的认知特性;同时,实时制造信息也需要在规定的信息安全机制控制下,在产业服务链上的关联环节进行信息共享。因此,基于车间物联网的实时制造数据获取采用以认知/服务计算为主的信息处理技术来对各类制造信息进行实时处理是保障服务型制造执行系统健康运行的关键。

(3) 以体现单件/中小批量/大批量等各种批量类型、多品种和多交货形式,且面向不同制造技术与规范要求的制造任务(tasks-on-demands)条件下的复杂混流生产方式作为系统规划、调度与控制的基本对象。服务型制造车间的订单所涉及的制造任务本身具有动态不确定性,且所承接的来自不同制造企业的零部件生产任务会有不同的技术规范与要求,这导致服务型制造执行系统所承接的制造任务是多批量类型、多品种、多技术规范要求的复杂混流生产方式;同时,订单的交货形式也会涉及特急、急件和常规等多种时间形态,这也增加了生产排程与调度、生产过程控制、在制品库存以及生产维护等的不确定性与复杂性。

(4) 以加工工序、装备、车间局部业务流程的外包或租赁等作为系统降低生产成本与实现服务增值的基本方法。在服务型制造车间中,生产活动的组织方式具有很大的柔性。为从基于服务的多赢模式获取更大的利润增值空间,一方面,可将非核心/技术含量低的加工工序或局部业务流程外包给第三方独立制造服务商完成,以降低投入成本;另一方面,可将服务型制造车间购买的高端/特种/稀有重大制造装备资源以租赁或工业产品服务的方式为第三方提供加工服务来获取更多收益。

(5) 以高端/特种/稀有装备驱动的多 iPSS 作为系统核心加工服务功能提升和服务增值的新途径。工业产品服务系统 iPSS 是指制造服务提供商通过将无形的生产服务能力与有形的工业产品(如加工装备、刀具等)结合起来为企业用户所提供的长期或短期生产合作服务。站在服务型制造车间运行者的角度看,车间内部接受来自不同的高端/特种/稀有装备服务商以及刀具、夹具等服务商构成的多 iPSS 服务机制,以购买加工服务能力的方式替代购买装备,能在最大限度节约固定资产投入的前提下有效地提升该服务型制造车间的核心制造能力和核心业务水准,实现生产性服务的增值,这也是当前服务型制造车间从非核心业务承包服务走向高端化和核心业务承包服务的新途径。

(6) 以公共外库方式所提供的原材料/半成品/成品库存作为系统在制品库存服务功能提升和服务增值的新机制。在传统制造车间中,原材料/半成品/成品的库存控制与管理依赖于车间自身,耗费大量的人力、物力和财力。将工业产品服务系统 iPSS 的理念引入到在制品库存中就形成了公共外库服务方式,它可用来实现围绕以区域聚集(如工业园区)为特点的跨企业多服务型车间的低成本在制品物流服务,并从产业服务链的高度实现零部件在制品的统一控制与管理,具有效率高和成本低等优点。因此,在服务型制造车间中引入公共外库服务方式可提升车间在制品库存的功能,实现制造物流的服务增值。

1.2 国内外研究现状及发展动态分析

服务型制造执行系统 soMES 作为一种应用于服务型制造车间的工程软件包有别于传统的 MES,其基于生产性外包/众包服务和多 iPSS 协同工作机制的组合,且重点强调制造与服务的融合;同时,由于契合多 iPSS 融合、“人-物”双向自治/智能交互、面向跨企业制造服务关系网的制造信息共享等新原理和新方法的引入，拓展了 soMES 系统的内涵。为了深入剖析这种新型 soMES 系统的服务模式及其运行控制机理，有必要阐明该领域的国内外研究现状并深度分析其发展动态。由于目前 soMES 的概念新近才被提出，国内外尚缺乏与其直接相关的研究成果论述，而与其间接相关的研究现状与发展动态则主要体现在以下方面。

1.2.1　服务型制造理念探索

服务型制造(service oriented manufacturing，SOM)是以外包和产品整体服务解决方案等为显著特征的一种将制造和服务有机融合为一体的新型制造方式。通过服务增值的引入，在产品全生命周期中创造新的利润空间，以获取高额的回报。其中，在产品制造和销售阶段引入服务整体解决方案对依托服务进行产业链延伸具有重要意义。目前，这种基于外包的服务型制造模式已经在国外大型跨国企业如 GM/GE/Motorola 等、国内长江三角洲（如苏州工业园区企业集群）、珠江三角洲区域（如富士康集团）、陕西鼓风机（集团）有限公司等出现。

在战略层面上，2010 年，汪应洛院士阐述了我国发展服务型制造的重要性，指出发展服务型制造是推进中国产业结构调整的必由之路[4]。2011 年，中国机械工业联合会副会长朱森第指出，从生产型制造向服务型制造的转变是我国制造业的根本转变，是改变我国制造业在世界分工中位置的重要途径[5]。加拿大国家研究中心 Shen 指出，一体化的制造企业在未来将被由提供专业化制造服务制造系统所组成的制造网络所取代[6]。在系统建模、性能分析等技术层面上，美国斯坦福大学 Cheng 等建立了一种面向服务制造的框架模型，用于对服务型制造系统合作伙伴的制造能力进行调度和整合[7]；美国密歇根大学 Iravani 等提出了制造与服务的能力柔性度指数概念，并建立了一种面向服务型制造过程的决策支持模型[8]；意大利 Bocconi 大学 Ordanini 等提出了面向服务的制造平台架构[9]；加拿大多伦多大学 Li 等提出了一种基于分布式代理的服务型制造系统架构，能大幅度节约系统在执行大规模制造任务时的执行时间[10]；葡萄牙 Porto 大学的 Klöpper 等采用 Petri 网技术建立了一种集设计、配置、分析、制造、仿真、监控和控制等为一体的面向服务的制造系统[11]。在国内方面，西安交通大学孙林岩等从产业经济学的视角分析了服务型制造网络上各个节点企业间的新型合作关系，并构建了基于服务型制造的 BIT 模型[12]；浙江大学祁国宁等构建了基于 Web 的服务型制造系统框架[13]；清华大学范玉顺等建立了服务型制造网络的复杂性能评估矩阵来实现对服务活动的优化选择[14]；西安交通大学江平宇等将服务型制造模式下延到制造车间中，提出了支撑服务型车间的服务型制造执行系统配置与运行的若干关键模型和解算方法，并利用复杂网络理论建立并分析了以服务型制造车间为核心的 RFID/测量传感网络、工件加工误差传递网络、工序物流网络、跨企业服务型制造合作网络等，进而通过多网合一实现了系统的配置建模[15~21]。

参考上述研究现状并进行分析可知，服务型制造的理念正渗透到企业制造活动的各个层面。一方面其通过探索基于产品全生命周期的服务增值原理，从企业网络演化的高度拓展服务价值链，从而形成广义的服务型制造系统框架、体系结构与关键方法等；另一方面其通过制造与服务融合的下延，引入面向车间的生产性服务机制，逐步推进车间级服务型离散制造技术向融合有服务价值共创的高端化方向发展。

1.2.2 制造执行系统的研究与发展

制造执行系统(manufacturing execution system，MES)是 20 世纪 70 年代末开始出现的一种新型企业生产管理系统，其最初产生于制造企业为满足制造产品在市场的反应速度、质量、高标准、降低成本和缩减交货期的需求中。最早提出 MES 概念的是美国的先进制造研究协会(Advanced Manufacturing Research，AMR)，他于 1990 年将 MES 概括为一种“于上层的计划管理系统与底层的工业控制之间的面向车间层的管理信息系统”，随后制造执行系统协会(Manufacturing Execution Systems Association，MESA)在 1997 年提出 MES 的定义：“MES 提供实现从订单下达到完成产品的生产活动优化所需的信息；运用及时准确的数据，指导、启动、响应并记录车间生产活动，能够对生产条件的变化做出迅速的响应，从而减少非增值活动，提高效率”[22]。同时为满足制造环境的变化，MESA 于 1997 年定义出 MES 的 11 个功能模块。2004 年，MESA 提出了协同制造执行系统(collaborative manufacturing execution systems，c-MES)的概念，指出 c-MES 的特征是将原来 MES 的运行与改善企业运作效率的功能和增强 MES 与在价值链和企业中其他系统和人的集成能力结合起来，使制造业的各部分敏捷化和智能化，以满足市场的需求[23]。提出的 c-MES 体系结构由 8 个功能模块组成，分别是资源分配与状态监控、生产计划调度、数据采集、操作者管理、质量管理、过程管理、产品跟踪与谱系、性能分析，涵盖了制造过程管理的全过程。

在 MES 的系统架构方面，除了上述 AMR 及 MESA 等机构给出的 MES 的系统架构外，van Leeuwen 等提出了采用 Holonic 的概念来柔性化地定制制造系统[24]。van Brussel 等给出了一个 holonic MES 的参考架构——PROSA，其特点是将具有自主性和协同性的最小模块作为制造执行系统的最小单元，这个最小单元就是 holon，并以三种 holons(订单 holons，产品 holons 和资源 holons)加上专家 holons 来实现制造的整个流程[25]。Gaxiola 等针对墨西哥的中小企业的集成系统，采用 holon 环境下的网络技术和协议来集成不同源和目标的信息，将 Holonic 的优点集成到 MES 中[26]。Cheng 等为半导体制造业设计了一个扩展的 holonic MES，开发了通用 holon，定义了 holarchy 信息和 HMES 的 holarchy 框架，最后基于通用 holon 设计了功能 holon，并研究了考虑安全认证机制和故障恢复的 holonic MES[27]。Wada 等介绍了基于代理的制造控制系统，并对其体系结构和软件架构进行了研究[28]。Huang 通过研究协同工作流模型来实现分布式工序物流，并据此实现分布式制造执行系统[29]。Blanco 等对 MES 采用的新技术及分布式对象做了总结，并比较了商业 MES 产品的规格和标准[30]。

在 MES 的运行实现方面，Soplop 等研究了 MES 如何帮助企业面对可持续性发展的挑战，并以标准实例来说明 MES 实现节约能源等可持续性发展的目标[31]。Simão 等构建了基于规则的元模型和产品驱动的 holonic MES[32]。Hwang 讨论了集成六西格玛方法的 MES 系统，用来改善工艺性能和能力、工艺周期时间、产品产量及产品质量等[33]。Jimenez 等介绍了一种基于 Web service 技术的 MES 的软件架构[34]。Chen 等对 MES 中的数据仓库技术进行了研究，并构建了基于三维数模的数据仓库模型[35]。Couturier 等通过聚焦分布式制造活动的监控服务和采用多代理技术驱动柔性系统的生产来实现制造执行系统的实施[36]。Blumenthal 对成功部署 MES 提供了切实可行的建议，并根据企业生产结构、相关工序流程和国家标准来分析部署 MES 的优势及其功能范围[37]。Alves 等在制造系统控制中采用 Petri 网算法实现了离散系统中的实时控制[38]。浙江大学的 Li 等研究了石油化工中动态物流模型在制造执行系统中的应用，实现了石油化工中信息流的采集、存储和传输[39]。上海大学的 Huang 等研究了柔性制造执行系统在汽车电子零部件产业中的应用，其功能包括在制品质量控制、统计分析、生产调度和设备维护[40]。东南大学的 Guo 等分析了制造执行系统中运用网格计算的必要性和可行性，构建了基于网格的分布式 MES 系统的体系结构，从而帮助企业快速完成产品订单，降低产品成本，改善产品质量[41]。清华大学的 Liang 等提供了评估框架和方法，对 MES 供应商的服务质量进行了评估[42]。西安交通大学的江平宇等基于 ASP 技术搭建了机电产品网上销售平台[43,44]。

参考上述研究现状并进行分析可知，自 20 世纪 70 年代末提出制造执行系统 MES 的概念以来，工业界与学术界已在系统实现架构、理论方法与关键技术、系统开发、工业标准等方面进行了大量的研究，并取得了长足的进步，而对服务型制造模式下的制造执行系统的相关理论机理研究较少。

1.2.3 生产性外包和众包服务驱动的制造模式

生产性外包(outsourcing)是指企业依据所承担的制造活动动态地配置自身和其他企业的制造能力，并利用企业外部的制造资源和能力为本企业所承担的部分制造任务提供服务的一种方式，生产性外包包括发包和承包两部分。生产性外包并不是一个新的概念，但伴随着制造活动的全球化以及生产组织的哑铃化等特征，生产性外包被赋予了新的含义，且生产性外包模型和外包策略的研究是当前的热点之一，主要包括非核心业务外包和核心业务外包两方面。在非核心业务外包方面，英国牛津大学 Tate 等研究了制造服务外包的演化过程和规律，并对其发展前景进行了展望[45]；美国 St. Thomas 大学 Kumar 等提出了用于选择最优外包战略的闭环外包决策模型[46]；芬兰 Turku 大学 Solakivi 等建立了面向制造过程的物流外包和物流成本的关联模型[47]；美国 Samford 大学 Lockamy 等通过对外包中存在的风险进行分析，建立了面向供应链的外包决策模型[48]；国内重庆大学尹超等建立了一种用于解决网络化制造环境下加工资源选择过程中决策问题的框架模型[49]。在核心业务外包方面，受核心竞争能力保护的制约，目前国内外鲜有这方面的研究文献，然而学术界在这方面的理论研究在很大程度上要落后企业外包的实际现状，如可口可乐公司的核心业务为碳酸饮料业务，耐克的核心业务为体育运动/休闲鞋品、服饰，而这些大型跨国企业的核心业务中已经存在着大量的外包活动。

2006 年，Howe 在美国《连线》杂志中首次提出了“众包”(crowdsourcing)的概念，由此诞生了一种新的生产组织模式。同时，他还给出了众包的定义：众包是一种分布式的问题解决和生产模式，问题或任务通过互联网以公开的方式分发给未知的解决方案提供者(群体)[50]。李伯虎院士等认为建立在云制造服务平台上的众包模式是对外包等商业模式的发展和延续，是对传统企业生产方式颠覆性的变革，它能把传统上由企业员工或外部机构完成的工作通过外包的方式分配给一个人的群体或社区来完成[51]。美国佛罗里达大学 Rossen 等通过运用众包理论，建立了一种以人为中心的分布式代理对话模型[52]；美国 North Carolina 大学 Brabham 通过对众多大型众包平台如 Threadless、iStockphoto、InnoCentive 等进行调查，对众包模式的激励因素进行了深入的探索[53]。另外，Hirth 等报告的比较成熟的众包平台还包括亚马逊的 Amazon Mechanical Turk 和微软的 Microworkers[54]；华中科技大学蔡淑琴等从众包概念、基础要素和应用等方面对国内外企业众包的研究和应用现状进行了深入分析[55]。

众包是伴随网络技术发展而出现的新的网络化社会生产模式。众包生产模式自提出以来便引起业界的轰动。许多国外企业先后成立了各自领域的“众包社区”，并取得了巨大的成功，被认为是未来的商业模式。如全球 500 强的 Proctor、Boeing 等公司都通过众包提高自身的整体竞争实力；宝洁公司的“创新中心”是由 14 万名科学家组成的网络社区，以此来解决内部所出现的疑难问题。

参考上述研究现状并进行分析可知，生产性外包服务机制由传统的非核心能力外包逐渐向核心能力与非核心能力相结合的外包方向转变是其发展趋势。此外，如何让生产性外包服务机制向制造车间下延也是新的研究热点。应指出的是，目前众包模式在制造业中的应用主要集中在创新、设计等方面，由于零部件制造活动对加工设备和制造工艺等方面的特殊要求，如何在制造过程中实施生产性众包服务仍值得深入探讨。众包模式的出现使企业的创新模式从基于外包和合作的半开放创新向基于众包的完全开放创新演变，这也将会带来制造核心竞争力和知识产权保护方面的问题。

1.2.4 工业产品服务系统与制造系统融合

工业产品服务系统 iPSS 的核心思想是将有形的工业产品和依附在其上的无形工作能力整合在一起，并以服务的形式提供给工业用户。iPSS 能最大限度地以专业化工作能力提供的服务方式提升工业用户相关业务流程的精益化或资源利用的高效化，更强调依托工作能力服务的利益与价值共赢。当 iPSS 的有形工业产品是涉及体现车间核心制造能力的高端/特种/稀有加工装备时，所体现出来的应用则是 iPSS 与制造系统的融合。

有关依附于产品的服务理念，杨叔子院士认为，以产品为中心的制造业正在向服务增值方向延伸，制造业的结构也从以产品为中心迈向以提供产品和增值服务为中心，这是制造业的历史性发展和进步，是制造业走向高级化的重要标志[56]。实际上，工业产品服务系统的理念及其与制造系统的融合为制造企业向高端制造服务企业转型提供了新的契机。自 20 世纪 90 年代中后期联合国环境规划署提出了产品服务系统的概念以来，特别是 2007 年明确地将 PSS 聚焦在工业产品上形成制造与服务融合的 iPSS 理念之后，iPSS 已开始在制造企业中获得应用，并以制造后阶段即产品运行阶段的应用为主[57]。如 Rolls-Royce 公司已开始不直接向波音、空客等飞机制造企业销售发动机，而以“租用服务时间”的形式出售发动机飞行能力服务，并承诺在对方的租用时间段内，承担一切保养和维修服务；美国通用电气 GE 公司通过实施新服务战略，目前其“产品＋服务”所创造的产值占公司总产值的比重已达到 70％；IBM 公司曾经是一家单纯的硬件制造商，但经过十余年的整合，其已成功转型为“提供硬件、网络和软件服务的整体解决方案供应商”。另外，国内也有 iPSS 相关的成功案例，其中最著名的是陕西鼓风机集团公司“从出售单一产品向出售个性化的透平成套机组解决方案及出售系统服务”的转变。

在学术界，近年来对 iPSS 的理论方法及其关键技术的研究也得到了飞速发展，形成了新的研究热点。其中，依托德国国家科学基金会 DFG 的跨学科重大项目 SFB TR29，德国 Bochum-Ruhr 大学 Meier 等分析了 iPSS 的产生和运行的机理，并且给出了 iPSS 的定义和在服务型制造模式下 iPSS 的柔性解空间，并以高端数控加工中心为案例用于实现 iPSS 理念的应用验证[58]；Richter 等在研究柔性 iPSS 的基础之上建立了面向用户使用的生产模式，并分析了柔性化在 iPSS 中的重要性[59]；Rese 等运用金融理论中的净现值法和实物期权方法，改进了 iPSS 环境下对于产品的全生命周期管理[60]。与 DFG 的 SFB TR 29 重大项目相呼应，2008 年德国 Muenchen 工业大学 Linderman 又负责启动了针对 iPSS 研究的 DFG 跨学科重大项目 SFB 768。此外,香港中文大学 Kuo 等通过对购买/租赁模式进行仿真,建立了基于 iPSS 理论的面向逆向物流的租赁模型[61]。英国 Cranfield 大学 Schweitzer 等从 PSS 生产和消费过程循环的角度出发,从宏观层面上描述了 iPSS 的运作过程:它是一个多方协同参与,在产品生命周期内资源不断被优化的过程[62]。西安交通大学江平宇等对工业产品服务系统及其研究现状进行了综述[63,64],建立了面向高端数控加工装备 iPSS 的配置模型和加工能力测度模型[65,66],并讨论了其与制造执行系统的交互问题[67~69];浙江大学顾新建等也综述了产品服务系统相关研究和实践的发展,分析了各种产品服务的特点和产品服务系统理论,以及其共性关键技术[70]。

参考上述研究现状并进行分析可知,iPSS 理念正越来越多地与服务型制造车间的运行机制相关联,多 iPSS 的融合、协同与集成正成为一种新的发展趋势,进而导致整个服务型制造车间的配置与运行建模复杂性不断增加,并逐渐呈现出以服务理念为驱动的复杂动态网络形态。

1.2.5 基于车间物联网和 RFID 的物体标识与实时制造数据采集

物联网(internet of things)的概念提出于 21 世纪初,并在世界范围内引起高度关注。物联网主要用于物理和虚拟的"物"的身份标识,提供表征其物理属性或虚拟特性的接口,并能与信息网络实现无缝的整合。2010 年在中国物联网产业发展研究报告中就指出,未来物联网的发展将经历四个阶段:2010 年之前射频识别(radio frequency identification,RFID)技术被广泛应用于物流、零售和制药领域,2011～2015 年物体互连,2015～2020 年物体进入半智能化,2020 年之后物体进入全体智能化。因此,在制造过程中应用物联网技术进行各种"物"的标识,并与传感与测量机制相整合正在成为新的发展趋势。

目前,应用于制造领域的且以 RFID 为主导的物联网技术正成为依托物体自动标识来获取和关联实时制造数据的重要手段之一,是后续制造信息计算与处理的基石,相关的研究近年来呈爆发之势。美国 MIT 的 Huang 等就指出,在当前激烈的市场竞争环境下,基于 RFID 的制造物联网技术已成为未来制造业发展的必然趋势[71]。香港大学 Huang 等也认为基于 RFID 的无线制造技术是下一代制造系统中最为关键的先进制造技术之一[40]。至于近几年来在制造物联网方面的工业实践案例则涉及诸如福特汽车公司的生产和装配线、波音公司的飞机制造及其供应链中的 RFID 应用等。在学术界,瑞士 EPFL 的 Kiritsis 通过物联网技术定义了智能产品,并建立了面向智能产品的全生命周期的闭环物体标识管理框架模型[72];日本冈山大学 Xu 等构建了基于物联网的智能故障预测系统用于对大型关键成套设备进行准确的故障预测[73];希腊 Patras 大学 Makris 等建立了一种基于 RFID 和物联网的面向随机混合制造模式的装配工况与质量数据采集与处理框架模型，以实现装配机器人的智能识别和自动化装配[74]；美国加州大学洛杉矶分校Lee等依托RFID为核心的物体标识机制建立了基于制造物联网的物流车辆的运输调度和监控模型，实现了对于制造物流的自动化控制[75]；美国Florida大学Zhou等则运用RFID技术建立了零件级的车间物联网，并通过信息计算实现了对制造车间的可视化管理[76]。在国内，北京邮电大学马华东论述了我国物联网技术需要实现的目标以及我国制造物联网所面临的技术挑战[77]；熊有伦院士等研究了车间物联网中多RFID标签识别的识别效率和可靠性，并建立了RFID识别时隙的马尔可夫随机模型[78]；清华大学范玉顺等研究了基于制造车间物联网和智能物件(smart object)的实时车间制造过程的复杂时间处理机制[79]；浙江大学顾新建等研究了基于物联网和云制造技术的智慧制造企业模式[80]。另外，西安交通大学江平宇等也在RFID驱动的车间物联网技术等方面进行了深入的研究，提出了基于RFID的状态拾取与加工过程e-质量追踪方法、RFID事件驱动的job-shop型车间工序物流状态变更拾取的图式描述模型等，以实现物体标识与制造状态数据采集与关联的自动化[81,82]。

参考上述研究现状并进行分析可知，通过与制造过程传感与测量技术的集成，在制造车间层面上构建以RFID为主导的物联网正成为实现车间静态/动态物体及其状态自动识别、制造数据采集与关联的新途径，并为后续的制造信息处理提供了原始数据集。然而，在RFID主导的物联网的车间制造数据采集与关联方法等相关方面的研究目前还停留在“就事论事”的表层阶段，仍缺乏系统性的、形式化的处理标准与工作机制。令人鼓舞的是，EPC Global针对不同的工业应用领域，在体系结构、物体编码、数据采集的事件模型和标准化等方面正在做大量的基础性工作。

1.2.6 面向MES的信息计算技术及其在MES关键功能中的应用

自20世纪70年代末提出制造执行系统MES的概念以来，工业界与学术界已在系统实现架构、理论方法与关键技术、系统开发、工业标准等方面进行了大量的研究，并取得了长足的进步。西安交通大学江平宇课题组成员付颖斌在其博士论文中也从基础信息架构、生产排程与调度、生产过程控制、在制品库存、生产维护、制造数据库等方面对MES系统的研究历史与进展进行了全面的综述与文献分析[83]。本小节主要分析服务计算和认知计算技术及其在服务型制造执行系统soMES中进行应用的现状与潜力。

服务计算(service computing)和认知计算(cognitive computing)是信息处理技术的两个重要分支。服务计算技术是应用诸如面向服务的架构(service-oriented architecture，SOA)技术进行信息处理并以服务的方式提供信息共享与交互的一种技术；而认知计算则是通过建模与算法求解的方式来模拟人类认识问题并示教机器/物体等按照人的行为进行自治和智能决策的一种信息处理技术，其所处理的数据/信息具有不精确、不确定和部分真实的特点。制造过程数据本身的不确定性、不精确性以及制造信息的服务提供为将服务计算和认知计算引入到soMES系统的信息处理研究中提供了应用场景。

就应用于制造系统与过程的服务计算技术而言，北京邮电大学杨放春等、清华大学范玉顺等、澳大利亚Melbourne大学Yeo等分别从分布式制造环境下制造服务组合选择方法、基于服务配置的制造服务运行机制、面向制造过程的服务计算服务的定价方式等方面对服务计算在产品制造过程中的应用做了深入研究[14,84,85]。而在认知计算方面，新西兰Auckland大学Zhao等从机器人的自动化测量规划和反馈的角度研究了认知计算在制造过程中的实现方法[86]；德国Muenchen工业大学Zaeh等运用认知计算理论研究了生产控制系统中的认知控制方法[87]；美国伊利诺伊大学Haikonen等设计和制造了一个联想神经网络架构的认知机器人XCR-1，并对其进行了稳定性分析[88]；浙江大学孙守迁等利用分类学原理，建立了基于产品创新类型和设计知识的认知计算框架模型，以实现对产品创新设计知识的抽取和重用，该方法也对制造过程有借鉴作用[89]。应特别指出的是，以融合传感技术与认知计算为一体的面向认知产品(cognitive products)的信息处理技术是近年来学术研究的前沿和热点，而涵盖传感机制的物联网技术实质上为认知计算提供了实时原始数据的自动获取途径。

服务计算与认知计算乃至更大范围内的其他信息处理方法也被广泛地用来对使能制造车间运行的生产排程与调度、生产过程控制、在制品库存、生产维护等问题进行建模与算法求解，这方面的文献数量巨大，此处仅举少量例子来简要说明。如在生产调度方面，英国剑桥大学Holweg等建立了一种面向汽车制造过程中快速响应系统的动态柔性调度模型[90]；李培根等在考虑机器负荷均衡、所有机器上的总负荷和最大完工时间等性能指标更加合理的情况下，提出了一种解决柔性车间调度问题的改进遗传算法[91]。西安交通大学周光辉等采用博弈论对基于客户竞争关系的任务进行了调度规划[92,93]。在生产过程控制方面，美国加州大学Eihafsi研究了面向订单的生产过程，建立了一种面向生产和库存控制的多目标优化模型[94]；重庆大学张根保等提出了复杂产品质量系统非线性耦合状态下的质量特征波动混沌分形传递的理想状态模型[95]。在在制品库存控制方面，美国Arizona州立大学Jula结合反馈—前馈方法和多自由度IMC理论，提出了一种面向制造过程在制品库存的动态控制方法[96]；西安交通大学江平宇等建立了基于时间驱动的RFID监控模型，并将该模型成功应用于车间在制品库存中的实时数据采集和可视化监控[83]。

参考上述研究现状并进行分析可知，soMES系统面对的是多批量类型、多品种、多交货形式的复杂混流生产方式，其制造过程数据本身的不确定性、不精确性以及制造信息的服务提供需求为将服务计算和认知计算的引入创造了前提条件；而车间物联网技术则为服务计算和认知计算提供了原始数据来源。此外，在系统运行方面，如何融入制造服务机制、建立面向动态不确定因素及复杂混流生产方式下的高效生产排程与调度、生产过程控制、在制品库存与生产维护等模型，并将其与基于车间物联网的实时信息处理机制相关联仍是一大挑战。

1.2.7　服务型制造执行系统的生产运行模型与案例

服务型制造执行系统 soMES 是在新型制造模式下服务和制造相融合的产物。随着服务理念在制造领域的推广和应用，各种新的面向服务的制造模式相继出现，如云服务模式、制造外包/众包服务模式、工业产品服务系统模式等。

作为面向服务型制造车间的运行控制与执行系统，soMES 系统应如何去适应制造模式的改变，从而加深制造与服务的融合，是学术研究和工业应用所面临的新挑战。目前，有关 soMES 系统的研究仍处于初级阶段。相关的研究成果包括：法国 Domaine 大学 Chazalet 研究了分布式异构制造模式，据此构建了一种服务驱动的制造执行系统平台模型并给出了相关案例，以提供各种面向服务的集成应用[97]；香港城市大学 He 等研究了服务外包模式下服务型制造系统中的物流控制和供应链管理等问题，提出了物流系统和 soMES 的最优化集成模型，并用案例进行了模型验证[98]；芬兰 Tampere 大学 Popescu 等研究了一种基于 Petri 网的服务型制造系统模型，该系统包括服务外包中制造任务调度、运输调度、设备管理、库存管理等方面[99]。在国内，清华大学郑力等在国家 863 计划项目支持下提出了一种 soMES 系统的运行模型[100]；西安交通大学江平宇等在 soMES 系统方面做了大量的前期基础性研究，如提出了 iPSS 模式与 soMES 系统的集成方法与新的运行机理模型，分析了六种 soMES 的运行特征，并提出了一种与 iPSS 集成服务型制造系统框架模型[68,69]。此外，重庆大学刘飞等也构建了一种面向服务的离散车间可重构制造执行系统，并提出了一种涵盖模型驱动的系统构建、面向服务的体系结构、基于服务的可重构单元和面向服务的系统集成等方法在内的四维系统模型[101]。

参考上述研究现状并进行分析可知，服务型制造执行系统 soMES 的运行模型作为各种方法和关键技术的集大成产物与相应的制造服务模式密切相关，并决定着系统体系架构的构建。总体来说，目前对新型制造模式驱动的服务型制造执行系统 soMES 的研究成果相对较少，且大多集中在系统架构层次的研究上；同时，由于 soMES 系统在支撑当今服务型制造车间中的重要作用，其运行机制、服务机理以及更深层次的关键技术还有待深入研究。

1.3　服务型制造执行系统的研究意义

本书主要探讨包括专业化生产性外包/众包服务驱动的服务型制造执行系统

运行模式、用于提升核心制造能力且面向制造资源/库存/业务流程的多 iPSS 运行与融合机理、基于车间物联网的制造数据实时采集与基于认知计算的"人-物"双向自治/智能交互原理、在动态不确定条件下基于服务计算和认知计算的复杂混流生产规划/调度/库存/生产控制等机制、面向跨企业制造服务关系网的制造信息交互与共享方法等在内的服务型制造执行系统的基础理论、方法和关键技术,其研究意义可从宏观的战略高度和微观的战术角度来体现。

从宏观战略高度看,其不仅契合了学术前沿研究与工程实践相结合的思路,而且也与国家制造业发展的战略规划相吻合。从学术前沿与工程实践相结合的角度出发可知,制造活动分工的全球化与高端化、企业组织结构与运行方式的哑铃化是促进制造与服务融合的催化剂,而依托实体制造业的生产性外包/众包服务机制是将其付诸工程实践的导火索。同时,跨国巨头公司 IBM 所倡导的服务科学理念如果落实到了实体经济上,定会在学术前沿和工程应用的紧密结合方面找到新的切入点。从国家需求看,大力发展制造服务业、实现中国制造向高端化发展是既定国策,也契合了国家在此方面对科学研究以及工程应用的要求。

从微观战术角度看,其对生产性外包/众包服务理念和制造技术的融合及其工程实践具有重要的学术和应用两方面的指导作用,具体体现在以下几方面:

(1) 通过研究在生产性外包/众包服务模式、制造资源和生产库存等的多 iPSS 融合机制等影响下的新一代服务型制造执行系统的运行机理和服务增值规律,可为这种以服务驱动为显著特征的制造执行系统的构型与发展提供理论依据。

(2) 通过研究在新的生产性外包/众包服务机制下所导致的制造任务的动态不确定性及其与基于车间物联网的制造数据采集与关联等问题,并确定服务计算和认知计算在系统建模与解算中的定位,可为分析 soMES 系统的生产排程与调度、生产过程控制、在制品库存与生产维护功能与传统系统的差异提供支持,进而为系统功能的改善提供必要的理论依据。

(3) 通过开发系统的原型软件并进行实际生产案例验证,可促进服务型制造执行系统在典型制造企业的推广应用与示范,并为我国在服务与制造的融合发展与实践方面提供必要的参考与借鉴。

综上所述,无论从宏观还是微观角度来观察,对服务型制造执行系统的研究均具有学术与工程实践两方面的重要意义。

1.4 本书内容安排

全书共 6 章,分别对服务型制造执行系统中存在的不同理论与方法进行了介绍,各章内容介绍如下:

第 1 章,概论。主要介绍了服务型制造执行系统的产生背景和需求分析,论述了其概念的提出和特点，并对相关的文献进行了综述，最后介绍了研究服务型制造执行系统的意义。

第 2 章，服务型制造执行系统及其体系结构。在服务型制造执行系统的需求描述与功能分析的基础上，提出了支撑服务型制造执行系统运行的基础信息架构，介绍了其软硬件配置与整体执行逻辑。

第 3 章，制造执行系统的服务承包与外包关系。在分析制造执行过程的服务需求特点的基础上，围绕着加工任务的外协与承包、车间原材料/在制品/成品/备件存储、车间高端数控加工装备服务和车间多加工任务的刀具服务等模式，对制造和服务在车间层面的融合机理进行了介绍。

第 4 章，服务型制造执行过程的实时数据采集。介绍了在服务型制造车间采用 RFID 和二维码进行生产资源和物流标识和跟踪的方法，并对基于原始数据的 Auto-ID 计算方法及通信过程进行了描述。

第 5 章，服务型制造执行过程的关键使能技术。介绍了支撑服务型制造执行过程的关键使能技术，包括面向加工装备的 e-服务节点模型、生产排程与运行调度、生产过程质量控制与追踪、生产维护、生产物流规划、库存与在制品跟踪、协同交互与控制等内容。

第 6 章，服务型制造执行系统 soMES 的研发。通过对系统体系结构、功能模块和运行流程的描述，介绍了一种基于 Web 信息服务架构开发的服务型制造执行系统原型软件，并通过具体的应用案例对软件的可行性进行了验证。

第 2 章　服务型制造执行系统及其体系结构

2.1　服务型制造执行过程的需求与功能

2.1.1　服务型制造执行过程的需求描述

在服务型制造执行系统中，车间以服务承包的方式接受制造任务，制造任务经由计划调度人员制定主生产计划，安排生产任务，并将制造任务分配到员工。员工根据生产任务队列对零件进行制造加工，跟踪零件的实时状态。而在车间制造执行过程中，需要对在制品及成品零件的库存需求进行规划，实现库存服务。为保障制造设备的加工能力，需要对生产中的异常设备进行维护，并制定相应的维护计划。为使车间增强核心竞争力，可将低增值、不增值或自身能力不能完成的活动外包给专业的第三方服务提供商(如刀具服务)来降低车间的制造成本，提升产品质量。最后，制造执行过程中的各种制造信息实时地展示在各种车间管理人员的看板上，实现对制造执行过程的实时监控。从上述制造执行过程来看，服务型制造执行系统具有如下四方面显著需求：

1) 服务型制造执行系统以服务承包的方式接收制造任务

制造任务来源于订单或客户需求预测。在服务型制造中，核心企业通过订单或客户需求预测将众多的配套企业组织起来，共同完成产品的生产。在该过程中，核心企业的车间仅生产核心零部件或仅进行装配，相关配套企业车间以服务承包的方式接收核心企业发布的制造任务，构成了以核心企业车间为中心的配套服务型制造执行系统集群的生产模式，并在交货期、成本、质量等多重条件约束下为核心企业提供服务，完成产品的制造。服务型制造执行系统中接收制造任务，既可以是小企业接收大企业的外包任务，也可以是大企业接收小企业的外包服务。其核心是产品驱动所形成的一系列外包服务活动链。由此也能看出，服务型制造执行系统所承担的制造任务具有变批量、多品种的特征。

2) 服务型制造执行系统以服务发包的方式外包内部的加工工序任务

在服务型制造车间中，车间接收到制造任务后将其分解为工序级制造任务，工序级的制造任务既可以在车间内加工，也可以进行服务外包。进行服务外包的工序包含两种情况：其一是将低增值或低附加值的工序制造任务(如毛坯的预处理、粗加工等)进行服务外包以缩减成本；其二是将车间不具备的工序制造能力的工序进行服务外包以满足车间加工能力的扩展。

3) 服务型制造执行系统以服务发包的形式外包车间的制造资源如设备、库存等

在传统制造中,制造设备所有权及使用权均归制造企业所有。在服务型制造中,iPSS服务提供商将相关的制造资源如稀有与高端装备、仓库等作为工业产品,以"工业产品+服务"的模式辅助制造车间完成制造任务。在这种模式下,制造资源的所有权既可属于制造车间也可属于iPSS服务提供商。以装备及其附属的刀具、夹具等为例,从服务型制造执行系统中的制造资源所有权及使用权来考虑,其具有以下三种运行模式:

(1) 设备、刀具、夹具等所有权及使用权均属于制造车间,这种资源所属模式属于传统制造下的资源模式。

(2) 设备、刀具、夹具等所有权属于iPSS服务提供商,制造车间通过购买iPSS服务提供商所提供的设备、刀具的加工能力以满足制造任务需求。

(3) 设备所有权及使用权属于制造车间,设备的部分或全部附属设施(如刀具、夹具等)所有权属于iPSS服务提供商,iPSS服务提供商提供相应的服务(如刀具服务、夹具服务等)满足soMES的制造需求。

4) 服务型制造执行系统以基于RFID和e-服务化的信息处理方式实现制造节点层面上车间运行过程的实时状态监控

在服务型制造执行系统中,以RFID物体标识为索引的制造数据关联是实现实时状态监控的底层数据保证;而在制造节点层面上基于制造资源e-服务化的信息处理机制恰是下联制造装备、上联制造车间、外联制造任务发包企业的核心环节。由于服务型制造执行系统内部制造资源、生产任务等的不同归属性质,基于制造资源e-服务化的信息处理机制更多地扮演"信息代理或接口"的角色来处理诸如iPSS服务提供商所提供的工业产品服务在制造节点层面上与soMES实现集成。因此,车间实时状态监控的粒度至少需要到达制造节点层。通过在制造节点层面上的实时状态跟踪,为soMES运行中的排程与调度、生产库存提供真实可靠的实时状态信息,为iPSS供应商提供车间制造节点的服务需求信息,实现车间制造实时状态信息监控,为车间制造决策提供信息依据。

以上四方面的生产需求将贯穿于整个服务型制造执行过程,直接影响着车间层面和设备层面的制造和服务融合问题。

2.1.2 服务型制造执行过程的功能分析

基于上述服务型制造执行过程的需求描述可知,服务型制造执行系统有助于缩减制造车间的生产成本,提升其制造能力,使其更加关注于核心增值活动,从而提高其竞争力。在soMES运行过程中,制造车间生产活动的上述外包机制必将影响到soMES的排程与调度、生产控制及状态监控、生产库存和设备维护的运行,其

既可将刀具、夹具使用等交由第三方服务提供商实现服务外包，也可将车间级的生产库存及设备维护等交由第三方服务提供商以缩减成本。综上可知服务型制造执行过程的五大基本功能。

1）排程与调度

由于车间制造任务多体现为多品种、小批量、多工序及其混流生产的特点，在车间层面上，需要考虑针对所承包制造任务的生产排程及实时生产过程中的调度问题。此外，车间不仅存在工序外包服务任务，也存在众多涵盖工业产品服务系统的生产性外包服务任务（如刀具 iPSS、夹具 iPSS、设备运行工艺参数服务等）。如何构建恰当的车间底层制造资源模型对实现制造与服务的融合意义重大。在排程与调度中，车间实时信息的获取也是车间动态调度能否正确运行的关键。

2）生产控制

生产控制是保障车间生产正常运行的关键环节。当前生产控制环节一方面需要采集车间底层的实际运行原始信息来反映车间制造运行时的真实状态；另一方面需要从涵盖 iPSS 供应商在内的生产性服务提供商那里获取与车间制造任务与资源外包服务相关的信息，以便支撑车间的实时状态监控和实时生产控制。因此，在考虑嵌入相应的制造任务与资源外包服务到现有制造执行系统的前提下，如何实现车间实时状态监控是生产控制能否有效运行的关键因素。

3）生产库存

车间生产库存分为设备级缓存及车间级库存。在服务与制造融合的条件下，车间级库存可外包给专业的第三方库存服务提供商，以降低车间的库存维护成本。这里，库存服务提供商需要提供实时的库存物流监控信息，因此，生产库存中的实时物流状态监控对于车间制造具有重大的意义。

4）设备维护

为保证制造任务的顺利执行，需要对设备的维护计划进行规划，尽可能地减少意外设备停机造成的损失。同样，某些维护困难、费用高昂的设备也可外包给专业的设备维护服务公司来降低车间运行成本。因此，设备维护对车间制造的平顺运行同样具有重要的意义。

5）生产物流

在传统制造系统中，原材料/半成品/成品的库存管理与控制依据自我管理，耗费大量的人力、物力和财力。将产品服务理念引入库存中就形成了公共外库服务模式，它可以实现围绕以区域聚集为特点的多服务型制造车间的低成本库存服务，实现货物统一管理，具有效率高和成本低等优点。在服务型制造车间中，引入公共外库的服务模式可以提升车间的库存服务功能和实现公共外库的价值增值，从而实现双赢。

2.2 服务型制造执行系统的基础信息支撑架构

车间级服务型制造执行系统在承包相关的制造任务后，其运行者首先涉及制造车间和第三方服务提供商（包括传统意义上的服务外包者以及 iPSS 服务提供商）等角色。进一步地，可将制造车间内部不增值/低增值/能力不足的活动进行外包，第三方服务提供商则为车间提供相应的生产服务（如刀具服务、加工能力服务、工序加工服务及设备维护服务等）。在此基础上，运行过程主要涉及实现排程与调度、生产控制及状态监控、生产库存及生产维护等功能，且基础信息支撑架构可以分别从数据采集层、加工执行层、信息集成层及管理计算层四个层次来阐述[83]，如图 2.1 所示。

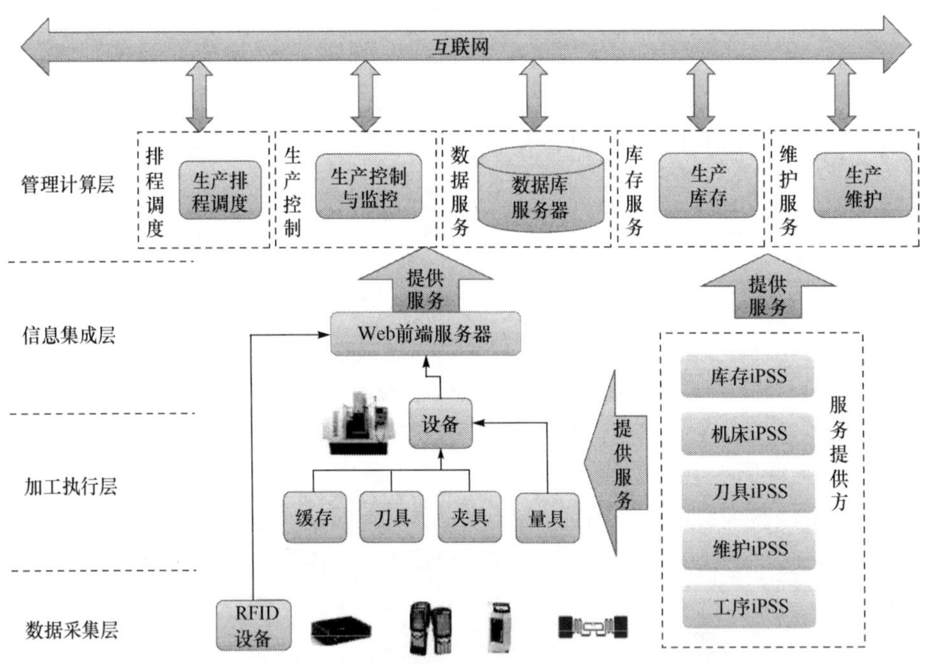

图 2.1 服务型制执行系统运行的基础信息支持架构

1）数据采集层

研究车间底层实时状态跟踪环境配置方法及数据处理方法，通过布置遍布于车间的 RFID 读写器（包括固定读写器、车载读写器等），实现车间底层实时状态数据采集；通过研究基于“事件-触发时间-状态”的实时数据处理方法，获取制造车间提供制造节点层的实时状态信息，为 soMES 的运行提供基本的实时状态信息支撑。

2) 加工执行层

通过分析制造资源的关系，将设备、设备出入缓存区、刀具、夹具等集成为制造节点，同时沟通制造车间和第三方服务提供商，为 soMES 运行提供加工执行的硬件集成环境。其中，刀具、夹具等可由第三方服务提供商来提供相应的服务辅助加工的执行，设备也可由第三方服务提供商维护或操作，以提供本地化的加工服务。

3) 信息集成层

设置基于制造资源 e-服务化信息处理机制的设备 Web 前端服务器，构建 soMES 中的制造资源集成模型，将加工执行层的设备以服务封装的方式集成制造节点，研究制造资源 e-服务化技术，为车间管理层提供制造节点的加工能力、实时状态、数据采集、调度执行等服务，在功能上实现 soMES 与 iPSS 在制造节点上的集成。

4) 管理计算层

通过网络技术、计算机技术和数据库技术，结合数据采集层的采集环境、加工执行层的硬件集成及信息集成层的制造资源节点，实现服务型制造执行系统运行中的生产排程与调度、生产控制与状态监控、生产库存及生产维护等功能。需要注意的是，这里的生产库存及生产维护也可以由第三方专业的服务提供商完成。

2.3　服务型制造执行系统的软硬件配置设计

在传统模式下，车间层 MES 的硬件是一组分布在车间的机床及附件、库存构成，但这种资源配置未引入 iPSS 服务的理念；另外，传统 MES 软件由四个模块(计划、调度、过程控制、库存与维护)组成，其与外软件系统的交互功能有限。显然，当在制造车间中引入服务理念后，传统的制造执行系统软硬件配置设计方案不适用，需要构建新的配置方案来支撑服务型制造执行系统的运行。仍从硬件和软件两个方面来考虑 soMES 的配置方案[68]，如图 2.2 所示，首先，用三种类型的加工设备产生车间设备的物理布局，其次，通过采用扩展 e-服务模块封装加工设备，不同的 iPSS(MT-PSS、CT-PSS 和 WP-PSS 等)驱动 MES 软件的四个基本功能(计划与调度、过程控制、库存、维护)和一个物流服务功能。该 e-服务模块通过不同 iPSS 的接口收集实时加工数据，并将收集的数据传送给相关的软件功能模块。同时，e-服务模块还提供协同机制，用以实现 iPSS 服务提供者与工人之间的交互。从图 2.2 中可以看出，该配置方案体现了制造和服务深度融合的特征。

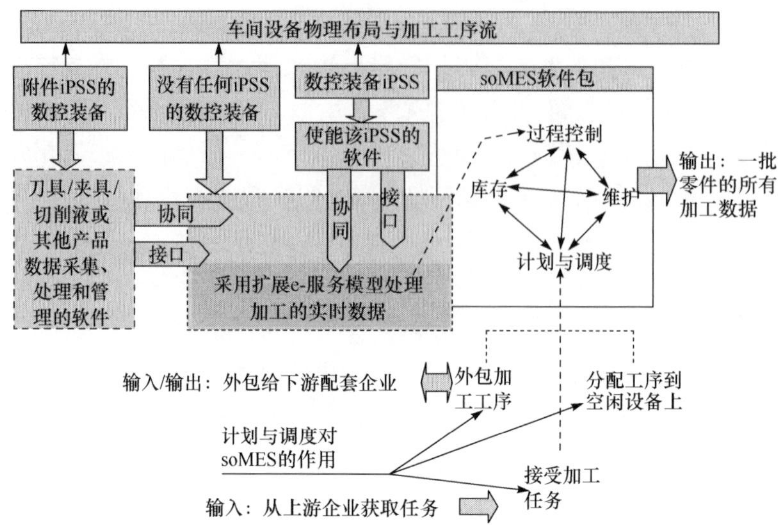

图 2.2　服务型制造执行系统的配置方案

2.4　服务型制造执行系统的体系结构

在系统软硬件配置方案确定的基础上，提出了实现服务型制造执行系统运行的体系结构。如图 2.3 所示，首先对制造资源 e-服务化技术进行研究，在硬件和软

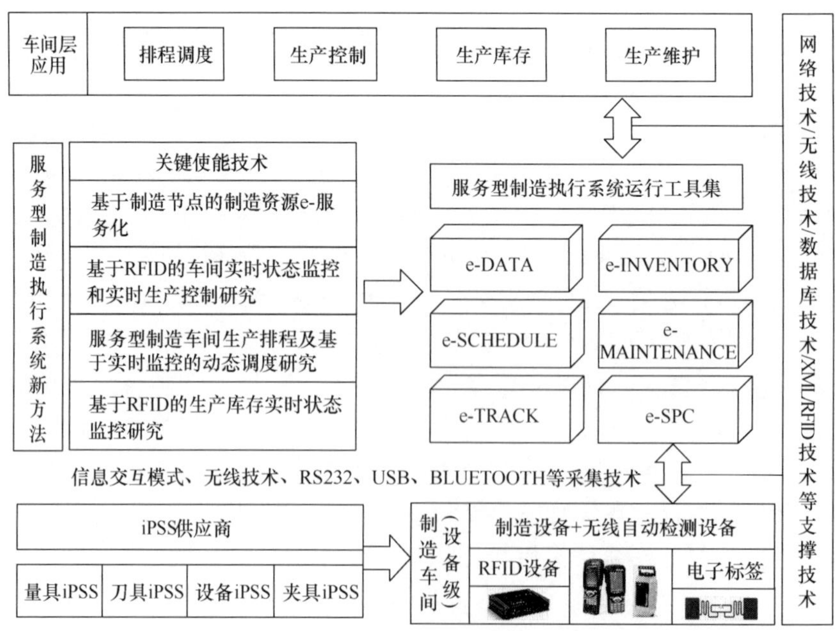

图 2.3　服务型制造执行系统运行的体系结构

件上实现资源在制造节点层面上的集成，并实现制造车间和第三方专业服务提供商在设备层面上的集成，在设备层面上达成制造与服务的融合。在此基础上，研究车间实时状态数据采集技术，为车间的实时状态监控提供信息依据。研究车间生产排程技术及生产调度技术，制定生产排程甘特图，并根据实时状态监控信息及设备维护信息等对车间生产进行再调度。根据生产排程结果，安排车间生产执行，并根据车间实时状态监控信息，实现车间实时生产控制。为了保障制造的顺利执行，研究基于 RFID 的生产库存实时状态监控方法，构建生产库存的实时状态监控模型，实现车间制造的生产库存管理。进一步地，通过基于 RFID 的车间底层实时信息采集和相应的关键使能技术等的研究，推进服务型制造执行系统中排程与调度工具e-SCHEDULE、数据采集工具 e-DATA、过程与质量跟踪工具 e-TRACK、库存控制工具 e-INVENTORY、质量控制工具 e-SPC 和生产维护工具 e-MAINTENANCE 在内的运行工具集的开发，进而完成在服务型制造车间中涉及的排程与调度、生产控制、生产库存及生产维护等方面的应用。

2.5　服务型制造执行系统的执行逻辑

基于上述系统体系结构，服务型制造执行系统运行的执行逻辑如图 2.4 所示，包含如下几个方面：

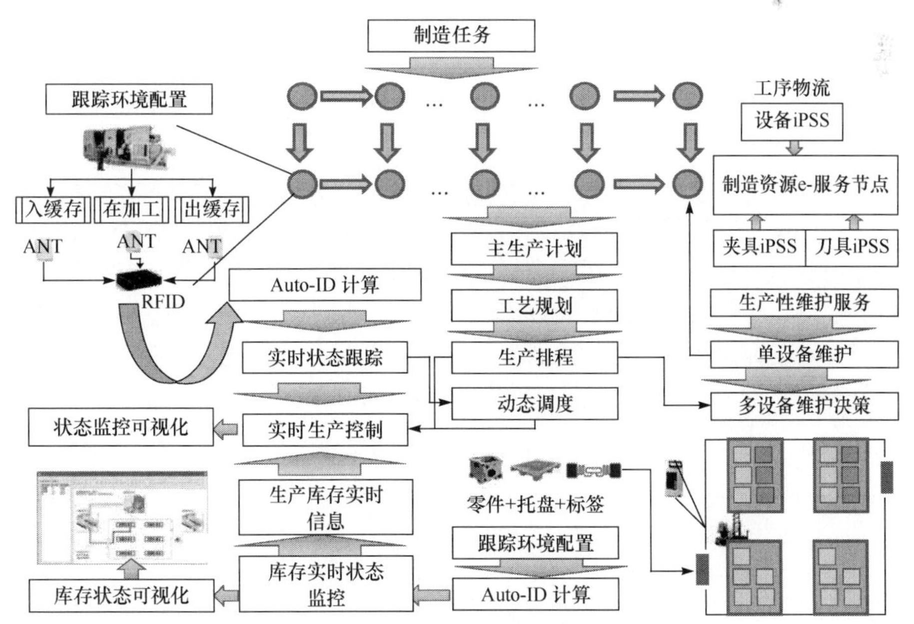

图 2.4　服务型制造执行系统运行的执行逻辑

(1) 服务型制造车间以服务承包的方式接收制造任务，并对制造任务进行主生产计划的制定，确定工序外包等制造任务等。在此基础上完成基于制造资源e-服务化节点的工艺规划。以制造资源e-服务化节点集成各个资源服务（包括设备iPSS、夹具iPSS、刀具iPSS等），并采用智能算法进行服务型制造车间的生产排程，产生加工工序甘特图。

(2) 在基于RFID技术的制造车间跟踪环境配置的基础上，以Auto-ID计算技术为依托，自动采集计算车间底层实时制造任务信息，实现实时制造状态数据的获取，为服务型制造车间提供底层实时状态信息，并在此基础上，实现实时生产控制及实时状态跟踪的可视化。

(3) 为保证实时生产控制，获取生产库存实时跟踪信息。该信息以生产库存实时跟踪环境配置为依据，采用Auto-ID计算技术对生产库存底层实时状态信息进行采集处理，获取库存实时状态监控信息，该信息为服务型制造车间提供必要的生产库存信息支撑。在此基础上，实现生产库存状态可视化。

(4) 以车间生产排程的结果作为输入，为生产维护提供多设备维护服务决策的有效信息，并以此为依据，制定服务型制造车间的多设备生产维护计划。

(5) 在服务型制造车间出现异常时，如设备故障、插入新的制造任务及车间实时生产脱离了生产排程甘特图的情况下，进行服务型制造车间的动态调度，以车间底层实时状态跟踪信息为依据，实现制造车间的动态调度，保障服务型制造车间的顺利运行。

2.6 本章小结

本章在分析服务型制造执行系统的需求描述与功能分析的基础上，提出了支撑服务型制造执行系统运行的基础信息架构，分别从数据采集层、加工执行层、信息集成层及管理计算层四个层次进行了论述。基于硬件和软件两个方面综合考虑了服务型制造执行系统的配置设计问题，围绕着生产排程与运行调度、生产过程控制、生产库存管理、设备资源维护和生产物流规划等五大功能，介绍了实现服务型制造过程运行的体系结构，并对整个系统的运行逻辑进行了阐述。

第3章 制造执行系统的服务承包与外包关系

3.1 现代制造承包与外包服务需求

服务型制造执行系统是以制造服务的承包与外包为典型特征的制造执行系统，是指车间依据所承担的制造活动动态地配置自身和其他企业的制造能力，并利用车间外部的制造资源和能力为本车间所承担的部分制造任务提供服务的一种方式。

作为制造与服务融合理念的核心所在，制造企业/车间主要通过内外两方面实现其自身生产活动的价值增值。对内，可将低成本/低附加值/能力不足的生产活动(如粗加工工序、特种加工工序等)和稀有/高端/精密加工装备等以制造服务的方式外包给第三方专业服务提供商，这种第三方服务提供商既可依托工业产品服务系统实施服务承包，也可提供通常意义上的加工服务；对外，可作为制造服务任务的接收方，承包其他企业发布的加工服务任务。依据多向多维的服务机制，通过内外两方面实现服务驱动的车间级生产过程的价值共创、质量保证与增值增效。需要指出的是，制造任务的承包和发包在传统制造模式中扮演着最基础、最重要的角色。在服务型制造过程中，其制造需求是复杂多样的，具有以下特点：

(1) 加工任务的多样性。制造需求是多种多样的，包括零件的机加工、热处理、冲压件加工、电火花加工、铸造等类型，对于每一类型的制造需求，其加工方式和对于加工能力的需求不尽相同，这导致制造需求描述变得很复杂。

(2) 加工任务的多层次性。产品的制造过程包括产品层、零件层、特征层和工序层，这使得制造需求具有多层次的特点，如何合理、完整地组织和反映制造需求的层次结构，在不同层次上构建符合其特点的制造需求描述理论和模型，是制造需求描述过程的一个重要问题。

(3) 加工任务的多态性和协作性。产品的制造过程是一个动态、复杂的流程，通常需要多资源进行协作，即使对于简单的零件加工，也需要多台机床，按照一定的工艺流程进行协作。同时，由于工艺水平和资源条件的差异，同样的制造需求往往具有多种制造流程，而且在制造流程中受到各种因素的影响需要动态调整。

(4) 面向车间高端数控加工装备的服务(machine tool product service system，MT-PSS)。MT-PSS通过附加无形的加工服务(如切削参数配置、数控编程、加工操作、维护等)到有形的工业产品(数控加工装备)上，形成加工服务与高端数控加工装备的集成运作模式，为服务型制造车间提供各类加工服务。

(5) 面向车间多加工任务的刀具服务(cutting tool product service system, CT-PSS)。CT-PSS是以制造企业对生产加工过程中的切削能力的需要为驱动,刀具服务提供商负责刀具产品全生命周期的资源管理,提供给多个制造企业可持续循环利用的刀具服务。

(6) 面向车间原材料/在制品/成品/备件存储任务的公共外库服务(public warehouse product service system,PW-PSS)。“公共外库”是指为服务型制造车间提供库存服务的第三方物流供应链管理商,根据服务型制造车间的库存服务需求,为服务型制造车间提供运输、仓储、装卸/搬运、配送、包装、加工、动产质押监管、采购等多个环节的物流供应链管理服务。从服务型制造车间的库存服务需求角度来看,公共外库提供的是服务结果;从公共外库本身的主体角度来看,公共外库专注于自身库存服务水平的提高。

3.2 车间加工任务的外协

加工任务外协是指车间将产品制造过程中部分零部件或加工工序以外协加工服务的形式外包给中小型加工服务车间,由加工服务车间负责制造过程监控和质量检测,加工服务需求方车间以加工服务费的形式向其支付费用,并从中获得额外的服务增值。

3.2.1 工序级加工任务形式化描述

1. 工序级外协加工任务建模及其形式化描述

工序级外协加工任务是指车间将其产品的某个或某几个加工工序转包给其他制造车间。通过对传统工序级加工任务的资源配置要求进行分析,建立了包含管理属性、加工对象、生产要求、技术要求、交接要求以及费用等的工序级外协加工任务模型,如图3.1所示。

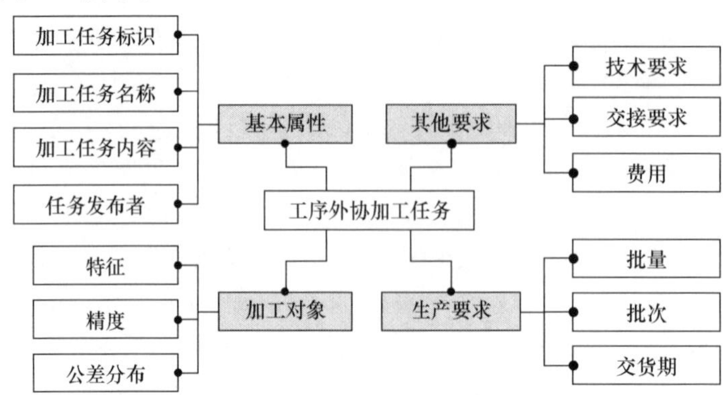

图3.1 工序级外协加工任务模型

建立工序级外协加工任务的概念描述模型后，就可以采用集合论和关系代数对其进行形式化描述，这里用一个四元组表示：ProcessTask＝{PrBasicInfo，PrMachineObject，PrProductRequirement，PrExtraReauirement}。其中：

(1) 基本属性。

PrBasicInfo 表示工序级外协加工任务的基本信息，用于对其进行标识、管理、统计、分析，包括加工任务标识、加工任务名称、加工任务内容和加工任务发布者等，其对应的子项代码为：{TaskID，TaskName，TaskIntro，Customer}。

(2) 加工对象。

PrMachineObject 表示工序级外协加工任务要加工的对象信息，包括工序要加工的零件特征、特征要达到精度和期望的特征公差分布。加工对象的描述模型如图 3.2 所示。

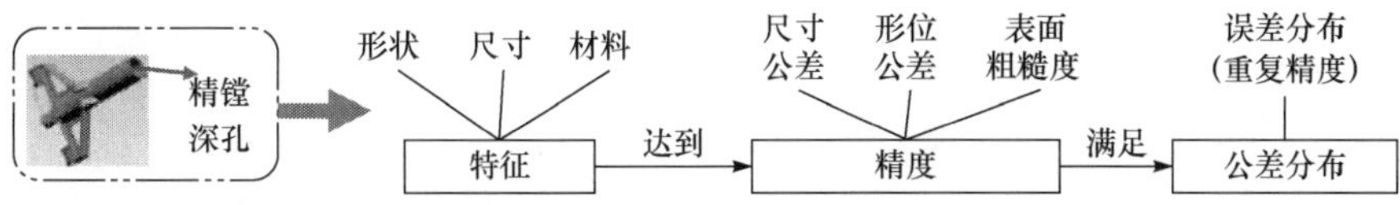

图 3.2　外协加工任务的加工对象描述模型

为更好地建立便于理解和应用的加工对象模型，首先对特征、精度和公差分布等进行约定。

定义 3.1　特征是指工序级外协加工任务中的工序要加工的零件加工特征，包括加工特征的形状、尺寸和材料。

定义 3.2　精度是指工序级外协加工任务中的零件加工特征经过该道工序要达到规定的尺寸公差、形位公差和表面粗糙度等。

定义 3.3　公差分布是指在制造资源上试加工一批样品，然后通过统计这批样品的性能，得到制造资源加工的实际零件的误差分布规律，从而确定制造资源能否满足终端客户对零件合格率的要求。

根据加工对象的描述模型和以上定义，使用集合论和关系代数对外协加工任务的加工对象进行形式化描述，过程如下：加工特征集合 Feature＝{孔，凸台，槽，台阶，面，型腔，…，螺纹}，加工精度集合 Performance＝{形状尺寸，位置尺寸，直线度，圆度，…，同轴度}，公差分布集合 Quality＝{均值，上限，下限，合格率}。

不同的加工特征具有不同的加工精度，对于每个精度项都有其公差分布要求，而工序级外协加工任务面向的是零件的某一加工特征，通过以上分析可将工序级外协加工任务的加工对象形式化表达为

$$\text{PrMachineObject}=(\sigma_{\text{Feature}=?}R(\text{Feature},\text{Performance}))\triangleright\triangleleft R(\text{Performance},\text{Quality}) \tag{3.1}$$

式中

$R(\text{Feature},\text{Performance})\subset \text{Feature}\times \text{Performance}$（“×”为集合的笛卡儿积）

$R(\text{Performance},\text{Quality})\subset \text{Performance}\times \text{Quality}$（“×”为集合的笛卡儿积）

σ 为集合的条件选择运算符；$\bowtie$ 为集合的连接运算符。

(3) 生产要求。

PrProductRequirement 表示工序级外协加工任务的生产要求，包括要加工的零件批量、批次和交货期限，根据工序级外协加工任务的此项要求计算制造资源的生产能力是否符合条件，其形式化描述如下：

$$\text{PrProductRequirement}=\{\text{LotSizing},\text{Batch},\text{DueDate}\} \tag{3.2}$$

式中，LotSizing 为生产批量；Batch 为生产批次；DueDate 为交货期。

(4) 其他要求。

PrExtraRequirement 是指工序级外协加工任务的其他技术要求、交接要求和发包商能支付的费用等。例如，要求采用意大利深孔加工机床加工，每月底运输一批到某地，发包商支付每件多少费用，总价为多少。其形式化描述为

$$\text{PrExtraRequirement}=\{\text{TechRequirement},\text{DeliveryRequirement},\text{Payment}\} \tag{3.3}$$

可进一步改写为

$$\text{PrExtraRequirement}=\{\text{TechRequirement},\text{DeliveryRequirement},\text{UnitPrice},\text{TotalPrice}\} \tag{3.4}$$

式中，TechRequirement 为其他技术要求；DeliveryRequirement 为生产过程中或生产完成后的成品交接要求；UnitPrice 为单个零件单道工序的价格；TotalPrice 为整个工序级外协加工任务的总价格。

2. 基于 XML 的工序级外协加工任务数字化描述

可扩展标记语言 XML 是一种元语言，是 Internet 环境中跨平台的、依赖于内容的一项技术，广泛应用在基于网络的数据存储和通信过程中。这里选择 XML 建立工序级外协加工任务的数字化描述模型，如表 3.1 所示。

表 3.1　基于 XML 的工序级外协加工任务模型

行号	XML 代码
1	<? xml version="1.0" encoding="gb2312"?>
2	<ProcessTask>
3	<PrBasicInfo>
4	<TaskID>PrT201204170001</TaskID>
5	<TaskName>起落架外筒深孔精镗</TaskName>

续表

XML 代码

```xml
    <TaskIntro>精镗 XX 件起落架的深孔，精度达到 XX，表面粗糙度达到 XX</TaskIntro>
    <Customer>XX 起落架有限公司</Customer>
  </PrBasicInfo>
  <PrMachineObject>
    (孔，圆柱度，均值，上限，下限，合格率)…
    (孔，垂直度，均值，上限，下限，合格率)
  </PrMachineObject>
  <PrProductRequirement>
    <LotSizing>120</LotSizing>
    <Batch>10</Batch>
    <DueDate>10 个月</DueDate>
  </PrProductRequirement>
  <PrExtraRequirement>
    <TechRequirement>要求采用意大利深孔加工机床加工</TechRequirement>
    <DeliveryRequirement>每月底运输一批到 XX</DeliveryRequirement>
    <Payment>
      <UnitPrice>XX</UnitPrice>
      <TotalPrice>XXX</TotalPrice>
    </Payment>
  </PrExtraRequirement>
</ProcessTask>
```

3.2.2 零件级加工任务形式化描述

1. 零件级外协加工任务分解

为实现零件级外协加工任务与制造资源的对接，需要将层次较高、需求抽象的零件级外协加工任务进行分解，将其具体化、形式化。加工任务的分解是对其进行形式化描述的基础，要遵循一定分解原则、分解规则的约束下才能顺利实现。

任务分解是一个复杂的决策和优化问题，需要反复确定分解的层次、粒度和耦合性等，其分解原则如下。

1）层次分解原则

按照层次结构的形式将加工任务进行分解，不同层次的加工任务具有不同的粒度，高层次的加工任务由低层次的加工任务组合而成。对于零件级外协加工任务，按照零件层—特征层—工序层的顺序从高到低逐层进行分解，形成三层结构的加工任务树。

2）粒度控制原则

在加工任务分解的过程中，其分解粒度是可以视实际情况进行调整的，最上层是零件级，最底层是工序级。粒度过粗导致加工任务的加工过程过于复杂，难以实现较优的制造资源配置，粒度过细同样会产生分解过程复杂，各任务节点间的衔接工作增加，从而增加资源配置、调度和监控的难度。

3）耦合原则

对于相同层次上的相互依赖度较高的任务节点，即强耦合的任务节点，可以将其整合为一个任务节点，或者多个任务节点具有相似的加工目标，可以将其合并为一个任务节点。可见，分解过程中同时进行着局部优化的过程。

对于加工任务的分解过程，除了需要一些指导原则外，还需要具体的加工任务分解理论和方法，这里采用与/或树来表示加工任务树。加工任务树中的节点表示一个可执行的加工任务，连接于两个节点之间的有向弧表示任务之间的层次包含关系。相关定义如下：

定义 3.4　加工任务树的树根是零件级加工任务，用 Part_Task 表示；中间节点是特征级加工任务，用谓词 Feature_Task 表示；叶子节点表示工序级加工任务，用 Process_Task 表示。

定义 3.5　加工任务之间的分解和继承关系用谓词 super_task_of 和 sub_tasks_of 表示，并且一个父节点可以分解为多个子节点，但一个子节点只能继承一个父节点。

定义 3.6　子节点之间的逻辑关系。

在与/或树中，子节点间有“与关系”和“或关系”两种逻辑关系，根据以上关系，这里将加工任务的子节点之间的关系定义为与结构、或结构和混合结构三种，如图 3.3 所示。

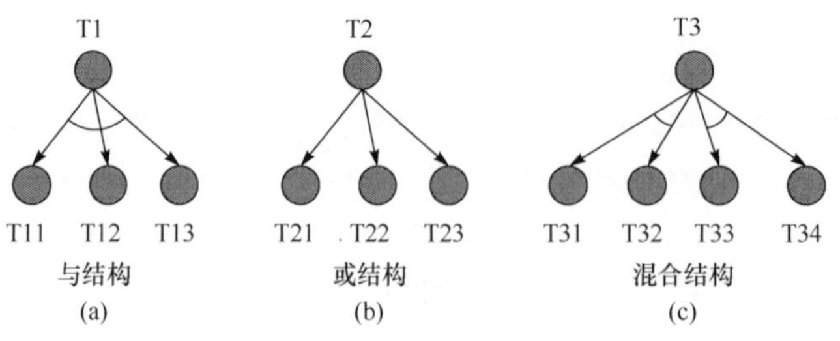

图 3.3　加工任务子节点之间的逻辑关系

(1) 与结构：表达子节点之间是一种“逻辑与”关系，当所有子节点执行完毕时，父节点才执行完毕，用谓词 and 表示。

(2) 或结构：表达子节点之间是一种“逻辑或”关系，当任何一个子节点执行完毕，那么父节点执行完毕，用谓词 or 表示。

(3) 混合结构：表达子节点之间同时具有与、或两种关系。

将零件级外协加工任务采用与/或树分解得到的加工任务树模型，如图 3.4 所示。

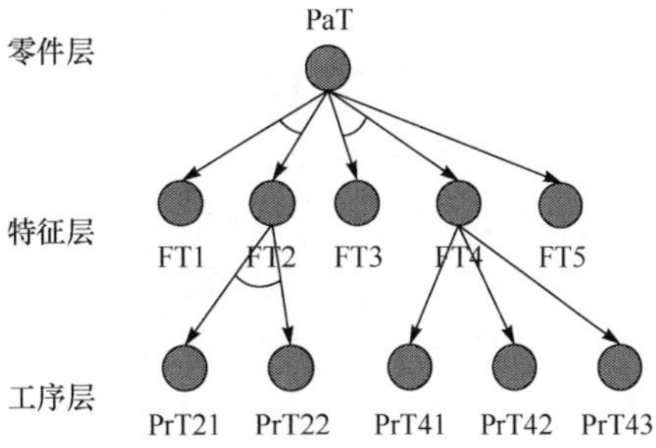

零件层　PaT
特征层　FT1　FT2　FT3　FT4　FT5
工序层　PrT21　PrT22　PrT41　PrT42　PrT43

图 3.4　零件级外协加工任务的分解与/或树

加工任务的分解与/或树由加工任务节点、有向连接弧和节点逻辑关系三种元素组成，这里用一个三元组表示：Task_Tree＝{T,L,R}，其中：

T＝{task_1,task_2,…,task_n}是加工任务节点的集合；

L＝{link_1,link_2,…,link_m}是有向连接弧的集合，其中 link_i＝(task_j,task_k)表示从节点 task_j 指向 task_k 的有向连接弧，task_j,$\text{task}_k \in T$；

R＝{relation_1,relation_2,…,relation_m}是加工任务的节点逻辑关系集合，若 ralation_i(task_j,task_k)＝and，表示 task_j 和 task_k 的关系为“逻辑与”，若 ralation_i(task_j,task_k)＝or，则表示 task_j 和 task_k 的关系为“逻辑或”。

2. 零件级外协加工任务工艺链建模及其形式化描述

采用有向网络图表示上述零件级外协加工任务的分解与/或树中的叶子节点及其执行顺序，建立的有向网络图即为零件级外协加工任务工艺链。因此零件级外协加工任务工艺链定义为：用于表达外协零件的整个加工过程的动态的、复杂的、基于时序的扩展有向网络图。

1) 扩展有向网络图

有向网络图由节点和连接弧组成，这里通过扩展节点的种类对有向网络图进行了扩展，增强了有向网络图的表达能力。为更好地将扩展有向网络图应用于零件级外协加工任务工艺链建模中，下面约定了扩展有向网络图的相关概念。

(1) 节点。

节点包含“活动节点”、“逻辑节点”和“标志节点”三种类型，如图 3.5 所示。

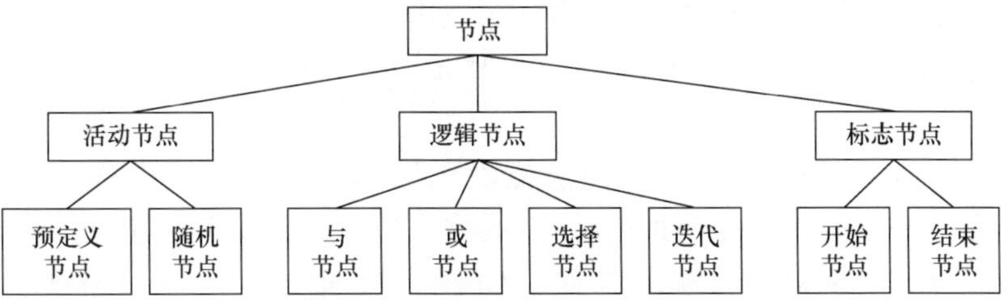

图 3.5　扩展有向网络图的节点类型

定义 3.7　活动节点是指需要消耗一定时间的一项明确工作，一个活动节点是一个加工任务树中叶子节点的抽象表示，通常为一个工序级加工任务。可分为预定义节点和随机节点，预定义节点指制定零件加工计划时定义的节点，设定其类型编号为 11，随机节点指零件加工过程中动态添加的节点，设定其类型编号为 12。

活动节点具有三重属性：

第一，唯一性。其标识为活动节点的序号。

第二，物理属性。活动节点代表一个加工任务，这个加工任务的相关信息作为它的第二种属性，如活动名称、开始时间、结束时间等。

第三，协同性。如果节点与其他节点有信息交互，则该节点具有协同性。根据节点间连接弧的方向性，协同属性分为两种：前向信息交互节点和后向信息交互节点。

定义 3.8　逻辑节点控制活动流的流转，表示活动节点间串行、并行、选择、迭代等逻辑关系，是工艺链中辅助性节点，在工艺链中不必须存在，设定 4 种逻辑节点的类型编号分别为 21、22、23 和 24。

定义 3.9　标志节点主要用来描述工艺链构建过程中的标志性动作，包括开始节点和结束节点，显示的表示工艺链构建过程的开始和结束动作，设定 2 种标志节点的类型编号分别为 31 和 32。

(2) 连接弧。

定义 3.10　连接弧是连接两个节点的有向线段，从前驱节点执行后继节点，表示控制流和数据流的流动方向。连接弧与它们所连接的节点构成了整个加工过程的控制逻辑和时序关系。

2) 零件级外协加工任务工艺链建模

根据零件级外协加工任务的分解结果，将加工任务分解与/或树中的叶子节点抽象为活动节点，并按照与工序级外协加工任务描述相似的方法配置活动节点的相关信息，得到基于扩展有向网络图的零件级外协加工任务链模型。建模过程为：

步骤 1：选取加工任务节点集中的所有叶子节点并抽象为有向网络图的活动节点。

步骤 2：确定有向网络图的起始位置、各活动节点间的先后顺序与依赖关系，在此基础上添加标志节点和逻辑节点。

步骤 3：分析各节点间的数据流和控制流，根据分析结果设置各节点间的连接弧。

步骤 4：按照工序级外协加工任务描述方式，配置各活动节点的属性。

经过以上步骤，得到基于扩展活动网络图的零件级外协加工任务工艺链模型，如图 3.6 所示。零件级外协加工任务工艺链是一个有序的二元组 Process_Chain=$\{N,E\}$，其中 $N=\{n_i \mid i=1,2,\cdots,m\}$是工艺链中节点的集合，节点

$$n_i=\begin{cases}\{\text{nid},\text{ntype},\text{ProcessTask}\}, & \text{ntype}=11,12\\ \{\text{nid},\text{ntype}\}, & \text{ntype}=\text{其他}\end{cases}\tag{3.5}$$

$E=\{e_i\,|\,i=1,2,\cdots,l\}$是工艺链中连接弧的集合，其中连接弧 $e_i=\{\text{eid},n_j,n_k\}$，$n_j$，$n_k\in N$ 表示从节点 n_j 指向节点 n_k 的有向边。

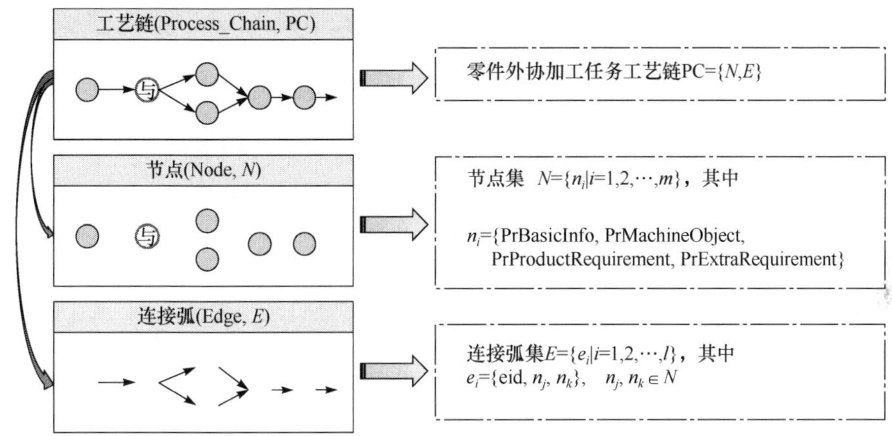

图 3.6　零件级外协加工任务工艺链及其形式化描述

结合加工任务的管理和上述生产加工的工艺链等相关信息，可得零件级外协加工任务的形式化描述为：PartTask＝{PaBasicInfo，Process_Chain}，其中：PaBasicInfo＝{TaskID，TaskName，TaskIntro，Customer}为零件级外协加工任务的基本信息，各子项分别表示加工任务唯一标识、加工任务名称、加工任务简介和任务发布者；Process_Chain＝{N，E}表示零件级外协加工任务工艺链。

3）基于 XML 的零件级外协加工任务数字化描述

与工序级外协加工任务的描述方法一样，零件级外协加工任务的描述也是基于互联网进行的，除了使用与/或树、有向网络图、集合论等数学方法表达加工任务外，还需要采用 XML 建立零件级外协加工任务的数字化描述模型，如表 3.2 所示。

表 3.2　基于 XML 的零件级外协加工任务数字化描述模型

XML 代码

```
<? xml version="1.0" encoding="gb2312"? >
<PartTask>
  <PaBasicInfo>
    <TaskID>PaT201204170001</TaskID>
    <TaskName>起落架外筒加工</TaskName>
    <TaskIntro>加工 XX 件起落架外筒，深孔精度达到 XX，表面粗糙度达到 XX</TaskIntro>
```

续表

```xml
    <Customer>XX起落架有限公司</Customer>
  </PaBasicInfo>
  <ProcessChain>
    <Nodes>
      <Node id="Pr201204170001" ntype="11">
        预定义活动节点
        与工序级外协加工任务数字化模型 ProcessTask.xml 格式相同
      </Node>
      <Node id="Pr201204170002" ntype="11">
        随机活动节点
        与工序级外协加工任务数字化模型 ProcessTask.xml 格式相同
      </Node>
      <Node id="Pr201204170003" ntype="21"/>
      <Node id="Pr201204170004" ntype="22"/>
      <Node id="Pr201204170005" ntype="23"/>
      <Node id="Pr201204170006" ntype="24"/>
      <Node id="Pr201204170007" ntype="31"/>
      <Node id="Pr201204170008" ntype="32"/>
    </Nodes>
    <Edges>
      <Edge id="E201204170001">
        <FromNode>Pr201204170007</FromNode>
        <ToNode>Pr201204170001</ToNode>
      </Edge>
      <Edge id="E201204170002">
        <FromNode>Pr201204170001</FromNode>
        <ToNode>Pr201204170002</ToNode>
      </Edge>
    </Edges>
  </ProcessChain>
</PartTask>
```

4）零件级外协加工任务实例分析

以某型飞机起落架的扭力臂作为零件实例来说明零件级外协加工任务的建模

过程，扭力臂模型如图 3.7 所示。

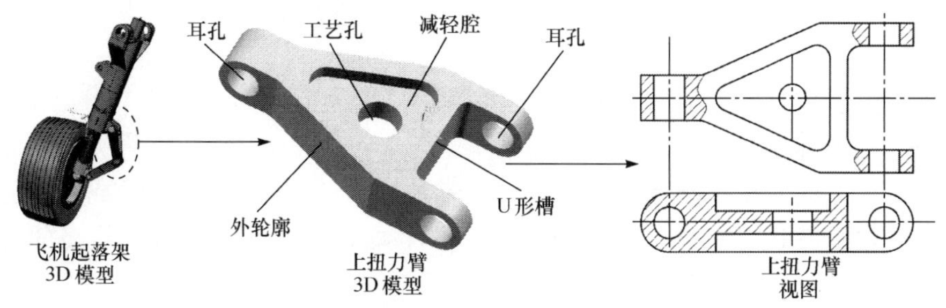

图 3.7　某型飞机起落架的关键零件上扭力臂

首先根据上扭力臂的零件特征和前述的加工任务分解方法，将其加工过程按零件、特征和工序三个层次分解，如图 3.8 所示。

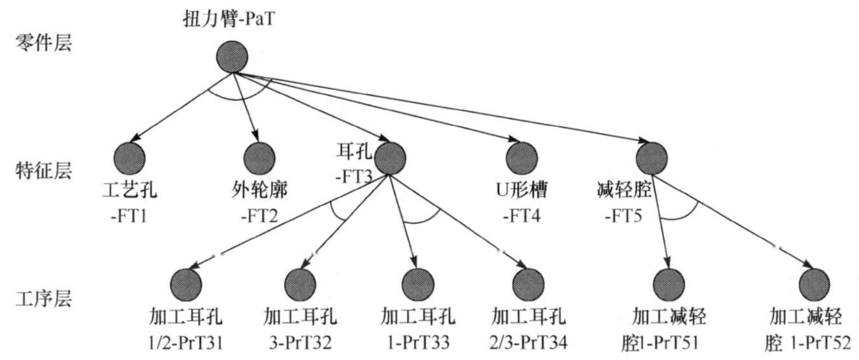

图 3.8　起落架上扭力臂的加工任务分解与或树

然后将加工任务分解树中的叶子节点转换为工艺链活动节点，在此基础上建立基于扩展有向网络图的扭力臂外协加工任务的工艺链模型，如图 3.9 所示。

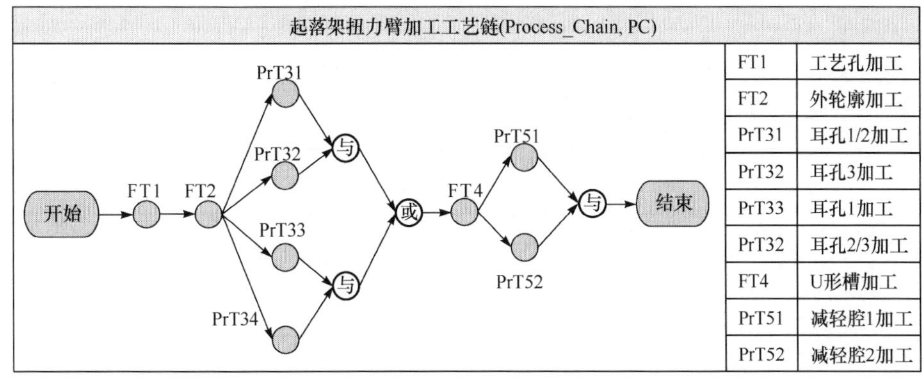

图 3.9　某型飞机起落架关键零件-扭力臂的加工工艺链

3.3 车间加工任务的承包

3.3.1 加工任务的承包概述

车间加工任务的承包是指以单件/小批量/大批量类型的加工任务为接收任务类型的，以某类零件(如小型燃气轮机叶片精加工、非标件专用齿轮等)或重要工序(如大型精密模锻加工、高同轴度双孔加工)为接收加工对象的，以生产资源的合理高效利用为约束的，以获取更大利润为增值目标的一种跨企业/车间的加工任务处理方式。

承包外协加工任务的企业有两种：一种是专业性的加工服务企业，这种企业可能掌握着某些零部件加工的核心技术(如叶片精加工技术等)，并以承接外协加工任务为生；另一种是拥有过剩生产能力(如在某时间段某些制造设备处于空闲状态)的大型制造企业，这种企业能合理高效地利用已有车间加工资源，提高企业生产附加值，也会承接部分外协加工任务。这两类企业的不断涌现正是服务型制造逐步推进的结果，反之也促进了服务型制造的发展，两者相互促进，互惠共生。

3.3.2 车间生产能力和成本评估

车间制造资源的生产能力和生产成本评估是进行加工任务承包的基础。因为，针对具体的加工订单，其加工能力满足外协加工任务的要求，但生产能力和生产成本是否满足外协加工任务要求还需进行评估。

1. 车间生产能力评估

1) 单个制造资源的生产能力

制造资源的生产能力是动态变化的，生产过程主要针对多种工序，这里的生产能力与通常的生产能力有很大差异。为确定生产能力概念和计算生产能力，首先对一些基本概念进行约定。

定义 3.11 典型工序是指反映制造资源加工能力，并且产量、劳动量均较大的工序，或者产量比较大，加工特征具有代表性的工序。

定义 3.12 生产能力是单个制造资源满负荷工作时，单位时间内所能加工的零件工序数量。

首先确定制造资源的典型工序，然后计算其生产能力。计算方法主要分为四个步骤。

(1) 计算典型工序的产能，计算公式为

$$M_0=\frac{\eta s}{t_0},\quad 0\leqslant\eta\leqslant 1 \tag{3.6}$$

式中，M_0 为以典型工序为计算单位的生产能力；η 为单台设备单位时间内的全有效工作时间系数（考虑设备故障时间）；s 为单个制造资源中能加工典型工序的设备数量，由虚拟资源与物理资源的映射关系决定；t_0 为典型工序单位工序的工时定额。

(2) 计算工序换算系数，计算公式为

$$K_i=\frac{t_i}{t_0},\quad i=1,2,3,\cdots,n \tag{3.7}$$

式中，K_i 为第 i 个工序的换算系数；t_i 为第 i 个工序的工时定额；n 为工序个数。

(3) 将各个工序的生产批量换算成典型工序的批量，计算公式为

$$Q_0^i=Q_iK_i \tag{3.8}$$

式中，Q_0^i 为第 i 个工序的生产批量转换成典型工序后的批量；Q_i 为第 i 个工序的生产批量；K_i 为第 i 个工序的工序换算系数。

(4) 计算各具体工序的产能，计算公式为

$$M_i=\frac{\omega_i M_0}{K_i},\quad \omega_i=\frac{K_iQ_i}{\sum\limits_{i=1}^{n}K_iQ_i} \tag{3.9}$$

式中，M_i 为第 i 个工序的生产能力；ω_i 为第 i 个工序占全部工序生产批量的比重。

基于以上对生产能力的定义和计算，将制造资源的生产能力定义为

$$\text{ProductCapa}=\{M_0,K,M\} \tag{3.10}$$

可进一步改写为

$$\text{ProductCapa}=\{M_0,K_1,K_2,\cdots,K_n,M_1,M_2,\cdots,M_n\}$$

式中，K 为所有工序的换算系数集合；M 为所有工序的产能集合。

2) 车间总制造资源的生产能力

基于上述的单个制造资源的生产能力，有两种方法评估车间资源的生产能力：①将各制造资源的生产能力转换为工序级外协加工任务所要加工的工序产能，然后计算在这种产能下能否在交货期前完成加工任务；②将工序级外协加工任务所加工工序的生产批量按比重分配到各制造资源上，并将分配的生产批量转换成各制造资源的典型工序的生产批量，分别计算各制造资源完成任务的时间，确定其中最晚的时间是否在交货期前。由于第二种方法难以确定比重，因此这里选择第一种方法评估制造资源的生产能力。

首先将各制造资源的典型工序产能转换为外协加工任务的工序产能，假设车间资源集中的第 j 个制造资源的典型工序产能为 M_{0j}，在第 j 个制造资源上加工任务所加工工序 i 的工序换算系数为 K_{ij}，依据具体工序产能计算公式(3.9)可以得到在第 j 个制造资源上加工任务所加工工序 i 的产能为

$$M_{ij}=\frac{\omega_{ij}M_{0j}}{K_{ij}},\quad j=1,2,\cdots,n,0<\omega_{ij}\leqslant 1 \tag{3.11}$$

式中，n 为车间资源集中制造资源的个数；ω_{ij} 为加工工序 i 占用第 j 个制造资源能力的比例系数。

在式(3.11)的基础上，可进一步计算使用车间资源集执行外协加工任务的完工时间。假设加工任务的生产批量为 $\mathrm{LotSizing}_i$，交货期为 $\mathrm{DueDate}_i$，当前时间为 T_0，则可得加工任务的完工时间为

$$\mathrm{FinishDate}_i = T_0 + \frac{\mathrm{LotSizing}_i}{\eta \sum_{j=1}^{n} M_{ij}}, \quad j = 1, 2, \cdots, n \tag{3.12}$$

式中，η 为考虑设备故障、物流耗时等情况的时间系数。

若 $\mathrm{FinishDate}_i \leqslant \mathrm{DueDate}_i$，则车间的总体生产能力满足承接的加工任务要求；若 $\mathrm{FinishDate}_i > \mathrm{DueDate}_i$，则车间的总体生产能力不满足承接的加工任务要求。

2. 车间生产成本评估

1) 单个工序的加工成本

生产成本是指制造资源加工零件工序时单位工时的成本或者单位工序的成本，并基于成本确定制造服务的价格。其形式化描述如下：

$$\mathrm{ProductCost} = \{C_t, C_p, P_t, P_p\} \tag{3.13}$$

式中，C_t 为单位工时的成本；C_p 为单位工序的成本；P_t 为单位工时的价格；P_p 为单位工序的价格。

2) 车间总生产成本估算

基于单个制造资源的生产成本，有两种方法评估成本：①基于工时成本的生产成本评估；②基于工序成本的生产成本评估。

若采用基于工时成本的生产成本评估方法，假设第 j 个制造资源的单位工时成本为 C_{tj}，则生产成本 $\mathrm{TotalCost}_i$ 的计算公式为

$$\mathrm{TotalCost}_i = \frac{\mathrm{LotSizing}_i}{\eta \sum_{j=1}^{n} M_{ij}} \times \sum_{j=1}^{n} C_{tj} \tag{3.14}$$

若采用基于工序成本的生产成本评估方法，假设分配到第 j 个制造资源上的工序数量占整个加工任务生产批量的比重为 ω_j，第 j 个制造资源的单个工序成本为 C_{pj}，则生产成本 TotalCost 的计算公式为

$$\mathrm{TotalCost}_i = \sum_{j=1}^{n} \omega_j \mathrm{LotSizing}_i C_{pj} \tag{3.15}$$

由于在生产排程之前难以确定分配到各制造资源上的生产批量，因此这里选择第一种方法评估生产成本。若 $\mathrm{TotalCost}_i \leqslant \mathrm{TotalPrice}_i$，则采用车间资源集的

生产成本满足外协加工任务要求；若 $TotalCost_i > TotalPrice_i$，则采用车间资源集的生产成本不满足外协加工任务要求。

3.4　面向车间原材料/在制品/成品/备件存储的 PW-PSS 服务

3.4.1　PW-PSS 概述

在传统离散制造系统中，原材料/半成品/成品的库存管理与控制依附于车间自身，耗费大量的人力、物力和财力。将工业产品服务系统 iPSS 的理念引入服务型车间库存中就形成了公共外库服务方式，它可以用于实现围绕以区域聚集（如工业园区）为特点的跨企业多服务型离散制造系统/车间的低成本在制品物流服务，并在产业服务链的高度实现零部件在制品的统一控制与管理，具有效率高和成本低等优点。因此，在服务型离散制造系统中引入公共外库服务方式可提升系统在制品库存服务的功能，实现制造物流的服务增值。

面向服务型制造车间的工序加工的原材料和成品库存存在第三方公共外库配送的模式，这种配送模式是在生产车间完成生产之后，由第三方物流或者企业将产品运至第三方的公共外库中，根据核心企业的需要，随时组织送货；这种方式与企业配送方式相仿，但优点是第三方公共外库的仓储的整合性能提高配送效率。因为第三方物流可以同时承包多个企业的物流配送，这样在送货的时候，可以根据核心企业的要求，搭配整合零部件。同时第三方物流的专业性为小批量多批次的运输提供了方便，能更好地保证核心企业的即时生产。其专业化的管理和服务不仅节约客户企业的配送成本，同时也为零件的即时配送提供保障。第三方物流是相对于“第一方”发货人和“第二方”收货人而言的。第三方物流既不属于第一方，也不属于第二方，而是通过与第一方或第二方的合作来提供其专业化的物流服务。

“公共外库”是提供服务型制造车间库存服务的第三方物流供应链管理商，根据服务型制造车间的库存服务需求，为服务型制造车间提供运输、仓储、装卸/搬运、配送、包装、加工、动产质押监管、采购等多个环节的物流供应链管理服务。其扩展定义可描述为：将区域聚集的所有服务型制造车间的原材料和产品都集中在一个仓库里面存储，由大型物流企业提供专业化的仓储与物流管理服务，并将各企业生产线上所需要的原材料全部由这个仓库按照生产调度指令直接配送到车间。大型物流企业提供专业化的管理系统保证财务数据、业务数据与生产企业管理系统对接，采用数据指挥人的方式准确调动车辆和仓库内物品，实时动态监测，确保仓储物品安全与车辆调度合理，降低生产企业仓储管理与货运成本，提高物流效率与质量，同时为多家服务型制造车间提供集采购、仓储、运输、装卸/搬运、包装、加工、配送、动产质押监管等多个环节在内综合性物流服务，如广东惠州仲恺工业园区“金泽物流”公共外库。

3.4.2 支持库存外包的 PW-PSS 模型

结合服务型制造的特点，提出了如图 3.10 所示的公共外库模型以支撑核心企业和客户企业的库存外包。在该模式下，公共外库负责人根据企业(包括核心企业和客户企业)仓储的需要，将企业相关产品运至库内，并通过 RFID 记录货物到库信息以及存储位置信息；当企业需要出货时，公共外库负责人可以通过货物存储信息快速找到需要出货的货物。在公共外库和企业之间建立物流供应链协作平台，使各种需求以及货物发、存、出的情况动态显示。

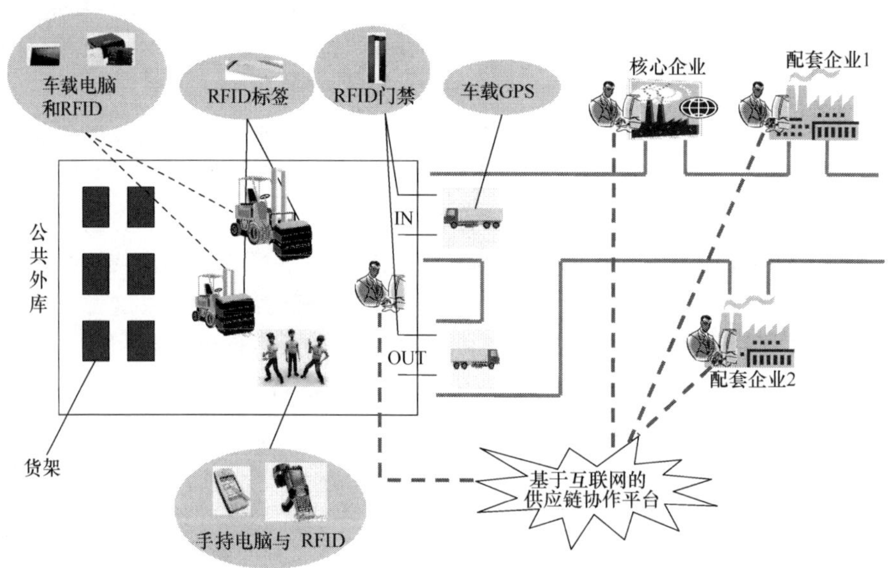

图 3.10 支持库存外包的公共外库模型

3.4.3 PW-PSS 仓储服务控制流程

在整个 soMES 的运行过程中，公共外库所面向的服务对象是区域集聚的服务型制造车间集群，核心制造企业为提高其产品的核心制造能力将库存服务外包给公共外库企业，公共外库企业将作为提供库存核心服务的企业存在于客户企业集群的生产服务活动链中，分析公共外库的库存增值模式首先需要对公共外库的库存服务中的仓储控制流程进行阐述，如图 3.11 所示。

从仓储控制流程的整体分析上，公共外库企业作为基于传统库存服务基础上的提供专业库存服务的企业，需要从其配套的供应商企业集群中采购相应的原材料送入仓储进行存储，这是作为公共外库企业的一种输入方式，该种输入作为公共外库库存服务的基本仓储特性以提供相应的成品给配套服务企业集群为输出；其次，作为提供专业的第三方 iPSS 库存服务提供商，其目标服务企业集群将其制造

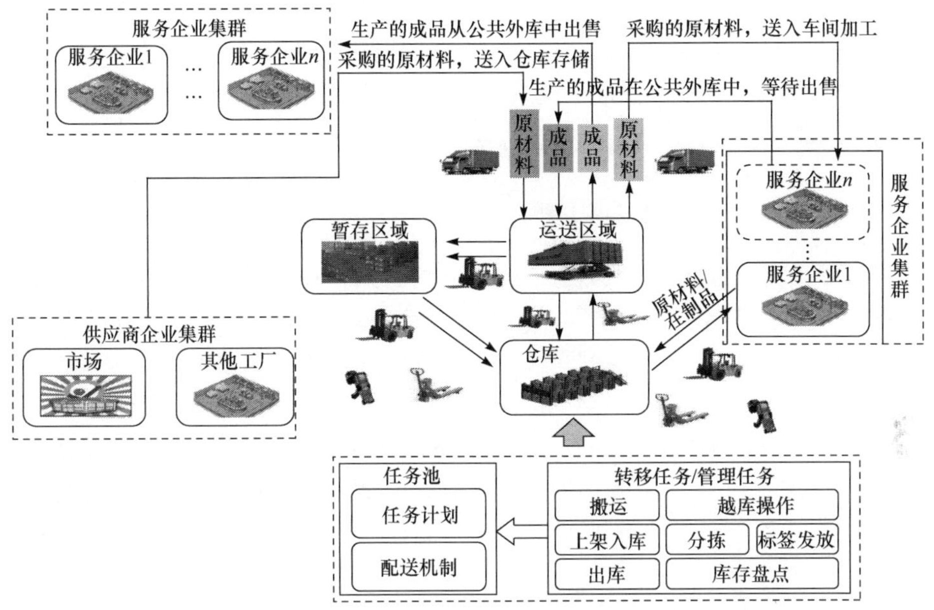

图 3.11　公共外库仓储控制流程

的成品以库存外包的形式存储在公共外库企业中，同时目标服务企业集群也将其原材料或加工过程中的在制品以外包任务的形式发包给公共外库企业，这是作为公共外库企业的库存承包服务的另一种输入方式，该种输入作为公共外库 iPSS 库存服务的关键仓储特性以服务承包的形式提供存储的原材料/在制品/成品给配套服务企业集群为输出；若用 PL 表示供应商企业集群，SL 表示配套服务企业集群，WL 表示公共外库企业，mc_1 表示原材料，mc_2 表示在制品，mc_3 表示成品，则根据上述整体分析可得如图 3.12 所示的关系表示。

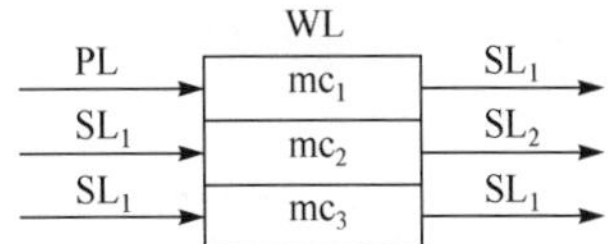

图 3.12　公共外库整体输入输出描述

其中，SL_1、SL_2 为不同性质的库存服务受方制造企业集群，如图 3.11 所示。

在仓储控制流程的内部库存服务实现上，公共外库企业将原材料/在制品/成品从库存的运送区域经由运送叉车的运送放至库存的暂存区域，而后经过相应的转移/管理任务操作存储在库存的仓库存储区，同时公共外库企业通过转移/管理任务将库存仓库存储区的材料/在制品/成品经由运送叉车放至库存的运送区域以库存运送服务的方式提供配套的服务企业集群，从基本流程上看与传统库存服务方式并无表面的不同，但由于公共外库企业作为 soMES 中专业的库存 iPSS 服务提供商，其库存本身的仓储控制特性与管理模式有不同于传统库存企业的地方，如图 3.11 所示的任务计划实施和配送机制方面，在库存管理任务实施上，公共外库企业以承包库存仓储服务的方式进行，而不是以往的清单列表的形式进行发布；在配送机制方面，公共外库企业以提高自身的专业库存服务能力为核心点进行仓储分配和库存产品配送效率的提升。

3.4.4 面向 PW-PSS 的仓储服务控制策略

1. PW-PSS 货物存储策略分析

作为服务于配套服务型制造企业集群的公共外库企业，其作为专业的库存iPSS服务提供商需要按照生产即时性要求给配套服务的制造企业运送制造资源中的原材料/在制品/成品。这些原材料/在制品/成品在公共外库企业中也是在仓库的货位位置上以箱/托盘为最小单位的形成予以存放的，作为公共外库企业本身则需要面对库存中货物的存放和库存中货区的划分等问题。从提升自身内部的仓储能力角度考虑，核心专业高效率的货物存储策略是公共外库企业提供给外包配套服务企业专业库存服务的基础，而同时这也是作为公共外库企业库存服务增值的途径。

传统库存中的货物存储策略有如表 3.3 所示的存储形式，虽然这些存储形式是相对于传统的一般库存货物存储形式而定，但对于制定公共外库的库存存储模式具有参考意义，如何针对公共外库的服务特点进行存储形式的确定是公共外库仓储控制中的第一步。由对公共外库的初步定义和描述可知，公共外库类似于工业园区中的一个大的“工业品超市”，由于其配套服务的各个企业的需求及生产情况不同，公共外库中的货物种类极其庞杂，每一种货物的实际环境情况都有所不同，如果对每一种货物都根据其实际情况而建立不同的模型，那么工作量十分巨大，并不现实。因此，就有必要对公共外库中的货物进行概念上的分类，并根据该分类结果来对货物进行不同的建模分析和深入研究。

表 3.3 货位存储策略

货位存储	定义	优点	缺点	适用情况
随机存放	货位是随机分配的，随机原则通常按货物入库的时间顺序存放于靠近出入口的货位	储位可共享，空间使用效率高	出入库管理和盘点工作难度高，货品存放不规律，具有相互影响的货品可能相邻存放，造成货品损害	厂房空间有限，需尽量利用存储空间，种类少而体积较大的货品
指定存放	每种货物的货位都是提前指定好的，每种货物有其固定货位，货物不用互用货位，需规划每种货物的货位容量	便于管理，所需总搬运时间较少	需较多储放空间，库存空间利用率较低	厂房空间大，多品种少量货品的储放

续表

货位存储	定义	优点	缺点	适用情况
分类存放	所有的货物按照一定特性加以分类,每类货物有固定位置	便于查询管理	库存空间平均使用率低	相关性大、周转率差别大、尺寸大的货品
分类随机存放	每一类货品存放在固定库区位置上,但货位分配是随机的	具有分类存放的优点,可节省货位数量,提高库区利用率	货品出入库盘点和管理工作有难度	空间大,多品种量大的货物
共享存放	不同的货品可共享货位空间	能够节省存储空间和搬运时间	管理在理论上相对比较复杂	空间有限,品种多、确定出入库时间的货品

公共外库作为配套服务企业的库存服务企业,其库存产品必然是多种货物,因此对其进行分类的方法也有多种。在这里,为了便于研究,决定采取一种较为简便的分类,即根据货物是否通用、是否为标准件来对其进行分类。根据以上原则,可以将公共外库的货物从整体上分为两大类:通用件和非通用件。

通用件是指可以相互通用替换,市面上可以购买的有相关标准分类的“大众”工业用品,如铆钉、螺丝、刀具、润滑油等。

非通用件是指不能通用替换,必须专门购买的专用件或无法购买到的工业产品,如半成品、在制品等。

这种分类方法导致的结果必然给公共外库库存的存储带来通用件区和非通用件区的划分。对于公共外库中的通用件类货物,必须要满足有关厂商生产的需要,保证不缺货断档。其对应的通用件区的货物库存服务特点可概括为:

(1) 货物种类多样性;

(2) 货物批量大;

(3) 货物出入库频率高;

(4) 货物的管理操作以挑选配送模式为主。

比对表 3.3 中的分析可知,对于通用件区的货物存储形式应主要考虑以分类随机存储为主,以提高货架利用率和工作效率。

非通用件区由于以提供配套服务企业的在制品/成品等非标准、企业特有的货物库存存储服务为主,其相对应的货物库存服务特点有:

(1) 以存放在制品和成品为主;

(2) 按服务企业划分货区;

(3) 存储货物多有尺寸重量大等特点;

(4) 货物库存服务面向订单;

(5) 货物的管理操作以托盘配送方式为主。

同样比对表 3.3 中的分析可知,对于非通用件区的货物存储形式应主要考虑以分区随机存储为主。

2. 基于概率服务水平的通用件区 ABC 分类仓储控制策略

将公共外库库存分为通用件区存储和非通用件区存储两种简单的大体布局后,在通用件区货物存储策略的分析中对其货物存储策略考虑以分类随机存储为主,故首先对通用件区存储的货物的分类方法进行分析。

企业仓库货物分类方法常用的是 ABC 分类方法。ABC 分类方法又称帕累托分类法,最早由意大利经济学家帕累托于 1906 年首次使用。这种方法的基本思想是:将库存物料按品种和占用资金的多少分为重要的 A 类、一般重要的 B 类和不重要的 C 类三个等级,针对不同等级分别进行管理和控制。其具体分类依据为:A 类物料项数为 5%～15%,所占资金为 60%～80%;C 类物料项数为 60%～80%,所占资金为 5%～15%;其余为 B 类物料,其项数与所占资金均为 15%～25%。从中可以得知,ABC 分类方法是依据某些品种的库存资金所占累计百分比而区分的。而实际上,占整个库存资金百分比小的货物品种往往是需要重点管理的地方,如作为公共外库企业的库存中存储的在制品不一定是库存资金百分比大的但也是需要重点管理的货物,所以这种分类存在一定的片面性。因此,本节在传统 ABC 分类方法的基础上提出基于概率服务水平的通用件区货物 ABC 分类方法。

基于概率服务水平的 ABC 分类方法综合考虑库存货物的周转频次和价值来划分其重要程度,因此,用该方法对库存货物进行分类,既能清楚地看出每种货物在整个库存中占用的价值大小,又能很方便地知道服务客户企业对该货物种类的使用频次,有助于合适的库存控制。

通过相关文献的分析得知,仓储运送设备如堆垛机和可升降叉车等完成一批作业的运行时间有随着货物分类增加而增加的趋势,而当货物分类不超过 10 类时,可以保证自动化立体仓库存储效率最高。根据该分析结果,结合 ABC 分类方法和通用件区货物库存服务特点,可将通用件区货物分为原材料类、备件类和辅助品类三大类,以便于控制实施。

$$I_i=\frac{f_i}{C_i} \tag{3.16}$$

式中,C_i 为通用件区货物 i 的库存总量;f_i 为通用件区货物 i 的出库频率,该数据可由库存历史数据获取或由经验值获得;I_i 为通用件区货物 i 的概率服务水平标准,也表示为立方体索引号(cube-per-order)COI 值。

式(3.16)的意义为:C_i 越小,f_i 越大,则 COI 值 I_i 越大,说明该货物 i 的出库频率越高,其需要入库的频率越高,该货物 i 的服务概率越大,则需要将该货物 i

安排在仓库货位离出入库口近的位置分布区。

$$\mathrm{COI}(A) = \sum_{i=1}^{n_A} I_i \tag{3.17}$$

$$\mathrm{COI}(B) = \sum_{i=1}^{n_B} I_i \tag{3.18}$$

$$\mathrm{COI}(C) = \sum_{i=1}^{n_C} I_i \tag{3.19}$$

式中，COI(A)为原材料类货物的概率服务水平；COI(B)为备件类货物的概率服务水平；COI(C)为辅助用品类货物的概率服务水平。

如此，通过比较原材料类货物 A、备件类货物 B、辅助用品类货物 C 的 COI 值大小来对通用件区的货物进行分类，从而可以确定基于原材料类、备件类和辅助用品类的库存区域划分。

3. 基于非通用件区的仓储控制策略

对于非通用件区，由于其特点为存储企业的在制品、半成品或成品等企业专有货物，该区域货物相对于通用件区货物存储其周转频率/流通性较低。从面向客户企业的服务出发，公共外库企业为提高其本身的库存服务核心竞争力需要为配套服务企业提供按服务需求进行控制的仓储存储策略。从库存分区和库存容量预警的角度，本节对公共外库的非通用件区分为客户企业划定分区和客户企业最大容量存放货物两种模式，并对该两种模式下的分区方法分别进行简要分析。

1) 基于客户企业分区服务需求的仓储控制策略

配套服务型制造企业将库存外包任务发包给公共外库企业，其客户企业所要求的外包库存产品具有独有性时，客户企业的库存外包服务中要求在公共外库库存区域中有自己单独的分区以获取独立的专业存储服务，此时该种服务模式类似于一个完全独立的传统库存，可以用以下数学关系进行形式化描述：

$$Q(i_Q, G_Q, \mathrm{NR}_Q) \tag{3.20}$$

式中，i_Q 为配套服务企业 ID；G_Q 为配套服务企业外包的库存产品；NR_Q 为配套服务企业外包库存产品的需求分区容量。

$\sigma_{i_Q=i}Q$ 可以表示为发包库存存储服务的客户企业 i，

$$\mathrm{WL}(j_{\mathrm{WL}}, N_{\mathrm{WL}}) \tag{3.21}$$

式中，j_{WL}为公共外库企业库存区 ID；N_{WL}为公共外库企业库存区容量表示。

$\sigma_{j_{\mathrm{WL}}=j}\mathrm{WL}$ 可以表示公共外库可以提供的库存服务分区 j，

$$\sigma_{\mathrm{NR}_Q<N_{\mathrm{WL}}}(\mathrm{WL}) \equiv \{j \mid \exists !\ j : j \in \sigma_{j_{\mathrm{WL}}=j}\mathrm{WL}\} \tag{3.22}$$

上式的意义为：在公共外库所提供的库存区容量 N_{WL}满足配套服务企业的需求分区容量 NR_Q 的前提下，选择唯一的一个库存服务分区 j 提供给配套服务企业以满足其外包的库存存储服务需求。

2）基于客户企业货位量服务需求的控制策略

对于公共外库企业本身，为提升其核心库存服务水平，往往需要其承包的库存仓储服务由公共外库企业本身进行管理控制，同时公共外库企业按需分配给客户企业相应的库存服务，由此提出基于客户企业货位量服务需求的仓储控制方法，其形式化描述为

$$Q'(i_{Q'}, P_{\max, i_{Q'}}) \tag{3.23}$$

式中，i_Q 为配套服务企业 ID；$P_{\max, i_{Q'}}$ 为配套服务企业外包库存产品的最大需求货位存储容量。

$\sigma_{i_{Q'}=i}Q'$ 可以表示为发包库存存储服务的客户企业 i，

$$\text{PW}(j_{\text{NW}}, \text{NW}) \tag{3.24}$$

式中，j_{NW}为公共外库企业分配的货位存储容量；NW 为公共外库企业所能分配的存储容量。

$\sigma_{j_{\text{NW}}=\sigma_{i_{Q'}=i}Q'}\text{PW}$ 表示公共外库企业分配给某客户企业 i 的货位存储容量，

$$\sigma_P(\text{PW}) \equiv \left\{P \mid \exists P: \sum_{i_{Q'}}^{k} P_{\max, i_{Q'}} \leqslant \text{NW}\right\} \tag{3.25}$$

上式的意义为：公共外库企业按照客户企业所需的最大货位存储容量需求提供相应的货位存储容量服务，同时其服务的客户企业所需的总货位存储容量需求在公共外库所能提供的存储容量范围之内。

从对式(3.22)、式(3.25)的理解可知，基于客户企业分区服务需求的库存区域划分布局配置的优点是分区独立，便于管理，具有分类存放的优点，其缺点是动态需求服务能力差，空间平均利用率低；而对于基于客户企业货位量需求的库存区域划分布局配置的优点是响应动态服务需求能力好，具有随机存储的优点，其缺点是库存管理难度大，公共外库企业控制成本高。

3.4.5 基于改进自适应遗传算法的仓储货位分配

1. 仓储货位分配建模分析

在讨论分析完公共外库中有关货位存储控制的服务内容后，本节需要研究的一个重要问题是如何提高公共外库企业面对客户企业提供库存服务时的服务效率和服务水平，而其中关键的研究点之一在于如何提高作为公共外库企业内部的仓储货位在出入库管理流程中的分配问题。

对该问题的描述为：依据公共外库的仓储控制流程，按照客户企业的生产活动需求，以客户企业发包的出入库服务需求订单为仓储管理输入，在公共外库企业内部从目标需求货物区域中采用相应的管理控制策略或方法得到对应的货物货位集

合，最终以该货位集合的货物清单作为提供服务的输出分配给相应的客户企业。

对该问题的定义如下。

定义 3.13 公共外库企业的仓库货架配置为单元货格式立体高层货架，其特点是每层都是由同一尺寸的货格组成，货格开口面向货架之间的通道，装取货机械(本节具体指可升降叉车)在通道中行驶并能对左、右两边的货架进行装、取作业。每个货格中存放一个货物单元或组合货物单元。

定义 3.14 出入库货位分配为在已存放 m 种货物的立体货架上依据某种目标从需要分配货位的货物种类的货位集合中获取合适货位以分配该种类货物。

定义 3.15 库存区货物种类已知，出/入库任务单已根据调度原则分配给相应的可升降叉车，叉车之间互相不影响。

定义 3.16 叉车一个作业动作操作一个货位，叉车位置设定为坐标原点，作业最小单位为分拣操作后的箱/托盘。

定义 3.17 叉车水平方向和垂直方向的运动均假定为匀速运动，叉车初始垂直方向位置为零点，规定取到货物后需要将货物首先从垂直方向下降到零点。

定义 3.18 库存区受出库频率高的影响，不考虑货物重量放置高低对货架稳定性的影响。

由以上分析和定义得到该问题的数学描述如下。

已知：公共外库企业某出/入库任务单为 $C=(K,N,T)$，其中 $K=\{k_1,k_2,\cdots,k_i\}$ 表示任务单中的货物种类，$N=\{n_{k_1},n_{k_2},\cdots,n_{k_i}\}$ 表示某种货物对应的以托盘/箱计的数量，$T=\{t_{k_1},t_{k_2},\cdots,t_{k_i}\}$ 表示某种货物在出/入库任务单中的时间队列，按照先到先服务的原则进行出/入库顺序排列，则出/入库任务队列为

$$\mathrm{LC}=(k_1\times n_{k_1}\times t_{k_1})\cup(k_2\times n_{k_2}\times t_{k_2})\cup\cdots\cup(k_i\times n_{k_i}\times t_{k_i}) \tag{3.26}$$

公共外库企业库存中的货架货位表示为 W_{xyz}，该货位的中心点坐标记为 (x,y,z)，其中 x 表示该货位所在货架的位置坐标，y 表示该货位在该货架的列位置坐标，z 表示该货位在该货架的层位置坐标。

求解：如何分配合适 W_{xyz} 的给 LC，使得公共外库企业在完成该出/入库任务队列的总效率最高，从而提升公共外库企业的库存服务水平。

建立基于以上数学描述的公共外库仓储货位分配的数学模型

$$\min \sum_{j=1}^{\sum_{m=n_{k_1}}^{n_{k_i}} m}\left(\left(f_R(t_{x_j},t_{y_j},t_{z_j})+f_C(t_{x_j},t_{y_j},t_{z_j})+\Delta t_j\right)W_{x_j y_j z_j}\right) \tag{3.27}$$

式中，$f_R(t_{x_j},t_{y_j},t_{z_j})$ 为可升降叉车从起点即原点运行到目标货位的时间；$f_C(t_{x_j},t_{y_j},t_{z_j})$ 为可升降叉车从目标货位运行到目标点的时间；Δt_j 为常量时间值，如可升降叉车装卸货物的固定时间、可升降叉车从货架区终点到出库缓存区的运行时间

等；$W_{x_jy_jz_j}$ 为货位决策变量。

$$n_{k_i} \in N \tag{3.28}$$

建立该数学模型中对货架的自然约束：$x\in N, 1\leqslant x\leqslant H_x$，$H_x$ 为库存中货架数量；$y\in N, 1\leqslant y\leqslant H_y$，$H_y$ 为某货架的列数；$z\in N, 1\leqslant z\leqslant H_z$，$H_z$ 为某货架的层数。

对于 $W_{x_jy_jz_j}$，有

$$\sum_{j}^{n_{k_i}} W_{x_jy_jz_j} = 1 \tag{3.29}$$

$$W_{x_jy_jz_j} = \begin{cases} 1, & W_{x_jy_jz_j} \neq \varnothing \\ 0, & W_{x_jy_jz_j} = \varnothing \end{cases} \tag{3.30}$$

$$W_{x_jy_jz_j} \in W \tag{3.31}$$

其中，式(3.29)为货架中货位的唯一性约束；式(3.30)为该货位是否为目标货位的选择决策变量；式(3.31)中 W 为动态更新的当前货位集合。

对于 $f_R(t_{x_j}, t_{y_j}, t_{z_j})$，有

$$f_R(t_{x_j}, t_{y_j}, t_{z_j}) = \frac{x_j + y_j}{v_{\mathrm{h}}} + \frac{z_j}{v_{\mathrm{v}}} \tag{3.32}$$

式中，v_{h} 为可升降叉车的水平运动速度；v_{v} 为可升降叉车的垂直运动速度。

对于 $f_C(t_{x_j}, t_{y_j}, t_{z_j})$，有

$$f_C(t_{x_j}, t_{y_j}, t_{z_j}) = \begin{cases} f_R(t_{x_j}, t_{y_j}, t_{z_j}), & \text{沿原路返回} \\ (x_j + y - y_j)/v_{\mathrm{h}} + z_j/v_{\mathrm{v}}, & \text{否则} \end{cases} \tag{3.33}$$

综合以上各式，得到公共外库企业为提升自身库存服务效率和水平的仓储货位分配的数学模型。该数学模型即下文中的目标函数。下面将针对该模型进行具体的算法解算和应用研究。

2. 仓储货位分配模型的改进自适应遗传算法解算

通过上述对该仓储货位分配问题的定义和模型的构建可知，问题的求解属于组合优化问题。解决该类问题的方法很多，下面在研究已有成果的基础上提出一种改进的自适应遗传算法进行模型的解算和优化。该改进自适应遗传法是在基本遗传算法的基础上提出的。基本遗传算法的描述定义为

$$\mathrm{SGA} = (C, E, P_0, M, \Phi, \Gamma, \Psi, T) \tag{3.34}$$

式中，C 为个体的编码方法；E 为个体适应度评价函数；P_0 为初始群体；M 为群体大小；Φ 为选择算子；Γ 为交叉算子；Ψ 为变异算子；T 为遗传运算终止条件。

1）改进自适应遗传算法染色体基因编码方式设计

在整个遗传算法中，染色体的编码是首先需要解决的关键问题，染色体的编码

需要考虑染色体使用时的可行性、合理性和有效性三个方面的问题，且其编码方式能够对所需要解决的问题表达出所有的解空间。染色体编码方式上的设计主要从以下几个方面进行：第一，编码后的染色体是否能够由一般的遗传操作将染色体的优点遗传到后代的群体中；第二，编码后的染色体是否能够足以表达问题的所有解空间；第三，最重要的是编码后的染色体是否容易实现解码的操作。

考虑上述对编码方式的分析，从已有的二进制编码、实数编码、符号编码、字符串编码、十进制编码等诸多编码方式中针对本节中需要解决的实际问题提出采用实数编码的方式进行染色体的表达。

假设当前公共外库的出入库任务实例为货物数量为 4 个目标货位，而其目标可选的货位集合可从公共外库对应的库存存储集合 W 中获取，分别为如表 3.4 所示的货位，如 020301 表示为货架 2 的第 3 列第 1 层对应的货位。

表 3.4　一个可选货位集合的例子

020301	020302	020303	020201	020102	020203	020501	020603

假设经过算法的解算结果其目标货位分别为 020301，020303，020202，020603，则该目标货位可经由实数编码方式表示为如表 3.5 所示的染色体。

表 3.5　染色体基因编码方式举例

0	2	4	7

编码中，第一位的 0 表示可选货物集合中的第一个元素索引，第二位的 2 表示可选货位集合中的第三个元素索引，依次类推得到染色体编码为 0247。对应出入库任务的多种货物的各种不同数量要求即可类似得到相同的编码染色体。该染色体的意义为：对应出入库单的货物，取得其可选货位集合元素下标编码以便对应解算得到合适的对应货位。该编码方式具有以下优点：

(1) 编码串长度显著下降，解码过程操作简单；

(2) 编码了二进制编码产生的不可行解；

(3) 遗传操作不直接作用于解空间，更加符合遗传计算的规则。

2) 改进自适应遗传算法初始种群设计

为加强算法进行的优化效果，提高算法中染色体群体的多样性，对初始染色体种群采用随机生成的方法，其流程设计如图 3.13 所示。

由图 3.13 可知，该流程所表示的初始种群生成是基于出/入库任务单中的目标货物种类对应的可选货位集合，以随机函数生成约束范围内的随机数为基本思想随机生成初始种群，从而保证初始种群中染色体的多样性要求。

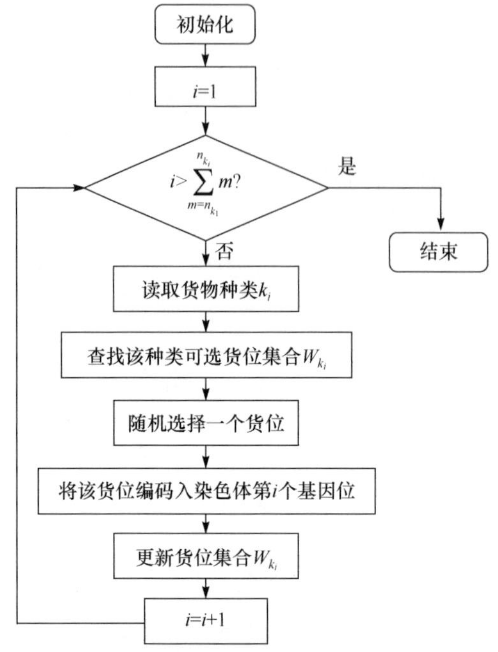

图 3.13　初始种群产生设计流程

3）染色体适应度函数

遗传算法是按照与个体适应度成正比的概率来决定当前群体中每个个体遗传到下一代群体中的机会多少，个体的适应度越大，该个体被遗传到下一代的概率也越大，反之，则越小。为正确计算不同情况下的各个个体的遗传概率，要求所有个体的适应度必须为正数或零，不能是负数，如此必须预先确定好由目标函数值到个体适应度之间的转换规则。为此，给出如下的适应度函数：

$$\text{fitness}=\begin{cases}F_{\max}-F, & F_{\max}>F\\ 0, & F_{\max}\leqslant F\end{cases} \tag{3.35}$$

式中，F 为目标函数值，由式(3.27)获得；$F_{\max}$ 为当代进化个体中按照目标函数计算的最大值。

4）染色体的遗传进化设计

遗传算子的进化设计只要包括选择、交叉、变异三个方面，其中基于遗传算法基础进行的自适应遗传算法的改进体现在该处的进化设计过程中，其详细操作如下。

(1) 选择操作。

遗传算法的选择操作是种群中各个体优胜劣汰的具体体现，在算法中占有相当重要的部分。通过对种群中的个体进行选择操作，能够保证种群中的具有较优特性的个体得以保存下来的概率很大，而较劣个体被淘汰的概率很大，实现种群的优胜劣汰的模式。这里的选择操作为无回放余数随机选择，其具体操作过程是：

① 计算群体中每个个体在下一代群体中的生存期望数目 N_i：

$$N_i = \frac{N \cdot \text{fitness}_i}{\sum_{i=1}^{N} \text{fitness}_i}, \quad i = 1,2,\cdots,N \tag{3.36}$$

式中，fitness_i 为染色体个体 i 按照式(3.35)计算得到的适应度值；N 为当前群体中的染色体个体个数。

② 取 N_i 的整数部分$[N_i]$为对应个体在下一代群体中生存数目。这样共确定出下一代个体数 $\sum_{i=1}^{N}[N_i]$ 个个体。

③ 以 Newfitness_i 为各个个体的新的适应度，再用基本的比例选择方法(轮盘赌选择）来随机确定下一代群体中还未确定的 $N - \sum_{i=1}^{N}[N_i]$ 个个体。其中 Newfitness_i 的计算公式为

$$\text{Newfitness}_i = \text{fitness}_i - \frac{[N_i] \sum_{i=1}^{N} \text{fitness}_i}{N} \tag{3.37}$$

结合基于概率的选择方法和确定方式的选择方法，可确保适应度比平均适应度大的一些个体一定能保留到下一代，选择误差比较小。

(2) 交叉设计。

交叉在遗传算法中主要起到全局搜索的作用。通过母体交叉产生新个体，可能出现新的优良的基因模式，从而推动种群进化和解精度的提高。基本 SGA 中的单点杂交算子过于简单，首先它的交叉位只有一个，交叉面积不够大，限制了其产生新基因的作用。同时 SGA 中的交叉概率也是固定不变的，这使得交叉算子仅在部分时间内起到推动进化的作用。对于种群中个体的分布变化的观察可以发现，在进化初期个体间差异大，种群多样度高，因此有利于搜索和进化，这时交叉位数要少，交叉概率要低以限制交叉的影响。而到了进化后期，个体间差异很小，种群多样度低，这时进化趋于停滞，所以要增大交叉位数和交叉概率以扩大交叉算子的影响。从个体的角度看，所有个体在交叉上应具有相同的概率，从而使遗传算法在搜索空间具有各个方向的均匀性。本节提出了自适应交叉概率和双重单点交叉策略。其交叉的具体实现过程可从图 3.14 所示的实例中分析获得。

从图 3.14 所示的两条被选中的父代染色体 p1、p2 中随机选择一个整体交叉基因座进行单点交叉，如(3,6,0)与(5,10,1)首先进行单点交叉，然后在交叉产生的中间染色体中从剩下的染色体基因座中随机选择一个基因位进行单点交叉，最

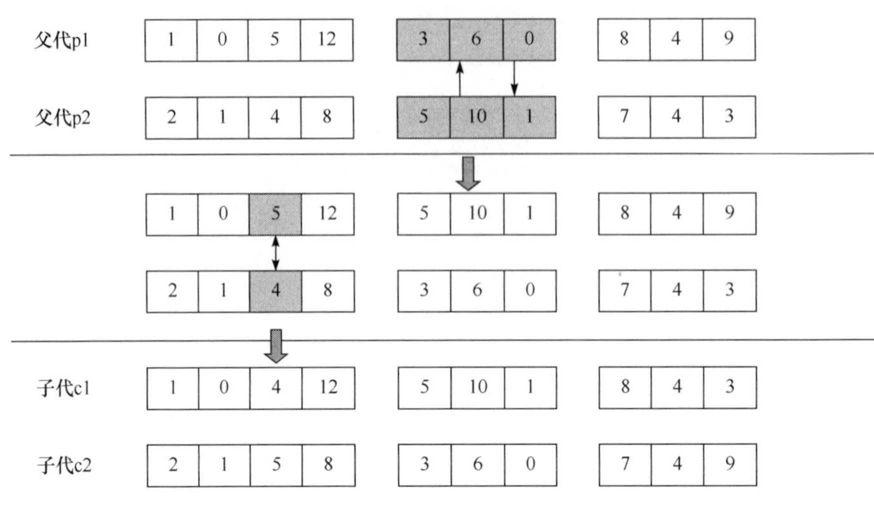

图 3.14　双重单点交叉策略实例

终产生子代的两条染色体 c1、c2。其操作步骤概括为：

①首先随机选择某种货物集合中的一个点作为单点交叉进行交叉生成；②在未进行上一步单点交叉的货物集合内部随机选择一个交叉点进行单点交叉。

交叉选择中所使用的交叉概率采用自适应概率计算的方法获得，如下式所示。

$$P_c(t)=\begin{cases} m_{tcp}, & m_{tcp}>P_{c,min} \\ P_{c,min}, & \text{其他} \end{cases} \tag{3.38}$$

$$m_{tcp}=P_{c,max}\times 2^{(-t/T_{Gen})} \tag{3.39}$$

式中，$P_c(t)$为当前种群第 t 代的杂交概率($0.4\leqslant P_c(t)\leqslant 0.99$)；$m_{tcp}$为一个中间计算变量；$P_{c,min}$为预设置的最小杂交概率；$P_{c,max}$为预设置的最大杂交概率；$t$ 为当前进化代数($0\leqslant t\leqslant T_{Gen}$)；$T_{Gen}$为预设的最大进化代数。

该自适应交叉概率与进化代数相关，而与染色体个体适应度无关，且对同一代种群的染色体个体赋予了相同的交叉能力。

(3) 变异设计。

变异算子主要起维护种群多样性的作用，其与杂交算子作用不同：杂交算子起着全局搜索的作用，而变异算子的作用则主要是产生新个体和抑制早熟，所以，同一代种群中各个个体的变异概率应该随个体的优劣而变化。变异概率的大小很重要，若变异概率过大，遗传算法搜索过程就变成了随机过程，也使破坏群体中较好模式的可能性增大，而变异概率过小，则其产生新个体和抑制早熟现象的能力就会减弱，因此设计自适应变化的变异操作非常重要。本节中提出的变异策略为区域集合变异策略，其具体过程为如下。

首先随机确定需要变异的基因座，此处的基因座指当前出入库任务队列的货

物 k_i 的分配货位，其可用分配货位集合为 W_{k_i}；然后随机确定该基因座中需要进行变异操作的基因位，基因位表示的是货位在 W_{k_i} 中的编号，在 W'_{k_i}（指除去 W_{k_i} 与 k_i 重复的基因位所表示的货位编号）中随机选择一个与该需要变异的基因位编号不同的编号去替代原基因位的编号，如果替换后的基因位编号与该基因座中其他基因位编号相同，则重新从 W'_{k_i} 中随机进行选择，直到不重复为止。其操作过程可从如图 3.15 所示的实例中得到体现。

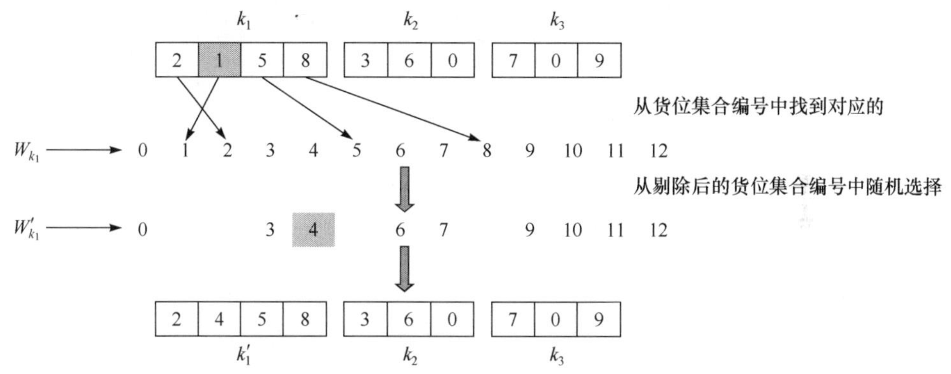

图 3.15　区域集合变异策略实例

同时，其对应的自适应变异概率计算公式设计为

$$P_{\mathrm{m}}(t)=\begin{cases}m_{\mathrm{tmp}}, & m_{\mathrm{tmp}}>P_{\mathrm{m,min}}\\ P_{\mathrm{m,min}}, & \text{其他}\end{cases} \tag{3.40}$$

$$m_{\mathrm{tmp}}=\exp\left[-\left|\frac{f_{\max}-f(X_i)}{f_{\max}}\right|\right]\times\frac{P_{\mathrm{m,max}}}{1+t/T_{\mathrm{Gen}}} \tag{3.41}$$

式中，$P_{\mathrm{m}}(t)$为当前种群第 t 代中的染色体个体 X_i 的变异概率（$0.0001\leqslant P_{\mathrm{m}}(t)\leqslant 0.1$）；$m_{\mathrm{tmp}}$为一个中间计算变量；$P_{\mathrm{m,min}}$为预设置的最小变异概率；$P_{\mathrm{m,max}}$为预设置的最大变异概率；$F_{\max}$为当前种群第 t 代中的个体最大适应度值；$f(X_i)$为当前种群第 t 代中待变异个体的适应度值；t 为当前进化代数（$0\leqslant t\leqslant T_{\mathrm{Gen}}$）；$T_{\mathrm{Gen}}$为预设的最大进化代数。

综合以上对自适应遗传算法的分析设计给出该算法的运行流程如图 3.16 所示，主要包含以下几个步骤。

步骤 1：初始化各控制参数，如种群规模、进化代数、最大最小交叉概率和最大最小变异概率等。

步骤 2：进行染色体编码，随机生成步骤 1 给定规模的初始种群。

步骤 3：算法运行的终止条件判断：

If：满足运行次数/收敛；

输出运行结果；

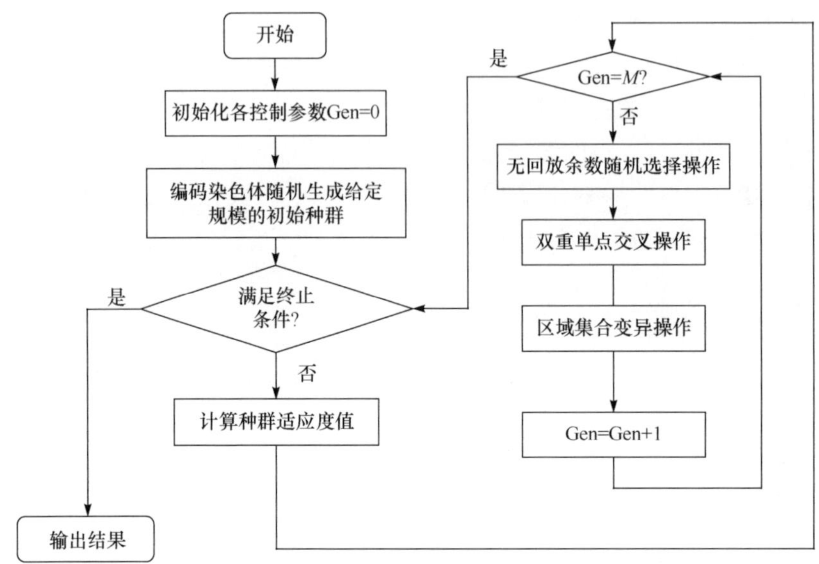

图 3.16 改进自适应遗传算法计算流程

Else:转入步骤 4。

步骤 4:根据适应度函数计算染色体适应度值。

步骤 5:判断当前的进化代数 Gen 是否达到给定值 M,如果是,则转入步骤 3;否则转入步骤 6。

步骤 6:按顺序对当前种群的染色体进行选择、交叉和变异操作得到新的种群,并将当前进化代数 Gen 变量加 1,转入步骤 5。

与一般自适应遗传算法不同的是,本算法在遗传操作的交叉和选择中根据问题的实际应用情况引入了双重单点交叉策略和区域集合变异策略,这也是本算法基于一般自适应遗传算法的重要改进点,其实际应用的实例解算中也将说明该改进算法的可行性和有效性。

3. 仓储货位分配实例

1) 仓储货位分配实例的实现

在提升公共外库企业的专业库存服务水平上,下面针对库存仓储管理中的出入库货物货位分配问题提出了一种改进的自适应遗传算法进行解算研究,将采用一个实际的出入库货物货位分配案例来验证本自适应遗传算法设计的合理性和有效性。鉴于公共外库库存服务中的出入库货物货位分配与传统的库存在理论实现上有共同之处,本案例中所使用的数据取自于某自动化物流仓储实验室。其具体的数据如表 3.6、表 3.7 所示。

表 3.6 可升降叉车参数

型号	额定载荷/kg	水平方向速度/(m/s)	垂直方向速度/(m/s)
KALMAR/DCE80-45E7	8000	7.2	0.6

表 3.7 货架配置参数

货架类型	货架数量	货架间距/m	货架规格(列数×层数)	货位尺寸
单元货格式	19	7	12×10	1.5m×1.5m×1.5m

2）仓储货位分配实例结果分析

基于以上案例中的库存参数,采用对以下某次出库任务单进行库存货位分配来实现所设计算法的验证分析,如表 3.8 所示。

表 3.8 某次出库任务清单

货物种类 / 任务信息	维修备件	蓄电池	25mm 轴承	模托盘	钢板
货物数量(箱/托盘)	2	3	2	2	3
目标货位容量	25	30	42	27	38

根据所设计算法的要求,在对表 3.8 任务的仿真验证中,设置各参数分别为:初始种群规模为 200 个,进化代数为 200 代,最大交叉概率为 0.99,最小交叉概率为 0.4,最大变异概率为 0.01,最小变异概率为 0.005。其仿真验算结果如图 3.17 所示。

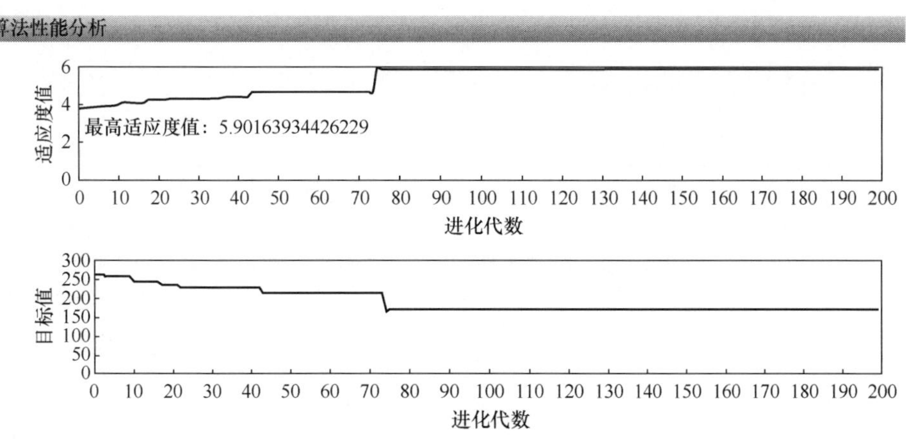

图 3.17 改进自适应遗传算法某次验算结果

由图 3.17 的结果可以看出，该算法在计算 70 代以后将逐渐收敛于某最优解，算法的局部收敛性得到较好验证；目标任务清单中的解空间为($C_{25}^{2} \times C_{30}^{3} \times C_{42}^{2} \times C_{27}^{2} \times C_{38}^{3}$)，而采用该算法所得到的运算时间也符合了公共外库企业中库存实时服务的要求。

从对自适应遗传算法的改进设计过程中可知，遗传操作中的交叉和变异策略的选择对算法的实际应用效果将有不同的影响，为验证不同遗传操作策略下的算法应用效果，对表 3.8 所示的案例进行验算，其结果如图 3.18 所示。

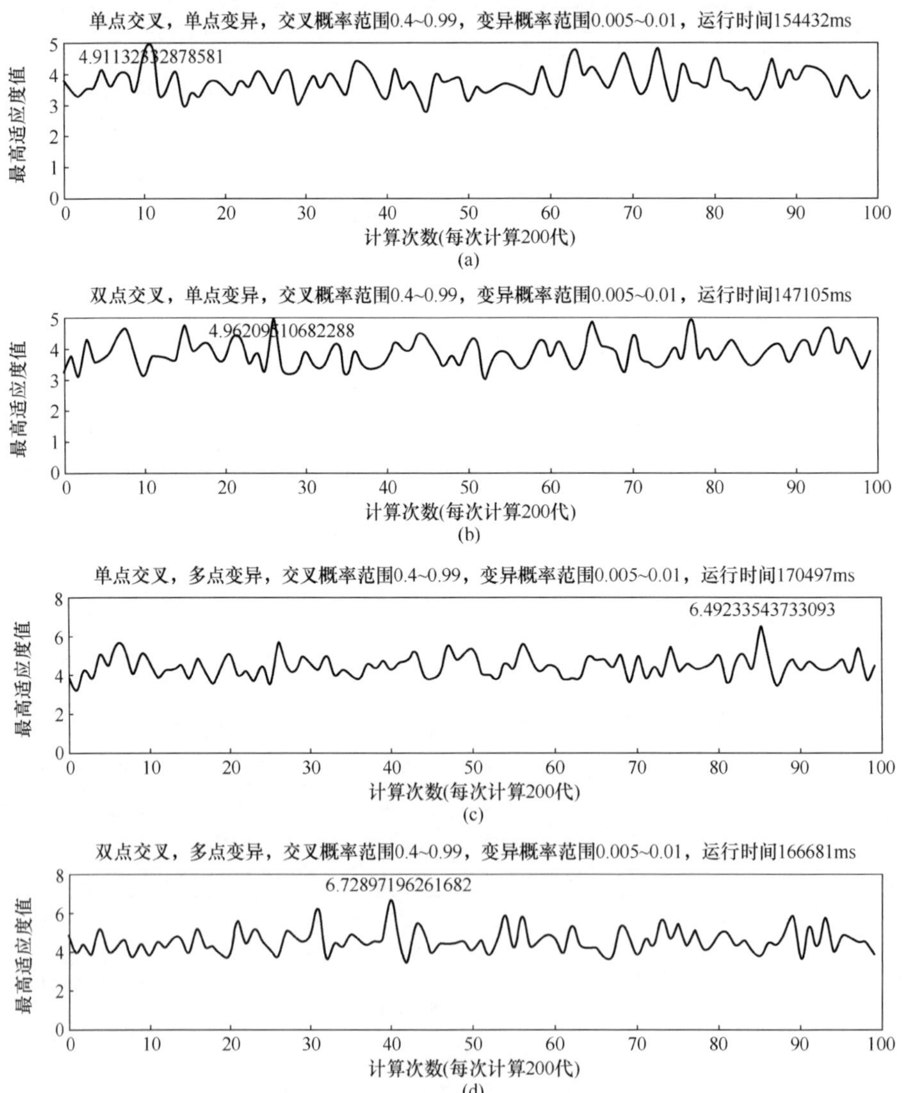

图 3.18　不同控制策略下的算法验证结果

图 3.18 中,算法各参数设置基本保持不变,为验证遗传操作策略的不同选择对算法应用的影响,同时为减少迭代计算中由于单次计算结果造成的无法获取局部全局最优解的误差影响,将计算次数设置为 100 次,每次遗传算法的迭代代数循环仍保持为 200 代不变。图 3.18 中的结果比较如表 3.9 所示。

表 3.9　不同操作策略结果比较

策略 \ 结果	最高适应度值	运行时间/ms
单点交叉/单点变异	4.9113	154432
双点交叉/单点变异	4.9621	147105
单点交叉/多点变异	6.4923	170497
双点交叉/多点变异	6.7289	166681

需要说明的是,图 3.18 和表 3.9 中所示的双点交叉是在所设计算法中遗传操作部分的双重单点交叉的基础上继续选择交叉点进行交叉操作,而多点变异是在区域集合变异策略中所示的单点变异基础上对每个基因点进行变异操作。分析表 3.9中的结果可知,选择单点交叉还是双点交叉策略对算法应用效果影响不大,而多点变异比单点变异策略效果明显,从而从侧面也验证了本节遗传算法中所采取的变异操作策略对改进算法早熟和易陷入局部收敛问题的效果。

由于所设计算法是在自适应遗传算法的基础上改进所得,为分析所改进算法的有效性,特针对表 3.8 所示的案例,分别采用本节改进自适应遗传算法、标准自适应遗传算法和基本遗传算法进行验证分析,为在相同条件下比较各算法的优劣性,其各自的初始参数如表 3.10 所示。算法运行硬件配置环境为:Inter(R)Core(TM)2 Duo E7500 处理器(双核,主频 2.93GHz),内存 2GB。各初始参数设置及计算结果如表 3.11 所示。

表 3.10　算法比较初始参数

算法 \ 参数	规模	代数	(最大)交叉概率	(最小)交叉概率	(最大)变异概率	(最小)变异概率	计算次数
设计的算法	100	200	0.99	0.4	0.01	0.005	200
标准自适应遗传算法	100	200	0.99	0.4	0.01	0.005	200
基本遗传算法	100	200	0.99	—	0.01	—	200

表 3.11　各算法计算结果比较

算法 \ 结果	最优		最劣		平均		运行时间/s
	适应度值	收敛代数	适应度值	收敛代数	适应度值	收敛代数	
设计的算法	6.72897	108	3.12229	146	4.54956	4.67	315
标准自适应遗传算法	5.04555	168	2.74077	103	3.54241	9.98	288
基本遗传算法	4.88136	128	2.99376	162	3.65992	12.86	304

从表 3.11 所示的仿真计算结果中可以看出，所设计的改进自适应遗传算法在获取最优值和收敛代数上均优于标准自适应遗传算法和标准遗传算法的计算结果，算法的运行时间也符合系统的实时需求，由此可见提出的改进自适应遗传算法是有效的，能成功地应用于公共外库企业的仓储货位分配问题的求解。

3.5　面向车间高端数控加工装备的 MT-PSS 服务

3.5.1　MT-PSS 服务内涵

高端数控加工装备不同于一般的数控机床，它具有专、高、精、尖等特点，其专业化程度高。采用传统的"用户操作＋售后服务"模式，由于用户缺乏专业化的操作维护知识和经验，易造成高端数控加工装备加工能力得不到充分发挥的现象。将高端数控加工装备与加工服务集成组合，形成高端数控加工装备工业产品服务系统(MT-PSS)，由装备制造商或第三方专业服务商为用户提供加工服务解决方案，可以有效解决用户缺乏专业化的操作维护知识和经验的瓶颈问题，对提高高端数控加工装备的使用效率、促进制造与服务融合具有积极的作用。

MT-PSS 是高端数控加工装备与其加工服务集成的系统，其中无形的服务附着在有形的数控加工装备上，共同完成数控加工装备生命周期内的各项加工活动，提供加工能力以满足用户需求[102,103]。图 3.19 描述了 MT-PSS 的执行过程。综合 MT-PSS 定义，进一步对 iPSS 描述如下：

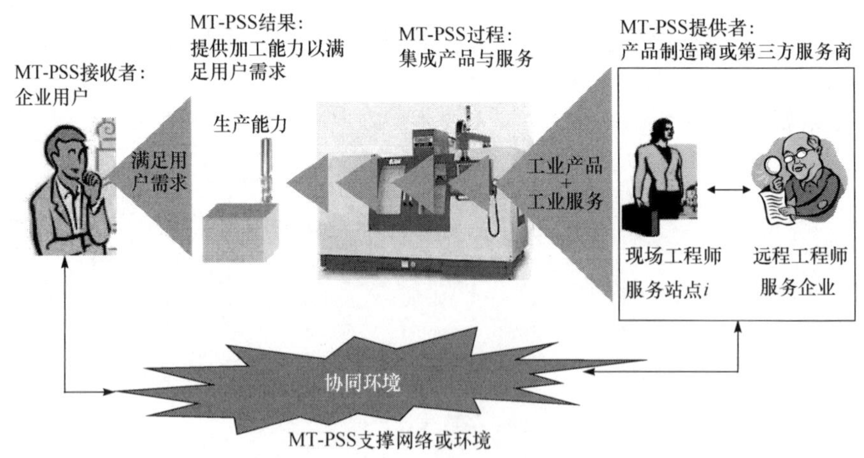

图 3.19　MT-PSS 描述

(1) MT-PSS 的提供者是加工装备的制造商或第三方专业的服务商，接收者是企业用户。

(2) MT-PSS 的工作地点在用户的工厂/车间。

(3) 系统中物质的产品可包含数控加工装备及其附件(刀夹量具等),产品可以是用户所有,也可以是 MT-PSS 提供者所有;加工服务则可涵盖产品全生命周期内的全部生产性活动(设计、操作、维护、回收等)。把加工过程涉及的所有产品和生产性活动分别用集合 $P=\{p_1,p_2,\cdots,p_n\}$ 和 $S=\{s_1,s_2,\cdots,s_m\}$ 表示,其中 p_i 表示一项产品,如加工装备、刀具等;s_i 表示一项生产性活动,如操作、维护等,则由 MT-PSS 服务商提供的产品 P' 和服务 S' 分别为 P 和 S 的子集,即 $P\supseteq P'$,$S\supseteq S'$。

(4) MT-PSS 的核心内容是产生加工能力,通过提供并售卖加工能力满足服务接受者的需求。

(5) 为了保障 MT-PSS 的运作,需要够建服务支撑网络或协同环境。

3.5.2 MT-PSS 加工能力服务

1. 加工能力的定义

将 MT-PSS 加工能力(machining capacity)定义为:加工能力是加工服务活动作用于加工系统和加工特征,使加工系统在其性能约束范围内发挥某项功能以完成该加工特征的加工并达到一定性能质量的过程和结果,如图 3.20 所示。上述定义涉及以下几个方面的关键词。

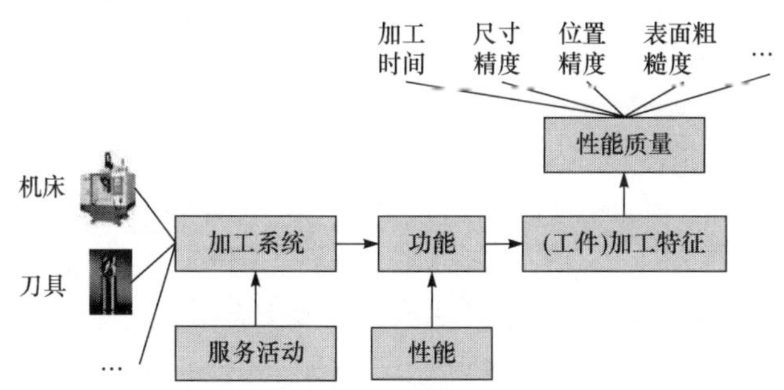

图 3.20　MT-PSS 加工能力的定义

(1) 数控加工装备的加工服务活动。加工活动是由完成某一切削加工目的而产生的动作的总和。这里将加工服务活动定义为完成某一零件特征的加工而产生的服务动作的总和。一个加工服务活动总有一个加工特征和服务结果(性能质量)与之对应。

(2) 加工系统。加工系统是 MT-PSS 中物质产品的组合,包括加工装备及其刀夹具等。加工系统是加工服务活动的载体,加工服务活动驱动加工系统完成加工任务。功能和性能是加工系统的两大属性。

① 加工系统功能(function)。功能是数控加工装备、刀具等物质产品的固有属性,是物质产品发挥的有利作用,表达了物质产品实现某种行为(加工服务活动)

的能力。功能可以分解，且分解出的功能将与加工特征关联，如“铣削”功能可以分解为铣平面、铣曲面、铣 T 形槽等，显然这些分解出的功能都与加工特征关联。加工系统的功能是构成加工系统的加工装备及其刀夹具的功能集的交集。

② 加工系统性能(performance)。性能是对 MT-PSS 中物质产品功能发挥的约束。如加工装备的额定功率对铣削功能发挥时铣削速度有约束，$X/Y/Z$ 轴的行程对铣削尺寸有约束，加工装备主轴最大转速铣削表面粗糙度有影响。

(3) 加工特征。卡内基梅隆大学的 Hayes 和 Wright 对零件特征有一个经典的定义：零件特征是具有一定拓扑关系的几何元素拼成的形状实体，它对应于零件上的一个或多个功能，能够以固定的方式加工成形。考虑到加工特征除了包含几何形状特征外，还包含精度特征、材料特征、工艺特征等，因此这里结合上述定义，将加工特征定义为：零件上的具有一定拓扑关系的几何元素拼成的形状实体，它有尺寸、位置、表面粗糙度等既定的要求，能够由固定的方式加工成形(即对相同的加工特征，可以采用固定的加工方式完成)。

(4) 性能质量。性能质量是在一定性能约束条件下对功能发挥程度的度量，通常包括加工时间、尺寸精度、形位精度、加工表面粗糙度和加工表面物理性能等。

2. 加工能力的形式化建模与分析

如图 3.20 所示，加工能力的描述涉及四个方面的内容，分别是加工系统(含它的功能和性能)、加工服务活动、加工特征以及性能质量。

1) 加工系统描述

为了使 MT-PSS 提供加工能力，首先要实现工业产品(即加工系统)和服务的集成；然而加工系统是物质的(tangible)，而服务是非物质的(intangible)，因此为了实现二者的集成，首先要对加工系统进行虚拟化表达。

根据上述定义，加工系统由数控加工装备及其附件组成，由于数控加工装备和刀具是加工系统的最重要的组成部分，因此这里主要考虑数控加工装备和刀具。

(1) 数控加工装备。

数控加工装备(M)除包含基本属性域 M_BD(通常包括编号 M_id、名称 M_Name等)，还包含功能域(M_FU)和性能域(M_PE)。功能域 M_FU 包含功能名称和功能对象两个属性。

对一台数控加工装备而言，其功能名称 F 可用集合描述为

$$F=\{f_1, f_2, \cdots, f_n\} \tag{3.42}$$

式中，f_i 为一个具体的功能名称。

功能的作用对象可用加工特征表示，因此功能的作用对象也可以用集合描述为

$$\mathrm{Fe}=\{\mathrm{fe}_1, \mathrm{fe}_2, \cdots, \mathrm{fe}_m\} \tag{3.43}$$

式中，fe_j 为一个加工特征。

由于最终分解出的功能表示方式是“功能名称＋特征”的形式，因此，可构建机床“功能名称—功能作用对象”关系以描述数控加工装备的功能域(M_FU)。显然 M_FU 是一个关系且

$$\mathrm{M\_FU} \subseteq F \times \mathrm{Fe} \tag{3.44}$$

式中，×表示集合的笛卡儿积。

设 m_fu_i 为 M_FU 的元组，即 $m\_fu_i \in \mathrm{M\_FU}$，则 m_fu_i 表示一个功能，且有$\mathrm{M_FU}=\{m_fu_1, m_fu_2, \cdots, m_fu_p\}$。

根据前述的加工性能的定义，性能是对功能的约束。对数控加工装备而言，可以从主轴最大转速(Ro)、最大加工尺寸(Md)、额定功率(Po)、加工精度等级(IT)、其他扩展属性(M_Ex)等方面描述数控加工装备的性能域(M_PE)。即对于一台数控加工装备，它的任一功能 m_fu_i 都有一个性能 m_pe_i 对其约束，且 $\mathrm{M\_PE}=\{m\_pe_1, m\_pe_2, \cdots, m\_pe_p\}$。因此，可以用关系(relation)形式化表达一台数控加工装备：

$$M(\mathrm{M\_id}, \mathrm{M\_Name}, F, \mathrm{Fe}, \mathrm{Ro}, \mathrm{Md}, \mathrm{Po}, \mathrm{IT}, \mathrm{M\_Ex}) \tag{3.45}$$

其中

$$\begin{cases} \Pi_{F,\mathrm{Fe}}(M) = \mathrm{M\_FU} \\ \Pi_{\mathrm{Ro,Md,Po,IT,M\_Ex}}(M) = \mathrm{M\_PE} \end{cases} \tag{3.46}$$

式中，Π 表示关系运算中的投影运算。

由此可建立该数控加工装备的关系图 G，该图为一个有向图，如图 3.21 所示。这里，f_i 和 fe_j 组成的功能 m_fu_k 用 fe_j 的有向图表示，m_fu_k 的约束即性能 m_pe_k 为 f_i 指向 fe_j 的边的权重。

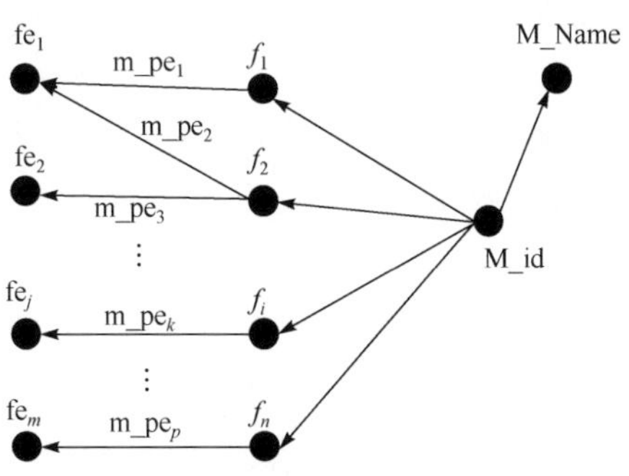

图 3.21　数控加工装备关系图

(2) 刀具。

刀具(CT)亦可以从基本属性域(CT_BD)、功能域(CT_FU)和性能域(CT_PE)等三个方面描述，其中基本属性域包括刀具编号(CT_id)和刀具名称(CT_

Name)等;功能域包含功能名称(F)和功能对象(Fe);性能域则包含直径(D)、刃长(El)、刃数(Cm)、刀尖半径(R)、刀具材料(CT_Ma)、其他扩展属性(CT_Ex)。采用与机床表达类似的方法,可以用关系形式化表达刀具为

$$\mathrm{CT}(\mathrm{CT\_id},\mathrm{CT\_Name},F,\mathrm{Fe},D,\mathrm{El},\mathrm{Cm},R,\mathrm{CT\_Ma},\mathrm{CT\_Ex}) \tag{3.47}$$

(3) 加工系统。

加工系统(MS)由数控加工装备和刀具组成,可构建加工系统为

$$\mathrm{MS}=M \triangleright\triangleleft \mathrm{CT} \tag{3.48}$$

式中,$\triangleright\triangleleft$ 表示自然连接运算。

根据自然连接运算规则,运算后 MS 的功能域 MS_FU 为 M 和 CT 功能域的交集,基本属性域 MS_BD 和性能域 MS_PE 则为 M 和 CT 的并集,即

$$\begin{cases}\mathrm{MS\_FU}=\mathrm{M\_FU}\cap\mathrm{CT\_FU}\\ \mathrm{MS\_BD}=\mathrm{M\_BD}\cup\mathrm{CT\_BD}\\ \mathrm{MS\_PE}=\mathrm{M\_PE}\cup\mathrm{CT\_PE}\end{cases} \tag{3.49}$$

由于数控加工装备上常带刀库,因此一个由机床 M 和带 k 把刀(CT_1,CT_2,…,CT_k)的加工系统可表示为

$$\mathrm{MS}=M \triangleright\triangleleft (\mathrm{CT}_1\cup\mathrm{CT}_2\cup\cdots\cup\mathrm{CT}_k) \tag{3.50}$$

2) 加工特征描述

加工特征(FE)的基本属性包括:编号(FE_id)、特征名称(Fe),特征所需功能(F);另外,工件上的加工特征还包括特征几何特性(Ge)(尺寸、形位等)、未加工前的表面物理特性(Ph)(材料、硬度等)、加工要求(包括时间 Re_time,尺寸精度 Re_DA,形位精度 Re_LA,表面粗糙度 Re_Ro,加工表面物理性能要求 Re_Ph)以及其他扩展特性(FE_Ex)等,因此可将加工特征用关系代数表达为

$$\mathrm{FE}(\mathrm{FE\_id},\mathrm{Fe},F,\mathrm{Ge},\mathrm{Ph},\mathrm{Re\_time},\mathrm{Re\_DA},\mathrm{Re\_LA},\mathrm{Re\_Ro},\mathrm{Re\_Ph},\mathrm{FE\_Ex}) \tag{3.51}$$

显然,对于一个具体的加工特征 $t\in\mathrm{FE}$(这里 t 为关系 FE 的一个元组),它可在某加工系统(MS)上加工的必要条件是:t 的特征名称能在 MS 关系的 Fe 属性列中找到,即总存在一个元组 u($u\in\mathrm{MS}$),使得 $t[\mathrm{Fe}]=u[\mathrm{Fe}]$。

3) 加工服务活动描述

根据加工服务活动的定义,加工服务活动可描述为

$$\mathrm{MSA}(\mathrm{MSA\_id},N,\mathrm{FE\_id},\mathrm{Detail},T,C,\mathrm{RE},\mathrm{St},\mathrm{Next}) \tag{3.52}$$

式中,MSA 为加工服务活动;MSA_id 为加工服务活动的编号;N 为加工服务活动的名称;Detail 为加工服务活动的内容,如切削参数配置等; T 为服务活动持续时间,在服务活动执行前,T 是一个估计值,可以根据切削参数配置以及加工特性几何参数求得,服务活动执行后,T 将设置为服务活动实际持续时间值;C 为服务活动成本,根据在服务时间内服务资源的消耗,可估算服务成本;RE 为服务活动执

行所需的资源，包括物质资源（加工工件、机床、刀具、夹具等）以及人力资源，RE 是一个集合，RE 的每一个元素表示一个资源；St 为服务活动的状态，包括未执行（NIM）、执行（IM）、结束（END）、挂起（PAU）等，其中当服务活动执行时其他活动"插队"，当前活动暂停，则当前活动处于挂起状态，当规划的服务活动在实际执行过程中不需要执行时，则该服务活动处于跳过状态，这是一种特殊的未执行状态；Next 为服务活动直接的后续活动（子活动），Next 为一个集合。

加工服务活动的执行需要资源，其中包括物质资源（如加工装备、刀具等）和人力资源，因此为了描述加工服务活动，还需要对服务操作者进行形式化描述。服务操作者包括编号（Pe_id）、姓名（Pe_name）、年龄（Age）、性别（Sex）、工作年限（Pe_WY）以及其他扩展属性（Pe_Ex）。服务操作者（Pe）用关系可描述为

$$\mathrm{Pe}(\mathrm{Pe\_id}, \mathrm{Pe\_Name}, \mathrm{Age}, \mathrm{Sex}, \mathrm{Pe\_WY}, \mathrm{Pe\_Ex}) \tag{3.53}$$

4) 性能质量描述

性能质量（PQ）是对加工功能发挥程度的度量，每个加工服务活动都有一个性能质量与之对应。性能质量涉及实际加工时间（Q_Time）、尺寸精度（Q_DA）、形位精度（Q_LA）、加工表面粗糙度（Q_Ro）、加工表面物理性能（Q_Ph）、其他扩展属性（Q_Ex）等。显然这些要素与加工特征的加工要求是一一对应的，因此可以根据加工完成后的性能质量对服务结果做出评价。

$$\mathrm{PQ}(\mathrm{Q\_id}, \mathrm{S\_id}, \mathrm{Q\_Time}, \mathrm{Q\_DA}, \mathrm{Q\_LA}, \mathrm{Q\_Ro}, \mathrm{Q\_Ph}, \mathrm{Q\_Ex}) \tag{3.54}$$

式中，Q_id 为服务结果的编号；S_id 为服务活动的编号，每一个服务活动都有一个加工性能质量与之对应。

5) 加工能力描述

根据加工能力的定义，一个加工服务活动驱动的加工能力 MC（加工能力服务节点）可用关系数学表达为

$$\mathrm{MC} = (\sigma_{\mathrm{MSA\_id}}\mathrm{MSA} \times \sigma_{\mathrm{P\_id}}\mathrm{Pe} \times \sigma_{\mathrm{M\_id, T\_id}}\mathrm{MS}) \rhd\lhd \sigma_{\mathrm{Fe\_id}}\mathrm{FE} \rhd\lhd \mathrm{PQ} \tag{3.55}$$

式中，σ 表示关系的选择运算；MC 为加工能力服务节点的关系模型。根据自然连接的计算规则，上式有一个隐含的条件，当加工系统具有加工该特征的功能时，上式才存在，否则 MC 不存在，即总存在一个元组 $u \in \sigma_{\mathrm{M\_id, T\_id}}\mathrm{MS}$，使 $\begin{cases} u[\mathrm{Fe}] = \sigma_{\mathrm{Fe\_id}}\mathrm{FE}[\mathrm{Fe}] \\ u[F] = \sigma_{\mathrm{Fe\_id}}\mathrm{FE}[F] \end{cases}$。可将式（3.55）所示的关系表达式映射为关系图（如图 3.22 所示）。

式（3.55）描述的是一个加工服务活动的情况，由于在服务流中有若干个加工服务活动，因此可以用式（3.56）表示多个服务活动使能加工能力的情况。

$$\mathrm{MCS} = \mathrm{MC}_1 \cup \mathrm{MC}_2 \cup \cdots \cup \mathrm{MC}_N \tag{3.56}$$

式中，MCS 为多个服务活动产生的加工能力；MC_i 为第 i 个加工服务活动产生的加工能力。

另外，在实际加工过程中，一个特征的数量往往有多个（批量），一个批量又

可分为若干个批次，批次通常定义为连续加工的相同特征的数量。对于一个批次的加工特征（设含 q 个相同的加工特征），则对应有 q 个连续的服务操作。在实际加工过程中，通常是抽检，而并非每个特征都检测，有 $r(1\leqslant r\leqslant q)$ 个加工特征和加工服务活动共用一个性能质量，因此式(3.56)适用于批量/批次加工的情况。

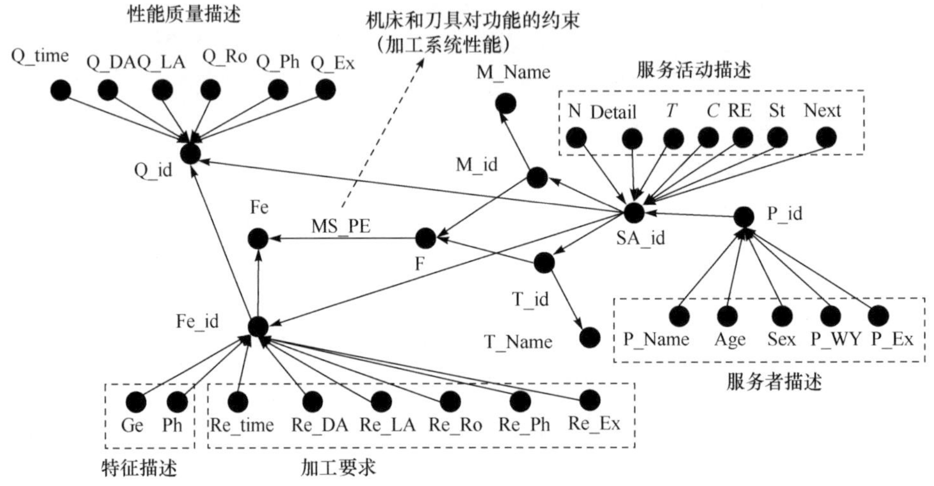

图 3.22　加工能力服务节点关系图

6）基于加工能力模型的分析

根据式(3.14)构建的加工能力模型，采用关系运算可以构建出不同的视图，为MT-PSS执行过程分析提供支持。下面列举了几个典型的视图，包括加工要求和结果比较视图、人机视图等。

(1) 加工要求和结果比较视图。

该视图描述加工要求和加工结果，如式(3.57)所示。通过对二者进行比较，可以判定加工能力提供的结果是否满足要求。在该视图中，加工特征的尺寸精度、形位精度、表面粗糙度以及工件物理性能必须满足加工要求，所用加工时间则尽可能满足加工时间要求以利于生产调度。

$$\Pi_{\text{Re\_time},\text{Re\_DA},\text{Re\_LA},\text{Re\_Ro},\text{Re\_Ph},\text{Q\_Time},\text{Q\_DA},\text{Q\_LA},\text{Q\_Ro},\text{Q\_Ph}}(\text{MC}) \tag{3.57}$$

(2) 人机视图。

人机是加工工艺系统的重要内容，这里人对应服务操作者，机对应加工系统，人机视图如式(3.58)所示。在MT-PSS模式下，服务操作由MT-PSS提供商委派工程师/操作员在用户车间完成，人机视图描述了某时刻何人操作何设备做何事，因此人机视图可以为MT-PSS提供商的现场管理提供有力支持。

$$\Pi_{\text{Pe\_id},\text{M\_id},\text{T\_id},\text{Fe},\text{Detail}}(\text{MC}) \tag{3.58}$$

(3) 服务对象与要素视图。

这里服务对象为加工特征，服务要素为服务内容，主要包括切削三要素，据此可构建服务对象与要素视图如式(3.59)所示，显然该视图为现场工程师/操作员的服务操作提供了指导。

$$\Pi_{FE\_id, Fe, Ge, Ph, Detail}(MC) \tag{3.59}$$

上述为三个重要的视图，在 MT-PSS 运作过程中，还可以根据实际需要，用关系运算构建其他视图。

7) 实例分析

根据上述加工能力模型及其视图分析，开发了加工能力建模与分析原型系统，该系统包括相关信息输入、加工能力表达与图形化显示、加工能力视图分析等功能。以图 3.23 所示的一个提供曲面铣削加工服务的 MT-PSS 为例验证本节的模型和方法。

图 3.23　曲面加工能力服务

数控加工装备、刀具及加工特征的关系模型如图 3.23 所示，输入机床、刀具、加工特征、服务操作和性能质量的信息，可以构建机床、刀具、加工特征、服务操作和性能质量的关系模型，实现对它们的形式化描述。

从机床关系、刀具关系中选择一个具体机床(编号 M009)和刀具(编号 T011)，采用关系自然连接运算可以实现对加工系统的描述，该加工系统的功能是机床功能和刀具功能的交集{铣}，功能对象亦为二者的交集{曲面}。选取加工该曲面特征的服务操作(编号 S0021)，采用式(3.14)可以构建一个加工能力服务节点的关系模型，由于一个加工服务操作总有一个加工特征以及性能质量与之对应，因此该模型描述了加工服务操作 S0021 作用于由机床 M009 和 T011 组成的加工系统，使加工系统发挥铣削的功能，并在机床和刀具性能约束范围内，达到一定的性能质量的过程和结果，并且最终通过关系运算的加工能力模型可以用一个有向的关系图表示，如图 3.24 所示。

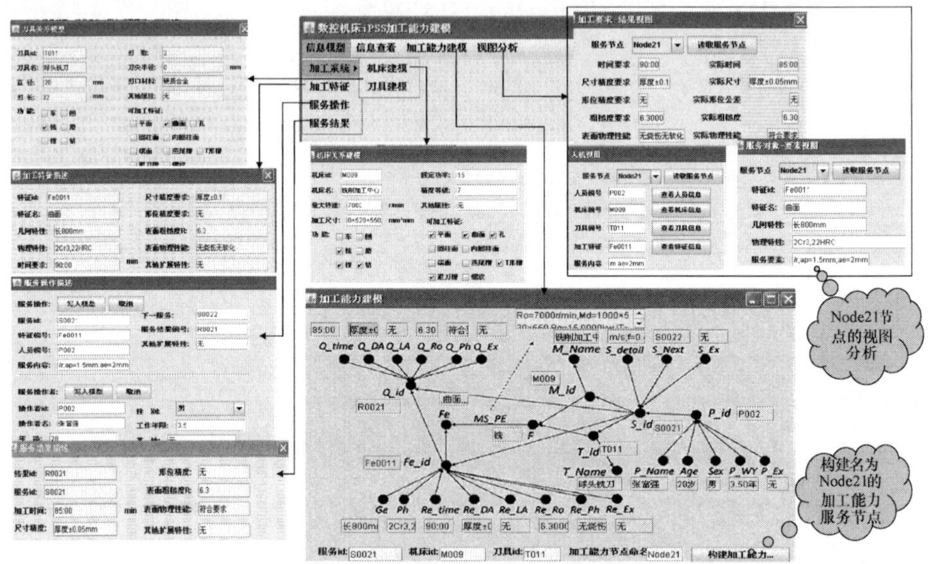

图 3.24　加工能力构建与视图分析实例

通过实例对原型系统进行了运行测试，验证了本书提出的加工能力建模方法，结果表明：

(1) 关系模型可以很好地对 MT-PSS 中的加工装备、刀具、加工特征、服务等要素进行形式化表达，通过关系运算可以关联这些要素，从而形成对加工系统、服务活动等的描述，并最终实现 MT-PSS 加工能力的建模。

(2) 关系模型具有良好的扩展性，可针对具体车间的特点对模型进行扩展，但关系运算遵循严格的数学推理过程，因此提出的建模方法和过程具有较好的通用性。

(3) 抽取数控加工装备、刀具等物化形态产品的功能和性能并采用关系模型对其进行表达，为物化形态产品的虚拟化、服务化提供了可供借鉴的方法。

(4) 尽管原型系统能很好地演示加工能力建模分析的过程，但原型系统在尺寸(特别是曲面尺寸)与精度的可视化表达、关系图的自动生成等方面仍有欠缺，因此未来有必要进一步完善该系统。

3. 加工能力测度

上面阐述了数控加工装备工业产品服务系统的加工能力形式化表达的模型，揭示了加工能力产生的机理。下面将介绍一种加工能力测度的方法，定量测度一个 MT-PSS 加工服务活动产生的加工能力的多少。为此，首先给出以下的定义。

潜在加工能力(MCp)：在单位时间内，MT-PSS 在满足加工要求的前提下，能提供的潜在的加工能力，主要受硬件条件约束，与所加工的对象无关。

实际加工能力(MCr)：在单位时间内，MT-PSS 将要提供的实际的加工能力。

全部加工能力(MCt)：在一定时间段内，MT-PSS 提供的加工能力的量。显然有

$$\mathrm{MCt} = \int \mathrm{MCr}\,\mathrm{d}t \tag{3.60}$$

1) 加工能力测度的影响因素

对于一个在用户车间运作的 MT-PSS，显然加工装备是已定的，因此其 MCp 的值主要受到加工装备附件特别是刀具的影响。表 3.12 列出了影响 MCp 的主要因素。

表 3.12　影响 MCp 的主要因素

项目	主要因素
物理特性	刀具材料硬度(H_T,HRC)
几何参数	刀尖半径(r,mm)
	主偏角(κ_r,°)
	副偏角($\kappa_{r'}$,°)
其他参数	齿数(z)(对铣刀)
	直径(D)(对铣刀)

产品服务系统应该在生产和消费过程中对服务提供者和用户都能产生效益，在 MT-PSS 模式下，通过加工能力提供，要实现服务提供者和用户的双赢。采用单位时间内切削面积来测度 MT-PSS 的实际加工能力(MCr)。显然，如果切削面积越大，单位时间内越多的加工能力被提供，这意味着用户有更多的任务被完成，服务提供者获取更多的服务费用，这也是实现服务提供者和用户双赢的基础。这里单位时间内实际的切削面积可用下式计算：

$$A_r = 1000 v_c f \tag{3.61}$$

式中，A_r 为单位时间内实际的切削面积($\mathrm{mm^2/s}$)；v_c 为切削速度(m/s)；f 为进给量(mm/r)。

对于 MT-PSS 加工一个特征，设其单位时间内潜在的切削面积为 A_p，则实际加工能力 MCr 为

$$\mathrm{MCr}=\frac{\lambda A_r}{A_p}\mathrm{MCp} \tag{3.62}$$

式中，λ 为加工结果符合质量要求的系数，若符合要求，则 $\lambda=1$，否则 $\lambda=0$。

而 A_p 则受到刀具参数、工件材料、加工要求、切削深度等影响，见表 3.13。综上所述，MT-PSS 的潜在加工能力 MCp 主要受 MT-PSS 中的物质的产品的影响，而实际的加工能力 MCr 除了受物质的产品的影响外，还受服务内容（特别是切削三要素设置）的影响。实际上，MT-PSS 的目的是通过优质的服务，使 MCr 接近 MCp 的值，从而使 MT-PSS 产生更多的加工能力，实现服务提供者和用户的双赢，并且减少物质资源的消耗。

表 3.13 影响 A_p 的主要因素

类型	主要因素
切削参数	切削深度（a_p，mm）
工件材料	工件材料强度（σ_b，GPa）
精度要求	表面粗糙度（R_a，μm）
刀具材料	刀具材料硬度（H_T，HRC）
刀具参数	刀尖半径（r，mm）
	主偏角（κ_r，°）
	副偏角（$\kappa_{r'}$，°）
	齿数（z）（对铣刀）
	直径（D）（对铣刀）

2）潜在加工能力 MCp 的测度模型

如前所述，对于一个加工装备已经确定的 MT-PSS 而言，其潜在加工能力 MCp 主要受刀具材料与和参数的影响。为了测度 MCp，首先必须设定一个标准。设以带某一刀具（CT^*）的 MT-PSS 的潜在加工能力作为标准（MCp^*），通过 MCp^* 可以定量带其他刀具的 MT-PSS 的潜在加工能力，如下式：

$$\mathrm{MCp}=\frac{A_p}{A^*}\mathrm{MCp}^* \tag{3.63}$$

式中，MCp 为某一 MT-PSS 的潜在加工能力；A^* 为带 CT^* 的 MT-PSS 的单位时间内潜在加工面积（mm^2/s）；A_p 为某一 MT-PSS 的单位时间内潜在加工面积（mm^2/s）。

上式中，A_p 的值是综合考虑加工时间、成本和质量并结合切削试验而确定的。由于在 MT-PSS 模式下，数控加工装备的制造商或专业的第三方服务商作为服务

提供者参与了用户的制造过程，因此这有利于 A_p 值的获取。首先专业的服务提供者有丰富的加工操作经验；其次专业服务商提供多个 MT-PSS 给不同的用户，因此由专业的服务提供商确定 A_p 值可大大稀释因获取 A_p 而产生的成本。而在传统模式下，用户使用/操作数控加工装备，若由用户自己确定 A_p 的值，需要耗费大量的成本。

分别用作为标准的 MT-PSS 和待求加工能力的 MT-PSS 加工 N 个不同硬度、不同加工要求以及切深要求的工件，根据式(3.63)可获取 N 个 MCp 值，实验表明，这 N 个 MCp 的值是相近的，因此这里用这 N 个 MCp 的算术平均值来作为最终的 MCp 值。

$$\mathrm{MCp} = \frac{\sum \frac{A_p}{A^*} \mathrm{MCp}^*}{N} \tag{3.64}$$

以一个例子来说明上述的计算方法。一个 MT-PSS 中，其中的加工装备为精密数控车削中心已确定，刀具是硬质合金可转位车刀，参数为刀具硬度 H_T=78HRC，刀尖半径 r=1mm，主偏角 $\kappa_r=45°$，副偏角 $\kappa_{r'}=10°$，以该 MT-PSS 为标准(记为 MT-PSS*)，设其潜在加工能力 MCp* =100。现求解该车削中心和另一硬质合金可转位车刀(H_T=77HRC，r=0.5mm，$\kappa_r=30°$，$\kappa_{r'}=10°$)及其加工服务组成的 MT-PSS 的 MCp。

分别用这两个 MT-PSS 加工 9 个不同的工件(不同的工件材料强度 σ_b、表面粗糙度 R_a 以及切削深度 a_p)，并配置优化的切削参数，可以计算出每次加工的 A^* 和 A_p，从而根据式(3.63)可获得 9 个 MCp 的值(见表 3.14)；最后根据式(3.64)，最终的 MCp 为这 9 个 MCp 值的平均值，经计算得：MCp=75.5，即带硬质合金可转位车刀(H_T=77HRC，r=0.5mm，$\kappa_r=30°$，$\kappa_{r'}=10°$)的 MT-PSS 的潜在加工能力是 75.5。

因此，采用上述方法可计算出带不同刀具的 MT-PSS 潜在加工能力的值，由此可以设置正交实验，见表 3.15，为求解 MCp 与工件材料强度 H_T、刀尖半径 r、主偏角 κ_r、副偏角 $\kappa_{r'}$ 以及齿数 z 的关系提供了支持。

表 3.14　一个计算 MCp 的例子

序号		σ_b /GPa	R_a /μm	a_p /mm	f /(mm/r)	v_c /(m/s)	A_p /(mm²/s)	A^* /(mm²/s)	MCp	MCp*
1	MT-PSS	0.53	6.3	0.8	0.48	2.32	1115.8		74.9	
	MT-PSS*				0.6	2.48		1490.6		100
2	MT-PSS	0.695	3.2	0.8	0.28	2.14	599.5		77.8	
	MT-PSS*				0.33	2.34		770.7		100

续表

序号		σ_b /GPa	R_a /μm	a_p /mm	f /(mm/r)	v_c /(m/s)	A_p /(mm²/s)	A^* /(mm²/s)	MCp	MCp*
3	MT-PSS	0.6	6.3	2	0.48	1.79	859.2		74.9	
	MT-PSS*				0.6	1.91		1147.6		100
4	MT-PSS	0.53	3.2	2	0.28	2.45	685.2		77.8	
	MT-PSS*				0.33	2.67		880.9		100
5	MT-PSS	0.695	6.3	1.5	0.48	1.61	774.5		74.9	
	MT-PSS*				0.6	1.72		1034.4		100
6	MT-PSS	0.6	3.2	1.5	0.28	2.26	631.9		77.8	
	MT-PSS*				0.33	2.46		812.4		100
7	MT-PSS	0.53	1.6	0.8	0.18	3.28	589.9		73.8	
	MT-PSS*				0.23	3.48		799.3		100
8	MT-PSS	0.695	1.6	2	0.18	2.18	392.1		73.8	
	MT-PSS*				0.23	2.31		531.2		100
9	MT-PSS	0.6	1.6	1.5	0.18	2.63	474.2		73.8	
	MT-PSS*				0.23	2.79		642.5		100

注:该表中切削速度 v_c 以及进给量 f 是查阅文献以及咨询有丰富经验的工程师获得的。

表 3.15　MCp 计算用的正交实验表

序号	r/mm	κ_r	$\kappa_{r'}$	H_T(HRC)	D	z	MCp
1	r_1	κ_{r1}	$\kappa_{r'1}$	H_{T1}	D_1	z_1	MCp_1
2	r_2	κ_{r2}	$\kappa_{r'2}$	H_{T2}	D_2	z_2	MCp_2
				……			
n	r_n	κ_{rn}	$\kappa_{r'n}$	H_{Tn}	D_n	z_n	MCp_n

根据表 3.13 所示的影响 MCp 的因素,假设 MCp 的模型为

$$\mathrm{MCp}=Pr^{b_1}\kappa_r^{b_2}\kappa_{r'}^{b_3}H_T^{b_4}D^{b_5}z^{b_6} \tag{3.65}$$

式中,P 为一个常数。对上式两边取自然对数,有

$$\ln\mathrm{MCp}=\ln P+b_1\ln r+b_2\ln\kappa_r+b_3\ln\kappa_{r'}+b_4\ln H_T+b_5\ln D+b_6\ln z \tag{3.66}$$

令 $y=\ln\mathrm{MCp}$, $b_0=\ln P$, $x_1=\ln r$, $x_2=\ln\kappa_r$, $x_3=\ln\kappa_{r'}$, $x_4=\ln H_T$, $x_5=\ln D$, $x_6=\ln z$,则可将式(3.66)转化:

$$y=b_0+b_1x_1+b_2x_2+b_3x_3+b_4x_4+b_5x_5+b_6x_6 \tag{3.67}$$

式(3.67)是一个线性模型,因此可以采用多元线性回归分析确定 b_i 的值。对正交实验表 3.15 取对数,设 y_i 为第 i 次实验的 lnMCp 的值,x_{ij} 为第 i 次实验的 x_j

的值，则有

$$Y=XB+E \tag{3.68}$$

式中，$Y=\{y_1,y_2,\cdots,y_n\}^{\mathrm{T}}$，$B=\{b_0,b_1,\cdots,b_6\}^{\mathrm{T}}$，$X=\begin{bmatrix}1 & x_{11} & \cdots & x_{16}\\ 1 & x_{21} & \cdots & x_{26}\\ \vdots & \vdots & & \vdots\\ 1 & x_{n1} & \cdots & x_{n6}\end{bmatrix}$，$E=\{e_1,e_2,\cdots,e_n\}^{\mathrm{T}}$。其中 e_i 为第 i 次实验 y_i 的真实值与通过式(3.67)计算出的值的误差。

根据最小二乘法，可以计算出 B 的参数估计：

$$\hat{B}=\{\hat{b}_0,\hat{b}_1,\cdots,\hat{b}_6\}^{\mathrm{T}}=(X^{\mathrm{T}}X)^{-1}X^{\mathrm{T}}Y \tag{3.69}$$

将 B 的值代入式(3.65)，可得

$$\mathrm{MCp}=\exp(\hat{b}_0)r^{\hat{b}_1}K_r{}^{\hat{b}_2}K_{r'}{}^{\hat{b}_3}H_T{}^{\hat{b}_4}D^{\hat{b}_5}z^{\hat{b}_6} \tag{3.70}$$

然而，上述计算的结果是基于这样的假设：MCp 的自然对数与影响 MCp 的因素的自然对数是线性关系，即如式(3.66)所示的公式：$\ln\mathrm{MCp}=\ln P+b_1\ln r+b_2\ln\kappa_r+b_3\ln\kappa_{r'}+b_4\ln H_T+b_5\ln D+b_6\ln z$。因此，要对该假设进行假设检验。

给定一个假设 $H_0:b_1=b_2=\cdots=b_6=0$，有随机变量 MSR/MSE 服从 F 分布：

$$\frac{\mathrm{MSR}}{\mathrm{MSE}}\sim F(p,n-p-1) \tag{3.71}$$

式中，MSR 为回归均方差(regression mean square)；MSE 为误差均方差(residual mean square)；n 为实验次数；p 为影响 MCp 的因素的数目；

$$\mathrm{MSR}=\frac{\hat{B}^{\mathrm{T}}X^{\mathrm{T}}Y-n\overline{Y}^2}{p} \tag{3.72}$$

式中，$\overline{Y}$ 为 n 次实验 Y 的算术平均值，$\overline{Y}=\dfrac{y_1+y_2+\cdots+y_n}{n}$；

$$\mathrm{MSE}=\frac{Y^{\mathrm{T}}Y-\hat{B}X^{\mathrm{T}}Y}{n-p-1} \tag{3.73}$$

因此，假设 H_0 可以用下式检验：

$$F=\frac{\mathrm{MSR}}{\mathrm{MSE}}=\frac{(\hat{B}^{\mathrm{T}}X^{\mathrm{T}}Y-n\overline{Y}^2)/p}{(Y^{\mathrm{T}}Y-\hat{B}X^{\mathrm{T}}Y)/(n-p-1)} \tag{3.74}$$

对上式中 F 的值与 F 分布表中 $F(p,n-p-1)$ 值进行比较，如果 F 值大于在 α 置信区间水平下 $F(p,n-p-1)$ 的值，则拒绝假设 H_0，即 MCp 的自然对数与影响 MCp 的因素的自然对数的关系是线性的；否则，接受 H_0。

另外，还可以计算出每个因素对 MCp 的影响程度，如下式所示：

$$F(x_i)=\frac{\hat{b}_i^2}{C_{ii}\mathrm{MSE}}\sim F(1,n-p-1) \tag{3.75}$$

式中，C_{ii}为矩阵$C=(X^{\mathrm{T}}X)^{-1}$的第i行第i列的元素；$F(x_i)$为x_i对$y(\ln\mathrm{MCp})$的重要程度。

如果$F(x_i)$的值大于在α置信区间水平下$F(1,n-p-1)$的值，则表明x_i对$y(\ln\mathrm{MCp})$是重要的，否则x_i不重要，则需要将x_i删除，重新用多元回归分析计算MCp模型。

3) 潜在加工面积A_{p}的计算

根据表3.13所示的A_{p}的影响因素，可假设：

$$A_{\mathrm{p}}=Qr^{a_1}\kappa_r^{a_2}\kappa_{r'}^{a_3}H_T^{a_4}D^{a_5}z^{a_6}\sigma_b^{a_7}R_a^{a_8}a_{\mathrm{p}}^{a_9} \tag{3.76}$$

式中，Q为一个常数。

同理，可以采用多元回归分析的方法确定Q和$a_i(i=1,2,\cdots,9)$的值，并采用假设检验验证该假设，具体计算过程与上面MCp的计算过程相同，因此这里不作详述。

4) 实际加工能力MCr的测度模型

根据式(3.62)，可得MCr的测度模型为

$$\mathrm{MCr}=\frac{\lambda PA_{\mathrm{r}}}{Q}r^{(b_1-a_1)}\kappa_r^{(b_2-a_2)}\kappa_{r'}^{(b_3-a_3)}H_T^{(b_4-a_4)}D^{(b_5-a_5)}z^{(b_6-a_6)}\sigma_b^{-a_7}R_a^{-a_8}a_{\mathrm{p}}^{-a_9} \tag{3.77}$$

式中，A_{r}为单位时间内实际的切削面积(mm^2/s)，$A_{\mathrm{r}}=1000v_{\mathrm{c}}f$。$\lambda$为判定实际配置的切削三要素(服务内容)是否满足加工要求的系数，若满足，$\lambda=1$；否则，$\lambda=0$。

式(3.77)可以测度单位时间内的加工能力，因此根据式(3.60)可计算出一定时间段内的全部加工能力。

5) 实例分析

通过基于构件的以精密数控车削中心为核心产品的MT-PSS为用户提供加工能力。该车削中心的额定功率为15kW，主轴转速最大为4000r/min，最大加工精度为IT6，最大回转直径为ϕ260mm，最大加工长度为520mm。根据式(3.45)，可将加工装备形式化描述为

M(M001，数控车床，车，{外圆，内圆，锥面，端面，螺纹，回转曲面}，
4000r/min，520mm×ϕ260mm，15kW，IT6，无)　　(3.78)

(1) 加工能力的形式化建模。

现在用该MT-PSS加工一个轴类零件。该零件包括四段，其中第一段用于夹持，其余三段为加工对象，如图3.25所示。加工对象这三段为三个特征，分别对应三个加工服务活动。加工过程采用硬质合金刀具($H_T=81.5\mathrm{HRC}$，$r=0.8\mathrm{mm}$，$\kappa_r=91°$，$\kappa_{r'}=29°$)，加工服务切削三要素配置如表3.16所示。

根据式(3.47)可以建立加工刀具的形式化描述模型

$$\text{CT(CT002,可转位车刀,车,\{外圆,锥面,回转曲面\},无,无,1,0.8mm,硬质合金 81.5HRC,}\kappa_r=91^\circ\kappa_{r'}=29^\circ) \tag{3.79}$$

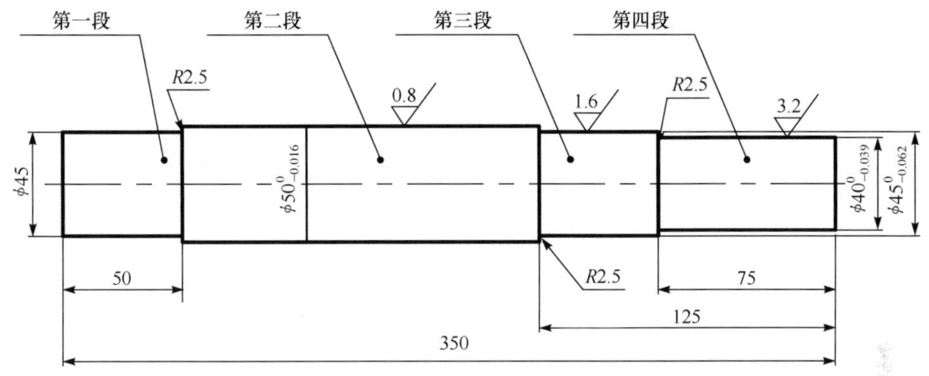

图 3.25　本实例中的加工对象

表 3.16　切削参数配置(服务内容)

参数	第二段	第三段	第四段
a_p/mm	0.5	0.8	1
v_c/(m/s)	2.5	2	1.5
f/(mm/r)	0.1	0.15	0.25

首先建立加工特征、服务操作等的形式化描述模型,继而根据式(3.55)建立三个加工特征(图 3.25 中的第二、第三和第四段)对应的三个加工能力服务节点的模型,根据式(3.56)将这三个加工能力服务节点串联,从而形成由三个活动组成的服务流使能的加工能力形式化描述模型。

(2) 潜在加工能力计算。

首先,设置加工能力定量计算的标准。这里以该装备、刀具(刀具硬度 H_T=78HRC,刀尖半径 r=1mm,主偏角 $\kappa_r=45^\circ$,副偏角 $\kappa_{r'}=10^\circ$)以及加工服务组成的 MT-PSS 为标准,设其潜在的加工能力 MCp 为 100,即 $\text{MCp}^*=100$。根据由 MT-PSS 提供商执行的切削实验、历史经验或查询相关手册,可以用式(3.23)计算出带不同刀具的 MT-PSS 的 MCp 值,继而建立相应的正交实验,为求解潜在加工能力 MCp 与刀具参数的关系提供支持,如表 3.17 所示。

表 3.17　实例中的 MCp 计算用正交实验表

序号	r	κ_r	$\kappa_{r'}$	H_T	MCp
1	0.5	30	10	77	75.5
2	0.5	45	20	78	78.5
3	0.5	60	30	81.5	80.4

续表

序号	r	κ_r	$\kappa_{r'}$	H_T	MCp
4	1	30	20	81.5	148.7
5	1	45	30	77	72.8
6	1	60	10	78	92
7	2	30	30	78	126.2
8	2	45	10	81.5	171.8
9	2	60	20	77	84.9

根据式(3.28)，可得 $\hat{B}=\{-28.7126, 0.3249, -0.3854, -0.1395, 8.051\}^{\mathrm{T}}$，将其代入式(3.29)可得该MT-PSS的潜在加工能力计算模型：

$$\mathrm{MCp}=\exp(-28.7126)r^{0.3249}\kappa_r^{-0.3854}\kappa_{r'}^{-0.1395}H_T^{8.051} \tag{3.80}$$

式(3.80)表明，在MT-PSS中，当加工装备已定时，其潜在加工能力主要受刀具影响。由于式(3.80)的成立依赖于假设——MCp的对数与刀具参数的对数是线性关系，因此需要对式(3.80)进行假设检验。

根据式(3.67)，有 $y=-28.7126+0.3249x_1-0.3854x_2-0.1395x_3+8.051x_4$，其中 $y=\ln\mathrm{MCp}$，$x_1=\ln r$，$x_2=\ln\kappa_r$，$x_3=\ln\kappa_{r'}$，$x_4=\ln H_T$。由此对表3.17中的每组数据建立 y 的实际值，y 的计算值 $\hat{y}$ 以及二者的误差 $e(e=\hat{y}-y)$ 的数据表，如表3.18所示。继而可根据式(3.71)～式(3.74)和式(3.30)～式(3.33)计算出 $F=\dfrac{\mathrm{MSR}}{\mathrm{MSE}}=27.55$，大于 $F_\alpha(4,4)=23.15$(置信水平 $\alpha=0.005$)，表明在该实例中MCp的对数与刀具参数的对数是线性关系的可能性大于99.5%。

表3.18　y、$\hat{y}$ 和 e

$x_1(\ln r)$	$x_2(\ln\kappa_r)$	$x_3(\ln\kappa_{r'})$	$x_4(\ln H_T)$	y(lnMCP)	$\hat{y}$	e(误差)
−0.6931	3.4012	2.3026	4.3438	4.3241	4.4021	0.0780
−0.6931	3.8067	2.9957	4.3567	4.3631	4.2531	−0.1100
−0.6931	4.0943	3.4012	4.4006	4.3870	4.4390	0.0520
0	3.4012	2.9957	4.4006	5.0019	4.9879	−0.0140
0	3.8067	3.4012	4.3438	4.2877	4.3178	0.0301
0	4.0943	2.3026	4.3567	4.5218	4.4641	−0.0577
0.6931	3.4012	3.4012	4.3567	4.8379	4.8032	−0.0347
0.6931	3.8067	2.3026	4.4006	5.1463	5.1536	0.0072
0.6931	4.0943	2.9957	4.3438	4.4415	4.4887	0.0472

另外，可以根据式(3.75)计算各参数对MCp的影响程度(重要性)：

$$\begin{cases} F(x_1)=\dfrac{b_1^2}{C_{11}\mathrm{MSE}}=42.3 \\ F(x_2)=\dfrac{b_2^2}{C_{22}\mathrm{MSE}}=15 \\ F(x_3)=\dfrac{b_3^2}{C_{33}\mathrm{MSE}}=5 \\ F(x_4)=\dfrac{b_4^2}{C_{44}\mathrm{MSE}}=47.9 \end{cases} \tag{3.81}$$

上式表明，$x_4=\ln H_T$（刀具材料硬度）对 MCp 的影响程度最大，$x_1=\ln r$（刀尖半径）次之，影响最小的是 $x_3=\ln\kappa_{r'}$（副偏角）。但 $F(x_3)>F_\alpha(1,n-p-1)$（置信水平 $\alpha=0.1$），因此各参数对 MCp 都是重要的。

根据上述的假设检验，验证出各参数的对数与 MCp 的对数是线性关系，且各参数对 MCp 的值都有影响，因此可接受式(3.80)所示的 MCp 计算模型。将式(3.79)中的刀具参数代入式(3.80)，可得 MCp=84.4。

3.5.3　MT-PSS 加工服务流建模与分析

1. 相关术语定义

MT-PSS 加工服务活动：将高端数控加工装备工业产品服务系统中的加工服务活动定义为围绕高档数控加工装备，完成某一加工服务目的而产生的动作的总和。由于加工服务目的可以分解、合并，因此加工服务活动也可以分解、合并，服务活动分解的粒度决定了服务活动执行控制的精细化程度，分解粒度越小，控制越精细，但控制难度越大。在 MT-PSS 执行过程中，服务活动还可以分类为执行类活动和决策类活动，其中决策类活动用以决策后续活动的执行。

MT-PSS 加工服务资源(producer service resource)：是加工服务活动的载体或执行者，包括数控加工装备、刀具、夹具等物质资源，还包括现场操作者/工程师、远程服务人员等人力资源。

MT-PSS 加工服务活动的时序关系(precedence relation)：主要是从时间维度上描述加工服务活动直接的时序关系，包括顺序关系、并行关系、选择关系等。其中：

(1) 顺序关系。当两个活动为顺序关系时，一个活动为另一个活动的直接后续活动。例如，切削加工服务活动是上料加工辅助活动的直接后续活动。

(2) 并行关系。当两个活动为并行关系时，它们有共同的父活动，且父活动为执行类活动。

(3) 选择关系。当两个活动为选择关系时，它们有共同的父活动，且父活动为选择类活动。例如，加工完零件特征 A 后可加工特征 B 或 C，但特征 B 或 C 的切削加工活动只能二选一。

2. 加工服务活动的形式化描述

当 MT-PSS 接收到用户的一个制造任务后，可将制造任务分解为若干个批次任务。一个批次任务又可分解为若干个工件的加工任务，继续可细分为加工服务活动。可根据制造任务的时间约束规划 MT-PSS 的加工服务执行过程，因此需要建立 MT-PSS 加工服务流模型。根据加工服务流的定义，加工服务流表达加工服务活动及其相互时序关系(顺序关系、并行关系、选择关系等)，因此有必要对传统的图论模型进行扩展以适应服务流表达的需要。扩展包括两大部分的内容：

(1) 结合高端数控加工装备切削加工的特点，对服务活动进行扩展描述；

(2) 考虑到加工服务提供过程中，加工服务活动之间的顺序、并行以及选择等关系，扩展活动关系的表示方法，使之能表达这三种关系。

据此，将扩展活动图方法引入高端数控加工装备的生产性服务流建模。扩展活动图能描述活动的上下文及活动执行的工作流，已应用于产品设计过程建模和过程质量控制建模等领域[104,105]。根据前述的加工服务活动的定义，考虑到高端数控加工装备、刀具等服务资源与加工服务活动的集成以及加工服务活动控制的需要，将加工服务活动形式化描述为

$$\mathrm{SA}(\mathrm{SA\_id}, N, O, \mathrm{Detail}, T, C, \mathrm{RE}, \mathrm{St}, \mathrm{Type}, \mathrm{Next}) \tag{3.82}$$

式中，SA 为 MT-PSS 的加工服务活动；SA_id 为加工服务活动的编号；O 为加工服务活动的作用对象，对切削加工服务活动而言，其作用对象是加工特征；Type 为加工服务活动的类型，根据加工服务活动的定义，分为执行类活动(ISA)和决策类活动(DSA)，则有

$$\mathrm{Type} \in \{\mathrm{ISA}, \mathrm{DSA}\} \tag{3.83}$$

N、Detail、T、C、RE、St、Next 等的意义前节已有说明，这里不再赘述。St 表示加工服务活动的状态，包括未执行(NIM)、执行(IM)、结束(END)、挂起(PAU)等，有

$$\mathrm{St} \in \{\mathrm{NIM}, \mathrm{IM}, \mathrm{END}, \mathrm{PAU}, \mathrm{SKI}\} \tag{3.84}$$

另外，可根据 Next 和 Type 判定后续活动的执行：当 Next 集合含多个元素时，表示 SA 有多个直接关联的后续节点，此时如果 Type＝ISA，这些后续节点将并行执行；若 Type＝DSA，这些后续节点中将只有一个被执行，即选择执行。

3. 加工服务活动关系描述

如前所述，围绕高端数控加工装备所配置的加工服务活动的时序关系可分为顺序关系、并行关系、选择关系等，这里引入“$\propto$”、“$\vee$”和“$\wedge$”分别表示这三种关系。若服务活动 SA_i 和 SA_j 之间是顺序关系、并行关系和选择关系，可分别用

式(3.85)、式(3.86)和式(3.87)表示：

$$SA_i \propto SA_j \tag{3.85}$$

$$SA_i \vee SA_j \tag{3.86}$$

$$SA_i \wedge SA_j \tag{3.87}$$

根据前述这三种关系的定义，可将这三种关系的基本特性介绍如下：

(1) 顺序关系的特性。式(3.85)中，SA_j 为 SA_i 的直接的后续节点，因此结合式(3.82)，有 $SA_j \in SA_i[\text{Next}]$。当两个加工服务活动具有这种特性时，则它们为顺序关系。

(2) 并行关系的特性。式(3.86)中，SA_i 与 SA_j 有共同的父活动，且该父活动为一执行类活动，即对于任意 $SA_i \vee SA_j$，总存在一个执行类服务活动 SA'($SA'[\text{Type}]=\text{ISA}$)，使得$\begin{cases} SA_i \in SA'[\text{Next}] \\ SA_j \in SA'[\text{Next}] \end{cases}$。当两个服务活动具有这种特性时，则它们为并行关系。

(3) 选择关系的特性。式(3.87)中，SA_i 与 SA_j 有共同的选择类的父活动，即对于任意 $SA_i \wedge SA_j$，总存在一个决策类服务活动 SA'($SA'[\text{Type}]=\text{DSA}$)，使得 $\begin{cases} SA_i \in SA'[\text{Next}] \\ SA_j \in SA'[\text{Next}] \end{cases}$。当两个服务活动具有这种特性时，则它们为选择关系。

4. 加工服务流描述

由于高端数控加工装备具有专、精、高的特点，且运行需要专业化的知识和经验，因此围绕高端数控加工装备有众多的加工服务活动，如切削参数优化、数控编程、刀具选配、切削加工、状态监控与诊断、维护保养等，正是因为有这些加工服务活动，才能保障高端数控加工装备产生高效的加工能力。而根据前述的 MT-PSS 生产服务流的定义，服务流由服务活动及其相互之间的时序关系构成，结合高端数控装备加工服务活动的特点，可以发现 MT-PSS 加工服务流的特点：

(1) 加工服务流是围绕高端数控加工装备来制定的。

(2) 加工服务流要面向加工任务(工序)。服务流上的若干活动对应一个加工工序，将加工任务分解为加工工序，再将加工工序分解为具有时序关系的加工服务活动，从而形成服务流。

显然，在已知服务活动及其相互关系的情况下，可以通过关系合并互联构建服务流，这里将服务活动关系的基本合并互联运算规则描述如下：

规则 1：若有 $SA_i \propto SA_j$，$SA_j \propto SA_k$，则可合并互联形成一个服务流 $SA_i \propto SA_j \propto SA_k$。

规则 2：若有 $SA_i \vee SA_j$，$SA_j \vee SA_k$，则可合并互联形成一个服务流 $SA_i \vee$

$SA_j \vee SA_k$。

规则 3：若有 $SA_i \wedge SA_j$，$SA_j \wedge SA_k$，则可合并互联形成一个服务流 $SA_i \wedge SA_j \wedge SA_k$。

规则 4：若有 $SA_i \propto SA_j$，$SA_i \propto SA_k$，且 $SA_i[Type]=ISA$，则可合并互联形成一个服务流 $SA_i \propto (SA_j \vee SA_k)$；如 $SA_i[Type]=DSA$，则形成服务流 $SA_i \propto (SA_j \wedge SA_k)$。

规则 5：若有 $SA_i \vee SA_j$，$SA_i \propto SA_k$，$SA_j \propto SA_k$，则有 $(SA_i \vee SA_j) \propto SA_k$。

规则 6：若有 $SA_i \wedge SA_j$，$SA_i \propto SA_k$，$SA_j \propto SA_k$，则有 $(SA_i \wedge SA_j) \propto SA_k$。

上述规则可根据加工服务活动形式化描述中的 Next 属性进行证明，如规则 4 的证明如下：

因为有 $SA_i \propto SA_j$，$SA_i \propto SA_k$，所以有 $\begin{cases} SA_j \in SA_i[Next] \\ SA_k \in SA_i[Next] \end{cases}$，根据上述描述的活动关系判定准则，当 $SA_i[Type]=ISA$ 时，SA_j 与 SA_k 为选择关系，即有 $SA_i \propto (SA_j \wedge SA_k)$；当 $SA_i[Type]=ISA$ 时，SA_j 与 SA_k 为并行关系，即有 $SA_i \propto (SA_j \vee SA_k)$；证毕。

基于服务活动与服务关系的描述以及服务关系合并互联的规则，可以构建服务流，图 3.26 显示了围绕高端数控加工装备而构建的服务流中的三种基本结构的描述方法。

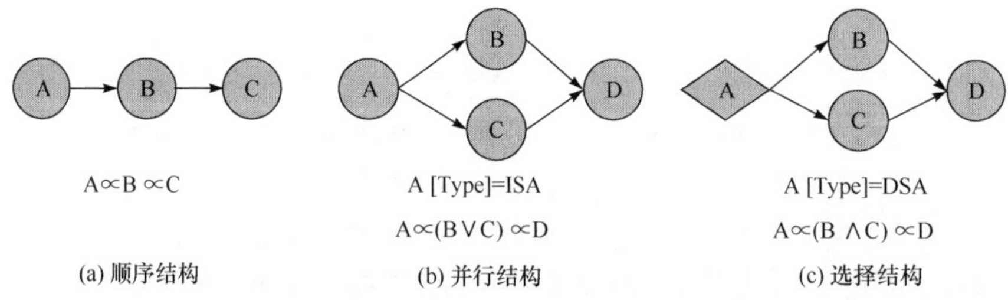

图 3.26　服务流的三种基本结构的扩展活动图表达

将图 3.26 所示的描述方法扩展到任意 MT-PSS 服务流描述的情况，设服务活动为 $SA_1, SA_2, \cdots, SA_n$，加工服务活动关系符号的集合用 R 表示，$R=\{\propto, \vee, \wedge\}$，则 MT-PSS 的加工服务流可表达为

$$SF = \underset{i,j(i\neq j)}{\theta}(SA_i \Upsilon SA_j) \tag{3.88}$$

式中，SF 为加工服务流；θ 为服务关系互联运算规则（本小节前述有六个基本互联运算规则）；Υ 为一种服务活动关系，$\Upsilon \in R$。

综上述，扩展活动图模型能表达服务活动的物理属性（时间、资源等）；另一方面，扩展活动图模型还能描述加工服务活动之间的相互关系。

5. 加工服务流的性能分析

在 MT-PSS 执行前，MT-PSS 提供商根据用户需求，设计服务流模型以指导服务过程的运行，显然服务流对 MT-PSS 的运行具有极其重要的作用，因此在设计好服务流后，有必要对其进行性能分析和评价。

1) 服务活动的执行概率

由于服务流中有选择结构，因此在实际执行过程中，并不是所有服务活动都执行，例如，对一个零件的加工服务流，有两种切削加工方案可供选择，但在实际执行过程中，显然对一个零件而言，只能选择一种加工方案。

在 MT-PSS 执行过程中，对满足基本条件的两个选择关系的活动而言，显然时间和成本越小的加工服务活动越容易被执行，即时间和成本越小的服务活动对服务流的"阻碍"越小，据此提出一种流量分配的计算方法以定量服务活动的执行概率，其基本思想是将 MT-PSS 服务流看成电流或能量流并作如下约定：

(1) MT-PSS 中加工服务活动的流量(SP)：定义为服务活动的虚拟输入的量，当将整个服务流的总输入流量置为 1 时，服务流中服务活动的流量即为该服务活动的执行概率。

(2) 服务活动的流阻(SAR)：定义为服务活动对服务流的阻碍，这里采用时间和成本来定量流阻，如式(3.89)所示。显然，在围绕一台高端数控加工装备而形成的加工服务过程中，对可供选择的若干个加工服务活动而言，一个服务活动的时间和成本越小，该活动越容易被执行，对服务流的阻碍越小，这与电路中的电阻同理。值得说明的是，成本与资源是相互关联的，因此式(3.89)中没有涉及资源。

$$\mathrm{SAR}_i = \frac{1}{\int_{(\lambda_1 C_i + \lambda_2 \kappa T_i)}^{+\infty} \frac{1}{\sqrt{2\pi}} \exp\left[-\frac{1}{2}(x - \varepsilon_i)^2\right] \mathrm{d}x} \tag{3.89}$$

式中，SAR_i 为活动 i 的流阻；λ_1 为 MT-PSS 服务活动成本的权重；λ_2 为 MT-PSS 服务活动时间的权重，且 $\lambda_1 + \lambda_2 = 1$；$\kappa$ 为时间与成本量纲转换的系数；T_i 为活动 i 的执行时间(min)；C_i 为活动 i 的成本(元)；ε_i 为活动 i 及其所有与之选择的活动中，时间和成本综合最小的值，即$\varepsilon_i = \min(\lambda_1 C_j + \lambda_2 \kappa T_j)\big|_{j=i\text{或}\mathrm{SA}_j \wedge \mathrm{SA}_i}$。

取式(3.89) 的倒数，有$\frac{1}{\mathrm{SAR}_i} = \int_{(\lambda_1 C_i + \lambda_2 \kappa T_i)}^{+\infty} \frac{1}{\sqrt{2\pi}} \exp\left[-\frac{1}{2}(x - \varepsilon_i)^2\right] \mathrm{d}x$，表示服务活动对服务流的吸引，其数学期望为 ε_i，表明了服务流有较大的概率执行时间和成本小的活动 。

(3)考虑到围绕一台高端数控加工装备而确定的加工服务活动的执行过程中，并行的活动可以同时执行(这与电流或能量流不同)，因此约定在并行结构中，并行分支上的流量(概率)不作分配。

基于上述约定并同理电路中电阻的计算法则，可以计算出基本的顺序、并行以及选择关系的总流阻，如式(3.90)所示。

$$\begin{cases}\mathrm{SAR}_{总}=\mathrm{SAR}_1+\mathrm{SAR}_2+\cdots+\mathrm{SAR}_m,(\mathrm{SA}_1\propto\cdots\propto\mathrm{SA}_m \text{ 或 } \mathrm{SA}_1\vee\cdots\vee\mathrm{SA}_m)\\ \mathrm{SAR}_{总}=\dfrac{1}{\dfrac{1}{\mathrm{SAR}_1}+\dfrac{1}{\mathrm{SAR}_2}+\cdots+\dfrac{1}{\mathrm{SAR}_m}},(\mathrm{SA}_1\wedge\cdots\wedge\mathrm{SA}_m)\end{cases} \tag{3.90}$$

式中，$\mathrm{SAR}_{总}$ 为总流阻；SAR_i 为服务活动 SA_i 的流阻。

据此可计算服务流中任一结构中服务活动的执行概率：若有 $\mathrm{SA}_1\propto\mathrm{SA}_2\propto\cdots\propto\mathrm{SA}_m$ 或 $\mathrm{SA}_1\propto(\mathrm{SA}_2\vee\mathrm{SA}_3\vee\cdots\vee\mathrm{SA}_m)$，则 $\mathrm{SP}_1=\mathrm{SP}_2=\cdots=\mathrm{SP}_m$。

若有 $\mathrm{SA}_1\propto(\mathrm{SA}_2\wedge\mathrm{SA}_3\wedge\cdots\wedge\mathrm{SA}_m)$，则首先要考虑基本先决条件发生的概率，例如一个“处理不合格品”服务活动，其执行首先要考虑不合格品出现的概率；设该选择结构的执行有 q 个互斥的先决条件，服务活动 SA_i 的执行概率可计算为

$$\mathrm{SP}_i=\sum_j\frac{\mathrm{SAR}_{总}{}^j}{\mathrm{SAR}_i}\times\mathrm{pc}_j\times\mathrm{SP}_1 \tag{3.91}$$

式中，SP_i 为服务活动 SA_i 的执行概率($i=2,3,\cdots,m$)；pc_j 为服务活动 SA_i 的基本先决条件 j 的发生概率，其值主要依赖经验或历史数据估计；$\mathrm{SAR}^j_{总}$ 为满足先决条件 j 的所有活动的总流阻，可根据式(3.89)计算。

当将服务流的输入流量置为1时，基于上述计算公式可计算服务流中的任一活动的执行概率。

2) 加工服务流的时间、成本与资源利用率

(1) 服务流总时间为

$$T_{总}=\sum_i T_i\cdot\mathrm{SP}_i \tag{3.92}$$

式中，$T_{总}$ 为服务流总时间；T_i 为服务活动 SA_i 的执行时间。

(2) 服务流总成本为

$$C_{总}=\sum_i C_i\cdot\mathrm{SP}_i \tag{3.93}$$

式中，$C_{总}$ 为服务流总成本；C_i 为服务活动 SA_i 的执行时间。

(3) 服务流利润为

$$\mathrm{Profit}=\mathrm{Price}-C_{总} \tag{3.94}$$

式中，Profit 为服务流总利润；Price 为 MT-PSS 执行服务流的报价。

(4) 对于任一资源 RE_j，其在整个服务流上的利用率为

$$E(\mathrm{RE}_j)=\sum_i\frac{T_i\cdot\theta_{ij}\cdot\mathrm{SP}_i}{T_{总}} \tag{3.95}$$

式中，$E(\mathrm{RE}_j)$为资源 RE_j 的利用率；θ_{ij} 为0或1，若服务活动 SA_i 利用资源 RE_j，

则 θ_{ij} 为 1,否则为 0,即

$$\begin{cases}\theta_{ij}=0, & \mathrm{RE}_j \notin \mathrm{SA}_i[\mathrm{RE}] \\ \theta_{ij}=1, & \mathrm{RE}_j \in \mathrm{SA}_i[\mathrm{RE}]\end{cases} \tag{3.96}$$

3) 加工服务流的生态效率(eco-efficiency)

生态效率是工业产品服务系统的重要特征,Manzini 等基于过程循环的思想对产品服务系统的生态效率进行了定性分析,对 MT-PSS 的生态效益进行分析,可以验证其可持续发展的特性。目前生态效率的定量计算主要采用世界可持续发展商会(World Business Council for Sustainable Development,WBCSD)所提出的计算公式:

$$生态效率=\frac{产品或服务的价值}{环境影响} \tag{3.97}$$

其中,确定环境影响的方法有 ISO 14031 标准、生态指示器(eco-indictor) 95/99以及 WBCSD 提出的指标,综合起来看,环境影响的参数包括能量消耗、资源消耗、废弃物以及对人的损害等。采用生态指示器 95 中给出的方法对制造服务过程的环境影响进行估算。机床、夹具、刀具等物质资源在全生命周期内对环境的影响包括它们的原材料冶炼、加工制造(如机械加工、热处理和电镀)、运输、使用时的能量消耗与废弃物、最终回收等的影响,则可根据生态指示器 95 的计算方法,计算物质资源全生命周期的环境影响,继而按服务时间将全生命周期的环境影响按比例分摊到服务活动上,式(3.98)给出了服务活动 SA_j 的环境影响的估算模型。

$$\begin{aligned}&\mathrm{IMPACT}_j \\ &= \sum_i\left[\frac{(r_1+r_2+r_3\mathrm{DPR}_i+r_4)\mathrm{MPR}_i+r_5\mathrm{MT}_i+r_6\mathrm{GAzn}_i+r_7\mathrm{GAcr}_i}{\mathrm{LIFEPR}_i}T_j + r_8 P O_i^j\right] + \\ &r_4\mathrm{Md}_j\end{aligned} \tag{3.98}$$

式中,IMPACT_j 为服务活动 SA_j 的环境影响,无量纲。r_1 为物质资源原材料冶炼的环境影响系数,对钢铁类物质资源 $r_1=4.3$;r_2 为物质资源机械加工的环境影响系数,对钢铁类物质资源 $r_2=0.42$;r_3 为物质资源运输到用户工厂的环境影响系数,$r_3=0.00034$;DPR_i 为每公斤物质资源 PR_i 运输到用户工厂的距离(km);r_4 为物质资源废弃与回收利用的环境影响系数,若全回收利用 $r_4=-2.9$,若当废弃物处理则 $r_4=1.2$;MPR_i 为物质资源 PR_i 的质量(kg);T_j 为服务活动 SA_j 的执行时间(h);LIEFPR_i 为物质资源 PR_i 的使用寿命(h);r_5 为热处理对环境的影响系数;MT_i 为物质资源 PR_i 中的热处理的零部件质量(kg);r_6 为电镀/热镀锌对环境的影响系数,$r_6=22$(电镀),$r_6=17$(热镀);GAzn_i 为物质资源 PR_i 电镀/热镀锌的面积(m^2);r_7 为镀铬对环境的影响系数,$r_7=70$;GAcr_i 为物质资源 PR_i 镀铬的面积(m^2);r_8 为物质资源 PR_i 的能量消耗对环境的影响系数,这里主要是电能,$r_8=0.57$;$\mathrm{PQ}_i^{\ j}$ 为物质资源 PR_i 在执行服务活动 SA_j 过程中所耗能量(kW·h)。Md_j

为执行服务活动 SA_j 时产生的废弃物(主要是切屑)的质量(kg)。

式(3.98)中仅考虑了主要的环境影响,对机床、刀具等产品全生命周期中的次要环境影响(如包装等)未予以考虑,且环境影响系数 r_i 为估计值,因此式(3.98)为估算模型而非精确计算模型。另外,式(3.98)中环境影响系数的数值大都来源于科技文献,然而文献统计数据主要来源于欧洲的工厂,因此在我国使用时只能起到指导借鉴的作用。

在式(3.98)的基础上,可以进一步估算整个 MT-PSS 服务流的环境影响,如式(3.99)所示。

$$\text{IMPACT} = \sum_j (\text{IMPACT}_j \cdot \text{SP}_j) \tag{3.99}$$

式中,IMPACT 为服务流的环境影响;SP_j 为服务活动 SA_j 的执行概率。

据此可建立 MT-PSS 服务流生态效率定量评价模型:

$$\text{ECOE}=\frac{\text{Profit}}{\text{IMPACT}} \tag{3.100}$$

式中,ECOE 为服务流的生态效率,无量纲;Profit 为服务流的利润,见式(3.94)。

由式(3.98)可以看出,在 MT-PSS 执行阶段,延长物质资源的寿命可减少服务流对环境的影响,从而提高生态效率,另外,在确保能完成任务的情况下减少服务成本、减少能源消耗、减少服务时间等手段也可以提高生态效率。

4) 加工服务流的柔性(flexibility)

制造过程中,柔性包括机床柔性、工艺柔性、维护柔性、运行柔性等。这里将 MT-PSS 服务流中服务活动的柔性定义为:服务活动适应各种变化的能力,也就是服务活动在不同条件下选择的自由度[106]。

对于一个选择类服务活动 SA',假设它有 m 个可供选择的后续活动 SA_1,SA_2,…,SA_m,即 $SA'[\text{Next}] = \{SA_1, SA_2, \cdots, SA_m\}$,设 SA' 的执行概率为 SP',SA_i 的执行概率为 SP_i,根据式(3.91)可计算 SP_i 的值,且有 $SP' = \sum_i SP_i$,若用一个函数 $F(SP_1, SP_2, \cdots, SP_m)$ 来定量描述 SA' 的柔性,则该函数必须满足如下要求。

(1) F 是一个连续可导函数,SP_i 的微小变化将引起 F 的微小变化;若 SP_i 的微小变化将引起 F 的较大变化,显然与事实不符。

(2) 变换 SP_1,SP_2,…,SP_m 的顺序,F 值不变。

(3) 当 $SP_1 = SP_2 = \cdots = SP_m$ 时,表示 SA' 选择任一后续活动执行皆可,显然其选择更"自由",此时 F 最大,当 m 增大时,表示可供选择的后续活动更多,则 F 变大。

(4) 函数的局部最优最好亦是全局最优,这就要求 F 为凹函数。

(5) 函数 F 是可分解的,即满足:

$$F(\mathrm{SP}_i,\mathrm{SP}_j,\mathrm{SP}_k)=F(\mathrm{SP}_i,\mathrm{SP}_j+\mathrm{SP}_k)+(\mathrm{SP}_j+\mathrm{SP}_k)F\left(\frac{\mathrm{SP}_j}{\mathrm{SP}_j+\mathrm{SP}_k},\frac{\mathrm{SP}_k}{\mathrm{SP}_j+\mathrm{SP}_k}\right) \tag{3.101}$$

上述分解过程如图 3.27 所示。

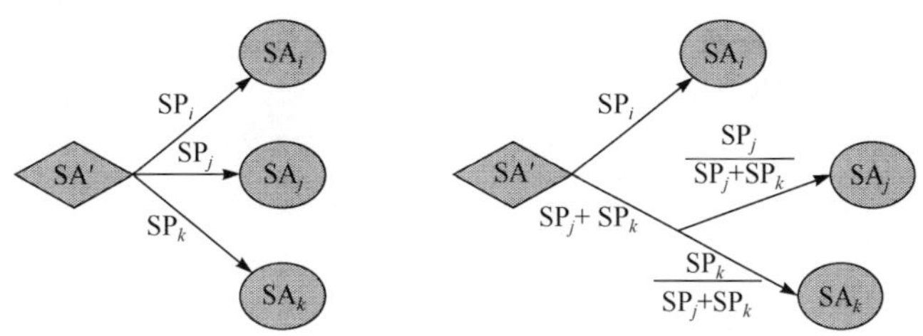

图 3.27　柔性的分解

(6) 若 $\mathrm{SP}_i<\mathrm{SP}_j$，当增加 SP_i、减少 SP_j 使二者的值更接近，且保证 $\mathrm{SP}_i<\mathrm{SP}_j$ 以及 $\mathrm{SP}_i+\mathrm{SP}_j$ 值不变时，$F(\mathrm{SP}_1,\mathrm{SP}_2,\cdots,\mathrm{SP}_m)$增大。

柔性体现了无序和不确定性，而在物理学中，熵(entropy)被用来度量无序的量，因此可以用熵来定量系统的柔性。这里，建立 MT-PSS 服务流中选择活动 SA′ 的柔性熵如式(3.102)所示，且容易验证该式满足上述要求。

$$F(\mathrm{SP}_1,\mathrm{SP}_2,\cdots,\mathrm{SP}_m)=-\sum_{i=1}^{m}\frac{\mathrm{SP}_i}{\mathrm{SP}'}\ln\frac{\mathrm{SP}_i}{\mathrm{SP}'} \tag{3.102}$$

在式(3.102)的基础上，可以通过累加决策类服务活动的柔性以确定 MT-PSS 服务流的全局柔性：

$$F_z=\sum_{\mathrm{SA}_j[\mathrm{Type}]=\mathrm{DSA}}(F_j\cdot\mathrm{SP}_j) \tag{3.103}$$

式中，F_z 为服务流的全局柔性；F_j 为决策类服务活动 SA_j 的柔性。

6. 实例分析

1) MT-PSS 加工服务流建模

以一台精密数控车削中心为核心产品构建了一个 MT-PSS，以上节的零件加工为例，围绕该零件的加工，有 14 个加工服务活动 $\mathrm{SA}_1,\mathrm{SA}_2,\cdots,\mathrm{SA}_{14}$，其中有两种方案加工该零件，这两种方案所采用的刀具有差异，第一种方案采用硬质合金刀具($H_T=81.5$HRC，$r=0.8$mm，$\kappa_r=91°$，$\kappa_{r'}=29°$)，第二种采用硬质合金刀具($H_T=78$HRC，$r=1$mm，$\kappa_r=91°$，$\kappa_{r'}=29°$)，但两种方案都可以完成加工任务，每种方案各有三个活动，分别为图 3.25 所示零件的三段加工特征对应的加工活动，SA_7 是决策类活动，用以决策具体采用哪种方案。图 3.28 描述了该精密数控车削中心工业产品服务系统加工该零件所涉及的加工服务活动及其相互之间的时序关系。

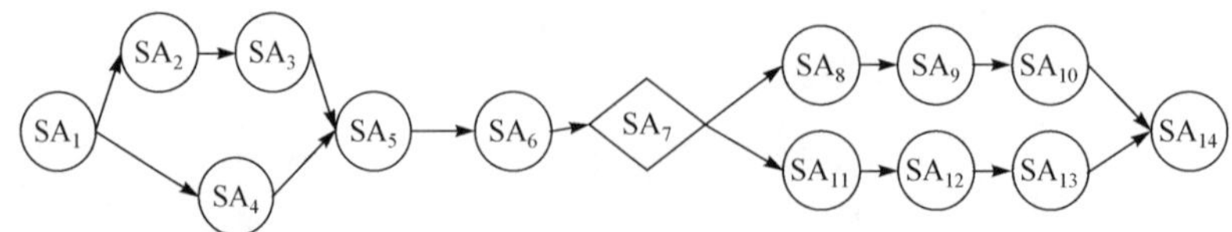

SA₁:刀具选配　SA₆:上料

SA₂:切削参数优化　SA₇:决策加工方案

SA₃:编程　SA₈、SA₉、SA₁₀:第一种加工方案

SA₄:刀具提供　SA₁₁、SA₁₂、SA₁₃:第二种加工方案

SA₅:试切　SA₁₄:下料清理

图 3.28　加工服务活动及其时序关系(一个实例)

根据服务流建模的方法,可以建立该实例的服务流为

$$SF=SA_1\propto((SA_2\propto SA_3)\vee SA_4)\propto SA_5\propto SA_6\propto SA_7\propto((SA_8\propto SA_9\propto SA_{10})\wedge(SA_{11}\propto SA_{12}\propto SA_{13}))\propto SA_{14} \tag{3.104}$$

2) MT-PSS 加工服务流性能分析

基于上述的服务流建模,这节主要分析数控加工装备利用率、加工服务过程生态效益即以加工服务的柔性。

(1) 加工服务过程中的机床利用率。

首先计算总加工时间 $T_{总}$,包括切削加工时间和辅助加工时间,根据式(3.92)可得

$$T_{总}=\sum_i T_i\cdot SP_i=1.2+1.4\times 0.63+1.8\times 0.37=2.75\text{min} \tag{3.105}$$

再根据式(3.95)可得再该 MT-PSS 服务流中精密数控车削中心的利用率 $E(\text{MT})$为

$$E(\text{MT})=\frac{1.4\times 0.63+1.8\times 0.37}{T_{总}}=0.56 \tag{3.106}$$

(2) 加工服务过程的生态效益。

首先要计算该切削加工过程产生的环境影响,该实例中的数控加工装备重约8t,工作五年,每年工作 250 天,每天切削加工时间为 6h;运输距离为 1000km,40%重量的部件需要热处理,表面电镀面积较少,其环境影响忽略不计。该精密车削中心的功率为 15kw,计算得出该加工过程产生的切屑约为 0.224kg,切屑作为废弃物处理。若采用第一种加工方案,其环境冲击可根据式(3.98)估算为

$$\text{IMPACT}'=\frac{(4.3+0.42+0.34-2.9)\times 8000+11\times 3200}{5\times 250\times 6}\times\frac{1.4}{60}+15\times\frac{1.4}{60}\times 0.57+0.224\times 1.2$$

$$\approx 0.16+0.20+0.27=0.63 \tag{3.107}$$

若采用第二种方案，加工时间约为 1.8min，同理，可计算其环境影响为：IMPACT″＝0.74。

根据式(3.99)可得该零件加工服务过程的环境影响为

$$\text{IMPACT}=0.625\text{IMPACT}'+0.375\text{IMPACT}''=0.67 \tag{3.108}$$

根据式(3.93)可得该零件的加工服务成本为

$$C_{总}=0.63\times 4.46+0.37\times 5=4.6 \tag{3.109}$$

假设该零件加工的 MT-PSS 服务报价为 5.3 元，则根据式(3.100)可计算服务过程的生态效益为

$$\text{ECOE}=\frac{\text{Profit}}{\text{IMPACT}}=\frac{5.3-4.6}{0.67}=1.04 \tag{3.110}$$

(3) 加工服务的柔性。

根据式(3.102)可计算 MT-PSS 加工该零件的加工服务柔性为

$$F=-0.63\ln 0.63-0.37\ln 0.37=0.66 \tag{3.111}$$

在 MT-PSS 加工服务流设计时，增加可供选择的加工服务方案，可增大加工服务过程的柔性。

3.5.4 MT-PSS 加工能力优化

对于一个在用户车间运作的 MT-PSS(其加工装备已确定)，它接受一个零件特征的加工任务后，首先配置适合的刀具、夹具等，与加工装备一起形成加工系统[如式(3.48)所示]。根据加工能力的定义，加工能力是加工服务活动作用于加工系统而产生的，因此在配置好加工系统后，有必要优化加工服务活动的内容，使 MT-PSS 产生更多的加工能力，即让 MCr 的值尽可能接近 MCp 的值。

1. 加工能力优化建模

当 MT-PSS 配置好加工系统后，可知刀具的参数(H_T、r、κ_r、$\kappa_{r'}$、z、D 等)，根据式(3.29)可以计算 MCp；由于 MT-PSS 接受了一个零件特征的加工任务，因此可知加工特征的参数和要求(a_p、σ_b、R_a 等)，令 $\Omega=\dfrac{P}{Q}r^{(b_1-a_1)}\kappa_r^{(b_2-a_2)}\kappa_{r'}^{(b_3-a_3)}\times H_T^{(b_4-a_4)}D^{(b_5-a_5)}z^{(b_6-a_6)}\sigma_b^{-a_7}R_a^{-a_8}a_p^{-a_9}$，显然在已知上述参数的情况下，可以求出 Ω，根据式(3.77)可得：$\text{MCr}=\lambda\Omega A_r$，而 $A_r=1000v_c f$，因此有$\text{MCr}=1000\lambda\Omega v_c f$。

据此可建立加工能力优化模型。其中，求解目标为 Max(MCr)，即

$$\text{Max}(v_c f) \tag{3.112}$$

约束条件 1：MCr≤MCp，即

$$v_c f\leqslant\frac{\text{MCp}}{1000\lambda\Omega} \tag{3.113}$$

约束条件 2:加工结果满足加工要求(如表面粗糙度要求等),且切削力/功率、主轴转速在加工系统可承受范围内,即 $\lambda=1$。根据计算 MCp 时的数据表(见表 3.14),可以采用神经网络、多元统计分析等建立表面粗糙度的预测模型;另外,文献[107]中建立了机床加工稳定性 Lobe 图模型,可确保优化的切削三要素处于加工稳定区内。

2. 模型的解算

采用遗传算法对上述优化模型进行求解,其算法流程如图 3.29 所示。

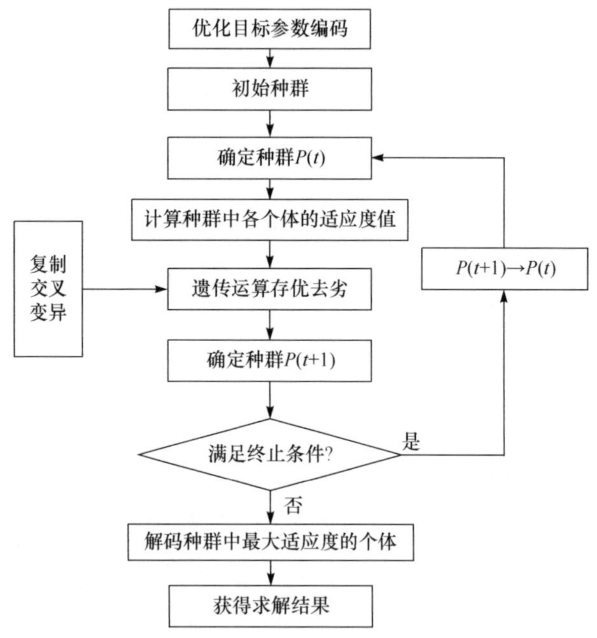

图 3.29　加工能力优化的遗传算法求解流程

1) 参数编码

根据上述的式(3.37)所示的优化模型,优化的目标参数为 v_c 和 f,这里 v_c 和 f 保留两位有效数字。采用二进制编码方法,其中 v_c 采用 9 位二进制编码,f 采用 7 位二进制编码。其解码方法是将它们的二进制编码转换为十进制然后除以 100,这样可以限定 v_c 和 f 的最大值,$\mathrm{Max}(v_c)=10.23\mathrm{m/s}$,$\mathrm{Max}(f)=2.55\mathrm{mm/r}$。因此目标参数的二进制编码共有 16 位,其中前 9 位表示 v_c,后 7 位表示 f,每个位上的编码命名为基因,如图 3.30 所示。

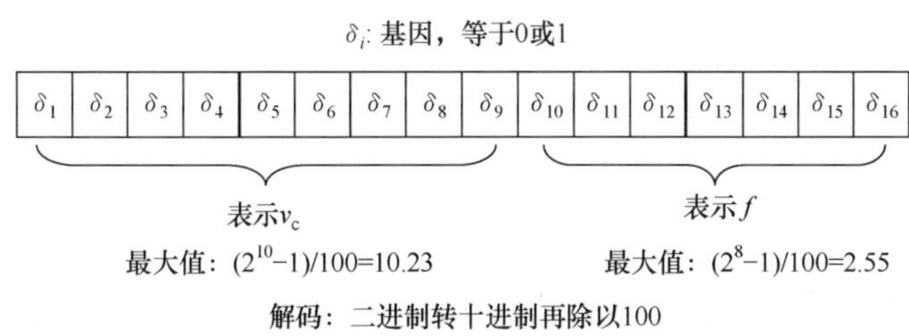

图 3.30 参数编码

2）初始化种群

初始化种群的基本原则是尽可能使种群(P)具有多样性，因此采用随机生成的方法。对于初始种群的某一个体的某一基因，使用计算机在 0 到 1 之间随机产生一个数 r，若 $r<0.5$，则该基因的编码值为 0，否则为 1。另外，综合考虑目标参数编码的位数以及初始化种群多样性的需要，设置种群中个体的数码为 100 个。即

$$P(0)=\{I_1,I_2,\cdots,I_{100}\} \tag{3.114}$$

式中，$P(0)$为初始化的种群；I_i 为第 i 个个体，有 String $I_i=$ “$\delta_1\delta_2\cdots\delta_{16}$”，$\delta_j$ 为一个基因，等于 0 或 1。

3）适应度计算

适应度来源于生物进化中的“适者生存”的概念，它表达个体达到或接近于最优解的优化程度。根据前述的优化模型，优化的目标是在满足约束的条件下使切削面积最大，因此可以建立如下的适应度函数：

$$\text{Fitness}=\frac{v_c f}{1+\text{PE}} \tag{3.115}$$

式中，Fitness 为个体的适应度值；PE 为当切削参数不能满足约束条件时的惩罚值，有

$$\text{PE}=\sum_i \text{PE}_i \tag{3.116}$$

式中，PE_i 为第 i 个约束条件的惩罚值，这里的约束条件包括主轴转速约束、切削功率约束以及表面粗糙度约束等。特别地当满足第 i 个约束条件时，$\text{PE}_i=0$。这里 PE_i 为连续可变的值，超过第 i 个约束条件的限定值越多，惩罚越大，据此可有

$$\text{PE}_i=(\text{JS}_i-\text{YD}_i)\text{Constant}_i \tag{3.117}$$

式中，JS_i 为根据切削参数对第 i 个约束的计算值，如根据 v_c 可计算主轴转速，根据切削三要素和工件材质可计算切削功率；YD_i 为第 i 个约束的限定值；Constant_i 为一个常数。

4）遗传操作

遗传操作包括选择（或复制）、交叉和变异等操作。选择（或复制）操作的目的是从当前群体中选出适应度较强的个体，使其有机会复制。显然个体的适应度值越大，其被复制的概率就越大，这里采用轮盘赌的方法进行种群的选择（或复制）操作。交叉则是随机选中两个个体，随机选择两个个体中相同位置的一个段基因串，进行交换，从而产生两个新的个体。变异是对种群的每个个体，以一定的概率随机改变个体中的某个基因。

5）终止条件

遗传算法的终止条件有很多种，通常有：①种群中个体的最大适应度值超过预先设定值；②迭代次数超过预先设定值；③种群中个体的平均适应度超过预先设定值；本节采用的是第一种方法，当种群中某个体的 MCr＞0.95MCp 时，算法终止。

3. 实例分析

为了求解实际加工能力 MCr，需要建立潜在加工面积 A_p 的计算模型。同理 MCp 计算时所用的正交实验表的建立过程，根据由 MT-PSS 提供商执行的切削实验、历史经验或查询相关手册，可以建立用于 A_p 计算的正交实验，如表 3.19 所示。

表 3.19　计算 A_p 用的正交实验表

序号	r/mm	κ_r	κ_r'	H_T(HBS)	σ_b/GPa	R_a/μm	a_p/mm	A_p/(mm^2/s)
1	0.5	30	10	77	0.6	6.3	0.8	985.8
2	0.5	30	10	77	0.695	3.2	1.5	545.6
3	0.5	30	10	77	0.53	1.6	2	514.1
4	0.5	45	20	78	0.6	3.2	1.5	657.1
5	0.5	45	20	78	0.695	1.6	2	407.7
6	0.5	45	20	78	0.53	6.3	0.8	1160.4
7	0.5	60	30	81.5	0.6	1.6	2	483.7
8	0.5	60	30	81.5	0.695	6.3	0.8	906.4
9	0.5	60	30	81.5	0.53	3.2	1.5	761.9
10	1	30	20	81.5	0.53	6.3	1.5	1657.0
11	1	30	20	81.5	0.6	3.2	2	950.5
12	1	30	20	81.5	0.695	1.6	0.8	744.5
13	1	45	30	77	0.53	3.2	2	641.3
14	1	45	30	77	0.6	1.6	0.8	514.0
15	1	45	30	77	0.695	6.3	1.5	753.1
16	1	60	10	78	0.53	1.6	0.8	735.3

续表

序号	r/mm	κ_r	$\kappa_{r'}$	H_T(HBS)	σ_b/GPa	R_a/μm	a_p/mm	A_p/(mm²/s)
17	1	60	10	78	0.6	6.3	1.5	1102.4
18	1	60	10	78	0.695	3.2	2	618.0
19	2	30	30	78	0.695	6.3	2	1175.7
20	2	30	30	78	0.53	3.2	0.8	1313.1
21	2	30	30	78	0.6	1.6	1.5	835.32
22	2	45	10	81.5	0.695	3.2	0.8	1119.9
23	2	45	10	81.5	0.53	1.6	1.5	1057.6
24	2	45	10	81.5	0.6	6.3	2	1523.0
25	2	60	20	77	0.695	1.6	1.5	485.2
26	2	60	20	77	0.53	6.3	2	1037.2
27	2	60	20	77	0.6	3.2	0.8	780.4

注：该表中的 A_p 值是查阅参考文献以及咨询有丰富经验的工程师获得的。

假设 A_p 的对数与影响因素的对数是线性关系，采用多元回归分析的方法，计算出各参数的指数的值：

$$\begin{cases} Q=\exp(-17.2085) \\ (\hat{a}_1\hat{a}_2\hat{a}_3\hat{a}_4\hat{a}_7\hat{a}_8\hat{a}_9)=(0.2773,-0.2969,-0.0862,5.5697,-1,0.4357,-0.1786) \end{cases} \tag{3.118}$$

将上式的数值代入式(3.76)，有

$$A_p=\exp(-17.2085)r^{0.2773}\kappa_r^{-0.2969}\kappa_{r'}^{-0.0862}H_T^{5.5697}\sigma_b^{-1}R_a^{0.4357}a_p^{-0.1786} \tag{3.119}$$

同理，采用基于 F 分布的假设检验方法，结果表明 A_p 的对数与影响因素的对数是线性关系，且每个影响因素对 A_p 都是重要的，因此接受式(3.119)。

因此，根据式(3.77)，可得本实例中 MCr 的计算模型为

$$\text{MCr}=\exp(-11.5041)\lambda A_r r^{0.0476}\kappa_r^{-0.0885}\kappa_{r'}^{-0.0553}H_T^{2.4813}\sigma_b R_a^{-0.4357}a_p^{0.1786} \tag{3.120}$$

将式(3.79)描述的加工刀具参数以及图 3.45 所示的加工特征参数代入上式，可得这三段加工特征的单位时间内的加工能力；又根据 v_c 和 f，可以计算各段特征的加工时间；继而根据式(3.60)可计算出总的加工能力 MCt。计算结果如表 3.20 所示。

$$t_f=\frac{L_f\pi D_f}{1000v_c f} \tag{3.121}$$

式中，t_f 为加工特征的加工时间(s)；L_f 为加工特征的加工长度(mm)；D_f 为加工特征的直径(mm)。

表 3.20 MCr 的计算结果

	第二段	第三段	第四段	全部
t_f(s)	94	24	28	146
MCr	44.8	43.3	41.6	
MCt	4211.2	1039.2	1164.8	6415.2

从表 3.20 中可以看出，这三段的实际加工能力 MCr 都远小于 MT-PSS 的潜在加工能力(MCp=84.4)，换言之，若采用表 3.16 所示的服务内容(切削参数配置)，将不能充分发挥 MT-PSS 的加工能力，因此有必要优化提升 MT-PSS 的加工能力。采用遗传算法优化加工能力：

(1) 目标函数为 Max(MCr)；

(2) 约束条件如下：

① 最大加工能力约束，即 MCr≤84.4，当加工能力超过该约束范围时，建立相应惩罚函数 $PE_1=(MCr-88.4)\times10$；

② 加工精度(表面粗糙度 R_a)约束，根据表 3.19，采用多元统计分析，发现表面粗糙度主要受进给量 f 影响，且有 $R_a\approx13.228f^{1.468}$，由此可建立加工精度约束 $f\leqslant\left(\frac{R_a}{13.228}\right)^{0.684}$，当加工精度不能满足该约束条件时，建立相应的惩罚函数$PE_2=\left[f-\left(\frac{R_a}{13.228}\right)^{0.684}\right]\times10$；

③ 主轴转速约束，即 $v_c\leqslant\frac{\pi nD_f}{60}$，当主轴转速不能满足该约束条件时，建立相应的惩罚函数 $PE_3=\left(v_c\ \frac{\pi nD_f}{60}\right)\times10$；

④ 加工功率约束参考文献[108]，加工碳素结构钢时，加工功率可近似计算为：$Pw=1.962a_pv_cf$，由此可建立切削功率约束 Pw<15kW，当加工功率超出机床的额定功率时，建立相应的惩罚函数 $PE_4=(Pw-15kW\times10)$；

⑤ 刀具磨损约束，刀具寿命 $T_a=\frac{C_T}{v_c^{\frac{1}{m}}f^{\frac{1}{g}}a_p^{\frac{1}{h}}}$，当 $f\leqslant0.3$mm/r 时，$\frac{1}{m}$、$\frac{1}{g}$和$\frac{1}{h}$分别为 5、1 和 0.75；当 0.7mm/r<$f\leqslant$0.3mm/r 时，$\frac{1}{m}$、$\frac{1}{g}$和$\frac{1}{h}$分别为 5、1 和 1。建立相应的惩罚函数 $PE_5=\frac{10}{T_a}$。

基于上述的模型和约束条件，采用遗传算法对模型进行求解。以第二段加工特征为例，采用遗传算法优化计算的 $v_c=3.08$，$f=0.15$，其算法收敛轨迹如

图 3.31所示。采用同样的方法获取了工件三段特征的优化的加工能力，如表 3.21 所示。通过加工能力优化，MT-PSS 加工这三段特征的实际加工能力 MCr 都与 MT-PSS 的潜在加工能力 MCp 非常接近，这表明 MT-PSS 的加工能力得到了充分发挥。

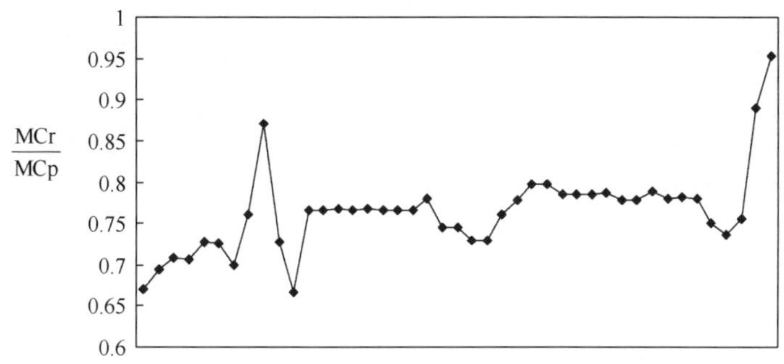

图 3.31　第二段特征的加工能力优化遗传算法收敛曲线

表 3.21　加工能力优化结果

参数	第二段	第三段	第四段	全部
a_p/mm	0.5	0.8	1	
v_c/(m/s)	3.08	2.49	1.97	
f/(mm/r)	0.15	0.23	0.38	
A_r/(mm^2/s)	462	572	747	
t_f/s	59.5	12.4	12.6	84.5
MCr	82.90	82.47	82.94	
MCt	4932.6	1022.6	1045	7000.2

3.5.5　MT-PSS 与 soMES 的接口设计

设计 MT-PSS 与 MES 接口的目的是实现 MT-PSS 与 MES 之间的信息传输，这里提出了一种基于制造任务的接口设计方法，将 MES 向 MT-PSS 发送信息认为是制造任务的下达或变更，而 MT-PSS 向 MES 发送信息则是对制造任务完成情况信息的提交，如图 3.32 所示。

图 3.32 描述了 MT-PSS 与 MES 之间的数据流，首先 MES 计划调度制造任务，并将相关的制造任务通过接口下达给 MT-PSS 并存储在制造任务接收池中，MT-PSS 根据接收到的制造任务，进行制造服务过程规划并将服务信息实时提供给 MES，从而为 MES 的实时调度提供支持。

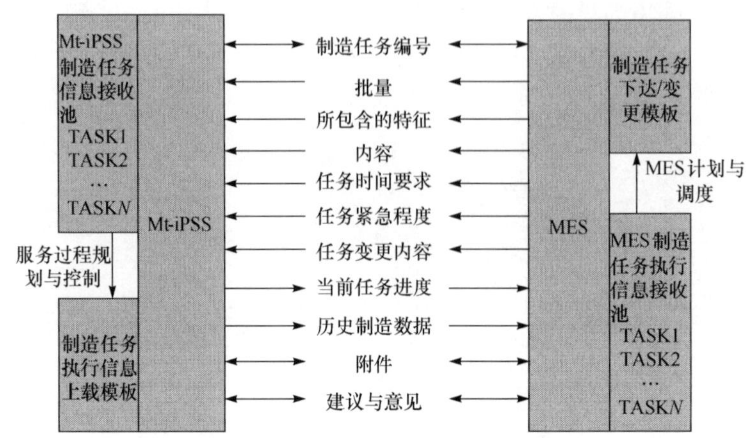

图 3.32 MT-PSS 与 MES 的接口设计

为了更好地说明图 3.32 的思想，这里首先对制造任务进行定义：某一批量的零件的加工为一个制造任务。从 MT-PSS 的角度，将信息的传输分为制造任务下载和上载两个通道。

在信息下载通道，制造任务的信息包括其编号、批量、加工特征、内容、时间要求、紧急程度、任务变更、任务附件、信息反馈以及用户对 MT-PSS 的建议，可以形式化表达为

$$\mathrm{TASK}_D(\mathrm{TASK\_id},\mathrm{Nb},\mathrm{TFE},\mathrm{TRE},\mathrm{Jd},\mathrm{CG},\mathrm{APP}_D,\mathrm{ADV}_D) \tag{3.122}$$

式中，TASK_D 为下载通道制造任务信息；TASK_id 为制造任务编号；Nb 为制造任务所对应的加工工件批量；TFE 为制造任务要加工的特征，是加工特征编号 FE_id 的集合，根据 TFE 中的元素，加工特征表达式，可以索引出加工特征具体的加工要求和内容；TRE 为制造任务时间限制或要求；Jd 为制造任务紧急程度，分为特急、紧急以及一般三个程度；CG 为任务变更信息，用户接收制造任务后，用户可以对制造任务进行变更，如变更紧急程度、变更任务内容等；APP_D 为任务附件，用户可以通过 MT-PSS 与 MES 的接口向 MT-PSS 发送制造任务相关的图纸、文档等电子附件；ADV_D 为用户向 MT-PSS 提出意见和建议。

在信息上载通道，制造任务的信息包括任务编号、任务进度、任务历史信息、上载任务附件以及 MT-PSS 对用户的建议。

$$\mathrm{TASK}_u(\mathrm{TASK\_id},\mathrm{PGR},\mathrm{HIS},\mathrm{APP}_u,\mathrm{ADV}_u) \tag{3.123}$$

式中，TASK_u 为上载通道制造任务信息；PGR 为任务进度；HIS 为任务历史数据；APP_u 为下载通道任务附件；ADV_u 为 MT-PSS 对用户的建议。

通过式(3.123)，在用户 MES 上建立制造任务信息下达/变更模板，实现下载通道上制造任务信息的规范化表达，同时在 MT-PSS 支撑软件上建立与该模板匹

配的制造任务接收池(pool),接收池动态更新制造任务的下达/变更信息;当 MT-PSS 接受 MES 的制造任务后,将制造任务执行情况 $TASK_u$ 实时上载到 MES 的任务执行信息池,从而实现 MT-PSS 和 MES 之间的信息传递。

3.6　面向车间多加工任务的刀具 CT-PSS 服务

3.6.1　车间刀具管理方式

机械制造过程涉及大量机械加工,因此需要大批量的使用刀具。刀具费用占整个机械加工制造成本的 3%～5%,极大程度上影响制造成本。高水平的刀具管理能够很好地控制刀具成本,并保证生产过程中的刀具的及时供应。下面将分析刀具管理的几种方式的不同特点。

1. *传统刀具管理模式*

传统大型制造企业中的刀具管理方式是设置刀具库或者刀具车间,其职能仅限于刀具库存管理或者刀具修磨的工作,对于刀具全生命周期的完整管理缺乏清晰统一的认识,而其中涉及的与刀具有关的工作,如刀具采购、库存管理、刀具优化配置、解决切削问题、刀具成本控制等,均由制造企业中的不同职能部门分管,如图 3.33 所示。

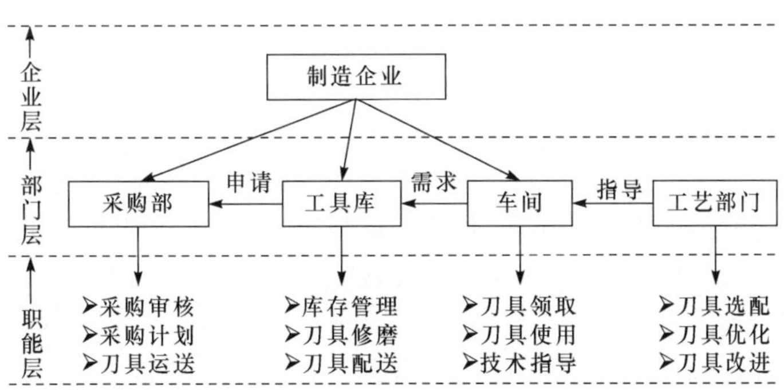

图 3.33　传统刀具管理模式

如图 3.33 所示,传统制造车间的刀具管理没有管理完整概念,刀具功能性业务分属企业各个职能部门管理,如工艺部门、车间、工具库和采购部门等。其中工艺部门通过对加工过程的工艺制订,得到刀具选配方案(包括调度方案和刀具选择方案)和对刀具改进优化的措施,将刀具计划作为加工计划的一部分提供给加工车间;制造车间根据加工任务和刀具方案领取和使用刀具;刀具库作为刀具存放的场所,负责刀具库存管理,根据刀具计划进行刀具配送回收、刀具修磨等工作,并设立现场刀具技术人员,解决有关刀具加工使用方面的技术问题,根据需要向采购部门提出刀具采购申请；刀具采购隶属于企业的采购部门，根据刀具库的需要进行刀具采购。

这种传统刀具管理模式，由于从刀具选配到使用，从刀具需求到采购之间的管理环节多，周期过长，时常发生刀具不能及时供应导致严重的生产效率降低等问题。如今零件工艺变得日趋复杂，车间管理人员对刀具提出了许多新的要求，同时还要针对一些工艺难点，设计专用刀具、复合刀具或智能刀具，以解决加工精度和加工效率的问题，传统的刀具自我管理模式此时很难做到更加专业和科学。

2. 刀具外包的管理模式

在如今激烈的市场竞争环境下，制造企业为了达到对市场需求的快速反应，将刀具管理这一非核心业务外包出去，于是出现了刀具外包这种管理模式。可具体描述为将机械制造过程中有关刀具的采购、调整、修磨、刀具库存管理、与刀具有关的加工问题和技术支持、刀具试验和优化等工作，部分或全部通过协议委托给一家或几家专业公司进行管理的工作方式。刀具外包的管理模式的目的在于企业通过整合利用外部优秀的专业化资源，参与企业的部分业务工作，从而达到降低成本，提高效率、充分发挥自身核心竞争力和增强企业对环境的迅速应变能力。与制造企业相反，为用户提供刀具产品服务内容则是刀具供应商的核心业务，它拥有专业强大的刀具技术实力支持，丰富及时的刀具采购渠道，专业的刀具修磨检测设备和先进的刀具管理体系。此外，由于刀具供应商掌握大量刀具资源并具有技术优势，它可以同时向多个制造企业提供刀具外包，使得制造企业共同分享刀具供应商的资源。

目前，刀具外包采取的方式分为两种：部分外包和完全外包。前者是将关于刀具管理的部分职能如刀具库存管理、修磨调整等外包出去，保留刀具的所属权利，这种模式可以减少投资和刀具管理人员的数量，在控制刀具产品和技术的基础上利用外包资源来提供给生产管理；完全外包则是将与刀具所有职能有关的业务外包给刀具供应商，但此种模式使制造企业过于依赖刀具供应商，在出现刀具供应不足或刀具供应商自身运行出现问题的时候，对生产影响极大。

3. 刀具 CT-PSS 服务模式

通过将工业产品服务系统 iPSS 解决方案引入刀具管理中，就形成了刀具产品服务系统。作为服务提供者，着重于对刀具产品的全生命周期管理，图 3.34 描述了相应的服务供应链。

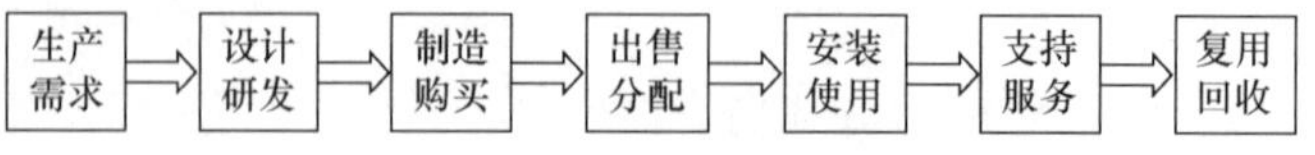

图 3.34 产品服务供应链

刀具 CT-PSS 外包服务，是以制造企业对生产加工过程中的切削能力的需要为驱动，刀具服务提供商负责刀具产品全生命周期的资源管理，提供给多个制造企业可持续循环利用的刀具服务。

iPSS 使得刀具服务商的经营理念发生了很大的转变，从单纯提供刀具产品及其管理业务转变为更高层次的以刀具产品为依托提供高质量的切削能力，此时作为制造企业的消费者不再拥有刀具，甚至不再拥有刀具管理的职能部门，仅需要根据加工需求选择购买相应刀具服务商提供的刀具切削能力的即可。

在此概念的基础上建立的刀具 CT-PSS 服务模型，重要的是对刀具服务提供商的服务活动进行明确定义和规定，包括如下几个方面：如何描述刀具服务内容；刀具服务商如何在企业内部或外部发现切削能力需求的服务，并根据需求服务配置与组合，以满足用户的复杂需求；刀具服务商如何对其产品服务和数据信息进行封装，以便客户提供统一接口供外界调用；采取怎样的刀具服务方式来满足切削能力需求等。

1）刀具服务方式分析

基于上述对刀具服务内容的描述，可知刀具服务商提供的刀具服务是以管理刀具全生命周期的各项功能实现的。接下来分析如何通过制造企业的切削需求进行刀具服务内容响应。首先从制造企业层面的角度考虑，如图 3.35 所示。

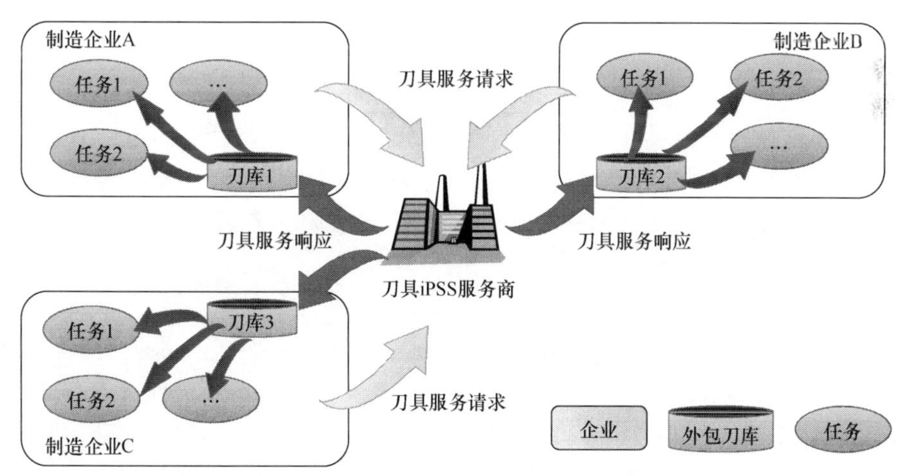

图 3.35　企业级刀具需求响应方式

从企业级的角度考虑，刀具 CT-PSS 服务商作为专业的刀具企业，可同时提供刀具服务给多家制造企业（前提是制造企业不再拥有刀具产品）。如果在生产过程中产生了对切削能力的需求，则对刀具服务商提出服务请求，刀具服务商根据多方面的因素，如车间环境、切削能力需求量、设备能力等，在制造企业内部建立包括技术人员在内的外部服务刀具库，再根据车间内部的切削任务类型进行独立的服务响应,如刀具配送、出入库、技术支持等。

其次,从车间级的角度考虑,刀具需求与服务响应的流程关系如图 3.36 所示。

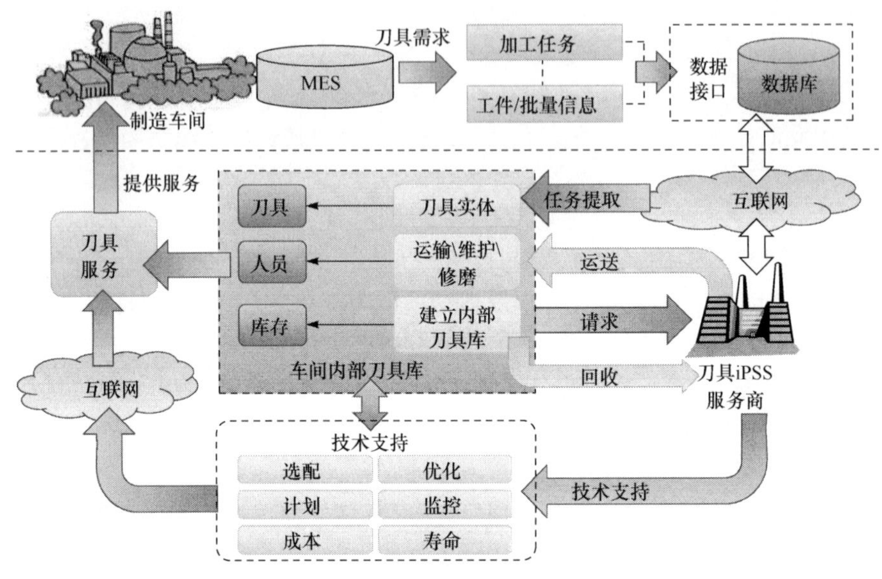

图 3.36　刀具需求-响应流程

CT-PSS 服务商设立在车间内部的外包刀库,通过制造企业与 CT-PSS 服务商之间的协同平台进行刀具任务加载,将刀具产品和服务配置为集成的刀具服务包,服务包包括刀具配置方案、服务方式、服务内容、服务人员等内容,然后将服务包的执行任务分配到各个刀库实施,实施的结果是产生符合车间加工需求的切削能力(刀具实体和技术支持),并将其提供给加工设备和操作人员,支持车间的切削加工过程,最终实现刀具服务响应。

2) 刀具服务内容分析

在上述有关切削能力中刀具部分可提供内容分析的基础上,根据对成都四威电子有限公司的调研,考察该公司刀具管理方式和内容,并分析类似的具有多品种小批量等生产特点的制造企业,以切削能力外包为基础,提出刀具外包服务模式下的,满足企业功能需求和利益的刀具服务内容(图 3.37)。

CT-PSS 服务是以刀具实体为载体,通过对刀具实体全生命周期的功能分析得出的。全生命周期管理是指供应商负责管理原料从生产到废物处置的全过程。对于刀具产品,其全生命周期包括投入期、使用期和报废期。刀具服务商要将切削需要转化为刀具任务,通过对刀具任务的分解和配置,形成刀具服务的内容,包括刀具需求管理、库存管理、基础数据管理、智能配置、刀具监控、刀具修磨和回收报废等,这些服务不仅给提供及时合理的刀具,在刀具使用过程中提供技术支持,同

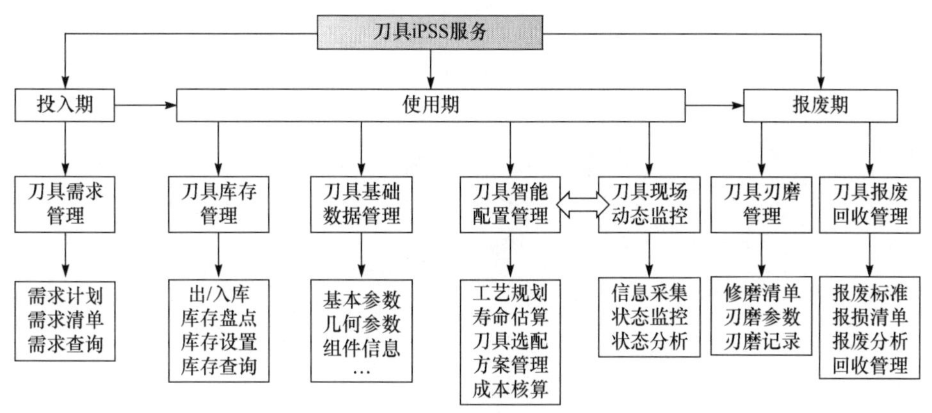

图 3.37　刀具服务内容

时根据需要将实时信息提供给制造企业 MES，供其分析加工制造过程信息，以便于改进加工工艺。

CT-PSS 是一个由制造企业和刀具提供商协同合作的系统，刀具服务商通过提供刀具的切削能力，系统以接受任务—服务响应的方式运行，将有形的刀具实体功能和无形的刀具服务支持提供给制造企业。CT-PSS 有以下两方面优势：

(1) 服务专业化。由于刀具服务商以提供刀具服务为主业，具有刀具专业知识和强大的刀具管理能力，这使得制造商只需考虑自身的加工能力和技术条件，避免刀具自主管理出现的各种问题，全方位得到动态、高效、优质的刀具服务。

(2) 资源优化。从广义上说，CT-PSS 系统将众多制造企业与多个刀具服务商联系起来，形成一个刀具服务共享的网络系统，通过刀具服务的调配和刀具产品的可回收利用特性，达到节省资源提高效率的目的。

3.6.2　刀具任务分解与刀具服务流建模

分层次、结构化地获取制造企业的切削需求，是执行刀具服务的前提。本节首先通过分析生产任务，将切削力需求转化为刀具需求，从而合理有效地定义刀具任务，对其进行分解，为研究刀具服务打下基础。刀具需求和任务分析的目的是为研究刀具服务的流程设计和服务方式，最后采用集合论和服务粒度分解的方法形式化的描述服务过程，建立刀具服务流模型和相应的配置方法。

1. 刀具需求分析

刀具的使用，从本质上讲是刀具与加工设备结合，将工件上多余材料切除且满足工件形态要求的过程，这一过程与其相关的切削效率、切削精度和切削成本共同构成了切削能力。切削能力的组成和其在生产任务中的作用表述如图 3.38 所示。

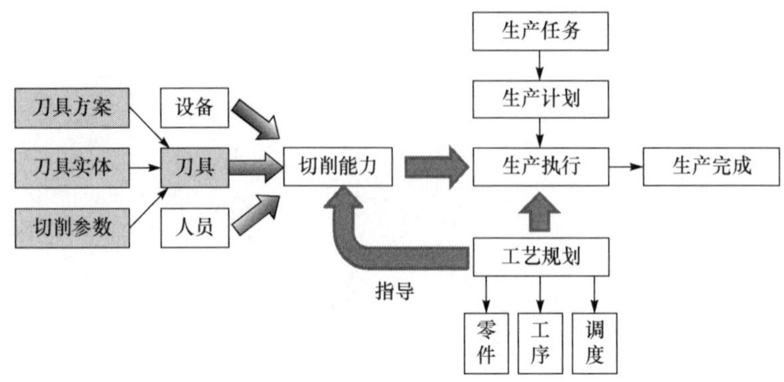

图 3.38　生产任务执行流程

如图 3.38 所示，完成一项生产任务，需要两方面的支持，一是工艺规划，它提供了零件的工艺流程、加工方法和调度方案，负责控制生产执行；二是切削能力，它产生可直接作用到工件的切削功能，其中包括设备、刀具和人员，切削能力的使用方式由工艺规划来指导。

对于刀具服务系统，刀具所具有的切削能力是作为一项服务提供给生产的，包括三方面的内容：刀具方案、刀具实体和切削参数。

(1) 刀具方案，指根据零件工艺和工序，选配出的能够满足加工条件和加工目标形态特征的刀具使用方案。此方案既可以是单独的刀具(如刀片、整体刀具)，也可是组合刀具(如包括刀片、刀柄、连接杆等)。刀具方案是满足切削能力的基础。

(2) 刀具实体，是执行刀具服务的载体。依据制订的刀具方案，工人将刀具实体及时运送到指定加工设备，同时与刀具管理有关的内容，如刀具库存管理、需求规划、刀具动态信息监控和回收报废等，也属于刀具实体服务的范畴。

(3) 切削参数，不直接作用于加工对象，但可以指导加工过程，切削参数的选择对加工质量影响极大，因此切削参数优化是刀具服务效能优化的一部分。

2. 刀具任务分解

刀具需求来源于加工任务，所以首先要建立刀具任务模型和刀具服务模型，其次是研究刀具服务响应和配置的理论与方法。

图 3.39 描述了刀具任务和刀具服务响应关系的运行路线。

刀具任务-服务运行路线可以描述为：首先创建刀具任务，将刀具任务进行分解和规划，刀具服务商通过 CT-PSS 系统获取刀具任务之后，配置刀具服务内容并执行对应的刀具任务，且在执行过程中不断监控服务状态，最后通过服务反馈将服务状态和相关数据提供给车间 MES。

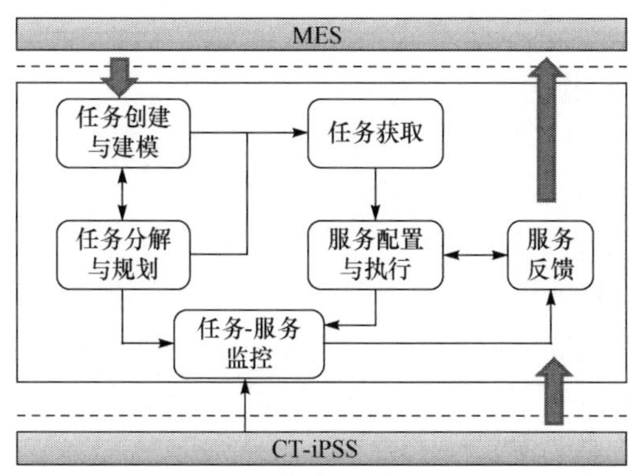

图 3.39　刀具任务-服务运行路线

1) 生产任务定义

在制造企业中，生产任务来源于订单任务，如整体产品或独立零件的设计、制造、装配等，这种订单任务以交货期为约束。为保证有序及时地进行生产，需要将订单任务转化为加工任务，加工任务包括任务基本信息、加工特征信息和生产计划信息等。企业主生产计划，是根据企业的库存及加工能力，分解产品、部件的 BOM 树得到的。主生产计划是车间 MES 接收并制订加工任务的前提和保证，下面将通过集合的方式定义上述任务类型。

式(3.124)定义了订单任务：

$$\mathrm{OT}=\{P,N,T\} \tag{3.124}$$

式中，OT(Order Task)为订单任务的整体描述信息；P(Product) 为待生产的产品信息；N(Num)为产品数量；T(Time)为交货期。

式(3.125)表示由生产计划得到的加工任务，加工任务是以集合的形式表示。

$$\mathrm{PT}=\{\mathrm{TaskInfo},\mathrm{SubTask}_1,\mathrm{SubTask}_2\cdots,\mathrm{SubTask}_i,\cdots,\mathrm{SubTask}_n,\mathrm{Taskrel}\} \tag{3.125}$$

式中，PT 为加工任务的信息集合；TaskInfo 为加工任务的基本信息描述；$\mathrm{SubTask}_i$ ($i=1,2,\cdots,n$)为加工任务分解后的子单元任务，包括任务完成方法和任务约束条件，如果该加工任务是需要外部服务来提供，则约束条件是对服务需求的约束条件，包括服务提供时间、加工质量要求、加工成本约束等；Taskrel 为子加工任务之间的关系集合，描述了子加工任务的分解方式、分解关系和相互间的约束条件、各个任务的实现流程等。

对于子任务的描述集合如式(3.126)所示：

$$\mathrm{SubTask}_i=\{B_i,C_i,\mathrm{SubTask}_{i1},\cdots,\mathrm{SubTask}_{ij},\cdots,\mathrm{SubTask}_{im},\mathrm{PR}_i,\mathrm{Subrel}_i\} \tag{3.126}$$

式中，B_i 代表子加工任务单元的基本信息；C_i 为产品信息；$\mathrm{SubTask}_{ij}$ ($j=1,2,\cdots,m$)为下一级加工子任务信息；PR_i 为工艺排程信息；Subrel_i 为下级子任务的关系集合。

具体描述如下：B_i 作为子加工任务单元的基本信息主要描述任务的特点、性质(如是否需要外部服务提供)、状态、类型、任务时间等信息，起标识任务和完成状况的作用；产品信息不同于上面的产品类型，产品信息包括从产品层到组件层到零件层的待加工对象的所有特征，如模型信息、尺寸信息、精度信息、数量、材料等；工艺排程信息是加工过程的约束信息，决定了加工工艺、生产计划、设备及人员安排等；下一级的子任务信息 SubTask_{ij} $(j=1,2,\cdots,m)$ 也可以如式(3.126)的模式进行分解，最终转化为不可再分的原子任务单元；Subrel_i 描述了下一级子任务信息以及任务之间的关系和约束条件。

由上述分析得到加工任务具有以下几个特点：

(1) 加工任务按照执行层面不同可以逐层分解为子任务；

(2) 子任务可分解为不可再分的原子任务单元，每个原子任务单元只能由唯一的执行单元来完成；

(3) 加工任务可以独立完成，也可以采取外包服务的模式完成(如刀具服务、机床服务等)；

(4) 加工子任务相互关联，并存在约束条件来规定相互的关系和实现逻辑；

(5) 加工任务的完成既可以由有形的实体功能提供，也可由无形的服务来支持，例如，加工零件的过程中需要机床设备，同时也需要人员操作来完成。

通过集合对加工任务的定义，可将各种任务信息的集合按照任务执行层面进行划分，如图 3.40 所示。

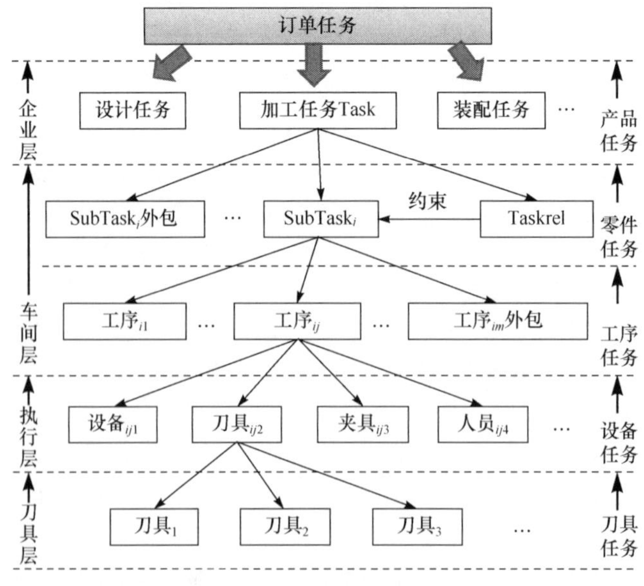

图 3.40 加工任务层次划分

由图 3.40 可见，总体加工任务可以看做是产品任务，而产品可以分解为诸多零件，零件任务既可以外包出去，也可以作为车间层面的加工任务，完成零件的加工则需要工艺规划，得到加工方法和加工工序，通过生产调度和排程，将各工序任务安排到执行单元，执行单元包括各种能够直接完成加工过程的要素，如加工设备、加工工具(刀具、夹具、量具)和操作人员等。对于最下层的刀具任务由每一道工序决定，需要刀具服务商提供满足工序要求的刀具。由此可见，企业的加工任务是创建刀具任务并进行服务配置的来源。

2) 刀具任务描述模型

加工任务经过层层分解，可以构成若干处于执行层的原子加工任务单元，包括刀具任务单元，这个原子任务单元对于加工任务来讲是不可再分的，它所要完成的功能是由刀具服务商提供的，但对于 CT-PSS，这个原子任务是刀具需求任务的基础。

此处先提出刀具任务的定义：刀具任务是以满足加工特征为前提，以工艺规划和其他条件为约束的切削刀具需求的集合。

加工任务并不能直接转化为刀具任务，因为加工任务的定义和分解是从任务执行层面的角度考虑，而刀具任务的核心是满足顶层加工任务中所有切削环节对刀具的需求，考虑的角度不同，所以模型不同。刀具任务建模是将加工任务转化为刀具服务系统能够识别的刀具总体任务信息的过程。通过对刀具任务的逐层分解，达到对切削能力需求的详细描述。

首先将加工任务转化为可被 CT-PSS 系统识别的刀具任务约束参数。从刀具服务配置的角度出发，约束参数主要包括以下几方面：

(1) 任务空间约束 (制造厂商、制造车间、加工设备位置)；

(2) 任务时间约束 (加工开始时间、加工结束时间、加工准备时间)；

(3) 任务特征约束 (待加工零件特征、工艺方法、质量要求)；

(4) 任务属性约束 (任务类型、任务名称、任务发布者等)。

刀具任务的参数获取方式如图 3.41 所示。

由式(3.3)可知，刀具任务的属性参数继承自工序任务描述；特征参数来自待加工零件的特征，如模型信息、尺寸信息、精度信息、数量、材料等；刀具任务的空间、时间参数来源于工艺规划得到的生产计划、调度排程结果等。

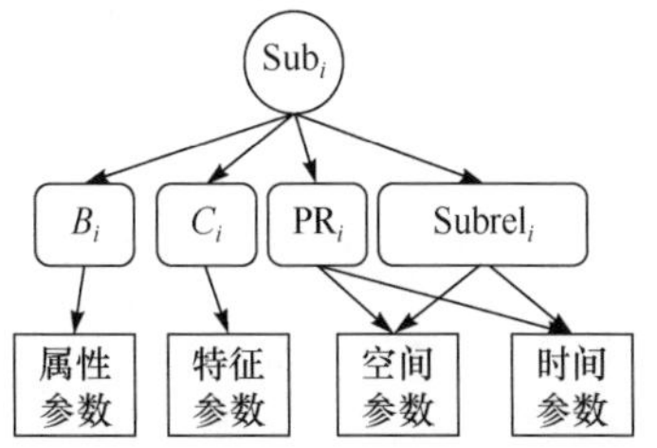

图 3.41　独立工序任务参数获取

将多工序、多零件、多批次加工任务共同考虑，生成总刀具任务的方式，如图 3.42 所示。图中的各独立刀具任务均来源于独立的工序任务，将各工序任务进行统一的参数提取后，集合成总刀具任务,总刀具任务是进行下一步刀具任务分解和规划的前提。

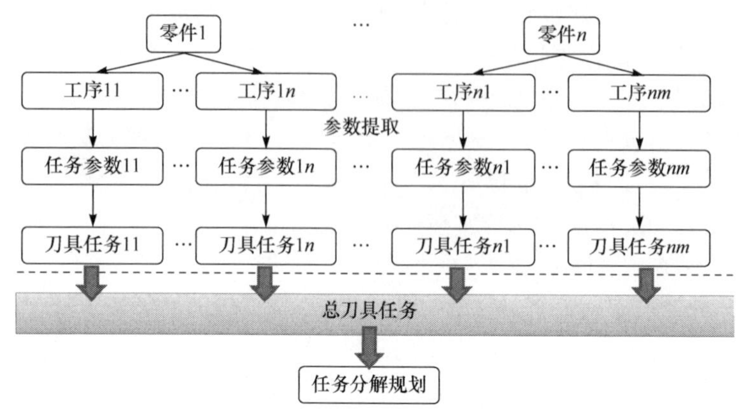

图 3.42　整体刀具任务获取方式

3）刀具任务分解

总刀具任务是通过 CT-PSS 获取到的,为实现每一个工序任务的刀具需求,有必要将刀具任务分解为子任务活动,并将相关任务的约束条件同时转化为子任务活动的约束条件,最终保证每一个子任务活动都可由刀具服务商的独立服务节点来完成,如外包刀具库、配送人员等。因此需要研究刀具任务的分解准则和方法,有效的任务分解可降低刀具服务响应中的复杂度。

此处引入刀具原子任务的定义:整体刀具任务分解分解为可被单个服务主体(人、库存、参数)独立提供服务、完成的子刀具任务单元,即只需要一个主体对环境及对象发生作用,称为刀具原子任务。例如,刀具选配优化、出入库、配送回收等,每个子任务单元具有独立的属性(时间、位置、人员、内容、设备等)。

(1) 任务分解原则。

根据刀具服务系统的设计和刀具全生命周期使用过程中的特点,归纳以下几条刀具任务分解的原则:

① 独立性。独立性原则是指刀具任务不依赖于其他任务而单独执行。独立性原则可以增强刀具服务响应的并行性,减少服务配置的难度和工作量。

② 层次性。一个复杂的刀具任务可分解为若干子任务,子任务也可继续分解,形成按层次划分的任务结构,以简化复杂任务。

③ 合并原则。如果出现同类型的刀具子任务,在执行过程中可适度合并,以提高任务执行的效率。

④ 服务匹配原则。分解完成的原子任务能够找到相应的服务响应资源,如刀具资源、人力资源、库存资源等。

(2) 刀具任务分解的规则。

在刀具任务执行过程中，必须满足加工任务中的约束条件，也就是刀具任务约束参数。这些约束包括加工特征约束、加工精度约束、加工时间约束、刀具成本约束等。在确定分解规则之前，首先定义以工序任务触发的刀具任务，如下：

$$T_i=\{\mathrm{TInfo}_i,\mathrm{TFea}_i,\mathrm{TSub}_i,\mathrm{Subrel}_i,\mathrm{TDate}_i,\mathrm{TLoc}_i\} \tag{3.127}$$

式中，$T_i(i=1,2,\cdots,n)$为由 n 个工序任务中的第 i 个任务提取出的刀具任务；TFea_i 表示该刀具任务中待加工工件的特征信息；TInfo_i 为刀具任务的信息描述，包括任务 TInfo_i. ID、任务名称 TInfo_i. Name、任务提出时间 TInfo_i. Time 等；TSub_i 为刀具任务的子任务信息，$\mathrm{TSub}_i=\{\mathrm{Tsub}_{ij}\mid j=1,2,\cdots,m\}$，表示完成第 i 个任务中的 m 个子任务；$\mathrm{Subrel}_i=\{\mathrm{Subrel}_{ij}\mid j=1,2,\cdots,m\}$表示 m 个子任务中的顺序关系，其内容为该子任务在上层任务中第几位执行；TDate_i 表示刀具任务时间约束条件，包括任务准备时间 TDate_i. pr、开始时间 TDate_i. st 和结束时间 TDate_i. ov；TLoc_i 表示刀具任务的空间约束信息，包括制造厂商 TLoc_i. fac、加工车间 TLoc_i. fshop 和加工设备 TLoc_i. mac。

由此可确定以下几个任务分解规则：

规则 1　加工开始时间约束规则。在加工过程中，准确按照生产排程计划而进行加工非常重要，分解得到的子任务要保证在加工准备时间之前执行，换句话说，工序刀具任务的执行时间必须小于制订好的加工任务的时间与加工开始时间的时间间隔。刀具任务的执行时间是其刀具子任务完成时间的总和，可表示为

$$\sum_{j=1}^{k} d_j \leqslant \mathrm{TDate}_i.\,\mathrm{pr}-\mathrm{TInfo}_i.\,\mathrm{Time} \tag{3.128}$$

式中，k 表示刀具子任务进行到第 k 步时，已经满足了加工开始时间的需要。

规则 2　任务执行效率约束规则。在刀具任务执行过程中，也需要及时地回收刀具或配送刀具至其他加工设备，即当$\sum_{j=1}^{h} d_j \geqslant \mathrm{TDate}_i.\,\mathrm{ov}-\mathrm{TInfo}_i.\,\mathrm{Time}$时进行刀具转移任务。

规则 3　刀具任务的空间约束规则。刀具子任务的执行是由特定的人、设备、库存来完成的，因此部分任务分解时需要找到相应任务执行的空间载体。

规则 4　刀具子任务的继承规则。刀具子任务不是独立存在的，相互之间存在前后关系，这种前后关系通常受到其他工序任务所转化的刀具任务所影响，因此任务分解时前一个子任务决定了后一个子任务的性质和执行方式。

规则 5　刀具任务是由刀具服务商所具备的服务资源来执行的，因此在任务分解时必须考虑资源的限制，如刀库库存量的限制、刀具管理人数的限制等。

规则 6　任务分解终止规则。当刀具子任务成为刀具原子任务时，任务分解终止。

(3) 刀具任务分解步骤。

上述的刀具分解规则满足了任务分解满足约束条件。下面分析刀具任务的分解步骤,如图 3.43 所示。

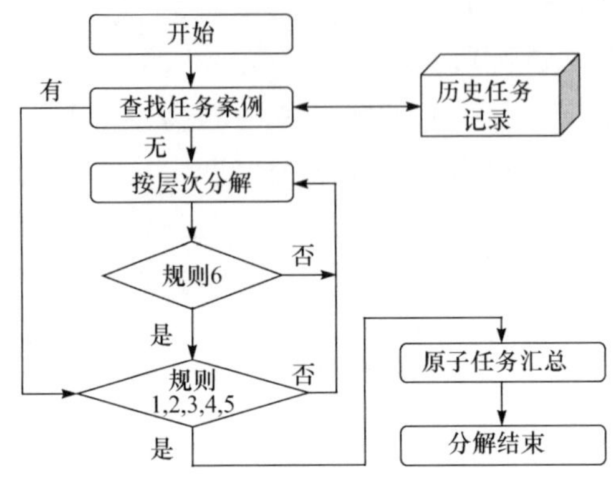

图 3.43 刀具分解流程

第一步:分析刀具任务的具体情况,明确工序内容、加工特征、时间约束等信息,从刀具历史任务记录中查找相同或相似的任务分解方案,若有,直接使用第三步进行分解正确性判断;若没有,则进行第二步。

第二步:将任务分解为子任务,采用规则 6 进行判断,若满足最小原子任务的条件,则进入第三步进行正确性判断;若不满足,则返回并重复进行下一层分解任务。

第三步:首先采用上述规则 1、2、3,由最底层开始向上判断任务分解的正确性与合理性,然后采用规则 4 分析受其他任务分解结果影响的继承性关系,采用规则 5 判断刀具服务资源是否有效,若都满足,则进入第四步;若不满足,则反馈分解意见到第二步重新分解。

第四步:将原子任务汇总,作为刀具服务响应的直接输入。

第五步:任务分解结束。

3. 刀具服务流建模

1) 刀具服务流建模

刀具服务流,是指对刀具服务过程进行形式化地描述,在刀具任务分解的基础上,将复杂的刀具服务转化为为若干相关联的服务过程。刀具服务流建模是研究如何将刀具服务反映为有序的服务集合,每个服务活动在约束条件下按顺序执行,一个服务活动的完成不断触发下一个服务活动的执行,所以服务流建模又可看做是对服务活动合理规划的过程。

此处引入图论和节点的概念,可将服务流分解为相互关联的服务节点。

定义刀具服务为式(3.129)：

$$TS=\{TS_1, TS_2, \cdots, TS_i, \cdots, TS_n\} \tag{3.129}$$

式中，TS 表示刀具服务活动集合；TS_i 表示所有单元刀具服务活动；n 表示所有刀具单元任务的数目。

单元刀具服务活动与刀具单元任务是一一对应的，所有单元刀具服务活动节点 TS_i 与 TS_j 间的约束关系有如下几种：

(1) 顺序关系：TS_i 执行的结束是 TS_j 开始执行的前提。

(2) 并行关系：TS_i 与 TS_j 可以互不干扰地同时执行。

(3) 排斥关系：TS_i 与 TS_j 由于占据相同的服务资源，无法同时进行，或其中一个服务执行过程中另一个无法开始。

(4) 条件关系：有判断过程的服务节点 TS_i 通过条件判断，选择下一步的顺序执行节点。

以上四种约束关系可由图 3.44 表示。

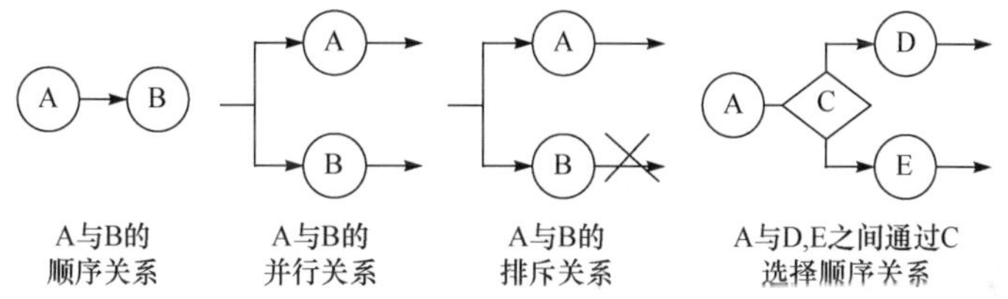

图 3.44　服务节点约束关系

通过定义原子服务活动的约束关系，即可将服务活动关联起来，形成刀具服务流。下面将以每道工序任务决定的刀具任务作为刀具服务的驱动，说明多刀具任务下的详细刀具服务流程。对每个单元刀具任务，服务响应包括三方面的内容：首先是刀具选配，刀具选配决定刀具的使用方案，刀具方案配置不涉及刀具实体，但是实体配置的基础；其次是刀具库存配置，在服务过程中，刀具实体由车间内的外包刀库进行管理，所以刀具库可以根据相应的配置方案进行刀具库存判断、刀具准备和出入库操作；刀具配送是刀具服务实施的直接环节，配送服务可直接满足加工设备刀具的需求，在刀具服务流中充当服务转换的作用。详细的刀具服务流程如图 3.45 所示。

有关刀具服务流的选择性问题，此处将举一个实例进行说明。首先 CT-PSS 系统接受到加工任务且将其分解为刀具任务，通过 MES 得到加工排程方案，该方案可以定义为：图中具有 8 种颜色，分别代表 8 种零件，每种零件的数量为 10 个，图上的数字如(404,2)代表的是第四种零件的第四个批次的第二道工序。从图上可以看出，第四种零件一共分为 5 批，每批的零件数量为 10/5=2 个 (图 3.46)。

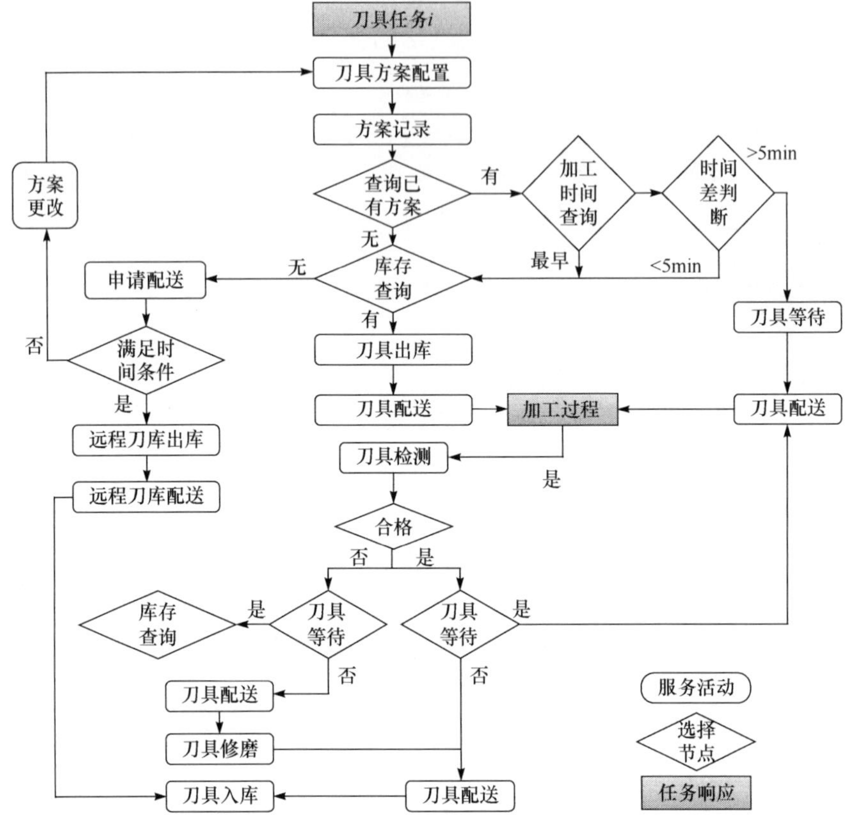

图 3.45　刀具服务流程

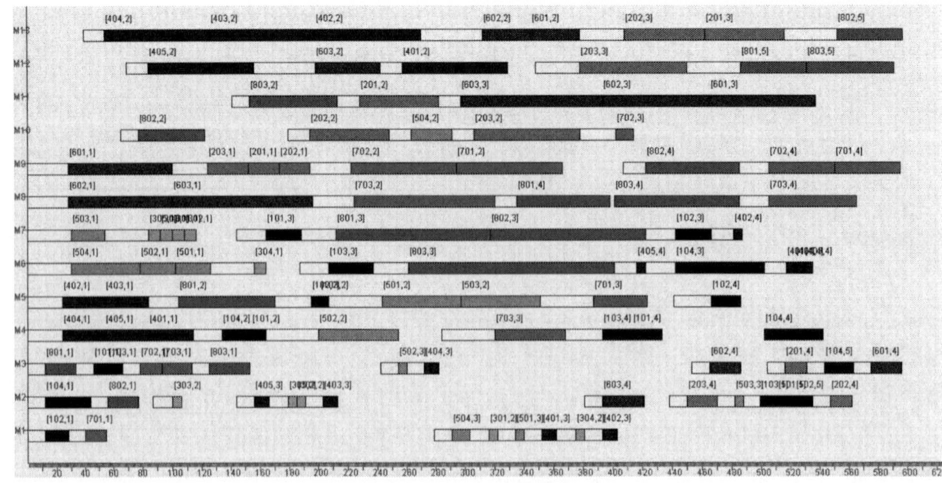

图 3.46　某车间生产排程信息

生产排程决定刀具的配送方式和时间，但在刀具方案确定时，通常会出现在不同设备上同时使用相同刀具方案，如(403.2)与(201.1)的刀具方案相同且时间重合，则需同时配置两套相同的刀具方案并提供库存服务；或是在同一批任务的顺序完成时需要提供多个相同的刀具方案，如(103.3)与(102.4)需要刀具方案相同但设备不同且时间间隔较长，则刀具可在经过前者使用后再次配送到第二个设备，若出现时间间隔较短的情况，则需按原有方案重新出库配送。

通过判断刀具方案和现场加工排程的实际情况，选择性地改变刀具服务流程对于提高刀具利用率和生产效率十分有效。

2) 刀具服务配置

刀具服务配置的架构如图 3.47 所示。

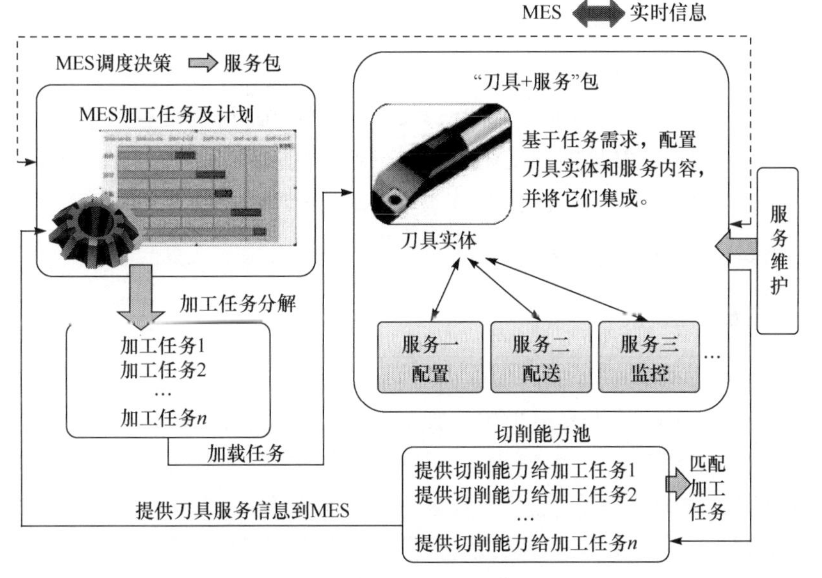

图 3.47　刀具服务流程

在获取刀具任务并确定刀具服务流之后，刀具服务提供商(CT-PSS)应该配置好集合刀具实体和相关服务内容的封装包，即"刀具实体+服务"包。

这个服务封装包是动态可变的，可根据不同的服务需求进行配置，服务包的配置需要满足两个条件：

(1) 服务包的内容须完全满足刀具任务需求的内容；

(2) 服务包必须由当前可使用的服务资源组成。

每一个在式(3.129)中定义的刀具服务活动节点 TS_i 均对应于一个服务封装包，这里可以假定刀具服务商存有 m 把刀具实体(包括相关刀具组件)和 k 种匹配服务，分别定义刀具实体集合和匹配服务集合为 P 与 S，服务封装包的集合为 PS，则可定义刀具实体集合为式(3.130)：

$$P=\{p_1,p_2,\cdots,p_m\} \tag{3.130}$$

定义匹配的刀具服务为式(3.131)：

$$S=\{s_1,s_2,\cdots,s_k\} \tag{3.131}$$

由上述两式得“刀具实体＋服务”封装包的集合表达式为(3.132)：

$$\text{PS}=P'\cup S'=\{\text{ps}_1,\text{ps}_2,\cdots,\text{ps}_i,\text{ps}_n\} \tag{3.132}$$

式中，P'、S'分别代表 P 与 S 的子集；ps_i 为服务封装包，它与刀具服务单元节点 TS_i 一一对应；n 为服务封装包的数量，与服务单元节点数量相同。

接下来要考虑的是如何确定集合中的刀具实体和匹配服务的具体内容。刀具实体通过刀具选配来确定较为容易，匹配服务的内容可由式(3.133)来说明：

$$\text{ps}_i=\{\text{Time}_i,\text{Loc}_i,\text{Con}_i,\text{Exe}_i\} \tag{3.133}$$

式中，Time_i 为第 i 项匹配服务的时间信息，包括服务执行的起始时间和结束时间；Loc_i 为第 i 项匹配服务的空间信息，包括服务执行的起点位置和终点位置；Con_i 为第 i 项匹配服务的说明信息，主要提供加工或服务过程所需要的数据信息，如刀具切削参数、刀具方案说明、服务执行备注等；Exe_i 为第 i 项匹配服务的执行信息，包括服务执行方法、执行人员安排、执行记录等。

3.6.3 刀具选配及切削优化

1. 刀具选配模型

1）刀具选配服务流

刀具服务最重要的内容是选配合理的刀具，以满足零件加工过程中的切削要求，如零件的形状、精度、切削效率等。随着刀具技术的不断进步，生产过程中数控化操作的增加，在刀具的配置过程中，要涉及工件材料、工件结构、加工设备、加工精度、热处理等许多原始资料和工艺特征信息，因此刀具选配的难度也逐渐增大。图 3.48 描述了详细的刀具选配服务的流程。

在刀具服务的提供过程中，刀具选配服务作为刀具服务流程的第一项，其输入信息来源于服务商与 soMES 的接口，加工任务特征作为约束，如待加工零件特征、工艺方法、质量要求等。此外，刀具选配的结果是作为服务匹配内容存在的，是刀具库存任务开始的前序任务，同时，刀具库存的当前库存量又可以影响方案的最终确定，在方案确定且出库允许的情况下，刀具的选配服务周期结束，这时可将刀具方案、详细信息和推荐的加工参数提供给 soMES，完成刀具服务响应。

将推理得到的刀具方案进行有效存储，通过大量使用数据库的查询来提高刀具配置的响应速度，对于提升服务效率意义重大。因此，在选配开始之前需要查询是否已存在合理的刀具方案符合加工条件，如果存在，则直接执行刀具库存配送任务。

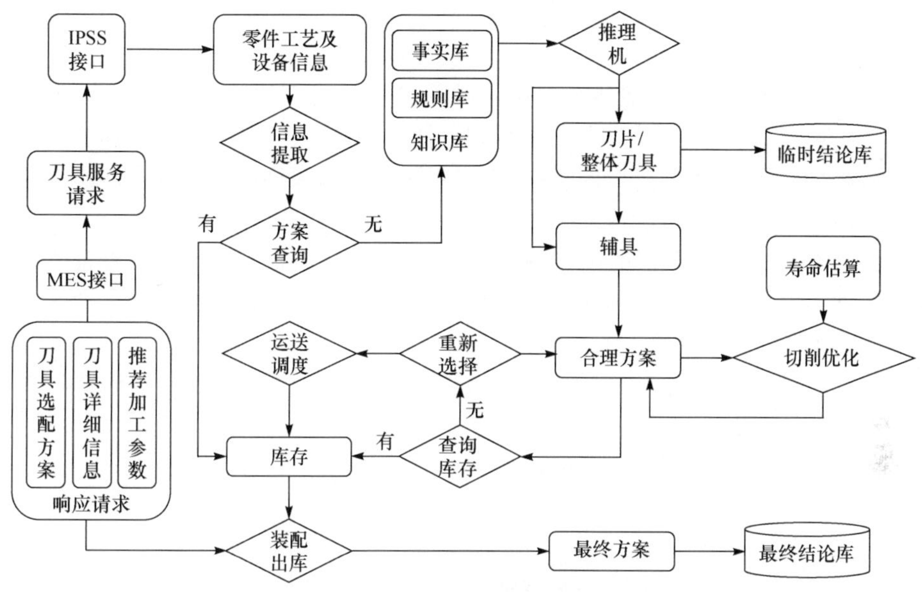

图 3.48　刀具选配服务流程

2）刀具选配数据流程

分析上述的刀具选配服务流程中的选配环节，可将其抽象为数据流，表述为如图 3.49 所示的数据流转结构。

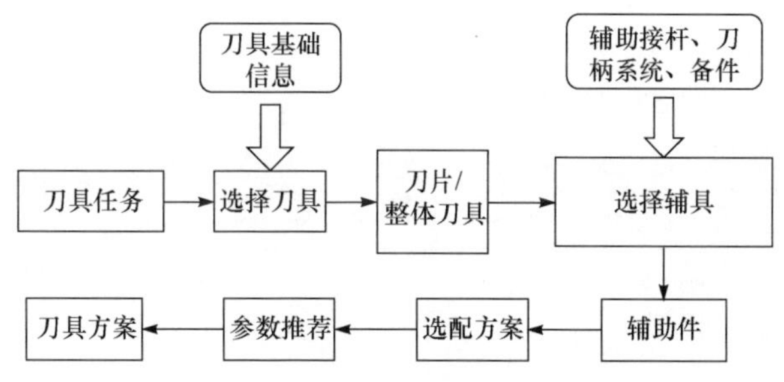

图 3.49　刀具选配数据流转结构

此处的刀具选配分为两步，首先采用专家系统的作用是根据零件工艺特征和设备信息推理出若干初步的刀片或整体式刀具方案，这些方案将会保持到临时结论库中，供下一步的刀具辅具的配置使用；接下来，之前产生的多个方案与事实库相关事实信息一同作为下一步推理的事实输入，选配出刀具辅具。为两步进行刀具选配的原因是，一是专家系统采取分两步进行推理，可降低专家系统的设计难度；二是两者的推理方式不同，前者是根据加工目标出发，找到可匹配目标的刀具方案，采用反向链推理，后者可以将得到的刀具方案作为筛选的事实条件，进行正向链推理出刀具辅具。

3）刀具选配模式

模块化的刀具使用需要进行模块化的刀具选配，要求专家系统能够构建正确的刀具组合，以获得用标准产品分类达到最佳的刚性，找到最适合的刀具长度而适应于各种场合和多种机床，同时，同套刀具系统也可以采用不同方式安装到多种机床上。

因此合理的刀具选配方案，除满足加工要求外，还要满足实际生产设备的限制条件。在刀具选配过程中，考虑到模块化刀具装配的一般方法，分析常见的车刀和铣刀系统的刀具选配模式，将其定义为：

(1) 车削系统：夹紧单元(刀柄)＋接杆＋整体刀具/切削系统；

(2) 铣削系统：夹紧单元(刀柄)＋接柄＋接杆＋整体刀具/切削系统。

车削系统和铣削系统的模块化结构如图 3.50 与图 3.51 所示.

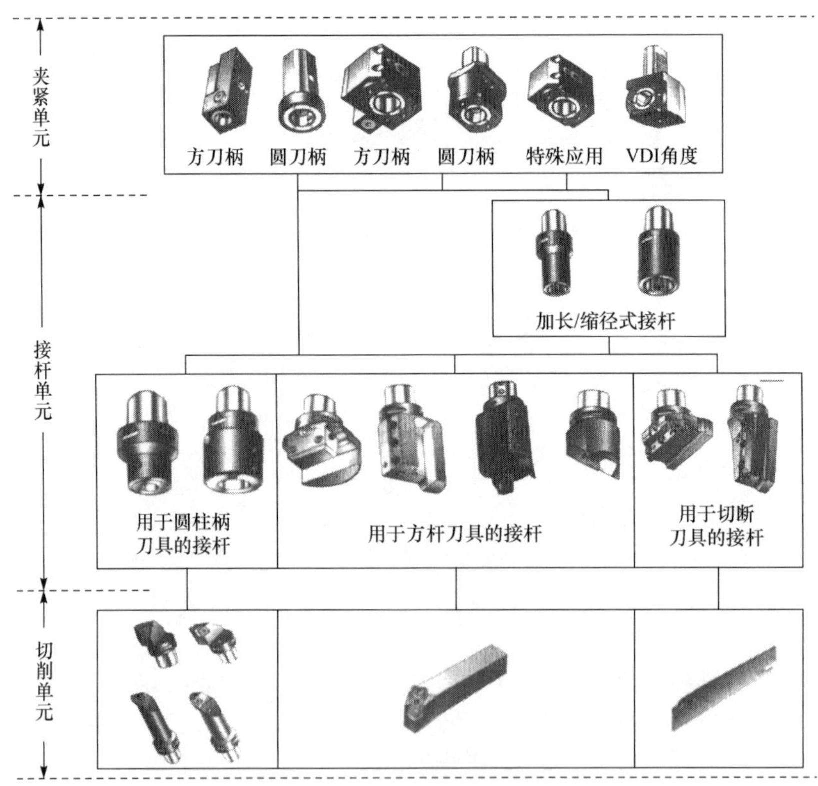

图 3.50　车削系统模块选配模式

由上述两图可知，刀具选配需要分别对几个相互关联和相互约束的部分进行选配，这些模块的选配结果构成了整体的刀具选配方案。在保证刀具方案合理有

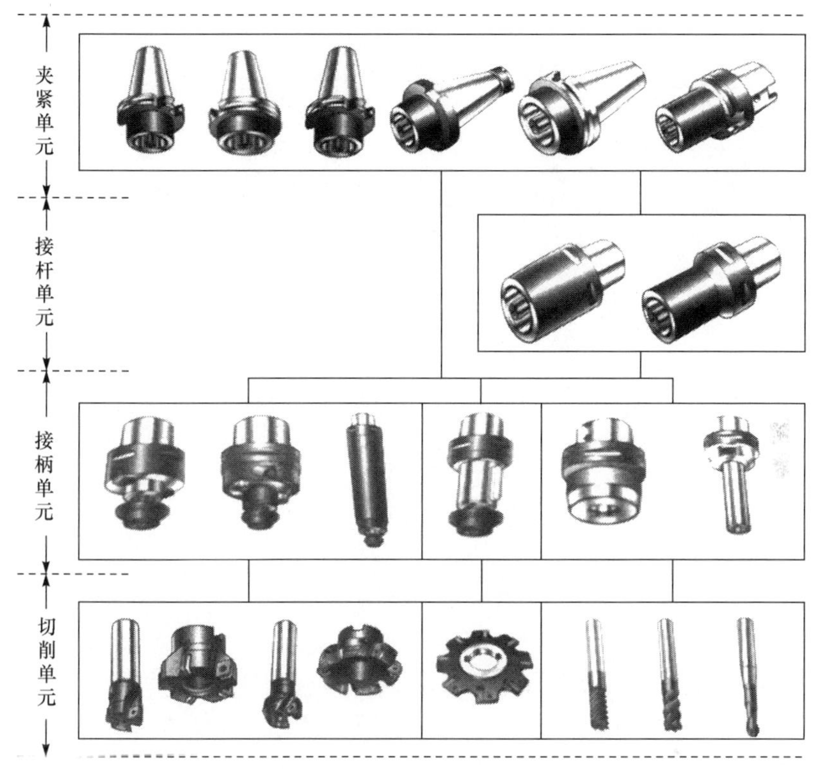

图 3.51　铣削系统模块选配模式

效的前提下，为提升刀具装配的适应性和效率，刀具辅具的选配通常选取互换性较高的辅具。此外，由于刀具厂商的不同，在选配过程中应尽量按照同厂商刀具进行选配。

切削系统和整体式刀具都是刀具方案中的工作部分，其中切削系统在选配的过程中比整体刀具多一个步骤，是首先进行刀片与刀头的选择。整体式刀具或切削单元作为直接作用在零件表面完成切削工作的模块，是选配过程的第一步；其次是中间模块，包括接柄和接杆，中间模块可以根据实际加工条件和设备情况进行选择性选配，其选配的约束主要来自于刀具切削单元的相关属性；最后是夹紧单元，也就是刀柄部分，作为与机床直接相连的部分是必要的，也应满足机床接口的约束条件。由上述分析得到具体的刀具选配模式如图 3.52 所示。

上述刀具选配模式，并未考虑刀具配置中的额外附件，如螺栓、螺钉、楔块、夹套等，由于其多为标准件，因此在刀具选配完成进行刀具准备时将由刀库工作人员依据主要模块进行选用并装配。

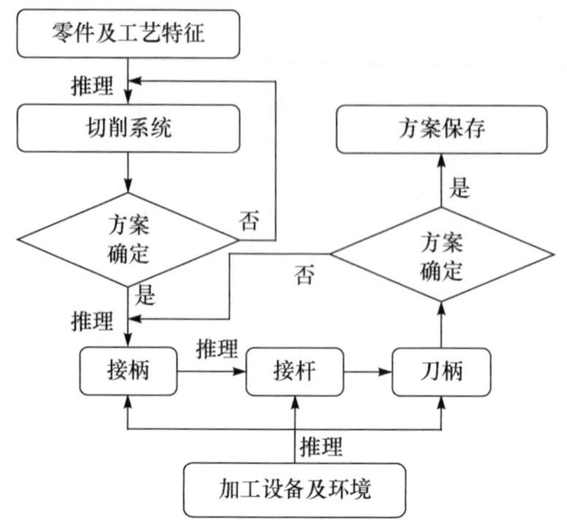

图 3.52　刀具选配模式图

2. 刀具选配的专家系统设计

1) 专家系统简介

专家系统(expert system,ES)是一个智能计算机程序系统,其内部含有大量的某个领域专家水平的知识与经验,采用类似人类专家的知识和解决问题的方法来处理该领域问题。也就是说,专家系统是一个具有大量的专门知识与经验的程序系统,可根据某领域一个或多个专家提供的知识和经验进行推理和判断,以便解决那些需要人类专家处理的复杂问题。

专家系统的运行方式与传统程序不同,其知识库和推理机相互分离,基本工作流程是:通过人机交互,用户输入的条件信息与知识库中的规则相匹配,推理得到的结论将提供给用户。

设计的刀具选配专家系统包括三大核心内容:事实库、规则库和推理机,采用产生式规则作为知识表达模式。其中事实是对一种事物的客观描述,规则是通过某些语句控制事实的操作流程,事实库和规则库统一称为知识库,而推理机是依赖匹配算法完成推理过程的推理引擎。图 3.53 描述了一个基于知识的专家系统的基本结构,用户提供事实或其他信息给专家系统,系统收集到相应的专家建议或专门知识构成知识库,知识库提供给推理机输入,得到的结论以响应用户的请求。

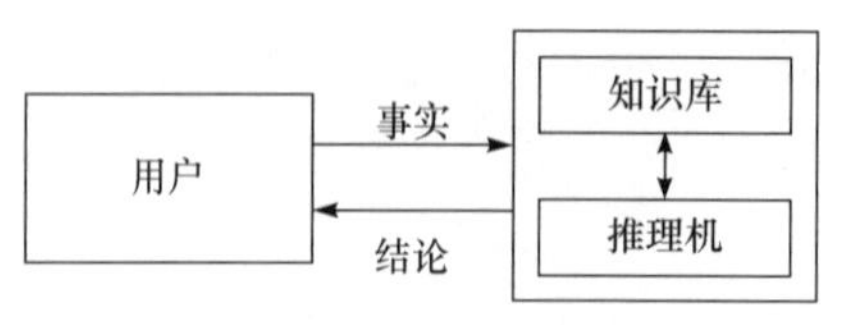

图 3.53　专家系统的基本结构

专家系统依据它所具有的知识进行推理的方式与人类专家解决问题的方式一致,即给出一些事件或逻辑,推理出结论。专家系统的知识常用 IF…THEN 型的产生式规则表述,例如:IF 气温超过 30℃ THEN 空调开启,说明如果“气温超过30℃”这一事件发生,就与条件匹配,则执行规则中的“空调开启”的行为。

本节的刀具选配专家系统正是基于 Jess 开发,下面将从介绍刀具选配的流程和方案入手提出系统架构,然后详细说明刀具选配专家系统的开发过程。

2) 刀具选配专家系统架构

影响刀具选配的因素很多,如零件加工特征、加工材料、加工方法、设备信息、刀具参数和库存信息等,在刀具选配过程中,所需要的输入来自于数据库,CT-PSS 系统通过与 MES 的接口获取刀具任务,同时将提取刀具任务信息、零件工艺信息和加工设备信息等与已有刀具详细数据存放入数据库,这些信息的相互组合构成了专家系统的数据输入。

由专家系统的介绍可知,基于 Jess 开发刀具选配专家系统也必须包括知识库(事实库,规则库)和推理机。MES 的加工任务经过 CT-PSS 分解转化为刀具任务,成为刀具选配专家系统的输入来源,这些输入信息是按任务约束分类保存在数据库中,在进行刀具选配时,将其作为事实来源匹配规则,推理出合理的刀具方案,作为专家系统的输出提供给下一步的刀具条件筛选。刀具选配系统架构的描述如图 3.54 所示。

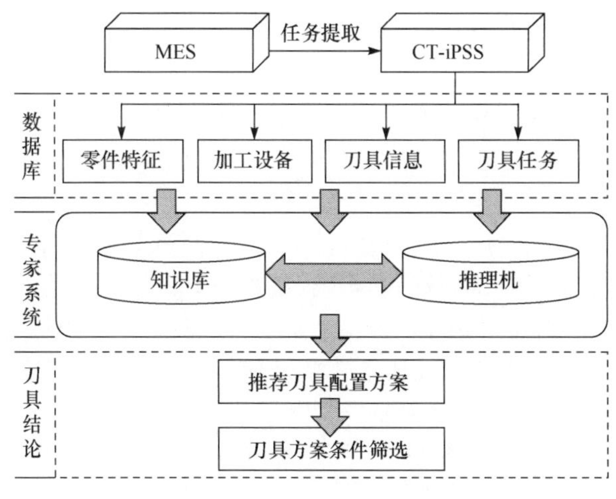

图 3.54　刀具选配系统架构

3) 刀具选配特征分析

基于特征的产品定义是以特征技术为基础,通过定义特征使它们具有某种工程意义和加工意义。特征在这里兼有形状和功能两种属性。

任务特征约束包括待加工零件特征、工艺方法、质量要求等,这些约束都是刀具选配的输入条件。下面将分析加工特征的定义和组成,将其细化为可成为专家系统事实部分的来源。

因此要研究如何配置刀具，首先需要通过对零件、刀具特征化，建立零件的工艺特征模型和刀具特征的信息模型，然后建立零件工艺特征同刀具加工特征之间的映射，实现二者之间的相互匹配，以该模型为基础数据支撑，完成专家系统和知识库的构造，实现对刀具的智能推荐。选配系统的特征提取方式如图 3.55 所示。

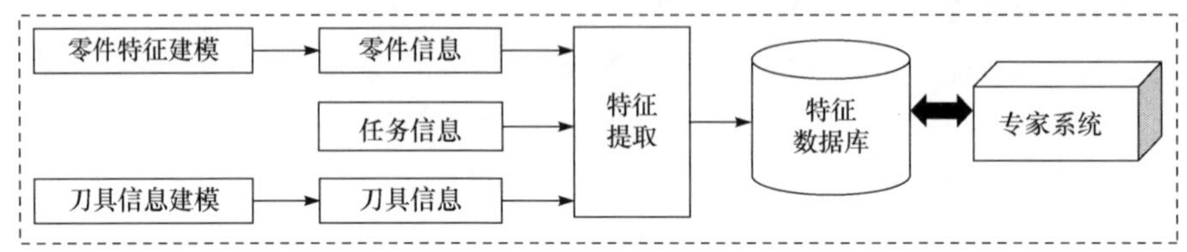

图 3.55　选配系统的特征提取方式

(1) 零件特征提取。

零件特征是把零件按设计功能、几何形状和对应的制造过程分解后所得到的组成部分，它由一组几何实体、工艺属性及所需要的制造活动(工艺规划、数控编程等)所组成。从制造角度出发，CHayes 和 Wright 把特征定义为"具有一定拓扑关系的一组几何元素拼成的形状实体，它对应于零件上的一个或多个功能，能够被固定的加工方式加工成形"。

刀具选配所需要的零件特征包括形状特征、精度特征、材料特征、装配特征、工艺特征等。具体描述如下：

① 形状特征，是将一种形状定义为一个特征，每种特征的尺寸标注、定位方式都要遵循一定的原则，主要包括零件的几何尺寸信息，通过具体参数进行描述。每一个特征都对应一个或一组唯一确定该特征的控制参数。形状特征分为基本特征和附加特征，其中基本特征用于构造零件的主体形状(如圆柱体、圆锥体等)，附加特征用于对基本特征的局部修饰(如倒角、键槽、退刀槽、中心孔等)。附加特征附加于基本特征之上，则任何零件均由一个基本特征和若干个附加特征组合而成。

② 精度特征，用来表达零件加工的精度信息，包括尺寸公差、形状公差、位置公差、表面粗糙度等。精度特征是标定加工质量的重要依据。

③ 材料特征，用于描述待加工零件的材料类型与性能，以及热处理等信息；工艺特征描述 CAPP 规划好的加工方法、工序安排、加工设备等。

④ 装配特征，用于标示零部件之间的装配关系。

⑤ 工艺特征，以形状特征和精度特征的加工约束为基础内容，说明零件加工方法和流程。

按照 STEP 标准将零件特征分为三个级别：零件级、特征级和几何/参数级。如图 3.56 所示，零件级反映零件的总体信息，也可是零件模型的地址映射；特征级描述有关零件各种子特征模型和相互关系；几何/参数级反映零件的点、线、面的几何/拓扑信息，对于工艺和材料等特征，则通过具体参数及内容进行说明。

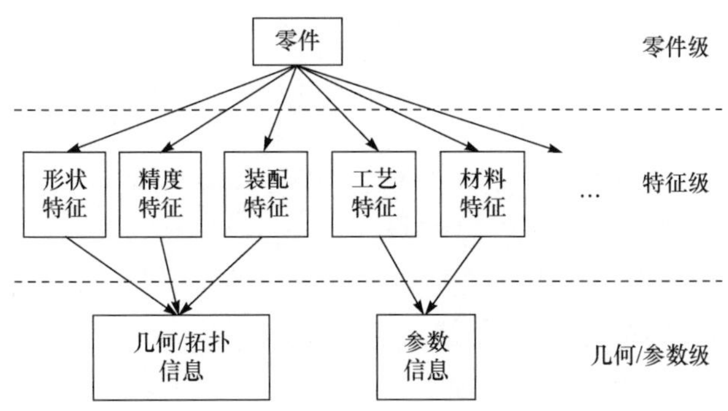

图 3.56　零件特征模型结构图

很多加工程序所要求的输入包括零件几何构造和特征两方面，从相关数据库中提取这些信息的方法称为特征识别，刀具选配专家系统将零件特征与规则库中预定义的规则进行匹配，进而推理出合理的刀具方案。这个特征提取与匹配包括以下过程：

① 刀具任务分解的原子任务结果存入数据库。

② 从数据库的任务特征描述中识别并提取相关零件加工特征。

③ 确定特征参数(如孔直径、平面粗糙度、零件材料等)。

④ 将特征和特征参数作为事实提供给专家系统。

⑤ 特征及参数进行规则匹配和推理。

(2) 刀具特征分析。

专家系统的事实信息还包括刀具信息，考虑刀具的使用特点和自身属性，同样使用特征建模技术对刀具信息建模。本系统采用特征建模技术来描述刀具的信息。刀具属性可分为三个大方面：管理属性、物理属性和加工属性，如图 3.57 所示。

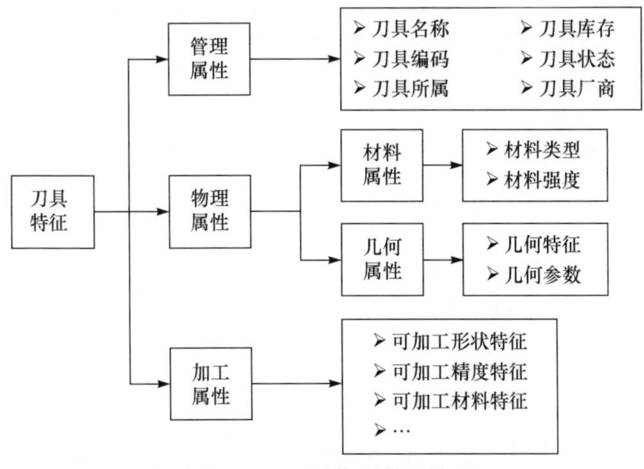

图 3.57　刀具信息分析模型

具体描述如下：

① 管理属性，指与管理刀具相关的属性，包括刀具名称、编码、所属信息、库存信息、状态、位置等。

② 物理属性，是与刀具实体直接相关的特征，包括材料特征和几何特征，前者说明刀具本身的材料性质，后者说明刀具的性质特征和参数等。

③ 加工属性，表明刀具与加工零件的直接关系，该属性可以清晰地表达该刀具的可加工的零件特征范围(包括性质、精度、材料等)。

通过这三种属性可描述出详细的刀具基础信息。刀具基础信息作为整个 CT-PSS 系统数据库的最关键数据，作为刀具选配的另一事实来源，将与零件特征相互匹配以完成推理过程。

4) 专家系统设计

通过零件工艺信息模型和刀具基础信息模型建立基础数据库，只是完成刀具配置工作的基础。特征数据库的存在并不能直接进行刀具推理和选择，采用人工智能的方法可以解决这一问题。

基于专家系统的刀具选配，是将切削过程中的刀具选择经验或专家知识，通过规则的方式进行存储，与作为事实的特征数据库相互结合，采用合适的推理策略对包括刀具切削部分和辅具部分进行选配。本节主要从知识库设计和推理机设计两个方面实现刀具选配系统。

(1) 知识库设计。

知识库是由事实和规则组成，所有的加工任务和刀具信息构成事实数据，而所有的刀具匹配规则构成规则库。

刀具选配知识库构架如图 3.58 所示。

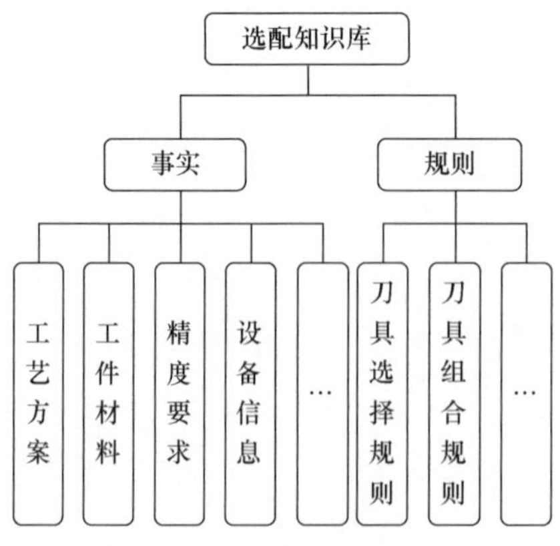

图 3.58 刀具选配知识库构架

研究知识库的内容，首先要确定知识表示(knowledge representation，KR)。

所谓知识表示就是将抽象的知识概念以合理的形式描述为可被计算机识别和处理的数据结构。知识表示在专家系统中起着决定作用，所以它通常被看做人工智能的核心，因为首先专家系统是为某一类基于逻辑规则即推理的知识表示而设计的，而推理的目的要从事实出发得到可靠的结论；其次，知识表示方法影响专家系统的开发难易度和效率，同时影响推理引擎的速度和维护能力。

在专家系统中，为解决刀具选配问题，专家系统需要数据信息，在 Jess 系统中，这个数据信息称为事实(fact)。由于专家系统使用事实进行推理，所以对于本节研究的刀具选配专家系统，知识表示过程分为三步：① 从刀具任务中提取特征；② 将特征转化为数据信息存入数据库；③ 采用相应的知识表示方法将数据库信息转化为知识库的事实来源。

事实由关系名(relation name)和若干个槽(slot)以及它们的相关值组成。单个事实创建之前，有必要告知 Jess 一个给定关系名的合法槽列表，因此采用自定义模板将共享相同关系的几组事实统一进行描述，称之为事实模板，自定义事实模板结构的一般格式为：

```
(deftemplate <relation-name>
[optional-comment]

<slot-definition> * )
```

此外，数据库信息作为事实的组成，事实与数据库表需要有一定的对应关系，如表 3.22 所示。

表 3.22　事实与数据库映射关系

事实模板	事实关系	槽名	槽值
数据库表	数据条目	数据列名	数据值

通过这样的一一对应，下面以整体式铣刀详细参数的数据库表(表 3.23)详细描述事实映射的方法。

表 3.23　整体式铣刀详细参数数据库表

列名	数据类型	数据名称	说明
tools-id	nchar(15)	刀具编码	刀具的 15 位编码
m-teeth	int	齿数	铣刀齿数(表明齿数的具体值)
m-diameter	nchar(10)	切削直径	铣刀切削直径(mm)
m-handletype	nchar(10)	刀柄类型	铣刀的刀柄类型
m-maxcut	nchar(10)	最大切深	最大切深(mm)
m-coolingtype	nchar(10)	冷却方式	内冷却液供应或者外冷却液供应
m-cuttingedge	nchar(10)	切削刃形式	具体切削刃形式(根据刀具厂商的标准)
m-material	nchar(10)	刀具材质	刀具材料(根据刀具厂商的牌号)

将其映射为事实模板如下：

```
(deftemplate mill-tool
(slot tools_id)(slot m_teeth)(slot m_diameter)(slot m_handletype)(slot m_maxcut)
(slot m_coolingtype)(slot m_cuttingedge)(slot m_material) )
```

下面是以此模板定义一个事实的例子：

```
(milling-tool (m_diameter,12mm)
              (m_teeth,4)
              (m_material,IC08)
              (…) )
```

整个事实关系以及每个槽由一对左右括号限定，符号 milling_tool 表示刀具库中的一把铣刀，是事实的关系名，铣刀关系下面包含若干槽，由槽名和槽的值组成，如(m_diameter,12mm)表示铣刀直径为 12mm，(m_teeth,4)表示铣刀齿数为 4，(m_material,IC08)表示铣刀的材质牌号为 IC08。在事实中，槽与槽之间没有顺序关系。同样，来源于零件加工任务的刀具任务特征也可采用同样方式进行事实映射。

为了完成刀具选配工作，专家系统必须定出事实及规则。事实的定义和获取已经论述过了，下面研究规则的工作原理和规则库的设计方法。

Jess 对规则的语法定义与 CLIPS 类似，在刀具选配系统中，一个规则的伪代码可能如下：

规则 1：IF(适于 C40 切削的刀具)THEN(可加工零件材料，C40)。

规则 2：IF(适用于切断的刀具)THEN(零件当前加工方法，切断)。

规则 3：IF(接口，R＝30)THEN(所有刀柄 L＝30 的详细列表)。

若要将伪代码转化为规则，则要定义响应模板：

(deftemplate response(slot action))。

由此得到规则的一般格式为：

```
(defrule <rule name>
    <patterns>* ;Left-Hand Side(LHS)of the rule//规则左部(模式部分)
  =>
    <actions>* ;Right-Hand Side(RHS)of the rule) //规则右部(结论部分)
```

采用 defrule 函数来定义上述规则，可以表述为：

Rule 1：

```
(defrule material-rule
  (tools-ability(material-ability type C40) )//可以切削 40 号钢的刀具
  =>
  (part(material type C40) )//零件材料为 40 号钢
```

Rule 2：

```
(defruleprocessing method-rule
```

(tools-ability(processing-ability type Cut off))//能够实施切断动作的刀具

=>

(process(processing method type Cut off))//工艺方法为切断

Rule 3:

(defruleconnector-rule

(connector(connector diameter 30))//接口参数为 30mm

=>

(handle(handle diameter 30))//接口为 30mm 的刀柄

此外,对规则的定义有以下说明:① 规则不允许同名,否则新规则将会替换旧的规则;② 一条规则可能有多个模式和行为; ③ 规则只会由完全与模式相匹配的事实驱动。

(2) 推理机分析。

推理是专家系统解决问题的基本方法。在专家系统中的推理机是执行推理过程的程序模块。推理机与上述的知识库是分离的,其作用实际是执行上述规则右半部分(RHS),也就是触发规则后产生行为的过程,模式与事实匹配时会产生一个激活,该激活被置于议程中,最后将结果存入动态库中,作为最终推理结果或进行下一步推理的模式。

专家系统的推理模式分为两种:正向链推理和反向链推理。从底层的证据、事实出发,推出基于事实的结论称为正向链推理;反之,由假设进行回推,以目标作为驱动,自顶向下推理,找到支持假设的事实称之为反向链推理。

二者最大的不同在于,前者的推理建立在已知所有相关事实的基础上,只有满足规则触发的所有事实时,规则才被激活,而后者为证明假设会从用户处找寻证据,由于反向链的推理可以方便地解释专家系统想要达到的目的,因而解释容易实现且便于实现深度优先搜索。

图 3.59 为反向链推理模型,它分别描述了正向链与反向链的概念。

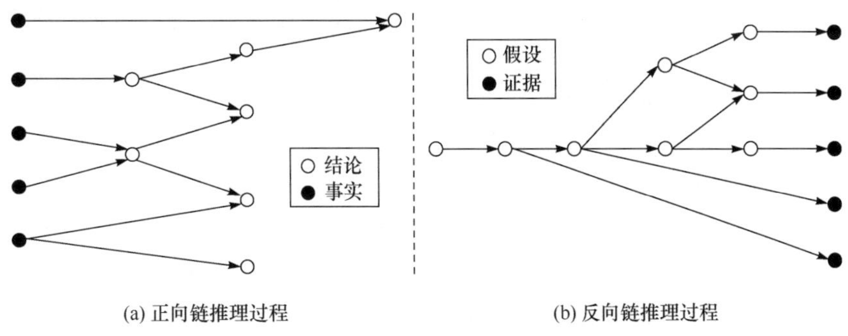

图 3.59　反向链推理模型

表 3.24 描述了正向链与反向链推理起始与结束的区别。

表 3.24 正向链、反向链比较关系

推理模式	起始	结束
正向链	已知的事实	基于事实的结论
反向链	假设的结论	支持假设的事实

本节采取结合先反向推理后正向推理的混合推理模式。选配切削单元采用反向链推理模式，因为需要从欲被证明的目标——零件切削特征出发，找到包含所需目标的规则结论。具体操作流程如图 3.60 所示。

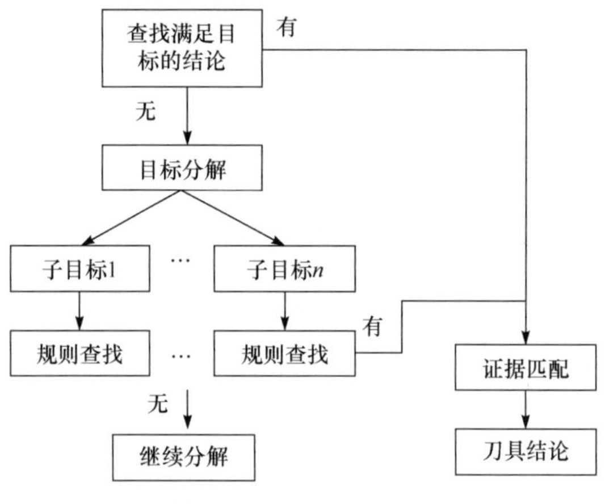

图 3.60 刀具选配反向推理过程图

为了满足假设的结论，就需要找到满足子目标或中间假设的结论，因此在无法直接得到刀具结论时，需要分解假设，反向链推理通过不断查找规则库中的结论，将结论与零件加工特征决定的证据进行匹配，即可得到刀具切削部分的结论，其优点在于可以对推理过程提供解释，且当切削单元结论存在时，能够极大地提高推理效率。

刀具辅具单元的选配采用正向链推理模式，是因为刀具辅具选配规则较少且容易，决定刀具辅具的信息如加工设备接口和刀具切削单元接口等都是简单事实，因此采用正向链推理使专家系统能够快速进行推理，推理过程简单且易实现。

在 CT-PSS 系统中，刀具配置是以刀具任务为驱动的，零件的加工特征可以作为选配系统要完成的假设目标，将任务特征分层次作为推理机的输入，得到所有最细化的刀具结论，这些结论暂时是以独立方式存在的，最底层的刀具选配事实将通过整合优化得到合理完整的刀具选配方案。图 3.61 描述了刀具选配规则库的层次结构。

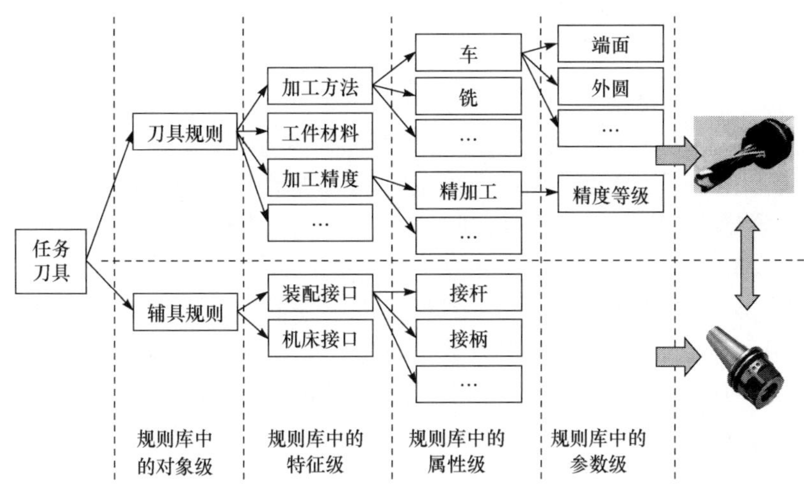

图 3.61　刀具规则库层次结构

5）刀具选配系统功能设计

刀具智能配置系统是基于多条件的刀具选择。多条件选择将系统加工工艺知识库的已有数据作为输入，通过四种选配条件（工件材料、加工精度、加工方法和工序种类）分别选配出合理的刀具。刀具选配系统按执行顺序包括三个方面：主件选配、辅助件选配、方案管理模块。首先完成刀具切削单元如刀片、单刀等的选择，其次通过辅助件选配完成刀具的辅助件如刀柄、连杆、接柄等的选择；方案管理模块实现对已选配方案进行筛选、修改、添加或者重新选配等功能。系统的功能划分如图 3.62 所示。

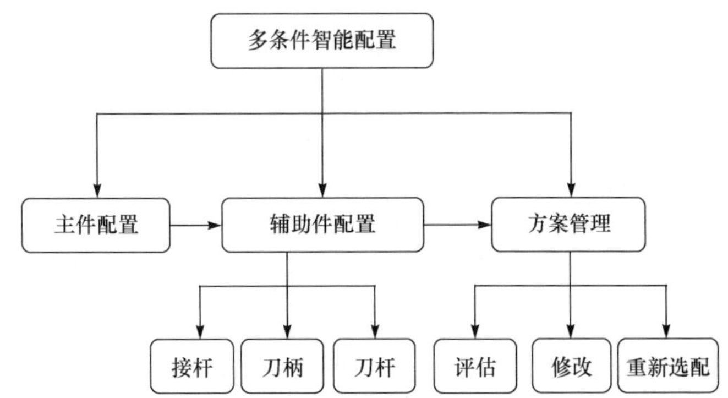

图 3.62　刀具选配系统功能图

3. 刀具切削参数优化

刀具服务，除刀具实体方面的配置以外，刀具服务的技术支持也是很重要的一个方面。切削参数作为直接作用在刀具使用过程中的参数，同样需要 CT-PSS 系统提供支持服务。所以下面研究在刀具任务驱动下的切削参数优化。

1）刀具寿命估算

刀具寿命，又指刀具耐用度，是指一把新刀具（或刀片）从初次使用到磨钝报废所经历的切削时间之和，其中包含多次重磨（重磨次数以 n 表示）时间。在实际的刀具寿命预测中，通常指可实际切削时间的总和，刀具寿命用字母 T 表示，单位为 min。

影响刀具寿命的因素很多，如刀具材料、零件形状和材料、加工方法、切削参数等，所以刀具寿命不能通过简单的计算切削时间总和来预测。此外，还可通过在线监控刀具磨损状态进行刀具寿命预测，或是采用刀具寿命经验公式进行预测。

预测刀具寿命对优化切削参数有很重要的作用。优化切削参数需要确定优化达到的目标，而刀具寿命作为刀具服务过程中的关键信息，对刀具服务的质量和执行效率影响重大。虽然刀具寿命经验公式有一定局限性，但在每把刀具供给切削之前，由于没有相关加工状态信息可参考，为保证服务的快速响应，将采取经验公式的方法进行刀具寿命预估，从而便于后面建立切削参数优化模型。

泰勒提出的刀具寿命和切削速度之间相互制约的经验公式有

$$v_c T^m = C_0 \tag{3.134}$$

刀具寿命与进给量关系：

$$f T^g = C_1 \tag{3.135}$$

背吃刀量与刀具寿命的关系：

$$a_p T^h = C_2 \tag{3.136}$$

综合上述三式，可以得到刀具寿命与切削参数的一般性关系：

$$T = \frac{C}{v_c^{\frac{1}{m}} f^{\frac{1}{g}} a_p^{\frac{1}{h}}} \tag{3.137}$$

对于铣削加工的刀具与切削参数的关系为

$$T = \frac{C_r D_0^q}{v_c a_p^x f^y Z^p} \tag{3.138}$$

式中，D_0 为刀具直径（mm）；v_c 为切削速度（m/min）；T 为刀具寿命（min）；a_p 为背吃刀量（mm）；Z^p 为铣刀齿数（个）；f 为进给量（mm/r）；C_0，C_1，C_2 为与刀具材料、工件材料切削条件相关的系数；m、g、h、x、y、p、q 分别表示 v_c、a_p、f 对刀具寿命 T 的影响程度的指数，具体数值由经验或切削实验决定。

2）切削参数优化模型

进行切削参数优化，首先要建立切削参数的优化模型。模型能否严密而准确地反映优化问题的实质，是能否解决优化问题的关键。数学模型的建立需要确定待优化参数、目标函数和约束条件。

首先要确定待优化参数。在切削加工参数设计过程中，将基本的切削用量作为优化变量，即切削深度(背吃刀量)a_p、切削速度 v_c、进给量 f。对于其他如进给速度、主轴转速等参数，可以通过人机交互或者经验公式协调确定，得到相对合适合理的切削参数。

其次确定总体目标函数。一般情况下，通过求解目标函数的极大值或者极小值来达到寻优的目的。从刀具服务供应商的角度来考虑，此刀具 CT-PSS 优化模型有两个目标：

(1) 刀具最大寿命需求，根据之前所建立的刀具寿命函数作为目标函数：

$$T=A(v,f,a_p)=\frac{C_r D_0^q}{v_c a_p^x f^y Z^p} \tag{3.139}$$

(2) 单个零件平均最短生产时间需求，根据加工一个零件所花的总工时 T_p 最少为优化目标来建立函数关系式：

$$T_p=B(v_c,f,a_p,T)=T_s+T_m+T_h+T_i \tag{3.140}$$

式中

$$T_m=\frac{V}{1000vfa_p}$$

$$T_h=\frac{T_m T_c}{T}$$

T_s 为刀具安装时间；T_m 为切削时间；T_h 为每道工序的平均换刀时间；T_c 为空行程时间；T_i 为换刀时间；V 为切屑总体积；a_p 为切削深度；T 为刀具寿命预测值。

(3) 加工所花的成本最低为优化目标建立函数关系式：

$$C_p=C(v_c,f,a_p,T,T_p)=MT_p\left(\frac{C_t}{T}+C_1+C_0\right) \tag{3.141}$$

式中，M 为该工序单位时间的费用率；C_t 为刀具成本；C_1 为单位时间人力成本；C_0 为单位时间管理成本。

以上讨论的刀具最长寿命、零件最短生产时间、最低成本为单目标的情况下的切削参数取值问题，在实际生产过程中，这几个目标是强相关的，多目标优化目标函数并不是希望刀具最长寿命、切削时间最短、加工成本最低能够同时实现，而是希望根据生产加工的实际情况，通过确定加工时间、加工成本的重要程度，得到一个加工时间、生产成本都相对满意的切削参数，属于多目标优化。

本节采用统一目标法，将三个目标不同且量纲不同的目标转化成无量纲的相对评价值。统一目标法的实质就是将各个目标函数 $A(x)$，$B(x)$，$C(x)$，……统一到一个目标函数 $F(x)$中，即令

$$F(x)=F\{A(x),B(x),C(x)\} \tag{3.142}$$

考虑到各个目标在重要程度上的差异，对各个目标添加相应的影响因子，可将

目标函数表述为

$$F(x)=\min\Big(\sum_{i=1}^{n}w_i f_i(x)\Big)=\min\Big(w_1\times\frac{1}{A(x)}\times w_2 B(x)\times w_3 C(x)\Big) \tag{3.143}$$

式中的 w_i 分别为第 i 项的影响因子,决定各子项目的数量级和重要程度。对于影响因子的选取,要求比较准确地反映各个分目标对整个优化问题的影响,通常要进行估计和折中。在刀具参数推荐的实际过程中,由于加工过程存在的不同的加工目标,则所推荐的切削参数也不尽相同,多目标优化模型当中的几个目标的重要程度就会不同,对应的权值设置也有差异。如对精加工、粗精加工或粗加工来说,粗加工时一般以提高生产率为主;半精加工和精加工时,应在保证加工质量的前提下,较多的考虑切削的经济性、加工成本和刀具寿命。因为各个目标函数优劣重要程度不同,w_i 就需要适当的选取以突出设计目标或者获得较好的优化效果。

在切削参数优化过程中,切削参数的选择不仅是单纯的数学计算问题,其受到诸多相关因素的影响,这些相关因素就是对最终结果的一些约束条件。刀具 CT-PSS 优化模型的约束条件有:

(1) 机床特性(机床转速、进给量范围、切削功率等)的限制;

机床转速约束:

$$\frac{\pi D N_{\min}}{60\times1000}=v_{\min}\leqslant v_c\leqslant v_{\max}=\frac{\pi D N_{\max}}{60\times1000} \tag{3.144}$$

式中,$v_{\min}$、$v_{\max}$为机床的最小、最大切削速度。

进给量范围限制:

$$f_{\min}\leqslant f_c\leqslant f_{\max} \tag{3.145}$$

式中,$f_{\min}$、$f_{\max}$为机床最小、最大进给量。

切削功率应该小于机床的额定功率 $P_{\max}$乘上总效率 η,即

$$\eta P_{\max}<\frac{F_c v_c}{1000} \tag{3.146}$$

(2) 刀具最大切削速度、最大切削力的约束条件。

最大切削力限制:

$$F_c=C_{Fc}\cdot a_p^{x_{Fc}}\cdot f^{y_{Fc}}\cdot v_c^{u_{Fc}}\cdot K_{Fc} \tag{3.147}$$

式中,K_{Fc} 为切削条件改变时,铣削力的修正系数;C_{Fc} 为切削力系数,其值取决于切削条件和工件材料;x_{Fc},y_{Fc},u_{Fc} 为切削力公式中各个参数的指数。

(3) 待加工零件表面粗糙度的约束。

被加工表面的粗糙度受铣刀转速的限制:

$$R_a=\frac{50f^2}{r_e}\leqslant R_{a\max} \tag{3.148}$$

式中，R_{amax}为零件工艺中要求的最大表面粗糙度；r_e 为刀尖半径。

在实际优化求解中，并不是要考虑上述所有约束条件。但在某些特殊场合，还要考虑一些特殊约束条件，如切屑的形态、工艺系统的动态特性对、夹具选择等因素对切削参数的限制等。

3）求解算法实现

粒子群算法，也称粒子群优化算法（partical swarm optimization，PSO），是近年来发展起来的一种新的进化算法。粒子群优化算法从产生随机解出发，通过适应度函数来判断解的优劣，找寻当前最优值并不断更新粒子位置，以求找到全局最优。这种算法具有实现容易、精度高、收敛快等优点，并且在解决实际问题中展示了其优越性。

算法求解流程如图 3.63 所示。

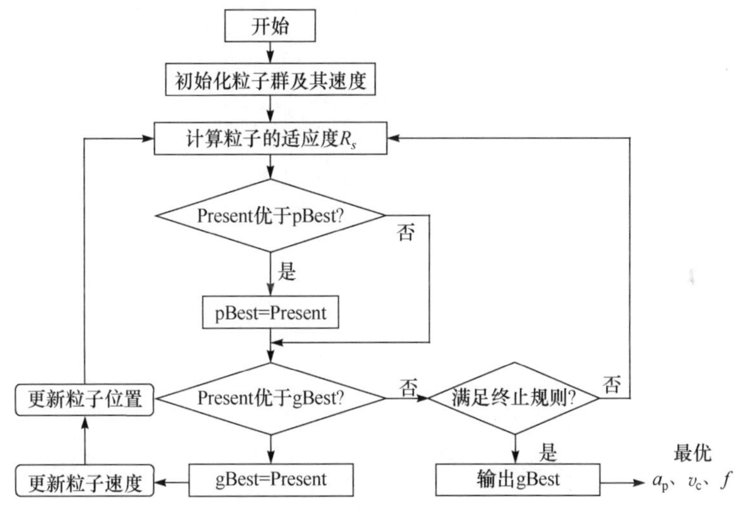

图 3.63 刀具选配算法流程

在 PSO 中，每个优化问题的潜在解都可以想象成 n 维搜索空间上的一个点，我们称之为“粒子”，所有的粒子都有一个被目标函数决定的适应值（fitness value），每个粒子还有一个速度决定它们飞行的方向和距离，然后粒子们就追随当前的最优粒子在解空间中搜索。每一次迭代得到的粒子位置就是一个潜在的优化参数，粒子群落每一次的迭代，粒子的属性（速度、位置和适应度）就更新一次，其中个体极值成为 pBest，群体中当前的全局极值成为 gBest，迭代的终止条件是判断适应度指是否达到某个定量数值或限定的迭代次数。

下面将介绍基于粒子群算法的刀具切削参数优化的实现方法：

（1）确定解向量：刀具的切削参数，如切削深度（背吃刀量）a_p、切削速度 v_c、进给量 f 的确定是优化目标，所以目标函数 $F(X)$中的 X 是一个三维矢量，也称解向量，如式(3.149)所示：

$$x_i=(a_{pi},v_{ci},f_i) \tag{3.149}$$

式中，$i=1,2,\cdots,n$，这里的 n 为粒子群中的粒子个数。因此该粒子群是一个有 n 个粒子的 3 维粒子群。

(2) 确定速度矢量：每一个解向量 x_i 都对应一个速度矢量 v_i，速度矢量与解向量的初始值都是随机产生的。之后的每次迭代，速度矢量都由当前值(present)与 pBest 和 gBest 的差距来确定，得到式(3.150)与式(3.151)：

$$v_{pi}(k+1)=v_i(k)+\alpha(\text{pBest}_i\text{-}x_i) \tag{3.150}$$

$$v_{gi}(k+1)=v_i(k)+\beta(\text{gBest}-x_i) \tag{3.151}$$

式中，α 和 β 均为[0,1]的随机数。

将式(3.150)与式(3.151)联立，可得到速度矢量 v_i 的表达式

$$v_i(k+1)=v_i(k)+C_1\times\alpha(\text{pBest}_i-x_i)+C_2\times\beta(\text{gBest}-x_i) \tag{3.152}$$

式中：C_1 和 C_2 为学习因子。

对于 x_i 的第 k 代解向量 $x_i(k)$，迭代生成下一代解向量的方式如式(3.153)所示：

$$x_i(k+1)=x_i(k)+v_i(k+1) \tag{3.153}$$

(3) 本节采用的粒子群优化算法中的各项参数定义如下：

粒子种群大小：20。

粒子的范围：由上述优化模型中的约束条件来确定。

V_{max}：最大速度，在每一维粒子的速度都会被限制在一个最大速度 V_{max}，如果某一维更新后的速度超过用户设定的 V_{max}，那么这一维的速度就被限定为 V_{max}，同样 V_{max}的确定来源于约束条件。

学习因子：一般 C_1 等于 C_2，并且在 0 和 4 之间，本节中的学习因子根据经验设定为 $C_1=C_2=2$。

迭代次数：100。

(4) 算法实现过程模拟。

下面设定若干参数，验证算法的收敛过程：

工件：45 钢。

加工方式：槽铣。

加工精度：平面粗糙度 R_a1.6。

刀具：硬质合金立式槽铣刀，刀具直径为 6mm，齿数为 3。

优化函数中的参数：根据专业文献[109]确定刀具寿命预测公式中的参数 C、m、g、h 分别为 12450、0.286、0.667 和 1.429；V、T_s 和 T_i 分别设置为 10000mm^3、5min 和 0.2min；M、C_t、C_1 和 C_0 分别设为 30 元/min、330 元、15 元/min 和 2 元/min。

目标函数为：$\min(F(x))=\min\left(w_1\times\frac{1}{A(x)}\times w_2B(x)\times w_3C(x)\right)$，其中加权因子 w_1 为 0.4，w_2 为 0.3，w_3 为 0.3。

本过程模拟采用 Matlab 软件实现，PSOt 为基于 Matlab 的 PSO 工具箱，该工具箱将 PSO 算法的核心部分封装起来，提供给用户的为算法的可调参数，用户只需要定义好自己需要优化的函数(计算最小值或者最大值)，并设置好函数自变量的取值范围、每步迭代允许的最大速度(V_{max})等，即可自行优化。图 3.64 描述了目标函数的粒子群收敛过程。

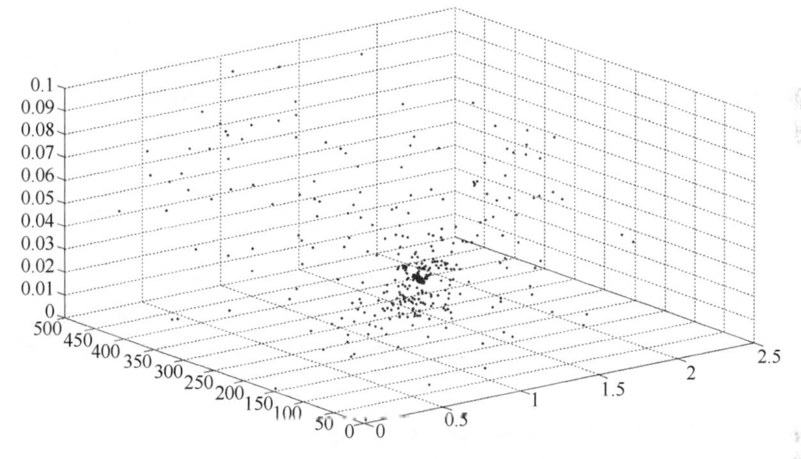

图 3.64　粒子群收敛过程图

目标函数值的收敛过程如图 3.65 所示。

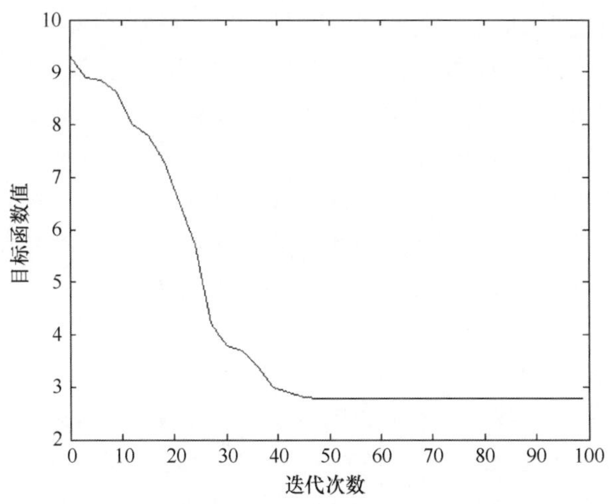

图 3.65　目标函数收敛过程图

图 3.65 显示算法在迭代次数为 45 代左右时,逐渐收敛稳定。优化结果如表 3.25 所示。

表 3.25 算法优化结果

参数	a_p	v_c	f	$F(x)$
厂商推荐	2	350～450	0.02～0.04	5.35
优化值	1.51	315	0.015	2.78

上表列出了刀具厂商推荐的切削参数值和通过算法优化得到参数值。比较相应的数值,二者较为接近。计算二者的适应度函数值,通过算法得到的目标值要优于厂商推荐的,这个区别来源于很多方面,如加权因子的选择、经验参数的选择等。但该优化结果从另一个角度说明使用该粒子群算法进行切削参数优化的有效性。

3.7 本章小结

本章在分析制造执行过程的服务需求特点的基础上,对加工任务的外协与承包、车间原材料/在制品/成品/备件存储的 PW-PSS、车间高端数控加工装备的 MT-PSS 和车间多加工任务的刀具 CT-PSS 等服务模式进行了介绍,具体内容包括:

(1) 针对车间加工任务外协问题,从加工对象、生产要求、技术要求、交接要求以及可支付的费用等方面建立了工序级外协加工任务的形式化表述模型;介绍了零件外协加工任务的建模过程,首先采用与/或树将其按零件-特征-工序三个层次分解,继而基于扩展活动网络图建立其加工工艺链。

(2) 针对车间加工任务承包问题,定义了单个制造资源的生产能力,包括典型工序的生产能力、换算系数和一般工序的生产能力;并结合工序外协加工任务的生产要求,包括生产批量、批次和交货期等要求,对车间的生产能力和生产成本进行了建模,为车间承包决策提供量化基础。

(3) 针对车间原材料/在制品/成品/备件存储的 PW-PSS 服务问题,构建了通用件区和非通用件区的控制策略。对通用件区提出了 ABC 分类方法,对非通用件区提出了基于车间分区服务需求和货位量服务需求两种库存服务价值增值模式。针对库存服务的货物货位分配问题,构建了货位分配数学模型并设计了一种改进的自适应遗传算法,对模型进行了优化解算。

(4) 针对车间高端数控加工装备的 MT-PSS 服务问题,采用关系运算建立了加工能力的形式化表达模型,采用多元线性回归分析建立了潜在加工能力与实际加工能力的测度模型。同时,在此基础上,建立了加工服务流的扩展活动图模型,提出了资源利用率、柔性、生态效益等评价分析指标,并讨论了 MT-PSS 与 soMES

的接口问题。

(5) 针对面向车间多加工任务的刀具 CT-PSS 服务问题,建立了刀具任务的描述模型,提出了刀具任务的分解规则,以确立刀具服务配置的来源。采用集合论和服务粒度分解的方法详细描述了服务过程,依此建立了 iPSS 模式下的刀具服务流模型。进一步地,设计专家系统的知识库和推理机,实现了刀具的智能选配。最后建立了优化切削参数的数学模型,并采用粒子群优化算法实现了模型解算。

第 4 章　服务型制造执行过程的实时数据采集

4.1　服务型制造过程的 RFID/条码标识

4.1.1　车间生产资源分类

如图 4.1 所示，制造车间承担着产品的所有加工任务，其生产资源不仅包括在制品和加工设备，还包括与加工过程相关的所有配套设施、物资和人员，因此车间生产资源数量巨大且种类繁多，这都给生产过程跟踪和车间信息化管理带来了难题。针对上述问题，对离散型制造车间生产资源进行分类，将生产资源划分为人员、在制品、辅助工具、加工设备四大类。

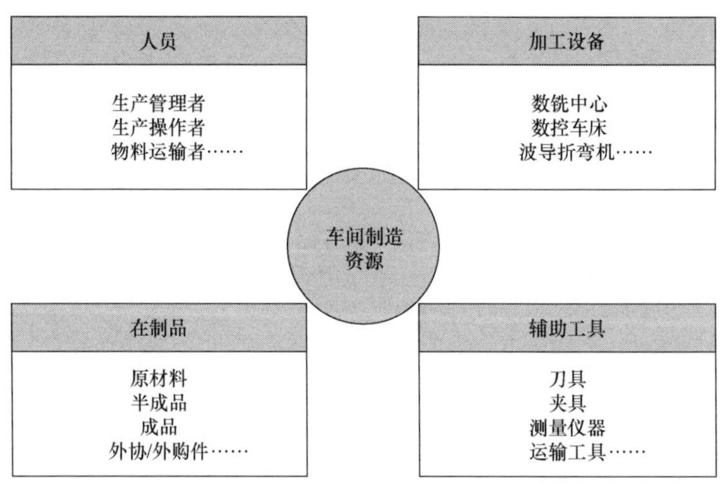

图 4.1　服务型制造车间的生产资源分类

4.1.2　各类生产资源标识方法

传统的车间生产资源标识多使用条形码或二维码技术，其具有容量大、尺寸小、抗损毁、信息多样化等优点。相比之下，条形码最主要的缺陷是采用激光标刻技术将条码或二维码刻在生产资源实体上，但由于刀具等金属的反光性能和特殊的表面形状，必须把扫描机对准二维码(或条码)才能读出数据，而其准确率不高且效率低下。如果在大型制造车间或仓库中进行实物盘点，往往会十分烦琐，其易磨损的特点也会造成扫描失败和识别错误。作为一种自动识别技术，射频识别技术具有非接触识别、可识读高速运动物体、抗恶劣环境、保密性强、可同时识别多个识别对象等突出特点。作为 RFID 技术在车间生产资源标识上的应用，也会存在金属干扰、不易与生产资源绑定等特点，但是它可以较好保证信息的准确性和易读性。因此，车间生产资源标识中可采用以 RFID 标签为主，辅助以二维码标识方法。这里，以制造车间的刀具标识为例进行分析说明。

1. 二维码标识

二维码是用某种特定的几何图形按一定规律在平面(二维方向上)分布的黑白相间的图形记录数据符号信息的，通过图像输入设备或光电扫描设备自动识读以实现信息自动处理。本节采取的二维码编码方式为 QR Code，从 QR Code 码的英文名称 Quick Response Code 可以看出，识读速度高是其最大特点，用 CCD 二维条码识读设备，每秒可识读 30 个含有 100 个字符的 QR Code 码符号，而对于 Data Martix 矩阵码，每秒仅能识读 2～3 个符号。QR Code 码的超高速识读特性是它能够广泛应用于工业自动化生产线管理等领域。QR Code 外观形貌如图 4.2 所示。

采用二维码对刀具进行标识的主要目的是：在 RFID 标签收到干扰或者损坏的时候，采用手持式标签扫描设备进行刀具信息采集，从而保证刀具状态监控的连续性。由于加工现场的环境复杂性，故手持式二维码扫描多用在刀具库存管理方面。

图 4.2　QR Code 外观形貌

2. RFID 标签标识

RFID 无线射频识别技术是通过电磁波感应来实现信息的传递和获取。通常一个完整的 RFID 设备包括 RFID 阅读器、RIFD 天线和 RFID 电子标签三部分。在识读过程中，RFID 阅读器通过天线向其作用空间发射电磁波，当电子标签(被动式)进入电磁波范围产生电磁感应，在感应电流的作用下，电子标签将内部存储的信息以电磁波的形式回馈给阅读器，阅读器对标签信号进行解析，获取有效信息。

RFID 标签由耦合元件及芯片组成，每个 RFID 标签具有唯一的电子编码，附着在物体上标识目标对象，俗称电子标签或智能标签。RFID 标签包括有源标签、无源标签和半有源半无源标签。

刀具是较为贵重的消耗品，且体积较小，流动性强，因此采用小型的无源标签是最好的选择。本节中涉及的刀具大多体积较小，包装为硬质塑料的长方体或三棱柱，在刀具绑定时存在平整的平面粘贴标签，根据包装盒尺寸选取 Alien 公司的

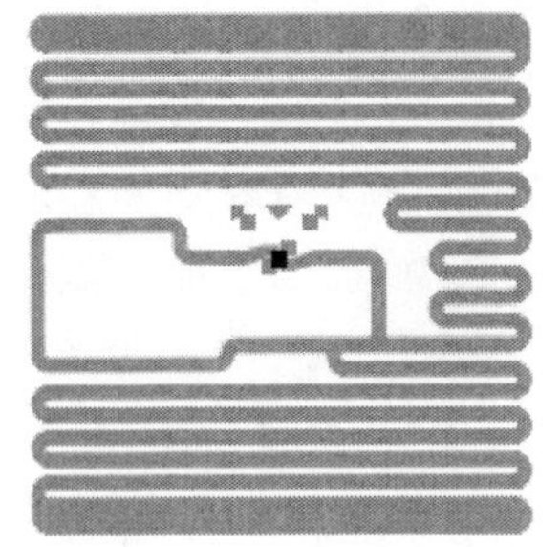

图 4.3 ALN-9629 Square 标签外观

无源标签，型号为“ALN-9629 Square”，如图 4.3 所示。

ALN-9629 Square 标签的参数信息和特征如下：

(1) 方形尺寸。

(2) 适用于各种项目应用。

(3) 支持协议：EPCglobal Class 1 Gen 2，ISO/IEC18000-6C。

(4) 工作频率：840～960MHz。超高频(工作频率为 860～960MHz)标签读取距离比较远，无源可达 10m 左右。对于高频的电子标签来说，该频段的电子标签不需要和金属分开来。此外，该频段有很高的数据传输速率，在很短的时间可以读取大量的电子标签。由于刀具实体是由金属构成的，并且刀具库经常需要进行刀具盘点，需要读写器在远距离读取到大量的刀具标签，因此 ALN-9629 Square 的上述特点满足刀具状态标识的需要。

(5) 标签型号：EPC-96 Ⅰ型。EPC 编码是由一个版本号和另外三段数据(依次为域名管理、对象种类、序列号)组成的一组数字。EPC-96 Ⅰ型标签可为每个制造商提供 1.1×10^{28} 个唯一的项目编号，即超出了当前所有已标识产品的总容量。所以 EPC-96 Ⅰ型标签完全满足对所有刀具进行唯一标识的条件。

(6) 简洁紧凑的尺寸：22.5mm×22.5mm。

(7) 轻薄、可弯曲识别。对于尺寸较小的刀具包装盒，可将标签弯折进行绑定，经测试，标签弯折对读写识别能力影响很小。

通过上述绑定方式的设计，可以将每把刀具唯一的确定，采用两种标识方法可以保证信息采集的有效性和稳定性。图 4.4 为采用两种方法对刀具标识的样例。

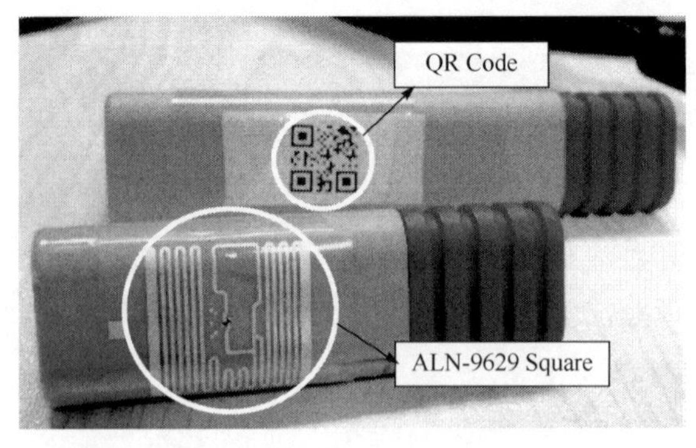

图 4.4 采用两种方法标识刀具的样例

4.1.3　各类生产资源的编码设计

1. 基于条码的编码

条码应用于质量信息跟踪系统中，代码的编制是一项基础工作，它贯穿于系统的设计、实施与应用的整个过程。要编制的条码主要包括零件、工序、设备、人员等，一般来讲，条码编码应满足以下原则：①唯一性，一个编码对象对应一个唯一代码；②规范合理，在一个代码标准中，代码的类型、结构及编写格式要统一、规范化；③稳定，代码不宜频繁变动，编码时要考虑其变化的可能性，尽可能保持代码系统的相对稳定；④可扩充，必须留有适当的后备容量，以满足系统不断扩充的需要；⑤简化，编码不能过于冗长，应便于条码阅读器的识别和缩短计算机处理时间；⑥适用，代码要尽可能翻译编码对象的特点，以助于记忆并便于人们了解、识别和使用。根据上述编码规则，设计编码格式如下：

(1) 零件编码格式。零件采用八位数字编码，前四位是此类零件的零件号，后四位为零件个体的序号，每一个零件个体对应于唯一的零件编码。

(2) 人员编码格式。人员编码采用五位数字编码，前两位是部门编号，后三位是部门内人员的序号。

(3) 设备编码格式。设备编码位数为四位，数字和字母混合编码，前两位为设备类型码(字母)，后两位为序号。

(4) 工序编码格式。工序编码位数为八位，其中前两位为字母“GY”(以示与其他编码区别)，接下来四位为零件号，最后两位为序号。

2. 基于 RFID 的编码

如图 4.5 所示，采用 RFID 技术对生产资源进行编码设计，将编码信息写入 RFID 标签中，以标签作为信息纽带实现生产资源物理实体和生产信息实体之间

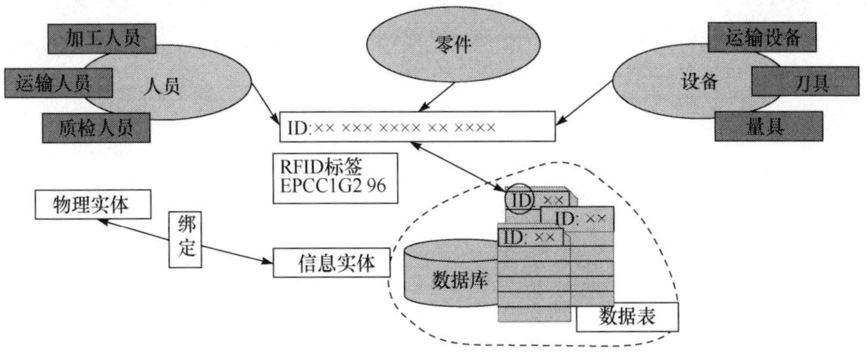

图 4.5　生产信息实体和物理实体的融合关系

的绑定，从而对生产资源的跟踪转变为对 RFID 电子标签的跟踪，并且通过 RFID 阅读器进行信息的自动拾取和录入，实现生产过程的信息化自动化管理。

对于 EPC 协议的 RFID 标签，EPCGlobal 制定了统一的编码标识规则，将 EPCID 分为四个字段：版本号、域名管理、对象分类和序列号。其中，版本号位于标签字段的头部，反映了标签的类别以及标签的编码结构，主要用于标签的扩展；域名管理字段记录了编码对象的地域信息，对象分类字段记录了编码对象的类别信息，序列号则是同一类别具体实例的编号，如表 4.1 所示。

表 4.1　EPC 编码规则

标签型号	版本号	域名管理	对象分类	序列号
EPC-64 Ⅰ	2 位	21 位	17 位	24 位
EPC-64 Ⅱ	2 位	15 位	13 位	34 位
EPC-64 Ⅲ	2 位	26 位	13 位	23 位
EPC-96 Ⅰ	8 位	28 位	24 位	36 位
EPC-256 Ⅲ	8 位	128 位	56 位	64 位
EPC-256 Ⅲ	8 位	128 位	56 位	64 位
EPC-256 Ⅱ	8 位	64 位	56 位	128 位

EPCGlobal 编码规则是全球统一编码标识的扩展和延续，致力于对全球所有事物进行唯一的编码标识，立足于编码的全局性、通用性和可延续性。而在一个离散型制造车间内，需要进行编码标识的对象相比之下非常少，且生产过程跟踪需要在单位时间内获取大量的生产信息，由于信息变化更新快，为保证生产信息的实时性，就必须提高生产信息的获取速率，最有效的手段之一就是尽量减少程序和数据库之间的访问次数，与此同时就意味着需要在有限的 RFID 标签信息存储空间内表达更多的信息。那么如果不做任何更改而将 EPCGlobal 编码规则应用的离散型制造车间进行生产资源的编码，势必造成信息存储空间利用率低，以及可标识的信息字段少。故本节根据服务型制造车间的具体情况，结合 EPCGlobal 规则制定出了针对离散型制造车间的编码规则。基本规则如下：

规则 1：编码的唯一性，每一个实体的编码都彼此不同。

规则 2：编码的可扩展性，当未来实体增加时，能够实现编码的前后兼容。

规则 3：编码的每一个字符为 16 进制的字符(1,2,3,4,5,6,7,8,9,0,A,B,C,D,E,F)。

规则 4：编码的总字符数不能超过 RFID 标签给定的存储空间，如 EPC96 标签总字符数为 24。

在严格遵循这些基本编码规则的前提下，本节采用 EPCC1G2 96 标签，并将标签数据划分多个字段，且对于不同的编码对象，编码字段的结构也不同，如

图 4.6 所示,列举出了部分资源的编码规则。

人员	版本号(2)	资源类型(2)	车间编号(4)	职能编号(4)	人员编号(12)	
车床操作工	01	A0	0001	F003	000000000D08	
零件	版本号(2)	资源类型(2)	产品编号(8)	部件编号(3)	零件编号(3)	批次编号(6)
U型管	01	B0	A0000001	003	90D	0000D8
加工设备	版本号(2)	资源类型(2)	设备类型(4)	车间编号(4)	设备编号(12)	
车床	01	C0	A001	001	000000000DAB	
辅助工具	版本号(2)	资源类型(2)	工具类型(4)	参数标识(4)	序列号(12)	
铣刀	01	C0	A001	001	000000000DAB	

图 4.6　生产资源编码结构和实例

4.1.4　面向物流跟踪的 RFID 阅读器布局

通常 RFID 阅读器根据使用的电磁波频率被划分为:低频(125kHz 和 134.2kHz)、高频(13.56MHz)和超高频(860～960MHz)阅读器。随着电磁波频率的不断增加,阅读器的识读范围也大大增加。根据不同的标准,RFID 阅读器和标签之间有不同的通信协议,如 EPC 通信协议、ISO 通信协议和 UID 通信协议等。不同频段的阅读器和不同的标签通信协议导致 RFID 设备在性能和功能上具有显著的差异,离散型制造车间的工序物流跟踪需要对制造节点的内部区域进行监控,且需要同时识读多个标签,所以采用超高频段的 RFID 阅读器。RFID 阅读器主要有固定式、车载式和手持式几种,见表 4.2。

表 4.2　RFID 阅读器参数表

读写器型号	图片	类别	通信方式	频段 (识读距离)	天线数	识读标签类别
ALR-9900		固定式	TCP/IP 串口	915MHz (≤10m)	4	EPC
ALR-9650		固定式	TCP/IP 串口	915MHz (≤10m)	2	EPC
IV7		车载式	TCP/IP 串口	915MHz (≤6m)	4	EPC/ISO
西门子 RF630R		固定式	串口	865MHz (≤6m)	2	EPC/ISO
WORKABO UT PRO G2		手持式	Wi-FI	多频段 (≤3m)	内置	EPC/ISO

固定式阅读器通常与设备节点或者生产库存门禁节点绑定，当 RFID 标签进入其识读区域时，实现固定点监控区域的标签识别和监控。车载式 RFID 主要是针对移动空间的标签识别，其配备在叉车上随叉车在工作区域内移动，主动识读移动空间控制区域内的标签，在叉车运输环节中担任物流跟踪的作用。手持式 RFID 阅读器灵活性高，携带方便，主要用于标签巡检以及标签绑定等环节。

1. 不同应用环境的 RFID 阅读器配置实例

1）门禁 RFID 阅读器的配置

门禁 RFID 主要布置在库存出入口，实现标签识别、出入库控制，为仓库管理系统提供出入库的生产资源、人员及叉车信息。如图 4.7 所示，将 RF630R 的两个天线 ANT1 和 ANT2 相对布置在库存出入口的两侧，调节天线电磁波功率使其有效覆盖出入口区域，天线通过标准口与阅读器相连，阅读器与通信模块 RF182C 通过串口 RS232 进行通信，并通过 RF182C 实现阅读器的 TCP/IP 网络通信。设备接线完成后，就实现了阅读器和库存门禁的绑定，然后为阅读器分配一个固定的 IP 地址，将 IP 与阅读器绑定。本节采用的是 EPCC1G2 标签，故配置阅读器的识别标签类别为 EPCC1G2。

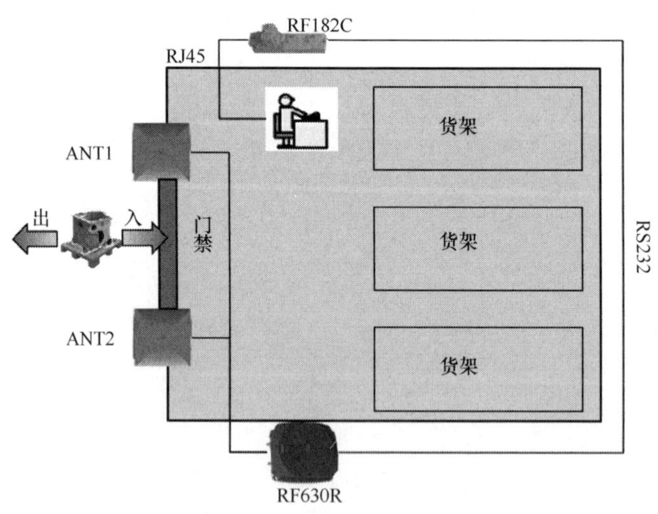

图 4.7　门禁阅读器配置图

2）车载 RFID 阅读器的配置

车载 RFID 主要布置在叉车上，随叉车一起移动，实现以叉车为中心的移动空间的货物识别，主要负责生产资源的出入库运输，通过看板向运输人员提供任务信息，货物识别功能和货位识别功能等。其接线如图 4.8 所示，车载阅读器 IV7 和车载电脑 CV60 由车载直流电瓶供电，并采用直流电压转换器(DC-DC Converter)

进行电源转换和电源保护。IV7 和 CV60 之间通过标准的串口 RS232 进行数据通信，IV7 同时外接 4 个 RFID 天线布置在叉车的不同方向，实现多角度的标签识别。叉车导航系统安装在车载电脑中，并通过无线网络和服务器连接。

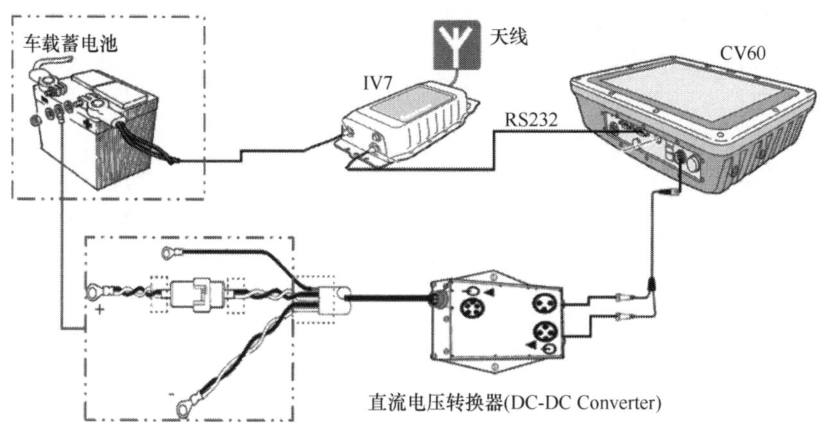

图 4.8　车载 RFID 线路配置图

车载 RFID 设备的具体实物配置如图 4.9 所示。

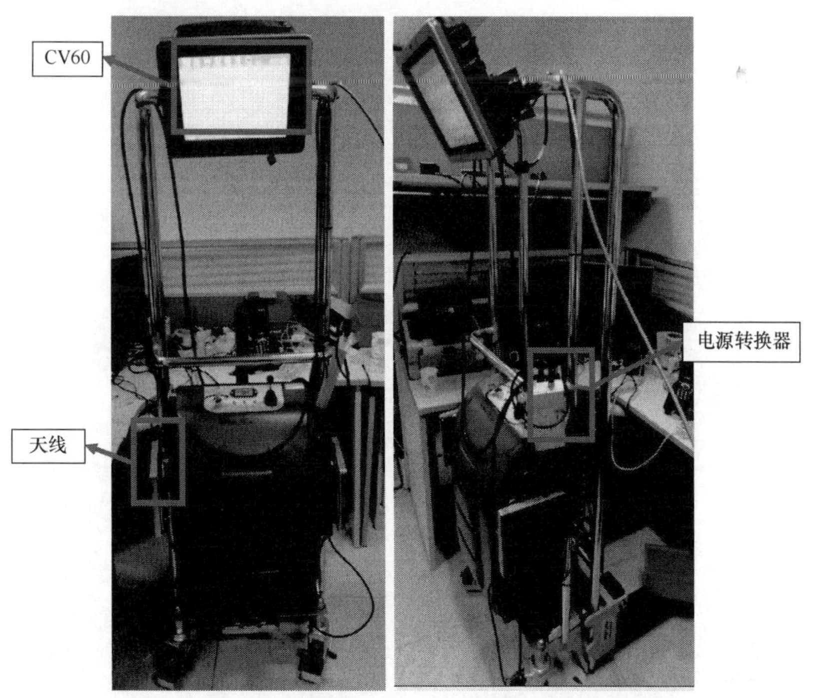

图 4.9　车载阅读器 IV7 和车载电脑 CV60 配置图

3）在制品跟踪 RFID 阅读器的配置

在制品跟踪主要是对批次零件在车间加工过程的工序物流跟踪，根据对工序“事件-时间-状态”动作系列模型的分析，本节在各个制造节点布置 RFID 阅读器或者天线实现基本触发事件的获取。在制品跟踪主要采用 Alien 系列的固定式 RFID 阅读器 ALR-9650 和 ALR-9900。其配置流程如图 4.10 所示，首先将阅读器或者天线安装在制造节点实现阅读器和制造节点的绑定，即在信息层共同构成一个跟踪节点；然后依据无线路由技术构建的局域互联网络，给阅读器分配一个固定的 IP 地址，将 IP 地址和阅读器绑定起来；最后进行阅读器参数的配置，配置标签识别类别为 EPCC1G2 标签，调整天线信号功率，保证相邻两个阅读器之间没有重复覆盖区域，将服务器数据接收的网络端口信息配置到阅读器中，更改阅读器传输信息单元的数据结构形式。

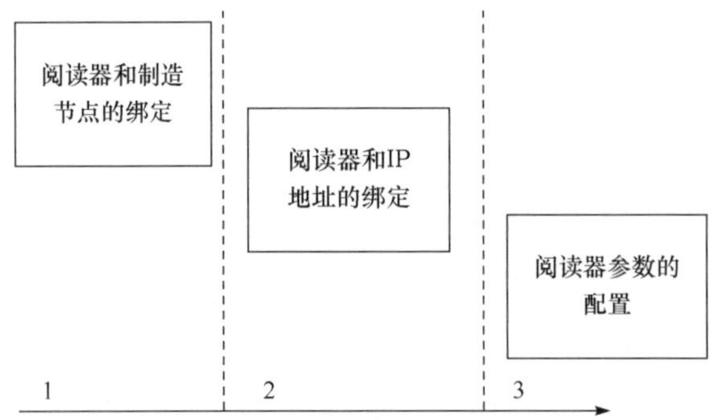

图 4.10　在制品跟踪 RFID 阅读器的配置流程

基于 RFID 的在制品跟踪平台构建如图 4.11 所示，图中圈出的为 RFID 阅读器和天线。

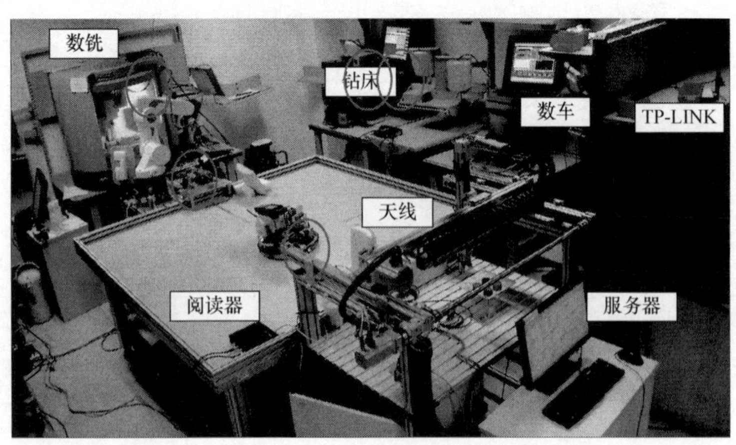

图 4.11　基于 RFID 的在制品跟踪实验平台

2. RFID 硬件系统应用性能测试和分析

通过上述分析，本节建立了基于 RFID 的工序物流局域物联网的运作模式和执行机理，并进行了硬件环境的配置，在车间层构建了生产过程跟踪的物理环境。但如何保证系统的可靠运作是实现生产跟踪的关键问题之一，RFID 无线射频识别是基于无线电磁波的智能识别技术，因此容易受到外界的干扰，而车间环境通常非常复杂，分布着各种金属材料、金属设备和通信电缆等，这些环境因素都有可能影响 RFID 的正常工作或者降低其工作性能。针对上述问题，设计了测试实验，对 RFID 阅读器的应用性能进行了测试和分析，并用分析结果来指导 RFID 硬件的配置，以减少环境影响，提高系统的稳定性及可靠性。应用性能测试实验主要包括：识读距离和识读功率值对识读性能的影响测试；标签贴附物对性能的影响测试；遮挡物对识读性能的影响测试；反射物对识读性能的影响测试。

1）识读距离和识读功率值对识读性能的影响测试

（1）测试目的。

测试阅读器与标签之间的垂直距离和阅读器识读功率值对阅读器识读作用域的影响。

（2）测试内容。

将 RFID 标签贴在小托盘上，并将托盘编码写入对应的 RFID 标签，如图 4.12 所示，将托盘分为 9 行 7 列布置在货架上，彼此左右和上下间隔均为 15cm，阅读器

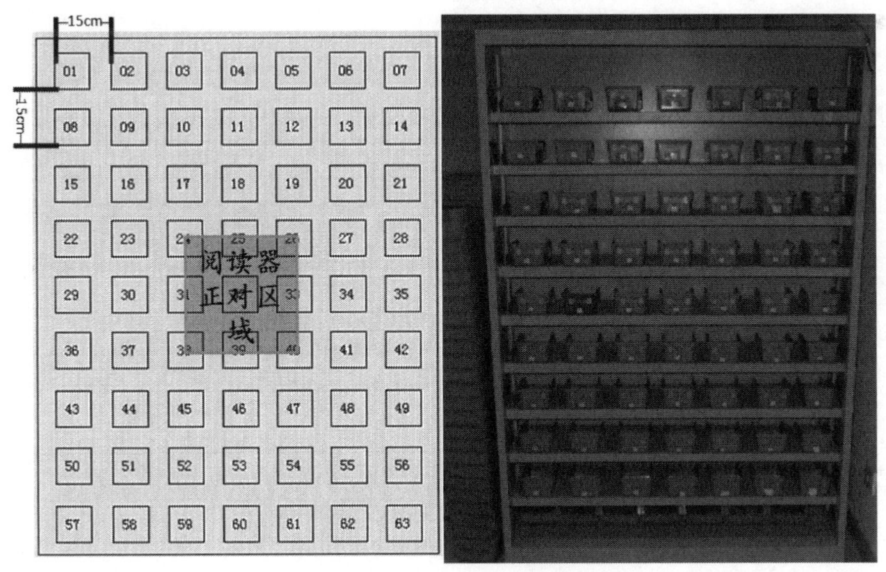

图 4.12　标签布置和托盘分布图

的前端面与货架前端面平行，且阅读器正对货架中心；然后调整阅读器前端面与货架前端面的垂直距离 S 和阅读器的识读功率值 P，并在每一对(S,P)值下，发送 100 次识读指令，通过测试软件统计每个标签的有效识读次数，并绘制识读作用域图；最后对实验结果进行分析。

表 4.3 为需要进行的测试内容，其中识读距离 S 由 10cm 到 390cm，间隔为 20cm；识读功率值 P 由 170 到 290，间隔为 30。在每组(S,P)下识读 100 次。

表 4.3　识读功率和识读距离对识读性能影响测试数据表

(P,N,S)	10cm	30cm	50cm	…	340cm	360cm	390cm
170	100 次	100 次	100 次	100 次	100 次	100 次	100 次
200	100 次	100 次	100 次	100 次	100 次	100 次	100 次
230	100 次	100 次	100 次	100 次	100 次	100 次	100 次
260	100 次	100 次	100 次	100 次	100 次	100 次	100 次
290	100 次	100 次	100 次	100 次	100 次	100 次	100 次

图 4.13 为测试软件的界面，测试软件能与指定阅读器建立 TCP/IP 通信，并对阅读器发送控制指令，使其在特定的参数条件下工作。测试软件控制界面（左图）提供了标签识读间隔和标签识读次数控制栏。测试结束后可通过自动分析生成测试结果图（右图），其中方格图为对应标签的有效识读次数的图形化展示，不同颜色代表了其不同的有效识读次数范围，而列表栏显示了标签的具体有效识读次数。

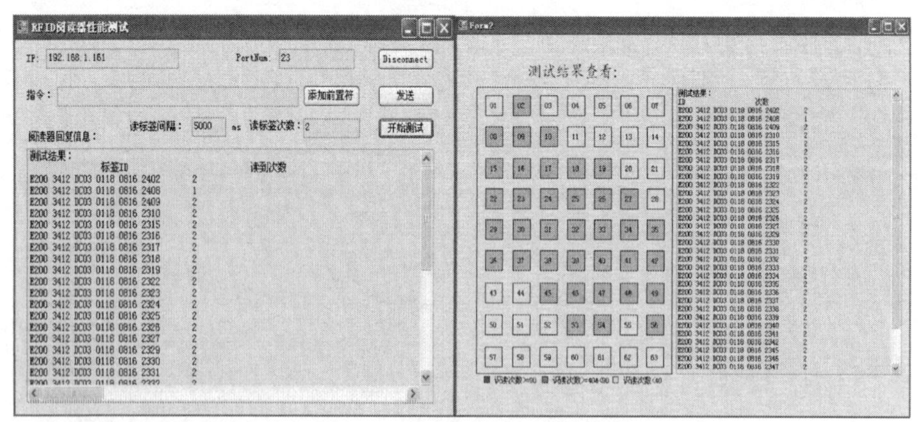

图 4.13　测试软件界面

(3) 测试结果分析。

首先统计出当识读距离保持不变，识读功率不断增大的识读作用域的变化情况，如图 4.14 所示。

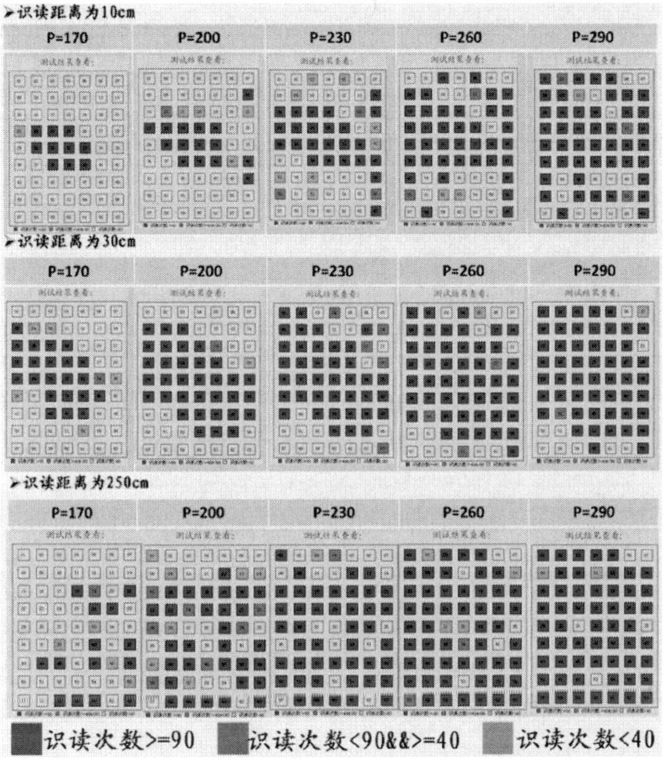

图 4.14 识读距离不变，识读作用域随识读功率值的变化

分析结果 1：如图 4.14 所示，在识读距离保持不变的情况下，阅读器识读作用域随着识读功率值的不断增大而增大，且宽度方向的增大速度略大于高度方向。而图中在深色识读标签（有效识读率高）的中间夹着这一些浅色的（有效识读率低）标签，这主要是因为电磁波分布不均和干涉导致局部衰减造成的。

其次，统计了识读功率值不变，标签识读作用域随着识读距离的不断变化而变化的规律，如图 4.15 所示，以功率值 $P=170$ 的一组结果为例。

分析结果 2：由实验数据对比可知，相同识读功率下，随着识读距离的增加，识读范围先增大，然后变小最后为零，而且在减小的过程中，首先从中间开始，再到四周，最后消失。

分析结果 3：通过对不同(S,P)值对应的数据结果进行分析，本节归纳了不同识读功率值下，阅读器的最佳识读距离，如表 4.4 所示。

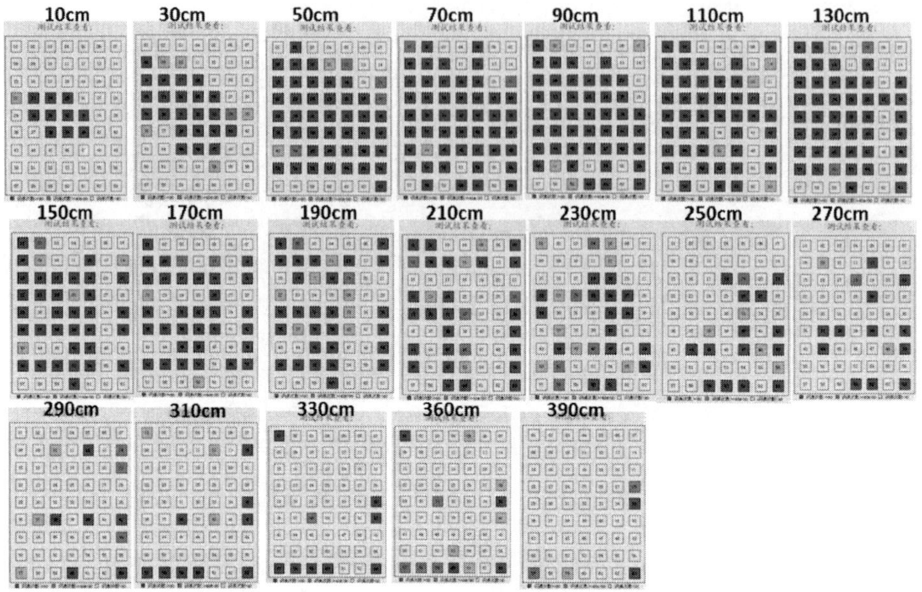

图 4.15 识读作用域随识读距离的变化规律

表 4.4 最佳识读距离

功率值	最佳识读距离/cm	能否实现全覆盖
170	50～90	否
200	50～110	能
230	50～150	能
260	50～190	能
290	50～270	能

2）标签附着物对识读性能的影响

(1) 测试目的。

测试 RFID 标签附着在不同材料(木板、盛水容器、金属板等)上时，对阅读器识读性能的影响。

(2) 测试内容。

固定 RFID 阅读器的识读功率 $P=170$，然后将同种类型的标签粘贴在木板、金属板、塑料板上，测试标签有效识读率大于零的最大距离 S_M，并与没有任何附着物的标签的最大识读距离进行对比。

(3) 测试结果分析。

对实验结果进行统计，如表 4.5 所示。

表 4.5　附着物对识读距离的影响

黏附物	识读距离/cm
空气	163
木板	160
塑料板	164
金属板	0
盛水塑料容器	82

分析结果 4:与没有附着物的标签相对比可以发现木板和塑料板对于识读距离几乎没有任何影响;而金属板影响最大,导致标签完全失效;盛水容器对于识读距离同样有影响,但较金属板小。

3) 不同材质以及处于不同遮挡位置的薄板对识读性能的影响

(1) 测试目的。

测试不同材料以及处于不同位置时,遮板对于 RFID 标签识读性能的影响。

(2) 测试内容。

如图 4.16 所示,首先将一个 EPCC1G2 标签粘贴在塑料板上(图中左侧实体表示),调节阅读器识读功率值为 $P=170$,将标签放于阅读器(图中右侧实体表示)的正前方,使标签与阅读器前端面的距离由 0 不断增大,直到维持标签有效识读率为 100%的最大距离(结果为 150cm),这时固定标签和阅读器,分别在 1,2,3,4,5(标签的上方为 1 号位置,前方为 2 号位置,下方为 3 号位置,左方为 4 号位置,右方为 5 号位置)号位置放置不同材料,不同面积的薄板进行遮挡,同时调整薄板与标签间的距离由零开始不断增大,测试维持识读率为 0%的最大距离 S0。

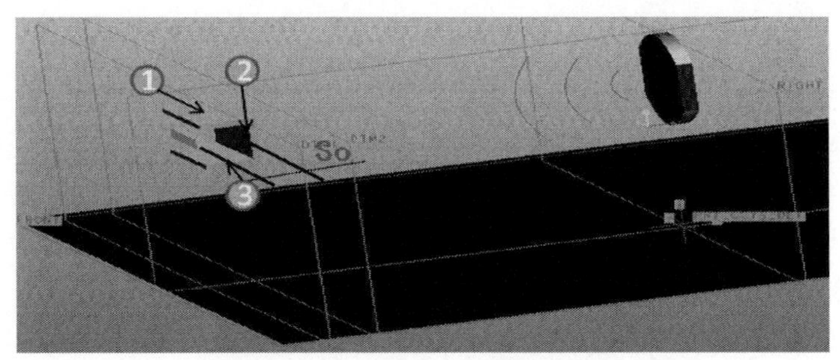

图 4.16　阅读器、标签和 RFID 阅读器的位置图

(3) 测试结果分析。

测试结果如表 4.6 所示,通过数据对比可以得出如下结论:

表 4.6 测试结果

遮挡物	所处位置	投影面积/cm^2	临界距离/cm
空气	—		—
塑料板	1,2,3,4,5	任意	0
木板	1,2,3,4,5	任意	0
盛水塑料容器	1	10×10	3
盛水塑料容器	3	10×10	6
盛水塑料容器	2	10×10	5
盛水塑料容器	2	20×20	8
盛水塑料容器	4,5	10×10	0
金属板	1	10×10	4
金属板	3	10×10	9
金属板	2	10×10	8
金属板	2	20×20	15
金属板	2	50×50	110
金属板	4,5	10×10	0

分析结果 5:塑料和木质的遮板无论放置在哪个位置上都对标签的识读性能都没有影响。

分析结果 6:盛水塑料容器和金属板放置在标签上方、前方和下方时,在零界距离以内导致标签识读率为 0%,并且随着遮板的面积增大,零界距离增大。

分析结果 7:无论什么材质的遮板放置在标签的左侧和右侧对于标签的识读性能都没有影响。

4) 不同材质的反射板对于识读性能的影响

(1) 测试目的。

不同材质的薄板放置在标签后方,考虑部分材质对电磁波的反射作用,会增强标签周围的电磁波强度而加强标签的识读性能。本实验将测试材质和薄板与标签间的间距对于识读性能的影响。

(2) 测试内容。

如图 4.17 所示,将标签和阅读器放置在同一高度上,调整阅读器识读功率值为 $P=170$,不断增加标签和阅读器之间的距离,标签的有效识读率将随距离不断增加而减小,当识读率刚好减为 0 时,保持标签和阅读器之间的距离不变。然后再标签背后同一高度放置不同材料、不同面积的薄板,由 0 开始调整薄板与标签之间的距离,记录下标签识读率不为零的最大距离。

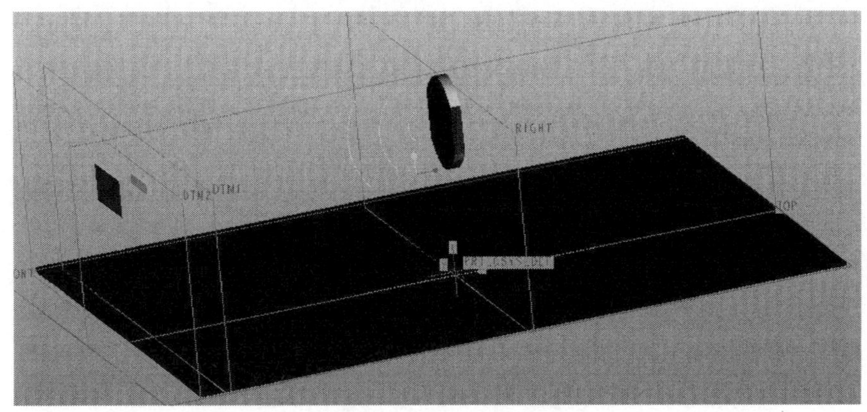

图 4.17　位置分布图

(3) 测试结果分析。

如表 4.7 所示,通过数据对比可得出如下分析结果。

表 4.7　测试结果

遮挡物	厚度/cm	面积/cm^2	临界距离/cm
木板	3	10×10	0
木板	3	20×20	0
木板	3	50×50	31
木板	3	80×80	31
金属板	0.2	10×10	0
金属板	0.2	20×20	5.5
金属板	0.2	50×50	47
金属板	0.2	80×80	47
塑料板	0.2	10×10	0
塑料板	0.2	20×20	0
塑料板	0.2	50×50	29
塑料板	0.2	80×80	30

分析结果 8:金属板的反射性能大于木板和塑料板。

分析结果 9:同样材料的挡板,随着面积不断增加,当达到一定面积时反射的强度才足以激发 RFID 标签响应,继续增加,当面积超过一定值后,反射效果不再变化。

分析结果 10:在同样材料、同样面积的情况下,增加挡板与标签之间的距离,当超过临界距离后反射效果消失。

5) RFID 硬件系统基本配置原则和方法

综合上述测试和分析结果,总结出如下的 RFID 硬件配置原则和方法:

(1) 标签配置过程中,尽量将标签贴附在塑料和木质承载工具上,如果必须采用金属承载工具,则需要将标签先贴附在 2～5cm 的塑料或者木质隔板上,再与金属承载工具绑定,或者直接采用封装的防金属标签,但成本较高。

(2) 在阅读器配置过程中,尽量避免信号传播方向有金属设备或仪器遮挡,否则会减小阅读器的识读范围。

(3) 可通过调节阅读器识读功率,调整阅读器朝向,以及在阅读器周围增加金属隔板来控制阅读器的识读作用域,从而保证某些应用环境下阅读器之间不存在重复识读区域。

(4) 阅读器安装过程中需要与信号传播方向平行的地面或者墙体保证大于 50cm 的垂直距离,否则会由于地面和墙体的反射作用,导致电磁波干涉,而使得识读作用域内部出现识读盲区。

(5) 可以利用金属板对于阅读器信号的反射作用,在标签背后布置金属反射板来增强信号强度,加大识读距离。

4.2 服务型制造执行过程的测量与传感配置

4.2.1 面向多工序加工质量的传感检测特点

复杂产品通常需要多道工序加工完成,由于各工序间存在着复杂交互效应,产品最终制造质量需要由多道工序共同保证。为了确保服务型制造车间生产过程的稳态运行和满足加工工件的质量要求,各种在线和离线的检测设备布置在不同工序检测节点来收集各类信息。目前,传统的数据采集仪器已经在质量信息采集过程中应用非常普遍。近些年来,由于 Auto-ID 和无线 IP 传感技术的快速发展,使得获取底层数据信息变得更快捷和准确。例如,USB 网络高速摄像装置、数字化粗糙度测量仪和其他各类设备均逐步应用到现代制造过程中,进而精准获取底层数据和改善整个生产过程。在实际生产过程中,底层生产数据的实时获取非常关键,其作用可从两方面描述(图 4.18):

(1) 质量检测方面:工业实践中,质量检测通常用来确保产品质量和辨识有缺陷的产品。通过选取关键质量特征参数与其理想设计参数的比较,可确保产品的最终加工装配质量,其目的是在产品传递至客户之前,尽可能消除潜在的不合格产品。

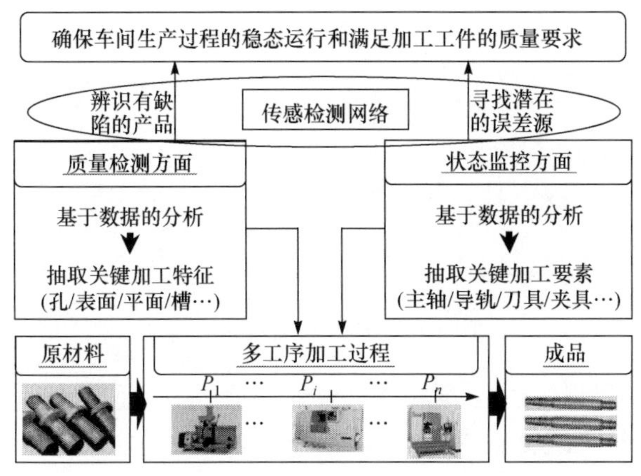

图 4.18 面向多工序加工过程的产品质量检测和装备故障诊断

(2) 状态监控方面:在加工过程中涉及的设备、工件、人员等加工要素状态的监控是制造过程控制与可视化的一个关键问题。为了寻找导致产品缺陷的潜在误差源,相应的传感设备可配置在关键监控要素点实时获取工况信息,其目的是通过监控误差源以降低产品的返修率。

4.2.2 多工序加工过程的关键传感检测要素识别

1. 零件加工特征分类

从加工制造的角度,对零件的特征进行了分类。典型的加工特征包括:平面(通平面、台阶面等)、外圆(圆柱、圆台、圆锥等)、孔(中心孔、通孔、盲孔、阶梯孔、螺纹孔等)、槽(T 型槽、U 型槽、V 型槽、燕尾槽、直槽、圆槽、矩形槽等)、特殊特征(倒角、型腔等)。

2. 加工特征关系定义

在对零件加工特征分类描述后,需要确定特征之间的关联关系。在加工特征中存在两种耦合关系:①演变关系。为了达到最终的设计要求,一个加工特征的成形需要经过多道加工工序完成。例如,孔特征的加工通常包含钻 A1、扩 A2 和铰 A3 等三道工序,其边的耦合关系定义为 A1→A2→A3。②定位关系。在加工过程中,工件的定位基准是不可或缺的。例如,有三个加工特征 B1、C1 和 D1,其中,B1 和 C1、D1 相互垂直。如果特征 C1 和 D1 被设计为定位基准来加工特征 B1,则在这三个基准关系可定义为 C1→B1 和 D1→B1。

以图 4.19 所示轴的加工特征为例,说明轴的加工特征以及特征随精度的演变。

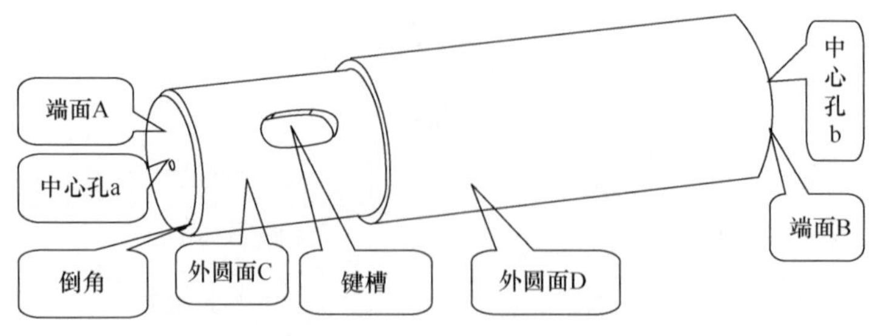

图 4.19 轴加工特征示意图

从图 4.19 中可以知道，该轴的加工特征有孔、面(端面与外圆面)、槽。轴的加工特征分析及随精度的变化如图 4.20 所示。

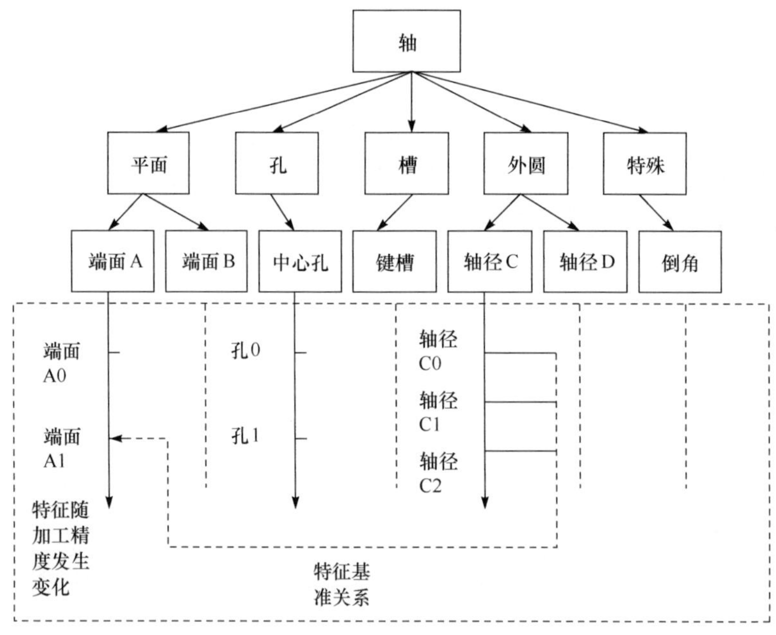

图 4.20 轴的特征分析

3. 零件特征网络构建

零件的加工特征的关联关系涉及基准关系、演变关系等，要从这些特征中找出关键特征，用一般的方法很难有效地进行分析。这里，采用有向图理论，用有向图的节点描述加工工艺特征，用有向边描述加工特征之间的基准关系、演变关系。因此，其工件加工特征网络模型可描述如下：

定义 4.1 零件的加工特征定义为网络的节点 v，特征之间的关联关系(基准关系、演变关系)定义为网络的边。

定义 4.2　如果特征 v_j 以特征 v_i 为基准,则网络的边的方向为 $v_i \to v_j$;如果特征 v_j 由 v_i 演变而来,则网络的边的方向为 $v_i \to v_j$。

定义 4.3　对于零件特征网络的邻接矩阵,表示的是加工特征之间的关联关系。

基于上述定义,一个二元组被用于描述零件的特征网络模型 $G=(V,E)$。其中,$V=\{v_1,v_2,\cdots,v_m\}$为零件的加工特征集,元素 $v_i(i=1,2,\cdots,m)$表示零件的各道工序、工步对应的加工特征;$E=\{e_1,e_2,\cdots,e_n\}$为零件的加工特征边集,元素 $e_i(i=1,2,\cdots,n)$表示各个加工特征之间的关联关系(基准关系、演变关系)。为了便于计算机进行分析处理,本节用特征的邻接矩阵来表示特征之间的基准、演变关系。矩阵元素值用 0 和 1 表示,特征间若存在关联关系,则矩阵元素取值为 1,否则为 0。根据特征关系的邻接矩阵便可以得到特征网络图,通过构建的网络图可以获取特征网络中各特征间关联耦合情况。

4. 关键加工特征抽取

在构建了零件加工特征网络模型后,为找出关键特征,需要对网络拓扑结构属性进行分析。本节运用网络分析法等相关理论,对加工特征网络结构属性做如下界定。

定义 4.4　网络节点 i 的度记为 k_i,描述了节点 i 的局部重要性。带箭头指向的网络中,节点 i 的度由入度 k_i^{in} 和出度 k_i^{out} 两部分组成。

$$k_i=k_i^{\text{in}}+k_i^{\text{out}} \tag{4.1}$$

式中,入度 $k_i^{\text{in}}=\sum_{j=1}^{N}a_{ji}$ 表示从其他点指向节点 i 的边数;出度 $k_i^{\text{out}}=\sum_{j=1}^{N}a_{ji}$ 表示从节点 i 指向其他节点的边数;a_{ij} 和 a_{ji} 是邻接矩阵 A 的元素。

定义 4.5　网络节点 i 的介数记为 b_i,描述了节点 i 在整个网络中的重要性。两个非邻接节点 j 和 k 之间的联系依靠于连接 j 和 k 之间的最短路径。因此,b_i 可通过计算节点 i 的最短路径比率得到:

$$b_i=\sum_{j,k\in N,j\neq k}\frac{n_{jk}(i)}{n_{jk}} \tag{4.2}$$

式中,n_{jk}表示连接节点 j 和节点 k 的最短路径数;$n_{jk}(i)$表示连接节点 j 和节点 k 并通过节点 i 的最短路径数。

以上定义了在对该特征网络进行分析时应该使用的属性参数。这两个参数分别从局部和整体等不同方面揭示了节点对网络的重要性。一方面,特征节点的度值反映了节点的局部重要性,度值越大表示这个特征与其他特征之间的关联关系越多,在网络中越重要,反之越少,越不重要。特征之间的耦合关系强弱与制造过程具有很大关联，度值较大的特征多为基准特征或演变的基特征。另一方面，特征节点的介数值反映了节点的全局重要性，介数越大表示经过此节点特征的最短路径越多，连接两特征的可能性越大，在零件特征网络中的作用和影响力越大。需要注意的是，由于零件加工过程的复杂性，在分析零件关键特征时，既要比较其度值和介数值大小，还要结合其特征节点的具体物理意义。这样才可以抽取出对质量过程起关键作用的加工特征，才可以进一步对影响该加工该特征的工况量进行分析，为检测仪器的配置奠定基础。

4.2.3 检测仪器配置空间建模

要实现检测仪器配置，首先需要构建配置空间。检测仪器的配置空间是多工序加工过程中零件所有加工特征随着加工精度的变化所对应的检测几何量以及工艺系统工况量配置的检测仪器集合。将配置空间设置为一个四元组合：

$$M=(C,E,P,I) \tag{4.3}$$

式中，C 为零件的加工特征集，$C=\{c_1,c_2,\cdots,c_m\}$，m 为加工特征的个数，$c_i(i=1,2,\cdots,m)$为平面特征（通平面、台阶面等）、外圆特征（圆柱、圆台、圆锥等）、孔特征（通孔、盲孔等）、槽特征（T 型槽、U 型槽等）等其他加工特征。E 为加工设备集，$E=\{e_1,e_2,\cdots,e_l\}$，l 为设备的个数，$e_i(i=1,2,\cdots,l)$为加工特征对应的设备，如车床、铣床、钻床等。P 为加工精度集或加工工序集，$P=\{p_1,p_2,\cdots,p_n\}$，n 为加工精度的等级数或加工工序的工序数，$p_i(i=1,2,\cdots,n)$为加工精度等级 IT13～IT5 等或者为工序粗车、精车、钻、磨等。I 为检测仪器集，$I=\{i_1,i_2,\cdots,i_{m\times n}\}$，$m\times n$ 为针对不同精度及特征的检测仪器集合的个数，$i_o(o=1,2,\cdots,m\times n)$为不同精度及特征的检测仪器，如针对不同的加工特征（孔、平面、槽、外圆等）需检测的量有轴径尺寸、孔径尺寸、圆度、粗糙度等几何量。对于本身配置检测仪器的机床不需要再对工况量进行检测仪器的配置，对于没有配置检测仪器的需要对工况量进行检测。加工特征对应的设备有车床、铣床、磨床、钻床、刨床、拉床等，相应的工况量有刀具的磨损或破损、刀具的温度、主轴的振动、变形等。针对这些几何量及工况量配置相应的检测仪器。

基于此，构建了检测仪器配置空间的三维模型，如图 4.21 所示。图中三个坐标轴分别为加工特征轴、加工设备轴以及加工精度等级轴。空间内的值为几何量检测仪器集合与工况量检测仪器集合，并且几何量检测仪器随着加工精度等级的变化，配置的检测仪器精度也会随之发生变化。

4.2.4 基于本体的检测仪器配置

根据数字化加工过程的测量要求，构建了检测仪器配置的推理模型，该模型的总体结构框图如图 4.22 所示。该模型主要基于加工中所需测量的工件几何量、

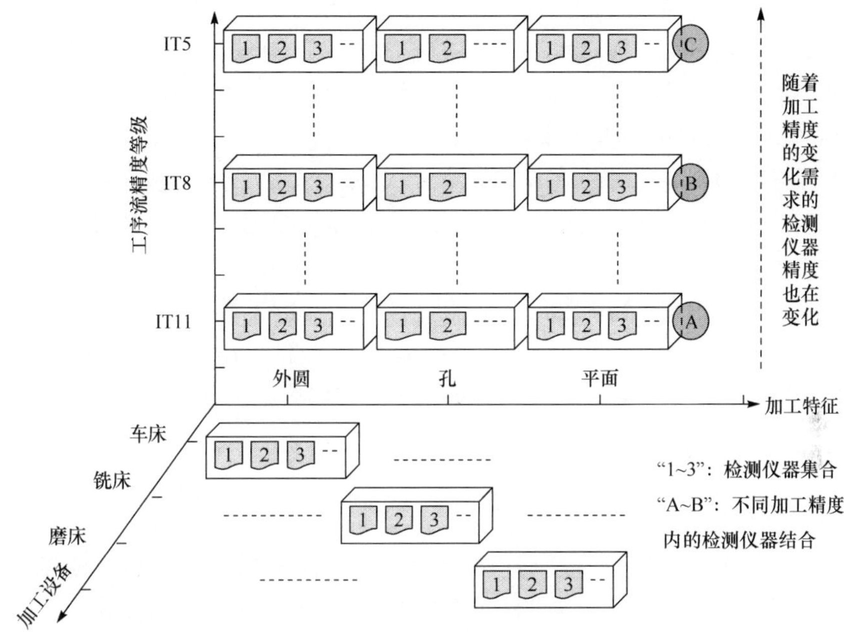

图 4.21　检测仪器配置空间

"设备-刀具-夹具"工况量进行检测仪器的配置。

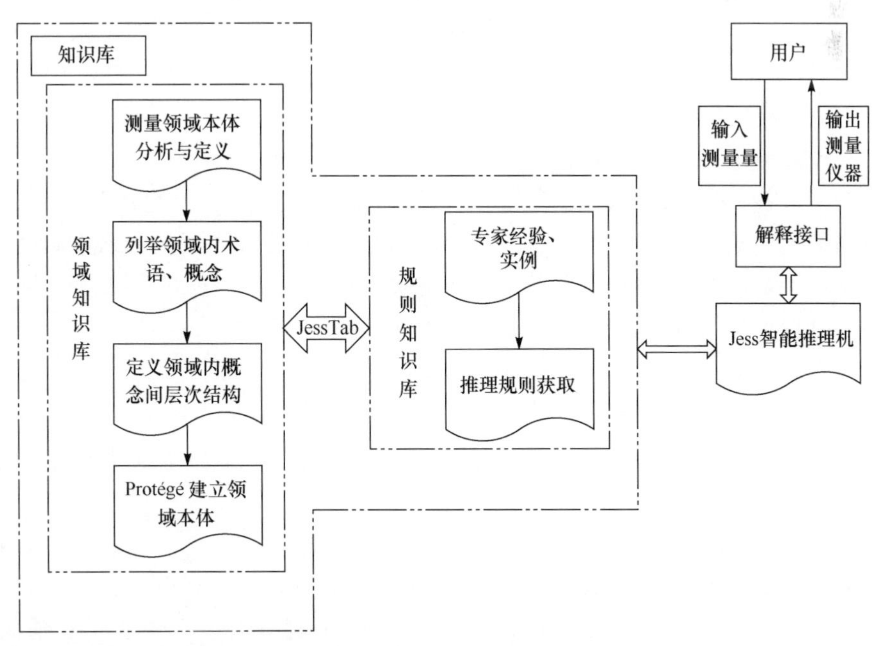

图 4.22　检测仪器推理总体结构

在领域知识库建立时，将知识工程中的本体概念引入检测仪器推理系统中，通过利用本体论在人工智能、领域概念建设方面的优势，建设知识库。领域知识根据机械加工中检测领域的定义以及领域所列举的词囊、术语等，利用本体论建模工具Protégé来实现其本体以及本体层次结构。

推理过程中所需要的推理规则知识从大量的实例、经验中抽取而来，并按照Jess程序格式进行存储。经验实例知识的丰富、充足程度决定了智能推理结果的准确性。

检测仪器的推理以机械加工中的测量量为输入条件，输入相关测量量，通过解释接口，利用Jess智能推理外壳工具完成基于产生式规则的检测仪器匹配过程的逻辑推理，确定相应的检测仪器，为检测网络的构建奠定基础。

1. 检测领域本体的建立

1）检测领域分析与定义

欲建立的本体为数字化加工中的检测领域的本体，旨在建立加工过程中工件几何量和设备工况量与检测仪器的关联关系。通过建立此领域的本体，应该能够清晰地看到数字化加工过程中测量量与检测仪器的关联关系和各概念类中间的层次关系。

根据相关领域的知识，并按照本体的构建过程构建数字化加工过程中的检测领域本体。定义了与测量相关的两大类本体，分别为工件几何量测量类（geometryms）、设备工况量类（gongkms）。同时这两大类各自又分成几个小类，用以表示机械加工过程中检测领域的本体。

2）领域本体的建立与层次结构实现

为了对各个概念进行归类和分清层次结构，需要将定义的词囊分析归类，定义不同的类别和子类别。这样就可以清楚地获得各个资源概念间的层次架构关系。由于是自行定义本体，没有现成的本体论可供参考，故这里需要对检测领域中的各测量量进行细致的分析，以定义各概念层次间的关系。

（1）工件几何量类层次结构。

对于工件几何量的测量涉及多个方面，本节根据零件加工中的几何量误差类型，将几何量的测量分为四类：长度测量、角度测量、形位误差测量以及表面粗糙度测量，详细的分类如图4.23、图4.24和图4.25所示。

（2）设备工况量类层次结构。

对于加工过程中工况量的测量，本节将工况量类分为三部分：刀具、夹具、床身，每个小类又包含了具体的类与元素。具体的工况量测量概念的层次结构如图4.26所示。

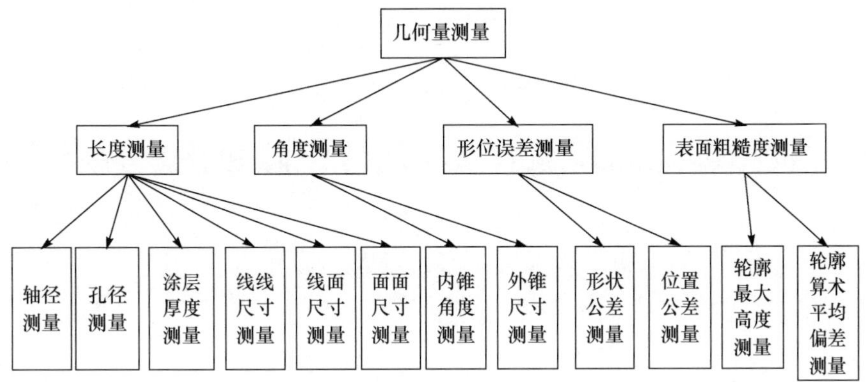

图 4.23　几何量测量概念层次结构

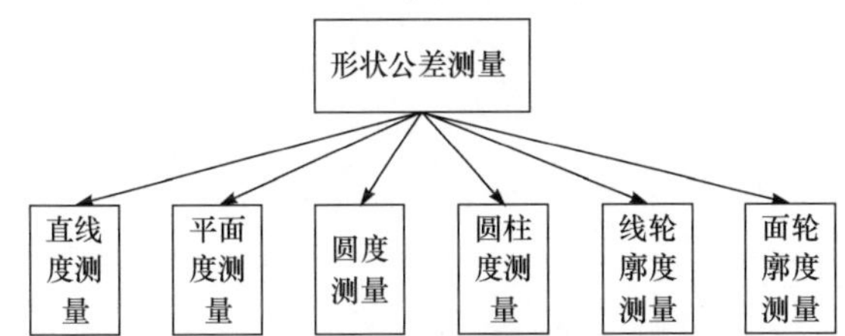

图 4.24　形状公差测量概念层次结构

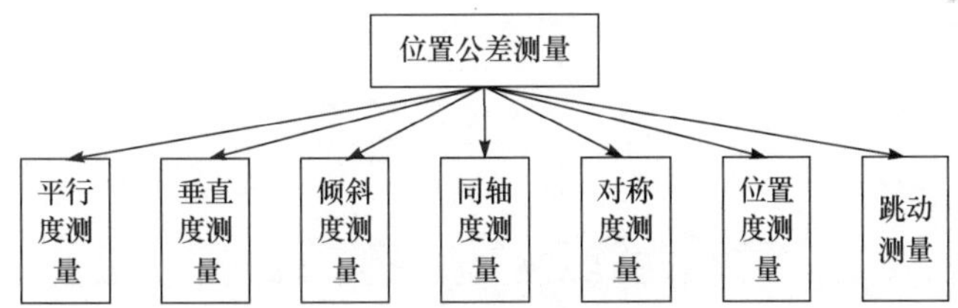

图 4.25　位置公差测量概念层次结构

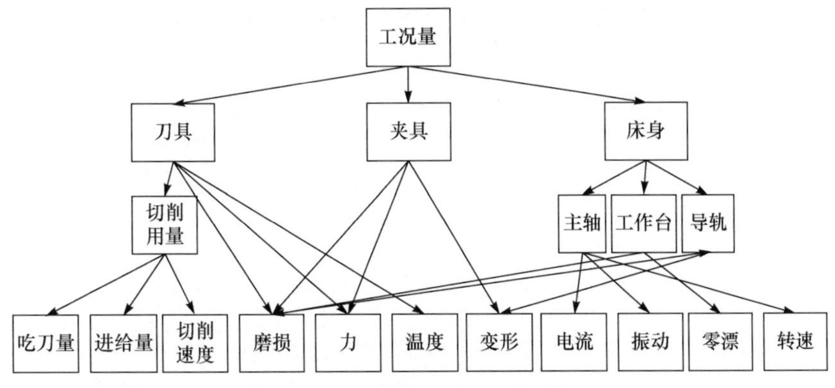

图 4.26　工况量测量概念层次结构

图 4.27 是用 Protégé 3.1 实现上述设计的阶层性关系的类架构图。空心的圆圈表示这个类是抽象类，还包含有子类，整份本体论的根节点由抽象类 THING 作为起点，将本体论分为工件几何量类、设备工况量类两部分，并建立各自的子类别。

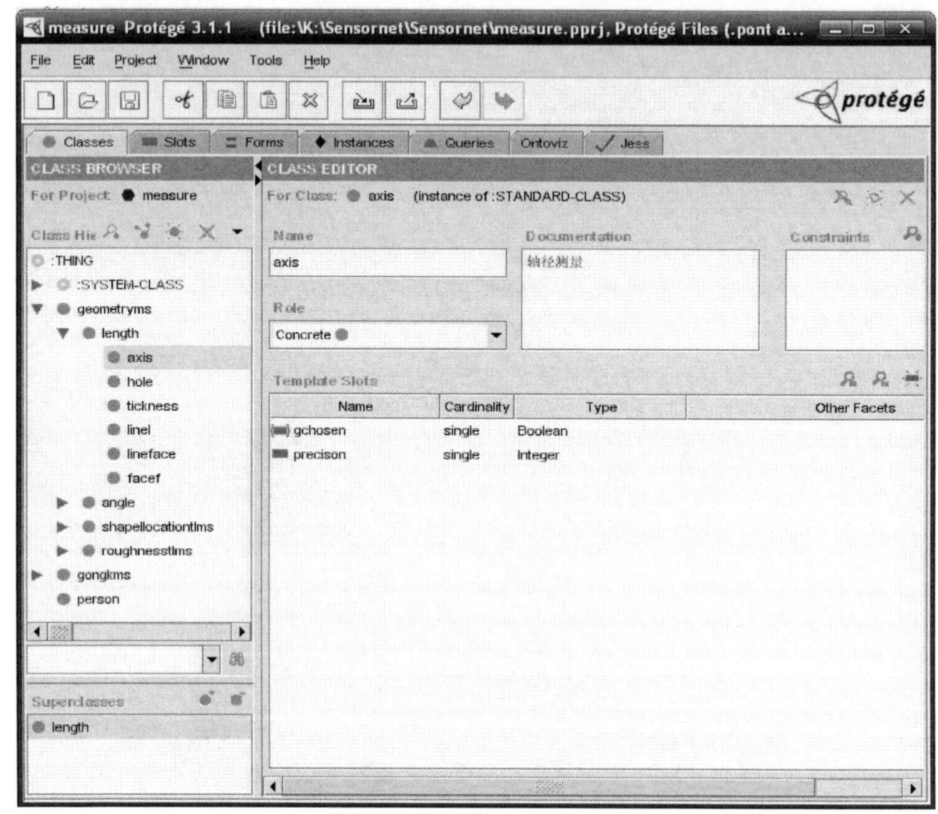

图 4.27　Protégé 中实现领域层次架构图

图 4.28 和图 4.29 是利用 TGVizTab 工具将建构好的 ontology 用结构化图形来呈现的结果。

对于本体论，各个类都有其各自的属性，如轴径(axis)、孔径测量(hole)类有测量精度(precison)、是否被选择(gchosen)属性；又如刀具(toolms)测量类的磨损子类(djabration)有刀具类型属性(djtype)，对不同设备或部件的磨损采用不同的检测仪器。各种属性的建立与其设置如图 4.30 所示。

2. 推理规则知识库的建立

除了由本体论所提供的知识库外，推理规则也是知识库的一个重要部分。在数字化加工过程中的检测仪器配置，不仅需要专业的知识，如对于测量工件的轴径

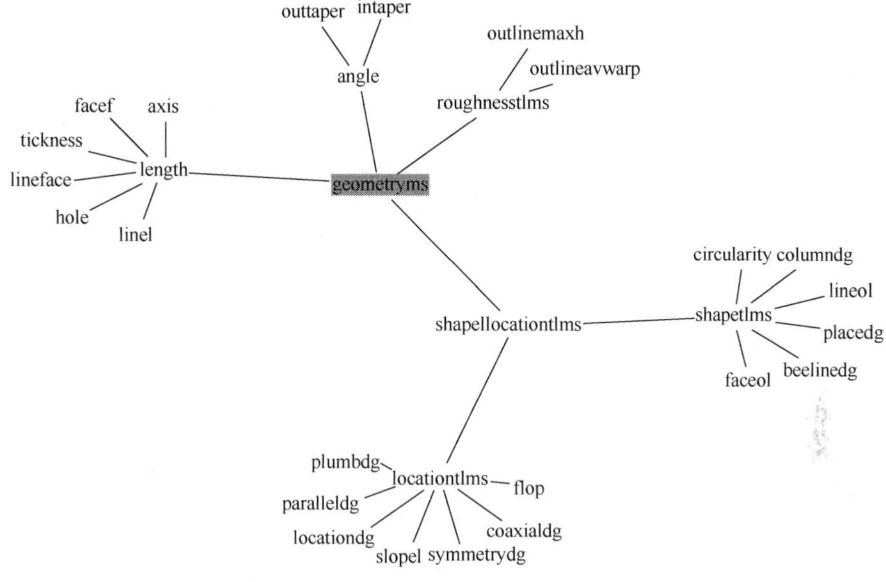

图 4.28　几何测量量结构知识表达

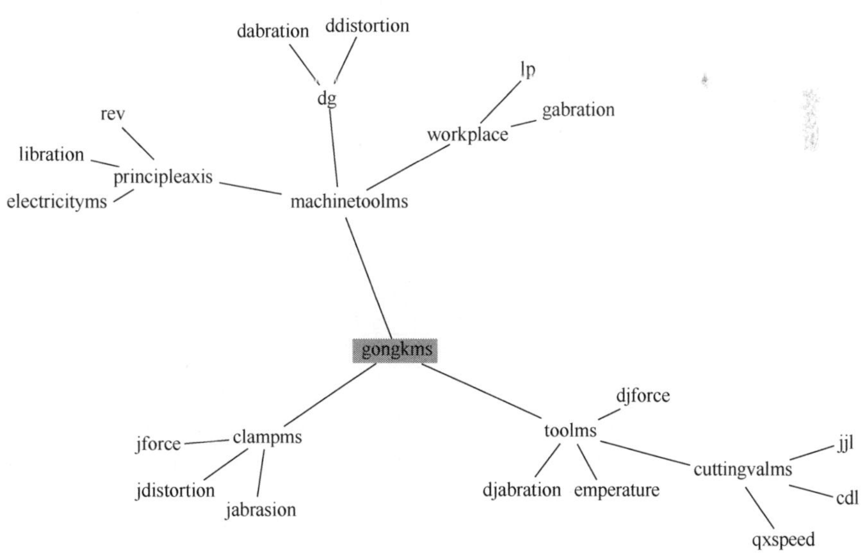

图 4.29　工况测量量结构知识表达

可以用测长仪、卡尺或测微仪等;检测设备的振动可以用声发射传感器或位移传感器等。还需要一些经验知识,如在什么场合、什么条件下测量轴径是选用测长仪还是选用卡尺等。

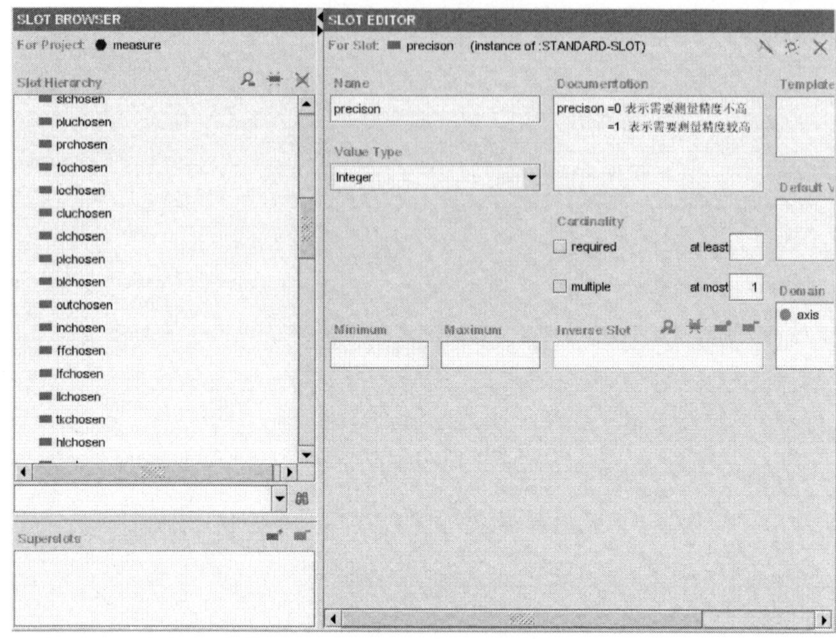

图 4.30　建立部分类的槽

将这些专业和经验知识按照 Jess 能识别的格式撰写出来，撰写完规则后，就可以将规则库倒入到 Jess 中用于检测仪器的推理。

测量量对应的相应的检测仪器如图 4.31～图 4.33 所示。

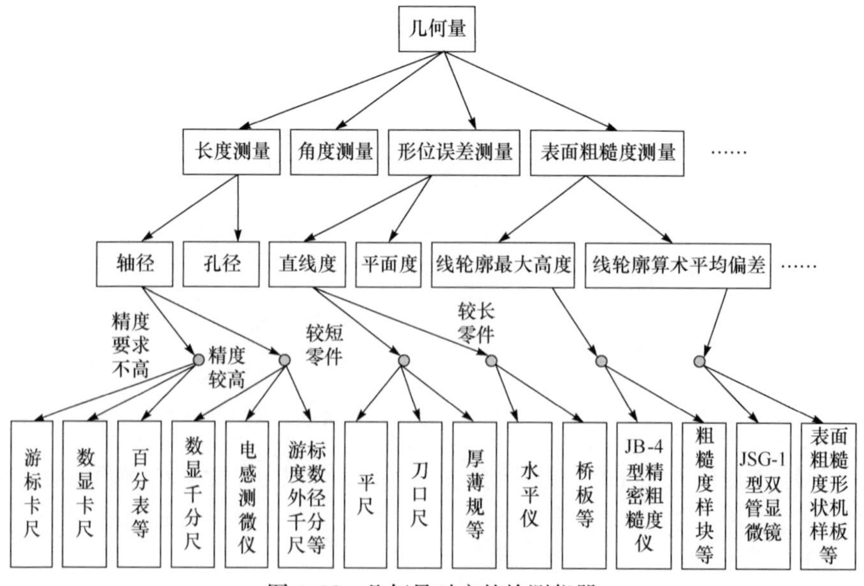

图 4.31　几何量对应的检测仪器

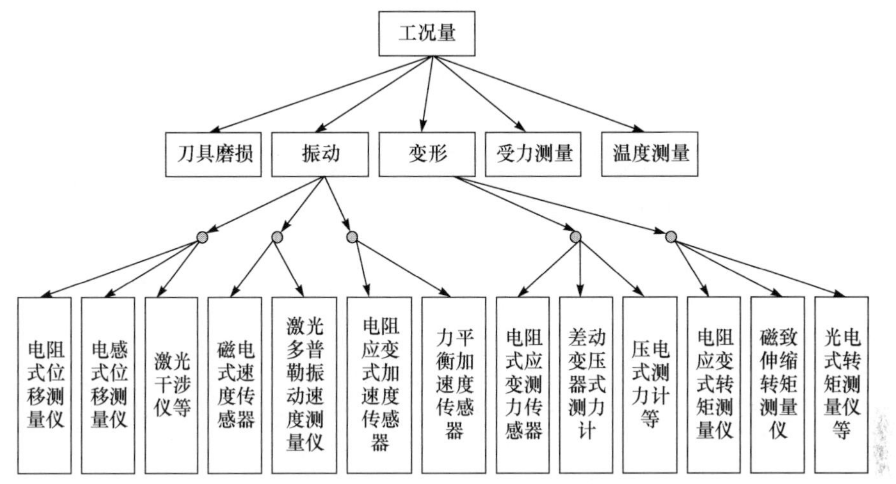

图 4.32　工况量对应的相应的检测仪器

本部分以图 4.19 阶梯轴为例，通过分析得出要对精车直径为 ϕ18(－0.050，－0.068)的外圆轴径进行检测，则通过专家知识库中的规则得到当测量精度要求不高时测量轴径可选用游标卡尺、百分表卡尺、数显卡尺等检测仪器，当测量精度要求较高时测量轴径可选用数显千分尺、游标读数外径千分尺、普通外径千分尺、杠杆千分尺、可换测砧千分尺等，这样就形成了推理规则。用与或图表示如图 4.34 所示。

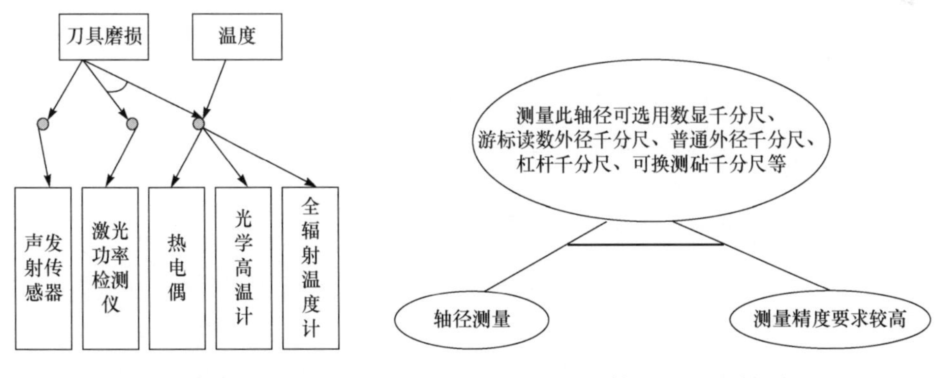

图 4.33　刀具磨损及温度对应的检测仪器

图 4.34　轴径测量规则与或图

用 CLIPS 语言将这条规则撰写如图 4.35 所示。

对于检测仪器的推理规则在 Protégé 中的编辑如图 4.36 所示。

```
(defrule AxisMeasure2
"轴径测量"
  (object (is -a  axis)
  (gchosen TRUE)(precison ?n) )
=>
(printout t "测量轴径精度要求一般时可选用游标卡尺、
百分表卡尺、数显卡尺、三坐标测量机等；
测量此轴径精度要求较高时可选用数显千分尺、
游标读数外径千分尺、电感测微仪、普通外径千分尺、
杠杆千分尺、比较仪、量块等 "crlf))
```

图 4.35　轴径测量推理规则的 CLIPS 语言描述

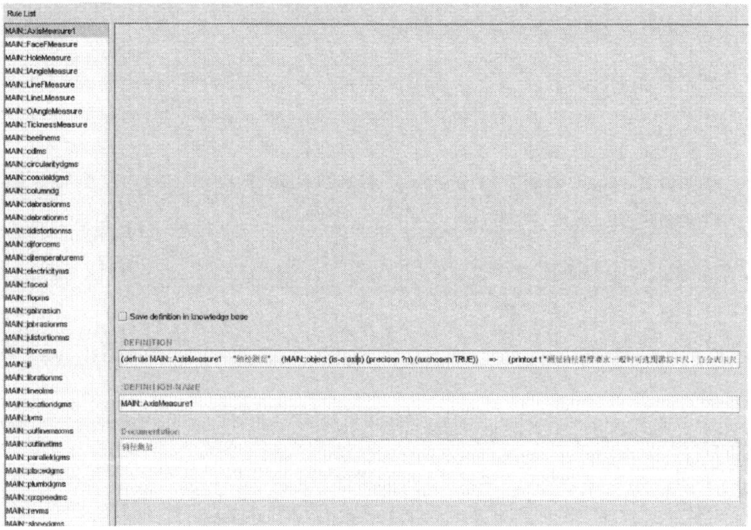

图 4.36　推理规则知识的编辑

3. 基于 Jess 的检测仪器推理实现

以图 4.19 阶梯轴加工为例，通过分析得出要对磨削端面时磨床主轴的振动进行检测，来说明 Jess 的推理过程，并说明 JessTab 命令的使用方法。

在 Protégé 中的决策推理过程如图 4.37 所示。首先在 Protégé 中编辑并设置该决策事实的本体知识实例与该实例的相关属性[图 4.37(a)]，作为 Jess 智能推理机的输入信息；影射领域本体以及相关知识本体到推理机中，并导入知识库为做智能推理准备[图 4.37(b)]；Jess 推理机匹配相应的规则知识[图 4.37(c)]；结果显示对磨床的振动进行检测可以使用的传感器有声发射传感器、速度传感器、位移传感器、加速度传感器和振动传感器[图 4.37(d)]。决策过程匹配了一条规则成功，为检测网络的整体配置奠定了基础。

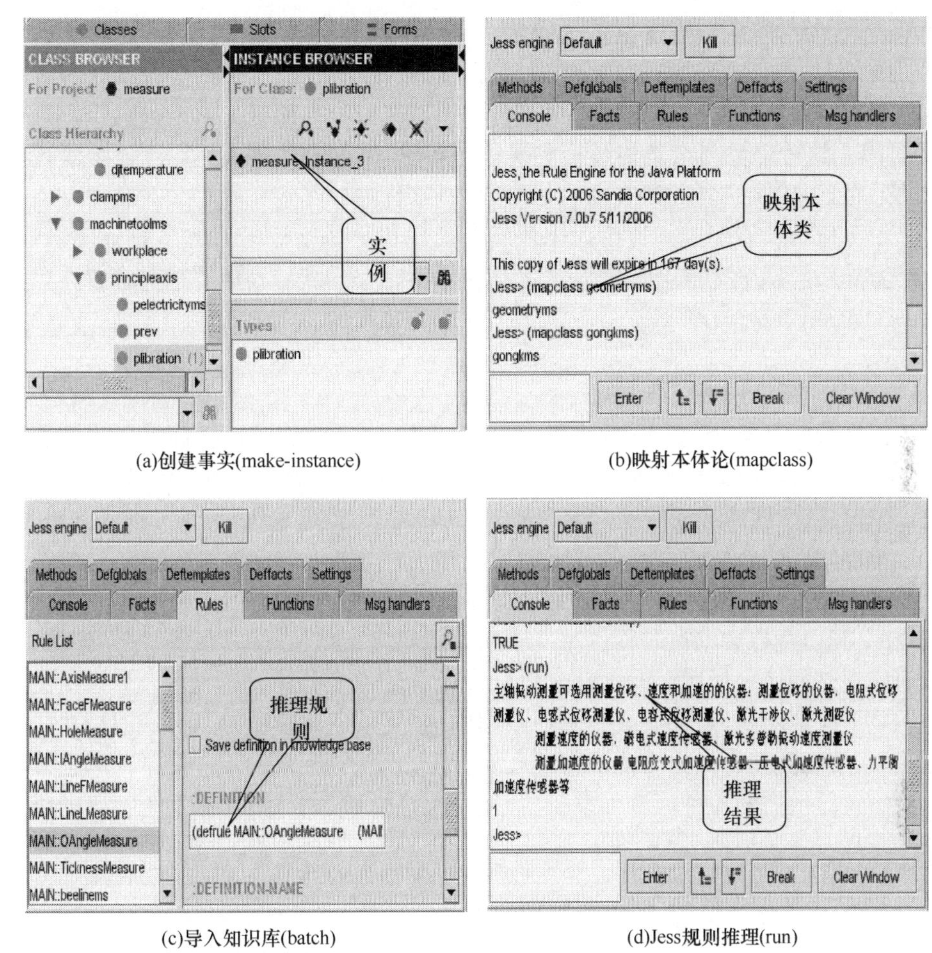

(a)创建事实(make-instance)　(b)映射本体论(mapclass)

(c)导入知识库(batch)　(d)Jess规则推理(run)

图 4.37　Jess 推理过程

4.2.5　基于模糊层次分析法的检测仪器评价优化

上节对面向工序流质量控制的检测仪器进行了初步配置。为使各测量量匹配到最优的检测仪器，需要对工况量(设备、刀具的振动、温升、变形等)、工件几何量的检测仪器配置初步结果进行评价与优化。良好的检测仪器配置决定了检测网络能否对工序流各待测量进行有效检测，通过综合各种因素如精度、价格、稳定性等对初步配置的检测仪器进行评价优化，达到满足数字化加工过程中的测量精度、稳定性等要求以及节省企业成本的目的。

对数字化加工过程中检测仪器的评价研究由于涉及多因素，同时存在着模糊信息，因而采用一般的定量评判方法无法准确评价不同因素的影响。而模糊综合评价法是在模糊的环境中，综合考虑精度或不确定度、价格、稳定性、重复性、工作环境是否满足、响应时间等因素的影响，利用层次分析法建立权重集，对检测仪器评价的各种影响因素进行权重分配，然后利用模糊数学的方法对检测仪器的适用度进行综合评价，也就是模糊层次综合评价法(fuzzy analytic hierarchy process, FAHP)。这种定性与定量相结合的决策过程在一定程度上减少了主观臆断所带来的后果，为检测仪器的配置提供了科学的依据。

由于检测仪器配置评价指标体系是由定性和定量指标组成的多指标体系，本节作者采用模糊层次法进行评价优化:用层次分析法确定权重，用模糊综合评价法从多个因素对被评价事物隶属等级状况进行综合评价。

1. 模糊综合评价法简介

模糊方法是 20 世纪 60 年代美国科学家扎德教授创立的，是针对现实中大量的经济现象具有模糊性而设计的一种评判模型和方法，在应用实践中得到有关专家不断演进。

模糊综合评判是应用模糊变换原理和最大隶属度原则，考虑与被评价事物相关的各个因素，对其所做的综合评价。由于对事物进行评判的过程中，涉及定性与定量的问题，往往难以对事物做出一个精确地描述，而只能用模糊的、非定量的、难以明确定义的语言描述。对这种多目标包括定量和非定量模糊因素及多个决策参与的复杂决策问题，需要建立一套有条理的、能利用这些模糊信息并加以形式化的方法，以帮助决策者做出合理决策。在对检测仪器进行评价时能够在定性分析影响检测仪器优劣的各种因素的基础上，定量地进行科学的评价，从而为正确的决策提供条件。

2. 层次分析法简介

在模糊综合决策中，权重是至关重要的，它反映了各个因素在综合决策过程中所占的地位或所起的作用，它直接影响到综合决策的结果。目前确定权重的方法有很多，如 Delphi 法、AHP 法、环比法和区间估计法、PC-LINMAP 耦合法、层次分析法等。运用层次分析法确定检测仪器评价指标权重，较好地实现了定性与定量的结合，提高了检测仪器评价结果的合理性，比完全凭个人经验和知识来主观确定更科学、更合理，并通过计算机编程可将复杂的矩阵计算轻易地实现。

层次分析法(analytic hierarchy process，AHP)是美国著名的运筹学家 Satty 等在 20 世纪 70 年代提出的一种定性与定量分析相结合的多准则决策方法。基本思想是根据分析对象的性质和决策或评价的总目标，把总体现象中的各种影响因素通过划分相互联系的有序层次使之条理化。首先，它按照因素间的相互关联影响以求隶属关系，将因素依不同层次聚集组合，形成一个多层次的分析结构模型。其次，根据对客观现象的主观判断，就每一层次因素的相对重要性给予量化描述。最后，利用数学方法确定每一层次全部因素相对重要性次序的数值。也就是说，层次分析法是在一个多层次的分析结构中，最终被系统分析归结为最底层相对于最高层的相对重要性数值的确定或相对优劣次序的排列问题。

层次分析法这种自上而下的支配和约束关系形成了递阶层次结构，不但对下一层次的元素起支配作用，同时它又受上一层次的约束。这种递阶层次关系被表现为某指定层次上所有元素对上层中每一个元素的相对影响。这个过程也就是评估主体对多元权重的主观判断过程，最后再确定整体权重排序。

3. 基于 FAHP 法的检测仪器评价

以某液压缸为例，运用模糊层次分析法来说明机械加工的测量中检测仪器的评价优化。液压缸的简图如图 4.38 所示。

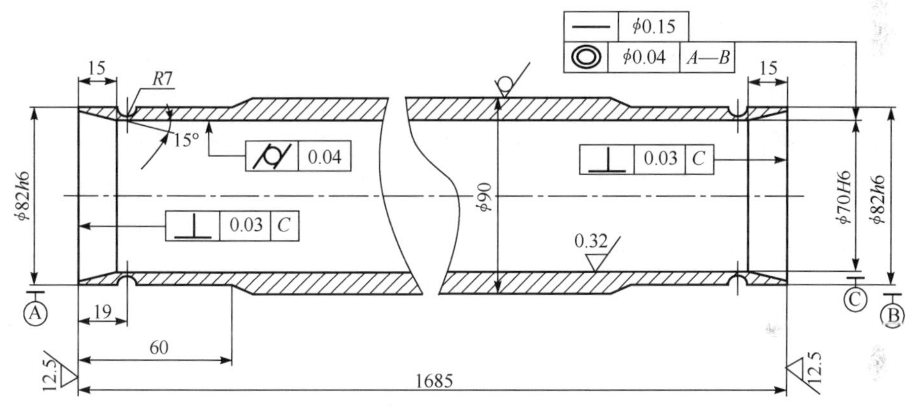

图 4.38　液压缸简图

通过分析确定需要对加工液压孔 $\phi70_{0}^{+0.20}$mm 的表面粗糙度 $R_a0.32\mu$m 值进行检测，通过初步分析可以得到的检测仪器有 JB-4 精密粗糙度测量仪、干涉显微镜、表面粗糙度形状测量机。下面通过运用模糊层次分析法对这三个检测仪器进行评价，根据企业的实际需求选出最能满足企业要求，性价比较高的检测仪器。其分析流程图如图 4.39 所示。

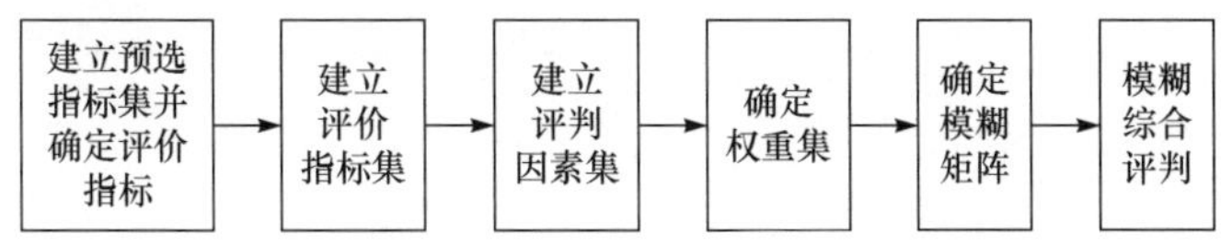

图 4.39　模糊层次分析法流程图

分析的具体步骤如下所示：

1) 建立预选指标集并确定评价指标

根据测量要求及企业需求，本节确定检测仪器评价的预选指标有：精度、价格、稳定性、重复性、线性范围、频率响应特性、灵敏度等。而对于本部分的例子，确定的评价指标集 $U=\{$精度，价格，稳定性$\}$。

2）建立评判因素集

建立评判因素集 $V=\{v_1,v_2,v_3,v_4,v_5\}$。考虑到人们的思维习惯，将评价指标 V 的优劣等级划分为 5 级。在用上述评判集情况下，用定性的方法对五种等级给予规定，如表 4.8 所示。

表 4.8　检测仪器评判因素集

V	v_1	v_2	v_3	v_4	v_5
级别	很好	好	一般	差	很差

3）确定权重集

(1) 确定权重集 $A=\{a_1,a_2,\cdots,a_n\}$，模糊综合评判中权重系数的大小反映了各影响权重的相对重要程度，取值的好坏将直接影响到评判结果的好坏。采用层次分析法来确定权重集。一般采用美国运筹学家 Saaty 提出的 1-9 标度法，如表 4.9 所示。得到判断矩阵 A 如下：

$$A=\begin{array}{r} \\ \text{精度} \\ \text{价格} \\ \text{稳定性} \end{array}\begin{array}{c} \begin{array}{ccc}\text{精度} & \text{价格} & \text{稳定性}\end{array} \\ \begin{bmatrix} 1 & 5 & 1 \\ 1/5 & 1 & 1/3 \\ 1 & 3 & 1 \end{bmatrix}\end{array}$$

表 4.9　判断矩阵中各元素的确定

标度 a_{ij}	含义
1	两者同样重要
3	前者比后者稍微重要
5	前者比后者明显重要
7	前者比后者重要得多
9	前者比后者极端重要
2,4,6,8	介于以上两种情况之间
倒数($1/a_{ij}$)	两目标反过来比较

(2) 求矩阵特征值与特征向量：由判断矩阵 A 确定权重 W_i，可以有多种方法，这里采用特征向量法中的和积法。

对于判断矩阵 A，将每一列归一化：

$$\bar{a}_{ij}=\frac{a_{ij}}{\sum_{k=1}^{n}a_{kj}},\quad i,j=1,2,\cdots,n \tag{4.4}$$

将每一列经归一化后的矩阵按行相加：

$$M_i = \sum_{p=1}^{n} \bar{a}_{pj}, \quad i = 1,2,\cdots,n \tag{4.5}$$

将向量 $M=(M_1,M_2,\cdots,M_n)^{\mathrm{T}}$ 归一化：

$$W_i = \frac{M_i}{\sum_{j=1}^{n} M_j}, \quad i = 1,2,\cdots,n \tag{4.6}$$

所求得 $W=(W_1,W_2,\cdots,W_n)^{\mathrm{T}}$ 即为所求特征向量。

根据式(4.7)，求出最大特征根如式(4.8)：

$$AW=\lambda_{\max}W \tag{4.7}$$

$$\lambda_{\max} = \sum_{i=1}^{n} \frac{AW_i}{nW_i} \tag{4.8}$$

根据式(4.4)～式(4.8)，得出最大特征根 $\lambda_{\max}=3.029$，特征向量 $W=(0.4806,0.1140.0.4054)^{\mathrm{T}}$。

(3) 判断矩阵的一致性检验。

计算一致性指标公式如式(4.9)所示：

$$\mathrm{CI}=\frac{\lambda_{\max}-n}{n-1} \tag{4.9}$$

当判断矩阵具有完全一致性时，则有 CI=0。

找出相应的平均随机一致性指标 RI，常用的 RI 取值如表 4.10 所示。计算一致性比例如式(4.10)所示：

$$\mathrm{CR}=\frac{\mathrm{CI}}{\mathrm{RI}} \tag{4.10}$$

当 CR<0.1 时，可以接受；否则，就需要调整判断矩阵，并使之具有满意的一致性。

表 4.10　RI 系数表

阶数	1～2	3	4	5	6	7	8	9	10	11	12	13
RI	0	0.52	0.89	1.12	1.26	1.36	1.41	1.46	1.49	1.52	1.54	1.56

由式(4.9)和式(4.10)可以得到 CI=0.0145，CR=0.0145/0.52=0.0279<0.1。结果表明一致性满足要求，各因素权重分配合理，故得权重向量为

$$A=\{0.4806,0.1140,0.4054\}$$

通过权重向量可以知道，精度、价格、稳定性的权重分别为：0.4806、0.1140、0.4054，其中精度的权重最大，说明测量该粗糙度时对仪器的精度要求较高，其次是稳定性，权重最低的是价格，说明测量该值时，仪器的价格不是首要考虑的因素。

4) 确定模糊矩阵

对于模糊矩阵的确定，采用专家打分法，先对 JB-4 精密粗糙度测量仪建立单因素模糊评判矩阵。假定有 7 个专家打分，表格中的值表示的赞成某种因素是某

种评价的人数所占的比例。如 3/7 表示的是赞成 JB-4 精密粗糙度测量仪的精度好的人所占的比例是 3/7。具体的评判结果如表 4.11 所示。其他仪器的评判结果类似。

表 4.11 JB-4 精密粗糙度测量仪的评判结果

因素集	很好	好	一般	差	很差
精度	4/7	3/7	0	0	0
价格	1/7	5/7	1/7	0	0
稳定性	2/7	4/7	1/7	0	0

5）模糊综合评判

考虑多因素情况下的权重分配 A，它与模糊判断矩阵 R 的合成，就是对各因素的模糊综合评判，计算出评判结果 B：

$$B=A\circ R=(w_1,w_2,\cdots,w_n)\circ\begin{bmatrix}r_{11} & r_{12} & \cdots & r_{1m}\\ r_{21} & r_{22} & \cdots & r_{2m}\\ \vdots & \vdots & & \vdots\\ r_{n1} & r_{n2} & \cdots & r_{nm}\end{bmatrix}=(B_1,B_2,\cdots,B_m)$$

$$=[0.4806,0.1140,0.4054]\begin{bmatrix}4/7 & 3/7 & 0 & 0 & 0\\ 1/7 & 5/7 & 1/7 & 0 & 0\\ 2/7 & 4/7 & 1/7 & 0 & 0\end{bmatrix}$$

$$=(0.4068,0.5190,0.0742,0.0,0.0)$$

同时为了充分利用综合评判进行比较选择，将评判集的等级用 1 分制数量化，量化值 $V=(1.0,0.8,0.7,0.6,0.5)^{\mathrm{T}}$，经过加权平均，可得到 JB-4 精密粗糙度测量仪的最后得分 C：

$$C=(0.4068,0.5190,0.0742,0.0,0.0)\begin{bmatrix}1.0\\ 0.8\\ 0.7\\ 0.6\\ 0.5\end{bmatrix}=0.8739$$

对于其他两个检测仪器的评价，用同样的方法可以得到：干涉显微镜的得分为 0.7245，表面粗糙度形状测量机的得分为 0.8217。最后可知 JB-4 精密粗糙度测量仪的得分最高，所以应选用此测量仪作为最优的检测仪器。

4. 实例分析

以上述液压缸的例子说明运用模糊层次分析法的软件运行流程。若知道要对

$\phi 70H6$ 的内孔径进行测量，通过初步分析得到的需要评价的检测仪器有内径百分表、微差比较仪、卧式测长仪。对这三个检测仪器评价的软件运行流程如图 4.40～图 4.44 所示。

(1) 确定需评价的检测仪器与相应的评价指标，如图 4.40 所示。

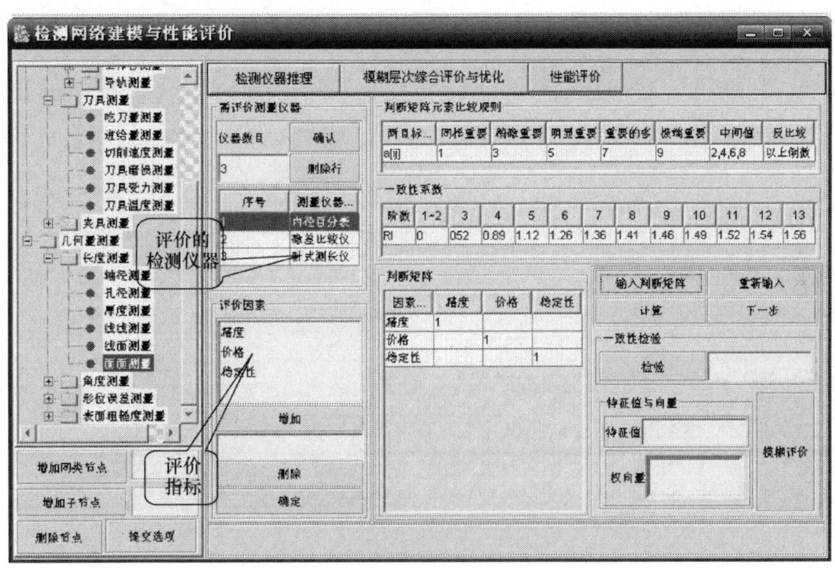

图 4.40　检测仪器与相应评价指标

(2) 运用 1-9 标度法确定各个评价指标的判断矩阵，如图 4.41 所示。

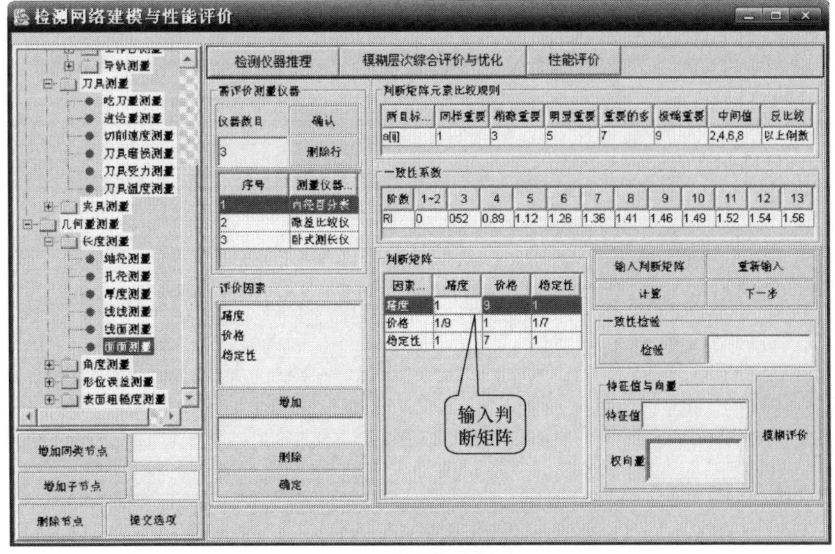

图 4.41　判断矩阵

(3) 计算各个指标的相应权重,并进行一致性检验,如图 4.42 所示。

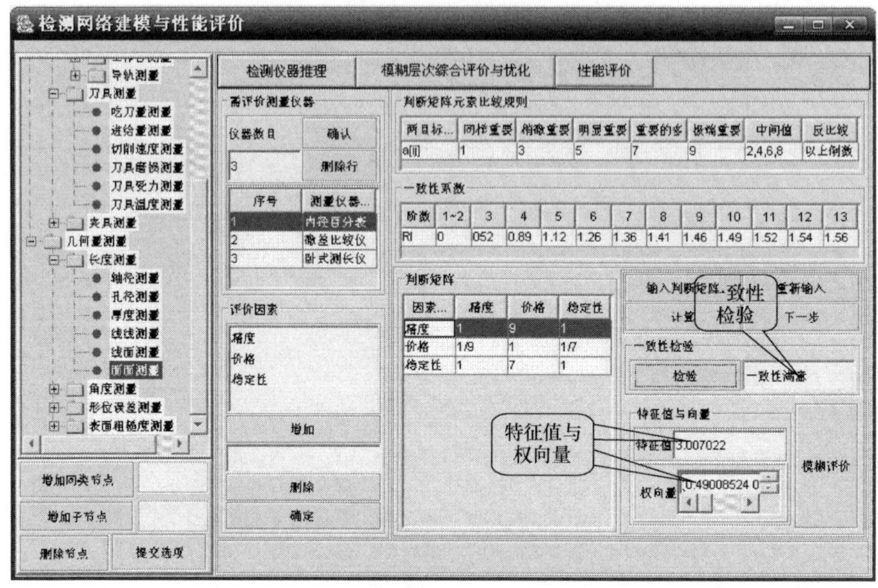

图 4.42　计算权重结果及一致性检验

(4) 运用专家打分法,确定检测仪器的模糊判断矩阵,如图 4.43 所示。

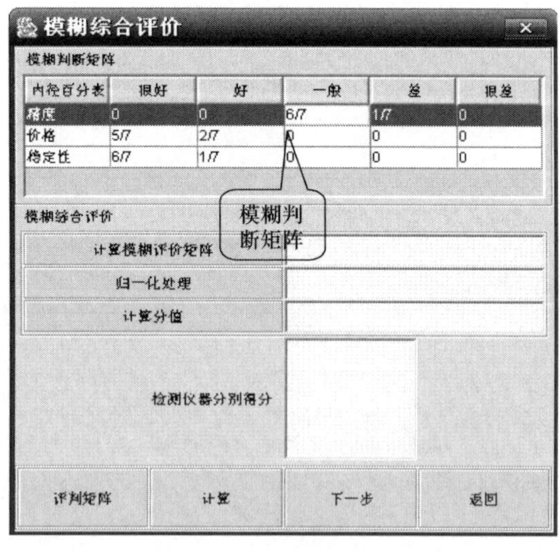

图 4.43　模糊判断矩阵

(5) 最后模糊综合评价,经归一化处理后得出检测仪器的分值,如图 4.44 所示。

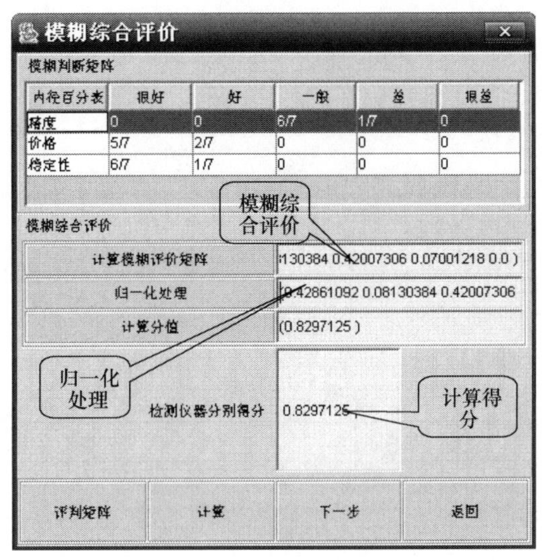

图 4.44　检测仪器评价结果

通过上面的分析可以知道各个检测仪器根据评价指标所得的分值，本过程只给出了内径百分表的评价过程，其他两个量仪的评价过程以此类似。通过计算可以得到内径百分表、微差比较仪、卧式测长仪的得分分别为 0.830、0.897、0.846。微差比较仪的得分最高，因此选它为最佳的检测仪器。

4.3　服务型制造过程的测量/传感(含 RFID)网络分析

4.3.1　面向多工序加工过程的数据采集实现方案

数据采集系统实现的过程就是通过相应软硬件接口从传感网络节点(RFID、传感测量装置等)获取与加工相关的各种数据，并经过分析和提取实时地将信息传送汇总至控制决策中心进行决策反馈。如图 4.45 所示，首先是确定关键测量量，配置相应测量仪器；在此基础上，将提取的信号传送至工序服务节点，利用统计过程质量控制(statistical process control，SPC)方法控制软件、检测信号处理软件和 RFID 解码软件等对采集的数据进行预处理分析，最后将处理后的信息通过传感测量网络传送至控制决策中心进行决策，并可通过电子白板等装置展示给不同角色的用户观看交互。

4.3.2　传感检测要素的耦合机理

1. 传感检测基本要素

基于多工序加工过程的传感检测是一个涵盖工件加工特征、加工要素和传感

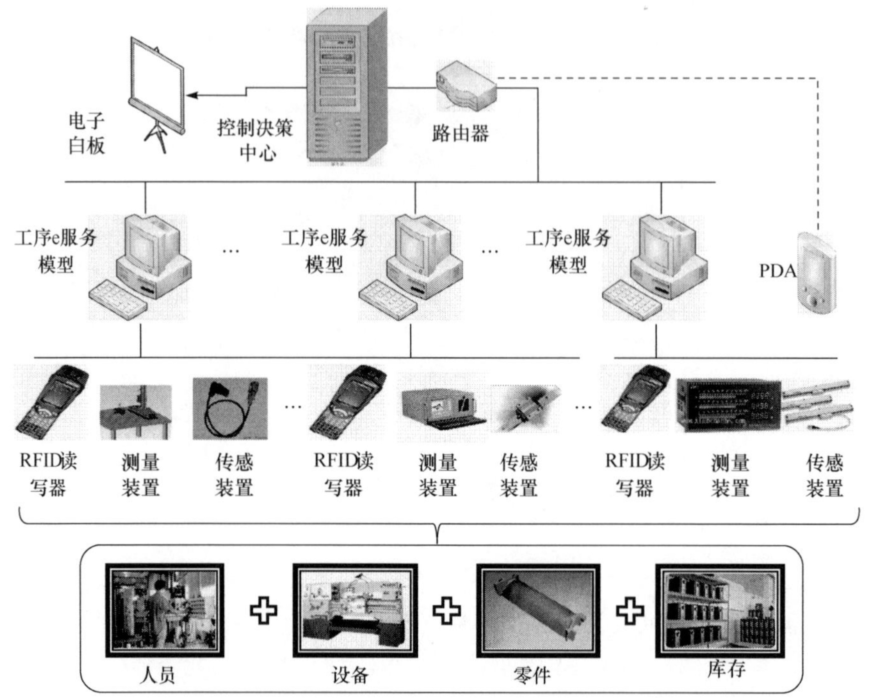

图 4.45　面向多工序加工过程的数据采集实现方案

检测要素的复杂系统。其基本的传感检测要素描述如下。

(1) 加工特征(MFF)。工件的特征是具有特定尺寸精度要求(如表面粗糙度、尺寸公差等)的几何形状。通常,一个零件是由多个加工特征组成,如平面特征、外圆特征和孔特征。

(2) 加工要素(MC)。机床和它的刀具、夹具、量具等附件在加工过程中起着关键的作用。刀具针对去除材料,使零件达到想要的形状和精度;夹具用于加紧和固定工件。这里,机床、对刀具和夹具被抽象为加工要素。

(3) 传感检测设备(MSE)。测量要素定义为用于检测工件加工特征的精度规范的仪器;传感要素定义为用于监控关键加工要素工况状态的仪器设备;跟踪要素定义为用于跟踪工件状态的 RFID/条码仪器设备。

2. 传感检测要素的耦合机理

以多工序加工过程为依托,以零件加工特征的演变、定位和检测关系为核心,构建了一个层次结构模型 $L=(PF,MFF,MC,MSE)$,来揭示传感检测要素间的耦合关系。图 4.46 表示了具有时间次序约束的各层次要素之间的关联关系,具体的解释如下。

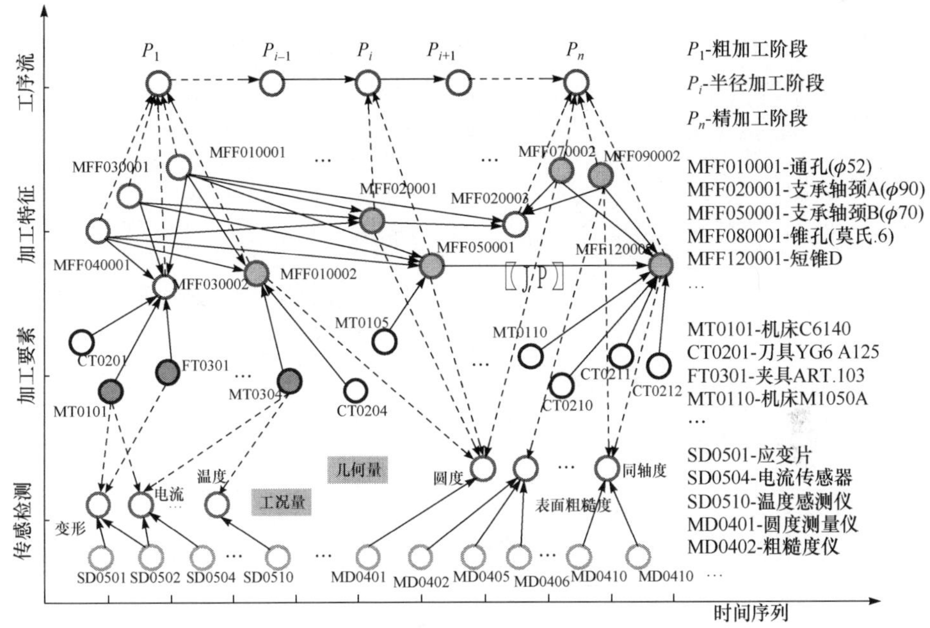

图 4.46 基于传感检测要素的层次结构模型

(1) 工序层。包括一系列的工序节点 $P=\{p_1,p_2,\cdots,p_{i-1},p_i,p_{i+1},\cdots,p_n\}$。其中,$p_1$ 表示粗加工阶段;p_i 表示半精加工阶段;p_n 表示精加工阶段。

(2) 加工特征层。包括一系列的加工特征节点 $\mathrm{MFF}=\{\mathrm{mff}_1,\mathrm{mff}_2,\cdots,\mathrm{mff}_{l-1},\mathrm{mff}_l,\mathrm{mff}_{l+1},\cdots,\mathrm{mff}_L\}$。在工序 $p_i(i=1,\cdots,n)$,一个或几个加工特征 MFFs 被加工。则工序 p_i 和加工特征 MFF 之间的耦合关系可描述为 $p_i=f(\mathrm{mff}_1,\mathrm{mff}_2,\cdots,\mathrm{mff}_L)\in P,i=1,\cdots,n$; $\mathrm{mff}_l\in\mathrm{MFF},l=1,\cdots,L$。图中,加工特征 MFF010001、MFF020001、MFF050001、MFF080001 和 MFF120001 在粗加工 p_l 阶段完成;而 MFF020003、MFF080002、MFF070002、MFF120002 在精加工阶段 p_n 完成。

(3) 加工要素层。包括一系列的加工要素节点 $\mathrm{MC}=\{\mathrm{mc}_1,\mathrm{mc}_2,\mathrm{mc}_3\}$。对于特征 $\mathrm{mf}_i(i=1,\cdots,L)$,涉及三类加工要素,即机床、刀具和夹具。它们之间的耦合关系可描述为 $\mathrm{mff}_i=f(\mathrm{mc}_1,\mathrm{mc}_2,\mathrm{mc}_3)\in\mathrm{MF},i=1,\cdots,L$。图中的粗加工阶段 p_l 中,机床 MT0101、刀具 CT0201 和夹具 FT0301 用于加工特征 MFF03002。

(4) 测量和传感层。包括一系列的 MSE 节点 $\mathrm{MSE}=\{\mathrm{ME},\mathrm{SE}\}=\{\mathrm{me}_1,\cdots,\mathrm{me}_i,\cdots,\mathrm{me}_m;\ \mathrm{se}_1,\cdots,\mathrm{se}_j,\cdots,\mathrm{se}_p\}$。对于关键的 MFF 节点 $\mathrm{mff}_r(r=1,\cdots,R)$,需要一个或几个 ME 节点来完成检测任务,它们之间的耦合关系可表示为 $\mathrm{mff}_r=f(\mathrm{me}_1,\mathrm{me}_2,\cdots,\mathrm{me}_M)\in\mathrm{MFF},r=1,\cdots,R$; $\mathrm{me}_m\in\mathrm{ME},m=1,\cdots,M$。同理,对于关键的加工要素节点 $mc_s(s=1,2,3)$,一个或几个 SE 节点可以完成监控任务,它们

之间的耦合关系可表示为 $mc_s = f(se_1, se_2, \cdots, se_p) \in MC, s=1,2,3; se_p \in SE, p=1,2,\cdots,P$。图中，MFF010002、MFF020001、MFF070002、MFF090002、MFF120002 作为关键的检测对象；MT0101、FT0301、MT0304 作为关键的监控要素。相应的传感检测一起用来检测工件几何量和工艺系统的工况量，如变形量、温度、圆度和公差等。

4.3.3 传感检测网络的建模与分析

在对面向多工序加工过程的检测仪器配置以及传感检测要素耦合机理描述的基础上，构建了传感检测拓扑网络(measuring and sensing network，MSN)，并定义了相关性能评估指标对其检测特征进行了分析。

1. 传感检测网络的建模

1) 生成 MSN

为了构建面向多工序制造过程的传感检测网络，对节点之间的关系作如下定义：

定义 4.6 将工件的加工特征节点(包含相应的几何测量量)、加工要素节点(包含机床、刀具、夹具等的工况量)以及传感检测设备节点抽象为网络节点。

定义 4.7 将加工特征之间的基准与演化关系，特征与要素之间的加工关系，几何、工况测量量与传感检测仪器之间的检测关系抽象为网络的边。将网络边的方向定义为关联节点指向被关联节点。

定义 4.8 在实际加工过程中，节点间的相互关联程度是不同的。这里，用权重 w_{ij} 表示节点 i 与节点 j 间的关联程度。

基于上述定义，MSN 的拓扑模型可描述为

$$G^{MSN} = (V^{MSN}, E^{MSN}, W^{MSN}) \tag{4.11}$$

式中，$V^{MSN} = \{v_1, v_2, \cdots, v_N\}$ 表示由 MFFs、MEs 和 MSEs 构成的节点集；$E^{MSN} = \{e_1, e_2, \cdots, e_M\}$ 表示边集，$e_i(i=1,2,\cdots,M)$ 表示不同节点之间的映射关系；$W^{MSN} = \{w_1, w_2, \cdots, w_P\}$ 表示网络权值，$w_i(i=1,2,\cdots,P)$ 是节点 $v_i(i=1,2,\cdots,N)$ 与 $v_j(j=1,2,\cdots,N)$ 间的耦合关系。需要注意的是初始的静态 MSN 网络是从 CAPP(computer aided process planning)抽取构建的。因此，如果在两个节点 i 和 j 存在耦合关系，则其 w_{ij} 置为 1；否则，w_{ij} 置为 0。实际上，真实的 MSN 是一个具有动力学特征的随着加工进行其节点的影响度为动态变化的网络。MSN 的生成原理如图 4.47 所示。

2) MSN 网络节点编码规则

为了对各 MSN 节点进行有效辨识，节点编码的前两位为外协识别符，00 表示自身加工/服务资源，01 表示外协加工/服务资源，02 表示资源 PSS 服务。需要注

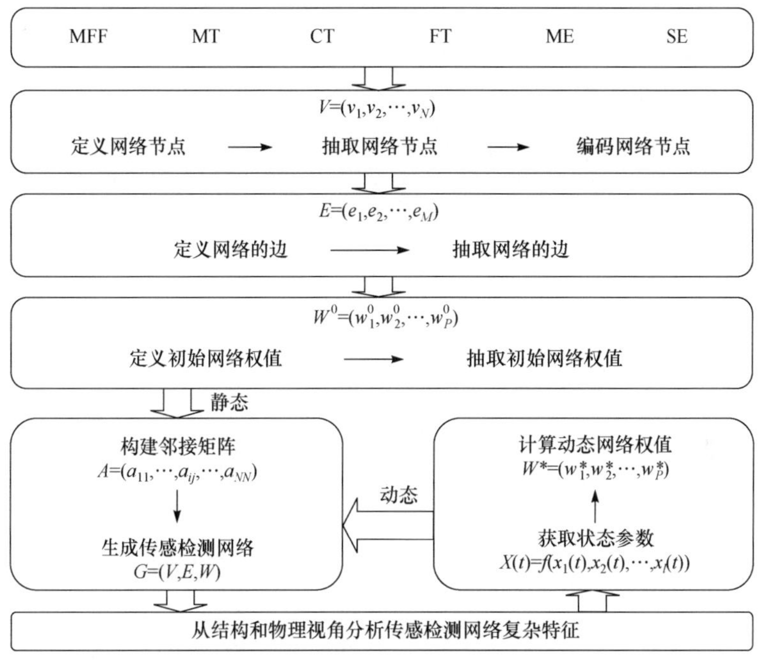

图 4.47　MSN 的生成原理

意的是本节中未作明确标识的工件/设备为自身加工/服务资源。其对应的节点编码规则如下：

(1) 不同加工表面特征用 MFF_ID 表示，包括外协标识符＋工件批量/批次ID＋主特征 ID＋辅特征 ID＋工序 ID，其中 ID∈[0,99]。MFF 的初始状态定义为 00。例如，MFF0023050101 表示自身生产的批次编号为 23 的工件在第一道工序进行加工的主特征 05 辅特征 01；MFF0056060000 表示自身生产的批次编号为 56 的工件主特征 06 属于初始状态，还未进行加工。

(2) 不同机床装备用 MT_ID 表示，包括外协标识符＋资源标识符＋机床ID＋主特征 ID＋辅特征 ID，其中 ID∈[0,99]。例如，MT0001030500 表示用于加工主特征 05 的机床 03。

(3) 不同型号刀具用 CT_ID 表示，包括外协标识符＋资源标识符＋刀具ID＋加工主特征 ID＋辅特征 ID，其中 ID∈[0,99]。例如，CT0002020301 表示用于加工主特征 03 辅特征 01 的刀具 02。

(4) 不同型号夹具用 FT_ID 表示，包括外协标识符＋资源标识符＋夹具 ID＋加工主特征 ID ＋辅特征 ID，其中 ID∈[0,99]。例如，FT0003010500 表示用于加工主特征 05 的夹具 01。

(5) 用于检测工件几何量的检测设备用 ME_ID 表示，包括外协标识符＋资源标识符+检测设备 ID+检测主特征 ID +辅特征 ID,其中 ID∈[0,99]。例如,ME0004020100 表示用于检测主特征 01 的设备 02。

(6) 用于诊断加工要素运行状况的监控装备用 SE_ID 表示,包括外协标识符+资源标识符+监控装置 ID+监控要素 ID,其中 ID∈[0,99]。例如 SE0005030102 表示用于监测机床 02 的监测装置 03;SE0005040201 用于表示监测刀具 01 状态的装置 04;SE0005010302 用于表示检测夹具 02 状态的装置 01。

2. 传感检测性能量测参数

为了对构建的 MSN 网络进行分析,这里从结构特征和物理特征描述的角度对其检测特征进行了定义。

定义 4.9 网络节点 i 的聚集系数记为 c_i,描述了子网络中其他节点向节点 i 聚集的程度。可通过计算实际边数 e_i 与理想边数$\frac{k_i(k_i-1)}{2}$的比值得到。因此,$0\leqslant c_i\leqslant 1$,如果节点 i 的邻接子网络全连接,则 c_i 等于 1;相反,其值越接近于 0,则表示邻接子网络节点越松散。

$$c_i=\frac{2e_i}{k_i(k_i-1)}=\frac{\sum\limits_{j,m\in N}a_{ij}a_{jm}a_{mi}}{k_i(k_i-1)} \tag{4.12}$$

式中,k_i 表示节点i 的邻接节点数;$e_i=\frac{\sum\limits_{j,m\in N}a_{ij}a_{jm}a_{mi}}{2}$表示节点$i$ 的邻接子网络的实际边数;a_{ji},a_{jm} 和 a_{mi} 属于邻接矩阵 A 的元素。

定义 4.10 网络的平均聚集系数记为 C,描述了网络所有节点聚集的程度,$0\leqslant C\leqslant 1$。C 值越大,则不同节点之间的耦合概率就越大。

$$C=\frac{1}{N}\sum_{i=1}^{N}c_i \tag{4.13}$$

式中,c_i 为节点 i 的聚集系数;N 表示网络的节点数。

定义 4.11 网络的效率记为 H,描述网络的通行能力强弱,在刻画网络的内部结构方面起着重要作用。

$$H=\frac{100}{N(N-1)}\sum_{i,j\in N,j\neq i}\frac{1}{d_{ij}} \tag{4.14}$$

式中,d_{ij}表示节点i 与节点j 间的最短路径。如果节点 i 和节点 j 属于非连通顶点,则 $1/d_{ij}=0$。

定义 4.12 传感检测 MSE 节点 i 的负载度(LD)记为 t_i,描述了检测/监控节点 i 的工作强度。MSE 节点 i 的理想工作状态是 $0<t_i<1$。当 $t_i=0$ 表示节点 i 处于闲置状态;$t_i=1$ 表示节点 i 属于满负荷状态;节点 $i>1$ 表示节点 i 属于超负荷状态，会导致检测/监控设备的失效。

$$t_i=(t+\alpha)\frac{k_i^{\text{out}}}{A_i} \tag{4.15}$$

式中，$k_i^{\text{out}}=\sum_{j=1}^{N}a_{ij}$ 表明 MSE 节点 i 的检测 / 监控任务数量；a_{ij} 是关系邻接矩阵 A 的元素；A_i 表示检测 / 监控设备 i 的最大服务能力，其值受设备的设计能力限制；α 表示安全裕度，其值受传感 / 监控设备的物理性能影响（$\alpha \geqslant 0$）。为了研究方便，本节将 A_i 暂定为节点 i 所检测 / 监控要素的数量，同时设 $\alpha = 0.1$。

定义 4.13　传感检测 MSE 节点 i 的检测强度(DI)记为 s_i，描述了检测/监控设备节点 i 的局部检测能力。其值越大，则局部检测效应越明显。

$$s_i=\frac{1}{k_i^{\text{out}}}\sum_{j\in N,i\neq j}a_{ij}k_j^{\text{out}}(i) \tag{4.16}$$

式中，$k_i^{\text{out}}=\sum_{j=1}^{N}a_{ij}$ 表示 MSE 节点 i 的检测 / 监控任务数量；a_{ij} 是关系邻接矩阵 A 的元素；$k_j^{\text{out}}(i)$ 表示检测 / 监控要素 j 的出度。

定义 4.14　传感检测 MSE 节点 i 的扩展度记为 p_i，描述了 MSE 节点 i 的在整个 MSN 网络中的检测覆盖半径。其值在一定程度上反映了检测仪器的可达性。

$$p_i=\frac{100}{N-1}\sum_{j\in N,j\neq i}\frac{1}{d_{ij}(j)} \tag{4.17}$$

式中，$d_{ij}(j)$表示连接节点 i 至节点 j 的最短路径。需要注意的是如果节点 i 和 j 之间不连通，则其最短路径 d_{ij} 趋向于无穷大。

定义 4.15　传感检测 MSE 节点 i 的综合检测/监控指数(CDI)记为 f_i，描述了检测/监控设备节点 i 的综合能力。其值越大，则检测能力越强。

$$f_i=s_ip_i \tag{4.18}$$

式中，s_i 表示 MSE 节点 i 的检测强度；p_i 表示 MSE 节点 i 的扩展度。

定义 4.16　传感检测 MSE 节点 i 的鲁棒性记为 r_i，描述了当网络中一个或一组检测/监控设备出现故障时，整个网络的稳态性能。

$$r_i=\frac{100}{N(N-1)}\sum_{m,n\in N,m\neq n}\frac{1}{d_{mn}^i} \tag{4.19}$$

式中，d_{mn}^i 表示移除 MSE 节点 i 及关联边后节点 m 和节点 n 之间的最短路径。

4.3.4　案例验证

1. 案例描述

为了验证上述方法的有效性和合理性，以机床主轴的多工序加工为例进行验证说明。作为机床的关键零部件，主轴制造精度直接影响着整个机床的运行质量。如图 4.48 所示，主轴主要包括圆柱、端面、锥形孔、螺纹、键槽和通孔等加工特征。主要的技术规范要求如下：

(1) 支承轴颈 A&B。主轴二个支承轴颈 A、B 圆度公差为 0.005mm；径向跳动公差为 0.005mm；表面粗糙度 R_a 为 0.4mm；支承轴颈尺寸精度为 IT5。因为主轴支承轴颈是用来安装支承轴承，是主轴部件的装配基准面，所以它的制造精度直接影响到主轴部件的回转精度。

(2) 端部锥孔。主轴端部内锥孔(莫氏 6 号)对支承轴颈 A、B 的跳动在轴端面处公差为 0.005mm，离轴端面 300mm 处公差为 0.01mm；表面粗糙度 R_a 为 0.4mm；硬度要求 45～50HRC。该锥孔是用来安装顶尖或工具锥柄的，其轴心线必须与两个支承轴颈的轴心线严格同轴，否则会使工件(或工具) 产生同轴度误差。

(3) 端部短锥。端面头部短锥 C 和端面 D 对主轴两个支承轴颈 A、B 的径向圆跳动公差为 0.008mm；表面粗糙度 R_a 为 0.8mm。它是安装卡盘的定位面。为保证卡盘的定心精度，该圆锥面必须与支承轴颈同轴，而端面必须与主轴的回转中心垂直。

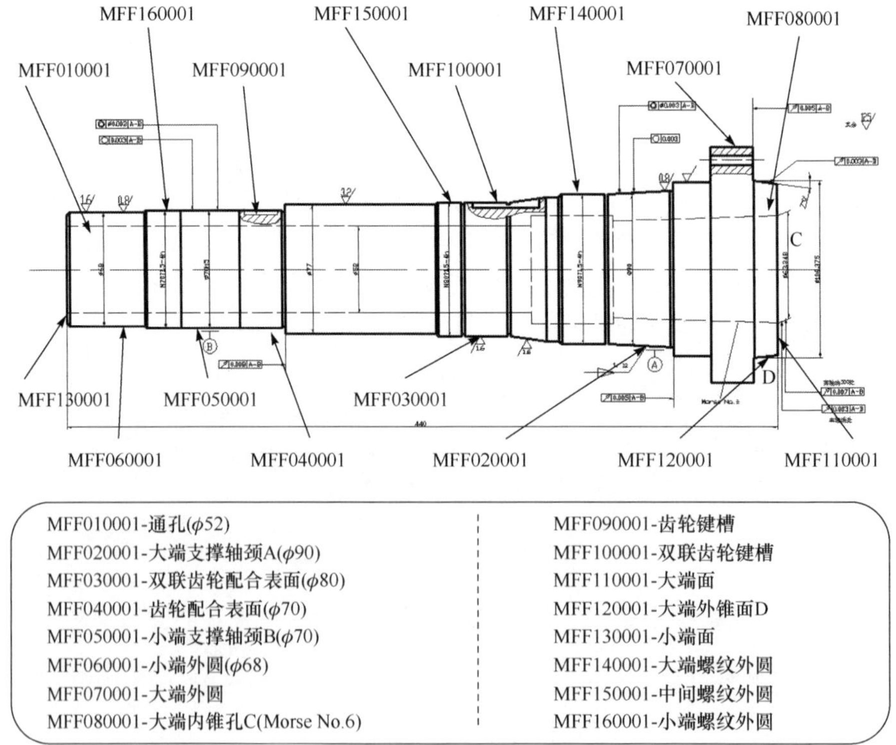

图 4.48　机床主轴的加工特征

2. 传感检测仪器配置

通过对零件加工特征网络进行分析获得了关键加工特征以及对应的设备工况量。其中部分重要检测特征的节点有 MFF020001、MFF080001、MFF050002、MFF030003 和 MFF080003,代码所代表的加工特征,如表 4.12 所示。相应的测量量为轴径、端面测量及主要影响这些几何量质量特性的车床相关状态参数的测量,而对于车床相关状态参数的测量包括对刀具磨损、主轴的振动进行检测。

表 4.12　编码代表的加工特征

加工特征 ID	物理意义	检测内容
MFF020001	车大端支撑轴颈 $\phi 90$	保留加工余量 1.5mm
MFF080001	车大端内锥孔(Morse No. 6)	保留加工余量 1.5～2.5mm
MFF050002	粗磨小端支撑轴颈 $\phi 70$	保留加工余量 0.8mm
MFF030003	精磨双联齿轮配合表面 $\phi 80$	表面粗糙度 1.6
MFF080003	精磨大端内锥孔(Morse No. 6)	表面粗糙度 0.8

首先,确定所需测量的几何量与工况量及其编码,如表 4.13 所示。

表 4.13　测量的几何量与工况量

加工特征 ID	加工设备	加工设备 ID	刀具 ID	夹具 ID	测量内容
MFF020001	卧式车床	MT0202	CT020201	FT020201	主轴振动
MFF080001	卧式车床	MT0202	CT020202	FT020202	主轴回转误差
MFF050002	万能磨床	MT0205	CT020501	FT020501	导轨误差
MFF030003	万能磨床	MT0209	CT020901	FT020901	夹具变形
MFF080003	锥孔磨床	MT0210	CT021001	FT021001	刀具磨损

然后,通过启动推理引擎、加载事实,并在 Protégé 工具构建的领域本体框架下表示,以作为推理机的输入信息,结果输出为对测量量进行分析得出的相应检测仪器,如表 4.14 所示。

表 4.14　推理结果

测量量	检测仪器
轴径	游标卡尺、电感测微仪、数显卡尺等
表面粗糙度	手持式粗糙度仪、粗糙度样板、台式粗糙度仪等
主轴振动	电容式位移测量仪、磁电式速度传感器、电阻应变式加速度传感器等

续表

测量量	检测仪器
主轴回转误差	圆度仪、主轴精密测量环等
导轨误差	水平仪、自准直仪、读数显微镜与弦线仪器等
夹具变形	电阻应变片、光学三维变形测量仪等
刀具磨损	声发射传感器、激光功率检测仪、组合式石英测力仪等

3. 构建 MSN 拓扑网络

根据工艺文件,加工主轴包括粗加工、半精加工和精加工三个阶段,共计 26 道工序。这里抽取了从半精加工至精加工的十道工序作为案例对象来构建 MSN 网络。其中,1-2-3-4 工序负责钻通孔和对通孔、圆柱、锥形孔、键槽和螺纹加工特征的半精加工;而 5-6-7-8-9-10 工序负责对上述加工特征的精加工。

通过分析可抽取 106 个节点来构建 MSN 网络,其中包括 37 个 MFF 加工特征节点、10 个 MT 机床节点、14 个 CT 刀具节点、12 个 FT 夹具节点、14 个传感节点和 19 个 ME 检测节点。加工特征 MFF05000、MFF020000 和 MFF070000 作为初始状态,在多工序加工过程中作为初始基准。MSN 网络的部分邻接矩阵和拓扑构型如图 4.49 和图 4.50 所示。

	MFF010001	MFF020001	MFF030001	MFF040001	MFF05000	MT0101	CT0201	FT0301	MT0102	CT0202	FT0302	CT0203	ME0401	ME0402	SE0501	SE0502
MFF010001	0	1	1	1	1	0	0	0	0	0	0	0	0	0	0	0
MFF020001	0	0	0	0	0	0	0	0	0	0	0	0	0	0	0	0
MFF030001	0	0	0	0	0	0	0	0	0	0	0	0	0	0	0	0
MFF040001	0	0	0	0	0	0	0	0	0	0	0	0	0	0	0	0
MFF050001	0	0	0	0	0	0	0	0	0	0	0	0	0	0	0	0
MT0101	1	0	0	0	0	0	0	0	0	0	0	0	0	0	0	0
CT0201	1	0	0	0	0	0	0	0	0	0	0	0	0	0	0	0
FT0301	1	0	0	0	0	0	0	0	0	0	0	0	0	0	0	0
MT0102	0	1	1	1	1	0	0	0	0	0	0	0	0	0	0	0
CT0202	0	1	1	1	1	0	0	0	0	0	0	0	0	0	0	0
FT0302	0	1	1	1	1	0	0	0	0	0	0	0	0	0	0	0
CT0203	0	0	0	0	0	0	0	0	0	0	0	0	0	0	0	0
ME0401	1	0	0	0	0	0	0	0	0	0	0	0	0	0	0	0
ME0402	0	1	1	1	1	0	0	0	0	0	0	0	0	0	0	0
SE0501	0	0	0	0	0	0	0	0	1	0	0	0	0	0	0	0
SE0502	0	0	0	0	0	0	0	0	0	0	1	0	0	0	0	0

图 4.49　MSN 拓扑网络的部分邻接矩阵

4. MSN 性能分析

基于构建的 MSN,可计算和分析其相应的结构和物理性能特征。分析结果如下。

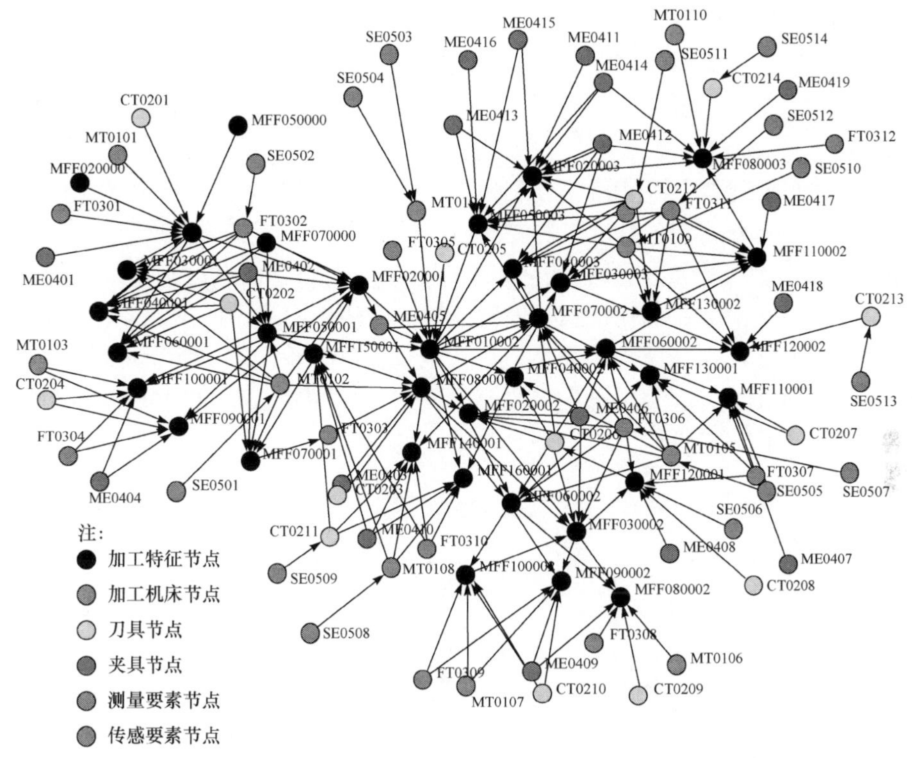

图 4.50　MSN 网络拓扑示意图

1）不具有小世界特性

MSN 的平均最短路径(H)为 4.290，其聚集系数(C)为 0.028。而同规模的最短路径和聚集系数的计算方法如下。

$$L_{\text{Random}}=\frac{\ln n}{\ln k} \tag{4.20}$$

$$C_{\text{Random}}=\frac{k}{n} \tag{4.21}$$

式中，n 表示网络节点数量；k 表示网络的平均度。

基于上述公式计算，可知，MSN 网络与同规模的随机网络的平均路径和平均聚集系数如表 4.15 所示。与随机网络相比，MSN 网络具有较大的最短路径和较小的聚集系数，不具有小世界特性。

表 4.15　MSN 网络与随机网络比较

类型	节点数	度数	平均最短路径	平均聚集系数
MSN 网络	106	4.264	4.290	0.028
随机网络	106	4.264	3.210	0.040

2）节点度及分布特性

图 4.51 显示了构建的 MSN 网络各节点的出入度情况，网络的平均度为 4.264。其中，小端内孔 $\phi52$ 的 MFF01002 的度数最高为 19，其中入度为 6，出度为 13，因为在它在工序 5、工序 8 及工序 9 都被作为定位基准。粗磨大端外圆 MFF070002 的度数为 15，其中入度为 6，出度为 9，在工序 5 和工序 8 及工序 9 与 MFF01002 一起作为定位基准。需要指出的是，入度大的节点总度数不一定大，如粗磨小端面 MFF130002，它的入度为 5，出度为 0，表示它已经达到了最终的技术指标。此外，网络中具有择优选择的特性，即对于传感网络中的关键加工 MFF 节点和加工要素 MC 节点需要配备相应的检测仪器进行检测和控制，即度数高的节点得到新连接的概率比度数低的节点高。例如，小端内孔 $\phi52$ 的 MFF01002 就采用内径塞规 DD05 进行检测。

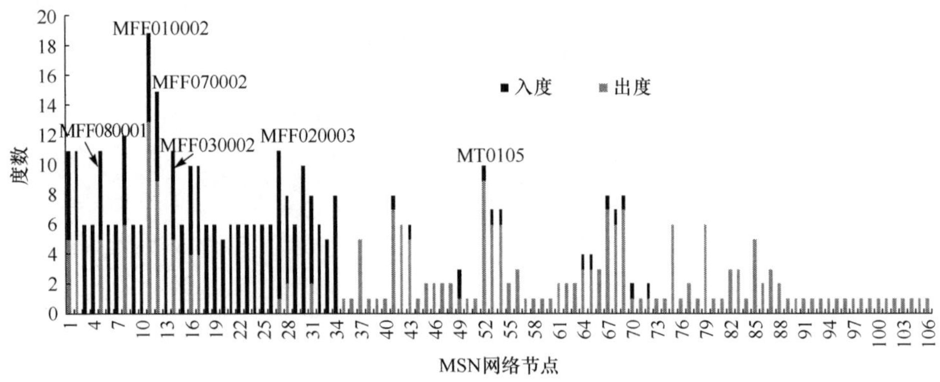

图 4.51　MSN 网络节点的出入度

在网络中，度分布 $p(k)$ 定义为度数为 k 的节点在总节点数中占的比率。图 4.52是构建的 MSN 网络的出入度概率分布图形。由图可知，在度数为 0，1，6

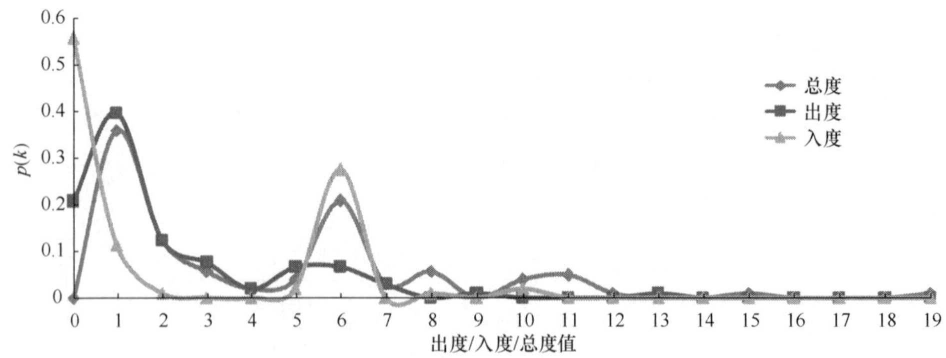

图 4.52　MSN 网络的度概率分布曲线

时，三条分布曲线具有明显的波动效应。根据统计结果，$p_{out}(0)$，$p_{out}(1)$，$p_{out}(6)$，$p_{in}(0)$，$p_{in}(1)$，$p_{in}(6)$，$p(0)$，$p(1)$和 $p(6)$分别为 0.208，0.396，0.066，0.557，0.113，0.274，0，0.358 和 0.208。通过比较分析，在出入度分布曲线中，在度数小于 7 时具有明显的不均衡特征；随着度数的增加，三条曲线趋于缓和。此外，度分布曲线是出入度曲线综合影响的结果。

3）介数分布特征

在网络中，介数分布 $p(b)$描述具有相同介数的点所占的比例。传感网络的平均介数为 0.154641。其中，小端内孔 ϕ52 的 MFF010002 的介数最大为 3.388278，不仅因为在工序 4 中作为被加工特征加工，而且最主要因为它在工序 5、工序 8 和工序 9 中都被作为定位基准，在网络中具有重要中心度的作用。同样基于上述原因，大端内锥孔（Morse No.6）MFF080001、通孔 ϕ52MFF010001 都具有较高的介数 1.877289，1.81319。在研究中，有 81 个节点的介数为 0，包括加工特征节点、加工要素节点和大多数的检测节点，其中加工特征节点多处于加工的初始状态或结束状态，加工要素节点和检测节点多数处于网络的终端（图 4.53）。

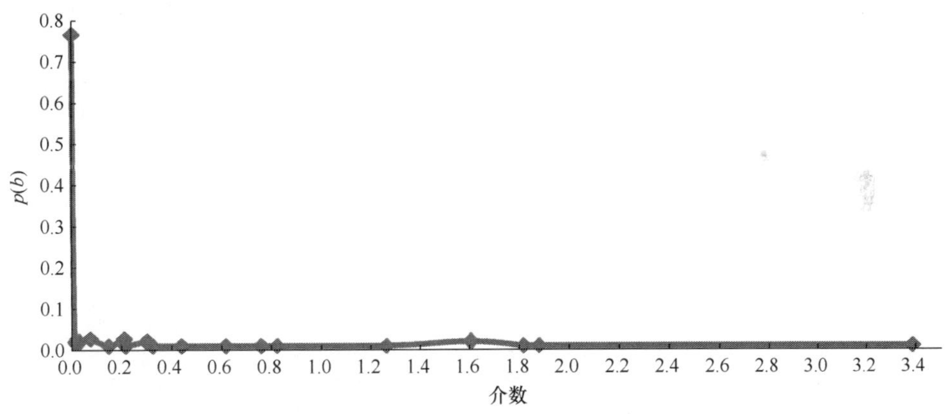

图 4.53　MSN 网络的介数分布

4）计算 LD，DI，ER 和 CDI

在传感检测网络中有 33 个 MSE 节点，节点序列从 74 到 106。其节点的平均负载度、检测强度、扩展度和综合检测效应分别为 0.28，2.95，4.29 和 11.64。如图 4.54 所示，节点 MD0402，MD0405，MD0406，MD0412，SD0501，SD0505，SD0510 和 SD0512 在 MSN 网络中表现比较活跃，这些节点应该给予足够重视。例如，节点 ME0405 具有较大的 CDI、DI 和 ER，因为其用于检测加工特征 MFF010002，而 MFF010002 在网络中的作用非常重要，在第 2，5，8 和 9 工序中都被作为定位基准。

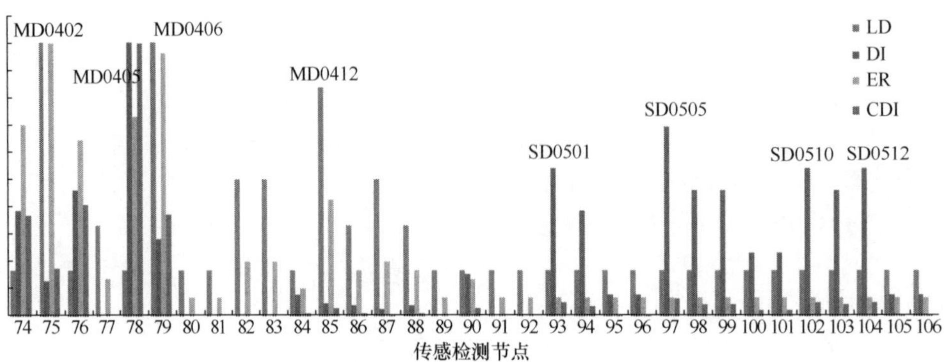

图 4.54 传感检测节点的 LD,DI,ER 和 CDI 值

5）鲁棒性特征

传感检测网络中一个或几个 MSE 节点的失效会影响整个网络和局部网络的特性。鲁棒性定义为抗检测节点失效的能力。假设 MSE 节点 i 报错,则关键的 MFF 和 MC 节点 j 不能被监测,相应的节点 i 和 j 的出度表现为 0。图 4.55 显示了当 MSE 节点 i 失效时,整个网络的鲁棒性曲线。与初始的网络最短路径相比较,节点 ME0402 和 ME0406 对网络具有较大的影响,因为 ME0402 用于检测 MFF020001,MFF030001,MFF040001,MFF050001,MFF060001 和 MFF070001 的几何量确定了在第 2 道工序中工件的加工误差和冗余量。同理,ME0406 用于检测第 5 道工序的加工特征 MFF070002,MFF020002,MFF030002,MFF040002,MFF050002 和 MFF060002 的几何量。此外,节点 ME0401 和 ME0405 也对网络具有较大的影响力。

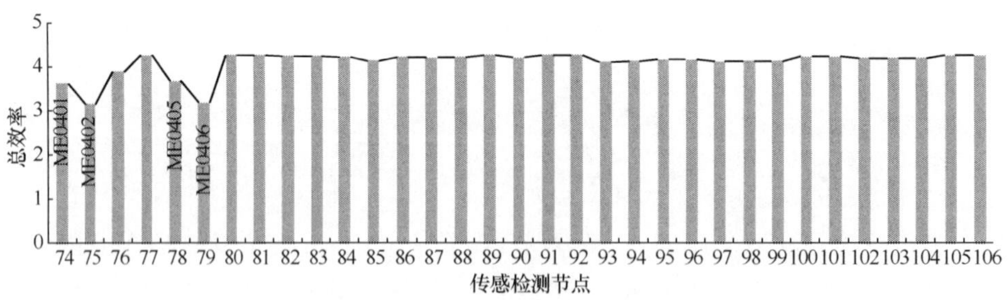

图 4.55 单传感检测节点失效的网络稳定性

此外,比较了 MSE 节点随机失效和有选择性失效两种情况下网络综合检测能力变化。由图 4.56 可知两种情况显示出不同的网络行为:如果 18%MSE 节点在有选择性失效时,网络的效率降低到初始值的 1/3;相反,当随机移除 MSE 节点时,网络的效率显示出较慢的退化趋势;当 50%的 MSE 节点随机失效时,网络的

效率维持在 3.0 水平。因此，所构建的 MSN 网络对随机攻击具有鲁棒性，而对有选择性攻击具有脆弱性特征。

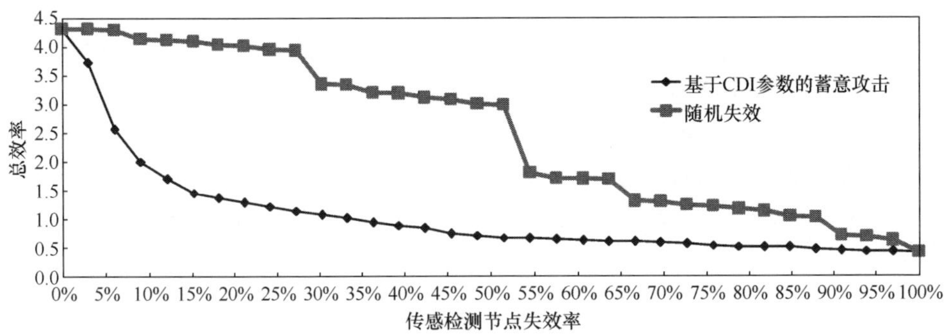

图 4.56　基于 CDI 参数的传感检测节点脆弱性曲线

5. 分析与讨论

通过复杂性分析，加工特征节点 MFF01002 和 MFF070002 具有较高的度数和介数。事实上，这些结果与实际相吻合。在多工序加工过程中，这两个节点作为定位基准。此外，对于处于检测末端的节点也应该给予足够的重视。虽然这些节点不具有较高的度和介数，然而他们对整个工件的最终验收质量起着直接决定作用。通过计算 LD，DI，ER 和 CDI 等指标，可发现 MD0402，MD0405，MD0406，MD0412，SD0501，SD0505，SD0510 和 SD0512 等节点在网络中表现非常活跃。通过对网络鲁棒性分析，可发现所构建的传感检测网络对随机攻击表现出较好的鲁棒性，而对有选择性攻击表现出较大的脆弱性。这些分析结果不仅可以帮助管理者做出更明智的决策，还为传感布局优化设计提供改进依据。

4.4　服务型制造过程的数据实时采集及其 Auto-ID 计算

4.4.1　系统数据库的建立

在整个生产过程跟踪系统中，数据库作为生产信息的存储媒介，是底层数据拾取模块和上层应用模块的信息纽带。数据库以数据表格的形式存储信息，数据表格的每一列代表着生产信息的一个属性，每一行为生产信息对象的一个具体实例，表与表之间通过外键和关键字来实现数据的相互关联和跨表查询。对于服务型制造执行系统，由于生产资源繁复，制造过程灵活多变，导致生产信息数量巨大，种类繁多，且时刻变化。这些特点要求数据库具有一个合理的结构设计，既能存储大量的生产数据，也能应对信息的高速变化。针对 soMES，采用 ER 图建立了系统的信息实体关系图，描述了系统信息实体的属性结构，以及信息实体间的数据关联，然后在此基础上确立了数据库数据实体的 IDEF 1. x 图。

1. 车间实时数据库特点描述

在 soMES 中,实时数据库最大的特点即具有时间属性,并且从需求功能上来看,时间属性又具有实时性(实时展示)和数据压缩性(历史回溯)的功能,下面将对这两个属性进行详细介绍。

离散制造企业车间中的实时数据库首先应该具备数据同步功能,而通过 RFID 读写器采集而来的大量数据最终会存储于实时数据库中,数据特征如图 4.57 所示。

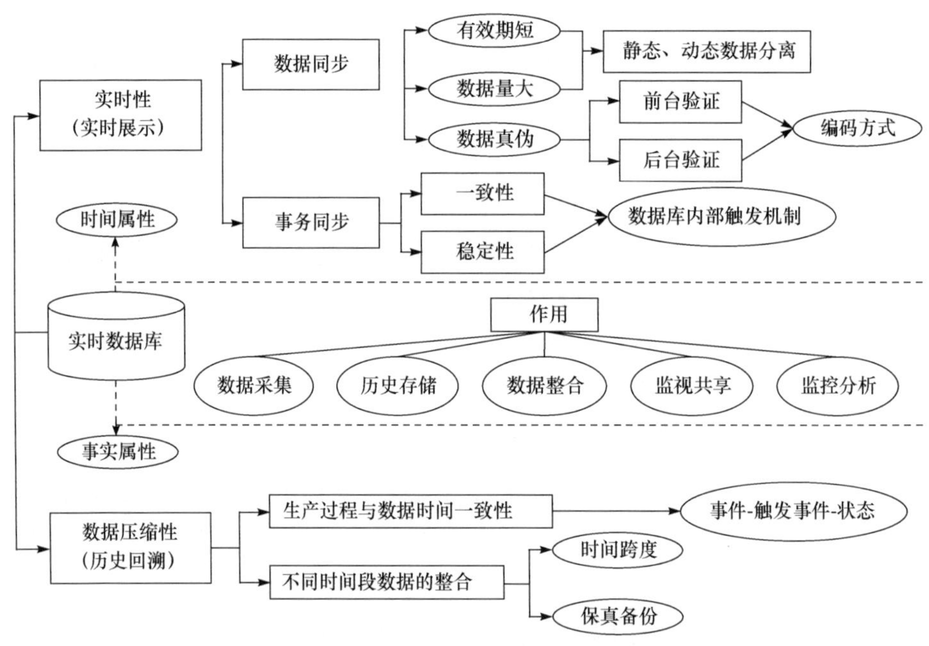

图 4.57　生产车间层的实时数据库特点

(1) 采集到的标签数据有效期短、数据量大。

读写器判断有效标签后,需立即上传到数据库,并等待下一个标签的到来;而进入到数据库的有效数据,需以直观的方式显示到生产车间的实时任务之中;一旦下一个有效数据被判断,看板中的此数据即刻变成历史数据。数据从被采集到进入历史数据库,成为历史回溯功能里的数据,都是在非常短的时间段内完成的。为解决此问题,所设计的数据库应采取动态和静态数据分离策略。静态数据保存着构成生产的基本要素的固定信息,包括员工信息、工艺信息、设备信息等,而动态数据表则保存着各种与实时生产变化相关的数据,即与 RFID 读写器相关联的数据表。这种动态、静态相分离的好处在于,静态数据很少需要进行维护,起到信息串联的作用;数据库有限的资源可以集中处理动态数据表。这样可以使得数据库响应快、易维护。

(2) 待采集的数据存在着真伪现象。

由于 RFID 读写器存在着一个读取范围,因此存在着误读、多读的现象。为了避免无关数据进入后台数据库,导致整个系统无法准确反映实际的生产情况,系统数据库可采用前台、后台双验证模式。前台利用编码规则和生产调度表提示的下一个零件或者工艺进行比对,只有符合规则的才可以进入后台数据库的保存范围之内,然后再在后台还需要进行一次验证。通过设立在数据库里的判别规则进行二次验证,以确保数据的准确性。

(3) 数据库内部的事务同步。

动态数据表之间的数据相关性,导致表与表之间、表内部属性与属性、表内属性与表外属性之间存在着相互触发的情形存在。

(4) 历史数据的压缩性。

在特定的生产任务完成之后,数据即转化为历史数据,此时的数据具有一定的时间跨度,为了保证数据的大量存储,需要进行备份,以此为特定的时间段进行整合。这些历史数据为日后的工艺改进、质量控制、故障维护及预防提供了数据支撑。

2. 基于 E-R 图的系统信息模型描述

E-R 图也称实体-联系图(entity relationship diagram),提供了表示实体类型、属性和联系的方法,用来描述现实世界的概念模型。其中涉及的概念定义如下:

实体:用矩形表示,矩形框内写明实体名。

属性:用椭圆形或圆角矩形表示,并用无向边将其与发生关联的实体连接起来。

联系:用菱形表示,菱形框内写明联系名,并用无向边分别与有关实体连接起来,同时在无向边旁标上联系的类型,如 1∶N,N∶M 等。

图 4.58 为一个简单的实例,图中建立了客户与服务记录之间的实体关系,列出了实体所包含的属性内容。

在服务型制造执行系统中主要存在着生产资源信息和生产过程信息两大类,生产资源信息是对制造资源、工艺排程和物理布局的事实描述;生产过程信息是伴随加工过程产生的动态信息,如生产进度信息、加工质量信息、物料位置信息以及工件加工状态信息等。每个信息实体都包含多个对其进行解释和描述的属性信息,在对所有信息实体的属性进行详细分析的基础上,构建了系统的信息实体 E-R 图,如图 4.59 所示。

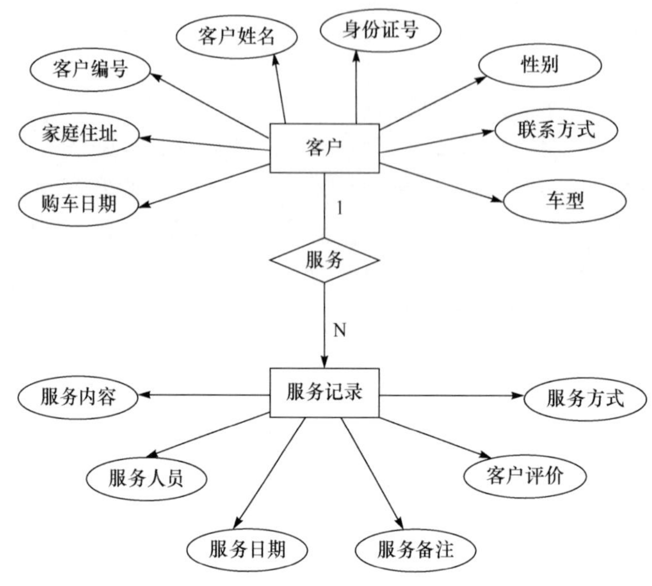

图 4.58　E-R 实体图实例

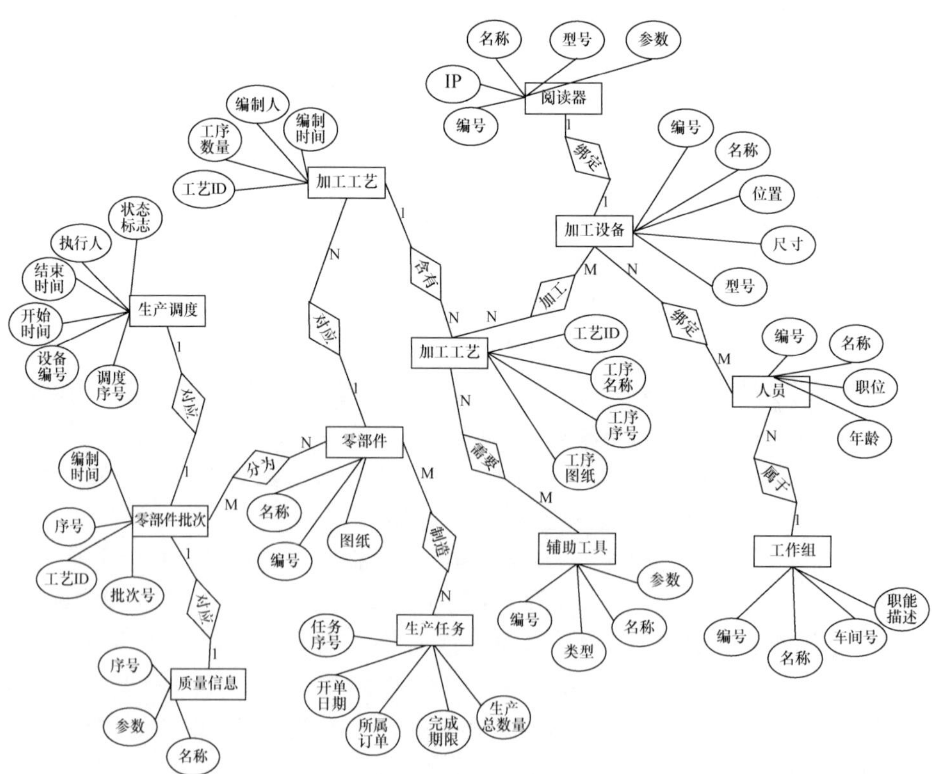

图 4.59　工序物流跟踪系统信息实体 E-R 图

3. 主要实体 IDEF1. x 图

通过系统 E-R 图分析了车间信息实体及其属性内容，描述了信息实体间的相互关联，在此基础上，将信息实体作为数据库实体，信息实体的属性信息则可作为数据实体表格的信息字段。同时信息实体间的关联也可根据关系类型用数据表外键或单独的关系表格来表达，如 1∶N 的关系，则将“1”作为“N”的数据实体的一个外键，若为 N∶M 的关系，则单独建立描述这种关系的数据关系实体表。根据以上分析建立了系统的数据实体 IDEF1. x 图，如图 4. 60 和图 4. 61 所示。

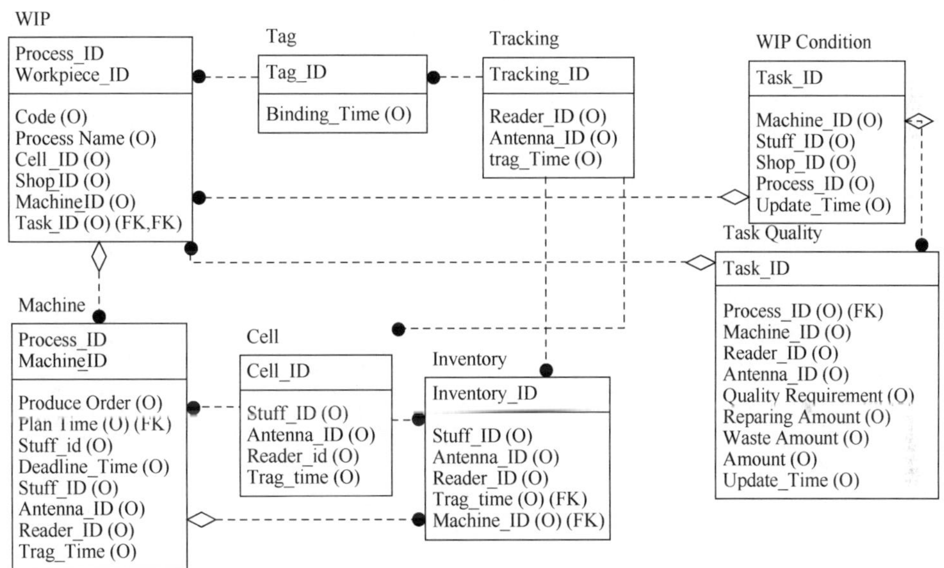

图 4. 60　生产过程信息

本节将生产资源信息和生产过程信息相互分离，分别建立了各自的数据实体 IDEF1. x 图，这是由于生产资源信息数据稳定，无需经常更改，而生产过程信息伴随生存过程的进行而产生，其数据更新频繁，数据实时性高，有信息有效期短的显著特点，需要经常进行数据维护，定期压缩历史数据，删除冗余数据信息。将两者分开后有效提高了数据存储和查询的效率，同时生产过程信息可以通过数据索引和数据表格外键来实现生产资源信息的获取。

4. 4. 2　RFID 中间件功能的实现

RFID 中间件处于生产过程跟踪系统的中间层，是实现系统物理层和应用层之间信息传递的纽带。应用层通过 RFID 中间件来控制物理层的 RFID 阅读器，阅读器与 RFID 中间件直接互联，并通过 RFID 中间件进行数据处理，将获取的有

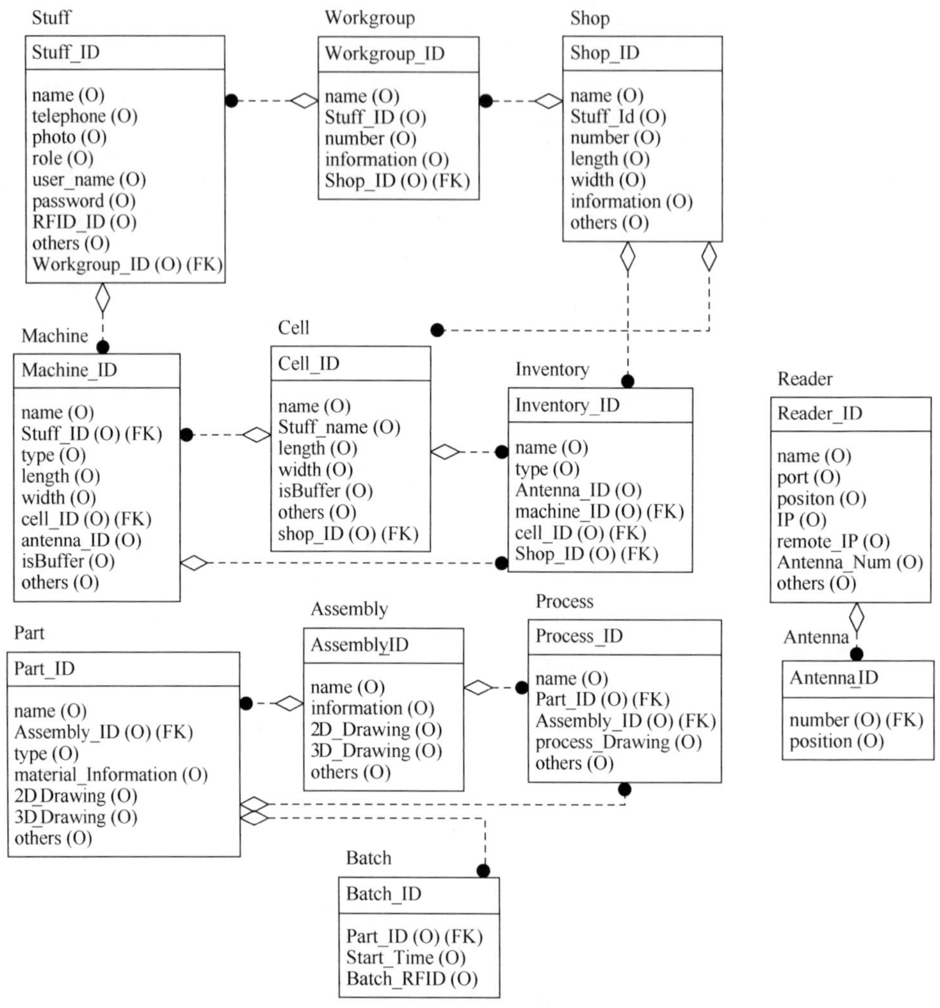

图 4.61　生产资源信息

效生产状态信息传递给应用层，从而减少应用层的运行负担。根据 RFID 中间件的实现机理，其功能架构如图 4.62 所示。

其中各个功能模块的介绍如下：

(1) 阅读器通信模块：根据 TCP/IP 网络通信协议，对 RFID 阅读器进行网络环境配置，自动分配通信端口 Socket，采用“握手方式”保证了信息传递的安全性；通过多线程协同技术，可同时控制多个阅读器，线程间采用“自锁和互锁”机制确保信息同步，通过线程代理实现了跨线程访问的安全；按照特定的阅读器控制指令语义，通过建立好的网路通信套接字(socket)向阅读器发送控制指令，进行阅读器的读写控制和参数化。持续监听阅读器的数据传送信道，并将信息以数据流的形式

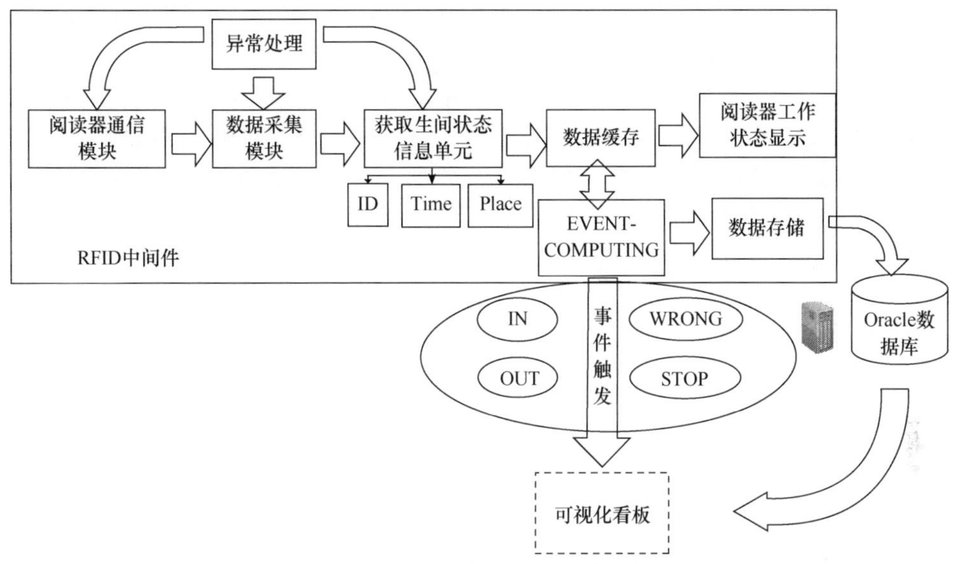

图 4.62　基于 RFID 的工序物流局域物联网中间件的功能实现流程

传递给数据采集模块。

(2) 数据采集模块:在阅读器通信模块与 RFID 阅读器建立通信后,数据采集模块将多个阅读器发送回来的数据流进行整合,去除信息头和信息分割符,从数据流中解析出基本的数据单元,然后按照指定的数据格式存储在虚拟缓存中,等待数据处理模块进行数据处理。

(3) 数据处理模块:循环处理数据采集模块获取的基本数据单元,将基本数据单元与标准数据比对,判断数据合法性,去除冗余数据。然后对合法的基本数据单元进行信息分解,按照规定好的数据结构,分离出标签 ID、标签识读时间和标签识读地点信息,并将这些信息组成基本生产信息单元〈Id,Time,Place〉存储到数据缓存中。

(4) 数据缓存模块:是一个随着信息量增加可以动态扩展容量的虚拟存储空间,用来暂时存储数据处理模块获得的基本生产信息单元〈Id,Time,Place〉,大大提高了数据存储空间的有效利用率,通过数据缓存可以显著减少系统与数据库的交换频率,提高系统运行效率。

(5) EVENT-COMPUTING 事件推理模块:EVENT-COMPUTING 事件推理模块是 RFID 中间件的核心部分,完成了生产状态信息的获取。数据处理模块获取的基本生产信息单元〈Id,Time,Place〉只是简单描述了何时、何地识读到了某个标签,对于生产过程跟踪并不能体现出有效的物理意义。通过 EVENT-COMPUTING 事件推理模块的事件推理机,从基本的生产信息单元中推理出了工序操作/动作事件,然后结合设备约束和工艺约束,产生了"事件-时间-状态"执行动作序列状态信息,并将事件封装,用来驱动车间可视化看板动作。

(6) 数据存储模块:是 RFID 中间件与系统数据库的接口,其频繁地与系统数据库交换,将 RFID 处理获得的生产状态信息同步到服务器数据库,保证信息的一致性,并从服务器数据库中查询 EVENT-COMPUTING 事件推理模块所需要的约束信息和生产资源信息。

(7) 阅读器工作状态显示:这是 RFID 中间件的一个辅助模块,用于向操作者显示阅读器的工作状态和程序运行日志,为用户提供了一个阅读器的控制界面。

(8) 异常处理模块:负责捕获 RFID 中间件和 RFID 阅读器的运行异常,并将异常事件传递给可视化看板。

4.4.3 RFID 数据采集与 Auto-ID 计算

1. 数据采集过程

RFID 系统通过无线发射和传输的数据实现检测和识别物体,它的主要构成部件包括:标签、天线、识读器(PLC 或者 PC)。通过无线电磁波实现从标签中读数据或向标签中写数据,PLC 或 PC 可以进行串行通信,从而获取标签数据,用于控制或处理数据。系统结构如图 4.63 所示。

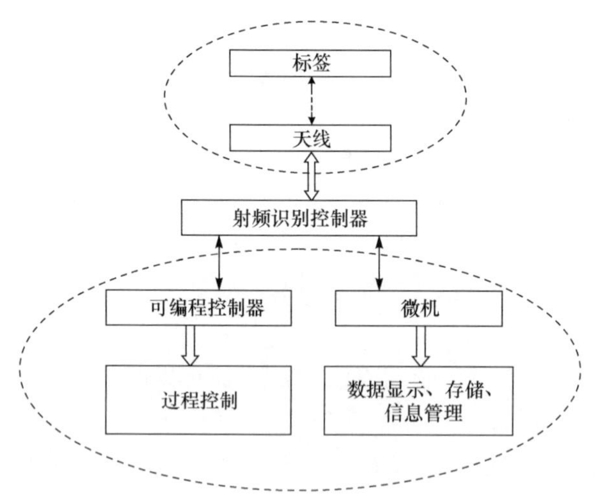

图 4.63 RFID 读写器系统结构

这里开发的读写功能的实现是 PLC 和 PC 通信的过程,以模块化思想为开发基础,实现流程如图 4.64 所示。其中最关键的技术是串口事件的设立及对串口监听线程的建立。

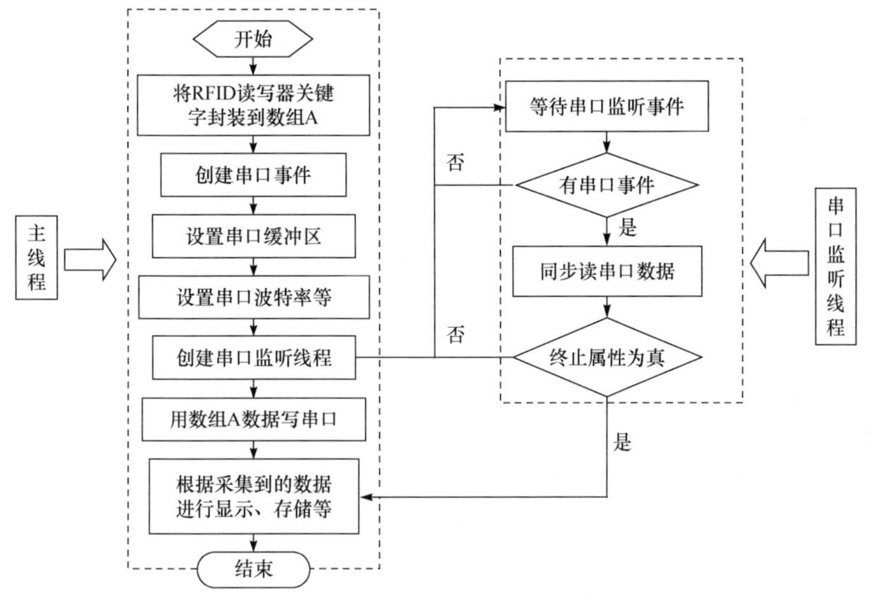

图 4.64　PC 与 RFID 读写器串行通信程序框图

2. 单一化和防冲突

上节仅仅实现了对标签的读写，但实际应用中，会有大量标签同时进入读写范围，终于众多信息的相互叠加，必然会导致读写器无法正常工作。找到一种有效方法解决短时间内读取大量标签是本系统的任务之一。为此，需要建立防止冲突的机制，实现标签到达之后确定由哪个先说的问题，即队列模型，本节采用适应性二叉树法实现此功能。

使用适应二叉树法，即采用二叉搜索来实现找出众多标签中的一个。就如同识读器在问："第一位是 X 吗?"回答"不是"的那些标签不再响应，而回答"是"的那些标签会等待识读器询问第二位，至只有一个标签响应为止。其状态如图 4.65 所示，协议状态如下。

1) 全局状态

休眠：是初始状态，标签识读后也进入这个状态。

校准：当标签收到"reset"，进入此状态，接收识读器的校准脉冲，用识读器的时间同步标签上的计时器。

全局命令开始：标签经过成功的校准之后进入此状态，等待来自识读器的"1"和"0"。"1"进入全局命令状态，"0"进入树的搜索状态。如果标签已经得到识读，收到"0"会进入休眠状态。

全局命令：标签准备接收和处理命令，但有些命令不在内。

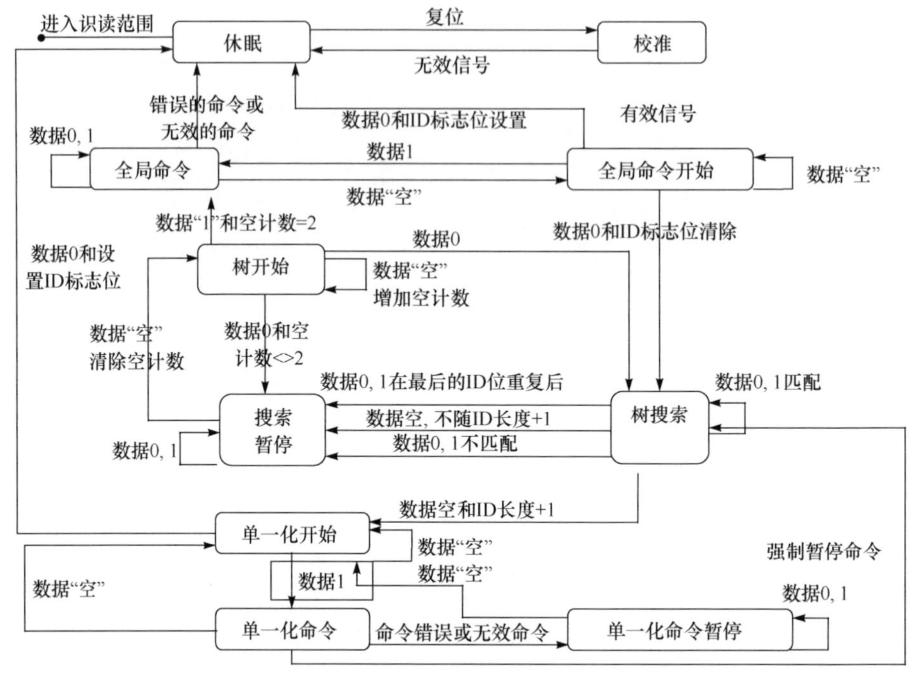

图 4.65　适应二叉树法

2）搜索状态

树的搜索状态：当标签进入此状态立即发送一位数据，识读器也响应一位数据。如果相匹配，标签就会发送下一位，如此进行下去。如果不相匹配，标签进入搜索暂停状态，等待一个空状态。如果识读器响应的是“0”或“1”，标签进入搜索暂停状态。如果是空，标签进入单一化命令开始状态。

搜索暂停状态：在此状态标签安静等待，知道收到数据空，然后进入树的开始状态，并复位自己的计数器。

树的开始：在此状态收到数据空会使空计数器增 1。“0”使标签进入树的搜索状态。“1”使标签进入搜索暂停状态。如果空计数器为 2，则进入全局命令状态。

3）单一化状态

单一化命令开始：数据空不会改变状态，“1”进入单一化命令状态；“0”进入休眠状态并设置标签已识读的标志位。

单一化命令：标签从识读器接收 8 位的命令。如果发生错误，标签进入单一化命令暂停状态。

单一化命令暂停：标签安静等待，直到收到数据空，再进入单一化开始状态。

图 4.66 显示了手持式读写器与固定式读写器的数据采集读写界面。图中左侧界面中，移动设备的多个模拟串口可以进行选择和设置串口的波特率。在不间

断的识读状态下读取结果。若编码相同，则读取次数累加。

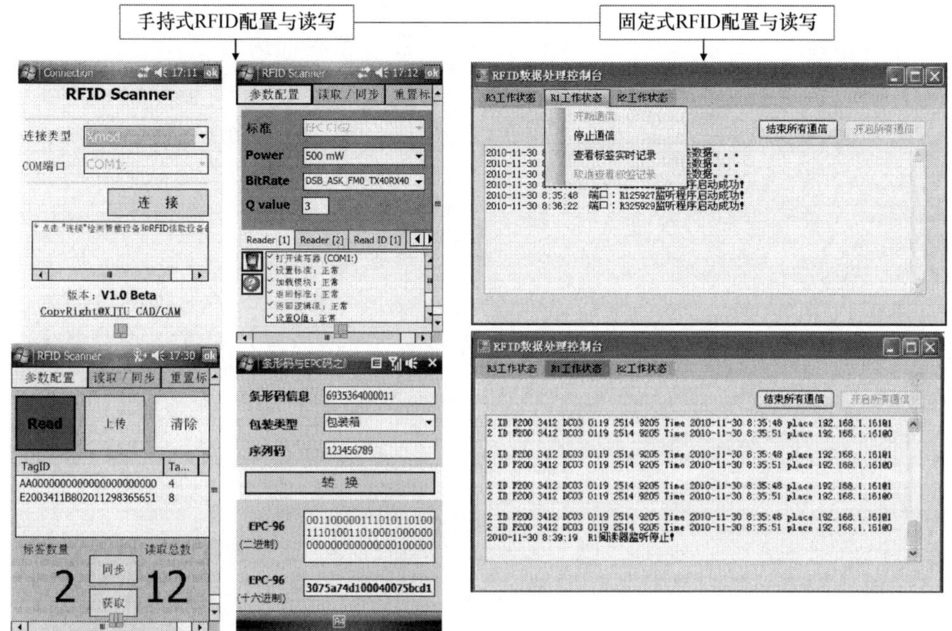

图 4.66　RFID 数据采集

针对目前仍在广泛使用的条形码，根据 EPC 国际标准和我国商品条形码所采用的 EAN-13(European article number，EAN)码中的标准，开发条形码向 EPC 码转换的技术，可以有效实现对已经拥有条形码的系统进行升级，其转化方法如图 4.66左下角所示。

3. 错误和非法数据的剔除算法

在工序物流局域物联网的信息采集过程中，由于 RFID 电子标签彼此间的信号干涉、设备电信号的干扰，以及废旧标签的清理不彻底等，往往会导致采集上来的数据夹杂着非法标签数据、错读标签数据、残缺标签数据和冗余标签数据等，这些纰漏数据虽然数量小，但对于系统的正常运作，生产状态的正确跟踪是非常致命的。因此需要在数据采集和数据处理过程中将这些纰漏信息剔出，其算法流程如图 4.67 所示。

首先对数据流进行解析，从数据流头部开始识别“\r\n”字符，将第一个“\r\n”字符及其之前的所有字符截取出来作为一个基本的数据段，然后将这个基本数据段与标准的数据结构进行比对，判断其数据长度和结构是否符合标准，如果不符合，则说明这是一个非法数据段，需要将其剔除，并重新开始下一个基本数据段的

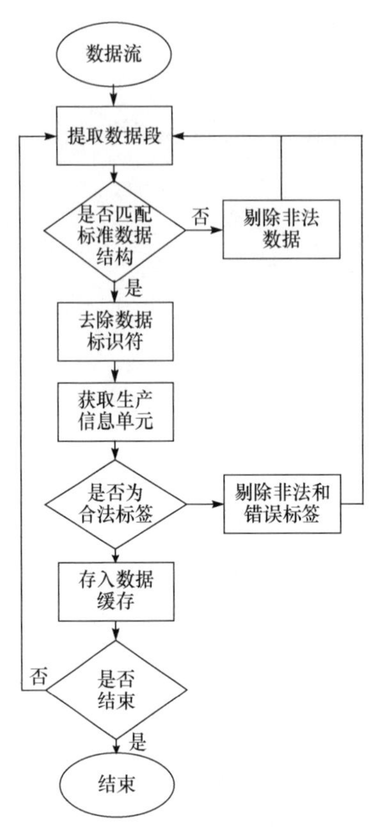

图 4.67 数据处理流程图

识别，如果符合，则继续执行，解析数据段中的数据标识符，并将其从基本数据段中去除，数据标识符包括标签编码标识前导符“Tag:”、标签识读时间标识符“Time:”和识读阅读器天线标识符“Aunt:”三种。在去除这些标识符后，基本数据段变为以“,”分割的多个数据单元的组合，然后对数据段进行分解，将基本的数据单元分离出来，重新组合为基本的生产信息单元〈Id，Time，Place〉。最后，根据生产信息单元的ID字段，即标签的编码，判断其是否符合生产要素的编码规则，如果不符合，则说明读入了非法标签，将其删除，并进入下一个基本数据单元识别循环；如果符合，则说明信息单元合法，将其存储到数据缓存中，这时候需要判断数据流是否已经解析完毕，如果解析完毕则结束进入数据等待状态，反之，则开始下一个识别循环。

4. EVENT-COMPUTING 事件推理机

对于零件的某一个加工工序是指在相关加工设备节点上进行的一系列加工操作/动作序列，“事件-时间-状态”图式模型中的触发事件和结束事件就对应了工序的一个具体的加工操作/动作，因此对生产过程的跟踪就是要拾取这些基本的操作/动作事件，而RFID中间件的数据处理模块获取的基本生产信息单元〈Id，Time，Place〉只是简单描述了在Time时刻，在制造节点Place的监控区域内识读到了一个RFID标签ID。可见，如何实现基本生产信息单元到基本操作/动作事件的转换，是生产过程跟踪的关键环节。在介绍EVENT-COMPUTING事件推理机之前，对其中涉及的概念定义如下：

1）生产信息堆栈

$$\mathrm{DSet}=\{\mathrm{D}_1,\mathrm{D}_2,\cdots\}$$

$$\mathrm{D}_i=\langle \mathrm{Id}_i,\mathrm{Tim}_i,\mathrm{Pla}_i\rangle$$

式中，DSet是RFID中间件的数据处理模块获取的基本生产信息单元集合，其类似于一个数据堆栈，生产信息单元按照获取的先后顺序依次排列。D_i 为基本生产信息单元。Id_i 为识读到的标签ID，即生产资源的编码信息。Pla_i 为标签被识读到的阅读器的描述。Tim_i 为标签被识读到的时间。

2）GetInEvent 事件

GetInEvent 事件，即进入事件，是指在制品、人员、工夹刀量具等在生产流转过程中，第一次进入某个工序对应的一个设备节点时产生的事件，但 GetInEvent 事件缺少生产约束条件，只能简单描述某个生产资源进入到了某个制造节点的 RFID 阅读器识读区域。

3）TriggerEvent 触发事件

TriggerEvent 触发事件是基于 RFID 的“事件-时间-状态”图式模型中的触发事件，表示生产资源进入到某个生产状态。其为 GetInEvent 事件经过生产条件的约束（如与 RFID 阅读器绑定的制造节点约束，在制品的工艺规划约束和人员的任务约束等），而获得的工序加工操作/动作事件（如进入入缓存事件、开始加工事件及进入质检点事件等）。

4）GetOutEvent 事件

GetOutEvent 事件，即离开事件，同 GetInEvent 事件相反，指当生产资源进入某个设备节点后，离开设备节点的 RFID 阅读器的识读区域时产生的事件。但其缺少生产条件的约束，仅说明 RFID 阅读器在指定一段时间内没有获取到这个生产资源的标签信息。

5）EndEvent 结束事件

EndEvent 结束事件是基于 RFID“事件-时间-状态”图示模型中的结束事件，表示生产资源的某个生产状态结束了。其是 GetOutEvent 事件经过生产条件约束而获得的，如离开入缓存事件、加工结束事件及离开质检点事件等。

6）TagBuffer 标签缓存

TagBuffer 标签缓存是 EVENT-COMPUTING 事件推理机用来存储数据处理过程获取的基本生产信息单元 D_i，其元素用 BD_i 表示，并且 TagBuffer 遵循以下原则：

规则 1：动态性规则，TagBuffer 的存储空间可以动态变化，以适应数据单元 BD_i 的增加或减少。

规则 2：元素不重复性，TagBuffer 中任意两个数据单元 BD_n 和 BD_m，其 Id_n 和 Id_m、Pla_n 和 Pla_m 不能同时相同；如果相同，即同一个 RFID 标签被同一个阅读器重复识读，$Tim_n > Tim_m$（标签 n 后于标签 m 被读到），则用数据单元 BD_n 覆盖 BD_m。

如图 4.68 所示，分布在不同工序节点上的 RFID 阅读器，经过 RFID 中间件的数据采集和数据处理模块，从生产过程中获取连续的基本生产信息单元 D_i，形成信息堆栈 Dset，然后依次从信息堆栈中取出生产信息单元 $D_i\langle Id_i, Tim_i, Pla_i\rangle$，将其与标签缓存 TagBuffer 中的所有基本生产信息单元 $BD_x\langle Id_x, Tim_x, Pla_x\rangle$ 进行核对，判断 $Id_i ?= Id_x$ 和 $Pla_i ?= Pla_x$，即判定是否为重复识读信息，如果 TagBuffer 中没有一个与其相同，则 D_i 为一个新的基本生产信息单元，表明标签 Id_i 于时间 Tim_i 被 RFID 阅读器 Pla_i 识读，将其添加到缓存 TagBuffer 中，并产生一个 GetInEvent 事件；如果 TagBuffer 中有相同的标签，表明标签 Id_i 在 RFID 阅读器 Pla_i 的识读区域被重复读到，也就是标签在这个区域停留，则将 D_i 赋值给 BD_x，更新时间。在信息比对过程中需要对标签缓存进行锁定，不允许标签缓存被多个线程同时访问，以免核对过程中数据被其他应用改变。

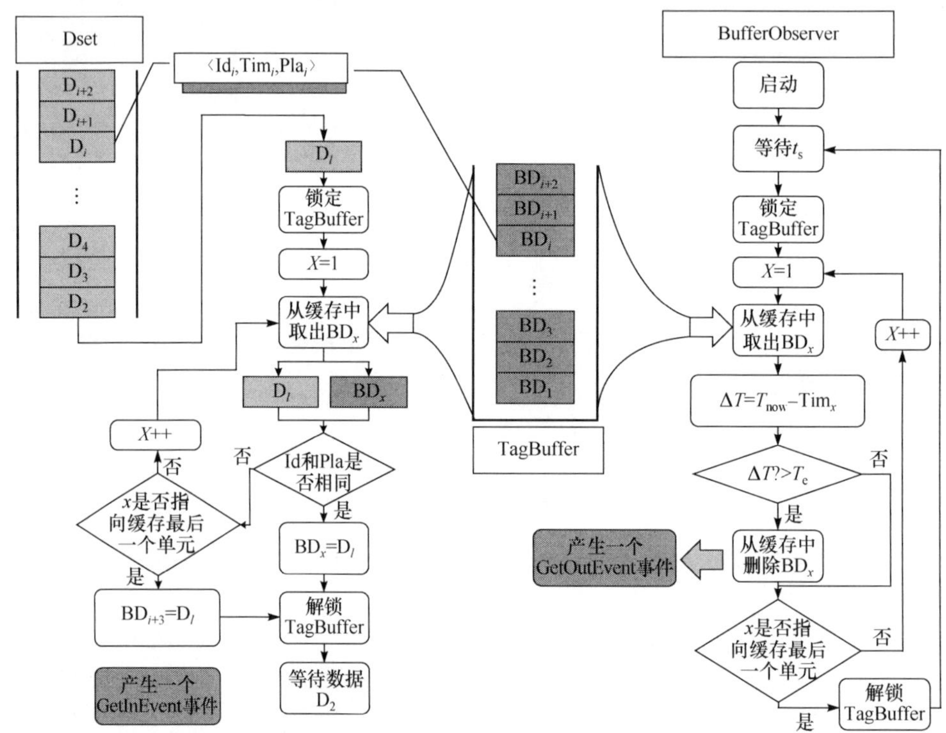

图 4.68　GetInEvent 事件和 GetOutEvent 事件推理模式

BufferObserver 为对象缓存 TagBuffer 的动态监视器，其每隔一段固定的时间 t_s 对 TagBuffer 进行一次检查，逐个核对基本生产信息单元 $BD_x\langle Id_x, Tim_x, Pla_x\rangle$ 的时间 Tim_x 与当前时间 T_{now} 的差值 ΔT，当 ΔT 大于额定时间 T_e 时，表明标签 Id_x 已经离开 RFID 阅读器 Pla_x 的识读区域，即工件离开了某个设备节点，则将 BD_x 从缓存 TagBuffer 中删除，并产生一个 GetOutEvent 事件。其中 t_s 越小，检查密度越大，更能及时地判断标签的离开，但是会带来程序处理负荷的增加。额定时间 T_e 需要根据工序节点间的运输时间来确定，其要远小于节点运输时间，以避免运输过程被错误判定为上一工序节点的停留状态。

完成 GetInEvent 事件和 GetOutEvent 事件的推理之后，需要加入生产条件的约束，通过 RFID 阅读器与制造节点的绑定约束来判断事件发生的地点，通过生产任务约束，在制品加工工艺约束以及刀夹量具的调度约束等来判断当前发生的事件内容。从而实现 TriggerEvent 触发事件和 EndEvent 结束事件的获取，整个推理过程如图 4.69 所示。

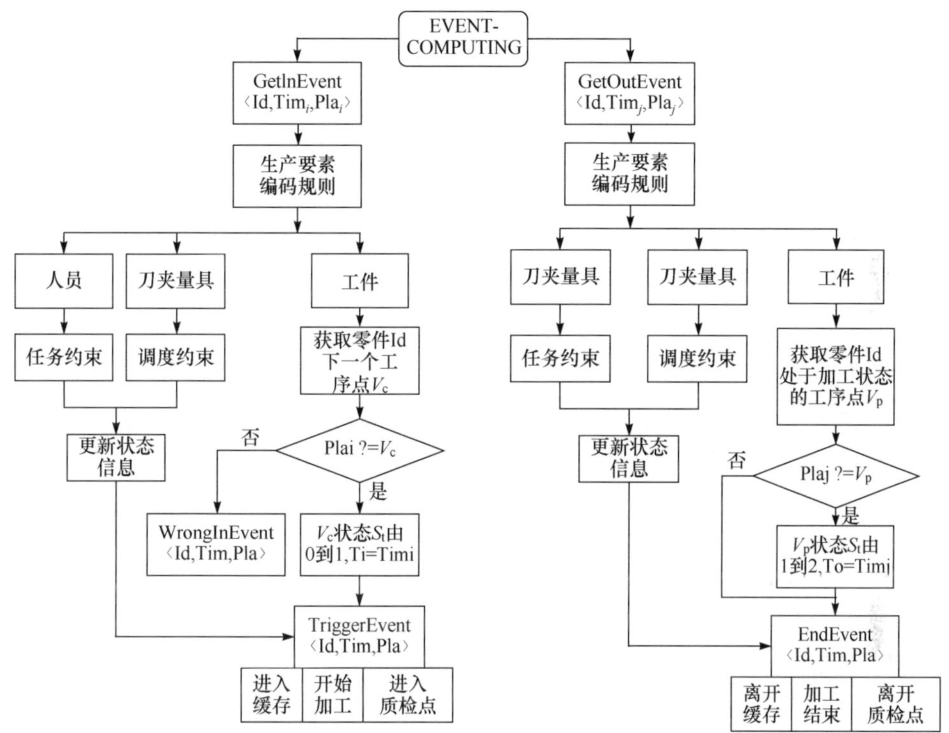

图 4.69　TriggerEvent 和 EndEvent 事件的推理

如图 4.69 所示，在获取 GetInEvent 事件和 GetOutEvent 事件之后，首先引入编码约束，根据生产要素的编码规则判定当前识读的 RFID 标签所绑定的生产资源的类别，若为人员，则加入人员的生产任务约束，判定人员当前所执行的任务事件，并修改对应的状态信息，实现对人员状态跟踪；若为刀夹量具，则加入刀夹量具的调度约束，判定其当前所执行的调度事件，如果事件是合法的，则修改刀夹量具的状态信息；若为工件，则需加入工件的加工工艺调度约束，对于 GetInEvent，首先从工件的态信息集 G(IDk)中获取当前需要进行的工序操作/动作触发事件的设备节点 V_c，如果 $Pla_i=V_c$(即与阅读器绑定的设备节点与 V_c 为同一个地点)，则表明工件进行了正确的操作/动作事件，产生一个 TriggerEvent 事件，否则为错误事件产生一个 WrongInEvent 事件；对于 GetOutEvent，首先从态信息集 G(IDk)获取工件当前所处的加工状态对应的结束事件的设备节点 V_p，如果 $Pla_j=V_p$，则表明是正确的结束事件，产生一个 EndEvent 事件，反之为错误运输产生的离开事件。

4.4.4 移动计算与数据同步

固定式读写器采集的有效数据可以通过网络立刻传送到服务器上的数据库，而移动式读写器受限于设备和复杂的车间生产环境，不能按照传统的固定式网络来解决问题，如图 4.70 所示，其具有如下特点：

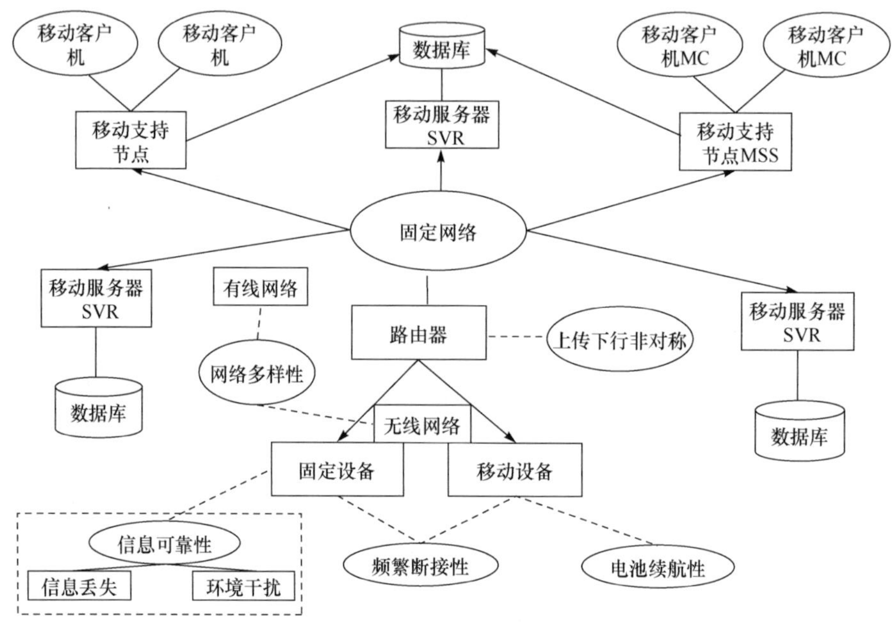

图 4.70　车间中移动计算的特点

(1) 移动性。由于使用目的的特殊性，致使客户端具有明显的地点不确定性。同时由于软件版本的不同，移动客户机终端也带有多样性的特点。

(2) 网络条件多样性。由于终端带有移动计算的特点，所以在实际应用中，固定网络、WiFi、GPRS、蓝牙等技术均可能会被使用到。

(3) 频繁断接性。为了避免浪费设备资源，以及达到节省电源的目的，终端设备无需时时在线，只需在数据上传时刻打开网络设备即可。

(4) 网络通信的非对称性。在实际车间应用中，存在着上传下行的非对称性。对于以查看、巡检等为目的的设备而言，网络资源主要以下行为表现方式。而对于采集设备而言，主要的动作是上传数据。

(5) 移动节点的电源能力有限。电池的续航能力已经成为制约移动设备发展的一个关键因素，在硬件设计、生产水平没有大幅提高的情况下，可以通过对程序的优化来实现增加电池续航的目的。

(6) 可靠性低。在车间实际复杂的生产环境中,存在着电磁干扰、金属屏蔽等不可抵抗的因素,为了确保数据的安全性,在确立数据同步方案的时候,必须保证数据的完整性以及可恢复性。

针对以上特点,提出了两种同步方式:RDA(remote data access)和 Web Service。目前在工业应用中,大部分设备采用的均为 Windows Mobile 操作系统,因此移动端数据库可采用的是 SQL Mobile。对于无需实时上传的数据,可以采用 RDA 的方式,把数据存储到移动端的数据库,待数据全部采集完毕之后可以统一上传至数据库,此方法最大的优点是:在没有网络传输的条件下,可以借助于 SQL Mobile 存储于本地数据库,然后再利用 RDA 上传至数据库。而采用 Web Service 的方式,必须采取边采集边同步的方式,但此方法最大的优点在于,Web Servic 可以跨平台实现不同操作系统、不同数据库的数据同步。

1) SQL Mobile 简介

SQL Mobile 是微软公司专门为 PDA、Smartphone 等手持式移动设备提供的关系型数据库。SQL Mobile 从功能实现过程的角度来看主要包括设备端与服务器端两个主要部分。设备端包括数据库引擎、数据库文件以及 SQL Mobile 客户端代理(client agent)等。在安装有客户端代理的设备端可以实现移动数据库中的表属性与远程数据库进行数据同步。由客户端代理通过网络与服务器端代理进行通信,该处网络非常具有灵活性,可以是固定网络,也可以是 WiFi、蓝牙、红外等无线设备。由服务器端代理接收设备端的客户端代理的请求,通过 IIS 网络服务转译后发送给 SQL Server 数据库,同时再将结果集反馈到设备端。

SQL Mobile 移动数据库的整体架构,如图 4.71 所示。

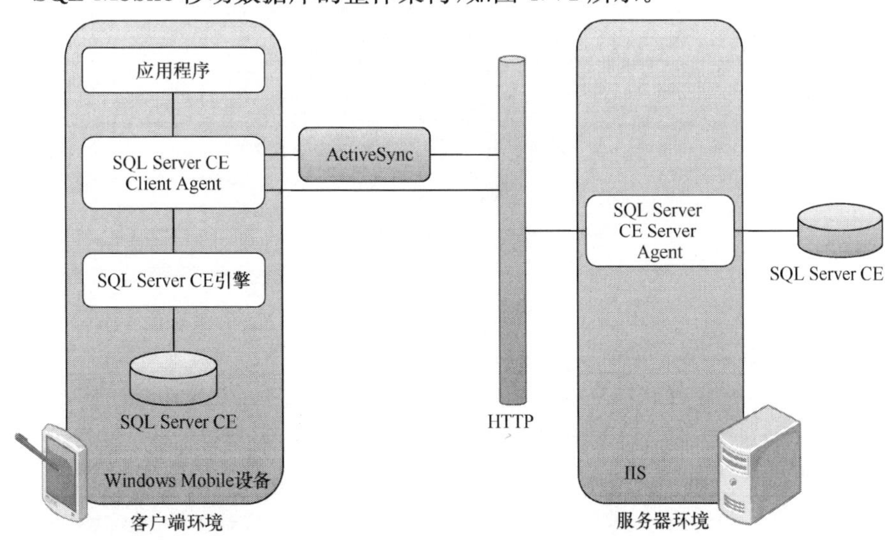

图 4.71　SQL Mobile 架构

2) RDA 同步

移动设备使用 RDA 方式同步时,需要借助于网络连接支持,如 ActiveSync(微软同步系统),也可以直接使用固定网络连接到路由器上。在条件允许的情况下,同样可以使用 WiFi、蓝牙等设备。对于 RDA 同步方式,数据都是由客户端发起,并通过部署在服务器端的 IIS 服务型网页进行数据传递,服务器端只能被动响应客户端的操作,并且这种操作是单向不可逆的。

对于 RDA 同步,存在着"上传"、"下行"两种操作,即将移动设备客户端的数据库表中的数据提交到远程服务器端的数据库中,或将服务器中的数据库表中的数据下载到移动设备客户端的 SQL Mobile 数据库中。RDA 的实现过程与方法如图 4.72 所示。

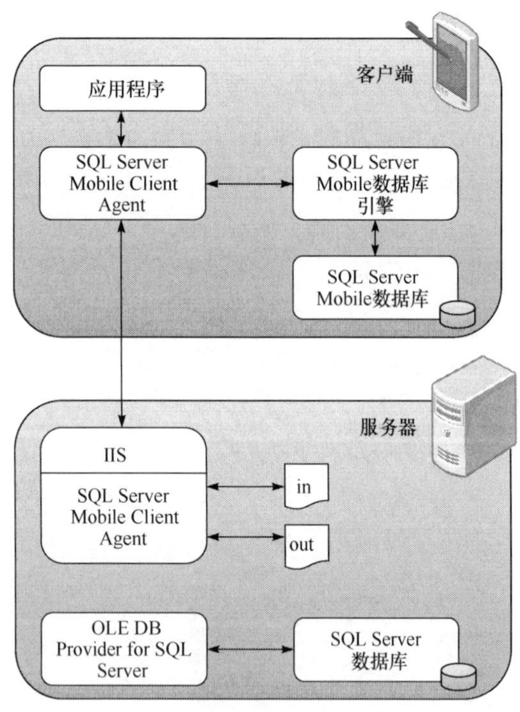

图 4.72 RDA 运行过程

(1) 创建移动设备端数据库。判断移动设备端的 SQL Mobile 数据库中是否已经存在该库,如果存在同名文件,则必须删除并重新建立。SQL Mobile 中的数据库格式以 sdf 结尾,创建时必须包含完整路径及后缀在内的文件名。

(2) 下载服务器端数据。对服务器端的数据下载,在 RDA 中需调用封装了的 Pull 方法,客户端代理会通过 HTTP 向服务器端代理发送 SQL 操作语言请求。客户端代理会将服务器数据库中返回的结果集对应到 SQL Mobile 中的数据库表中。

(3) 同步实时制造数据(上传数据)。在 RDA 方法中,实时制造数据的同步即数据的上传是通过封装了的 Push 方法实现的。客户端代理从移动数据库中取出所有变动(包括插入、删除、更新)记录,并将这些记录发送到服务器端代理,进而实现对服务器数据库的操作。

3) Web Service 同步

在现实制造环境中,移动设备具有诸如 WiFi、蓝牙、GPRS 等不同的数据连接方式,服务器往往拥有诸如 Oracle、SQL Server 等各类不同的数据库,这种复杂性给实际应用中数据同步带来了很大的麻烦。而选用 Web Service 的方式,通过标准的 HTTP 协议调用客户端数据,可以轻易地穿透防火墙,并且此方法具有良好的重用性,可以方便地访问远端的服务器封装服务,向数据库提交数据或者获取数据源。

Web Service 本质上为 HTTP＋XML(WSDL 将各类信息解释翻译成 XML 语言)＋SOAP 的消息处理机制,其实现原理如图 4.73 所示。

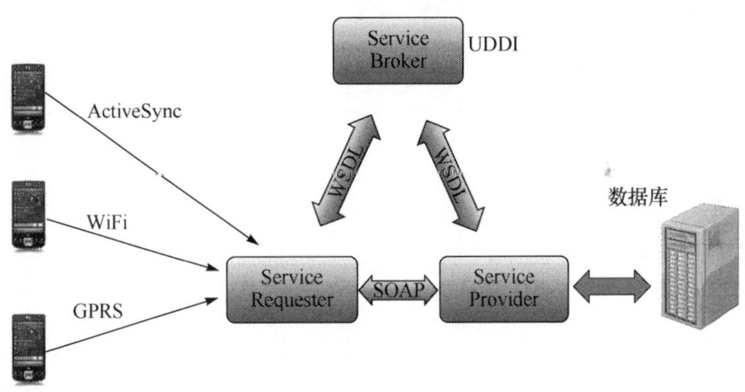

图 4.73　Web Service 工作原理

4.5　本 章 小 结

本章在分析服务型制造执行过程的各类数据特点的基础上,提出了实现实时数据采集配置和 Auto-ID 计算的方法,以实时、准确和高效获取反映制造过程状态的各种在线或离线的质量数据信息以及物流数据实现 soMES 精准控制。本章具体内容包括:

(1) 针对服务型制造过程的资源和物料跟踪问题,首先对各类生产资源进行了分类,采用 RFID 标签为主,辅助以二维码标识方法方式进行标识。此外,对门禁 RFID 阅读器、车载 RFID 阅读器和在制品跟踪 RFID 阅读器等配置进行了详细阐述,并通过典型配置应用案例对标签识别状况进行测试分析。

(2) 针对面向多工序加工工件质量的传感检测配置问题，通过对加工特征及加工要素之间的关联情况，识别出关键的加工特征和加工要素。通过构建面向工序流的检测仪器配置空间模型以及运用本体建模工具建立测量量本体，最后基于产生式规则推理得出相应的检测仪器。运用模糊层次综合评价法，对配置的检测仪器进行综合评价以选择出合适的测量仪器。

(3) 针对服务型制造执行系统传感配置综合评价问题，介绍了一种面向多工序检测过程的拓扑建模和分析方法。在构建的拓扑网络中，工件加工质量、加工要素、传感和测量要素映射为网络的节点；各节点之间的演变、定位、加工、紧固、检测等耦合关系映射为网络的边。通过对检测节点的负载度、检测强度、扩展度、综合监控指数以及鲁棒性等指标的分析评判，为传感布局优化设计提供了改进依据。

(4) 针对服务型制造过程的数据采集和 Auto-ID 问题，构建了面向服务型制造过程的实时数据库，基于 Auto-ID 计算实现了实时数据采集和处理，有效剔除了非法数据；通过 EVENT-COMPUTING 事件推理机获取了“事件-时间-状态”动作序列模型的触发事件，完成了生产状态信息的获取；设计了两种数据传输方法，以实现移动设备与服务器数据库的通信。

第 5 章　服务型制造执行过程的关键使能技术

5.1　面向加工装备的 e-服务节点模型

5.1.1　制造资源获取和特点

服务型制造执行系统的健康运行取决于各类制造资源的合理配置和正确使用，而以基于制造节点的逻辑框架去表述其中的制造资源有助于获得对制造资源更深刻的理解和使用。基于多服务驱动的新型制造执行系统的特点决定了其制造资源可从以下几个方面获取：

(1) 企业本身车间层的制造资源，如车间自有的设备、刀具、夹具、量具和配置的其他资源；

(2) 基于服务外包的第三方专业提供商的服务型制造资源，如专业第三方服务提供商所提供的刀具、夹具等各种信息外包服务；

(3) 面向服务众包的第 N 方服务提供商/群体的服务型资源，如由分布式发布的服务提供商所提供的解决方案等。

以上所获取的各方面制造资源在车间层将通过集成的制造节点模式为制造系统提供相应的资源服务。对于制造节点可以从其硬件组成和功能作用两方面进行理解，在硬件上可以表示为配置有各种资源和服务信息的制造设备端；在功能上，主要为车间顶层和设备底层提供制造服务，同时为车间内部和车间外部的服务承包商之间提供信息服务。基于制造节点的制造资源从广义上讲是满足制造节点功能的各种设备、信息和服务的集合，其狭义的解释可理解为车间的制造设备以及配置在制造设备上的其他设备信息和服务信息，由此可概括出服务型制造资源有以下特点：

(1) 制造资源是设备层和数据层的融合，二者通过相应的信息配置服务进行集成；

(2) 制造资源具有服务化的特点，其本质是为满足服务型制造的需求；

(3) 制造资源是提供外包和众包服务的对象；

(4) 在 soMES 中对制造资源的使用前有必要对其进行 e-服务化；

(5) e-服务化的制造资源节点通过 Web 级的信息技术进行封装后将构成车间级的制造资源服务网络。

5.1.2 制造资源 e-服务节点的定义

在服务型制造执行系统中，通过制造资源 e-服务化节点，将各种信息服务(如刀具服务、夹具服务等)集成起来，为制造执行系统提供信息支撑。据此对制造资源 e-服务化节点定义如下：

定义 5.1 制造资源 e-服务化节点在硬件上是一个制造节点前端服务器，在功能上则用于在服务型制造车间顶层与底层设备之间、车间内部和服务承包商之间的信息沟通[110,111]。首先，在设备层可视化地展现服务型制造执行系统运行的制造任务和制造决策信息；其次，将工序加工过程中的底层数据通过信息服务传递给上层系统；再次，通过制造资源 e-服务化节点有机地将制造资源(如配置在制造车间内包含刀/夹具等在内的加工装备)进行集成；最后，承担车间内部和外部第三方服务提供商(如由刀具 iPSS 供应商提供的刀具服务)之间的信息沟通功能，满足服务型制造的需求。

1. 制造资源 e-服务化节点框架结构

制造资源 e-服务化节点的框架结构如图 5.1 所示。制造资源 e-服务化节点在内沟通车间顶层与底层设备之间的数据/信息，在外沟通车间底层设备与第三方服务提供商之间的数据/信息，并执行车间顶层由生产排程与调度模块所产生的工序作业计划甘特图，在第三方服务提供商所提供的生产性服务支持下，实现制造任务的执行。制造资源 e-服务化节点通过设备服务、刀具服务、夹具服务、量具服务、切削液服务等信息服务将其所集成的制造资源的运行信息提取出来，提供给车间顶层及第三方服务提供商。设备服务、刀具服务、夹具服务及量具服务等可由第三方服务提供商(涵盖 iPSS 在内的生产性服务提供商)提供，并在车间设备层面上提供

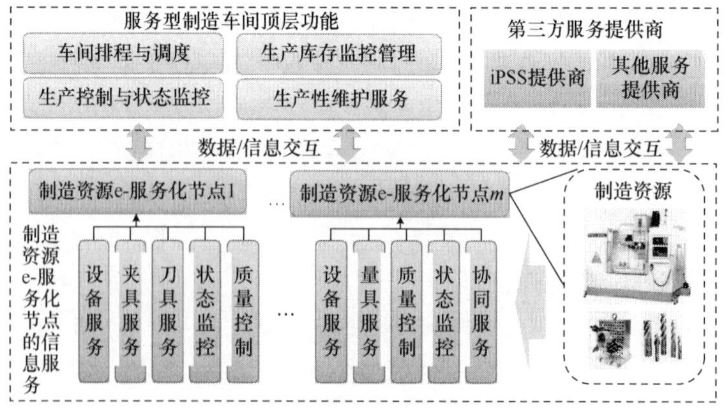

图 5.1 制造资源 e-服务化节点框架结构

具体的服务支撑。针对不同的制造任务，制造资源 e-服务化节点通过配置不同的制造资源，保障制造任务的执行。

2. 制造资源 e-服务化节点的信息服务内容

制造资源 e-服务化节点所包含的内容如图 5.2 所示。其输入为制造任务队列信息，输出为制造节点信息(包括零件信息、制造资源 e-服务化节点状态信息等)。附属在制造节点上的信息服务包括设备服务、刀具服务、夹具服务、量具服务、切削液服务、调度执行、质量控制、数据采集、协同工作及状态监控等，上述信息服务依托于制造资源获取制造资源运行中的信息。

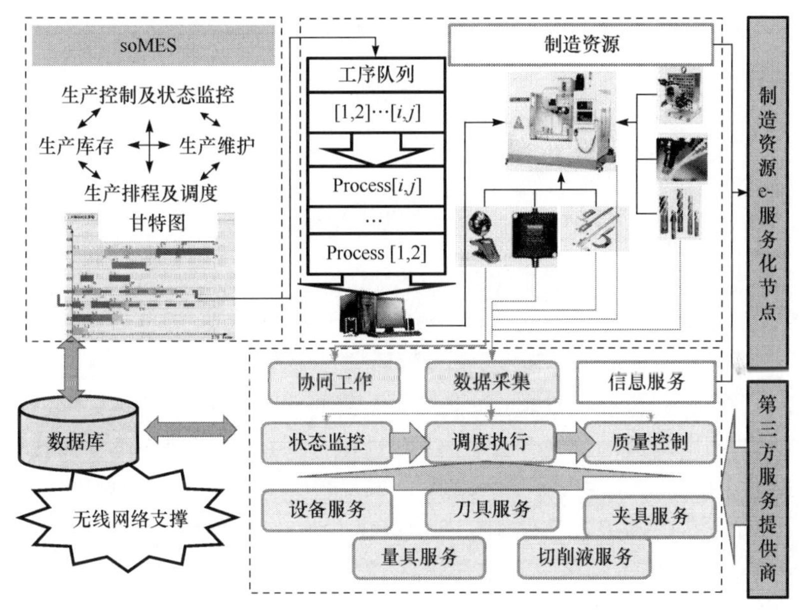

图 5.2　制造资源 e-服务化节点包含的服务

3. 制造资源 e-服务化节点实现信息服务的功能结构

制造资源 e-服务化节点的功能结构包括三部分，即信息服务接口、服务池及数据链接。信息服务接口实现制造资源 e-服务化节点中信息服务及其相关制造资源的添加和删除，服务池实现信息服务在制造资源 e-服务化节点的发布，数据链接实现各个信息服务之间数据的通信，如图 5.3 所示。通过信息服务接口、服务池及数据链接，将各种信息服务内容如设备服务、状态监控、刀具服务及质量控制等集成到制造资源 e-服务化节点上，为服务型制造车间顶层提供设备层信息，并针对不同的制造任务，为制造资源 e-服务化节点配置相应的信息服务。

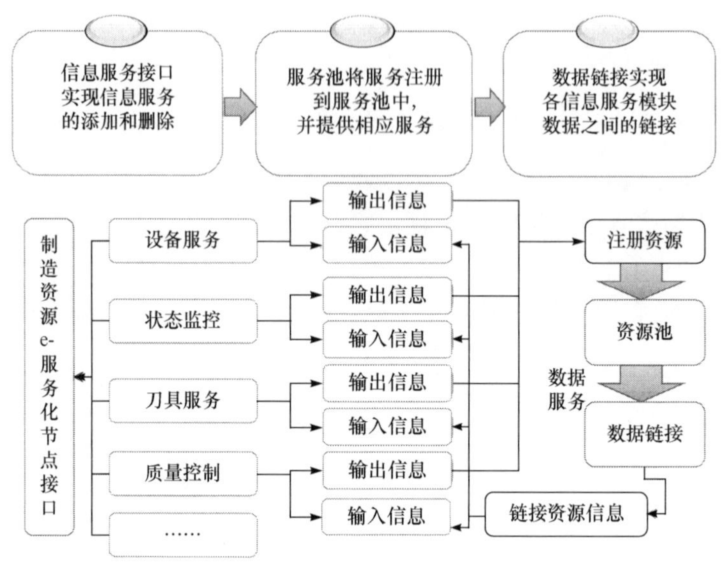

图 5.3　制造资源 e-服务化节点的功能

综上所述,制造资源 e-服务化节点相当于制造资源前端的一个数据与信息交互“代理”,一方面接收来自制造执行系统的制造任务和过程决策信息,如制造任务要求、生产排程结果、调度决策结果等,指导该制造资源相关的制造过程;另一方面,将底层采集的制造过程数据(如 RFID 采集的状态数据)以及经过计算处理的服务信息(如加工质量信息)实时反馈给制造执行系统,为整个车间的制造过程优化决策提供支持;再者,制造资源 e-服务化节点还为各服务之间的数据传输与交互提供支持,如质量控制服务依赖于量具服务测量出的数据等;最后,通过制造资源 e-服务化节点实现车间内部设备级与外部第三方服务提供商之间数据信息的交互与传输。

5.1.3　制造资源 e-服务节点的形式化描述

针对制造资源 e-服务化节点的定义,对其形式化描述如下:

定义 5.2　制造资源 e-服务化节点 E_Nd 为一有限的集合,其所包含的内容如式(5.1)所示:

$$E\_Nd=\{E\_IP,E\_OP,E\_FI,E\_RL,E\_MR,E\_MV\} \tag{5.1}$$

式中,E_IP 为制造资源 e-服务化节点输入的集合;E_OP 为制造资源 e-服务化节点输出的集合;E_FI 为制造资源 e-服务化节点信息服务功能的集合;E_RL 为制造资源 e-服务化节点中信息服务关系的集合;E_MR 为制造资源 e-服务化节点中制造资源的集合;E_EV 为制造资源 e-服务化节点的评价指数。

定义 5.3　制造资源集合表示为 E_MR,指配置在制造资源 e-服务化节点内包含刀/夹具等在内的加工装备;信息服务集合表示为 S_Nd,是指在制造资源e-服务化节点下通过设备服务、刀具服务、夹具服务、调度执行、质量控制等获取制造资源运行信息的信息服务,该信息服务可以由企业内部提供,也可以由第三方服务提供商(涵盖 iPSS 在内的生产性服务提供商)提供,其内容如式(5.2)及式(5.3)所示:

$$E\_MR=\{E\_MR_1, E\_MR_2, \cdots, E\_MR_n\} \tag{5.2}$$

式中,E_MR_1、E_MR_2、…、E_MR_n指配置在制造资源 e-服务化节点内的加工装备及辅助加工装备完成制造任务的刀具、夹具、量具等制造资源。

$$S\_Nd=\{S\_Ip, S\_Op, S\_Fu, S\_Ev\} \tag{5.3}$$

式中,S_Ip 为信息服务输入信息集合;S_Op 为信息服务输出信息集合;S_Fu 为信息服务功能集合;S_Ev 为信息服务状态集合。

制造资源 e-服务化节点的信息服务是提取制造资源运行过程信息的服务,不同的信息服务之间及信息服务与制造资源 e-服务化节点间具有不同的关系,该关系如图 5.4 所示:制造资源 e-服务化节点通过信息服务接口、服务池及数据链接将附属在该节点的信息服务集成起来,共同构成一个制造资源 e-服务化节点,接收并执行 soMES 运行中生产排程与调度的结果,为 soMES 提供制造资源 e-服务化节点的信息服务,并保障制造质量。

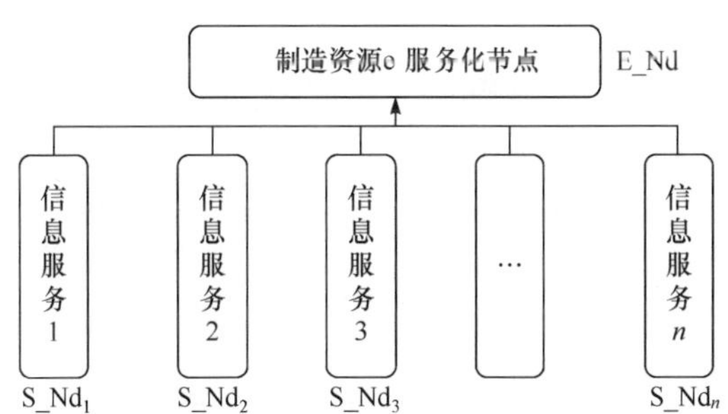

图 5.4　制造资源 e-服务化节点与信息服务关系

针对制造资源 e-服务化节点具有的制造资源集合 E_MR,需要有 n 个信息服务来提取制造资源运行过程的信息,那么有如下表达式:

制造资源 e-服务化节点的输入集合 E_IP 为

$$E\_IP=\{S\_IP_1, S\_IP_2, S\_IP_3, S\_IP_4, \cdots, S\_IP_n\} \tag{5.4}$$

式中,$S\_IP_1, S\_IP_2, S\_IP_3, S\_IP_4, \cdots, S\_IP_n$ 分别为当前制造资源 e-服务化节点中第 1,2,3,4,…,n 个信息服务输入的集合。

同理,制造资源 e-服务化节点的输出集合为

$$E\_OP=\{S\_OP_1, S\_OP_2, S\_OP_3, S\_OP_4 \cdots, S\_OP_n\} \tag{5.5}$$

式中,$S\_OP_1, S\_OP_2, S\_OP_3, S\_OP_4, \cdots S\_OP_n$ 分别为当前制造资源 e-服务化节点

中第 1,2,3,4,…,n 个信息服务输出的集合。

制造资源 e-服务化节点的功能集合为

$$E\_FI=\{S\_Fu_1, S\_Fu_2, S\_Fu_3, S\_Fu_4, \cdots, S\_Fu_n\} \tag{5.6}$$

式中,$S\_Fu_1, S\_Fu_2, S\_Fu_3, S\_Fu_4, \cdots, S\_Fu_n$ 分别为当前制造资源 e-服务化节点中第 1,2,3,4,…,n 个信息服务所提取的制造资源 E_MR 功能的集合。

定义 5.4 制造资源 e-服务化节点中的制造资源关系通过提取其运行信息的信息服务关系来体现,以 E_RL 来描述当前节点内各个信息服务输入输出之间的关系。

采用图论的方法对其描述,如式(5.7)所示:

$$E\_RL=(EP, EV) \tag{5.7}$$

式中,EP 为节点的集合,指制造资源 e-服务化节点下信息服务的集合;

$$EP=\{S\_Nd_1, S\_Nd_2, S\_Nd_3, S\_Nd_4, \cdots, S\_Nd_n\} \tag{5.8}$$

$S\_Nd_1, S\_Nd_2, S\_Nd_3, S\_Nd_4, \cdots, S\_Nd_n$ 分别为当前节点内的第 1,2,3,4,…,n 个信息服务。EV 为边的集合,其意义为某个信息服务的输出是另一个信息服务的输入。

设信息服务 1 和信息服务 3 的输出是信息服务 2 的输入,信息服务 i 的输出是信息服务 j 的输入,那么,边的集合 EV 可以表示为

$$EV=\{(S\_Nd_1, S\_Nd_2), (S\_Nd_3, S\_Nd_2), \cdots, (S\_Nd_i, S\_Nd_j)\} \tag{5.9}$$

以一个最简的制造资源 e-服务化节点为例,描述其信息服务关系 E_RL。如图 5.5 所示,该最简制造资源 e-服务化节点包含七个信息服务,分别是调度执行 S_Nd_1,设备服务 S_Nd_2,状态监控 S_Nd_3,质量控制 S_Nd_4,刀具服务 S_Nd_5,夹具服务 S_Nd_6,数据采集 S_Nd_7。因此,式(5.7)中节点的集合为

$$EP=\{S\_Nd_1, S\_Nd_2, S\_Nd_3, S\_Nd_4, S\_Nd_5, S\_Nd_6, S\_Nd_7\} \tag{5.10}$$

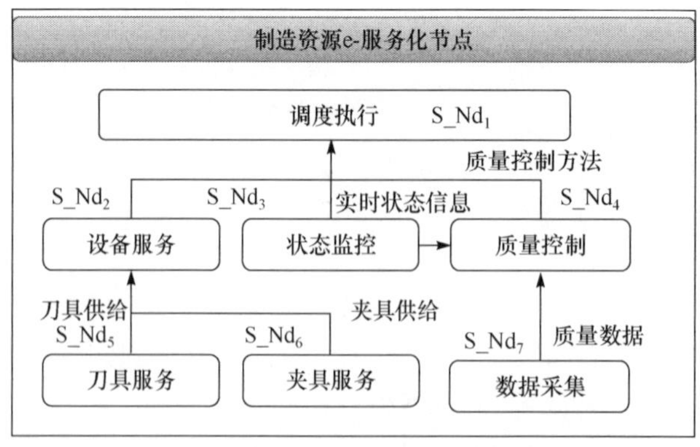

图 5.5 最简制造资源 e-服务化节点内部制造资源关系

七个信息服务之间的关系为：调度执行接收生产排程与调度的结果，并显示在看板上指导工人进行操作；设备服务提供制造执行加工装备运行过程中所必须的设备信息；刀具服务（可能由刀具 iPSS 供应商提供该服务）及夹具服务（可能由夹具 iPSS 供应商提供该服务）则为设备服务提供相应的刀具供给信息服务和夹具供给信息服务，保障制造的顺利进行；状态监控提供实时状态信息（如当前处于出入缓存的零件状态信息及正在制造中的零件状态信息）给调度执行和质量控制；质量控制为调度执行提供质量控制方法，保障制造任务的质量；数据采集为质量控制提供所需的质量数据。因此，式(5.7)中的边的集合为

$$\begin{aligned}EV=\{&(S\_Nd_2,S\_Nd_1),(S\_Nd_3,S\_Nd_1),(S\_Nd_4,S\_Nd_1),(S\_Nd_5,S\_Nd_2),\\&(S\_Nd_6,S\_Nd_2),(S\_Nd_3,S\_Nd_4),(S\_Nd_7,S\_Nd_4)\}\end{aligned} \tag{5.11}$$

式(5.9)～式(5.11)所采用的是有向图，即边(S_Nd_3，S_Nd_4)与边(S_Nd_4，S_Nd_3)表示的是两个不同的边，前一个由节点 S_Nd_3 指向 S_Nd_4，表示节点 S_Nd_3 的输出信息集合中部分信息是节点 S_Nd_4 中的输入信息；后一个由节点 S_Nd_4 指向 S_Nd_3，表示节点 S_Nd_4 的输出信息集合中部分信息是节点 S_Nd_3 中的输入信息。

制造资源 e-服务化节点通过集成上述信息服务实现制造资源的集成，一方面通过节点下属的信息服务（如设备服务、状态监控、质量控制等）为车间顶层提供设备层数据信息；另一方面通过节点下属的信息服务（如调度执行）将顶层的制造任务信息卜达到设备层进行制造任务的加工；再者，通过部分由第三方服务提供商提供的信息服务，实现制造车间设备层与第三方服务提供商之间的信息交互，以满足服务型制造车间中沟通车间顶层和底层设备、车间内部和第三方服务提供商之间信息交互的需求。

5.1.4　制造资源 e-服务化节点的交互接口

制造资源 e-服务化节点是实现制造与服务相融合的纽带，以其数据与信息交互“代理”的功能将工序外包、第三方服务提供商及制造车间有机地集成起来。因此，制造资源 e-服务化节点可以分为四种情形。

1. 制造资源 e-服务化节点四种情形

1）制造资源 e-服务化节点集成工序外包服务

服务型制造车间的工序外包服务可以通过制造资源 e-服务化节点加入到车间制造中，制造资源 e-服务化节点通过其数据与信息交互“代理”的功能将制造车间顶层的排程与调度信息下发到工序外包服务提供商，并以信息接口的方式将工序外包服务商的数据/信息上传到车间顶层，从而将工序外包服务纳入到服务型制造车间的排程与调度中，实现制造与服务的融合。

2）制造资源 e-服务化节点集成的制造资源均为制造车间自有

制造资源 e-服务化节点集成的制造资源（如设备、刀具、夹具等）均为制造车间自有，由车间提供获取制造资源运行过程中信息的信息服务，通过制造资源 e-服务化节点将车间底层的数据/信息上传到车间顶层，并将车间顶层的排程与调度信息下达到制造资源 e-服务化节点内的设备上，辅助完成零件的加工。

3）制造资源 e-服务化节点集成的刀/夹具等服务由第三方服务提供商提供

制造资源 e-服务化节点的加工装备为制造车间自有，但辅助加工装备完成加工工序任务的刀/夹具等制造资源由第三方服务提供商提供。第三方服务提供商提供刀/夹具服务等信息服务所需的数据/信息，通过制造资源 e-服务化节点提供给制造车间。

4）制造资源 e-服务化节点集成的制造资源均由第三方服务提供商提供

制造资源 e-服务化节点的制造资源均由第三方服务提供商提供，获取节点下制造资源运行过程信息的设备服务、刀具服务、夹具服务等信息服务也由第三方服务提供商提供数据/信息支撑，并通过制造资源 e-服务化节点将数据/信息上传到制造车间顶层，并执行制造车间顶层的排程与调度任务，实现设备层制造与服务的融合。

2. 制造资源 e-服务化节点的交互接口

依据上述四种不同环境下的制造资源 e-服务化节点，研究其交互接口方法。其中第 2 种环境下，制造车间所需的一切数据/信息均由其自身提供，在此情况下不存在交互接口问题。故需要对第 1、3、4 种环境下的交互接口进行研究。

1）制造资源 e-服务化节点集成的工序外包服务

工序外包服务与服务型制造车间的信息交互通过制造资源 e-服务化节点实现，由式(5.1)可知，工序外包服务接收的数据/信息为制造资源 e-服务化节点输入的集合 E_IP，制造车间提供的输出数据/信息为制造资源 e-服务化节点输出的集合 E_OP。针对制造车间与工序外包服务提供商之间的保密等级，工序外包服务所提供的输入集合和输出集合内容也不同。

工序外包服务需要为制造车间提供的最小数据/信息集合为满足排程与调度所能够顺利执行的时间信息，即上文中调度执行 S_Nd_1 输出的集合 S_Ip_1；其所需要制造车间提供的数据/信息集合为调度执行 S_Nd_1 输入的集合 S_Op_1。那么，有

$$E\_IP = S\_Ip_1 \tag{5.12}$$

$$E\_OP = S\_Op_1 \tag{5.13}$$

工序外包服务为制造车间所能提供的最大数据/信息集合取于工序外包服务中所拥有的信息服务的数量。设工序外包服务所拥有的信息服务数量为 n，那

么有

$$E\_IP = \{S\_Ip_1, S\_Ip_2, S\_Ip_3, S\_Ip_4, \cdots, S\_Ip_n\} \quad (5.14)$$

$$E\_OP = \{S\_Op_1, S\_Op_2, S\_Op_3, S\_Op_4, \cdots, S\_Op_n\} \quad (5.15)$$

此为工序外包服务为制造车间进行数据/信息交互时的最大数据/信息集合。

2）制造资源 e-服务化节点集成的刀/夹具等服务由第三方服务提供商提供

此种环境下，制造资源 e-服务化节点的交互接口需满足第三方服务提供商与制造车间之间的数据/信息交互需求。第三方服务提供商提供的服务即为制造资源 e-服务化节点所集成的信息服务（如刀具服务、夹具服务等），所需要的数据/信息交互接口即由第三方服务提供商提供相应信息服务的输入/输出信息集合。

针对刀具服务 S_Nd_5，由公式(5.3)可知，第三方服务提供商需要为制造资源 e-服务化节点提供的数据/信息的集合为输出信息的集合 S_Op_5，需要制造资源 e-服务化节点提供的数据/信息的集合为输入信息的集合 S_Ip_5，并为制造资源 e-服务化节点提供刀具服务功能的集合 S_Fu_5 及状态的集合 S_Ev_5，从而满足制造车间与第三方服务提供商之间信息的交互功能。第三方服务提供商提供的夹具服务与制造车间之间的信息接口与刀具服务类同。

3）制造资源 e-服务化节点集成的制造资源均由第三方服务提供商提供

此种环境下，制造资源 e-服务化节点的交互接口同样需满足第三方服务提供商与制造车间之间的数据/信息交互需求。由于制造资源 e-服务化节点下的制造资源均由第三方服务提供商提供，故相应的信息服务也由第三方服务提供商提供，即信息服务的输入集合为制造资源 e-服务化节点提供的数据/信息集合。同时，制造资源 e-服务化节点下的加工装备也由第三方服务提供商提供（如加工装备 iPSS），那么刀/夹具等信息服务所提供的输出信息集合通过制造资源 e-服务化节点提供给设备服务（由第三方服务提供商提供）。

针对设备服务 S_Nd_2，由公式(5.3)可知，第三方服务提供商需要为制造资源 e-服务化节点提供的数据/信息的集合为输出信息的集合 S_Op_2，需要制造资源 e-服务化节点提供的数据/信息的集合为输入信息的集合 S_Ip_2，同时设备服务提供服务功能的集合 S_Fu_2 及状态的集合 S_Ev_2，从而满足制造车间与第三方服务提供商之间信息的交互功能。而其他第三方服务提供商与设备服务提供商之间的信息交互由公式(5.11)确定。其他信息服务如刀具服务、夹具服务等，由第三方服务提供商提供信息服务中集合 S_Ip_2、S_Op_2、S_Fu_2 及 S_Ev_2 所需的数据/信息，并通过制造资源 e-服务化节点将底层设备级的数据/信息上传到制造车间，实现服务型制造车间与第三方服务提供商之间信息的交互接口。

依据上述制造资源 e-服务化节点交互接口的研究，满足了服务型制造车间中制造与服务相融合的需求，并将各种生产性服务外包融合到服务型制造车间中，为生产排程与运行调度、质量控制与跟踪、生产维护、物流、库存与在制品跟踪、协同交互与控制等提供了依据。

5.1.5 制造资源 e-服务化节点的配置与评价

制造资源 e-服务化节点是可以动态配置制造资源信息服务的制造节点，针对不同的制造任务，配置不同的信息服务以满足制造的需求。因此，首先需要对制造节点任务进行建模，然后根据制造任务的需求分析制造资源 e-服务化节点的功能是否满足制造任务的需求，在不满足时根据实际情况对其进行动态配置。

1. 制造资源 e-服务化节点的制造任务模型

车间运行中生产排程与调度产生工序作业计划甘特图，而工序作业计划则分配到制造资源 e-服务化节点上，通过制造资源 e-服务化节点中的调度执行信息服务实现设备层获取顶层制造任务信息的功能，并通过设备服务、刀具服务等信息服务完成制造任务。此小节描述了车间制造资源 e-服务化节点的制造任务模型。

一个零件的加工过程依赖于原材料在各个制造资源 e-服务化节点间流转，且分别在其上完成所规划好的工艺制造任务，最终形成成品零件。如图 5.6 所示，生产排程与调度结果甘特图产生工序作业计划，并分配到各个制造资源 e-服务化节点上。对于单个制造资源 e-服务化节点来讲，其制造任务为工序作业队列，并在时间、成本、质量等的约束下完成工序的加工。

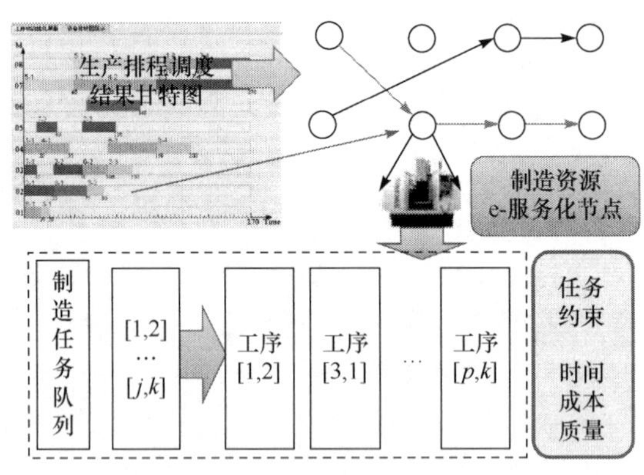

图 5.6　制造节点接收来自车间顶层的制造任务队列

定义 5.5　设车间具有 K 批次的零件制造任务，批次零件 P^k 具有 I 个零件，以 P_i^k 表示第 k 批次零件中第 i 个零件，该零件的第 j 道工序可以表示为集合 $\mathrm{Pr}_{[i,j]}^k$，该零件共有 J 道工序。

采用集合论的方法对制造任务队列进行描述，设 $\mathrm{Pr}_{[i,j]}^k$ 所表示的批次零件 P_i^k 的第 j 道工序在某制造资源 e-服务化节点上加工，其所包含的内容包括加工工序描述、质量需求及制造时间。采用加工特征来表述工序内容，那么有

$$\mathrm{Pr}_{[i,j]}^{k}=(\mathrm{Prf},\mathrm{Prq},\mathrm{Prt},\mathrm{Prs}) \tag{5.16}$$

式中，Prf 为当前工序制造任务的特征描述；Prq 为当前工序制造任务的质量要求；Prt 为加工当前工序制造任务的时间要求；Prs 为当前工序制造任务的状态进度。

设零件 P_i^k 的第 j 道工序 $\mathrm{Pr}_{[i,j]}^{k}$ 在某制造资源 e-服务化节点上加工，那么，满足该条件的所有加工工序的集合即可视为该制造资源 e-服务化节点上的制造任务队列，有

$$\mathrm{E\_Process}=\bigcup_{k=1}^{m}\bigcup_{i=1}^{n}\mathrm{Pr}_{[i,j]}^{k} \tag{5.17}$$

式中，m 为在该制造资源 e-服务化节点上具有工序加工的批次零件的总数；n 为批次零件 P^k 中有 n 个零件在该制造资源 e-服务化节点上具有工序制造任务。

定义 5.6　制造资源 e-服务化节点的任务队列指在当前制造节点上加工的所有的工序制造任务 $\mathrm{Pr}_{[i,j]}^{k}$ 的集合。

2. 基于加工特征的制造任务描述

加工特征可从加工特征的分类和加工特征几何形状信息及加工要求等进行描述。

定义 5.7　加工特征是指工序制造任务中，为了更好地对工序内容进行规范，通过加工的几何形状信息等对工序制造任务进行更细致的特征分类，从而指导工序制造任务的进行。

如图 5.7 所示，批次零件 P_i^k 分为若干个工序 $\mathrm{Pr}_{[i,1]}^{k}$，$\mathrm{Pr}_{[i,2]}^{k}$，…，$\mathrm{Pr}_{[i,j]}^{k}$，…，$\mathrm{Pr}_{[i,J]}^{k}$，每道工序包含 T 个加工特征，工序 $\mathrm{Pr}_{[i,j]}^{k}$ 包含的加工特征可以表示为 $\bigcup_{t=1}^{T}\mathrm{Prf}_{i,j,t}^{k}$。

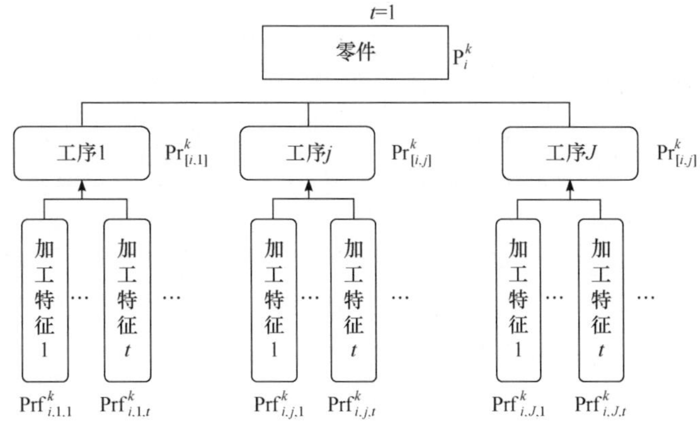

图 5.7　零件特征构成方式

将图 5.7 转化为树模型，可得图 5.8。

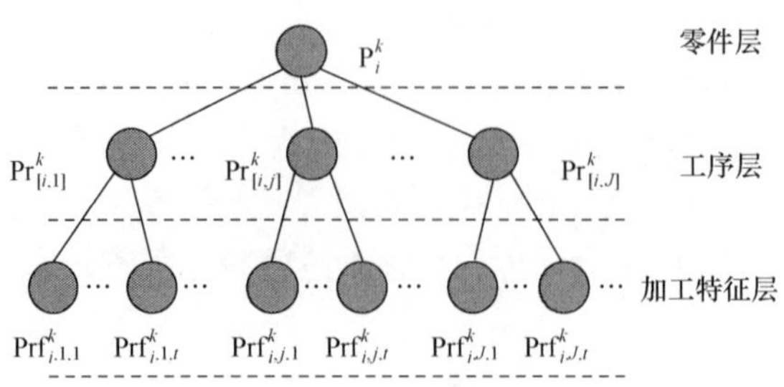

图 5.8 零件工序特征组成的树模型

因为树属于图的一种，为不含回路的无向图，因此采用图论的描述方法对零件、工序、特征组成的树模型进行描述。

定义 5.8 零件 P_i^k 包含 J 道工序 $Pr_{[i,1]}^k, Pr_{[i,2]}^k, \cdots, Pr_{[i,j]}^k, \cdots, Pr_{[i,J]}^k$，其中第 j 道工序包含 T 个特征，分别为 $Prf_{i,j,1}^k, Prf_{i,j,2}^k, \cdots, Prf_{i,j,t}^k, \cdots, Prf_{i,j,T}^k$。以 GP_i^k 表示零件 P_i^k 的树图，那么有

$$GP_i^k=(P\_p_i^k, V\_p_i^k) \tag{5.18}$$

式中，$P\_p_i^k$ 为节点的集合，由零件节点及该零件包含的工序节点组成；$V\_p_i^k$ 为边的集合，表示树枝，描述了零件所包含的工序及零件与工序间的关系。

$$P\_p_i^k=\{P_i^k, Pr_{[i,1]}^k, \cdots, Pr_{[i,j]}^k, \cdots, Pr_{[i,J]}^k\} \tag{5.19}$$

$$V\_p_i^k=\{(P_i^k, Pr_{[i,1]}^k), \cdots, (P_i^k, Pr_{[i,j]}^k), \cdots, (P_i^k, Pr_{[i,J]}^k)\} \tag{5.20}$$

工序 $Pr_{[i,j]}^k$ 由特征组成，以 $GPr_{[i,j]}^k$ 表示工序 $Pr_{[i,j]}^k$ 的树图，那么有

$$GPr_{[i,j]}^k=\{P\_pr_{[i,j]}^k, V\_pr_{[i,j]}^k\} \tag{5.21}$$

式中，$P\_pr_{[i,j]}^k$ 为节点的集合，由工序 $Pr_{[i,j]}^k$ 及该工序包含的加工特征 $\bigcup_{t=1}^{T} Prf_{i,j,t}^k$ 组成。$V\_pr_{[i,j]}^k$ 为边的集合，描述了工序 $Pr_{[i,j]}^k$ 与工序内加工特征的关系。

$$P\_pr_{[i,j]}^k=\{Pr_{[i,j]}^k, Prf_{i,j,1}^k, \cdots, Prf_{i,j,t}^k, \cdots, Prf_{i,j,T}^k\} \tag{5.22}$$

$$V\_pr_{[i,j]}^k=\{(Pr_{[i,j]}^k, Prf_{i,j,1}^k), \cdots, (Pr_{[i,j]}^k, \cdots, Prf_{i,j,t}^k), \cdots, (Pr_{[i,j]}^k, Prf_{i,j,T}^k)\} \tag{5.23}$$

通过式(5.18)～式(5.23)的描述，可以将一个零件的制造任务通过工序及加工特征来描述，且基于加工特征的工序描述 GP_i^k 树图可以作为制造资源 e-服务化节点的制造任务输入。

根据上述零件的描述方式，加工特征所应具备的要素包括：几何属性、精度属性、材料属性及工艺属性。几何属性对所要加工特征的几何形状及尺寸进行描述(如外圆、内孔、端面、平面、倒角及圆角等)；精度属性对加工特征的相关精度(如尺寸公差、形位公差、粗糙度等)进行描述；材料属性对材料的型号进行描述；工艺属性对加工过程中所需要的刀、夹、量等信息及加工特征的工艺信息进行描述。因此，加工特征 Prf 可以表示为

$$Prf=\{Prf\_geo, Prf\_pre, Prf\_mat, Prf\_pro\} \tag{5.24}$$

式中，Prf_geo 为加工特征的属性集合；Prf_pre 为精度的集合；Prf_geo 为零件的材料；Prf_pro 为加工特征的工艺信息。

因此，对应于一个制造资源 e-服务化节点 n，设该节点接收的制造任务为工序 $\mathrm{Pr}^k_{[i,j]}$，该工序含有的加工特征包括 $\mathrm{Prf}^k_{i,j,1},\cdots,\mathrm{Prf}^k_{i,j,t},\cdots,\mathrm{Prf}^k_{i,j,T}$。那么，零件 P^k_i 的第 j 道工序在当前制造资源 e-服务化节点所需要加工的几何属性 $\mathrm{E\_geo}_n$ 为

$$\mathrm{E\_geo}_n=\{\mathrm{Prf\_geo}^k_{i,j,1},\cdots,\mathrm{Prf\_geo}^k_{i,j,t},\cdots,\mathrm{Prf\_geo}^k_{i,j,T}\} \tag{5.25}$$

其精度集合 $\mathrm{E\_pre}_n$ 为

$$\mathrm{E\_pre}_n=\{\mathrm{Prf\_pre}^k_{i,j,1},\cdots,\mathrm{Prf\_pre}^k_{i,j,t},\cdots,\mathrm{Prf\_pre}^k_{i,j,T}\} \tag{5.26}$$

3. 制造资源 e-服务化节点配置

制造资源 e-服务化节点通过集成设备服务（该信息服务可获取加工装备运行过程信息）获取节点制造能力的描述，分配到该节点的制造任务队列可以描述为零件工序 $\mathrm{Pr}^k_{[i,j]}$ 的集合，该加工特征集合中的几何属性描述和制造资源 e-服务化节点中的制造能力描述一一对应，如图 5.9 所示。所谓的制造资源 e-服务化节点的配置就是根据已有的制造任务配置相应的刀具、夹具、量具和质量检测等制造资源以及获取制造资源运行信息的信息服务（该信息服务可能由涵盖 iPSS 在内的第三方服务提供商提供），完成该制造资源 e-服务化节点的制造任务。

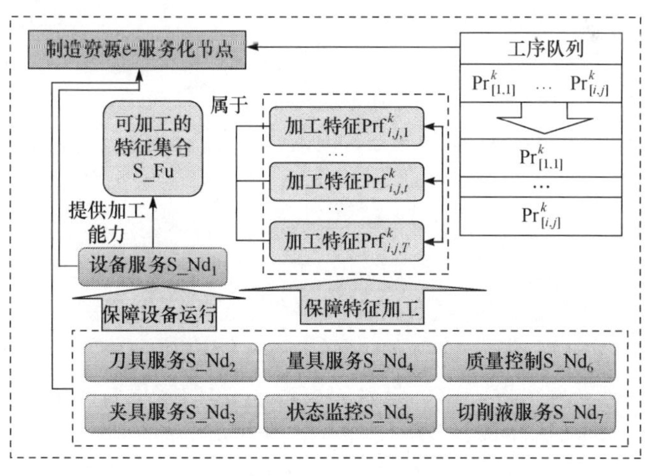

图 5.9　制造资源 e-服务化节点配置

制造资源 e-服务化节点 E_Nd 的加工能力来源于设备服务（可能由专业的第三方服务提供商提供）S_Nd，即设备服务（或加工能力服务）的功能集合 S_Fu。

设制造资源 e-服务化节点 E_Nd 中的设备服务为 $\mathrm{S\_Nd}_1$，该设备服务功能集合为 $\mathrm{S\_Fu}_1$，其物理意义为该设备可加工的加工特征的集合。针对加工工序 $\mathrm{Pr}^k_{[i,j]}$，其加工特征为 $\mathrm{Prf}^k_{i,j,1},\cdots,\mathrm{Prf}^k_{i,j,t},\cdots,\mathrm{Prf}^k_{i,j,T}$。设集合 E_Nd_abl 表示当前制

造资源 e-服务化节点 E_Nd 是否可以加工工序 $Pr^k_{[i,j]}$，由关系代数中选择的概念可知：

$$\sigma F(\text{E\_Nd\_abl})=\{Prf^k_{i,j,1}\in \text{S\_Fu}_1 \wedge ,\cdots, \wedge Prf^k_{i,j,T}\in \text{S\_Fu}_1\} \tag{5.27}$$

若 E_Nd_abl 为“真”(即式(5.27)中的条件均成立，工序 $Pr^k_{[i,j]}$ 的加工特征均属于设备服务的功能集合 S_Fu)，那么表示当前制造资源 e-服务化节点可以完成加工工序 $Pr^k_{[i,j]}$ 的加工；如果 E_Nd_abl 为“假”(即式(5.22)中的条件部分不成立或全不成立，工序 $Pr^k_{[i,j]}$ 的加工特征部分不属于或全不属于设备服务的功能集合 S_Fu)，那么表示当前制造资源 e-服务化节点不能完成工序 $Pr^k_{[i,j]}$ 的加工，需要增强当前制造资源 e-服务化节点的加工能力或更换制造资源 e-服务化节点来完成制造任务。

针对制造资源 e-服务化节点 E_Nd 可以完成的制造任务 $Pr^k_{[i,j]}$，需对其进行制造资源 e-服务化节点信息服务的配置，需要确定哪些信息服务与制造任务相关，即在该节点下哪些信息服务的输入为加工工序 $Pr^k_{[i,j]}$。设 S_Nd_num 为需要配置的信息服务集合，那么有

$$\sigma(\text{S\_Nd\_num})=\{\text{S\_nd}\mid \text{S\_nd}\in \text{S\_Nd\_num} \wedge Pr^k_{[i,j]}\in \text{S\_nd}[\text{S\_IP}]\} \tag{5.28}$$

式(5.28)的物理意义为，选择信息服务 S_nd 作为需要配置的信息服务集合 S_Nd_num，并满足条件：信息服务 S_nd 的输入集合 S_IP 中，包含加工工序 $Pr^k_{[i,j]}$。满足这个条件的信息服务 S_nd 的集合，即为完成加工工序 $Pr^k_{[i,j]}$ 所需要对制造资源 e-服务化节点进行配置的信息服务的集合 S_Nd_num。根据所需的信息服务，确定具体的制造资源(如刀具型号等)。

对应于需要配置的信息服务 S_nd，设该信息服务的提供商所提供的服务集合为 S_nd_ipss，那么对应于加工工序 $Pr^k_{[i,j]}$，该信息服务所需要配置的服务 S_nd_ipss_service 为

$$\text{S\_nd\_ipss\_service}=Pr^k_{[i,j]} \rhd\lhd \text{S\_nd\_ipss} \tag{5.29}$$

式(5.29)的物理意义为：通过加工工序 $Pr^k_{[i,j]}$ 与服务提供商所提供制造信息服务 S_nd 的服务内容集合 S_nd_ipss 进行自然连接，从而获得满足加工工序 $Pr^k_{[i,j]}$ 的当前信息服务可以提供的集合。举例来说，假定信息服务 S_nd_2 为刀具服务，该服务由刀具 iPSS 供应商提供，刀具 iPSS 供应商所能够提供的所有刀具服务集合为 S_nd_ipss，那么通过式(5.25)的自然连接，可以根据加工工序 $Pr^k_{[i,j]}$ 的内容选择出适合该制造任务的刀具，将其作为一个集合 S_nd_ipss_service 来表示，并在该制造任务到达当前制造资源 e-服务化节点前根据工序及加工特征内容进行刀具的选择及配送服务，辅助完成制造任务。

因此，根据式(5.27)和式(5.28)可以确定在制造资源 e-服务化节点中需要配置哪些信息服务；而式(5.29)解决了在信息服务中，如何根据制造任务完成服务具体内容的配置(如刀具服务需要根据制造任务确定刀具的选择并完成刀具配送服

务)。

4. 制造资源 e-服务化节点评价指数

制造资源 e-服务化节点是制造车间中最小的制造单元节点,该节点通过集成信息服务实现节点的加工能力。为了更好地为车间顶层提供针对制造任务的制造资源 e-服务化节点的加工能力信息,需对制造资源 e-服务化节点的加工执行能力进行评价。

定义 5.9　针对制造任务的制造资源 e-服务化节点评价指数可以描述为,评价指定的制造任务在指定的制造资源 e-服务化节点中能否顺利完成的程度,并为车间顶层提供制造资源 e-服务化节点能否顺利完成制造任务的信息。

制造资源 e-服务化节点是集成制造资源及信息服务的"代理",对其评价涉及各个制造资源的状态,文中制造资源的状态由信息服务提供,即以式(5.3)中S_Ev描述信息服务状态,故制造资源 e-服务化节点的评价指数主要依据其信息服务的状态。

由式(5.28)知,制造资源 e-服务化节点中的信息服务可以分为两类:一类为与加工工序 $Pr^k_{[i,j]}$ 具有直接相关的信息服务 S_Nd_num(如刀具服务);另一类为与加工工序 $Pr^k_{[i,j]}$ 无直接相关的信息服务 S_Nd_neg(如化学品服务)。那么有

$$S\_Nd\_neg(x)=\{x \mid x\in S\_Nd \wedge x\notin S\_Nd\_num\} \tag{5.30}$$

根据文中制造任务的描述,制造资源 e-服务化节点接收的制造任务为加工工序 $Pr^k_{[i,j]}$,因此,针对制造任务的制造资源 e-服务化节点评价指数研究从针对加工工序 $Pr^k_{[i,j]}$ 入手。针对与加工工序 $Pr^k_{[i,j]}$ 具有直接相关的信息服务 S_Nd_num,其信息服务状态为 S_Ev,其具体数值由该制造资源提供商所提供服务的状态确定,包括三个方面:该信息服务在当前节点的状态 S_Ev_a、该信息服务中对应制造资源的使用有效期状态 S_Ev_b 及该信息服务对应制造资源的备件状态 S_Ev_c。

信息服务在当前节点的状态 S_Ev_a 的取值为 0 或 1。取 0 时表示当前信息服务在当前节点中不能满足加工工序 $Pr^k_{[i,j]}$ 的需求,包括信息服务对应的制造资源损坏或信息服务能力不足引起的不满足加工工序 $Pr^k_{[i,j]}$ 的需求。取 1 时表示当前信息服务可以满足加工工序 $Pr^k_{[i,j]}$ 的需求。如刀具服务中,如果刀具服务提供商提供的刀具能够满足加工工序 $Pr^k_{[i,j]}$ 的加工需求,那么刀具服务状态 S_Ev_a 取值为 1;如果所提供的刀具不能够满足加工工序 $Pr^k_{[i,j]}$ 的加工需求,刀具服务状态 S_Ev_a 取值为 0。

信息服务中对应制造资源的使用有效期状态 S_Ev_b 取值为 0 或 1。取 0 时表示当前信息服务中对应的制造资源已经超出有效期的使用范围。取 1 时表示当前信息服务中对应的制造资源尚在有效的使用期范围内。

信息服务对应制造资源的备件状态 S_Ev_c 取值为 0 或 1。取 0 时表示当前

信息服务提供商没有信息服务对应的制造资源的备件或备料等。取 1 时表示当前信息服务提供商有信息服务对应制造资源的备件或备料。

针对与加工工序 $Pr_{[i,j]}^{k}$ 无直接相关的信息服务 S_Nd_neg，其信息服务状态为 S_Ev，具体的数值也由该信息服务提供商所提供服务的状态确定，包括三个方面：该信息服务在当前节点的状态 S_Ev_a、该信息服务中对应制造资源的使用有效期状态 S_Ev_b 及该信息服务对应制造资源的备件状态 S_Ev_c。其中该信息服务中对应制造资源的使用有效期状态 S_Ev_b 及该信息服务对应制造资源的备件状态 S_Ev_c 数值的确定方式与信息服务集合 S_Nd_num 中信息服务的确定方式相同，该信息服务在当前节点的状态 S_Ev_a 的确定方式如下：

信息服务在当前节点的状态 S_Ev_a 的取值为 0 或 1。取 0 时表示当前信息服务状态失效，如化学品服务中，机床的切削液不足的情况下，该化学品服务状态 S_Ev_a 取值为 0。取 1 时表示当前信息服务状态良好，如化学品服务中，化学品资源能够满足当前节点需求的情况下，该化学品服务状态 S_Ev_a 取值为 1。

故信息服务的状态 S_Ev 可以根据该信息服务在当前制造资源 e-服务化节点的状态 S_Ev_a、该信息服务中对应制造资源的使用有效期状态 S_Ev_b 及该信息服务对应制造资源的备件状态 S_Ev_c 这三种状态来决定。定义信息服务的状态 S_Ev 为

$$\text{S\_Ev} = (\text{S\_Ev\_a}, \text{S\_Ev\_b}, \text{S\_Ev\_c}) \tag{5.31}$$

设制造资源 e-服务化节点 E_Nd 具有 n 个信息服务，那么针对加工工序 $Pr_{[i,j]}^{k}$，有

$$\overline{\text{S\_Ev\_a}} = \frac{1}{n}\sum_{j=1}^{j=n} \text{S\_EV\_a}_j \tag{5.32}$$

当式(5.32)中，$\overline{\text{S\_Ev\_a}}=1$ 时，表示当前制造资源 e-服务化节点 E_Nd 能够顺利地完成加工工序 $Pr_{[i,j]}^{k}$ 的加工。如果 $\overline{\text{S\_Ev\_a}}<1$，表示制造资源 e-服务化节点 E_Nd不能够顺利完成加工工序 $Pr_{[i,j]}^{k}$ 的加工，需要信息服务提供商提供针对加工工序 $Pr_{[i,j]}^{k}$ 的服务或改善服务能力，从而满足制造资源 e-服务化节点的需求。据此，定义制造资源 e-服务化节点的评价指数 E_Ev 为

$$\text{E\_Ev} = \begin{cases} \dfrac{1}{2} \times \dfrac{1}{n}\sum\limits_{j=1}^{n} \text{S\_Ev\_a}_j + \dfrac{1}{4} \times \dfrac{1}{n}\sum\limits_{j=1}^{n} (\text{S\_Ev\_b}_j + \text{S\_Ev\_c}_j), & \overline{\text{S\_Ev\_a}} = 1 \\ \dfrac{1}{2} - \dfrac{1}{2} \times \dfrac{1}{3}\left[\dfrac{1}{n}\sum\limits_{j=1}^{n} (1 - \text{S\_Ev\_a}_j) + \dfrac{1}{n}\sum\limits_{j=1}^{n} (1 - \text{S\_Ev\_b}_j)\right. \\ \left. + \dfrac{1}{n}\sum\limits_{j=1}^{n} (1 - \text{S\_Ev\_c}_j)\right], & \overline{\text{S\_Ev\_a}} < 1 \end{cases} \tag{5.33}$$

式中，n 为当前的制造资源 e-服务化节点所包含的信息服务的个数。

对式(5.33)进行约简,可得式(5.34):

$$
\mathrm{E\_Ev}=\begin{cases}\dfrac{1}{2}\times\dfrac{1}{n}\sum\limits_{j=1}^{n}\left[\mathrm{S\_Ev\_a}_j+\dfrac{1}{2}\times(\mathrm{S\_Ev\_b}_j+\mathrm{S\_Ev\_c}_j)\right], & \overline{\mathrm{S\_Ev\_a}}=1\\ \dfrac{1}{6}\times\dfrac{1}{n}\sum\limits_{j=1}^{n}(\mathrm{S\_Ev\_a}_j+\mathrm{S\_Ev\_b}_j+\mathrm{S\_Ev\_c}_j), & \overline{\mathrm{S\_Ev\_a}}<1\end{cases} \tag{5.34}
$$

由式(5.32)～式(5.34)可知,制造资源 e-服务化节点的状态指数 E_Ev 的取值范围为 0～1。由其定义及计算公式可知,当 E_Ev≥0.5 时,表示当前的制造资源 e-服务化节点状态良好,能够完成加工工序 $\mathrm{Pr}_{[i,j]}^{k}$ 的加工。当 E_Ev<0.5 时,表明当前的制造资源 e-服务化节点能力不足以完成加工工序 $\mathrm{Pr}_{[i,j]}^{k}$ 的加工。据此,可以统计出车间内的制造执行评价指数及针对某批次零件的制造执行评价指数。

1) 车间内制造执行评价指数 $\overline{\mathrm{Ev}}$ 与 $\sigma(\mathrm{Ev})$

设车间内由 J 个制造资源e-服务化节点组成,$\mathrm{E\_Ev}_j$ 表示第 j 个制造资源 e-服务化节点的评价指数,以 $\overline{\mathrm{Ev}}$ 表示车间内所有制造资源 e-服务化节点评价指数的均值,以 $\sigma(\mathrm{Ev})$ 表示车间内所有制造资源 e-服务化节点评价指数的方差,那么有

$$
\overline{\mathrm{Ev}}=\frac{1}{J}\sum_{j=1}^{J}\mathrm{E\_Ev}_j \tag{5.35}
$$

$$
\sigma(\mathrm{Ev})=\sqrt{\frac{1}{J-1}\sum_{j=1}^{J}(\mathrm{E\_Ev}_j-\overline{\mathrm{Ev}})^2} \tag{5.36}
$$

据此,可以绘制出均值 $\overline{\mathrm{Ev}}$ 和方差 $\sigma(\mathrm{Ev})$ 所组成的二维平面图,如图 5.10 所示。

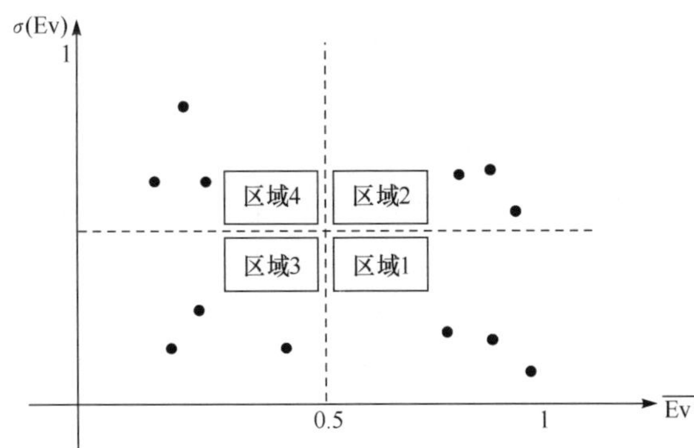

图 5.10　制造车间评价指数二维图

服务型制造车间执行的评价指数以二维平面图的方式进行表达,由图 5.10 可知,不同制造车间的评价指数二维图或相同制造车间在不同时间段的评价指数二维图可以分为四个区域。

区域 1 表示制造车间执行的评价指数属于较高的均值 $\overline{\mathrm{Ev}}$ 和较低的方差 $\sigma(\mathrm{Ev})$,其物理意义为:该制造车间在当前时刻加工可以顺利地进行,且较稳定。

区域 2 表示制造车间执行的评价指数属于较高的均值$\overline{\mathrm{Ev}}$和较高的方差$\sigma(\mathrm{Ev})$,其物理意义为:该制造车间在当前时刻大部分加工可以顺利地进行,但部分制造资源 e-服务化节点可能不太稳定。

区域 3 表示制造车间执行的评价指数属于较低的均值$\overline{\mathrm{Ev}}$和较低的方差$\sigma(\mathrm{Ev})$,其物理意义为:该制造车间在当前时刻较多的加工不能顺利地进行,各个制造资源 e-服务化节点的评价指数相差不大,需要资源服务提供商加强服务能力以保障制造资源满足车间制造的需求。

区域 4 表示制造车间执行的评价指数属于较低的均值$\overline{\mathrm{Ev}}$和较高的方差$\sigma(\mathrm{Ev})$,其物理意义为:该制造车间在当前时刻较多的制造任务不能顺利进行,各个制造资源 e-服务化节点的评价指数相差较大,需要资源服务提供商加强服务能力以保障制造资源及信息服务满足车间制造的需求。

由此可知,在车间制造过程中,要尽可能地通过提高制造资源及信息服务的服务水平,使制造车间评价指数落在区域 1 中,并不断地提高均值$\overline{\mathrm{Ev}}$的值和降低方差$\sigma(\mathrm{Ev})$的值,保障车间制造的顺利运行。

2) 批次制造任务的执行评价指数 Ev_t 与 $\sigma(\mathrm{Ev\_t})$

设某批次的制造任务有 m 道工序,并分别在 m 个制造资源 e-服务化节点组成,$\mathrm{E_Ev}_j$表示第 j 个制造资源 e-服务化节点的评价指数,以$\overline{\mathrm{Ev_t}}$表示该批次制造任务所涉及的 m 个制造资源 e-服务化节点评价指数的均值,以 $\sigma(\mathrm{Ev_t})$表示这 m 个制造资源 e-服务化节点评价指数的方差,那么有

$$\overline{\mathrm{Ev\_t}} = \frac{1}{m}\sum_{i=1}^{m}\mathrm{E\_Ev}_i \tag{5.37}$$

$$\sigma(\mathrm{Ev\_t}) = \sqrt{\frac{1}{m-1}\sum_{i=1}^{m}(\mathrm{E\_Ev}_i - \overline{\mathrm{Ev\_t}})^2} \tag{5.38}$$

据此,可以绘制出批次零件制造任务的执行评价指数均值$\overline{\mathrm{Ev_t}}$和方差$\sigma(\mathrm{Ev_t})$所组成的二维平面图,如图 5.11 所示。

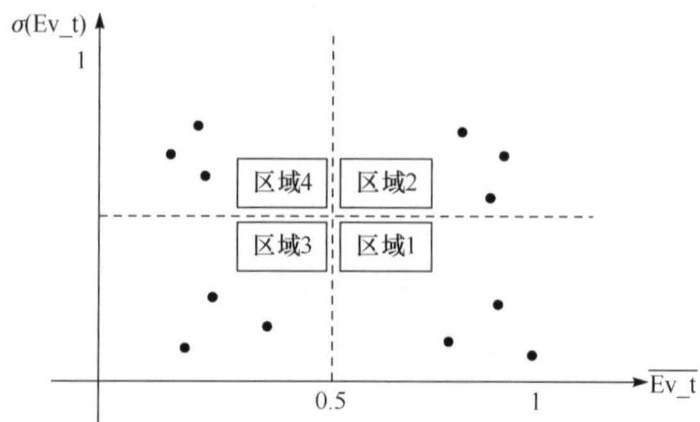

图 5.11　批次制造任务执行评价指数二维图

批次制造任务执行的评价指数以二维平面图的方式进行展示，由图 5.11 可知，不同批次制造任务的评价指数二维图可以分为四个区域。各区域的物理意义与图 5.10 类似，这里不再赘述。

在批次制造过程中，要尽可能地通过提高制造资源水平使得批次制造任务执行评价指数落在区域 1 中，并不断地提高均值 Ev_t 的值和降低方差 σ(Ev_t)的值，保障批次制造任务的顺利执行。

5.2　生产排程与运行调度

5.2.1　零件批次优化模型建立与优化

在确定服务型制造系统接收加工订单的基础上，需通过调用 CAPP 接口，对零件进行工艺规划。考虑到在车间加工过程中工件零件数量较大，因此对其加工批次进行了相应的研究，通过建立合理的批次优化模型，采用遗传算法对加工批次进行优化求解，为下一步车间的生产排程提供输入。

1. 零件工艺信息来源与分析

车间 soMES 在接收到企业上层下达的零件作业计划后，直接面临的是如何完成此项加工任务，而车间的制造设备更是细化到加工零件的各个工序。基于此，要完成车间的实际生产任务，首先需要对零件生产任务进行工艺规划，在获得其工艺路线后才能进行有效的生产，具体的逻辑流程如图 5.12 所示。

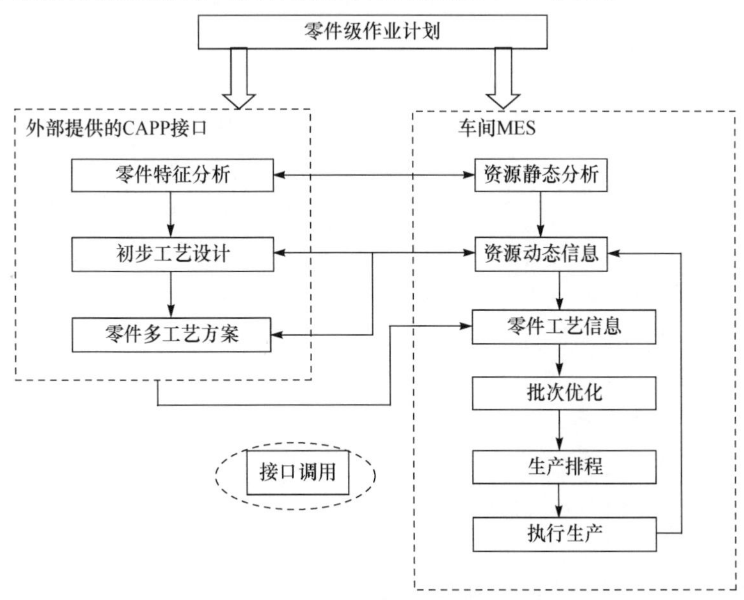

图 5.12　零件工艺信息来源分析

2. 基于遗传算法的零件批次建模

1) 零件批次优化问题的输入/输出分析

通过对服务型车间的分析得到零件批次优化问题的输入:零件的工艺信息和制造车间制造设备的加工信息;输出为:此零件在每个工序上的最优批次及完成此种零件所有工序的最优批次范围。

2) 零件批次优化问题的模型约束及数学定义

在对零件批次优化问题进行详细的数学建模之前,首先对整个零件各个工序加工制造做出如下约束:

(1) 每种零件每个批次中的零件的数量最小值不能小于1,最大值不能超过每台设备前缓存区容量的大小;

(2) 每台机器在加工完相应的批次后才能进行下一批次的加工;

(3) 每台机器在加工每个批次零件前都有刀具和夹具的更换时间;

(4) 每个批次零件每道工序开始后除非设备故障否则不可中断。

通过给出零件批次优化问题的约束后,对该问题建模使用的数学定义做如下说明:

假设1:零件的数量为 S 个;

假设2:车间具有加工此种零件此道工序的设备有 m 台,记 $m=\{m_1,m_2,\cdots,m_m\}$;

假设3:零件一共分为 B 批;

假设4:每个批次的零件数量为 N_i;

假设5:设 PTm_i 为在第 m_i 台上加工的此零件的准备时间;

假设6:设 $\mathrm{STB}_i\mathrm{m}_j$ 为在第 m_j 台上加工的第 B_i 批零件的开始时间;

假设7:设 $\mathrm{CTB}_i\mathrm{m}_j$ 为在第 m_j 台上加工的第 B_i 批零件所用的加工时间;

假设8:设 $\mathrm{FTB}_i\mathrm{m}_j$ 为在第 m_j 台上加工的第 B_i 批零件的完工时间;

假设9:设 $\mathrm{MTB}_i\mathrm{m}_j$ 为在第 m_j 台上加工的第 B_i 批零件的加工成本;

假设10:设 $w1$,$w2$ 分别为完成此零件此工序所有批次最大完工时间和加工成本权重系数,且 $w1$,$w2$ 满足 $w1+w2=1$。

3) 零件批次优化问题的数学模型建立

soMES 在获得具有一定规模数量的零件生产任务后,通过调用 CAPP 接口得到其工艺信息后通过以上对零件批次优化问题的模型约束及数学定义进行分析后建立了相应的数学模型,其目标函数为

$$\min(w1\times \mathrm{MS}+w2\times \mathrm{MC}) \tag{5.39}$$

式中,MS 为完成此种零件所有批次的最大完工时间;MC 为完成此种零件所有批次的总成本。

式(5.39)中对 MS 和 MC 计算，如下式中(5.40)和(5.41)所示：

$$\mathrm{MS}=\max(\mathrm{STB}_i\mathrm{m}_j+\mathrm{CTB}_i\mathrm{m}_j) \tag{5.40}$$

$$\mathrm{MC}=\sum_{i=1}^{i+B}\left(\sum_{j=1}^{j=m}(\mathrm{MTB}_i\mathrm{m}_j)\right) \tag{5.41}$$

式(5.39)中 $w1$，$w2$ 值的确定取决于企业对生产时间和生产成本的考虑，当企业希望在短时间完成生产任务时，相应的取 $w1>w2$；如果企业希望以较低的成本完成加工任务时，相应的取 $w1<w2$，但是值得注意的是必须保证 $w1+w2=1$。

该模型应满足的约束条件如下：每个批次的零件数量与此种零件所有的数量间的约束关系为

$$\sum_{i=1}^{B}N_i=S \tag{5.42}$$

在确定每个批次零件的数量时考虑到分批的几个原则：最小批量原则、直接批量分配原则、等量分批原则。在以上原则的指导下，应首先对 soMES 特点进行分析，从而获得适合 soMES 实际生产的分批原则。由于等量分批在流水车间批量排程和作业车间单工艺路线批量排程中得了一定的应用，因此应用等量分批原则对零件的批量划分进行指导，从而获得每个批次零件的数量，如式(5.43)和如式(5.44)所示

$$N_i=[S/B],\quad i=1,2,\cdots,B-1 \tag{5.43}$$

$$N_i=[S/B]+(S\%B),\quad i=B \tag{5.44}$$

式中，$[S/B]$表示取整；$(S\%B)$表示取余。

不同批次的零件在同一机器上加工必须满足前一批次已经加工完后才能进行下一批次零件的加工，即满足约束

$$\mathrm{STB}_i\mathrm{m}_j\geqslant\mathrm{STB}_a\mathrm{m}_b+\mathrm{CTB}_a\mathrm{M}_b \tag{5.45}$$

3. 求解算法的设计与实现

基于上面对零件批次优化问题的模型约束和数学定义的描述，通过设计相应的遗传算法对这种组合问题进行优化求解。首先，对染色体简单的编码体现出零件加工中的各种实际情况，并从一个初始种群进行搜索；其次，通过合理的适应度函数设计淘汰掉初始种群中劣质的个体留下较优的个体；再次，通过种群中个体之间的交叉、变异操作进行种群的进化，进而又利用适应度函数进行染色体评价；最后，通过以上方式不断的循环，在达到最大的迭代次数后终止算法，找到符合要求的最优解。

1）遗传基因编码方式设计

通过对染色体编码方式的分析及零件分批原则，将采用直接编码的方式进行，假如某种零件的数量为 100 个，具有加工其某道工序能力的机器为 5 台，编码方式

如表 5.1 所示。

表 5.1　染色体编码

3	5	4	6	2

编码中第一位数字 3 代表的是机器 1 上共加工此种零件此道工序的批数为 3 批，同理，编码中第二位数字 5 代表的是机器 2 上共加工此种零件此道工序的批数为 5 批，此种零件一共分为：3＋5＋4＋6＋2＝20 批，每个批次的零件数量为 100/20＝5 个，染色体长度 $L=5$。

采用以上编码方式不仅能够满足表达此零件所有的分批组合情况，既满足所有的解空间，且方便于下一步的解码操作。通过以上方法对零件批次优化问题染色体编码方式的确定，能够根据车间中机器的实际情况对零件加工批次进行合理的优化，为下一步的生产排程提供输入。

2）染色体解码流程设计

在确定了染色体的编码并产生了初始种群后，下一步的工作既是对初始种群中的每条染色体进行解码操作，通过对此编码方式的分析，设计了如图 5.13 所示的解码操作：L 为染色体长度，$i=0$。

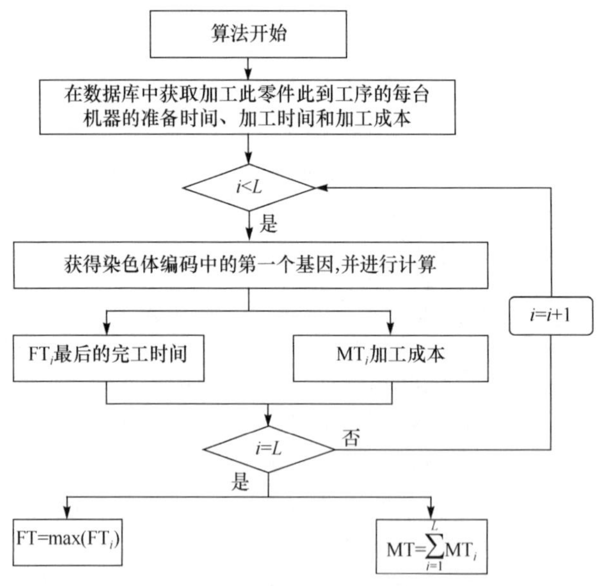

图 5.13　零件批次优化解码流程

在以上的解码流程中，首先通过获取数据库中加工此零件各个机器的准备时间、加工时间及加工成本，然后计算在每台机器上加工此零件相应批次的最后完工时间及加工成本，最后通过此种方式对染色体上所有基因进行解码后，获得此条染色体的完工时间及加工成本。

3）染色体适应度函数的确定

设计的适应度函数为

$$f=\frac{1}{w1\times \mathrm{MS}+w2\times \mathrm{MC}} \tag{5.46}$$

式中，MS 表示最大完工时间；MC 表示总成本；$w1$ 和 $w2$ 分别是加工时间和加工成本的权重系数，且 $w1+w2=1$。

在研究目标中由于是对加工时间和加工成本两个目标进行优化的，因此在适应度函数中也体现了这点。然而加工时间和加工成本并不是属于同一个量纲的参数，因此不能只直接地将解码得到的时间和成本代入上式进行计算，应对其进行无量纲归一化处理后再进行适应度函数的计算：

$$y=\frac{99(t-\mathrm{min}t)}{\mathrm{max}t-\mathrm{min}t}+1 \tag{5.47}$$

式中定义了一个变量 $y\in[1,100]$，对于时间和成本，y 值越小说明越优。t 表示某条染色体的时间或成本，min$t$ 表示种群中所有染色体最小的时间或成本，max$t$ 表示种群中所有染色体最大的时间或成本。

通过式(5.47)对染色体时间和成本的无量纲归一化处理后，将其代入式(5.46)方可得到染色体的适应度函数值。

4）染色体的遗传进化设计

遗传算子的进化设计包括选择、交叉、变异三个方面，其详细操作如下所示。

(1) 选择操作。

选择操作是基于轮盘赌的方式进行，其具体方式是通过对种群中各个个体的适应度函数进行计算，得到相应的适应度值，在选择的时候，具有较高适应度值的个体被选择保留下来的概率大，而适应度值低的个体就容易被淘汰掉。然而在算法的设计过程中，选择操作只是能够保证较优个体被选中的概率大，不能保证此个体一定被保留下去，因此为了防止种群中最优个体可能被淘汰的情况，本算法采用精英保留策略，即在计算出种群中各个个体的适应度值后，通过比较找出最优的个体，然后让其直接保留到下一代。每一代中第 i 条染色体被选中的概率为 P_i：

$$P_i = f_i/\sum_{i=0}^{n} f_i \tag{5.48}$$

式中，f_i 为种群中第 i 条染色体的适应度值；n 为种群中染色体的数量。

轮盘赌的选择操作依据种群规模进行，即按照种群中每条染色体的适应度值所占的比例将轮盘赌分为 n 份。为了详细说明轮盘赌的实现方法，将以一个简单的例子进行说明，其中种群数量 $n=5$，每条染色体的适应度值如表 5.2 所示，由每条染色体的适应度值所占的相应比例形成的轮盘如图 5.14 所示。

表 5.2 种群中各染色体适应度值

染色体编号	1	2	3	4	5
适应度值	0.1	0.4	0.2	0.1	0.2

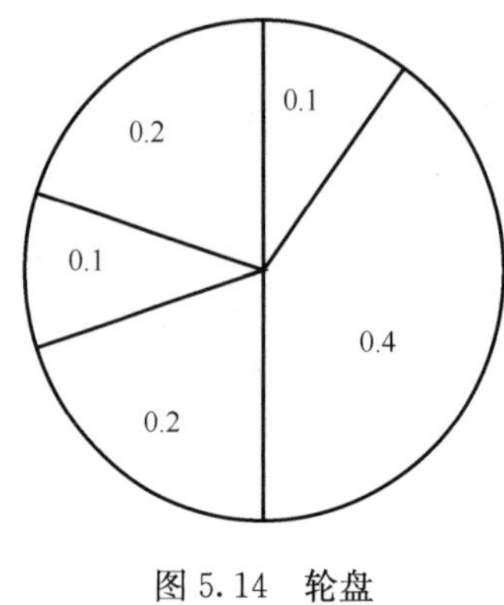

图 5.14 轮盘

选择操作一共进行 $n-1$ 次，相应的产生 $n-1$ 条染色体，而最优的染色体直接保留下来，如图 5.14 所示的拥有 0.4 比例的染色体。首先产生一个[0,1]的随机数，如第一次选择操作产生的随机数是 0.35，那么相应被选中的染色体应该是 0.35<0.1+0.4，即适应度值为 0.4 的第 2 条染色体；第二次产生的随机数是 0.55，那么相应被选中的染色体应该是 0.55<0.1+0.4+0.2，即适应度值为 0.2 的第 3 条染色体；第三次产生的随机数是 0.82，那么相应被选中的染色体应该是 0.82<0.1+0.4+0.2+0.1+0.2，即适应度值为 0.2 的第 5 条染色体；第四次产生的随机数是 0.25，那么相应被选中的染色体应该是 0.25<0.1+0.4，即适应度值为 0.4 的第 2 条染色体。选择操作结束后种群中的 5 条染色体分别第 2、3、5、2、2 条染色体，通过以上方法实现了种群中染色体优胜劣汰的模式。

(2) 交叉操作。

交叉是在选择操作后的种群中进行的，对于种群中的每个染色体都有一定的概率进行交叉，被选中的两条染色体进行交叉操作，没有被选中的染色体直接保留在种群中。交叉操作采用多点交叉方式，两条被选中的父代染色体 P1，P2，随机产生 n 个交叉点，且满足$[0,L]$。然后在父代染色体 P1，P2 中分别随机选中不同位置的 n 个交叉基因，将父代染色体 P1 中被选中的 n 个基因删除，同时将 P2 中的被选中的 n 个基因补充到 P1 中，按同样的方法对 P2 进行交叉，获得两条子代染色体 O1，O2，子代的染色体中同时拥有父代染色体的基因特性，在相应的种群中删除两条进行交叉操作的父代染色体，而代替之的是两条子代染色体。通过以上方式完成交叉操作。具体的交叉过程如图 5.15 所示。

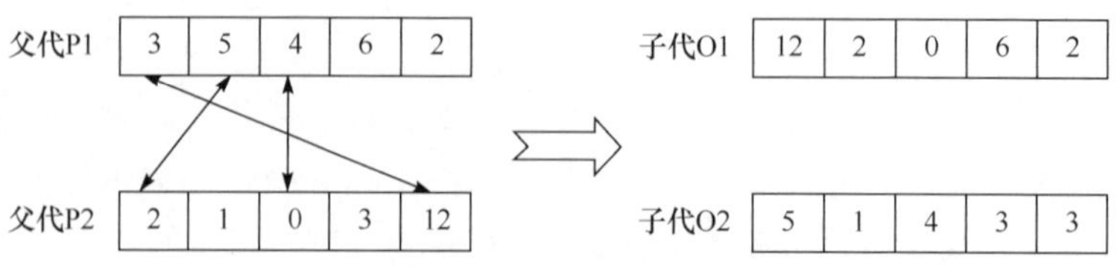

图 5.15 染色体交叉操作

(3) 变异操作。

变异操作主要是针对染色体上的基因，通过改变染色体上的基因达到变异的目的。在变异操作过程中对于种群中的某条染色体，首先产生一个(0,1)间的随机数，如果其小于变异概率，则该个体发生变异，否则，该个体不进行变异操作并将其直接保留在种群中；其次是产出两个随机的变异点 m_1，m_2，并满足[1,L]；最后通过将两个染色体变异点直接的基因进行逆序操作获得新的染色体，此时在种群中将选中进行变异的染色体删除，取而代之的是用变异后的染色体。具体的变异操作如图5.16所示。

图5.16　染色体变异操作

4. 零件批次优化实例

1) 零件批次优化案例的实现

将采用一个实际的生产案例来验证算法设计的合理性，如表5.3所示。

表5.3　零件加工工艺信息

	工序1	工序2	工序3	工序4	工序5
设备类型号	1,2	3,4	5	6,7	8,9,10
准备时间	12,10	20,16	20	25,20	12,10,13
加工时间	8,15	5,5	15	10,13	7,13,9

对于表5.3所示的零件加工工艺信息，考虑到实际加工车间中设备种类和数量不仅相同的特点，本节对设备的数量的设定如表5.4所示。

表5.4　设备数量

设备类型号	1	2	3	4	5	6	7	8	9	10
数量/台	2	2	1	3	3	1	3	2	2	2

以上零件的数量设定为100个。通过采用本节所提到的遗传算法对其进行加工批次的优化，在算法的参数输入上如表5.5所示，得到在每个工序上加工的零件批次如表5.6所示。

表 5.5 遗传算法的输入参数

序号	参数名称	参数值
1	初始种群	100
2	交叉概率	0.6
3	变异概率	0.08
4	最大迭代次数	100

表 5.6 各工序的最优分批数

工序号	1	2	3	4	5
分批数	6	4	3	4	15

2) 零件批次优化结果分析

通过上节对零件各工序的加工批次进行优化后,得到的是此零件每个工序的分批数。然而在实际的加工过程中,车间最终要完成的零件所有工序的制造任务,如果在加工每道工序的时候将零件进行按以上结果分批的话,即加工第一道工序时,将零件分为 6 批,等到此工序的所有批次都加工完后在把零件分为 4 批进行第二道工序的加工,以此类推直到所有工序都加工完成。这样做虽然在独立的每道工序上取得较小的加工时间但是在实际的加工过程中是不可行的,由于每道工序完工后得重新分批,其势必会使整个加工过程十分复杂并增加了零件在运输上的时间,而且会带来车间管理的混乱。基于此,在实际的加工中应首先把零件进行一个固定分批,在完成此零件的所以工序时都是按照这个固定值进行批次生产。通过对表 5.6 的分析可以看出完成此零件所有工序的分批数应在[3,15]。为了验证这种分析,采用首先对此种零件在[1,100]范围内进行分批,然后建立数学模型,并利用遗传算法分别求在各个分批数下的最优加工时间。

对于以上问题的模型约束如下:

(1) 机器在加工某一批次零件时,只有当此批次的所有零件加工完后再一起运输到下一道工序的加工设备上进行加工;

(2) 同一批次的零件只有在前一道工序完成后才能进行下一道工序的加工;

(3) 在同一机器上加工的不同批次的零件,只有当前一批次加工完成后才能加工下一批次;

(4) 某一批次的零件一旦开始加工后不能中断。

对于上述问题的遗传算法的编码方式设计,采用基于工序的编码,例如,将此 100 个零件分为 4 批,其编码片段如表 5.7 所示。编码中第一位 1 代表批次 1 的零件的第一道工序,第二位 2 代表批次 2 的零件的第一道工序,第三位 1 代表批次

1 的零件的第二道工序，第四位 3 代表批次 3 的零件的第一道工序，以此类推。

表 5.7　染色体编码片段

1	2	1	3	4	2	4

由于染色体编码方式的设计与零件批次优化中染色体编码设计是不同的，因此在交叉操作中也有所改变。交叉操作采用单位置次序交叉方式，在父代的染色体中 P1，P2 中随机产生一个交叉点满足(0,L)，首先将父代染色体 P1 中位于交叉点左边的基因保留，将其右部的基因删除，同时在父代染色体 P2 中找到 P1 留下的基因，并将其在 P2 中删除，最后将 P2 剩下的基因顺序插入到 P1 留下的基因的右边，从而形成子代染色体 O1。同理，对于 P2 染色体的交叉操作也是如此，获得子代染色体 O2。其过程如图 5.17 所示。

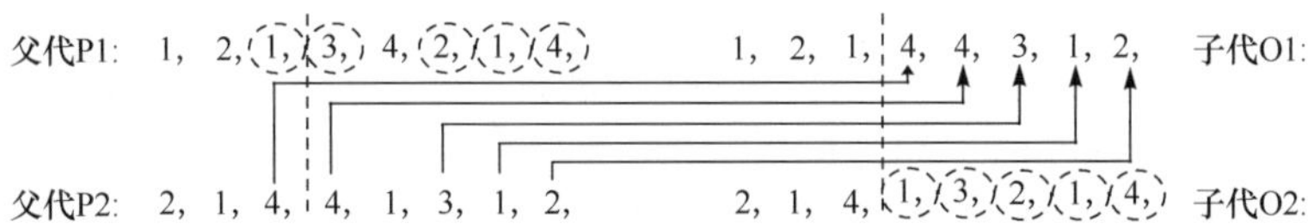

图 5.17　染色体交叉操作

通过以上遗传算法对此种 100 零件分别在[1,100]范围内进行分批，求得各个分批数下的加工时间，如图 5.18 所示。

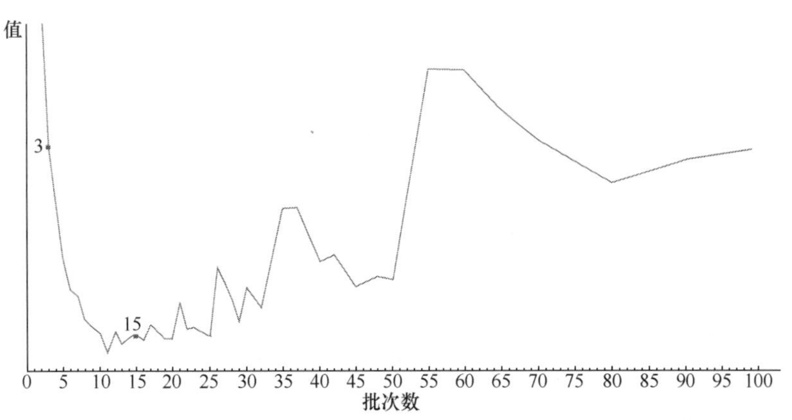

图 5.18　分批结果

图中的横坐标表示零件在[1,100]范围内的分批数，纵坐标表示完成此零件所有工序数的时间。图中标出的两个点分别表示将此零件分为 3 和 15 批次的情况。从图像可以看出完成此零件所有工序，并且让其加工时间最优，对此零件的分批数应在 3～15，符合此前对批次优化计算结果的分析。

5.2.2 混流生产排程动静态模型建立及优化

1. 服务型制造车间生产排程与传统生产排程的区别分析

soMES 在接收到以交货期为约束自制及外包零件生产计划后，通过获得零件的工艺信息建立批次优化模型，利用遗传算法对其每道工序的最优分批数进行求解，从而获得此零件所有工序最优分批数的范围。而车间面临的是实际生产任务，也就是说如何把零件的每道工序进行合理的安排，即对车间的每台机器的开始加工时间、结束加工时间、加工的零件种类、零件批次以及工序都进行一一确定，从而为车间的实际生产制定一份短期的生产作业计划，组织车间进行生产。通过对以上问题的分析可以看出，车间的生产排程恰恰是对各类零件生产任务的具体执行实施过程，其主要特点如下：

(1) 服务型制造车间接收到的零件生产任务包括自制零件和外包零件，此生产任务具有严格的交货期，并且零件的种类繁多而且还具有一定的数量。在考虑到实际车间的作业时间，以周为排程周期，一天以 8h 为基础，把零件的生产任务的开始具体到周几几时几分在哪台机器上进行。此种排程计划周期短，排程时间具体实际，这就是服务型制造车间生产排程的第一个特点：排程周期短，排程对象是多品种多批次混流生产且具有严格的交货期限制。

(2) 通过获取零件的工艺信息后，考虑到实际生产过程中零件的加工批次的问题，建立相应的批次优化模型，利用遗传算法对零件的每道工序的最优分批数进行优化求解，从而获得此零件所有工序的最优分批数范围，此时车间对于各种零件的加工批次的划分就确定在相应的零件批次优化后的范围内，为下一步排程作准备。此即服务型制造车间生产排程的第二个特点：排程对象的加工批次范围更加明确。

(3) 车间对零件的生产任务具有严格的时间限制，并且车间希望以最短的时间和最小的成本完成生产任务。此即服务型制造车间生产排程的第三个特点：多目标，多约束。

(4) 车间的实际生产情况复杂，制造资源也相应的种类繁多，车间不仅拥有自有的生产设备和加工人员，同时也相应的存在外包的制造设备及加工人员。此即服务型制造车间生产排程的第四个特点：多资源类别。

(5) 在生产任务的具体实施过程中具有多变的因素，车间会遇到紧急任务的加入以及设备的维修周期等的突发事件。此即服务型制造车间生产排程的第五个特点：复杂多变性。

(6) 通过获取零件的工艺信息的及批次范围，对零件进行静态生产排程，其输出信息主要包括车间短期时间内的一份详细的生产作业计划和各种零件的生产批次的划分。此即服务型制造车间生产排程的第六个特点：信息的集成性、反馈性。

(7) 车间的生产人员是通过车间的看板获得各自的加工任务及时间。车间看板作为排程图像的显示环节,它不仅给车间的实际生产人员提供了实时信息的显示,同时也方便管理人员进行查看,了解相应的实际生产情况。此即服务型制造车间生产排程的第七个特点:实时性强,信息化程度高。

通过以上对服务型制造车间生产排程的特点的具体分析,可以看出其与传统的生产排程具有如下几点主要的区别:

(1) 在排程对象上,服务型制造生产排程不仅拥有核心的自制生产任务,同时也拥有外包生产任务,是一个多品种多批次混流生产排程;而传统的排程对象只是自制任务。

(2) 在车间设备上,服务型制造生产排程的设备是自有于外包设备共存;而传统生产排程的设备全部为自有。

通过以上对服务型制造车间生产排程特点的具体分析,并和传统的生产排程进行比较,可以看出它对生产排程提出了很高的要求,生产排程不仅仅要完成核心自制任务,同时也要完成外包生产任务,而且车间制造资源种类繁多及制造过程中复杂多变的动态事件,因此对服务型制造车间的排程研究要比传统的车间更为深入。

2. 静态排程规划与决策

1) 静态排程问题的输入输出信息分析

结合服务型制造车间生产排程的特点,静态排程问题的输入是零件的工艺信息和零件的批次分配范围。输出是静态排程甘特图。

2) 静态排程问题的模型约束

在建立多品种多批次静态排程模型之前,首先对整个生产任务的加工制造做出如下的约束:

(1) 每种零件的分批范围不尽相同,对于同一批次且相同的零件,同一批次的所有零件在同一工序在同一机器上加工,且只有当这一批零件的这道工序加工完成后,一起运送到下一道工序的加工设备上进行加工。

(2) 在加工每个批次零件之前,机器都要考虑其准备时间,这里主要是指机器在加工此种零件此道工序时需要进行刀具的调整以及夹具的更换所用的时间,只有在完成这两项任务后才能对其开始加工。

(3) 对于同一种零件的不同批次的同一工序在同一机器上加工的情况,由于是相同的零件和工序,因此加工此任务的机器就不需要在进行刀具的更换和夹具的调整,即不需要相应的准备时间。

(4) 零件的生产批次的分配范围是之前确定的。

(5) 不同零件的交货期不尽相同。

(6) 只要零件生产满足相应的交货期,不同种类不同批次零件间的加工机会就均等,不存在优先权。

(7) 一种零件的一种批次的某道工序一旦在机器上开始加工,除非是机器故障,否则不可中断。

(8) 考虑到车间的实际生产,将对生产时间做出相应的规定,每周工作为 5 天,且每天的工作时间为 8h,即上午 8:00 到 12:00,下午 14:00 到 18:00。任何批次的第一道工序都可能被加工。

3) 静态排程问题的数学定义

在给出了车间静态生产排程的模型约束后,下面将对该问题进行数学定义:

假设 1:服务型车间 soMES 在接收到零件生产任务的种类为 N,记 $N=\{N_1, N_2, \cdots, N_N\}$;

假设 2:第 N_i 种零件的数量为 p_i 个,记 $P=\{p_1, p_2, \cdots, p_n\}$;

假设 3:第 N_i 种零件的交货期为 d_i,记 $D_i=\{d_1, d_2, \cdots, d_n\}$;

假设 4:车间具有 M 台设备,记为 $M=\{M_1, M_2, \cdots, M_M\}$;

假设 5:第 N_i 种零件的工艺路线具有 l_i 条,记 $\mathrm{l}=\{l_1, l_2, \cdots, l_n\}$;

假设 6:第 N_i 种零件在第 j 条工艺路线上一共拥有 o_{ij} 道工序;

假设 7:第 N_i 种零件的分批数记为 S_i;

假设 8:第 N_i 种零件的第 b 批的零件数量,记为 N_{ib};

假设 9:第 N_i 种零件的第 b 批在第 j 条工艺路线上第 k 道工序,记为 O_{ibk}^j;

假设 10:第 N_i 种零件的第 b 批次在第 j 条工艺路线上的工序 k 在设备 n 上加工,记为 M_{ibkn}^j;

假设 11:第 N_i 种零件的第 b 批次在第 j 条工艺路线上,工序 k 在设备 n 上的加工开始时间,记为 STM_{ibkn}^j;

假设 12:第 N_i 种零件的第 b 批次在第 j 条工艺路线上,工序 k 在设备 n 上的加工时间,记为 CTM_{ibkn}^j;

假设 13:第 N_i 种零件的第 b 批次在第 j 条工艺路线上,工序 k 在设备 n 上的完工时间,记为 FTM_{ibkn}^j;

假设 14:第 N_i 种零件的第 b 批次在第 j 条工艺路线上,工序 k 在设备 n 上的准备时间,记为 PTM_{ibkn}^j;

假设 15:第 N_i 种零件的第 b 批次在第 j 条工艺路线上,工序 k 成为待加工工序的时刻,记为 T_{ibk}^j;

假设 16:第 N_i 种零件的第 b 批次在第 j 条工艺路线上,工序 k 的最早完工时间,记为 E_{ibk}^j;

假设 17:第 N_i 种零件的第 b 批次所有工序的完工时间,记为 F_{ib};

假设 18：设备 k 上没有加工任务的时刻，记为 M_k；

假设 19：第 N_i 种零件的第 b 批次在第 j 条工艺路线上的总工序数，记为 O_{ib}^j；

假设 20：第 N_i 种零件的第 b 批次在第 j 条工艺路线工序 k 在设备 n 上的单位加工成本，记为 CMC_{ibkn}^j；

假设 21：第 N_i 种零件的第 b 批次在第 j 条工艺路线上完成所有工序的加工成本，记为 C_{ib}；

假设 22：设 $w1$，$w2$ 分别是所有批次零件最大完工时间和加工总成本的权重系数，且 $w1$ 和 $w2$ 满足 $w1+w2=1$；

假设 23：设 $\sum_{M=1}^{M}\mathrm{TM}_M$ 为本次静态排程的所有设备在本周内提供的最大加工能力；

假设 24：假设一个决策变量 X，当设备 k 连续加工同种零件不同批次相同工序时，$X=0$，除此情况外的其他情况 $X=1$。

4) 静态排程问题的数学模型建立

问题的约束是必须满足零件的交货期，与此同时找到合理的批次分配数目，达到降低加工成本，减少加工时间的目的。基于此，静态生产排程模型的目标函数为

$$\min(w1\times \mathrm{MS}+w2\times \mathrm{MC}) \tag{5.49}$$

式中，MS 为某一批次下的所有零件的最后一道工序最后的完工时间；MC 为加工完这批次所有零件全部工序的生产成本。

式(5.49)中每部分的计算方法如下所示：

$$\mathrm{MS}=\max(\mathrm{FTM}_{ibkn}^j) \tag{5.50}$$

$$\mathrm{MC}=\sum_{i=1}^{N}\Big(\sum_{b=1}^{S_i}(C_{ib})\Big) \tag{5.51}$$

$w1$，$w2$ 值的确定取决于车间对生产时间和生产成本的考虑，当车间希望在短时间内完成生产任务时，相应的取 $w1>w2$；如果车间希望以较低的成本完成加工任务时，相应的取 $w1<w2$，但是值得注意的是必须保证 $w1+w2=1$。

该模型满足如下约束：

每种零件的总数、划分的子批数、子批数量间的约束关系为

$$\sum_{b=1}^{S_i}Z_{ib}=p_i,\quad \forall\, i,b \tag{5.52}$$

每种零件子批数量如下：

$$N_{ib}=[p_i/S_i],\quad b=1,2,\cdots,S_{i-1} \tag{5.53}$$

$$N_{ib}=[p_i/S_i]+(p_i\%S_i),\quad b=S_i \tag{5.54}$$

式中，$[p_i/S_i]$表示取整；$(p_i\%S_i)$表示取余。

完成所有零件所有批次的生产任务的加工时间必须小于车间本次排程中使用

的设备所能够提供的最大加工能力，即

$$\sum_{i=1}^{N}\left(\sum_{k=1,b=1}^{k=o_{ij},b=S_i}\mathrm{CTM}_{ibkn}^{j}\right)\leqslant\sum_{M=1}^{M}\mathrm{TM}_{M} \tag{5.55}$$

同一批次的零件在生产中必须满足前道工序加工完成之后才能进行下道工序的加工，即

$$\mathrm{STM}_{ib(k+1)n}^{j}\geqslant\mathrm{STM}_{ibkg}^{j}+\mathrm{CTM}_{ibkn}^{j} \tag{5.56}$$

不同批次的零件在同一台机床上加工，必须满足前一批次的零件加工完毕后，才能进行后一批次零件的加工，即

$$\mathrm{STM}_{ibkh}^{j}\geqslant\mathrm{STM}_{abvh}^{d}+\mathrm{CTM}_{abvh}^{j}+\mathrm{PTM}_{ibkh}^{j}\cdot X \tag{5.57}$$

不同种类的零件必须满足交货期，由于对不同种类的零件都进行了分批，所有对于同一种零件的交货期等于其最后一个批次的完工时间，即

$$\max_{i=1,b=1}^{i=N,b=S_i}(F_{ib})\leqslant d_i \tag{5.58}$$

3. 求解算法的设计与实现

通过对静态排程问题的模型约束及定义，可以看出此模型比传统的生产排程更为复杂，主要体现在：①零件的种类及数量较传统的排程更多；②在排程中考虑了零件的加工批次问题。而遗传算法是解决这类组合优化问题的方法之一，它主要是通过对问题进行简单的编码以包括所有的解空间，并且从一个初始种群开始搜索，通过相应的选择操作实现种群中各染色体的优胜劣汰，并利用相应的交叉和变异操作实现算法的搜索方向，同时其具有较好的鲁棒性，不断地通过算法的迭代来寻找满足条件的解。

1) 染色体编码方式

由于针对的研究问题是多品种多批次的生产任务，国内对这一问题的研究较少，可采用一种种类和批量编码方式，即一条染色体由两段组成，染色体的前部是各种零件的批次，接下来的一位是一个无意义的分隔符，后面的基因则是根据前面的种类的批次进行的工序编码。基于此，染色体编码方式如图 5.19 所示。

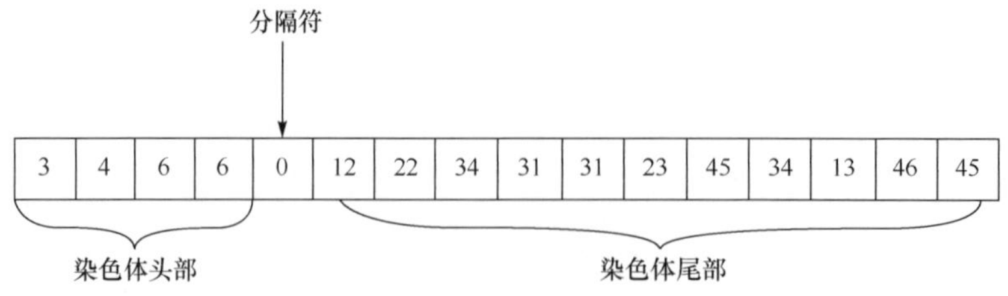

图 5.19 染色体编码方式

如图 5.19 所示，染色体分为头部和尾部两个部分，中间数字为 0 的是此条染色体的分隔符，在它的前面是零件的各种类的批次的编码，第一位数字为 3 代表的是第一种零件的分批数是 3；第二位数字为 4 代表的是第二种零件的分批数是 4；第三位数字为 6 代表的是第三种零件的分批数是 6；第四位数字为 6 代表的是第四种零件的分批数是 6。在分隔符的后面代表的是各个批次的工序编码，例如，第一位 12 代表第一种零件的第二个批次的第一道工序；第二位 22 代表第二种零件的第二个批次的第一道工序；第三位 34 代表第三种零件的第四个批次的第一道工序；第四位 31 代表第三种零件的第一个批次的第一道工序；第五位 31 代表第三种零件的第一个批次的第二道工序，以此类推。

由上面的染色体编码可以看出，种群中的染色体头部的长度是一定的，而染色体的尾部是不一样的。设染色体的尾部总长为 L，零件的种类数为 N，第 N_i 种零件的分批数为 S_i，第 N_i 种零件的第 b 批次的总工序数为 O_{ib}，则

$$L = \sum_{i=1}^{i=N} \left(\sum_{b=1}^{b=S_i} (O_{ib}) \right) \tag{5.59}$$

对于此种编码方式的染色体，各种零件的批次分配应该是在零件总数的范围内随机产生的，这种批次的产生方式对于零件种类及其数量较小时能够很好地获得较优解，并且算法的计算速度也较快，然而一旦零件的种类和数量较大时，这种方式的批次的分批势必会造成染色体很多不合理的解，导致运算效率低。正是基于此，为了提高算法的效率，通过对零件的批次划分进行合理的优化，在静态排程的时候，零件的批次数的产生就确定在一个较优的范围内，从而避免了无效分批的出现，提高了算法的效率，最终将获得一个在批次范围内的一个较优的分批，由此可以看出在解决多品种且零件数目具有大规模特性的排程问题时，批次优化和静态排程是相辅相成，缺一不可的。

2）染色体解码流程

在确定染色体的具体编码方式并产生相应的初始种群后，下一步则是要对种群中的每条染色体进行解码操作，从而得到每条染色体的适应度值，对于染色体编码方式设计了如图 5.20 所示的解码流程，流程中的 L 代笔染色体尾部总长，设计数变量 $ii=0$。

在解码过程中，如果某种零件的某个批次不满足交货期，则将此条染色体的适应度值设置为 0，在此后的选择、交叉、变异操作中此条染色体均不参加，通过此方法保证最后解码得到的染色体全部满足交货期要求。

3）染色体适应度函数的确定

适应度函数是用来对种群中染色体个体的优劣程度进行评价的一个重要指标。对于适应度的计算贯穿于整个遗传算法的始终，它能够把种群中染色体的好坏程度得以量化体现，如果在种群中适应度函数不能将所有染色体的个体差异得

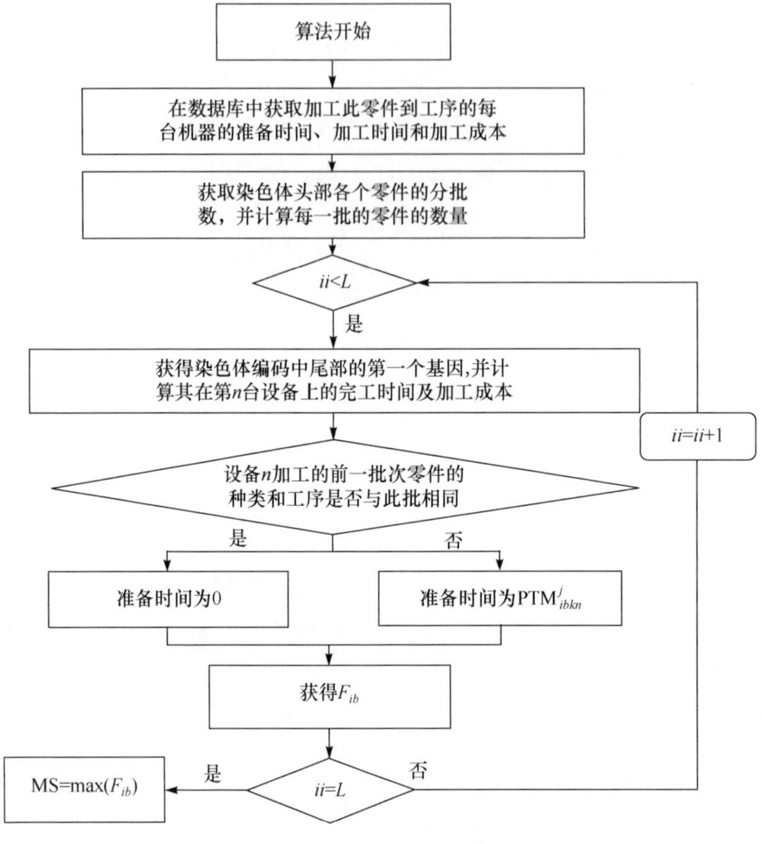

图 5.20　染色体解码流程

以充分地体现的话，那么在相应的选择操作中就很难保留较优的个体，从而使得算法容易出现早熟收敛等缺点。基于此，适应度函数如式(5.60)所示：

$$f=1/(w1\times \mathrm{MS}+w2\times \mathrm{MC}) \tag{5.60}$$

式中，MS 表示最大完工时间；MC 表示总成本；$w1$ 和 $w2$ 分别是加工时间和加工成本的权重系数，且 $w1+w2=1$。

由于是对加工时间和加工成本两个目标进行优化，因此在适应度函数中也体现了这点。然而加工时间和加工成本并不是属于同一个量纲的参数，因此不能只直接地将解码得到的时间和成本代入上式进行计算，应对其进行无量纲归一化处理后才能进行适应度函数的计算，如式(5.61)所示：

$$y=\frac{99(t-\min t)}{(\max t-\min t)}+1 \tag{5.61}$$

式中定义了一个变量 $y\in[1,100]$，对于时间和成本，y 值越小说明越优；t 表示某条染色体的时间或成本，$\min t$ 表示种群中所有染色体最小的时间或成本，$\max t$ 表示种群中所有染色体最大的时间或成本。

4) 染色体的遗传进化设计

遗传算子的进化设计包括选择、交叉、变异三个方面。

(1) 选择操作。

选择操作是基于轮盘赌的方式进行的，其具体方式是通过对种群中各个个体的适应度函数进行计算，得到相应的适应度值，在选择的时候，具有较高适应度值的个体被选择保留下来的概率大，而适应度值低的个体就容易被淘汰掉。

(2) 交叉和变异操作。

在传统的交叉和变异操作中易出现过早收敛以及在进化后期搜索效率较低的情况，基于此，采用自适应遗传算法对交叉概率和变异概率进行修正。在种群收敛性不高时，应使交叉率增大，快速地搜索解空间，而使变异率减小，防止其破坏有效基因。在种群个体彼此相似时，应使交叉率减小，避免不必要的近亲繁殖，使变异率增大，这样能够通过变异产生新的个体，保持种群多样性。其交叉概率和变异概率的计算方法如下：

$$C_p=\frac{K_1\cdot(f_{\max}-f_{\min})}{n\cdot f_{\max}\cdot(f_{\max}-f_{\text{avg}})} \tag{5.62}$$

$$M_p=\frac{K_2\cdot n\cdot f_{\max}\cdot f_{\text{avg}}}{\text{numPopulations}\cdot(f_{\max}-f_{\text{avg}})} \tag{5.63}$$

式中，$f_{\max}$表示种群中的最大适应值；$f_{\min}$表示种群中的最小适应值；f_{avg}表示种群中的平均适度值；n 表示种群中拥有最大适应度值的染色体的条数；numPopulations 表示种群中染色体的数量。

通过以上方式确定了染色体的交叉概率后，种群中被选中的两条染色体进行交叉操作，没有被选中的染色体直接保留在种群中。然而由于采用的染色体编码是基于种类和批次的两段编码方式，而且对于同一种群中不同染色体来说，它们的总长度是不一样的，导致这一现象的原因在于对于相同种类的零件在不同的染色体中的分批不同，也就是说染色体的尾部的长度不同。基于此，对其的交叉操作就相比于普通的交叉操作更为复杂，在交叉的过程中可能会产生非法的基因，因此在交叉完后就不得不对染色体进行修正。其具体的交叉分为两个部分，首先是头部交叉，其次是尾部交叉。

对于两条被选中的父代染色体 P1，P2，且这两条染色体的头部完全相同，在父代的染色体 P1，P2 的尾部随机产生一个交叉点，首先将父代染色体 P1 中位于交叉点左边的基因保留，将其右部的基因删除，同时在父代染色体 P2 中找到 P1 留下的基因，并将其在 P2 中删除，最后将 P2 剩下的基因顺序插入到 P1 留下的基因的右边，从而形成了子代染色体 O1。同理，对于 P2 染色体的交叉操作也是如此，获得子代染色体 O2，如图 5.21 所示。

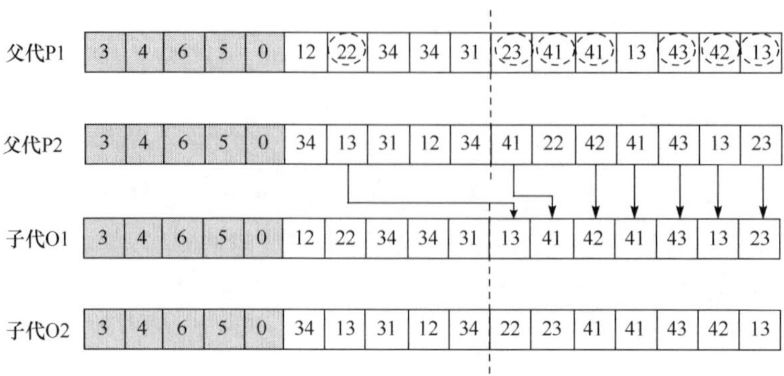

图 5.21　染色体交叉操作

对于两条被选中的父代染色体 P1,P2,且这两条染色体的头部不同,随机产生 n 个交叉点,且满足[0,N]。然后在父代染色体 P1 的头部中分别随机选中不同位置的 n 个交叉基因,将被选中的基因删除,取而代之的是父代染色体 P2 相应位置上的基因,以上就完成了 P1 染色体头部的交叉,由于染色体的头部得以改变,因此如果此时不对尾部进行相应改变的话就会让其成为非法的染色体,接下来就是对染色体尾部基因的修正,如果交叉后的染色体头部的某个位置的分批数大于交叉前的分批数,将染色体尾部的相应的无效基因删除,如果交叉后的染色体头部的某个位置的分批数小于交叉前的分批数,在染色体尾部随机的插入相应批次的基因。通过此方法就保证了经过交叉后得到的子代染色体 O1 各个基因都是合法的。以此类推,父代染色体 P2 的交叉操作也一样,从而获得子代染色体 O2,如图 5.22 所示。

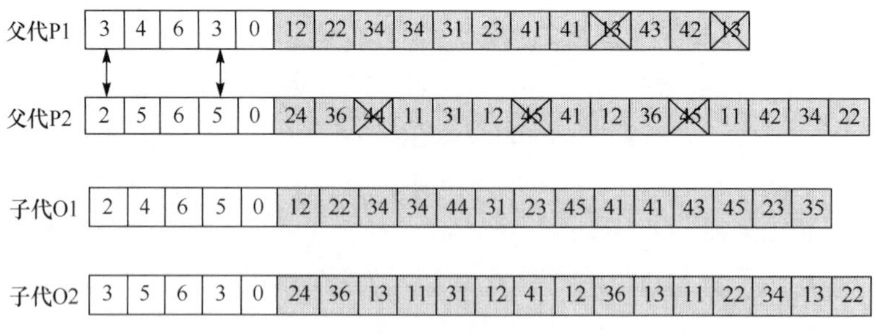

图 5.22　染色体交叉操作

变异操作也如交叉操作一样,首先对父代染色体 P1,随机产生 n 个变异点,且满足[0,N],然后相应的对其批次进行改变,由于头部批次的改变,因此变异对染色体尾部会出现一些非法的基因;接下来就是对基因进行修正,将多余的基因删除,并补上新增加的批次的基因,并在修正后的染色体尾部产出两个随机的变异点 m_1,m_2;最后通过将两个染色体变异点直接的基因进行逆序操作获得新的染色体,此时在种群中将选中进行变异的染色体删除，取而代之的是用变异后的染色体。具体的变异操作如图 5.23 所示。

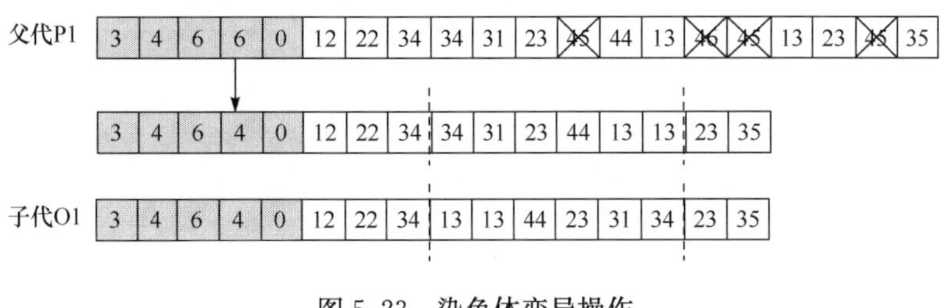

图 5.23　染色体变异操作

4. 分次计算的规划与决策

1）分次计算任务的分配与模型建立

车间 soMES 接收到零件制造任务的种类及其数量都较大，对于本周的静态排程来说，其算法的输入应该是本周加工任务的所有零件，然而如果按照这样的流程进行静态排程的话，由于零件种类及批次规模都较大，因此会导致算法的求解速度慢，且不容易求到最优解。基于此，对车间的静态排程的零件种类的输入就得进行详细的分析。从实际的加工任务可以看出，并不是加工所有种类的零件所需要的设备都相互关联着，如果按照将所有的任务一同求解的话，势必会造成染色体长度过长，且算法解码时较慢，而且在交叉变异的时候，对于某些由于加工其设备不相关的零件进行染色体基因位置的改变并不能起到实质性的作用，从而导致了算法求解的效率低下；其次对于不同种类的零件的交货期也有一定的先后顺序，而零件必须满足的约束就是满足交货期，因此在算法求解的过程中，就应该对算法求解的运算先后次序进行合理的改变，让交货期靠前的制造任务先排程。

基于此，提出了对于车间 soMES 接收到不同种类的零件时，根据这些零件加工时使用机器的相关联性和交货期的先后顺序，利用分次计算的方法进行求解。通过此方法既可以满足不同零件交货期，又可以让染色体的编码长度得以有效的控制，使其在解码时候的效率得以增加，并且在交叉和变异过程中，各个基因位置的改变更有实际意义，其任务的分配及原理如图 5.24 所示。

2）分次计算策略

仔细分析以上所述的分次计算，可以发现其与单次静态排程有着相同的特点。首先，对于染色体的编码来说，二者都采用相同的编码，适应度函数的计算也是采用相同的方法，其选择、交叉和变异操作都是一样的，而其不同之处在于采用分次计算的染色体的长度较单次计算短，最大的不同在于在对染色体解码的时候，单次计算在开始进行染色体解码的时候，所有的设备全部是可用的，而对于分次计算来说，当开始解码的时候，并不是所有的设备全部可用。

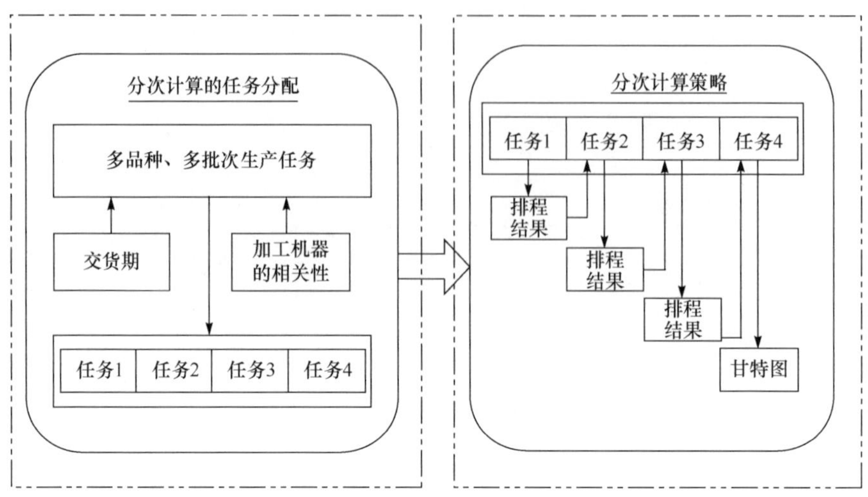

图 5.24　分次计算

通过以上对分次计算的分析，可以看出其解码过程是最大的难点，也更为复杂。其解码过程中往往都是插入式的排程，也就是说对于某台设备由于是分次计算，因此导致其在某个时间范围内是可用的，而在某个时间范围内并不可用，因为其可能是被用来加工上次计算任务的某个零件。因此，对于分次计算解码来说，首先是获得各个机器的可用时间段，然后在解码中将零件安排在机器的可用时间段内，当然应该注意的是在安排零件的过程中要保证此机器的某个可用时间段能够满足加工完此零件的本道工序，否则不能将此零件安排在此机器的可用时间段内。

至此，完成了对分次计算的流程分析，分次计算的输入是在上次计算的结果上得到的，为了更加直观地说明分次计算的整个流程，图 5.25 给出了其分次计算策略。

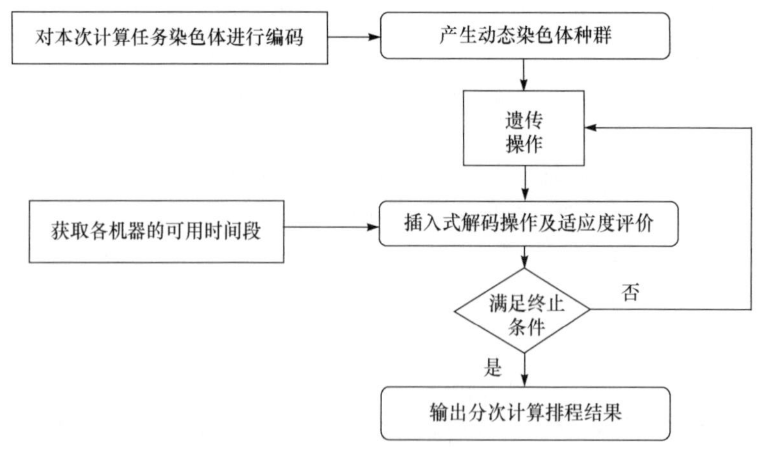

图 5.25　分次计算策略

5.2.3　扰动事件触发的动态排程规划与决策

1. 动态扰动事件的确定与动态模型

通过对车间静态排程的问题进行分析和数学定义，并利用遗传算法进行求解，获得了各个零件的排程结果，它为车间的生产提供了一份详细的生产作业计划，车间的加工人员通过读取静态排程的甘特图就能按照计划合理有效的组织生产，并能控制加工时间和降低加工成本。然而，在实际的生产过程中其生产情况是复杂多变的，在加工的进程中往往会出现一些突发事件，如果此时不对这些事件进行合理有效的处理的话，将会导致整个车间的生产发生紊乱，使得车间的作业计划变得毫无意义。基于此，在动态事件发生时就应该对其做出相应的响应，进而得到具体的动态调整方案，使整个车间的生产得以顺利进行下去。这里主要考虑两种动态事件;第一种动态事件是紧急订单的插入;第二种动态事件是定期的设备维修保养。

通过对两类动态事件的分析，其动态排程是在静态排程的基础上进行，排程模型并无本质区别，只是由于动态调整是在已进行了一些任务的加工后才进行的，即在静态模型上再添加一系列约束，对模型做出完善即可。下面针对动态事件所采取的动态调整策略做出分析研究。

2. 两类动态扰动事件的动态调整策略

通过对动态事件的具体分析，发现此两类问题具有相同的地方，就它们的发生时间来看，是在静态排程结束后才发生。为了对动态事件做出定量的分析，就必须找出在动态事件发生之前，车间的生产处于什么情况，也就是说找出车间已经开始生产的任务，而在动态事件发生时间点以后，将根据这些条件进行相应的动态调整。

对于动态事件的发生，首先可以找出静态各个任务的加工情况，找到哪些批次的零件已经开始加工，加工到哪个工序，哪些零件还没有开始加工，哪些零件已经加工完成，而对于各个任务的分批情况，在动态事件发生后就不做改变，只是改变其未加工的工序在机器的安排上相对静态排程时的结果有所改变，从而保证整个车间的生产平稳地进行下去。其次，对于车间的设备而言，可以利用的时间点不一样，就新任务的加入来说，如果加工其第一道工序的机器在动态事件发生的时间点上正在加工静态排程的生产任务，此时此机器加工新任务的时间为上一任务的完工时间，如果此时机器没有加工任务的话，其开始加工新任务的时间为动态事件的发生时间点。对于设备的维修周期来说，在发生动态事件的时刻，可以获取在该机器上加工的批次加工任务的详细信息，将在该机器上没有进行加工的此批次零件转移到其他的机器上进行加工。最后，对于以上两种动态事件，可以分析出在动态事件发生前，零件的某些批次已经开始加工，同时可以获得其已经加工到哪个批次，还有一些批次的零件并没有开始加工，因此，对动态排程的染色体的编码就包括了静态排程剩余的未加工的批次的工序，当然，也会有一些批次任务在扰动时间点前还未开始加工，那么这些批次任务的剩余工序和原工序一致，按上述思路同样进行即可。

至此，完成了对上述两类动态事件的分析，动态调整的策略是将静态排程结果的执行情况得以统计，作为动态排程的输入，在结合动态事件的时间发生点利用动态算法进行求解，以获得相应的动态甘特图，从而保证车间在面对实际生产过程中的动态事件得到相应的响应，保证生产有序地进行下去。为了更加直观地说明在两类动态事件发生后，车间对其做出的动态调整，下面将以流程图的形式详细说明动态调整策略，如图 5.26 所示。

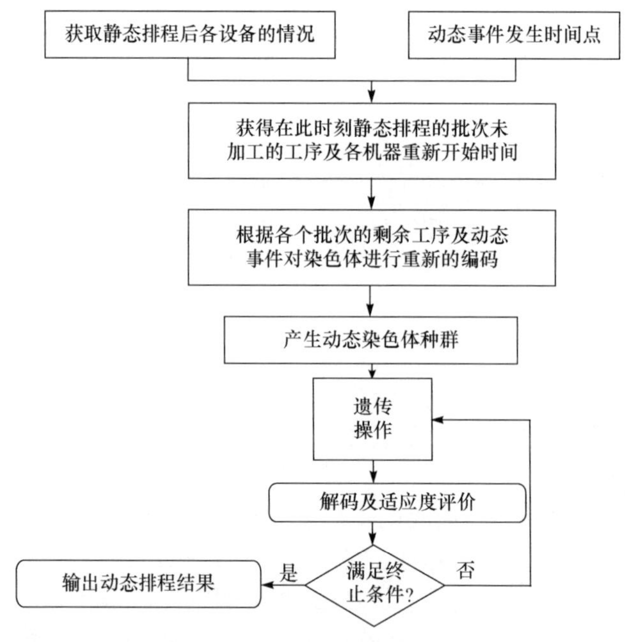

图 5.26　动态扰动事件下的动态调整策略流程

通过图 5.26 所示的策略流程，即可对两类动态扰动事件做出相应的动态调整，并利用遗传算法对其进行求解，最终获得动态甘特图，并将其他显示在车间的看板上，指导整个车间的生产。

5.2.4　排程算法的优化实例

1. 算法案例的实现

通过以上对排程问题的分析，建立了相应的模型，对模型的约束及数学定义进行了详细的说明,并设计了相应的遗传算法对此问题进行了优化求解。下面将利用算例对算法设计的正确性进行分析。表 5.8 为对各类标准问题进行求解的计算结果。

表 5.8　计算结果

零件数	机器数	问题	最优 Makespan	计算结果
6	6	FT06	55	55
10	5	LA(F1)	666	666
10	10	FT10	930	978
10	10	LA16	945	959
15	5	LA9(G4)	951	951
15	10	LA21	1046	1089

下面将通过在四威产业园中采集到的具体的生产实例,利用设计的算法进行求解,表 5.9 中所示的是 4 种零件的详细数据。

表 5.9　4 种零件的加工工艺信息

工序		零件 1	零件 2	零件 3	零件 4
1	设备	1,2,3	8,9	6,7	4,5
	准备时间	12,12,13	24,24	30,30	24,24
	加工时间	8,8,5	7,7	4,4	15,15
2	设备	4,5	10,11	1,2,3	12,13
	准备时间	20,25	15,15	13,13,13	15,15
	加工时间	5,3	18,18	3,3,3	36,36
3	设备	6,7	12,13	—	1,2,3
	准备时间	15,12	30,30	—	12,12,12
	加工时间	20,20	18,18	—	5,5,5
4	设备	4,5	1,2,3	—	6,7
	准备时间	25,25	12,12,12	—	15,15
	加工时间	10,10	5,5,5	—	3,3
5	设备	1,2,3	—	—	—
	准备时间	12,11,12	—	—	—
	加工时间	7,6,5	—	—	—

以上 4 种零件每种的数量为 10 个,在获取其各个工序的加工信息后,下面将采用标准的遗传算法对其进行计算,计算结果如图 5.27 所示。

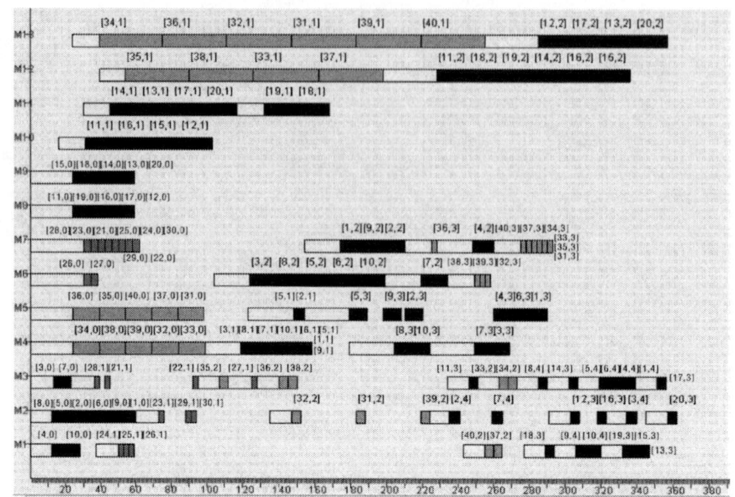

图 5.27　标准遗传算法求解结果(4 种零件,每种 10 个)

对以上问题采用随机分批的计算方法进行求解,得到结果见图 5.28。

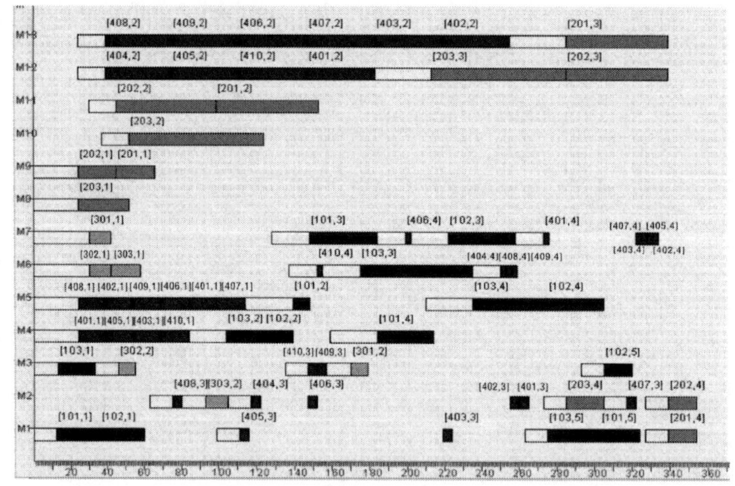

图 5.28　随机分批遗传算法求解结果(4 种零件,每种 10 个)

表 5.10 所示的是第 5～8 种零件的详细数据。

表 5.10　零件的加工工艺信息

工序		零件 5	零件 6	零件 7	零件 8
	设备	6,7	8,9	1,2,3	1,2,3
1	准备时间	30,30	28,28	12,12,12	7,7,7
	加工时间	12,12	24,24	5,5,5	12,12,12

续表

工序		零件 5	零件 6	零件 7	零件 8
	设备	4,5,10,11	12,13	8,9	4,5
2	准备时间	36,36,15,15	24,24	24,24,24	20,20
	加工时间	27,27,7,7	11,11	28,28,28	22,22
	设备	1,2,3	6,7	4,5,10,11	6,7
3	准备时间	12,12,12	45,45	36,36,24,24	24,24
	加工时间	3,3,3	20,20	12,12,4,4	35,35
	设备	—	1,2,3	8,9	8,9
4	准备时间	—	12,12,12	20,20	15,15
	加工时间	—	7,7,7	15,15	21,21
	设备	—	—	—	12,13
5	准备时间	—	—	—	36,36
	加工时间	—	—	—	15,15

对这 8 种零件,每种零件为 10 个,采用标准遗传算法进行计算,结果见图 5.29。对以上问题,采用随机分批的计算方法对其进行求解,得到结果见图 5.30。

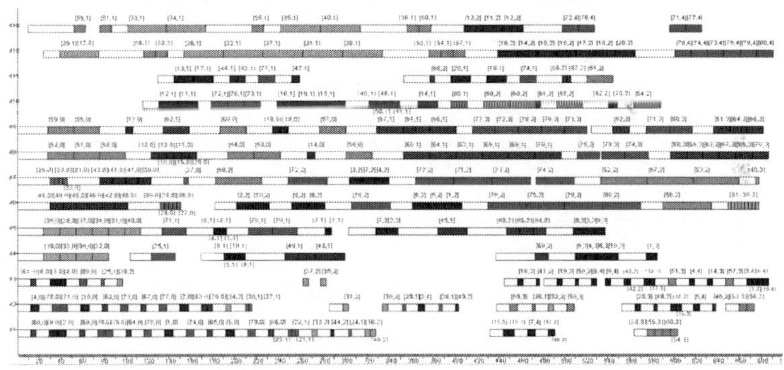

图 5.29　标准遗传算法求解结果(8 种零件,每种 10 个)

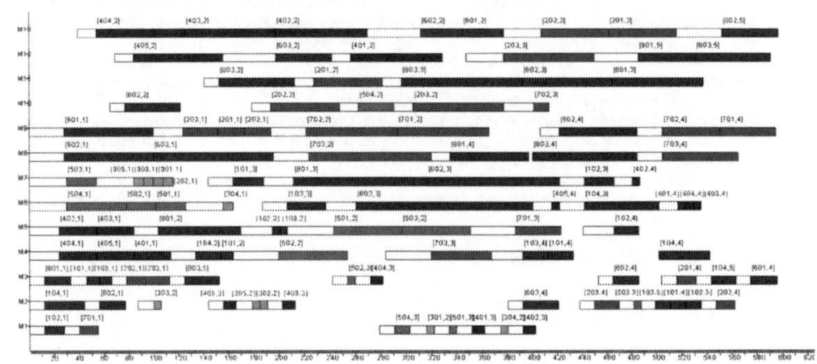

图 5.30　随机分批遗传算法求解结果(8 种零件,每种 10 个)

采用前 6 种零件的工艺信息，每种零件的数量为 60 个，利用随机分批遗传算法进行求解，得到的计算结果如图 5.31 所示。

对于以上问题，采用提出的批次优化遗传算法进行求解，结果如图 5.32 所示。

对于上述 8 种零件且每种零件的数量为 80 个，利用随机分批遗传算法进行求解，得到的计算结果如图 5.33 所示。

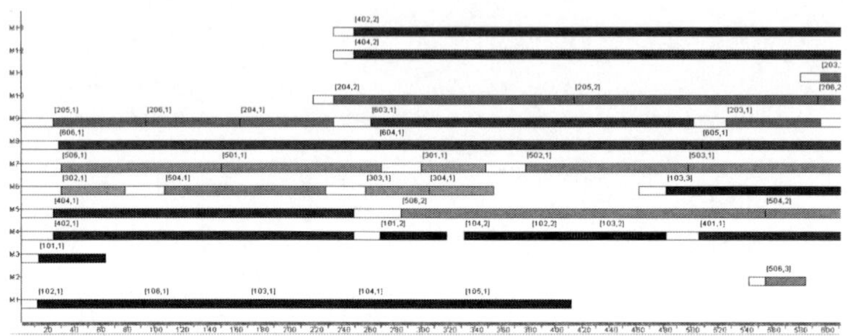

图 5.31　随机分批遗传算法求解结果(6 种零件，每种 60 个)

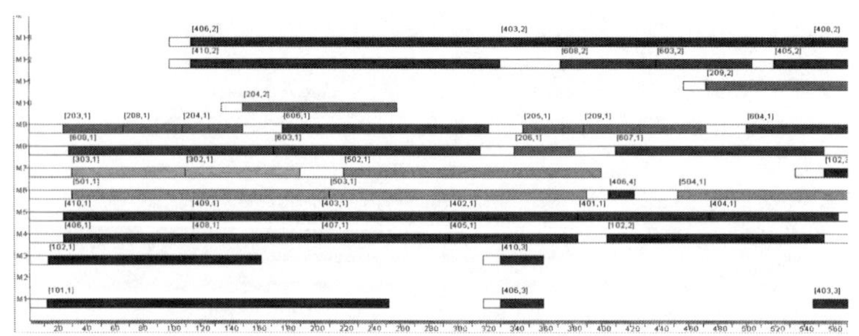

图 5.32　批次优化遗传算法计算结果(6 种零件，每种 60 个)

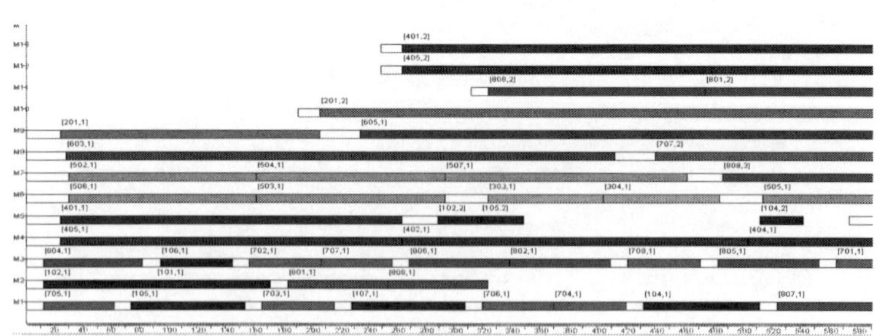

图 5.33　随机分批遗传算法求解结果(8 种零件，每种 80 个)

对于以上问题，采用提出的批次优化遗传算法进行求解，结果如图 5.34 所示。

对于上述 8 种零件，每种零件的数量为 400 个，利用批次优化遗传算法进行求解，得到的计算结果如图 5.35 所示。

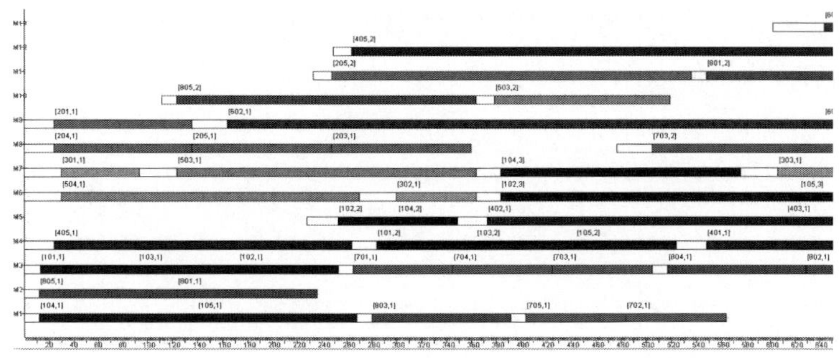

图 5.34　批次优化遗传算法计算结果(8 种零件,每种 80 个)

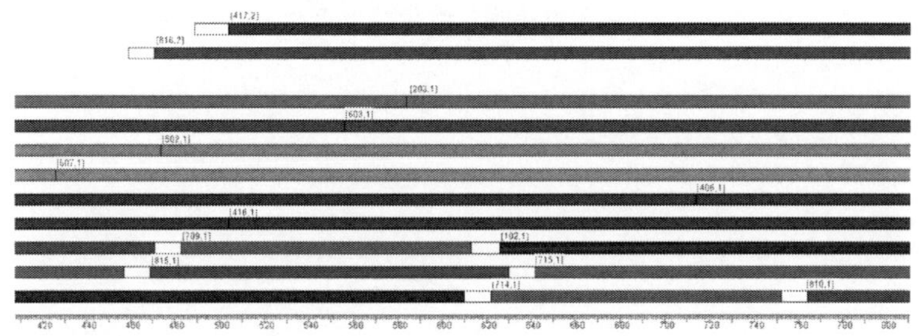

图 5.35　批次优化遗传算法计算结果(8 种零件,每种 400 个)

2. 静态排程结果分析

对 FT06、LA(F1)、FT10、LA16、LA9(G4)及 LA21 算例利用本节的算法进行计算,并和粒子群算法及标准遗传算法求解结果进行对比,如表 5.11 所示。

表 5.11　算法比较

问题	最优结果	本节算法		标准遗传算法		粒子群算法	
		最优解	偏差/%	最优解	偏差/%	最优解	偏差/%
FT06	55	55	0	55	0	55	0
LA(F1)	666	666	0	666	0	666	0
FT10	930	978	5.16	997	7.21	990	7.21
LA16	945	959	1.48	979	3.60	979	3.60
LA9(G4)	951	951	0	951	0	951	0
LA21	1046	1089	4.11	1156	10.5	1140	8.98

从表 5.11 可以看出本节算法在求解 FT06、LA(F1)及 LA9(G4)问题时能够有效地找到最优解,而对于 FT10、LA16 及 LA21 等问题来说,提出的算法能够找到一个距标准偏差较小的值,相比于标准遗传算法和粒子群算法在求解以上问题时具有一定的优势。

利用提出的算法及标准遗传算法对 4 种零件且每种零件的个数为 10 个进行求解，收敛曲线如图 5.36 及图 5.37 所示。计算结果如表 5.12 所示。

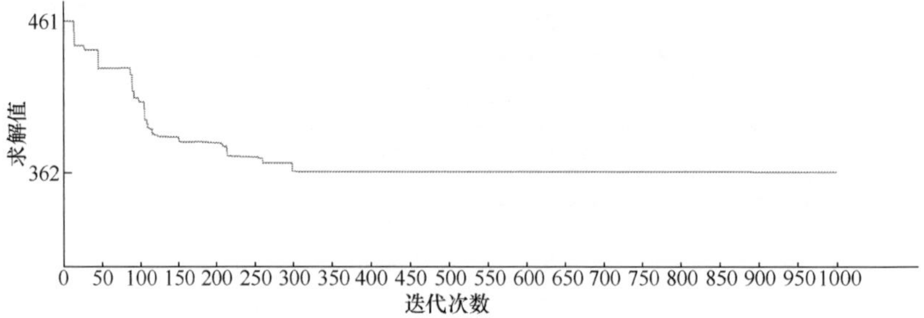

图 5.36 标准遗传算法收敛曲线(4 种零件，每种 10 个)

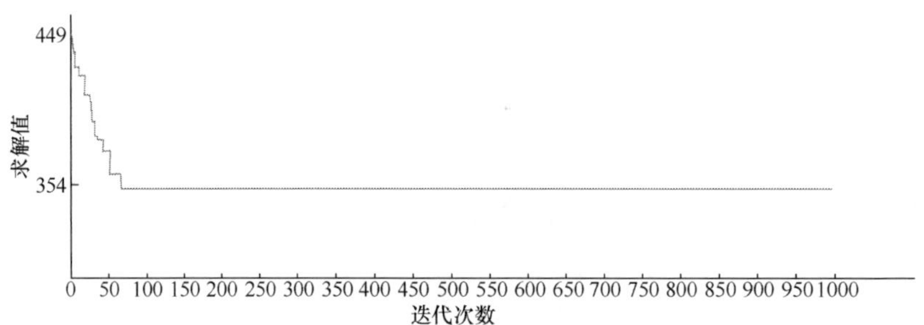

图 5.37 随机分批遗传算法收敛曲线(4 种零件，每种 10 个)

表 5.12 4×10 计算结果

种类数	零件个数	算法	收敛代数	收敛时间/s	计算结果
4	10	标准遗传算法	273	117	362
4	10	随机分批遗传算法	64	18	354

利用设计的算法及标准遗传算法对 8 种零件且每种零件的个数为 10 个进行求解，收敛曲线如图 5.38 及图 5.39 所示。计算结果如表 5.13 所示。

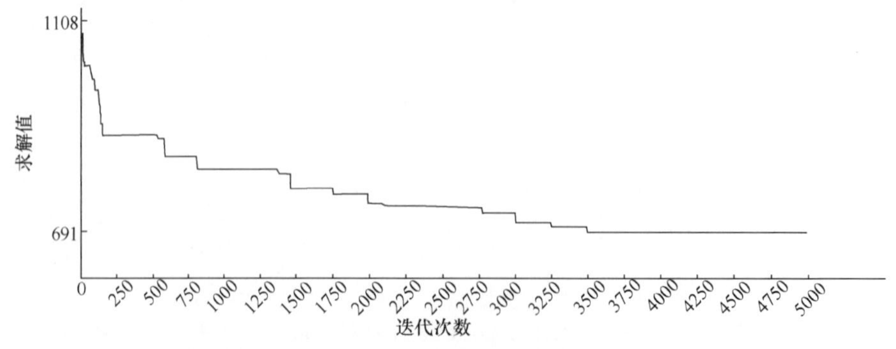

图 5.38 标准遗传算法收敛曲线(8 种零件，每种 10 个)

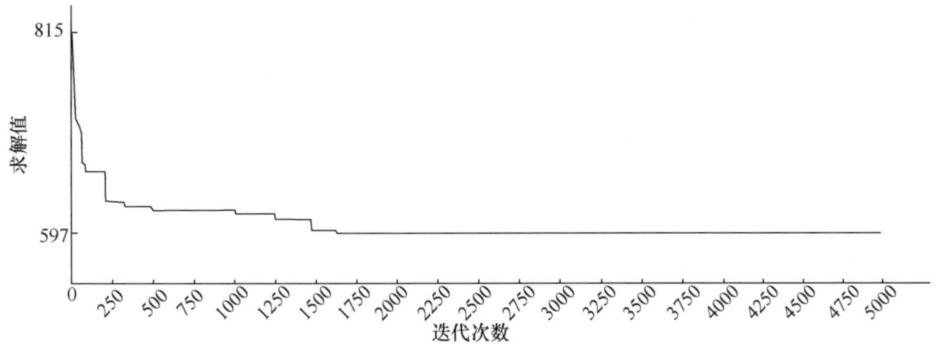

图 5.39　随机分批遗传算法收敛曲线(8 种零件,每种 10 个)

表 5.13　8×10 计算结果

种类数	零件个数	算法	收敛代数	收敛时间/s	计算结果
8	10	标准遗传算法	3531	5145	691
8	10	随机分批遗传算法	1624	974	597

通过对以上两个算例用不同的算法进行求解,可以看出在针对零件具有一定数量规模的排程问题上,随机分批遗传算法比标准遗传算法在收敛代数及收敛时间上都具有明显的优势,并且计算结果也要优于标准遗传算法。

利用批次优化遗传算法及随机分批遗传算法对 6 种零件且每种零件的个数为 60 个进行求解,收敛曲线如图 5.40 及图 5.41 所示。计算结果如表 5.14 所示。

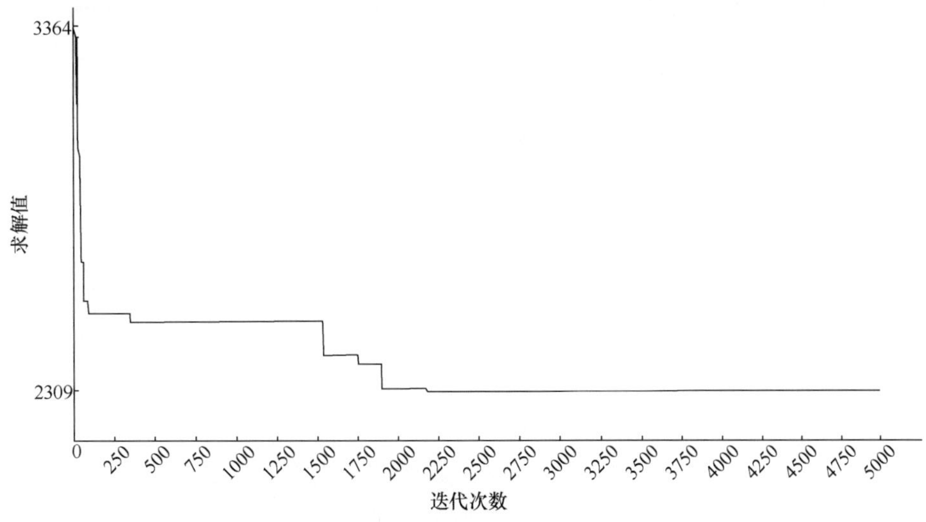

图 5.40　随机分批遗传算法收敛曲线(6 种零件,每种 60 个)

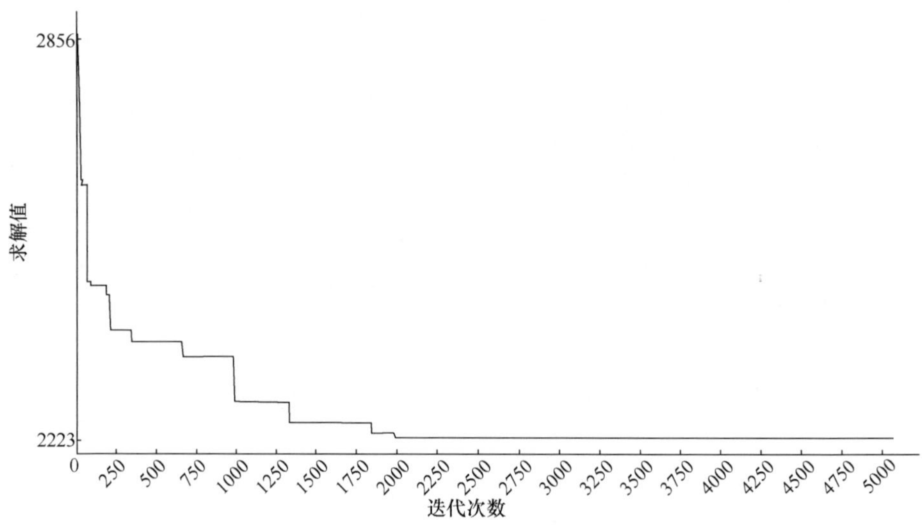

图 5.41　批次优化遗传算法收敛曲线(6 种零件,每种 60 个)

表 5.14　6×60 计算结果

种类数	零件个数	算法	收敛代数	收敛时间/s	计算结果
6	60	随机分批遗传算法	2193	6425	2309
6	60	批次优化遗传算法	1902	1919	2223

利用批次优化遗传算法及随机分批遗传算法对 8 种零件且每种零件的个数为 80 个进行求解,收敛曲线如图 5.42 及图 5.43 所示。计算结果如表 5.15 所示。

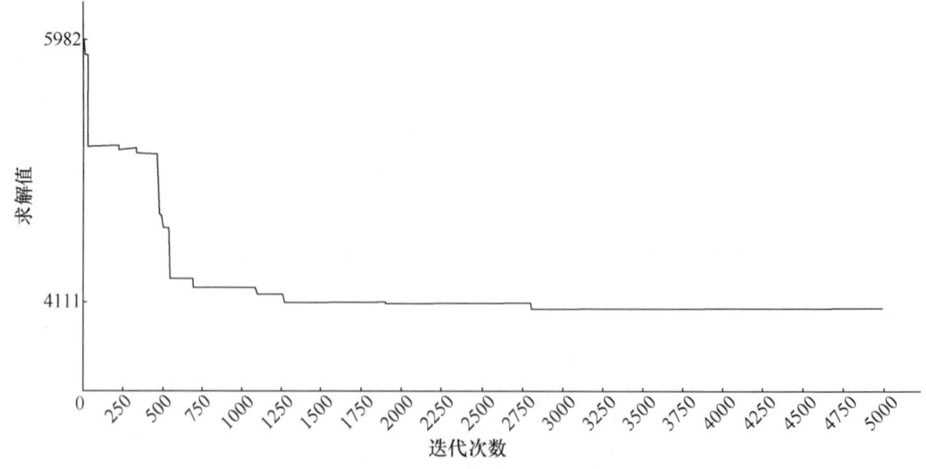

图 5.42　随机分批遗传算法收敛曲线(8 种零件,每种 80 个)

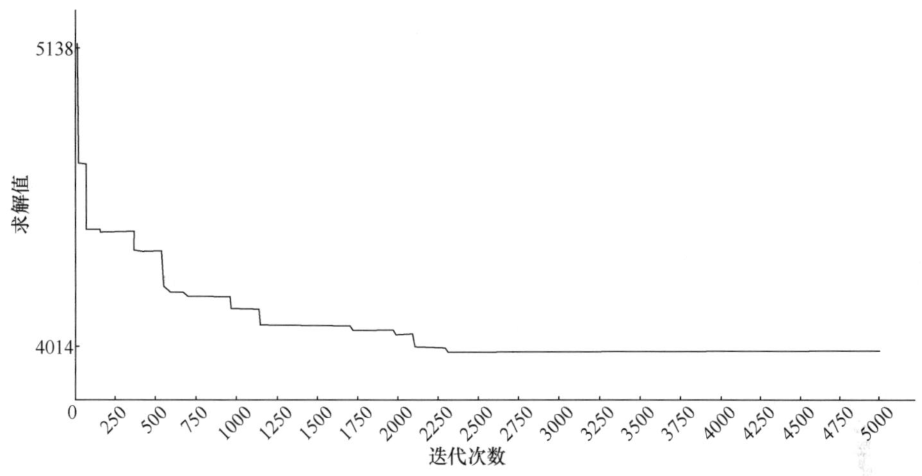

图 5.43　批次优化遗传算法收敛曲线(8 种零件,每种 80 个)

表 5.15　8×80 计算结果

种类数	零件个数	算法	收敛代数	收敛时间/s	计算结果
8	80	随机分批遗传算法	2834	9380	4111
8	80	批次优化遗传算法	2302	3243	4014

通过对以上两个算例利用随机分批遗传算法及批次优化遗传算法进行求解,可以看出在针对零件具有较大数量规模的排程问题上,批次优化算法的收敛代数及计算结果都优于随机分批遗传算法,而且在收敛时间上具有明显的优势。

利用批次优化遗传算法对 8 种零件,每种零件的个数为 400 个,共 3200 个零件进行求解,收敛曲线如图 5.44 所示。计算结果如表 5.16 所示。

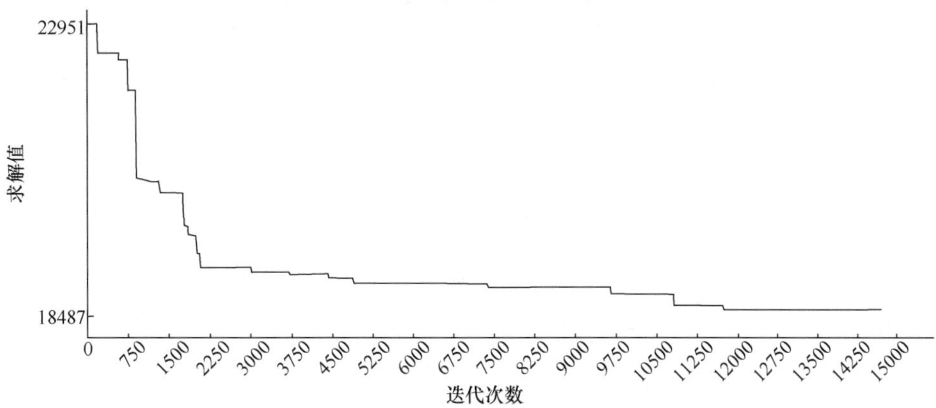

图 5.44　批次优化遗传算法收敛曲线(8 种零件,每种 400 个)

表 5.16 8×400 计算结果

种类数	零件个数	算法	收敛代数	收敛时间/s	计算结果
8	400	批次优化遗传算法	11942	41203	18487

利用批次优化遗传算法对上述的 3200 个零件进行求解，能够得到一个相对较优的解，然而由于零件的数量特别得大，因此其他的算法在此算例的计算上存在明显的不足甚至无法计算。基于此，可以看出本节的算法在求解大规模的排程问题上具有明显的优势。

通过以上对各种算例的比较分析，可以看出由于本研究对象具有多品种并且各种类零件的数量具有较大的规模，利用批次优化遗传算法能够较快并且较优地得到计算结果。

3. 动态排程结果分析

由于实际生产过程中车间的情况复杂多变，因此对静态排程结果做相应的调整。如图 5.45 所示，在某时刻将紧急任务下达到车间，通过建立动态排程模型并利用算法进行优化求解。

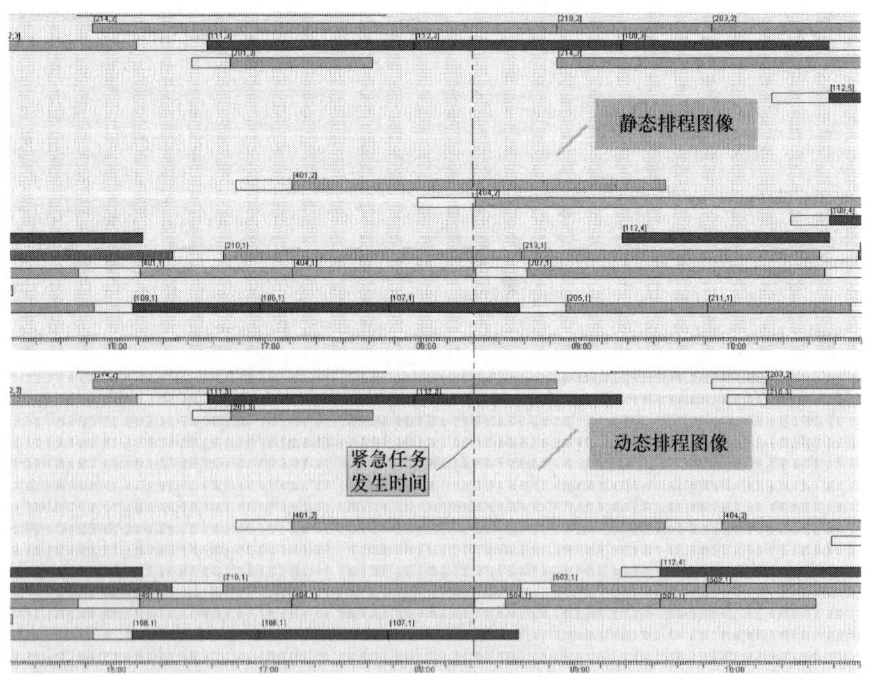

图 5.45 紧急任务加入动态排程结果

通过对动态排程图像分析，在紧急任务加入后，动态排程甘特图进行了相应的调整,产生新的甘特图像。通过对比图中的静态甘特图及动态甘特图可以看出,在紧急任务加入之前,动态甘特图与静态甘特图保持一致,而在紧急任务下达后,动态甘特图与静态甘特图便产生了区别。由以上分析可以看出,采用提出的动态调整策略可以有效地响应车间紧急任务加入这一类型动态事件,并能够优化求解出符合实际生产需要的结果,从而验证动态调整策略及算法的正确性。

而车间生产过程中同样会出现为提高机器使用寿命等情况的机器维修计划,因此相应的静态排程图像在某时刻必须对此类事件进行动态响应,如图 5.46 所示。

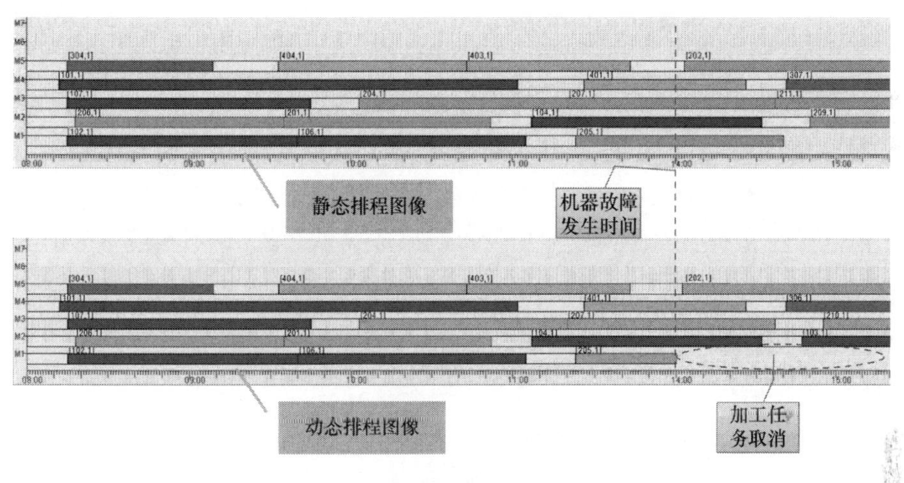

图 5.46 机器故障动态排程结果

通过对以上图像分析,在机器的维修计划来临时,对动态排程甘特图进行了相应的调整,生产新的甘特图像。通过对比上图中的静态甘特图及动态甘特图可以看出,在机器维修之前,动态甘特图与静态甘特图保持一致,而在机器维修时,在此维修机器上的加工任务被迫停止,动态图像则较静态图像发生了变化。由以上分析可以看出,采用动态调整策略可以有效地响应车间机器维修计划加入这一类型动态事件,并能够优化求解出符合实际生产需要的结果,从而验证了动态调整策略及算法的正确性。

5.3 生产过程质量控制与追踪

5.3.1 工序质量控制点的 e-QC 节点模型

1. e-QC 节点模型的图式概念描述

由于各工序间存在的复杂关联特性,为实现对零件加工质量的精确控制,各工序节点间质量数据的共享尤为关键。为此,本节提出了工序节点质量 e 化的概念[112]。在运用检测传感网络获取加工质量数据的基础上，通过在加工设备前端设置一个基于 Web 的服务代理，用来实现面向工序质量状态、设备工况等的信息建模与求解机制，从而形成一个设备前端的 Web 服务方法库。当该设备节点进行加工活动时，其方法库根据活动类型调用相关的服务方法来处理动态产生的各类数据，并以相应的 I/O(输入/输出)机制达到实时处理上述各类数据的目的。据此，工序 e-QC 节点模型的形式化描述如下。

定义 5.10　设 e-QC 节点为工序相关的资源与质量信息 e 化后形成的工序节点服务提供对象，其为一有限集合，包含元素为：{static_Parameter，dynamic_Parameter，Input，Control，Output}，则 e-QC 节点可表示为

$$\text{e-QC} ::= \{\text{static\_Parameter}, \text{dynamic\_Parameter}, \text{Input}, \text{Control}, \text{Output}\} \tag{5.64}$$

式(5.64)的物理意义为：e 化后的工序节点可以看成是一个由静态参数(static_Parameter)、动态参数(dynamic_Parameter)、输入(Input)、控制(Control)和输出(Output)五个基本要素所构成的质量控制服务提供对象，其基本模型如图 5.47 所示。

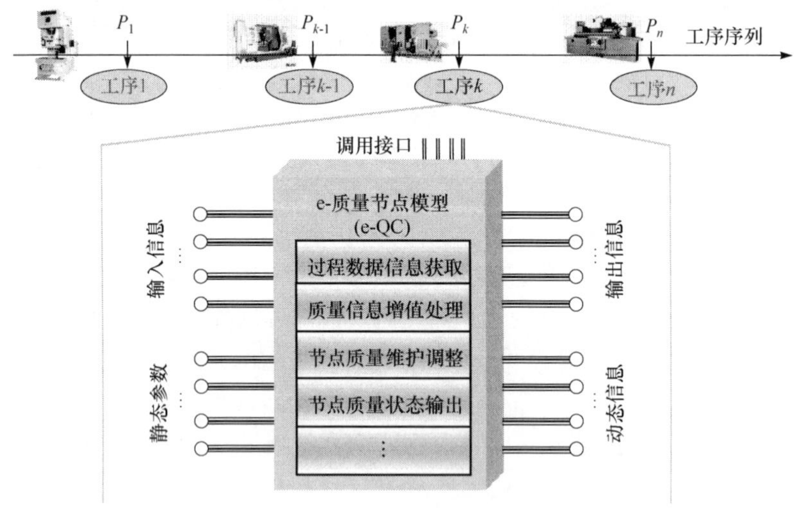

图 5.47　e-QC 节点基本模型

2. e-QC 节点模型的组成要素界定

基于以上描述，e-QC 节点模型组成要素的具体内容和意义如表 5.17 所示。

表 5.17　e-QC 节点模型组成要素界定

要素	描述
静态参数	与设备相关的参数，如设备名称、型号、编号、所属车间等
动态参数	检测传感网络获取的各类数据，如工件几何量测量数据、设备工况数据，包括刀具磨损、机床主轴振动等
输入	零件基本信息、工序质量要求、工艺过程参数、关联工序节点质量特性数据等
控制	依据开发的软件工具对工序质量相关数据进行分析处理，进而实现工序节点质量的维护调整，如质量缺陷源查找、节点反馈调整等
输出	工序质量水平、工序质量控制图及异常信息、工序能力指数评价信息、质量缺陷报告、设备异常信息、工序维护信息等

各 e-QC 节点质量活动的执行受工序驱动，其提供的各项控制功能依据一定的关系而被激活。这里，节点控制功能用 $F=\{f_i|i\in N\}$ (N 为自然数集)表示，关系用 $R(F,\text{Control},\text{Output})$表示。而工序节点的输出信息则依赖于节点质量控制活动所对应的相关功能的执行，且执行结果被用来作为信息源，以便对外提供服务。据此，e-QC 节点模型的形式化定义可描述如下：

定义 5.11　e-QC 节点是一个包含{static_Parameter，dynamic_Parameter，Input，Control，Output}的有限集合，其组成要素在应用服务 $F=\{f_i|i\in N\}$的作用下，基于关系 R(F，Control，Output)动态执行相关活动(Control)，并产生相应的输出信息(Output)，且输出信息可以被其他 e-QC 节点访问和调用。

3. e-QC　节点的参考实现框架

上述 e-QC 节点的基本模型在逻辑上是动态的、在物理上被置于加工设备前端。由于 e-QC 节点可理解为各个工序节点的前端，因此为建立 e-QC 节点模型，首先需要确定零件加工质量特性在各个工序节点上有哪些质量信息变化需要被监控与跟踪，进而确定节点模型的分析服务功能及其相关的输入、输出接口。图 5.48展示了多源多工序环境下工序节点的输入-输出关系，这里主要考虑了前工序影响效应、局部误差源影响效应以及观测噪声的影响。工序节点的质量特性输出采用如下的非线性函数描述：

$$Y_k(t)=f_k(S_{k,0},X_k(t),u_k(t),R_k(t),w_k(t),t) \tag{5.65}$$

这里，函数 f_k 表示工序 k 输入参数与工序 k 质量特性输出值间的映射关系。其中，$Y_k(t)\in\Re^{q_k\times 1}$表示工序 k 质量特性输出值；$S_{k,0}\in\Re^{s_k\times 1}$表示工序 k 质量特性初始状态，即前工序($k-1$)工序质量特性输出值；$X_k(t)\in\Re^{p_k\times 1}$表示工序 k 固有质量特性值；$u_k(t)\in\Re^{m_k\times 1}$表示工序 k 加工要素状态，如机床主轴振动、刀具磨损、夹具磨损等；$R_k(t)\in\Re^{r_k\times 1}$表示工序 k 工艺过程参数，如进给量、切削速度、切削深度等；$W_k(t)\in\Re^{q_k\times 1}$表示工序 k 随机噪声；t 表示工序 k 质量特性及过程相关参数的

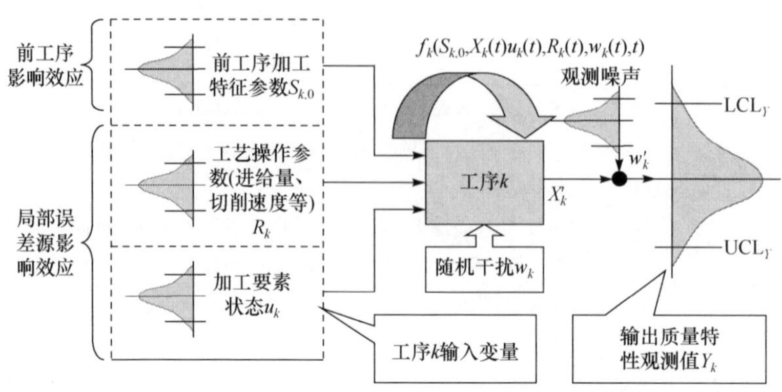

图 5.48 e-QC 节点输入变量-输出质量特性关系图

时间特性。可以看出,各加工工序节点具有多输入多输出(multi-input and multi-output,MIMO)特性。

如图 5.49 所示,针对各工序节点的这一特性,本节给出了 e-QC 节点的参考实现模型。在该模型中,通过接口利用检测传感网络的相关传感节点获取与加工质量相关的刀夹具数据、设备运行状态数据、零件质量特性数据等;在此基础上利用 SPC 方法对加工过程质量数据进行统计分析;利用信号检测处理方法对如机床主轴振动、刀具磨损等过程参数信号进行聚类分析和特征提取,进而确定工序质量特性变化和过程参数间存在的关联关系,从而实现对工序节点质量特性变化的控制;此外,各节点分析得出的质量状态信息通过模板形式提交到上层系统,随着模板不断被实例化并逐步形成实例模板网络,可实现对零件加工质量状态的全局动态跟踪[113]。

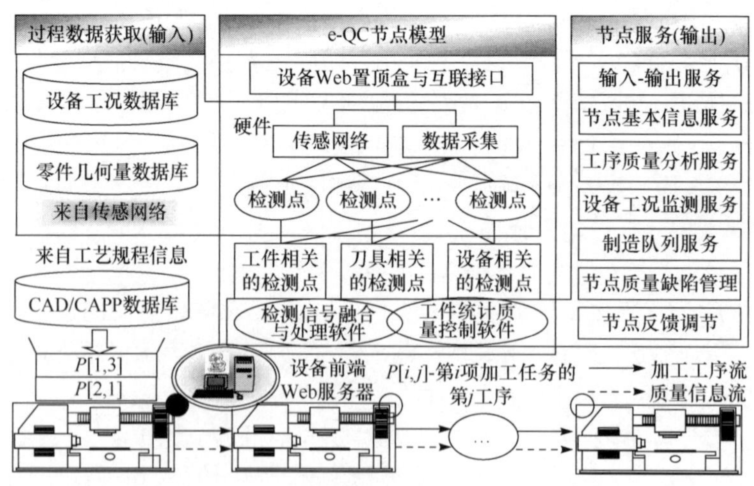

图 5.49 面向设备前端的 e-QC 参考实现模型

基于以上论述，e-QC 节点在软、硬件配置方面的具体实现框架如图 5.50 所示，它包括基础层、数据层、质量分析工具层和应用功能层等[113]。

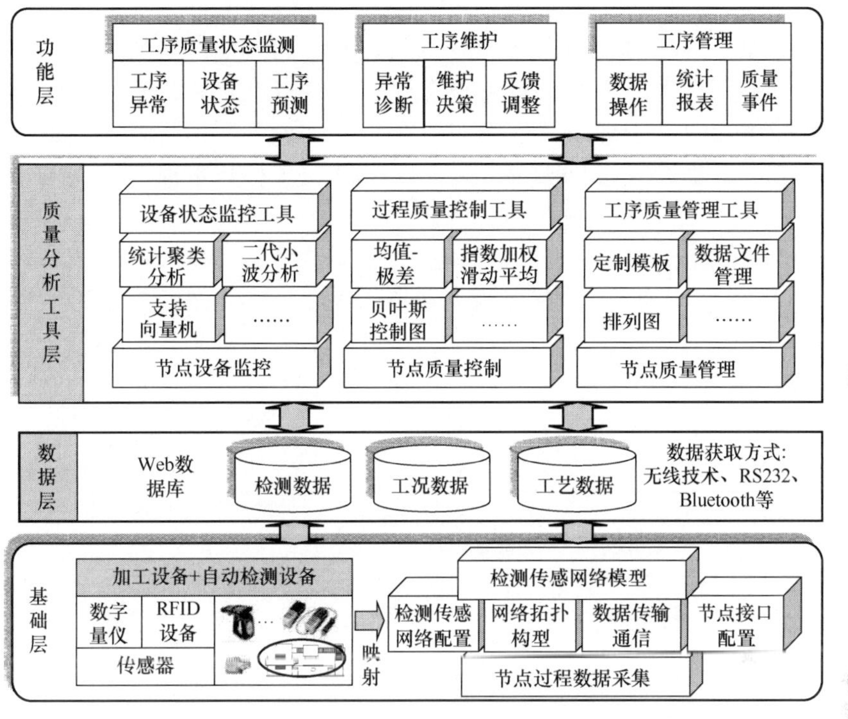

图 5.50 e-QC 节点逻辑构架

5.3.2 e-QC 工序节点质量控制工具集成与质量信息计算

1. 工序节点质量闭环控制

对工序节点质量状态的分析与监控由内嵌的集成质量分析软件完成，主要包括零件质量特性分析软件和设备工况分析软件。具体提供的服务功能如图 5.4 所示，包括：

(1) 输入-输出(input-output)服务：负责节点与上层系统及其他节点的数据交换。

(2) 节点基本信息(basic information)服务：提供工序节点静态参数信息，如加工设备类型、夹具编号、操作人员等数据。

(3) 工序质量分析(process quality analysis)服务：提供包括对用于不同生产批量条件下的通用控制图、贝叶斯控制图等 10 种控制图在内的集成过程质量分析工具、面向复杂曲面零件加工质量评价的误差可视化评价工具的服务调用。

(4) 设备工况监控(equipment health monitoring)服务:采用包括二代小波等在内的信号处理方法处理影响零件加工质量的设备工况信号,并提取设备工况特征。

(5) 制造队列(task sequence)服务:提供当前工序节点的待加工任务序列。

(6) 节点质量事件(quality event)管理:针对在当前工序节点上出现的质量缺陷及其误差源的变化管理。

(7) 节点反馈调节(adjustment event):基于以上分析数据,对工序节点的质量改进方法进行决策,确定工序维护的调节方案。

如图 5.51 所示,在上述分析的基础上,本节给出了 e-QC 节点的质量闭环控制实现方法。这里,通过对工序观测值和预测值偏差进行 SPC 控制图预警,可防止对工序节点的过度控制;同时,补偿反馈调节模块可用于补偿调节导致工序质量不稳定的误差源控制量,如对加工过程刀具磨损进行补偿等;对于导致质量缺陷的严重误差源,则直接进行消除,如刀具的严重破损、必须更换新刀具等。

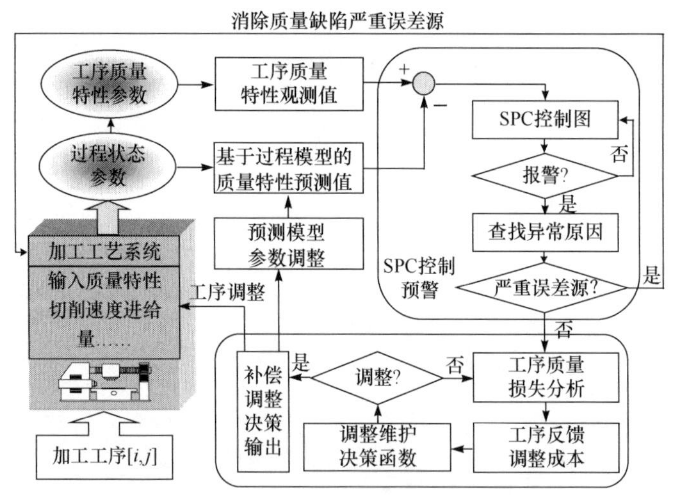

图 5.51　e-QC 节点闭环质量控制机制

e-QC 节点质量闭环控制是以工序节点为中心,由于各工序节点间存在复杂的耦合关系(如基准、演变关系导致的工序间误差传递效应等),各工序节点间的数据信息传递与共享是实现对加工过程异常波动变化进行准确识别和追踪的基础。为此,必须建立统一的工序质量数据结构,并定义标准化的数据对象和操作,这里采用模板机制实现这一需求,如图 5.52 所示,工序节点数据信息采用不同的模板进行封装标准化处理,节点服务软件实现对各工序节点质量状态的异常监控,异常质量事件通过异常模板进行报告,通过节点协调决策机制实现对各工序节点的动态调整和维护。

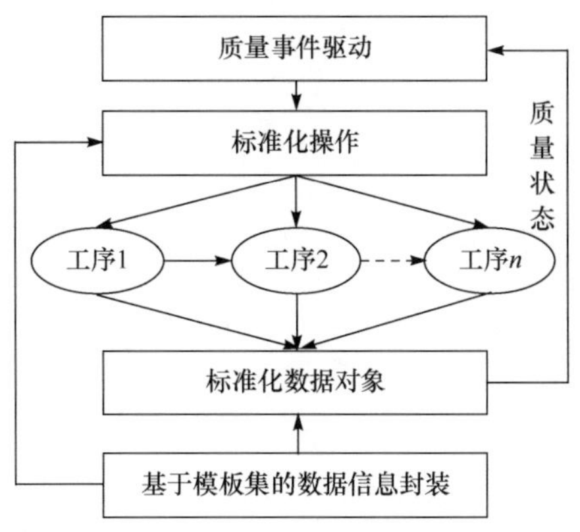

图 5.52　e-QC 节点数据信息标准化处理

2. 基于 NN-NF 模型的控制图模式识别

由以上分析可以看出，为实现工序节点质量的闭环控制，工序质量状态的准确判别是必需的，而基于规则的控制图异常模式识别方法通常存在规则的组合爆炸问题，即一个异常因素可能引起多条规则同时匹配，为此，采用一种基于 NN-NF (neural network-numeral fitting，NN-NF)模型的控制图模式识别方法以解决该问题。

1) 控制图基本模式

工序质量特性值可采用下式进行描述：

$$y(t)=u+x(t)+d(t) \tag{5.66}$$

式中，$y(t)$为在 t 时刻加工工序质量特性的观测值；u 为处于控制状态下加工过程质量参数的均值；$x(t)$为 t 时刻随机性误差干扰成分，一般情况下，$x(t)\sim N(0,\sigma)$，其中 σ 为处于控制状态下加工过程质量参数的标准差；$d(t)$为 t 时刻系统性异常干扰。

从式(5.66)中可以看出，识别控制图的关键在于识别 $d(t)$的变化规律，通常控制图具有以下六种模式，如图 5.53 所示。

(1) 正常模式(normal pattern，NP)，如图 5.53(a)所示。

$$d(t)=0 \tag{5.67}$$

(2) 周期变化模式(cycle pattern，CP)，如图 5.53(b)所示。

$$d(t)=a\times\sin(2\pi t/\Omega) \tag{5.68}$$

式中，a 为幅值；Ω 为周期。

(3) 趋势上升模式(uptrend，UT)、趋势下降模式(downtrend，DT)，如图 5.53(c)和(d)所示。

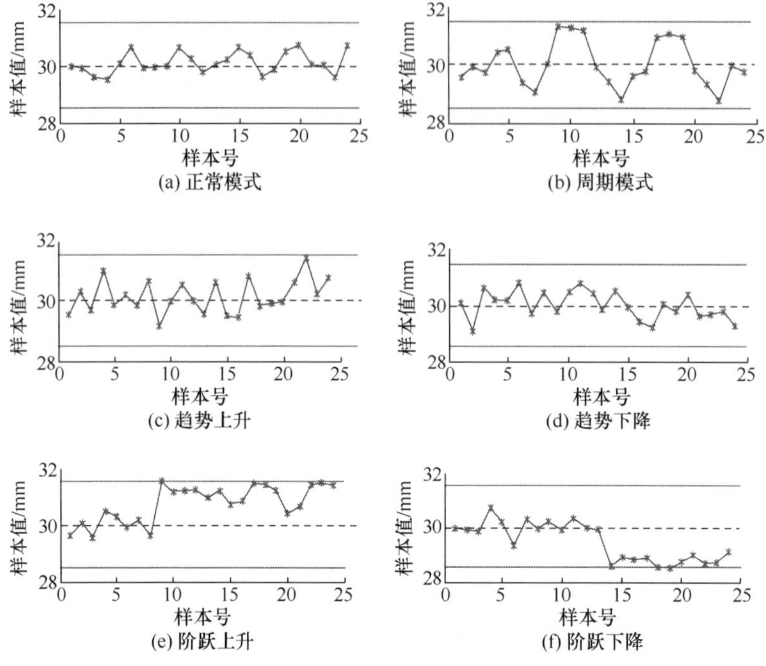

图 5.53 控制图模式分类

$$d(t)=\pm\rho\times d\times t \tag{5.69}$$

式中，正、负分别代表上升和下降趋势；d 为斜率，$d\in[0.1\sigma,0.26\sigma]$；$\rho$ 在趋势出现前为 0，趋势出现后为 1。

(4) 阶跃上升模式(upshift，US)、阶跃下降模式(downshift，DS)，如图 5.10(e)和(f)所示。

$$d(t)=\pm v\times s \tag{5.70}$$

式中，正、负分别代表向上和向下阶跃；v 在阶跃前为 0，阶跃后为 1；s 为阶跃的幅度，$s\in[1\sigma,3\sigma]$。

为了提高对相似模式的正确识别率，这里，把同在控制图中心线一侧的模式归为一类，如趋势上升模式(UT)和阶跃上升模式(US)归为上升模式(B 类)；把趋势下降模式和阶跃下降模式归为下降模式(C 类)。上述六种模式可归为四类：正常模式(A 类)、上升模式(B 类)、下降模式(C 类)和周期模式(D 类)。在 NN-NF 模型中，采用神经网络对这四类模式进行初步识别，采用数值拟合方法进一步对识别出的模式参数进行精确估计。

2) NN-NF 模型

在 NN-NF 模型中，首先启用基于规则的控制异常模式识别方法，若存在规则冲突，则调用 NN-NF 识别方法，如图 5.54 所示。BP(back propagation)网络对上述四种类型的控制图进行初步识别，具体的模式类型及其参数由数值拟合方法进行精确估计。可以看出，在该模型中只采用了一个 BP 网络且网络输出节点只有四个，减少了网络的拓扑复杂性。在图 5.54 中，对 B 类和 C 类需要进一步判别趋势模式还是阶跃模式，k 表示趋势模式的最小识别倍数，取值为 0.1，σ 表示处于在控状态下加工过程质量参数的标准差，$k\sigma$ 表示趋势模式的趋势斜率最小值。

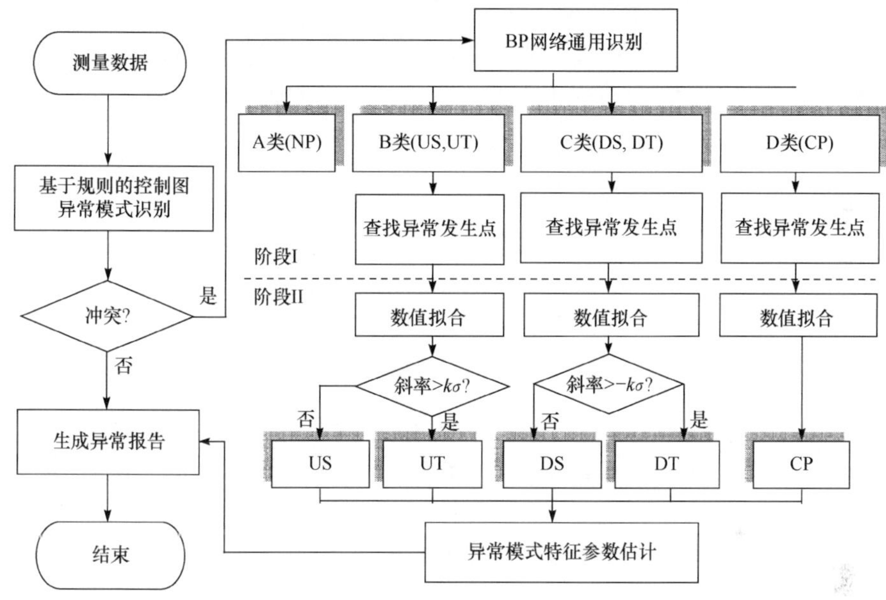

图 5.54　基于 NN-NF 模型的控制图异常模式识别过程

采用的四层 BP 网络如图 5.55 所示，包括输入层、输出层和两个隐含层。输

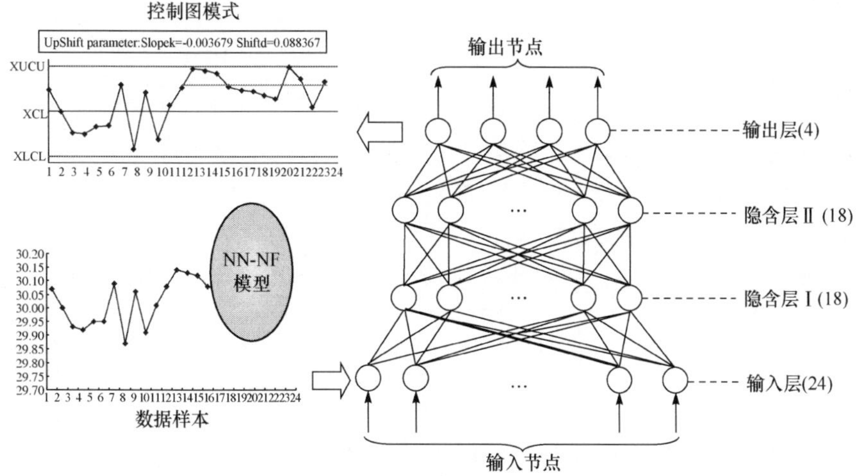

图 5.55　NN-NF 模型网络结构

入、输出层节点数分别依赖于控制图模式表现的连续数据点和控制图模式类型数，根据一些学者的研究结果，输入节点数越多，识别率会越高，但网络的训练时间也会越长。考虑到训练时间和识别率的平衡，NN-NF 模型中网络输入节点数取 24、输出节点为 4、两个隐含层节点数各为 18，隐含层和输出层激励函数分别采用双曲正切函数和 S 型函数。

采用均方误差(mean squared error，MSE)对网络性能进行评价，网络进行有监督学习。网络对异常模式进行初步识别，输出节点值如表 5.18 所示。虽然激励函数极值为 1，但网络训练过程中不易达到，因此，各神经元目标值设定为 0.99。

表 5.18　BP 网络目标输出值

模式类型	描述	BP 网络目标输出值			
		1	2	3	4
A (NP)	随机	0.99	0	0	0
B (UT、US)	上升	0	0.99	0	0
C (DT、DS)	下降	0	0	0.99	0
D (CP)	周期	0	0	0	0.99

上述网络识别的初步结果进一步由数值拟合方法进行模式参数估计，以确定异常模式的具体类型，其中趋势和阶跃模式通过直线进行拟合，周期模式采用曲线进行拟合。趋势和阶跃模式参数估计步骤如下：

步骤 1　选择如下的拟合函数：

$$y=ax+b \tag{5.71}$$

式中，a 和 b 分别表示拟合函数的斜率和截距。

步骤 2　采用下述模型优化上述函数：

$$\chi^2(a,b) = \sum_{i=1}^{n}[(y_1 - a - bx_i)/\sigma_i]^2 = \min \tag{5.72}$$

式中，(x_i, y_i)表示控制图数据点值；σ_i 表示异常模式下质量参数的标准差。利用最小二乘法建立该模型，采用矩阵的正交三角分解法(QR)对模型进行求解。

步骤 3　设定域值 $k\sigma$，这里 k 取 0.1。规定：若拟合出来的斜率 $a>k\sigma$ 或 $a<-k\sigma$，该控制图异常的模式为趋势模式，否则为阶跃模式。

步骤 4　如果控制图存在阶跃模式，阶跃模式起始点为 j，控制图中异常点数为 k，则其均值 $\overline{X}_{\text{shift}}$ 为

$$\overline{X}_{\text{shift}} = \frac{1}{k}\sum_{i=j}^{j+k} X_i \tag{5.73}$$

假定过程理想均值为 $\overline{X}$，则阶跃幅值为

$$\delta=\overline{X}-\overline{X}_{\text{shift}} \tag{5.74}$$

以上对趋势和阶跃模式参数进行了估计，周期模式参数估计步骤如下：

步骤 1　选择如下的拟合函数：

$$y=A\sin\left(\frac{2\pi}{\Omega}x+\varphi\right)+d \tag{5.75}$$

式中，A 为函数的幅值；φ 为函数的相位；d 为函数的偏移；Ω 为周期，并且 $\Omega\in\{7,8,9\}$，即数据样本的异常模式周期值范围为 7～9，这是由于所采用样本数据中子模式的长度值为 7～9，约为输入样本数据长度（其值取 24）的三分之一。

步骤 2　采用下述模型优化上述函数：

$$f(A,\varphi,d)=\sum_{i=1}^{n}\left[y_i-A\sin\left(\frac{2\pi}{\Omega}x_i+\varphi\right)-d\right]^2=\min \tag{5.76}$$

式中，(x_i,y_i)表示控制图数据点值。利用 Nelder-Mead 单纯形法对上述模型进行求解。

步骤 3　选择周期模式的最优参数值。根据不同的周期值（7、8、9），分别用单纯形法求得不同周期下的最佳单纯形，通过比较三种情况下的拟合误差，误差最小的单纯形即为控制图在周期模式下的异常参数。

3）网络训练和仿真分析

建立的 NN-NF 模型在进行控制图模式识别前，需要进行离线训练，因此，NN-NF 模型的使用主要包括两个阶段：网络学习阶段和网络调用阶段，如图 5.56 所示。在网络学习阶段，训练样本类型和数量越多，网络的识别率越高，表 5.19 给出了网络学习的规范要求。

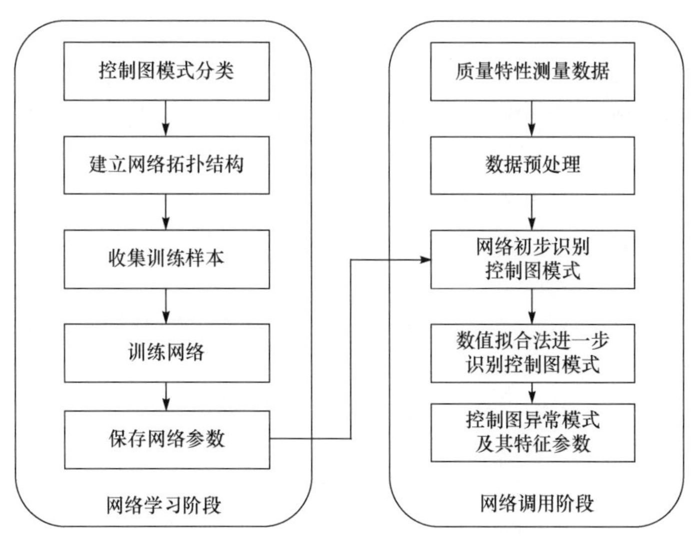

图 5.56　NN-NF 模型的训练和调用

表 5.19　BP 网络训练规范要求

规范要求	值
训练样本数	1600
学习速率	0.05
样本最大训练次数	10000
训练停止标准	网络误差＝0.01 或训练次数达到最大
斜率 a 的阈值	0.1σ

为了能够使得训练好的网络用于不同工序的监控，并减少网络的训练时间，对训练样本做如下预处理：

$$f(t)=\frac{y(t)-\mu}{\sigma} \tag{5.77}$$

$$f'(t)=\frac{f(t)+3}{6} \tag{5.78}$$

式(5.18)中，μ 和 σ 分别表示训练样本的均值和标准差，该式对训练样本数据进行了标准化处理。式(5.19)进一步对标准化处理后的数据进行归一化处理，以减少网络的训练时间，因为训练样本值越接近网络的初始权重(初始权重∈(0，1))，网络的训练时间越少。

由于在 NN-NF 模型中，采用数值拟合方法代替多个神经网络对控制图模式参数进行估计，减少了神经网络的个数，从而也使得网络的训练时间得到减少。这里，网络学习采用传统的 BP 算法，训练样本采用 Mote Carlo 仿真法依据某箱体零件孔径质量特性要求而生成，过程均值为 30mm，过程标准差为 0.05，共生成 1600 组(400×4，每种模式 400 组)训练样本，从表 5.19 中可以看出，一旦网络训练误差达到目标值或训练的最大次数，网络学习将停止。仿真试验如图 5.57 所示，具体过程如下：

步骤 1　依据表 5.19 中要求设置网络参数。

步骤 2　采用不同模式的样本对网络进行训练。

步骤 3　保存训练好的网络参数。

步骤 4　调用训练好的 NN-NF 模型对实际加工工序测量样本进行识别。

由图 5.57 可以看出，训练网络的实际误差是 0.20855，这可能由传统的 BP 网络学习方法固有的局限性引起，还可以看出，一旦训练次数达到 900 次，网络误差几乎逼近最小值。为了减少网络误差对识别结果的影响，特别设定当网络输出的特征神经元大于 0.95，而其他神经元输出小于 0.05 时，可以确认某种异常模式的存在。应该指出的是，BP 网络初步识别的结果将由数值拟合方法进行进一步的参数估计，也就是说，控制图模式的识别率并不仅仅依赖于 BP 网络，这也缓解了多 BP 网络识别控制图模式的压力。

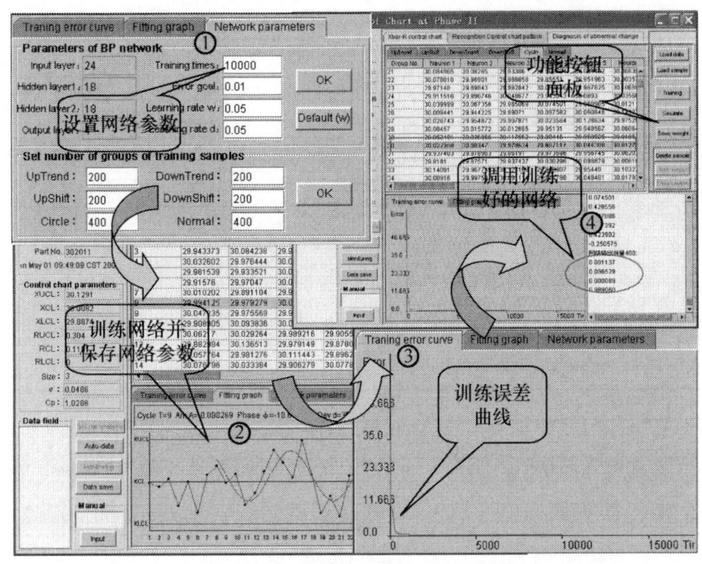

图 5.57　NN-NF 模型识别控制图模式仿真试验过程

为验证已训练好的 NN-NF 模型对控制图模式的识别效果，同样采用蒙特卡罗仿真生成八组测试样本，包括六种基本模式和两种混合模式，如表 5.20 所示。从表 5.20 中可以看出，六种基本模式和两种混合模式均被正确识别出，但混合模式表现出的特征不如基本模式明显，这可能由于不同模式间的相互累减效应衰减了各基本模式的参数值。例如，在周期和阶跃上升的混合模式中虽然周期模式和阶跃上升模式都被正确识别出，但该阶跃模式($\delta=0.03$)并没有单独的阶跃模式($\delta=0.0776$)明显。这也是以往多神经网络识别法很难准确对混合模式进行识别的原因之一。

表 5.20　测试样本的识别结果

测试模式		识别结果									
		网络输出				数值拟合结果					
		1	2	3	4	α	δ	A	Ω	φ	d
A	NP	0.9994	0.0002	0.0001	0.0003	0	0	0	0	0	0
B	UT	0.0003	0.9935	0	0.0001	0.0063	0	0	0	0	0
	US	0	0.9905	0	0.0029	0	0.0776	0	0	0	0
C	DT	0.0003	0.0004	0.9995	0.0001	0 072	0	0	0	0	0
	DS	0.0007	0.0001	0.9995	0	0.0004	−0.1028	0	0	0	0

续表

测试模式	识别结果									
	网络输出				数值拟合结果					
	1	2	3	4	α	δ	A	Ω	φ	d
D　CP	0.0004	0.0006	0.0001	0.9995	0	0	0.1126	7	−20.452	0
B+D　US+CP	0.0071	0.0001	0	0.9891	0	0.03	0.0897	7	−18.2906	30.0004
B+C　US+DT	0	0.9872	0	0 0015	0 039	0.0875	0	0	0	0

从 NN-NF 模型的仿真结果来看，测试样本都能被正确识别出。在识别过程中，BP 网络仅需对控制图模式进行初步识别，数值拟合法通过搜索控制图样本最优的拟合图形实现对控制图模式参数的精确估计。BP 网络提供的初步识别结果使得对控制图进行数值拟合具有方向性，同时，数值拟合使得网络的训练时间得到减少。通常趋势型和阶跃型模式采用单独的神经网络进行识别时，很容易混淆，但 NN-NF 模型通过采用数值拟合法却能很好地解决这个问题，这从表 5.20 中也可以看出。

3. 基于小波多尺度理论的工序质量监控与诊断

工序质量诊断对工序节点闭环质量控制的实现同样也是不可缺少的一环，基于此，提出了一种基于小波多尺度理论的工序质量监控与诊断方法。

1）工序质量监控与诊断集成实现流程

由于小波分析具有“数学显微镜”的优势，近年来，已被一些学者引入质量控制领域，但其研究基本上聚集于工序质量的监控，本节则利用小波分析的这一优势，提出一种工序质量监控与诊断的集成分析方法。该方法的具体流程如图 5.58 所示，首先对收集的工序质量数据序列进行离散小波变换，获得各尺度层次上的子信号；进而采用 SPC 控制图对各子信号进行监控，一旦失控报警发生，则对报警尺度子信号通过小波逆变换进行重构以确认工序质量是否存在异常变化；若确认存在异常变化，则对异常子信号进行特征提取，并建立该特征与其潜在误差源间的关联映射模型，通过比较工序异常变化特征与误差源间的相关系数，从而确定哪些误差源是需要优先进行改进的。

2）基于小波多尺度理论的工序质量监控

在采用 SPC 控制图对各尺度子信号进行监控时，需要对工序质量特性数据序列进行多尺度描述。首先对信号的多尺度描述原理进行说明，小波函数可以通过母小波 $\psi(t)$ 的二尺度伸缩和整数平移获得，如

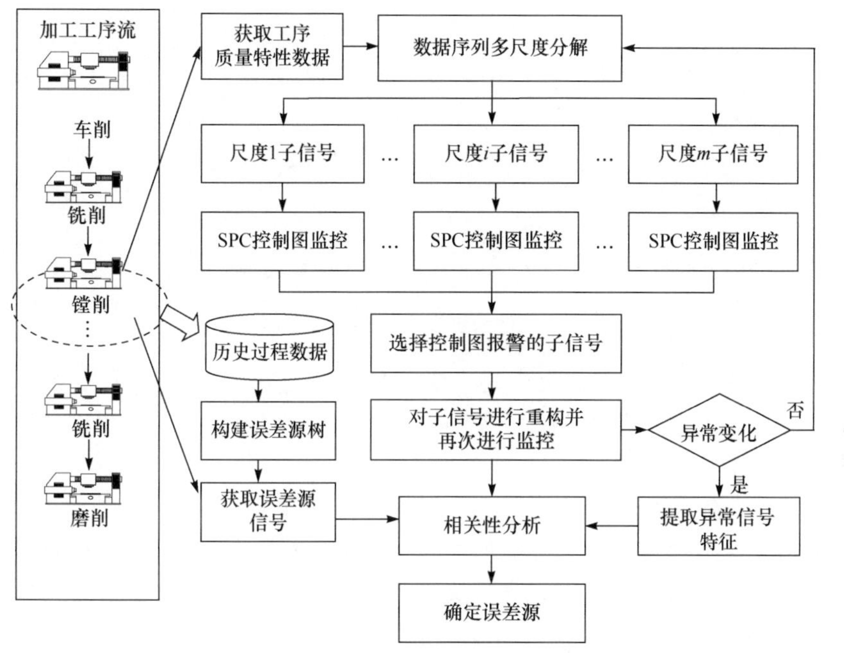

图 5.58　工序质量监控与诊断流程

$$\psi_{j,k}(t)=2^{-\frac{j}{2}}\psi(2^{-j}t-k) \tag{5.79}$$

式中，$j,k\in Z$，Z 代表整数集。定义尺度函数为 $\Phi(t)$，同理，构造的尺度函数集为

$$\phi_{j,k}(t)=2^{-\frac{j}{2}}\phi(2^{-j}t-k) \tag{5.80}$$

式中，$j,k\in Z$。

假定 V_j 和 W_j 分别表示$\{\Phi_{j,k}\}$和$\{\psi_{j,k}\}$张成的子空间。有下式成立：

$$V_j=V_{j+1}\oplus W_{j+1}=\oplus_{j+1}^{l=+\infty}W_l \tag{5.81}$$

任何信号 $f(t)\in L^2(R)$（$L^2(R)$表示平方可积函数空间）通过投影到其相应的基函数都可分解为细节和逼近部分，细节部分描述如下：

$$f_d^j(t)=\sum_k d_{j,k}\psi_{j,k}(t) \tag{5.82}$$

式中，$d_{j,k}$表示细节系数，且 $d_{j,k}=\langle f(t),\psi_{j,k}(t)\rangle$。

同理，信号的逼近部分描述如下：

$$f_s^j(t)=\sum_k c_{j,k}\phi_{j,k}(t) \tag{5.83}$$

式中，$c_{j,k}$表示逼近系数，且 $c_{j,k}=\langle f(t),\phi_{j,k}(t)\rangle$。

由以上论述可知，这些不同尺度的细节系数和逼近系数不同程度地蕴含着工序质量状态特征，工序质量特性数据系列的小波分解过程如图 5.59 所示。cD 和 cA 分别表示细节系数和逼近系数，对于数据序列 s，其相应的 cD 和 cA 通过滤波

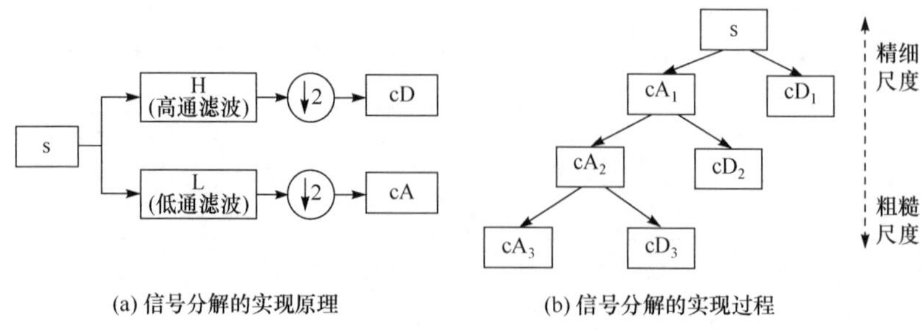

(a) 信号分解的实现原理 (b) 信号分解的实现过程

图 5.59 工序质量数据的多尺度分解示意图

和下采样获得，其中，滤波器由高通滤波器 H 和低通滤波器 L 组成，如图 5.59(a)所示。通过多次迭代分解，数据序列可以分解为若干具有不同分辨率的部分，如图 5.59(b)所示。

在离散小波变换过程中，小波函数的选用非常重要，本节重点考虑了 Harr 小波和 Daubechies 小波，如图 5.60 所示，Harr 小波具有紧支对称特性，但非连续。虽然 Daubechies 小波时域上是有限支撑的，但其是光滑的。经过多次观察比较，发现 Harr 小波更适合用于描述工序质量特性数据序列。

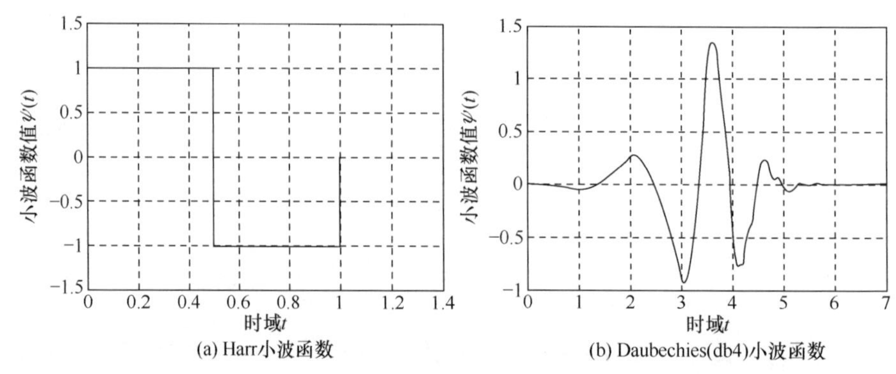

(a) Harr小波函数 (b) Daubechies(db4)小波函数

图 5.60 两种小波函数比较

一方面，由于小波分析具有降噪、去相关性等优点，分解后的各尺度数据可以直接采用 SPC 控制图进行监控；另一方面，不同尺度的细节系数和逼近系数既能反映工序过程的小波动变化，又能反应工序过程的大波动变化，从而使得多尺度 SPC 控制图既能够探测到过程的大波动变化，也能够对过程小波动变化反应灵敏。

基于此，工序质量的多尺度 SPC 控制图监控步骤详述如下：

步骤 1 采集一组数据长度为 2^p(p 为正整数)工序质量数据。

步骤 2 选择小波函数及分解尺度，对数据序列进行离散小波变换。

步骤 3　对各尺度细节系数和逼近系数进行 SPC 控制图监控，控制图控制限由工序正常状态下质量数据进行小波分解求得。控制限如下：

$$
\begin{aligned}
&\mathrm{UCL}=\mu_w+k\sigma_w \\
&\text{中心线}=\mu_w \\
&\mathrm{LCL}=\mu_w-k\sigma_w
\end{aligned}
\tag{5.84}
$$

式中，w 表示某一尺度系数；μ_w 和 σ_w 分别表示其均值和标准差；k 是和置信区间相关的常数，该值可以根据不同尺度反映的信息量进行调整。

步骤 4　如果在某一尺度存在违反控制限现象，则表明该尺度系数蕴含了工序质量状态的变化特征，需要进一步确认工序状态失控与否。

步骤 5　对违反控制限尺度数据通过逆小波离散变换进行重构，观察重构后的数据是否也违反控制限，若是，则确认工序状态失控。

图 5.61 展示了针对某发动机缸体零件镗孔工序进行多尺度 SPC 控制图监控的实例，孔径尺寸要求(60±0.15)mm，由数控镗铣床加工完成，采集了 128 组孔径尺寸数据。

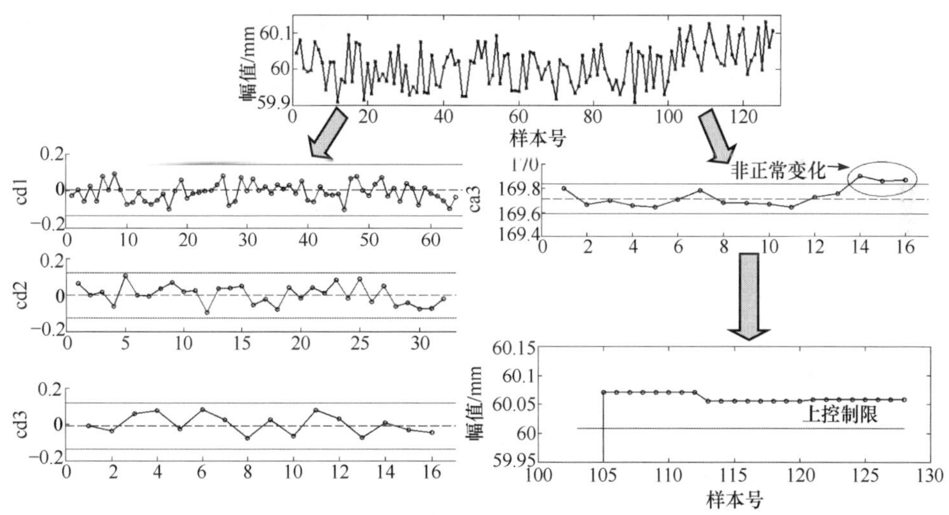

图 5.61　工序质量的多尺度 SPC 控制图监控

一旦工序失控确认，违反控制限的尺度系数将进行单支重构，重构后的子信号仅包含某一频段的信息，又称该子信号为异常特征信号。采用功率谱分析法对确定的异常特征信号进行特征提取，为误差源诊断分析提供参考。图 5.62 展示了对图 5.61 捕捉到的异常特征信号进行功率谱分析的结果，从图中可以看出，在低频段的谱线比较明显，其对应的频段范围为 0～187.5Hz，说明该工序存在大的周期性系统误差。

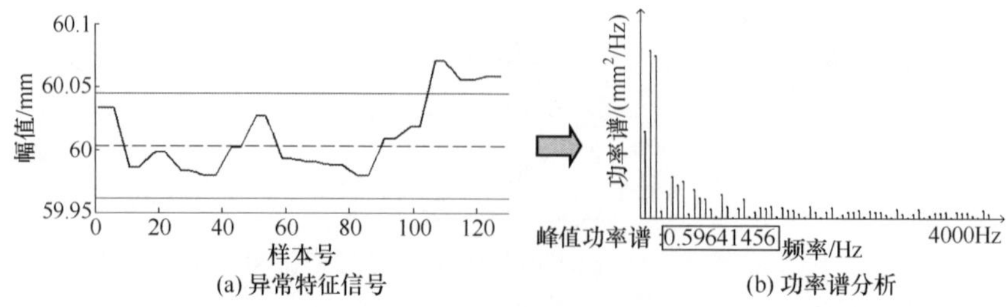

图 5.62　异常特征信号功率谱分析

3）基于信号融合的工序质量诊断

为实现对失控工序的诊断分析，这里采用一种多源信号相关性分析方法对可能引起工序失控的误差源信号和多尺度 SPC 控制图捕捉到的异常特征信号进行相关性分析。首先依据预定义的误差源树分析引起工序失控的主要误差源，图 5.63展示了某发动机缸体镗孔工序孔径尺寸的误差源树；进而对提取的异常特征信号和传感器获取的误差源信号进行相关性分析，如图 5.64 所示，通过考察异常特性信号和误差源各信号间的关联系数大小，确定各误差源的重要程度。假定 x_n 和 y_n 分别表示异常特征信号和误差源信号，有下式成立：

$$r_{xy}(N_1,N_2)=\frac{\sum_{n=N_1}^{N_2}x_ny_n}{\sqrt{\sum_{n=N_1}^{N_2}x_n^2}\sqrt{\sum_{n=N_1}^{N_2}y_n^2}} \tag{5.85}$$

式中，N_1 和 N_2 分别表示数据段的起始点和结束点；$r_{xr}(N_1,N_2)$表示在区间$[N_1, N_1]$内 x_n 和 y_n 的相关系数。

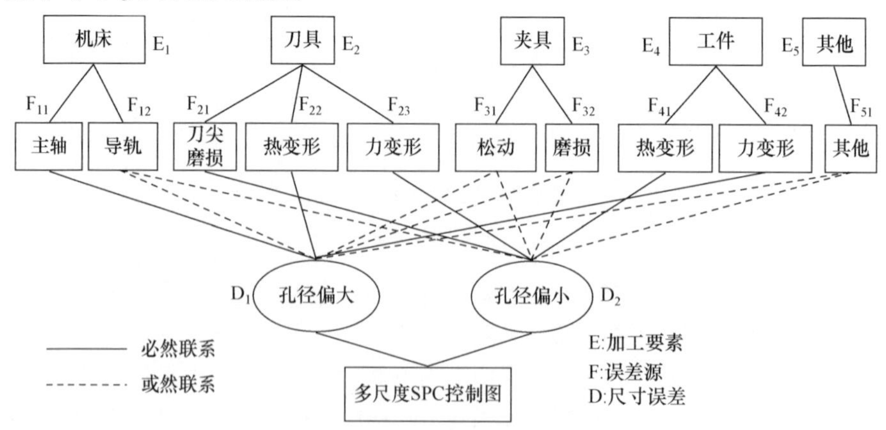

图 5.63　镗孔工序孔径尺寸误差源树

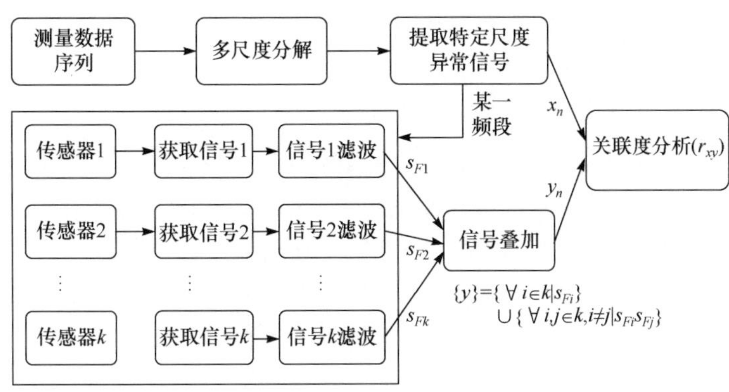

图 5.64　异常特征信号和误差源信号间的关联分析

图 5.65 展示了前述某发动机缸体零件镗孔工序的诊断分析图，依据图 5.65 所示的误差源树，这里主要考虑了来自机床和刀架方面的误差源(主轴振动、导轨振动和刀架振动，采用仿真方法生成振动信号)，依据异常特征信号频段 0～187.5Hz，以 0～200Hz 频段对误差源信号进行滤波处理，从图中可以看出，刀架与异常特征信号间相关系数最大，应该优先检查刀架工作是否正常。

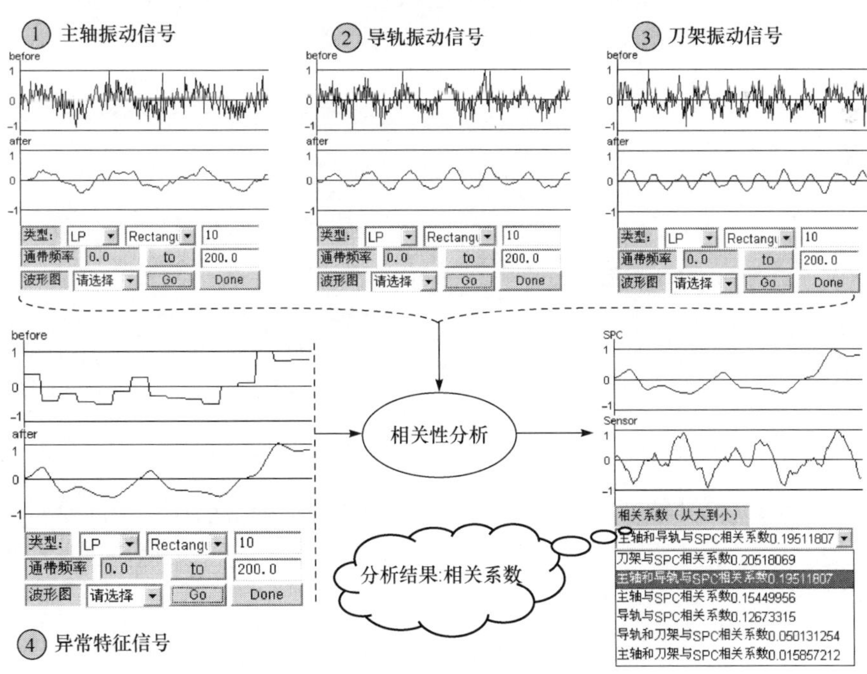

图 5.65　某发动机缸体镗孔工序诊断分析结果

5.3.3 e-QC工序节点质量信息关联分析

1. e-QC工序节点质量信息关联分析原理

如上所述,检测传感网络获取的工序过程质量原始数据经增值处理后,形成了各类反映当前工序节点质量状态波动的信息,为有效实现对各工序节点质量特性数据的动态跟踪,这里采用一种基于模板的工序流质量信息关联分析方法。其中,模板是实时缓存质量信息的容器,模板中的内容既可以是所有质量信息全集的一个子集,又可以是质量信息子集中的一个统计、分析和增值计算的结果。为便于不同的用户角色使用质量信息,需对质量信息子集进行有效的控制。考虑到各种用户角色往往同时使用多个模板来获得相互关联的质量信息,这样,这些模板就构成了一个模板集合,不同层次的模板之间存在着链接关系。例如,工序流层模板对应零件综合加工质量状态信息(如零件良品率等),与其链接的是各e-QC节点模板,工序节点模板又与其各工步模板链接,工步模板则记录了在当前加工阶段所对应的加工要素的状态信息。由于一个加工特征可以由多个e-QC节点完成(如高精度孔经粗加工-半精加工-精加工完成),而一个e-QC节点也可以同时完成几个加工特征的加工活动(如镗孔工序可能同时完成多个特征孔径的加工),这样,在"工序流-工序-工步"层间就形成了层次式的模板结构树,如图5.66所示。

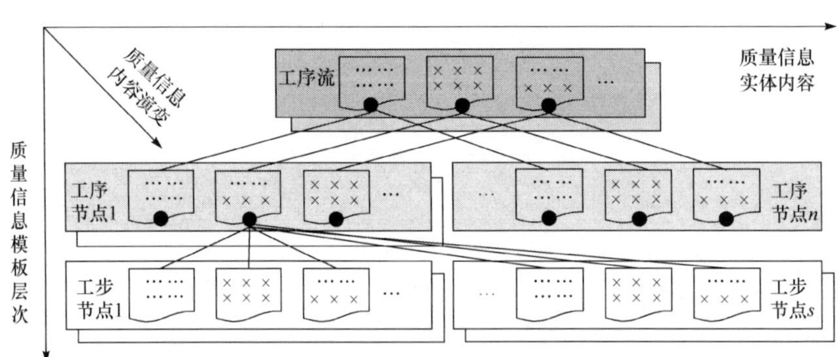

图5.66 "工序流-工序节点-工步节点"质量信息模板结构

可以看出,上层模板所包含的信息项是下层模板所包含的信息项的交、并、差运算或统计分析的结果,上下层模板间存在着链接关系。表5.21给出了各级模板所包含的质量信息及其链接关系。

表5.21 质量信息模板实例分类

模板类型	包含信息	链接关系	关系定义
工序流级模板(T_F)	零件综合质量特性要求、加工特征信息等,提供零件质量特性在加工过程中的变化信息	$\langle T_F, T_P\rangle$	和各工序节点模板链接

续表

模板类型	包含信息	链接关系	关系定义
工序节点级模板(T_P)	工序质量分析结果、关联工序等，提供各工序节点加工质量状态变化信息	$\langle T_P, T_S\rangle$	和各工步节点模板链接
工步节点级模板(T_S)	机床、刀具、夹具状态及其工艺过程参数等，提供各加工要素状态变化信息	$\langle T_S, \mathrm{ME}\rangle$	以模板形式提交要素状态变化信息

随着加工工序的进行，这些模板不断被实例化，由于各工序模板分别包含了各工序节点的相关质量信息，通过提取存在链接关系的模板实例信息，可实现对工序流质量信息的跟踪与控制。

2. e-QC 工序节点质量信息关联搜索算法

为实现对工序流加工质量信息的跟踪与控制，关联矩阵被用于描述模板间存在的链接关系。首先，对零件加工特征进行分解，设零件共有 m 个加工特征，其集合为 $F=\{F_1,F_2,\cdots,F_m,\}$，根据 CAPP 工艺信息获得零件的 n 个工序，其集合为 $P=\{P_1,P_2,\cdots,P_n,\}$，从 F_i 到 P_j 的一个三元关系 c 表示加工特征－工序间的链接关系，c 的关系矩阵如表 5.22 所示。这里，矩阵的行代表加工特征，列代表工序节点，为准确描述加工特征与工序间链接关系，特作如下约定，如果某一加工特征在当前工序被加工，则其链接关系记为“1”，如果在当前工序被用作定位基准，则记为“2”，否则，记为“0”。

表 5.22　加工特征-工序节点关联矩阵

	P_1	P_2	…	P_n
F_1	1	2	…	0
F_2	0	1	…	1
…	…	…	…	…
F_m	0	1	…	2

以上给出了工序流-工序节点间的关联矩阵，工序节点-工步信息关联矩阵如表 5.23 所示，它是一个$\left(\sum_{i=1}^{n} s_i\right)\times 4$ 矩阵，矩阵列描述了工序节点所链接的信息项。这里，s_i 表示第 i 工序的工步数，当该工序节点质量特性出现缺陷时，质量状态所在行数字为 1，否则为 0。

表 5.23　工序-工步节点质量信息关联矩阵

	S(工步)	F(加工特征)	QS(质量状态)	P_i(所属工序)
P_1	1	3	0	1
	2		0	1
	3		0	1
P_2	1	1	1	2
	2		1	2
…	…	…	…	…
P_n	1	3	0	n

工步节点则直接与加工要素的过程状态信息关联，这里加工要素主要考虑机床状态(MTS)、夹具状态(FS)、刀具状态(CTS)、操作状态(OS)，并采用 e-QC 节点相关软件对加工过程中的各要素状态进行离散化处理，“0”代表正常状态，“1”代表异常状态。据此所建立的工步节点信息矩阵(如表 5.24 所示)，它是一个 $s_i\times4$ 矩阵。

表 5.24　工步-加工要素状态关联矩阵

	MTS	FS	CTS	OS
S_1	0	0	0	0
S_2	0	0	0	0
…	…	…	0	…
S_{s_i}	0	1	0	0

从以上关系定义可以看出，通过对零件加工质量特性的关联工序节点及其工步信息模板进行搜索，可实现对零件加工质量信息的全程跟踪；在此基础上，通过对各工序节点质量缺陷标识码及其加工要素状态标识码的统计分析，可以得到各工序节点的异常分布状况及造成工序节点异常的主要误差源。

根据以上论述，工序 e-QC 节点的质量信息跟踪与搜索算法的实现流程及步骤如图 5.67 所示。

5.3.4　e-QC 工序节点协调优化控制

1. 基于递阶控制的协调优化框架

利用上述基于 e-QC 节点的质量信息跟踪方法，各工序节点的质量状态能被实时地掌控，并可实现对零件加工质量的全局控制。然而，从图 5.51 中亦可发现，工序节点是否进行反馈调节以及怎样进行调节是一个关键问题。这里，以“最小化零件的总质量特性损失和各工序维护调节成本之和”为目标，通过引入递阶协调控

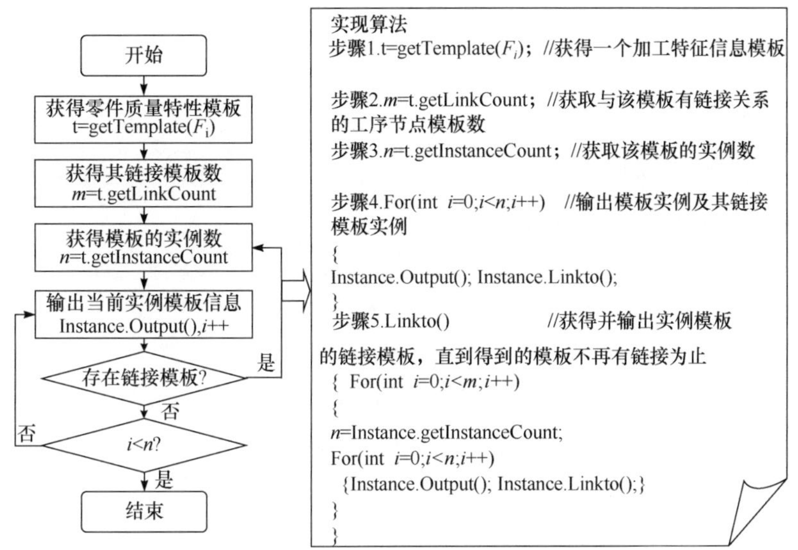

图 5.67　e-QC 节点质量信息搜索跟踪算法实现

制理论，建立了如图 5.68 所示的协调控制框架，以实现对各 e-QC 节点的协调控制。

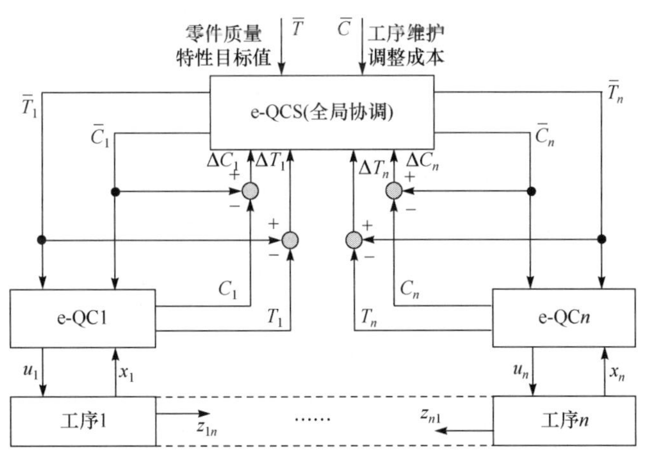

图 5.68　e-QC 节点协调控制框架

图中，$\overline{T}$ 为零件的加工质量特性目标值；$\overline{C}$ 为保证零件加工质量符合要求而进行的工序维护调整成本；$\overline{T}_i$ 为第 i 工序的质量特性目标值；$\overline{G}_i$ 为第 i 工序的维护调整允许成本；T_i 为第 i 工序的实际加工质量特性值，由 x_i 决定；C_i 为第 i 工序的实际维护调整成本，由 u_i 调整引起的费用；$\Delta T_i=(\overline{T}-T_i)$为第 i 工序的质量特性值偏差；$\Delta C_i=(\overline{C}_i-C_i)$为第 i 工序的维护调节成本偏差；u_i 为第 i 工序的控制输入；x_i 为第 i 工序的加工特征质量状态，由 u_i 和 z_{ji} 决定；z_{ij}，z_{ji} 为第 i 工序与第 j 工序的耦合效应项。

2. 协同优化控制实现方法

基于以上描述，建立了如式(5.86)、式(5.87)所示的各工序节点质量损失 J_i 和工序维护调整成本 C_i 的函数：

$$J_i=k_i(T_i-\overline{T}_i)^2 \tag{5.86}$$

$$C_i=r_i\lambda_i^2 \tag{5.87}$$

式中，$k_i=A_i/\Delta_i^2$，A_i 表示第 i 工序的返工、返修或报废成本，Δ_i 表示第 i 工序的质量特性的公差范围值；λ_i 表示第 i 工序的调整维护的学习速率，它描述了识别、消减工序质量特性变化所导致的工序成本效应，r_i 表示二次成本系数。

由上述分析可知，工序的维护调整减少了工序的质量损失 J_i，但增加了工序的维护调节成本 C_i，为获取最优的平衡，工序节点质量改进的机会如式(5.88)所示。

$$T_{\mathrm{MPF}}=\min\left\{\sum_{i=1}^{n}\left[w_ik_i(T_i-\overline{T}_i)+r_i\lambda_i^2\right]\right\} \tag{5.88}$$

式中，T_{MPF}表示工序流目标值；权重 w_i 表示第 i 工序的质量特性对零件总体质量特性的影响权重。采用式(5.88)对各工序节点 $\overline{T}_i$、$\overline{C}_i$ 进行协调，从而使得整个加工过程的质量损失和工序维护调整成本之和为最小，将在第 6 章对此问题进行详细讨论。

5.3.5 实例分析

以某发射架箱体零件的加工过程质量控制为例对前述理论和方法进行验证，该箱体零件部分工艺过程如表 5.25 所示。两孔 2-$\phi250_0^{+0.072}$(2-ϕA)的位置和尺寸是关键质量特性，根据以往的加工过程数据，铣定位面 G、镗孔 2-$\phi250_0^{+0.072}$、铣孔底面、镗孔 2-$\phi80_0^{+0.03}$(2-ϕB)等 4 个工序被确定为关键工序节点，潜在的质量缺陷如表 5.9 所示。按照对过程潜在质量缺陷的完全可监测指标的要求，可对各工序节点的传感器、量具量仪进行配置(见表 5.26)。据此，构建了如图 5.69 所示的检测传感网络，以获取与上述 4 个 e-QC 节点相关的零件加工工序质量原始数据和加工要素状态数据，其中虚线连接的测量节点表示采用同类检测量具量仪或传感器。

表 5.25 箱体零件加工工艺及质量特性要求

工序号	工序名	工序内容及其质量特性要求/mm	潜在质量缺陷
1	铣	铣削定位面 G、定向面，保证平面度 0.04 与位置尺寸	位置尺寸超差
2	钳	铲刮定位面 G，保证底面平面度 0.02	—

续表

工序号	工序名	工序内容及其质量特性要求/mm	潜在质量缺陷
3	镗	镗孔 2-$\phi250_0^{+0.072}$,并保证两孔同轴度不超过 0.02	尺寸、同轴度超差
4	铣	铣孔 2-$\phi250_0^{+0.072}$ 底面,保证平面度 0.03 与位置尺寸	位置尺寸超差
5	铣	铣孔两端面	—
6	镗	镗孔 2-$\phi80_0^{+0.03}$,并保证与孔 2-$\phi250_0^{+0.072}$ 的距离 330±0.02	孔位置尺寸超差

表 5.26　检测传感网络节点配置

工序节点	测量节点	传感器、量仪	测量参数
1	g_1	塞尺	平面度
	g_2	游标卡尺	位置尺寸
	g_3	三坐标测量机	两孔尺寸、同轴度
3	s_1	三向加速度计	机床 X 方向振动
	s_2	激光测振仪	机床 X 方向振动
	s_3	声发射(AE)传感器	刀具磨损
4	g_4	游标卡尺	位置尺寸
	g_5	三坐标测量机	两孔尺寸
6	g_6	三坐标测量机	孔间距尺寸
	s_4	三向加速度计	主轴振动

在构建了关键工序节点的检测传感网络的基础上,建立该箱体零件加工过程中关键工序节点信息服务模型,使得各工序节点能实时处理各自获取的原始质量数据,并为其他节点和上层系统提供质量信息服务。图 5.69 展示了该零件镗孔 2-$\phi250_0^{+0.072}$工序的节点加工状态信息,由于该零件属单件小批量加工,采用贝叶斯控制图分析两孔同轴度的变化波动。表 5.27 为采用三坐标测量机获取的 18 组 2-ϕA同轴度数据,从图中也可看出,第 13 个零件 2-ϕA 同轴度值超界,该工序节点出现控制图超界异常,而异常事件则采用模板形式提交。

进一步运用基于模板网络的质量信息跟踪方法,并利用各级模板间的链接关系,可实现对该零件加工过程质量特性信息变化的动态跟踪。在上述实时获取、处理与跟踪加工过程质量数据的基础上,采用多变量协调算法对各工序节点进行协调控制,利用开发的诊断工具对出现的工序节点异常变化进行诊断分析。以上述 4 个工序节点控制为例,首先对发射架箱体零件加工特征进行编码处理,其跟踪关联表如图 5.70 所示,表中数字"1"表示加工特征在 e-QC 节点被加工,"2"表示加工特征在 e-QC 节点被用于定位基准,"0"表示加工特征和 e-QC 节点不存在任何关系。这里,以 2-$\phi250_0^{+0.072}$ 同轴度质量特性的跟踪与控制为例,从表 5.25 中可以看出,该质量特性由工序 3 生成,同时受工序 1 的影响(定位面 G 被用于当前工序

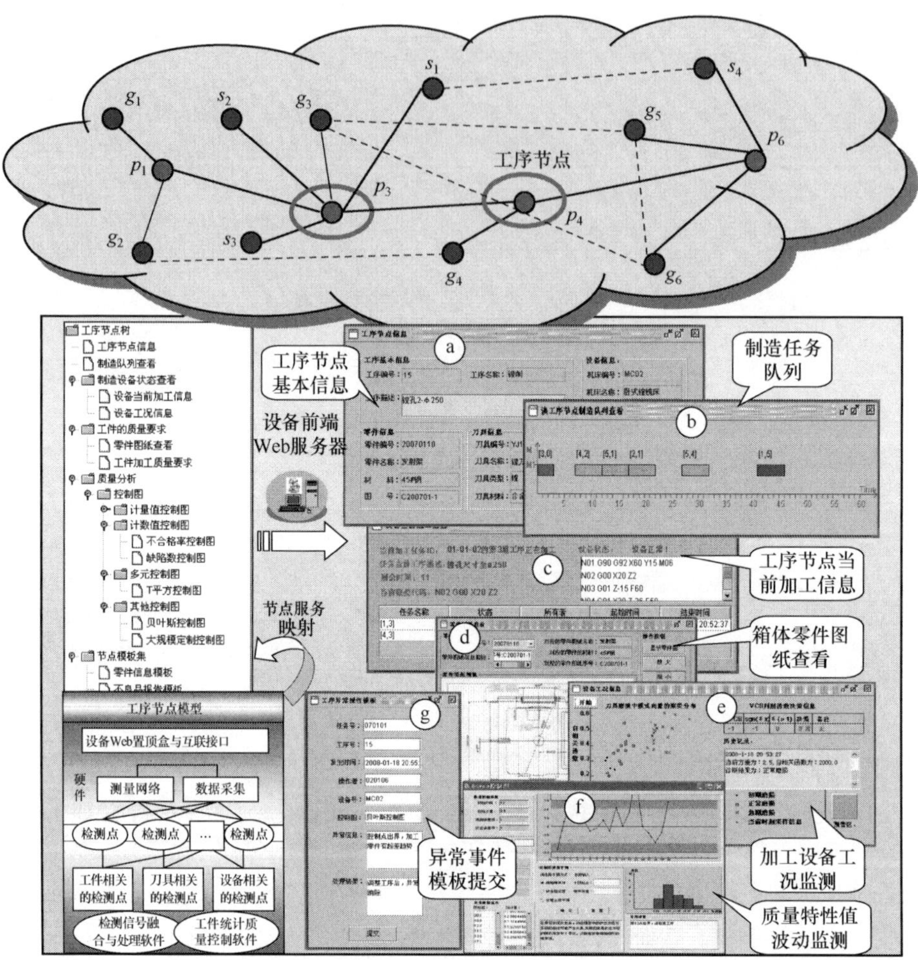

图 5.69　检测传感网络拓扑构型与 e-QC 节点模型软件原型实现

表 5.27　发射架箱体孔 2-ϕA 同轴度特性值　　（单位：μm）

样本序号	质量特性值	样本序号	质量特性值	样本序号	质量特性值
1	10	7	13	13	20
2	15	8	14	14	10
3	16	9	12	15	12
4	14	10	16	16	11
5	13	11	12	17	13
6	12	12	15	18	17

定位面)，因此，在工序 3 同轴度出现异常变化时，通过关联矩阵搜到工序 1，进而可以查看工序 1 的 e-QC 节点状态，通过对相关 e-QC 节点状态信息进行关联分析，实现对工序 3 同轴度异常变化误差源的快速诊断。

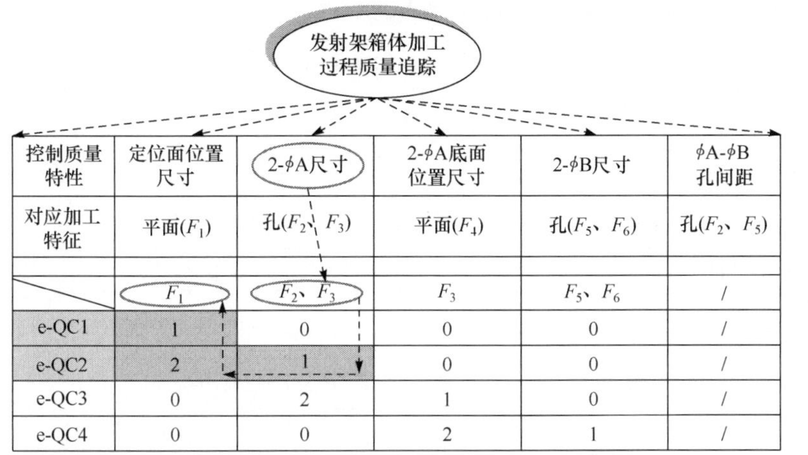

控制质量特性	定位面位置尺寸	2-ϕA尺寸	2-ϕA底面位置尺寸	2-ϕB尺寸	ϕA-ϕB孔间距
对应加工特征	平面(F_1)	孔(F_2、F_3)	平面(F_4)	孔(F_5、F_6)	孔(F_2、F_5)
	F_1	F_2、F_3	F_3	F_5、F_6	/
e-QC1	1	0	0	0	/
e-QC2	2	1	0	0	/
e-QC3	0	2	1	0	/
e-QC4	0	0	2	1	/

图 5.70　发射架箱体零件质量信息跟踪表

基于上述描述，图 5.71 则进一步展示了该箱体零件的加工工序流建模过程，

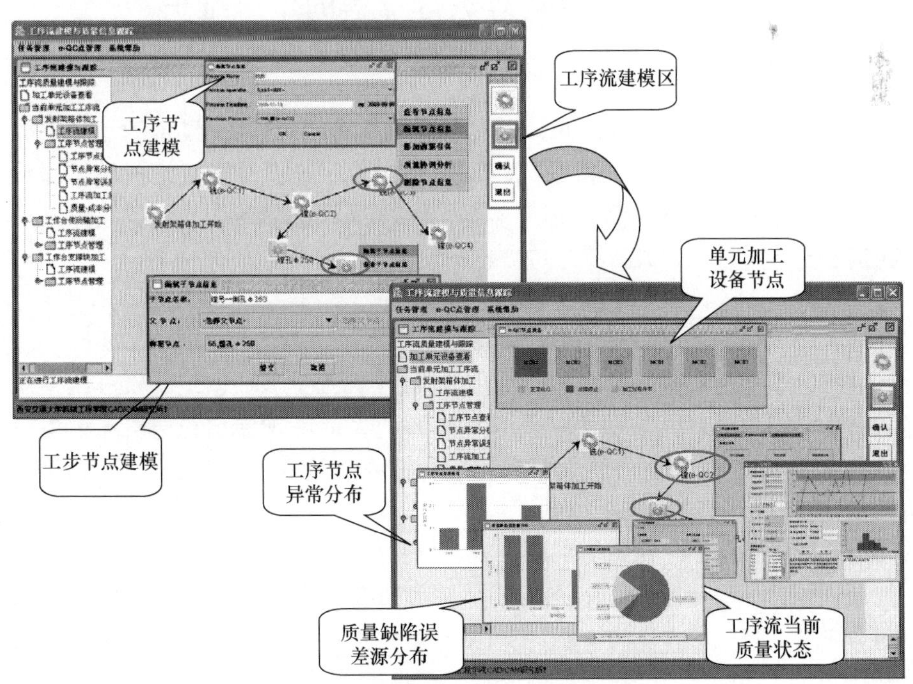

图 5.71　基于 e-QC 节点的工序流建模与质量信息跟踪

以及在质量信息跟踪过程中进行各 e-QC 节点出现异常频次、零件质量状态以及造成零件加工质量缺陷的主要误差源分析的过程等。表 5.28～表 5.30 为通过搜索工序流模板实例网络得到的该发射架箱体零件加工完成质量情况、工序节点异常状况和导致工序质量缺陷的误差因素统计数据。

表 5.28　发射架箱体零件工序流加工质量状态统计

状态类型	一次合格品	返工	废品	正在加工	未加工
完成情况	20	2	3	5	5

表 5.29　发射架箱体零件工序流 e-QC 节点异常统计

工序质量控制点	QC1	QC2	QC3	QC4
异常次数	1	3	1	2

表 5.30　发射架箱体零件加工质量缺陷成因统计

异常原因	机床	刀具	夹具	操作失误	其他
发生次数	0	2	1	2	0

5.4　服务型制造执行过程的生产维护

5.4.1　单设备维护模式及决策技术

设备是加工车间的基本单元。设备的故障具有随机性，而设备的运行工况特征又有一定的规律性。针对这两个特性，本节讨论了设备故障后维护模式和状态维护模式所需的维护决策模型：基于本体与产生式规则相结合的设备故障推理模型和基于支持向量机的设备状态趋势预测模型。

1. 单设备维护策略概述

数控机床是由机械系统、电气系统（包括数控系统、PLC 系统等）、液压系统等组成的复杂一体化系统，因此数控机床的故障以及故障现象比普通机床设备更加错综复杂；再加上参数设置、人为操作等等各种原因，使其故障诊断难度大，维护时间长，对维修人员也提出了较高的要求。

设备使用过程中总要经历正常→异常→故障的状态发展过程。通常概念上，设备（或零件）正常是指它没有任何缺陷，或者虽有缺陷但在设计允许值范围内；异常则是缺陷已有一定程度的扩展，使设备状态信号发生了变化，设备性能出现劣化现象，但仍能维持工作；故障则是指设备机械性能严重超过设计指标，已不能正常工作的状态。本节针对设备的不同状态采用不同的维护决策模型执行不同的维护策略，在设备的故障状态下采用故障诊断推理技术执行故障后维护，在设备正常与异常之间的阶段采用状态趋势预测技术执行状态维护，如图 5.72 所示[114]。故障诊断推理即在设备异常与故障时段进行判断推理，而状态趋势预测则是在正常与异常的阶段进行分析判断，采取这些维护技术能够为设备恢复正常技术状态赢得时间。

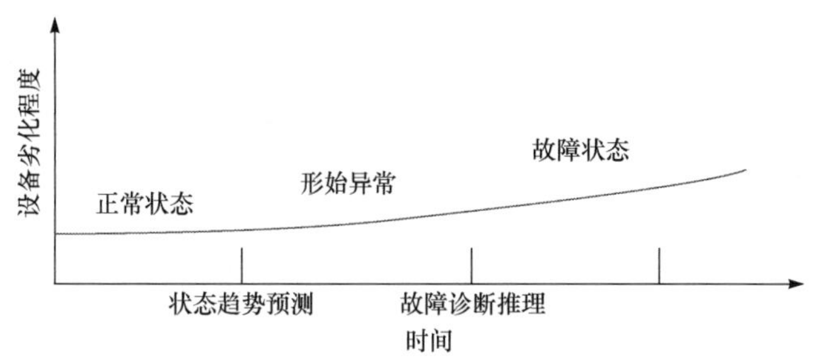

图 5.72　设备状态与相应的维护决策技术

2. 基于本体与产生式规则相结合的设备故障推理

1）数控机床故障的推理模型

目前已有大量的数控机床维护的领域知识和维护经验，但在企业车间中由于缺乏规范的系统和合适的模型对这些维护知识进行管理，对故障历史进行收集记录，所以这些经验得不到良好的运用，造成很多不必要重复检查判断与记录。本节针对数控机床故障的特点，收集相关书籍与设备维护经验数据，建立数控机床知识库，构建一个故障诊断的推理模型，总体结构如图 5.73 所示。

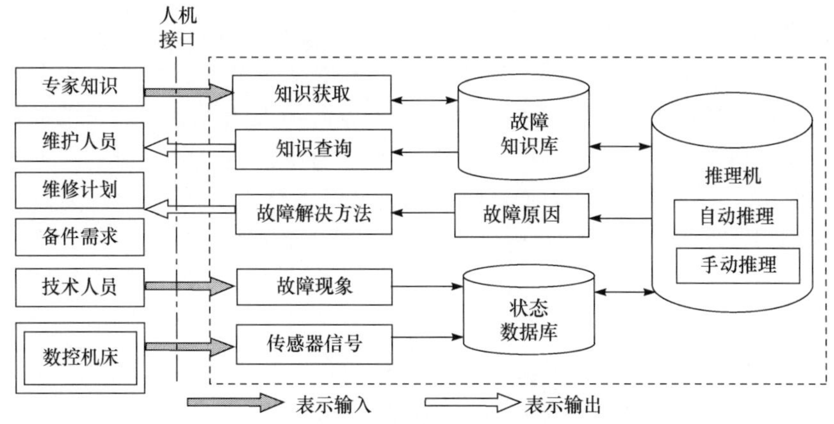

图 5.73　数控机床故障推理模型总体结构

在故障诊断推理模型中，首先收集存储数控领域专业知识、数控机床诊断专家知识，建立故障知识库，设计规则推理机制。当机床发生故障时，维护、使用人员通过人机界面将故障的各种征兆、故障时的现象输入系统动态数据库，系统通过规则推理机依据故障推理规则将故障征兆与故障知识库中的故障知识进行匹配推理，然后输出故障原因、故障部件、部位或 CNC 数控系统的某个控制模块，并提出维护的建议或方案。推理模型具体功能如下：

(1) 依据用户输入的设备故障现象，输出专家系统推理诊断结果，锁定机床故障的部件或部位。

(2) 参照用户输入的有关机床的运行工况、操作人员操作记录、机床最近运行记录，给出机床故障的原因，对故障的诊断作出相应解释。

(3) 分析故障部位和故障原因，给出推荐的故障解决方案。

(4) 对于尚未能确定的故障，提供参考的诊断推理结果，并将专家处理后的结果进行反馈，储备到故障知识库。

(5) 通过人机接口，能进行领域专家知识的有效获取和故障知识库的更新。

2) 数控机床故障知识本体的表达

(1) 数控机床故障概述。

故障诊断专家系统要解决故障问题，其关键环节是故障领域专家知识的获取与知识库的建立，故障知识库的建立过程实际上就是领域专家知识、技术人员和维修人员经验的形式化过程。数控机床的故障比较复杂，通过不断地收集和扩充，才可以获取相对较多的专家知识，关于故障诊断及解决方法的专家知识可以通过咨询本领域专家，或者通过查阅相关资料得到。

获取到的领域知识并不是杂乱无章地存入知识库，而是首先对其进行分类整理。数控机床的故障复杂多样，依据各种形式有各种不同的分类，如根据故障发生部位、故障发生频率、发生故障的性质以及发生故障的原因等来进行分类。为了便于数控机床的故障分析和处理，先按照发生故障的系统进行分类，包括电源与电气系统、主轴及主传动系统、刀架系统、进给系统等；再按照每个系统常见的故障现象进行细分。例如，主轴系统常见的故障现象有主轴发热、主轴不转动、主轴噪声大、主轴无变速、切削振动大等；刀架系统常见故障现象有刀库转不到位、刀具交换时掉刀，刀具夹持不稳定等；电源电气系统常见的故障现象有电机不能正常工作、PLC 工作不正常等。

在对领域知识分类整理的基础上，采用基于本体的框架形式和产生式规则结合的方法来存放分析判断故障的实际经验和专家知识。

(2) 本体描述。

采用基于本体的框架对数控机床故障的知识进行形式化描述，其故障层次结构如图 5.74 所示。先按机床结构将故障分为机床主轴故障等几个大类，再按各部分的常见故障现象分成主轴发热等几个故障征兆框架。在框架类中定义槽，槽值表示故障发生的原因。通过这种层次结构将已有的数控设备故障知识按照设备故障类、故障现象与故障原因及常规解决方法进行规范管理,进一步为故障诊断推理服务提供支持。

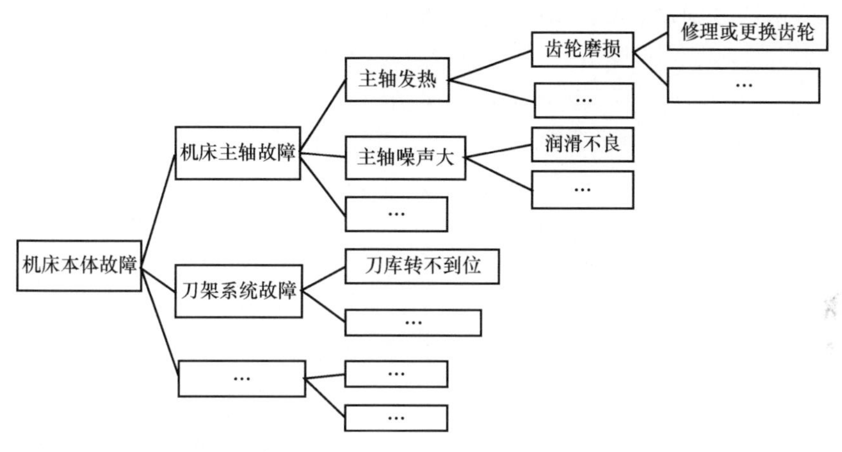

图 5.74　数控机床故障知识结构

3）故障诊断推理规则的建立

数控机床本身的复杂性使其故障具有复杂性和特殊性。引起数控机床故障的因素是多方面的,有些故障的现象是机械方面的,但是故障的原因却是电气方面的;有些故障的现象是电气方面的,然而故障的原因是机械方面的;有些故障是由电气方面和机械方面共同引起的。要根据故障现象来判断故障原因及解决方法,需要建立规范的规则来推理诊断。上面建立了故障知识的层次结构,要使推理服务顺利运行,还需在故障知识之间建立一定的关系。这里采用产生式规则来描述故障现象与故障原因、故障解决方案之间的逻辑关系。

产生式规则推理通常有三种模式:数据驱动的正向规则推理计算、目标驱动的反向规则推理计算和混合驱动的双向规则推理计算。其中,正向推理即从已知事实出发,在知识库中进行查询匹配,逐步导出最后结论的推理过程。在数控设备的故障诊断推理服务中,通常的情况是维护人员或操作人员在生产现场发现故障现象,希望根据这些故障现象来寻求故障原因并采取相应的解决办法,尽快进行维护并恢复生产。因此把故障现象作为已知数据事实,故障原因作为中间结论,故障解决方法作为最后结论,采用正向推理的模式进行推理。产生式规则通常用 IF-THEN 表示条件与结论的关系,形式如下:

规则 1:IF 故障现象 1 & 故障现象 2 & … & 故障现象 n

　　THEN 故障原因

规则 2:IF 故障原因

THEN 故障解决方法

4) 数控机床故障推理实例

采用 Protégé 工具进行数控机床故障知识本体建模，在 Jess 专家系统工具平台上编写故障规则建立推理机，通过在 Protégé 中安装 JessTab 插件将 Protégé 中建立的故障知识本体与 Jess 专家系统中的推理规则相融合。这样既利用了 Protégé 在概念层次上便于设计本体框架结构的特点，又利用了 Jess 推理机的效率和开放性特点，实现了将本体论与产生式规则相结合。

以数控机床中的一个故障为例。根据图 5.73 的推理结构，首先将出现的伺服过载报警，主轴噪声大，同时出油口压力有不均匀的故障现象作为已知事实输入动态知识库，推理机就会在故障知识库中进行搜索匹配，找出图 5.75(a)所示油泵运行不良规则，得出故障原因可能是供油油泵运行不良的中间结论，进而推理出相应的解决办法：修理或更换油泵。相应的规则库中的规则语句如图 5.75(b)所示。

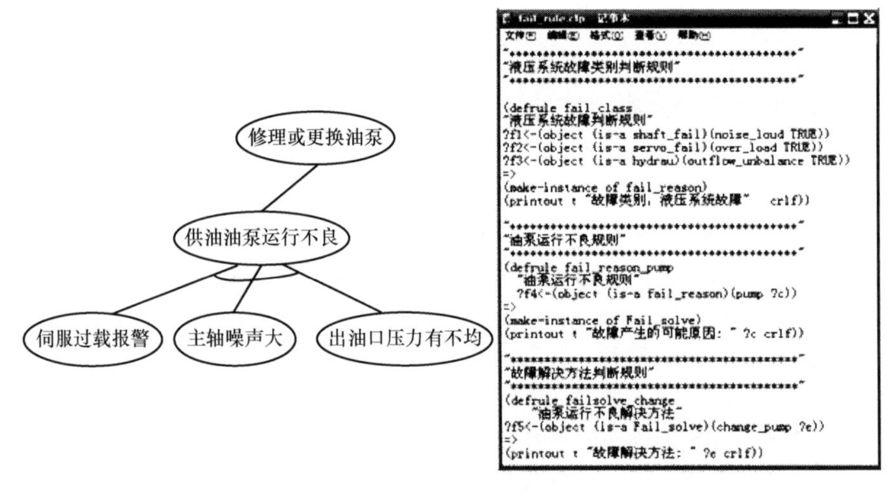

(a) 供油泵运行不良与或图　　(b) 规则库中的规则

图 5.75　供油泵运行不良与或图及相应的规则语句

在 Protégé 中运行推理过程，如图 5.76 所示，运行步骤如下：

(1) 将故障类映射到 Protégé 本体中。

(2) 输入故障现象。

(3) 加载推理规则库中的规则。

(4) 运行推理过程，进行搜索匹配。

(5) 获得故障推理结果为：故障可能原因为供油油泵运行不良，推荐解决方法为更换油泵。

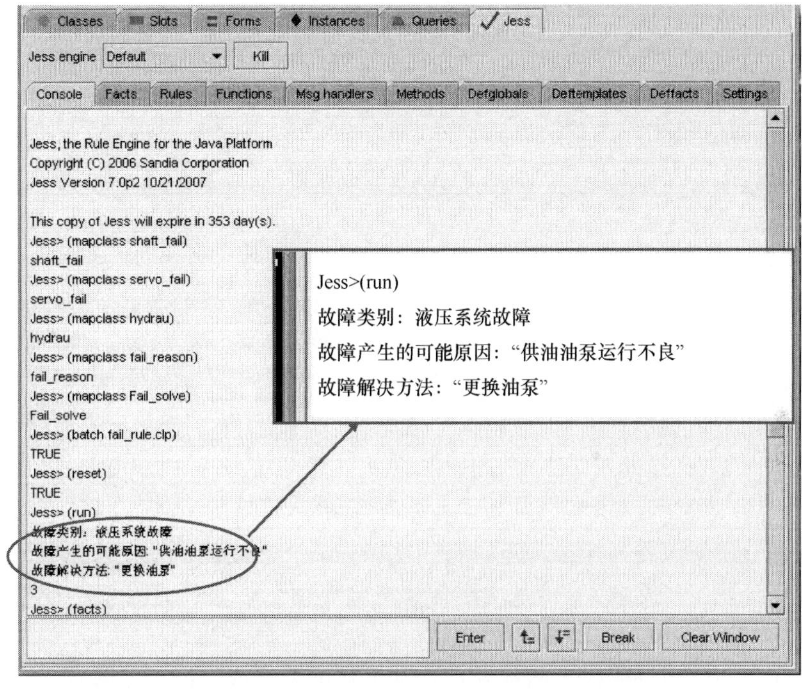

图 5.76　在 Protégé 中运行推理过程

网页中规则推理的人机交互界面如图 5.77 所示，从故障类别下拉列表框中选

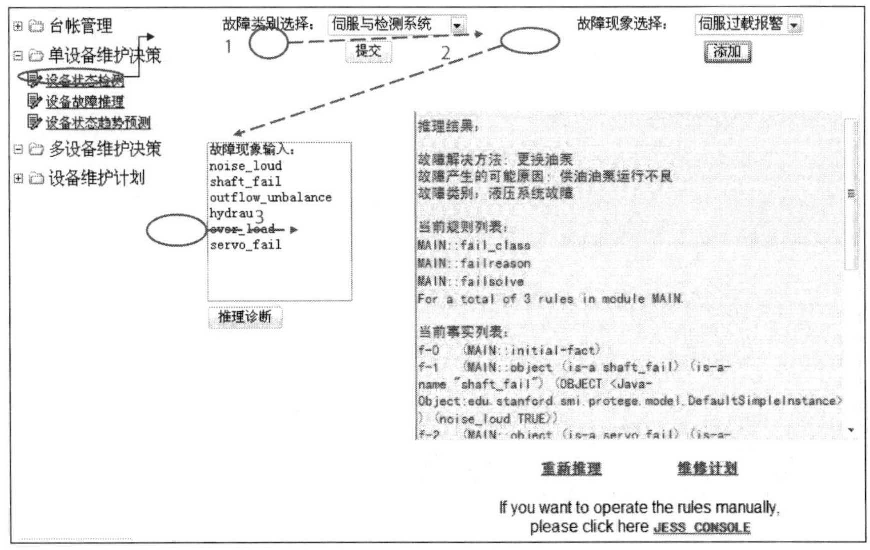

图 5.77　基于规则推理的故障诊断人机交互页面

择故障类别，点击提交后，在故障现象下拉列表框中会出现相应该故障类别可能出现的故障现象，从中选择所发生的故障现象，点击添加按钮，汇总到故障现象输入框中，添加完所有发生的故障现象后，点击推理诊断按钮，得出最终该故障所属的类别、故障原因及推荐的解决方法。

3. 基于支持向量机的设备状态趋势预测

1）基于逻辑回归的数控设备状态描述模型

目前机电一体化设备的使用中，往往机械故障和电气故障同时出现，且两种故障的趋势预测存在区别，仅对设备的机械故障进行趋势预测研究。数控机床主体由各种运动部件组成，特别是高速运转系统如主轴系统、电机系统等。运动部件之间长期的摩擦负载运转，可能使机床产生老化变形、磨损等微小不明显的缺陷，使设备总体性能、可靠性逐步下降，当这些缺陷积累、扩散到一定程度，可能导致设备的严重故障，这期间设备状态经历了正常→异常→故障的发展过程。上面介绍的模型实际上是对设备发生故障下进行的维护建模。然而设备在正常与故障之间往往要经历一段“异常”状态，所采用设备状态趋势预测技术就是希望在设备“正常”与“故障”之间判断预测出“异常”状态，在设备发生“异常”时及时采取维护措施，减少设备在“异常”下被强制运行操作而使加工精度降低或加剧设备故障。

设备运行中，单个因素对设备状态的影响可以直接提取出该因素的特征参数与设备的故障历史数据或故障征兆标准进行比较判别；而多个因素对设备状态的影响较为复杂，需要建立相应的数学模型来判断各因素的综合影响。

逻辑回归模型(logistic regression)已广泛应用于各种科研领域中，目前主要用于医学领域，用以描述人的健康状况。例如，在致癌因素的研究中，只需收集影响健康的各种因素的记录，包括年龄、性别、抽烟史、日常饮食及家庭病史等变量的数据，就可以算出响应变量是健康 $Y=0$、致癌 $Y=1$ 的概率 P，逻辑回归函数的计算模型如下：

$$P=\Pr(Y=1|X_1=x_1,\cdots,X_n=x_n)=\frac{e^{\beta_0+\beta_1x_1+\cdots+\beta_nx_n}}{1+e^{\beta_0+\beta_1x_1+\cdots+\beta_nx_n}} \tag{5.89}$$

式中，P 为某个事件发生的概率；Y 为某个事件，称为二分类因变量，$Y=0$ 表示事件不发生，$Y=1$ 表示事件发生；$x_1,x_2,\cdots,x_n$ 为影响事件 Y 发生的概率的随机变量；$\beta_0,\beta_1,\cdots,\beta_n$ 为模型参数，通常根据样本或历史数据，采用极大似然估计法来估计这些参数的数值解。

由于式(5.89)为非线性方程，通常取方程的对数，将方程做线性化处理，变换后如下所示：

$$\ln\left(\frac{P}{1-P}\right)=\beta_0+\beta_1x_1+\cdots+\beta_nx_n \tag{5.90}$$

由此得到启发，假设设备正常时 $Y=0$，故障时 $Y=1$，使用故障发生的概率来描述设备状态的退化程度，并设影响故障发生概率的随机变量为设备的一系列状态变量，则可以采用逻辑回归模型来描述数控设备的状态变化，这样就把设备的状态描述转化为响应取二值之一的概率建模，即设备在各种状态变量综合作用下发生故障的概率。

设备在运行过程中产生的各种动态信号反映了设备的各种状态信息，在一定程度上反映了设备的故障先兆，如振动、噪声、温度、压力等。建立设备状态描述模型的关键就是从这些动态信号中选取合适的信号对应逻辑回归模型的随机变量。本节选取关键部件的振动、温度信号作为反映设备故障先兆的特征参量。设备的这些信号通常不能直接作为逻辑回归模型的随机变量，需要进行时域和频域变换，转换成数字信息提取对应的特征值作为模型的变量。这样，根据设备每一时刻的信号特征值都可以计算出一个对应的故障发生概率值 P，如果将这些 P 值在坐标轴中以时间序列连起来，则可以得到每一时刻设备发生故障的概率$\{p_1, p_2, \cdots, p_n\}$，然后就可根据前 n 个值，采取设备故障趋势预测技术来预测后续的概率值。本节将设备的前 n 个故障概率值作为支持向量机训练和测试的样本来对设备进行状态趋势预测。

2）支持向量机理论

设备状态趋势预测实际上是设备状态模式的识别分类和函数的逼近，是根据已知的历史数据建立训练模型，再利用该模型对设备状态的未来趋势进行判别和预测。常用的设备状态趋势预测技术一般分为两大类：一是以时间序列法为代表的传统方法，二是以神经网络为代表的人工智能方法。由于神经网络存在维数灾难、局部极值等缺点，在实际使用中常遇到困难，因此近年来对神经网络的理论和方法的研究所得出的成果仅限于对其进行局部改进和推广，缺乏定量的分析和机理完备的理论结果。

支持向量回归技术（support vector machines，SVM）是 Vapnik 在 20 世纪 90 年代提出的一种基于统计学习理论的机器学习方法，该算法针对有限样本情况，基于结构风险最小化原理，将实际问题通过非线性变换转换到高维的特征空间，通过在高维空间中构造线性判别函数来实现原空间中的非线性判别函数，最终转化成为一个二次型寻优问题，因此能够得到现有小样本下的最优解。支持向量机的这些特点，有效地解决了神经网络方法常见的局部极小点问题，因而在非线性时间序列预测领域得到广泛的应用。

（1）支持向量机概述。

支持向量机广泛应用于分类和回归问题，其重点在于构建一个最优分类超平面，该平面能把两种类型的点正确分开，使得这两种类型的点到该平面的距离达到最大。该平面的构建分为两种情况:线性可分情况以及非线性情况。

a) 线性可分情况

最优分类超平面在一维空间中是一个点,在二维空间中是一条线,在三维空间中则是一个面,在高维空间中则称为超平面。以二维空间中的数据点为例,则可通过图 5.78 来说明最优分类超平面。图中所示点的集合为$\{x_i, y_i\}, i=1,2,\cdots,N$,且 $X\in R^m, y\in\{-1,1\}$,三角形和圆点表示两类点,则有超平面表示为$(w\cdot x_i)+b$。H 表示这两种点的最优分类超平面。分别过两类点中离 H 最近的点做平行于 H 的线,得到 H_1、H_2,这两线之间的距离即为分类间隔(margin),值为 $2/\|w\|$。最优分类超平面就是使 $2/\|w\|$ 最大,把它转换成求 $\|w\|^2/2$ 的最小值,这样就转化成一个二次规划问题,如下式所示:

$$\min \phi(x)=\frac{1}{2}\|w\|^2$$

$$\text{s.t. } y_i[(w\cdot x_i)+b]\geqslant 1,\quad i=1,2,\cdots,n \tag{5.91}$$

支持向量就是指 H_1 和 H_2 上的训练数据点。式(5.91)的最优解可由拉格朗日函数的鞍点求解得到,如式(5.92)。关于 w、b 求该函数的最小值,关于$a_i\geqslant 0$求该函数的最大值。

$$L(w,b,a)=\frac{1}{2}\|w\|^2-\sum_i a_i\{[(x_i\cdot w)+b]y_i-1\} \tag{5.92}$$

式中,a_i 为拉格朗日乘子。

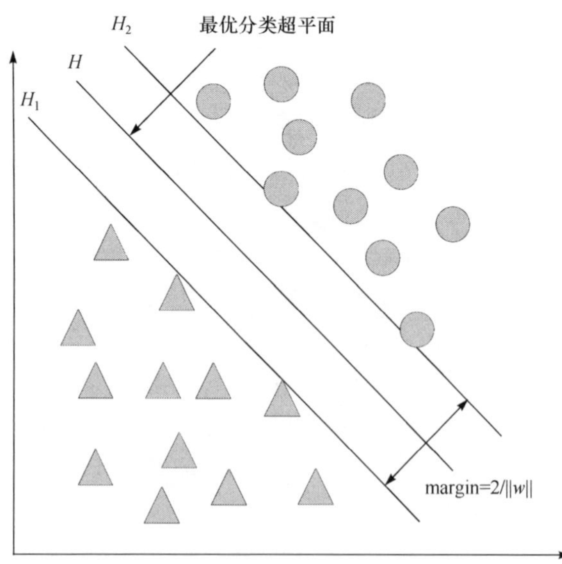

图 5.78　最优分类超平面

b) 非线性情况下的分类

上述的最优分类超平面是针对线性可分的情况下提出的分类面，对于线性不可分问题，则对式(5.91)的目标函数引入一个惩罚系数 C，对其约束条件引入一个松弛系数 ξ_i 来构造非线性情况下的最优超平面如式(5.93)所示，从而允许存在一定的错分样本点。

$$\phi(w,\xi)=\frac{1}{2}\|w\|^2+C\left(\sum_{i=1}^{l}\xi_i\right)$$
$$\text{s. t. } y_i[(w\cdot x_i)+b]+\xi_i\geqslant 1,\ \xi_i\geqslant 0,\quad i=1,2,\cdots,n \tag{5.93}$$

参照线性可分情况下的优化问题，求解线性不可分情况的最优化问题如式(5.94)所示：

$$\max w(\alpha)=\sum_{i}^{n}\alpha_i-\frac{1}{2}\sum_{i,j=1}^{n}\alpha_i\alpha_j y_i y_j(x_i\cdot x_j)$$
$$\text{s. t. } \sum_{i}^{n}\alpha_i y_i=0,\quad 0\leqslant\alpha_i\leqslant C, i=1,2,\cdots,n \tag{5.94}$$

求解该优化问题，就得到支持向量机的分类判别函数如下所示：

$$f(x)=\text{sgn}\left(\sum_{i=1}^{n}\alpha_i^{*}y_i(x_i\cdot x)+b\right) \tag{5.95}$$

在非线性情况下，通过一个非线性映射 $x\rightarrow\phi(x)$，将原空间中的点转换到高维的特征空间，在高维空间中求解最优分类超平面，此时，并不需要知道特征空间的实际情况，而只需求解样本点在该空间的内积运算 $\phi(x_i)\cdot\phi(x_j)$。支持向量机的处理内积运算的方式是寻求一个核函数 K，使得 $K(x_i,x_j)=\phi(x_i)\cdot\phi(x_j)$。这样，原空间中的优化问题转化为如下的求解问题：

$$\max w(\alpha)=\sum_{i=1}^{n}\alpha_i-\frac{1}{2}\sum_{i,j=1}^{n}\alpha_i\alpha_j y_i y_j K(x_i,x_j)$$
$$\text{s. t. }\begin{cases}\alpha_i\geqslant 0,\quad i=1,\cdots,n\\ \sum_{i=1}^{n}\alpha_i y_i=0\end{cases} \tag{5.96}$$

非线性分类的判别函数相应转化为如下形式：

$$f(x)=\text{sgn}\left(\sum_{i=1}^{n}\alpha_i^{*}y_i K(x_i,x)+b\right) \tag{5.97}$$

(2) 核函数选择。

核函数就是把特征空间的内积运算转换成原空间内积的一个函数，从而实现非线性映射。根据不同的情况，核函数有很多不同的形式，常用的核函数如下：

① d 阶多项式核函数：$K(x_i,x_j)=[(x_i\cdot x_j)+1]^d(d=1,2,\cdots,n)$，$d$ 表示多项式阶数。

② 径向基(radial basis function,RBF)核函数：$K(x_i,x_j)=\exp\left[-\frac{\|x_i-x_j\|^2}{2\sigma^2}\right]$，

σ 表示径向基核函数的宽度。

③ Sigmoid 核函数：$K(x_i,x_j)=\tanh[u(x_i\cdot x_j)-r]$，$u$ 表示比例因子，r 表示偏移因子。

除了这些核函数，还有线性核函数、B 样条核函数等。不同的核函数决定了不同的特征空间结构，并且对应不同的支持向量判别函数。因此核函数的选择是分类判别的关键。上述核函数中，径向基核函数可以通过选择不同的参数来适应不同的样本分布，是一个适应性较好的核函数，本节将选取径向基核函数进行支持向量运算。

(3) 支持向量回归理论。

回归预测就是根据某个特征的变化来推测所研究对象的变化趋势和程度。支持向量回归就是一种回归预测技术。

假设样本集合$(x_1,x_1),(x_2,x_2),\cdots,(x_n,x_n)\in R^n\times R$，在 R^n 空间寻找一个函数 $f(x)$来拟合 y 值，实际上就是求解一个最优的函数模型 $f(x)$，使得 $f(x)$与 y 之间的误差最小。求解 $f(x)$的过程中，需要先把这些样本集合通过 $x\rightarrow\phi(x)$变换映射到更高维的空间，这样就可以在更高维的空间中构造线性回归函数如下：

$$f(x)=w\phi(x)+b \tag{5.98}$$

式中，w 为系数向量；b 为偏项。

该过程是一个对样本集进行学习训练的过程。基于统计学习理论中结构风险最小化原则(SRM)，结构元素与$(w\cdot w)\leqslant C_n$ 对应，那么式(5.98)的回归问题就转化成支持向量估计问题，如下所示：

$$\min\frac{1}{2}\mid\mid w\mid\mid^2+C\sum_{i=1}^{n}L(f(x_i),y_i) \tag{5.99}$$

式中，C 为惩罚系数，大于零的常数；$L(f(x_i),y_i)$为不灵敏损失函数，引入不灵敏损失系数 ε 后，该函数定义如下：

$$L_\varepsilon(f,y)=\begin{cases}|f-y|-\varepsilon, & |f-y|>\varepsilon\\ 0, & \text{其他}\end{cases} \tag{5.100}$$

式(5.99)的最优解可通过建立拉格朗日函数，由拉格朗日函数的鞍点求解得到，优化函数如下：

$$\begin{aligned}\max W(\alpha,\alpha^*)=&-\varepsilon\sum_{i=1}^{n}(\alpha_i^*+\alpha_i)+\sum_{i=1}^{n}y_i(\alpha_i^*-\alpha_i)\\ &-\frac{1}{2}\sum_{i,j=1}^{n}(\alpha_i^*-\alpha_i)(\alpha_j^*-\alpha_j)(x_i\cdot x_j)\end{aligned} \tag{5.101}$$

$$\text{s. t.}\begin{cases}\displaystyle\sum_{i=1}^{n}(\alpha_i-\alpha_i^*)=0\\ 0\leqslant\alpha_i,\alpha_i^*\leqslant C\end{cases},\quad i=1,2,\cdots,n$$

式中，α_i，α_i^* 为拉格朗日因子。

通过上述关于支持向量机及核函数的介绍，可知对式(5.101)求解后得到的回归函数如下：

$$f(x)=\sum_{i=1}^{n}(\alpha_i-\alpha_i^*)K(x_i,x)+b \tag{5.102}$$

这样，支持向量机就由最初的分类问题扩展到回归问题的应用中。

3）基于支持向量回归的状态趋势预测模型

生产车间中缺少大量的设备状态数据，而支持向量回归方法能较好地解决小样本、非线性、高维数和局部极值等问题，所以本节采用支持向量回归方法对逻辑回归模型所描述的设备状态进行训练预测。

将时间序列$\{p_1,p_2,\cdots,p_n\}$作为对未来值进行预测时的输入序列，对该时间序列进行重构，由前 m 个值预测第 $m+1$ 时刻的值，建立$\{p_{n-1},p_{n-2},\cdots,p_{n-m}\}$到 p_n 的对应关系：$R^m\rightarrow R$，$p_n=f(p_{n-1},p_{n-2},\cdots,p_{n-m})$，$m$ 为嵌入维数。这样就构成了用于支持向量回归训练的样本对：

$$X=\begin{bmatrix} p_1 & p_2 & \cdots & p_m \\ p_2 & p_3 & \cdots & p_{m+1} \\ \vdots & \vdots & & \vdots \\ p_{n-m} & p_{n-m+1} & \cdots & p_{n-1} \end{bmatrix},\quad Y=\begin{bmatrix} p_{m+1} \\ p_{m+2} \\ \vdots \\ p_n \end{bmatrix} \tag{5.103}$$

对样本进行训练的支持向量回归模型如下所示：

$$y_t=\sum_{i=1}^{n-m}(\alpha_i-\alpha_i^*)K(p_i,p_t)+b,\quad t=m+1,\cdots,n \tag{5.104}$$

由支持向量回归模型预测第 $n+1$ 时刻的值为

$$y_{n+1}=\sum_{i=1}^{n-m}(\alpha_i-\alpha_i^*)K(p_i,p_{n-m+1}^*)+b \tag{5.105}$$

式中

$$p_{n-m+1}^*=\{p_{n-m+1},p_{n-m+2},\cdots,p_n\}$$

依此类推，预测第 $n+l$ 个值的计算公式为

$$y_{n+l}=\sum_{i=1}^{n-m}(\alpha_i-\alpha_i^*)K(p_i,p_{n-m+l}^*)+b \tag{5.106}$$

式中，$p_{n-m+l}^*=\{p_{n-m+1},\cdots,\hat{p}_{n+l},\hat{p}_{n+l+1}\}$，$p_n$ 表示第 n 个数据的真实值，$\hat{p}_n$ 表示第 n 个数据的预测值。

对于支持向量回归模型中的嵌入维数 m，可采用最终误差预报(FPE)准则来确定，其计算式如下：

$$\mathrm{FPE}(k)=\frac{n+k}{n-k}\sigma_\alpha^2 \tag{5.107}$$

其中

$$\sigma_\alpha^2 = E(\sigma_n^2) = \frac{1}{n-k}\sum_{m=k+1}^{n}\left[p_i - \sum_{i=1}^{n-k}(\alpha_i - \alpha_i^*)K(p_i, p_m) - b\right]^2$$

由式(5.107)可知,随着 k 增大,残差 σ_α^2 将减少,总能找到使 FPE 达到最小的最优值。

4）设备状态趋势预测实例

将台湾大学林智仁教授开发设计的 libsvm 软件包加载到本节的软件系统中进行支持向量回归计算。libsvm 软件包是一款易于使用且快速有效的 SVM 模式识别与回归的软件包,该软件提供了对 SVM 参数进行交叉检验的程序,也设置了很多的默认参数,可以实现 ε-SVM 回归等较多功能,并且提供 Java 了软件包,能够与本节的系统进行融合。该软件包可通过 http://www.csie.ntu.edu.tw/～cjlin/免费下载。

在使用 libsvm 软件时,主要用到以下程序:svm_scale.java,svmtrain.java 和 svmpredict.java。其中 svm_scale.java 实现对样本参数的归一化处理;svmtrain.java 用于对样本数据进行支持向量训练,获得训练模型;svmpredict.java 基于支持向量训练模型,对样本数据进行预测,获得预测数据。

综上所述,结合逻辑回归的设备状态描述模型,描述基于支持向量机的设备状态趋势预测流程,如图 5.79 所示。对设备进行状态趋势预测时,首先从传感器 agent中提取特征信号数据,这些信号数据作为逻辑回归的自变量,代入逻辑回归

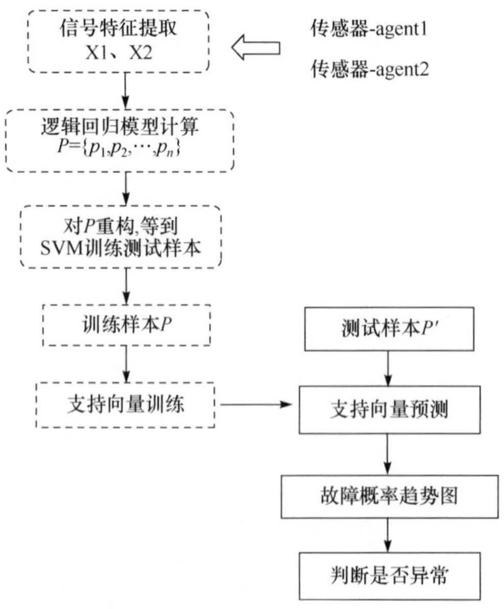

图 5.79　设备状态趋势预测流程

模型中计算出设备的故障概率时间序列$\{p_1,p_2,\cdots,p_n\}$。将这些数据进行重构后，得到用于支持向量训练的样本序列，通过支持向量训练得到训练后的支持向量模型，此时输入支持向量预测样本，进行支持向量预测。本节将预测数据结果用曲线表示，便于维护人员根据趋势图判断设备是否发生异常现象。

(1) 基于逻辑回归的设备状态描述模型。

数控机床的可靠度较高，在一定时间内发生故障的频率和概率很小，难以获得故障的概率统计规律，而且生产实际中缺乏大量故障数据。因此，本节采用蒙特卡罗仿真法模拟设备故障特征数据。假设某数控设备的故障概率服从威布尔分布，取该设备的主轴径向振动幅值、横向振动幅值以及温度幅值为主要的状态特征。由于这些特征数据属于不同的量纲，本节直接模拟生成规一化后的数据，得到的36 组样本数据如表 5.31 所示。

表 5.31　样本数据集

径向垂直振动	水平振动	温度	故障状态	径向垂直振动	水平振动	温度	故障状态
0.118	0.108	0.563	0	0.291	0.258	1.000	1
0.173	0.192	0.250	0	0.291	0.275	0.500	0
0.182	0.250	0.406	0	0.291	0.283	0.125	0
0.182	0.250	0.406	0	0.291	0.292	0.531	0
0.191	0.100	0.375	0	0.300	0.258	0.969	1
0.191	0.183	0.500	0	0.300	0.267	0.438	0
0.191	0.183	0.500	0	0.309	0.267	1.000	1
0.191	0.217	0.656	0	0.318	0.217	0.375	0
0.191	0.267	0.313	0	0.318	0.275	0.500	0
0.209	0.150	0.531	0	0.327	0.267	0.875	0
0.209	0.200	0.906	1	0.327	0.283	0.313	0
0.209	0.208	0.375	0	0.336	0.308	0.563	0
0.218	0.192	0.875	0	0.364	0.333	0.156	0
0.218	0.342	0.344	0	0.409	0.333	0.063	0
0.227	0.200	0.406	0	0.491	0.475	0.531	0
0.245	0.258	0.469	0	0.518	0.475	0.375	0
0.273	0.208	0.313	0	0.791	0.742	0.406	1
0.291	0.133	0.438	0	1.000	0.017	0.125	1

以这些数据作为逻辑回归模型的特征值，采用极大似然估计法估计模型的参数，得到式(5.90)的参数值如下所示，该式即为设备的状态描述模型：

$$\ln\left(\frac{P}{1-P}\right)=-3.275+4.865x_1+3.726x_2+2.504x_3 \tag{5.108}$$

式中，x_1 为归一化后的径向垂直振动特征；x_2 为归一化后的水平振动特征；x_3 为归一化后的温度特征；P 为设备故障概率，即设备状态描述。

将表 5.32 的样本数据代入式(5.108)逻辑回归模型中计算，得到设备的故障概率值如表 5.32 所示，这些值可作为设备支持向量回归的训练预测样本。

表 5.32　设备故障概率值

样本序号	1	2	3	4	5	6	7	8	9	10	11	12
故障概率	0.123	0.205	0.222	0.222	0.239	0.239	0.239	0.239	0.239	0.278	0.278	0.278
样本序号	13	14	15	16	17	18	19	20	21	22	23	24
故障概率	0.298	0.298	0.319	0.364	0.439	0.488	0.488	0.488	0.488	0.488	0.513	0.513
样本序号	25	26	27	28	29	30	31	32	33	34	35	36
故障概率	0.538	0.563	0.563	0.587	0.587	0.611	0.682	0.779	0.898	0.922	0.995	0.999

(2) 设备状态趋势预测。

在采用支持向量回归模型进行趋势预测时，需选取训练样本用于支持向量训练，并获取训练模型，再将测试样本输入训练模型中进行预测。需要注意的是，训练和测试样本的选取不当可能会影响支持向量预测结果。

首先对于预测问题，在样本数量的选取方面，目前还没有固定规则。样本数并不是越大越好，而是与预测模型要求的精度有关。较大的样本数虽然会得到较高的预测精度，但对于固定精度标准的预测问题，反而会使时间序列的内在机制变得复杂，加大噪声干扰影响。对于设备状态趋势问题，样本量除了受到现实数据量的限制外，还会因为维护行为可能使设备恢复到初始状态，导致状态数据具有阶段有效性，而不是在所有时间内都是连续有效的。由于支持向量机也适用于小样本情况，因此本节的样本数据选取表 5.32 中的状态数据作为趋势预测模型的样本。

其次对于时间序列预测问题，因训练样本和测试样本能反映总体和潜在情况，所以其分配问题对模型的预测结果也起着重要作用。由表 5.32 可以看出第 30 个数据之后的设备故障概率变化比较明显，因此本节选取前 30 个数据作为模型的训练样本，选择不同的预测步数对后面的数据进行预测对比。

本节基于 libsvm 软件包，支持向量回归建模的核函数选取 RBF 径向基核函数，采用 ε-SVM 回归。采用 RBF 径向基核函数进行回归建模，需相应地确定函数的三个参数：ε、惩罚参数 C 和径向基函数的宽度 σ。由于 ε 值影响回归模型的精度，C 影响泛化能力，因而这两个参数的取值对 SVM 的学习和预测效果起到很大的影响作用。目前，参数的选取还缺乏比较有效的方法，本节根据 libsvm 中交叉验证程序的调试结果进行选取。支持向量回归模型的主要参数值如表 5.33 所示。

表 5.33　支持向量回归参数取值

SVM 的类型	ε-SVR
核函数类型	RBF 径向基核函数
核函数参数 ε	0.01
惩罚因子 C	100
σ^2	0.5

根据选取的样本以及模型参数，采用 libsvm 的训练程序，得到支持向量训练模型。调用该模型对预测样本进行预测，分别得到的 1～3 步预测值如表 5.34 所示。

表 5.34　预测结果值

预测步数	1	2	3
实际样本值	0.682	0.779	0.898
预测值	0.666	0.770	1.040

由表 5.34 可看出，进行单步预测和两步预测的结果与实际值差异较小，此时支持向量回归表现出了良好回归精度；但当预测步数为 3 步时，误差比较大，预测值甚至超过了概率值 1。因此，本节中仅对设备的状态趋势进行单步或两步预测。

5.4.2　多设备维护决策建模与优化

车间生产系统中，加工设备大都按工序流组成复杂的系统，一台设备特别是瓶颈工位设备的故障可能会导致整个工序流甚至生产物流的中断。长时间的停顿将扰乱生产计划的正常执行。各设备因为故障特性不同而按照不同的预防维护时间进行维护，造成工序流的多次中断。本节围绕这些问题，研究了加工任务时间内，工序流上多个设备的预防维修优化问题。该优化问题以设备的总维修费用最小为优化目标，以多设备系统的可靠度及加工任务区间为约束来优化各个设备的预防维护时间点，以减少维修过剩和维修不足。

1. 设备可靠性相关理论

1）可靠性定义及基本函数

可靠性是指产品在规定的条件下和规定的时间内完成规定的功能的能

力[115]。它是系统及其零部件的一个重要质量特征,反映产品在规定时间条件下完成任务的能力。定义中的产品根据具体研究的对象包括元部件、设备和系统等。本节中可靠性一般指数控设备的可靠性。定义中的"规定的条件下"、"规定的时间内"、"完成规定的功能"是可靠性的三个前提。机械零件的可靠性是通过可靠度来度量的;而机械设备的可靠性是通过可靠度和维修度来度量的。

可靠性的数学函数通常用可靠度 $R(t)$来表示。若设随机变量 τ 为无故障工作时间,t 为规定的时间,则 $R(t)$按上述定义为概率 $P(\tau>t)$,即

$$R(t)= P(\tau>t),\quad 0<t<\infty \tag{5.109}$$

而累积失效概率 $F(t)$则为概率 $P(\tau>t)$,它与可靠度函数成互补关系,即

$$F(t)=P(\tau>t)=1-R(t) \tag{5.110}$$

累积失效概率也称为不可靠度或失效分布函数。

将失效分布函数 $F(t)$对时间求导,得到失效概率密度函数 $f(t)$,即

$$f(t)=\frac{\mathrm{d}F(t)}{\mathrm{d}t}=-\frac{\mathrm{d}R(t)}{\mathrm{d}t} \tag{5.111}$$

可靠性特征量中另一个重要基本函数为失效率函数,也称为失效强度或故障率,它是判别机械零件、设备等失效规律的基本参数,定义为工作到某时刻尚未发生失效的产品在该时刻后单位时间内发生失效的概率,用 $\lambda(t)$表示,即

$$\lambda(t)=\frac{P\{t<\tau\leqslant t+\mathrm{d}t\mid\tau>t\}}{\mathrm{d}t}=\frac{f(t)}{R(t)} \tag{5.112}$$

可靠性特征量 $R(t)$、$F(t)$、$f(t)$和 $\lambda(t)$之间的变换关系如表 5.35 所示[115]。

表 5.35 可靠性四个函数之间的关系

基本函数	$R(t)$	$F(t)$	$f(t)$	$\lambda(t)$
$R(t)$		$1-F(t)$	$1-\int_0^t f(t)\mathrm{d}t$	$\exp\left[-\int_0^t\lambda(t)\mathrm{d}t\right]$
$F(t)$	$1-R(t)$		$\int_0^t f(t)\mathrm{d}t$	$1-\exp\left[-\int_0^t\lambda(t)\mathrm{d}t\right]$
$f(t)$	$-\frac{\mathrm{d}R(t)}{\mathrm{d}t}$	$\frac{\mathrm{d}F(t)}{\mathrm{d}t}$		$\lambda(t)\exp\left[-\int_0^t\lambda(t)\mathrm{d}t\right]$
$\lambda(t)$	$-\frac{\mathrm{d}\ln R(t)}{\mathrm{d}t}$	$\frac{1}{1-F(t)}\cdot\frac{\mathrm{d}F(t)}{\mathrm{d}t}$	$\frac{f(t)}{1-\int_0^t f(t)\mathrm{d}t}$	

失效率是衡量机械系统可靠度的一个重要质量指标,在科研和生产实践中常被用来描述机械设备的故障规律。一般机械零件的失效规律可根据失效函数的曲线形状将失效率随时间变化的情况分为减小、增大和不变三种类型。对于简单的零部件可用这三种类型描绘。但在生产系统中,设备是由具有不同故障形式的零部件组成,因此设备系统的故障规律就表现出多种故障类型混合的形式。较为典型的是以上三种故障类型的混合,因其曲线形状类似浴盆,常称之为浴盆曲线,如

图 5.80 所示,一般分为早期失效、偶然失效、耗损失效三个阶段。

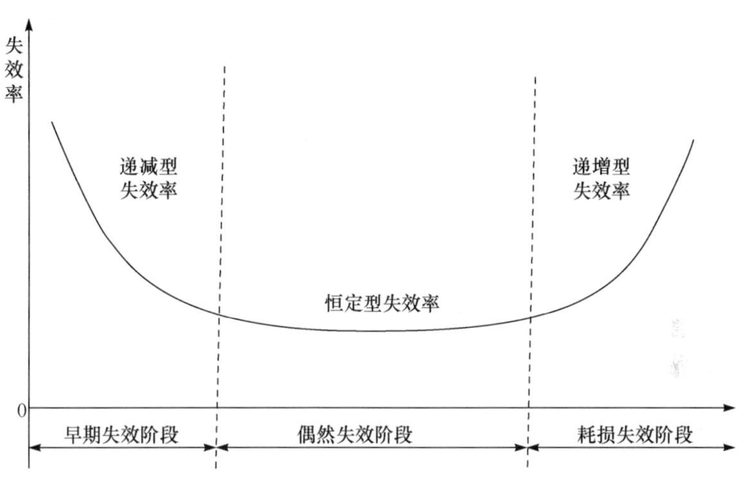

图 5.80　浴盆曲线

目前,针对浴盆故障率曲线的特点,已提出多种失效率分布函数,如指数分布、正态分布、对数正态分布和威布尔分布函数。其中,威布尔分布因其适用于机电产品的可靠性分析,而受到广泛应用。设备的威布尔分布故障率函数如下:

$$\lambda(t)=\frac{\beta}{\eta}\left(\frac{t-t_0}{\eta}\right)^{\beta-1} \tag{5.113}$$

式中,β 为形状参数;t_0 为位置参数;η 为尺寸参数。

其中,形状参数 β 是决定威布尔分布形式的一个参数。如果尺度参数 η 为固定值,则当 $\beta=1$ 时,失效率函数为恒定型失效形式;当 $\beta>1$ 时,变为失效率增加型的失效形式;当 $\beta<1$ 时,为失效率减小型的失效形式。当 β 在 3.2～3.7 时,又非常接近正态分布;当 $\beta=2$ 时,则为瑞利分布。威布尔分布能适用于各种故障形式的故障时间分布。

综上所述,由于威布尔分布能较全面地描述设备的故障特性,故本节采用威布尔分布描述设备的可靠性,建立设备维护决策模型。

2) 不同维护类型下设备的可靠度

不同维护类型情况下,对设备的可靠度改善情况不同。Tsai 等[116]针对三种不同的维护类型:保养、修理和更换,提出了求解相应可靠度的算法。其中,保养指润滑、清洗、检查、调整等减轻磨损老化的维护活动;修理指对设备零部件的修复,用以减缓设备老化速度,并使强度得到改善的维护活动;更换指对设备失效零部件的替换,使零部件的可靠度回到初始状态的维护活动。本节采用了 Tsai 等[116]提出的方法来计算设备在不同维护类型下的可靠度。Tsai 等[117]认为设备在两次预防维护间隔期间的 t 时刻，可靠度由两部分组成，即

$$R(t)=R_{\mathrm{s\_}k}R_{\mathrm{p\_}k}(t),\quad t\in(v_k,v_{k+1}] \tag{5.114}$$

式中，$R_{\mathrm{s_}k}$为第 k 次预防性维护后，故障零部件的初始可靠度；$R_{\mathrm{p_}k}(t)$为第 k 次预防性维护后，未失效零部件在 t 时刻的可靠度；v_k 为设备第 k 次预防性维护时刻。

假设在第 k 次预防维护开始前时刻 v_k^-，设备的可靠度为 $R_{\mathrm{f\_}k-1}$；在第 k 次预防维护结束后的时刻 v_k^+，设备的可靠度为 $R(v_k^+)$，则有

$$R_{\mathrm{f\_}k-1}=R(v_k^-) \tag{5.115}$$

$$R_{\mathrm{s\_}k}=R(v_k^+) \tag{5.116}$$

结合上面关于可靠度的函数，假设设备故障率服从威布尔分布，根据设备在 v_k 时刻的预防维护类型，可将预防维护后的可靠度分为如下三种情况：

(1) 更换：设备关键部件经过更换后，从 v_k^+ 时刻开始，设备恢复到全新的状态，$R_{\mathrm{s\_}k}=1$，$R_{\mathrm{p\_}k}(t)=\exp\left[-\left(\dfrac{t-v_k}{\eta}\right)^\beta\right]$。

(2) 修理：设备经过修理后，从 $v_k{}^+$时刻开始，故障零部件得到修复，未失效零部件的性能得到改善，因此有

$$R_{\mathrm{s\_}k}=R_{\mathrm{f\_}k-1}+\theta_1(R_{\mathrm{s\_}k-1}-R_{\mathrm{f\_}k-1}) \tag{5.117}$$

$$R_{\mathrm{p\_}k}(t)=\exp\left[-\left(\frac{t-v_k}{\theta_2\eta}\right)^\beta\right] \tag{5.118}$$

式中，θ_1 为故障零部件的修复因子，$0<\theta_1<1$；θ_2 为未失效零部件的改善因子，$0<\theta_2<1$。参数 θ_1 和 θ_2 一般通过数理统计故障和维护历史数据，运用估计的方法得到。

(3) 保养：经过保养后，设备从 v_k^+ 时刻开始，未失效零部件的性能得到改善，因此有 $R_{\mathrm{p_}k}(t)$同式(5.118)，$R_{\mathrm{s_}k}$如下：

$$R_{\mathrm{s\_}k}=R_{\mathrm{f\_}k-1} \tag{5.119}$$

假设设备在时刻 v_k 采用的维护方式为 x_k，x_k 取 0，1，2，3 时分别表示不维护，更换，修理，保养；综合上述分析结果，对于式(5.114)有

$$R_{\mathrm{s\_}k}=\begin{cases}1, & x_k=1\\ R_{\mathrm{f\_}k-1}+\theta_1(R_{\mathrm{s\_}k-1}-R_{\mathrm{f\_}k-1}), & x_k=2\\ R_{\mathrm{f\_}k-1}, & x_k=3\text{ 或 }x_k=0\end{cases} \tag{5.120}$$

$$R_{\mathrm{p\_}k}(t)=\begin{cases}\exp\left[-\left(\dfrac{t-v_k}{\theta_2'\eta}\right)^\beta\right], & x_k\neq 0\\ R_{\mathrm{p\_}k-1}(t), & x_k=0\end{cases} \tag{5.121}$$

$$\theta_2'=\begin{cases}1, & x_k=1\\ \theta_2, & x_k=2\text{ 或 }3\end{cases} \tag{5.122}$$

根据失效率与可靠度之间的函数关系，可得设备的失效率函数为

$$\lambda(t)=\lambda_{s\_k}+\lambda_{p\_k}(t),\quad t\in(v_k,v_{k+1}] \tag{5.123}$$

$$\lambda_{s\_k}=\begin{cases}1, & x_k=1\\ \lambda_{f\_k-1}-\theta_1(\lambda_{s\_k-1}-\lambda_{f\_k-1}), & x_k=2\\ \lambda_{f\_k-1}, & x_k=3\text{ 或 }0\end{cases} \tag{5.124}$$

$$\lambda_{p\_k}(t)=\begin{cases}\dfrac{\beta}{\theta_2'\eta}\left(\dfrac{t-v_k}{\theta_2'\eta}\right)^{\beta}, & x_k\neq 0\\ \lambda_{p\_k-1}(t), & x_k=0\end{cases} \tag{5.125}$$

式中，λ_{s_k}为第 k 次预防性维护后，故障零部件的初始失效率；$\lambda_{p_k}(t)$为第 k 次预防性维护后，未失效零部件在 t 时刻的失效率；λ_{f_k-1}为在第 k 次预防性维护开始前的时刻 v_k^- 时设备的失效率。

3) 工序流上设备群的可靠度

假定同一条工序流上的设备群是由多个设备串联而成的，由于各个设备之间的故障分布是相互独立的，因此由各个设备的可靠度 $R_i(t)$可得 n 个设备组成的设备群的可靠度 $R_0(t)$为

$$R_0(t)=\prod_{i=1}^{n}R_i(t) \tag{5.126}$$

设备 i 的可靠度为

$$R_i(t)=R_{s\_i,k}R_{p\_i,k}(t),\quad t\in(v_{i,k},v_{i,k+1}] \tag{5.127}$$

式中，$R_{s_i,k}$为设备 i 第 k 次预防性维护后，故障零部件的初始可靠度；$R_{p_i,k}(t)$为设备 i 第 k 次预防性维护后，未失效零部件在 t 时刻的可靠度；$v_{i,k}$为设备 i 第 k 次预防性维护时刻。

假设设备 i 在时刻 $v_{i,k}$采用的维护方式为 $x_{i,k}$，$x_{i,k}$取 0，1，2，3 时分别表示对设备 i 不维护，更换，修理、保养，则对于(5.127)，有

$$R_{s\_i,k}=\begin{cases}1, & x_{i,k}=1\\ R_{f\_i,k-1}+\theta_{1,i}(R_{s\_i,k-1}-R_{f\_i,k-1}), & x_{i,k}=2\\ R_{f\_i,k-1}, & x_{i,k}=3\text{ 或 }0\end{cases} \tag{5.128}$$

$$R_{p\_i,k}(t)=\begin{cases}\exp\left[-\left(\dfrac{t-v_{i,k}}{\theta_{2,i}'\eta(i)}\right)^{\beta(i)}\right], & x_{i,k}\neq 0\\ R_{p\_i,k-1}(t), & x_{i,k}=0\end{cases} \tag{5.129}$$

$$\theta_{2,i}'=\begin{cases}1, & x_{i,k}=1\\ \theta_{2,i}, & x_{i,k}=2\text{ 或 }3\end{cases} \tag{5.130}$$

式中，$R_{f_i,k-1}$为在第 k 次预防性维护开始前的时刻 $v_{i,k}^-$时设备的可靠度；$\theta_{1,i}$为设备 i 故障零部件的修复因子，$0<\theta_{1,i}<1$；$\theta_{2,i}$为设备 i 未失效零部件的改良因子，$0<\theta_{2,i}<1$。

根据失效率与可靠度之间的函数关系可得设备的失效率函数为

$$\lambda_0(t)=\lambda_{s\_i,k}+\lambda_{p\_i,k}(t),\quad t\in(v_k,v_{k+1}] \tag{5.131}$$

$$\lambda_{s\_i,k}=\begin{cases}1, & x_{i,k}=1\\ \lambda_{f\_i,k-1}-\theta_{1,i}(\lambda_{s\_i,k-1}-\lambda_{f\_i,k-1}), & x_{i,k}=2\\ \lambda_{f\_i,k-1}, & x_{i,k}=3\text{ 或 }0\end{cases} \tag{5.132}$$

$$\lambda_{p\_i,k}(t)=\begin{cases}\dfrac{\beta(i)}{\theta'_{2,i}\eta(i)}\left(\dfrac{t-v_{i,k}}{\theta'_{2,i}\eta(i)}\right)^{\beta}, & x_{i,k}\neq 0\\ \lambda_{p\_i,k-1}(t), & x_{i,k}=0\end{cases} \tag{5.133}$$

式中，$\lambda_{s_i,k}$为设备 i 在第 k 次预防性维护后的初始失效率；$\lambda_{p_i,k}(t)$为设备 i 第 k 次预防性维护后，t 时刻的失效率；$\lambda_{f_i,k-1}$为在第 k 次预防性维护开始前的时刻 v_k^- 时设备 i 的失效率。

2. 多设备维护决策问题的基本定义及假设

1) 问题的基本定义

(1) 设加工任务区间$[0,T_n]$内使用了 n 台设备，对设备群整体进行了 m_0 次预防维护。

(2) 设 $x_{i,k}$为设备群进行第 k 次预防维护时，设备 i 的维护类型；$x_{i,k}=0$，不维护；$x_{i,k}=1$，更换；$x_{i,k}=2$，修理；$x_{i,k}=3$，保养。

(3) 设 m_i 为加工任务区间内，设备 i 总的预防性维护次数。

(4) 设 $v_{i,k}$为设备 i 执行第 k 次预防性维护的时间点；$v_{0,k}$为设备群执行第 k 次预防维护的时间点。

(5) 设 $D_{i,k}$为设备 i 执行第 k 次预防维护的停机时间。

(6) 设 $D_{0,k}$表示设备群执行第 k 次预防维护的停机时间。

(7) 设 $C_p(i)$表示设备 i 实施预防性更换所耗费的平均成本。

(8) 设 $C_x(i)$表示设备 i 实施预防性修理所耗费的平均成本。

(9) 设 $C_b(i)$表示设备 i 实施预防性保养所耗费的平均成本。

(10) 设 $C_m(i)$表示设备 i 实施故障后小修所耗费的平均成本。

(11) 设 C_d表示设备单位时间内的停机成本。

(12) 设 $\lambda_0(t)$为设备群在 t 时刻的失效率；设 $\lambda_i(t)$为设备 i 在 t 时刻的失效率。

(13) 设 v_{min}表示最小维修间隔，v_{max}表示最大维修间隔。

(14) 设 R_{min}表示设备群的最小可靠度，$R_0(t)$表示设备群在 t 时刻的可靠度。

(15) 设 $t_p(i)$为设备 i 进行更换所消耗的平均时间；$t_x(i)$为设备 i 进行修理所消耗的平均时间。

2) 问题的假设

对工序流上的设备群进行预防维护建模，必须考虑设备在加工任务区间内，既要保证设备的可靠度，又要使维护总成本最低。针对所考虑的问题，作出如下假设：

(1) 工序流由 n 个设备串联而成，设备可修理，且设备故障的时间分布均独立地服从威布尔分布。

(2) 工序流上各设备均以全新的状态，从 0 时刻开始在加工任务区间 $[0,T_n]$ 内连续运行，则 $v_{0,0}=0$。

(3) 在两次预防维护的间隔，设备发生突发故障，则马上进行小修，小修时间相对于 T_n 很小，忽略不计。

(4) 每次预防维护时，各设备的维护同时进行，且设备群的停机时间以维护时间最长的设备的维护时间为准，即

$$D_{0,k}=\max\{D_{i,k}\mid i=1,2,\cdots,n\} \tag{5.134}$$

$$D_{i,k}=\begin{cases}t_{\mathrm{p}}(i) & x_{i,k}=1\\ t_{\mathrm{x}}(i), & x_{i,k}=2\\ 0, & x_{i,k}=3\text{ 或 }0\end{cases} \tag{5.135}$$

3. 多设备维护决策问题的数学模型及约束

1) 问题的数学描述

为了保证工序流的连续运行，本节考虑了在加工任务区间 $[0,T_n]$ 内的预防维护计划。预防维护次数太少可能造成频繁的设备突发故障，即维修不足。预防维护太频繁虽然减少了故障发生的次数，降低了设备的平均故障维修费用和停机成本，但过多的预防维护会耗费过多的费用和时间，还可能因为提前更换了部件而造成浪费，因此设定预防维护时间间隔在 $v_{\min}$ 与 $v_{\max}$ 之间。针对上述问题，为了合理规划预防维护时间、维护类型、维护次数，使维护的总成本最小，保证设备可靠度，本节提出了以总成本最小为目标，以设备群整体的可靠度为约束的面向工序流的多设备维护决策模型。

2) 问题的数学模型与基本约束

加工任务区间内 $[0,T_n]$ 设备的总维护成本包括 n 台设备进行预防维护的总成本、在预防维护间隔内进行小修的总成本和进行预防维护的停机成本，因此，目标函数如下：

$$C_{\min}=C_1+C_2+C_3 \tag{5.136}$$

其中，各部分计算如下：

$$C_1=\sum_{i=1}^{n}\sum_{1}^{m_0}x_{i,k}\left[C_{\mathrm{p}}(i)w_{1,i,k}+\frac{1}{2}C_{\mathrm{x}}(i)w_{2,i,k}+\frac{1}{3}C_{\mathrm{b}}(i)w_{3,i,k}\right] \tag{5.137}$$

$$C_2=\sum_{i=1}^{n}C_{\mathrm{m}}(i)\left(\int_{v_{i,m_i}}^{T_n}\lambda_i(t)\mathrm{d}t+\sum_{k=0}^{m_i-1}\int_{v_{i,k}+D_{i,k}}^{v_{i,k+1}}\lambda_i(t)\mathrm{d}t\right) \tag{5.138}$$

$$C_3 = \sum_{k=1}^{m_0} C_d D_{0,k} \tag{5.139}$$

式中

$$w_{j,i,k} = \begin{cases} 1, & x_{i,k} = j, j = 1,2,3 \\ 0, & x_{i,k} \neq j, j = 1,2,3 \end{cases} \tag{5.140}$$

为保证设备群的可靠度及维护时间区间，模型约束如下：

$$\begin{cases} \forall t, \exists R_0(t) \geqslant R_{\min}, t \in [0, T_n] \\ v_{\min} \leqslant v_{0,k} - v_{0,k-1} \leqslant v_{\max}, k = 1,2,\cdots,m_0 \\ v_{0,k} < T_n, k = 1,2,\cdots,m_0 \\ x_{i,k} \in \{0,1,2,3\}, i = 1,2,\cdots,n, k = 1,2,\cdots,m_0 \text{ 且 } \sum_{i=1}^{n} x_{i,k} \neq 0 \end{cases} \tag{5.141}$$

其中，$\sum_{i=1}^{n} x_{i,k} \neq 0$ 是为了保证设备群在第 k 次预防维护时，至少对一个设备进行预防维护。

4. 多设备维护决策模型的优化计算

面向多设备的预防维护模型是以总成本最小为优化目标，以可靠度为约束，求解预防维护次数、维护时刻以及在相应维护时刻下各设备的维护方式。由于这类模型算法的复杂度较高，采用常规的搜索算法很难搜索到一个较优解，故采用遗传算法来解决预防维护策略的优化问题。模型的算法流程如图 5.81 所示。

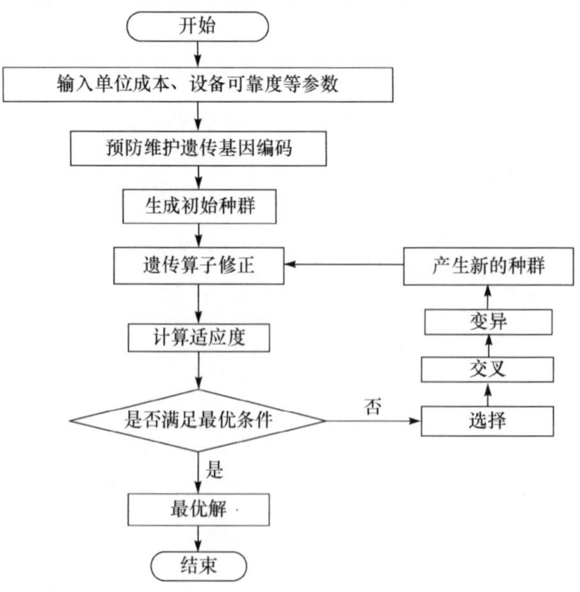

图 5.81 模型的算法流程

1）遗传基因编码

将加工任务区间$[0,T_n]$分成 L 段，$L=\min\left\{N\in Z|N\geqslant\frac{T_n-v_{\min}+1}{v_{\min}}\right\}$。染色体采用$(n+1)\times L$ 的矩阵 $Y=[y_{h,l}]$描述，如图 5.82 所示。

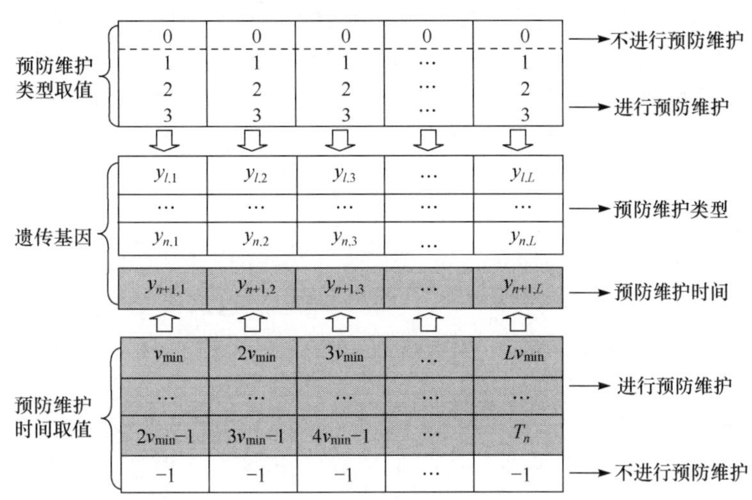

图 5.82　染色体编码

当 $h\leqslant n$ 时，$y_{h,l}$表示设备群进行第 l 次预防维修时设备 h 的维护类型。其中，$y_{h,l}\in\{0,1,2,3\}$分别表示设备的几种维护方式：{不维护，预防性替换，修理，保养}。$h=n+1$ 时，$y_{h,l}$表示设备群进行预防维护的时间点。其中，

$$y_{n+1,l}\in\{lv_{\min},(l+1)v_{\min}-1\},\quad l=1,2,\cdots,L-1$$

或

$$y_{n+1,l}\in\{Lv_{\min},T_n\},\quad l=L \tag{5.142}$$

根据上述编码规则，通常采用随机方法来生成初始种群。在维护类型的基因中从 $y_{h,l}\in\{0,1,2,3\}$中随机产生维护时间，在维护时间的取值中根据 l 从式(5.142)中随机取 $y_{n+1,l}$。

2）遗传算子修正

式(5.141)列出了优化模型的约束要求，包括时间间隔、设备群整体可靠度等要求。然而随机产生的个体及经过交叉、变异等遗传操作后的个体往往很难满足文中的约束条件，产生不合法的个体，因此，需要对个体的遗传算子进行修正，使其满足约束，成为合法的个体。算子的修正方法如下：

(1) 删除多余的维护。

按照模型约束的要求，相邻两次预防维护的时间间隔必须大于最小时间间隔 $v_{\min}$，因此对初始种群及经过遗传进化操作后的染色体进行检查，删除维护时间点在$(v_{0,k},v_{0,k}+v_{\min}]$的维护。

(2) 调整预防维护类型。

根据算法模型中式(5.141)对设备群整体的可靠度要求,$[0, T_n]$内的任意时刻,设备群的可靠度都必须大于最低可靠度,否则需调整各设备的维护类型来满足可靠度要求。具体步骤如下:①依照时间顺序计算 $t \in (v_{0,k}, v_{0,k+1}]$设备群的可靠度 $R_0(t)$;②若任意时刻 $R_0(t) \geqslant R_{\min}$,则不用调整预防维护时间,否则进行下一步操作;③选出在 $v_{0,k}$不进行更换的设备,计算这些设备在 $v_{0,k+1}$时刻的可靠度,记录其中可靠度最低的设备假设为 j;④调整设备 j 在 $v_{0,k}$时刻的维护方式,调整的方向为不维护—保养—修理—更换,即该设备维护方式若为不维护则调整为保养,依此类推;⑤重复步骤①的内容,直到满足可靠度要求或设备维护方式都变为更换为止。

(3) 插入预防维护操作。

模型约束中预防维护时间间隔除了要大于最小时间间隔外,还必须小于最大时间间隔 $v_{\max}$。假设 $\varphi = v_{0,k+1} - v_{0,k}$,初始种群或经过遗传进化操作后的染色体中,若存在 $\varphi > v_{\max}$,则需在$(v_{0,k} + v_{\min}, v_{0,k+1} - v_{\min}]$区间插入维护操作($\varphi \geqslant 2v_{\min}$),或者将 $v_{0,k+1}$时刻的维护操作提前进行($\varphi < 2v_{\min}$)。

对于 $\varphi > v_{\max}$且 $\varphi \geqslant 2v_{\min}$,插入维护操作的步骤如下:①在 $t \in (v_{0,k}, v_{0,k} + v_{\min}]$区间计算设备群的可靠度 $R_0(t)$,若存在 $R_0(t) \geqslant R_{\min}$,执行调整设备预防维护类型的操作;②假设 $\psi = 0$,计算 $t \in (v_{0,k}, v_{0,k+1} - v_{\min} - \psi]$的 $R_0(t)$,若任意时刻 $R_0(t) \geqslant R_{\min}$,则在 $v'_{0,k+1} = v_{0,k+1} - v_{\min} - \psi$ 插入预防维护,并转到步骤④,否则执行步骤③;③将 ψ 加 1,转到步骤②;④在 $v'_{0,k+1} = v_{0,k+1} - v_{\min} - \psi$ 插入预防维护后,对 $t \in (v'_{0,k+1}, v'_{0,k+1} + v_{\min}]$执行调整预防维护类型的操作。

(4) 提前预防维护时间。

对于 $v_{\max} < \varphi < 2v_{\min}$,执行提前预防维护时间的操作,步骤如下:①在 $t \in (v_{0,k}, v_{0,k} + v_{\min}]$区间计算设备群的可靠度 $R_0(t)$,若存在 $R_0(t) \geqslant R_{\min}$,执行调整设备预防维护类型的操作;②假设 $\psi = 0$,计算 $t \in (v_{0,k}, v_{0,k} + v_{\max} - \psi]$的 $R_0(t)$,若任意时刻 $R_0(t) \geqslant R_{\min}$,则将 $v_{0,k+1}$时刻的预防维护提前到 $v_{0,k} + v_{\max} - \psi$ 进行,并转到步骤④,否则执行步骤③;③将 ψ 加 1,转到步骤②;④去除原来 $v_{0,k+1}$时刻的预防维护操作。

3) 适应度函数

考虑到模型的优化目标为设备维护成本最小,即求式(5.143)的最小值,其值大于 0,所以取适应度函数如下:

$$\text{fitness} = 1/(1 + C_{\min}) \tag{5.143}$$

4) 染色体的遗传进化

对染色体的遗传进化操作主要有选择、交叉、变异这三种。

(1) 选择。

算法中的选择操作采用轮盘赌的精英保留策略,这种策略根据染色体的优劣将每一代中较优的个体直接复制到下一代,这样能较好地保证遗传算法的收敛性。

每一代中的染色体 i 被直接复制到下一代的概率 P_i 为

$$P_i = \frac{\text{fit}(i)}{\sum_{i=0}^{u} \text{fit}(i)} \tag{5.144}$$

式中，fit(i)为染色体 i 的适应度；u 为染色体的种群数量。

(2) 交叉。

交叉算法以相邻的前后两个染色体为父个体进行交叉来产生子个体，并以一定的交叉概率对染色体进行单点交叉变换。由于算法中编码采用矩阵的形式，且最后一行代表维护时间点，其余代表维护方式，因此在执行单点交叉时，在列方向随机产生一个交叉位置，将交叉点之后的列进行基因对换以产生新的个体。经过交叉变换后的染色体必须满足编码要求，否则需要对新个体进行基因算子的修正操作。

(3) 变异。

变异操作采用单点变异法。由于本节的染色体编码包括设备维护类型与维护时间点两个部分，所以在进行变异时，随机产生一个变异点，若变异点在维护类型部分，则进行维护类型的变异；若变异点在维护时间点的位置，则进行维护时间点的变异。经过变异操作后的染色体很可能不满足约束条件，因此，需要对变异后的染色体进行修正处理，完成染色体的变异。

5. 实例分析

假设某企业的一条工序流由 5 台设备串联组成，总任务时间为 180 天。各设备分别独立服从尺寸参数为 η_i，形状参数为 β_i 的威布尔分布。该设备群所允许的最低可靠度为 $R_{\min}=0.6$，停机损失的时间界限为车间内部一个班组发生的一个工作日以上的停工，平均停机成本包括停工期间支付的工资福利费、制造费等，根据此定义对文献中的数据进行估算，得到 $C_d=550$(元/天)。故障零部件的修复因子 $\theta_{1,i}=0.8$，未失效零部件的改良因子 $\theta_{2,i}=0.8$。为了便于安排预防维护时间并防止维修过度，最小维修间隔 $v_{\min}$定为一周(7 天)，根据威布尔分布函数可计算出，全新状态开始运行的设备可靠度经过 30 天后从 1 降低到 0.6。因此为保证最低可靠度，最大维修间隔 $v_{\max}$ 定为 30 天。各设备的可靠性参数和维护成本参数如表 5.36 所示。

表 5.36　各设备的可靠性参数和维护成本参数

设备	η_i/天	β_i	$C_p(i)$/元	$C_x(i)$/元	$C_b(i)$/元	$C_m(i)$/元	$t_p(i)$/天	$t_x(i)$/天
1	80	2.0	300	120	20	550	0.1	0.4
2	90	1.5	450	200	20	650	0.1	0.6
3	100	2.0	680	300	50	1500	0.3	0.5
4	110	2.5	2000	1200	270	3700	0.4	0.8
5	150	1.8	1345	875	100	1700	0.3	0.6

把表 5.36 中模型参数代入式(5.136)～式(5.141)的多设备维护模型中，通过 Java 编程语言实现的遗传算法对该算例进行优化计算，得到该任务时间内的维修计划。遗传算法中，交叉概率为 0.8，变异概率为 0.05，种群的规模为 50，经过 200 代后的维修成本约为 26346 元。程序运行结果如图 5.83 所示。

输出计算结果

序号	时间	设备1	设备2	设备3	设备4	设备5
1	12	不维护	修理	不维护	保养	保养
2	31	保养	修理	保养	更换	更换
3	46	更换	修理	修理	不维护	保养
4	57	不维护	修理	更换	保养	不维护
5	77	修理	更换	保养	保养	保养
6	88	修理	更换	不维护	不维护	不维护
7	105	更换	更换	修理	保养	不维护
8	122	修理	保养	更换	更换	不维护
9	136	保养	保养	更换	不维护	修理
10	144	更换	更换	保养	保养	不维护
11	157	不维护	更换	修理	不维护	更换
维护总成本	26345.7					

编写维修计划

图 5.83　程序中的运算结果

5.4.3　台帐管理业务流程及数据结构

1. 台帐管理业务流程

台帐管理，主要是通过对设备附件等资源的基本信息和状态信息进行处理，为车间的生产计划与调度、生产控制、生产维护、生产库存和物流服务等提供状态信息、使用记录等数据信息的查看及记录服务，从而提高设备附件准备及配送的准确性和高效率，为车间提供利润增值空间。台帐管理的工作逻辑如图 5.84 所示。

数控设备的正常运转需要设备附件的有效支持，其对附件的需求产生设备附件的供应流动。在多任务、多设备的车间中，随着设备附件的频繁流动必然会产生大量的数据信息流。台帐管理的业务流程是指对伴随物质流而产生的信息流进行记录处理。设备附件从采购入库开始，进行入库登记；入库物品在库存阶段中需盘点记录库存信息；对于领用出库的物品记录出库信息，并通过 e 节点前端或手持 PDA 跟踪记录物品在车间中使用的状态信息；对于暂时不用的物品重新归还登记入库，对于因磨损或失效而需要保修的物品记录其返修信息，不能修理的物品进行报废处理，记录报废情况。对于由 iPSS 供应商提供的服务外包物品，通过 e 节点前端记录其状态信息，并提供台帐管理系统与 iPSS 系统的接口。上述业务流程以数据库为支撑，来实现各自的功能。

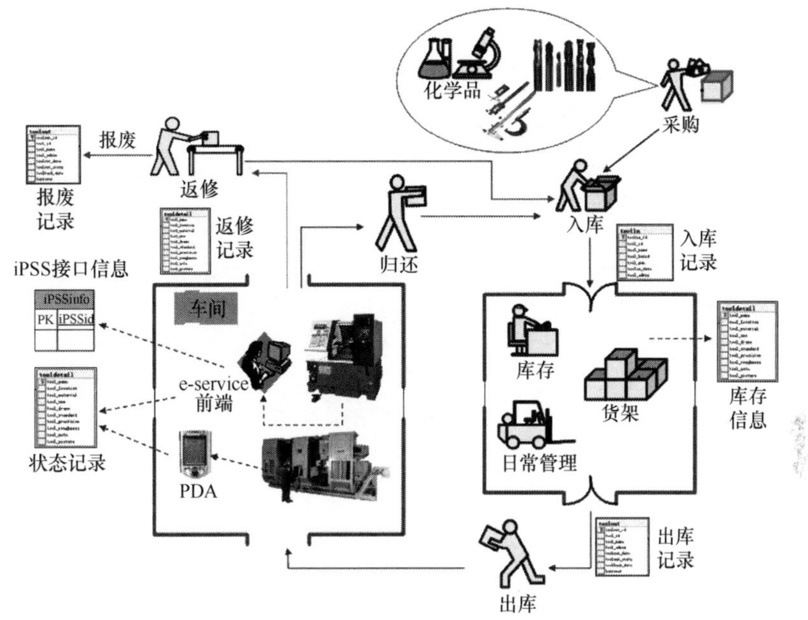

图 5.84　台帐管理业务流程

2. 台帐管理数据模型

数据库作为台帐业务流程的支撑系统，关键在于数据结构的设计。数据结构的设计既要保证数据信息的全面性，又要防止数据信息的冗余，避免因数据库过于庞大而影响台帐管理系统的运行速度。设备附件台帐管理数据库 E-R 图如图 5.85所示。每个设备附件有唯一的编号进行标示，各部分数据围绕设备信息，通过使用状态形成一个互相联系的整体。

设备作为加工车间的主体，需要记录其设备编号、名称、供应商等基本信息以及设备规格、加工精度等详细技术资料。设备附件作为设备的辅助加工工具或设备的支撑零部件而存在，具有相似的物质流，但各种附件又是具有不同属性的不同的实体，因此具有不同的信息结构。为实现设备附件的信息化管理，按照相似的业务流程建立各类附件的数据表，数据表的内容则根据附件属性的不同而不同。

(1) 附件基本信息：各类附件相应的基本信息表包括附件的编号、名称、规格、状态等数据项，状态数据则是记录附件在哪台设备上起到何种用途，以及是否完好等信息。除了这些数据项之外，针对附件的不同属性对各类附件表设置不同的数据项，例如，刀具基本信息表还包括加工精度信息，量具基本信息表还包括测量类型信息，夹具信息表还包括夹具组件信息等。以刀具为例，其数据表如表 5.37 所示。

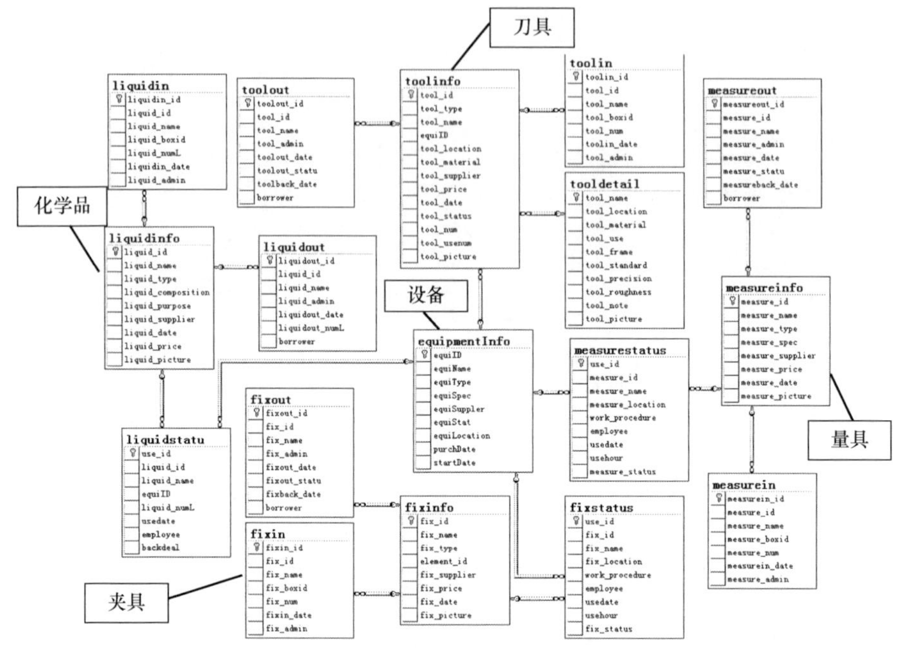

图 5.85　设备附件数据 E-R 图

表 5.37　刀具基本信息表

字段名	字段描述	字段类型	字段长度	备注
tool_id	刀具编号	nvarchar	30	PK
tool_name	刀具名称	nvarchar	30	NotNull
tool_type	刀具类型	nvarchar	20	
tool_standard	刀具标准	nvarchar	30	
tool_material	刀具材料	nvarchar	30	
tool_spec	刀具规格	nvarchar	100	
tool_status	刀具状态	nvarchar	100	NotNull
tool_location	刀具位置	nvarchar	20	NotNull
tool_price	刀具价格	decimal	18,2	
tool_picture	刀具图片	image	16	
tool_supplier	刀具供应商	nvarchar	30	
tool_date	刀具购买日期	datetime	8	
Memo	备注说明	nvarchar	100	

(2) 附件出入库表:管理记录附件的库存状态和使用情况,包括附件编号、附

件名称、同类型附件库存量、借用人、借用出库时间以及库存管理员等。利用附件出入库表，可对同型号的损耗型附件统计其单位时间（如每月）的消耗量，制定相应的库存策略。

5.5　服务型制造执行过程的物流

5.5.1　车间工序物流概述

在传统制造车间，基于制造节点的制造资源网络布局提供了车间工序物流流转的物理环境，批次加工零件的制造任务分解所形成的工序流配置映射到车间的物理布局中即形成了车间的工序物流，工序物流从原材料环节到生产加工环节直到成品库存环节所形成的零件物料在车间内的流动和车间的各种制造资源紧密相关。实际上，批次加工零件从订单下达到加工完成的整个过程都涉及以制造节点为基本单元的制造资源的参与，如制造设备的位置改变、工夹量具安装位置与供应方式、加工过程使用库存的状态等。

而以外包/承包批次零件制造任务的服务型制造车间则由于可以将工序任务外包给其他核心制造企业，也可以承包其他制造企业的工序任务，由此服务型制造车间的工序物流将具备显著的混流特性。同时，与工序物流相关联的制造资源如库存服务既可以为制造车间自有，也可能考虑到降低成本的考虑外包给专业的第三方专业库存服务提供商。

如图 5.86 所示对某批次零件的工序物流状态的描述中，原材料库存可分别由

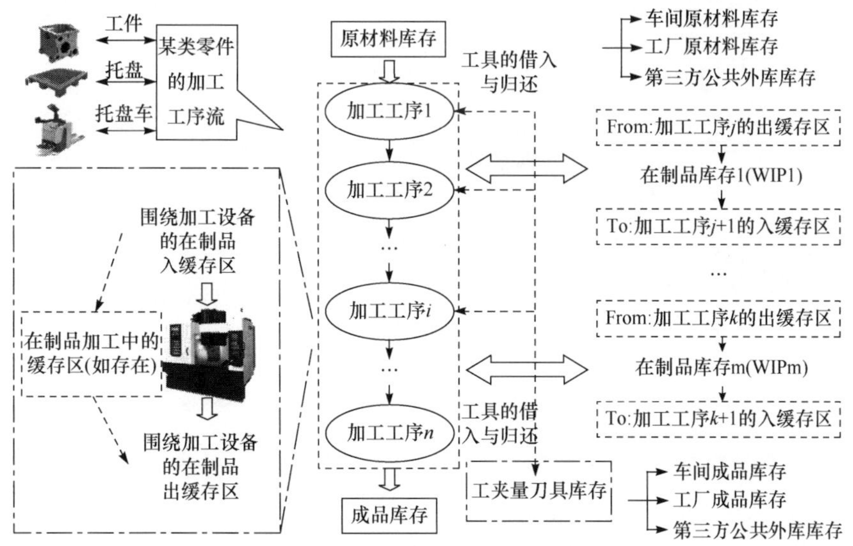

图 5.86　离散制造某批次零件工序物流

车间原材料库存、工厂原材料库存和第三方公共外库库存构成,成品库存亦类似。工件在加工设备之间的物料转移可采用基于托盘运输单位的方式由托盘车或者运送小车进行,在每个加工设备节点上,托盘车运送的加工零件物料将从上一个加工工序的出缓存区运送到该加工工序的入缓存区,并依次完成加工工序直到成品库存。在该批次零件的加工工序集合中,某加工工序 i 可能由于服务增值或提高核心竞争力的需要外包给外部企业,则该加工工序 i 为该加工工序流中的虚拟工序节点,同时其使用的制造资源在整个工序物流集合中将作为虚拟制造节点存在[118]。

服务型制造设备 e-服务化节点是服务型制造车间中工序物流流转的信息载体,批次加工零件的工序物流集合即是在不同的 e-服务化节点的共同作用下完成工序物流的流转从而最终完成零件的加工过程,而外包工序所使用的 e-服务化节点则作为虚拟节点以信息接口的形式为制造车间提供生产服务,由此,以外包/承包批次零件制造任务所产生的工序物流集合可以看成是以加工工序流为先后次序进行约束性选择所得到的基于制造节点的制造资源 e-服务化节点的集合,如图 5.87所示。

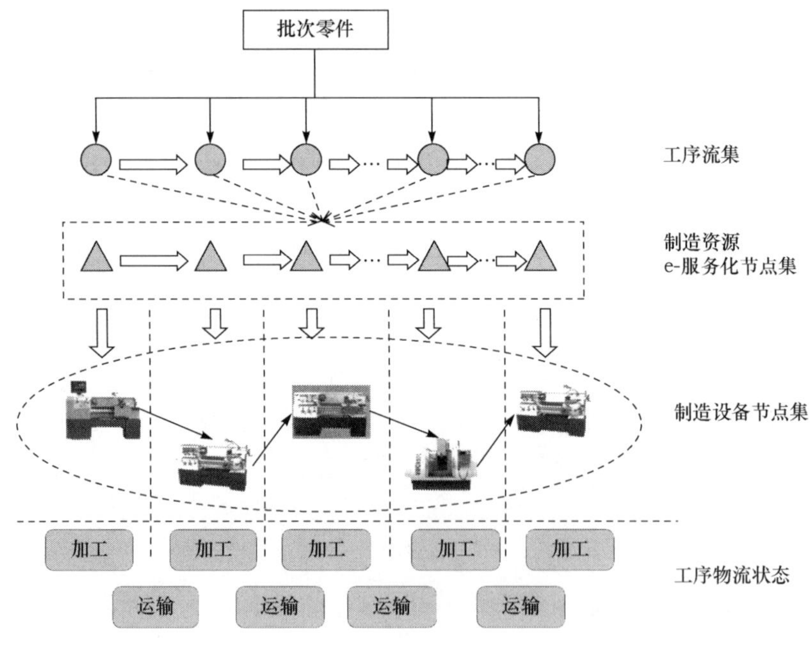

图 5.87 制造车间工序物流

5.5.2 车间工序物流布局建模

1. 工序物流布局数学描述

车间内工序物流布局可以用图 5.88 来示意。首先将车间工序物流看成是一系列加工任务的集合，可以用车间加工零件来对应这一系列的任务。接下来，对一个制造任务的工序物流进行描述，零件工序物流的不同源于两个方面：一方面是制造工艺的多样；另一方面是加工资源的不同。根据以上两方面将零件工序物流的描述分解为两个步骤：第一步是描述零件的加工工序；第二步是为零件具体的加工工序选择操作设备。最后将车间内所有零件的工序物流集合起来就形成了车间工序物流。完成了对工序物流过程的叙述，接下来对车间工序物流布局进行具体定义。其中，定义 5.19、5.20 描述了车间工序物流布局，定义 5.12、5.17、5.18 用来描述零件操作池和工序物流，定义 5.13、5.14 描述零件加工工序和选定加工路线，定义 5.15、5.16 用来描述工序执行待选设备和选定设备。

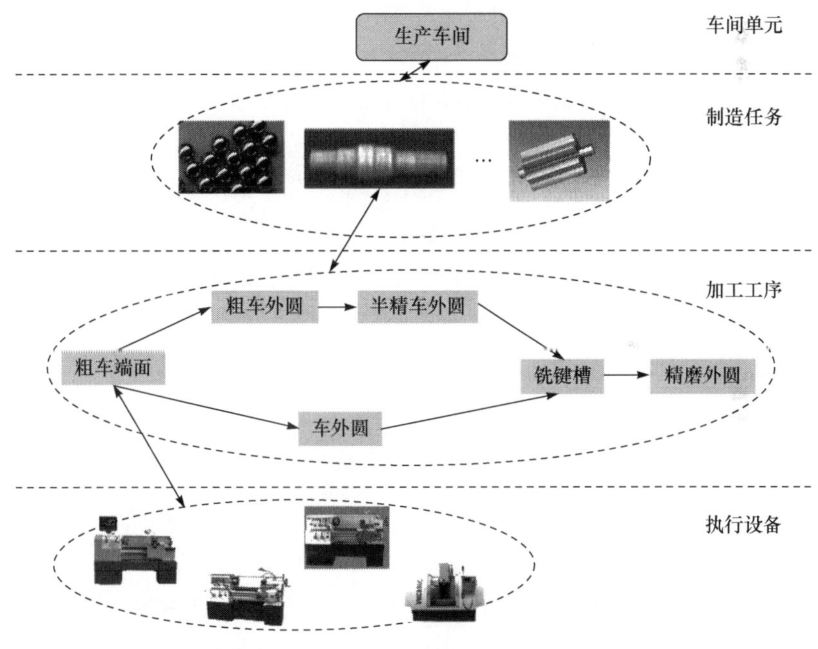

图 5.88　车间工序物流布局示意

定义 5.12　一个零件的工序物流可以看做是一系列任务在具体设备上的执行操作过程 Psep。

定义 5.13　零件的加工工序为基本任务单元 ti，Ta 表示工件所有可选的工序任务集，即

$$\mathrm{Ta}=\{\mathrm{t}i \mid i\in N\} \tag{5.145}$$

可以用 Ta 中所有基本任务单元之间的∧∨⊙运算来表示零件所有可行的加工过程。

假设 t1，t2，t3 为基本单元，有如下关系：

(1) t1∧t2 表示任务的连接,即任务 t1 结束后接着加工 t2;

(2) t1∨t2 表示任务的并列,即任务 t1,t2 可以同时进行;

(3) t1⊙t2 表示任务的选择,即任务 t1,t2 不能同时进行,在同一时刻必须选定一个任务。

定义 5.14 任务序列 Tsep 中包含零件一条工艺路线的所有加工任务。该序列中的元素没有选择关系,而且这是一个线性序,具有偏序关系,含义是:任务的执行是基于时序的,具有先后次序关系;由于 Tsep 是具备严格序关系的任务集合,故有如下规定,对于两项不可区分前后执行次序的任务,因其不具有偏序性,所以不能出现在同一个 Tsep 中。该定义表示为

$$\mathrm{Tsep}=\{\mathrm{Ta},\preceq\} \tag{5.146}$$

$$\mathrm{Tsep}=\{\mathrm{t}i \mid \mathrm{t}i\in \mathrm{Ta}, i\in N\} \tag{5.147}$$

定义 5.15 Ei 为任务 ti 所有可能的执行设备集,有

$$\mathrm{E}i=\{\mathrm{M}ki \mid i\in N, k\in N\} \tag{5.148}$$

Mki 表示任务 ti 可以在设备 k 上操作执行。集合 Ei 根据对应任务 ti 间的运算关系组合得到工件的可行加工工艺路线集。

定义 5.16 Esep$i$ 表示任务 ti 的一个选定可执行设备,实际上是设备集 Ei 中的一个元素,有 Esep$i$∈Ei。

定义 5.17 P 表示零件所有可行工序的加工过程,物理意义表示零件所有的加工工艺路线,表现为一待选设备集,称之为操作池。由定义 5.14 和定义 5.15,得

$$P=E(\mathrm{Ta})=E\{\mathrm{t}i \mid 0<i<u\}=\{Ei \mid 0<i<u\}=\bigcup_{i=0}^{u}\{M_k^i \mid k\in N\}_i \tag{5.149}$$

定义 5.18 为某零件任务集 Tsep 中的每一个任务 ti 选定操作设备 Esep$i$,这些设备元素构成的集合称为 Psep。因为 Psep 集合中的设备元素与 Tsep 集合中任务元素有着一一对应的关系,可知 Psep 集合继承了 Tsep 的偏序性,前后元素间有着严格的时序关系,所以可以将其看为零件的一种加工过程,表征了零件在集合各设备元素之间的有向顺序流动,该集合即为零件的工序物流。有

$$\mathrm{Psep}=\{P,\preceq\} \tag{5.150}$$

$$\mathrm{Psep}=(E\{\mathrm{t}i \mid 0<i<u\})_{\mathrm{sep}}=\{M_j^i \mid j\in N, 0<i<u\} \tag{5.151}$$

下面针对一阶梯轴,描述一下零件的操作池和工序物流如何表示。特征示意图见图 5.89,其可行操作工序见表 5.38,所构成的加工工艺路线见图 5.90。

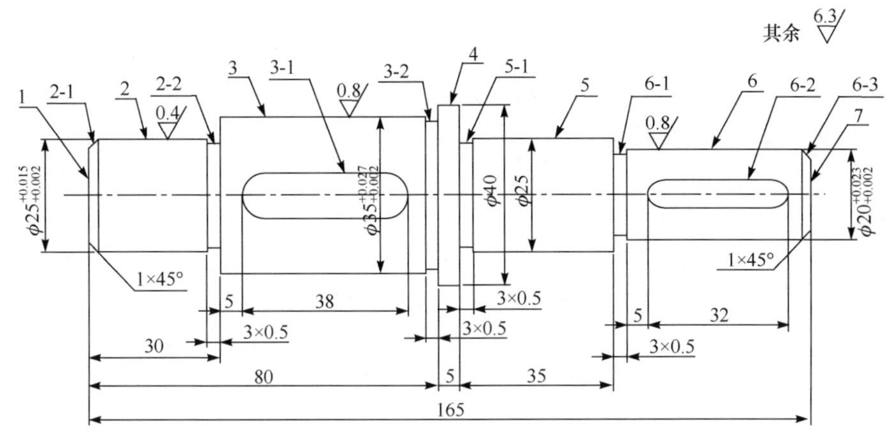

图 5.89　阶梯轴各主特征和辅助特征示意

表 5.38　阶梯轴可行操作工序

任务编号	工序内容	设备类型	设备编号
t1	车端面 F1,调头车端面 F7	普通车床(粗)	M1,M2
t2	粗车外圆 F2,F3,F4	普通车床(粗)	M1,M2
t3	粗车外圆 F6,F5	普通车床(粗)	M1,M2
t4	粗车外圆 F2,F3,F4,调头粗车外圆 F6,F5	普通车床(粗)	M1,M2
t5	半精车外圆 F2,F3,F4,车 F2-1,F2-2,F3-2	普通车床(半精以上)	M3,M4,M5
t6	半精车外圆 F6,F5,车 F5-1,F6-1,F6-3	普通车床(半精以上)	M3,M4,M5
t7	半精车外圆 F2,F3,F4,车 F2-1,F2-2,F3-2,调头半精车外圆 F6,F5,车 F5-1,F6-1,F6-3	普通车床(半精以上)	M3,M4,M5
t8	粗铣、精铣键槽 F3-1,F6-2	立式铣床	M5,M6
t9	粗磨、精磨外圆 F2,F3	外圆磨床	M7,M8

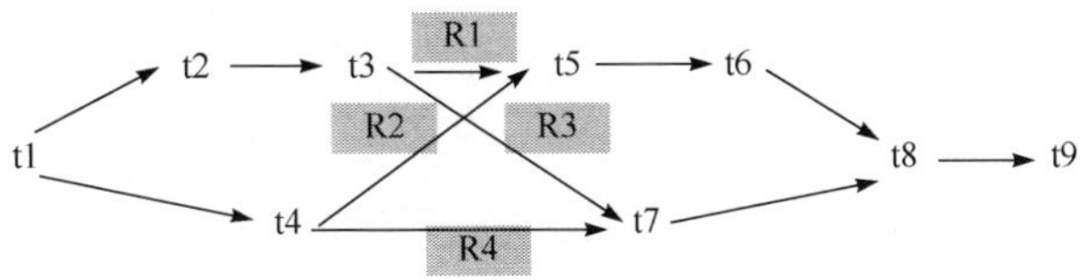

图 5.90　阶梯轴可行工艺路线

基于零件工序物流的数学形式化描述的定义和规则可知，本阶梯轴的工序物流模型由任务集{t1,t2…,t9}构成的，并且可规划为四条加工工艺路线 R_1,R_2,R_3,R_4；通过选取确定的加工工艺路线和为任务选定执行设备，就可以实现对该阶梯轴工序物流的显式描述和控制。首先用基本任务单元表示该轴可行的工艺路线如下：

$$\mathrm{Ta}=\{\mathrm{t}i \mid 0<i<9\}=\{\mathrm{t1}\wedge((\mathrm{t2}\wedge\mathrm{t3})\odot\mathrm{t4})\wedge((\mathrm{t5}\wedge\mathrm{t6})\odot\mathrm{t7})\wedge\mathrm{t8}\wedge\mathrm{t9}\} \tag{5.152}$$

对应各任务所需的设备信息，得该阶梯轴的操作池为

$$\begin{aligned}P=\{&\{M_1^1\odot M_2^1\}\wedge((\{M_1^2\odot M_2^2\}\wedge\{M_1^3\odot M_2^3\})\odot\{M_1^4\odot M_2^4\})\wedge\\&((\{M_3^5\odot M_4^5\odot M_5^5\}\wedge\{M_3^6\odot M_4^6\odot M_5^6\})\odot\{M_3^7\odot M_4^7\odot M_5^7\})\wedge\\&\{M_5^8\odot M_6^8\}\wedge\{M_7^9\odot M_8^9\}\}\end{aligned} \tag{5.153}$$

选择路线 R_2 为零件的加工工艺路线，有

$$\mathrm{Tsep}=\{\mathrm{t}i \mid 0<i<9\}=\{\mathrm{t1}\wedge\mathrm{t4}\wedge(\mathrm{t5}\wedge\mathrm{t6})\wedge\mathrm{t8}\wedge\mathrm{t9}\} \tag{5.154}$$

根据相应的规则为 Tsep 中的任务选择相应的加工设备，假设分别为 M_1,M_2,M_4,M_5,M_6,M_7，则零件的该条工序物流为

$$\mathrm{Psep}=\{M_1^1\wedge M_2^4\wedge M_4^5\wedge M_5^6\wedge M_6^8\wedge M_7^9\} \tag{5.155}$$

由于 Psep 中的元素也具有偏序性，故可以省略 ∧，将上式简化为

$$\mathrm{Psep}=\{M_1^1,M_2^4,M_4^5,M_5^6,M_6^8,M_7^9\} \tag{5.156}$$

对于给定工艺路线或只有一条工艺路线的工件，由于 Ta＝Tsep，可将 M_k^i 中标志任务编号的上标 i 去掉，仅保留设备编号；或者直接用设备编号来代表任务的执行，如下所示：

$$\mathrm{Psep}=\{M_1,M_2,M_4,M_5,M_6,M_7\} \tag{5.157}$$

$$\text{或 } \mathrm{Psep}=\{1,2,4,5,6,7\} \tag{5.158}$$

定义 5.19 车间工序物流布局指的是特定范围内所有制造任务的加工过程。这个过程可以看作是一系列复杂任务的执行过程 Bsep，而子过程 Psep 是该过程的基本构成要素，则有

$$\mathrm{Bsep}=\{\mathrm{Psep}^i \mid i\in N\} \tag{5.159}$$

该式的物理意义是车间工序物流可以看作是一系列复杂任务在具体设备上执行过程的集合。对于所研究的生产车间来说，各零件的加工过程都是相互并列的，不具有类似选择、分支等关系。在这里需要注意的是：集合 Bsep 中包含了两种偏序性集合，在实际生产过程中都需要满足。

(1) 基本过程 Psep^i 是一个具偏序性的线形序，集合中的元素 M_k^i 间有严格的前后执行顺序，不存在两个设备的并列关系；其物理意义是工件不可能在同一时刻于两个不同的设备处进行加工。

(2) 基本过程 Psep^1 和 Psep^2 的并列关系并不意味两个过程中的基本元素相

互具有并列关系，如两个过程中的元素 M_k^{1i} 和 M_k^{2j} 间就具有严格的执行顺序，不允许存在同时操作；该物理意义是设备不可能在同一时刻对两个工件进行加工。

定义 5.20　车间内所有工件的操作池组成集合 B，它包含了所有可行的车间工序物流布局。在该集合 B 中选择 Bsep 的过程，关系到车间生产的优化，因为零件不同的工艺路线和加工设备选择在很大程度上导致了车间生产效率、制造成本的差异，为了得到更高的效率和较低的成本，在选择的过程中需要综合考虑设备资源负荷、零件交货期等问题。这就使得选择的过程变得复杂起来，这个过程被称为车间工序物流布局优化，将在下面具体论述。

通过以上的描述和定义，可以将图 5.88 转化为图 5.91，用来显式地表明各级节点内部结构及节点间的关系。

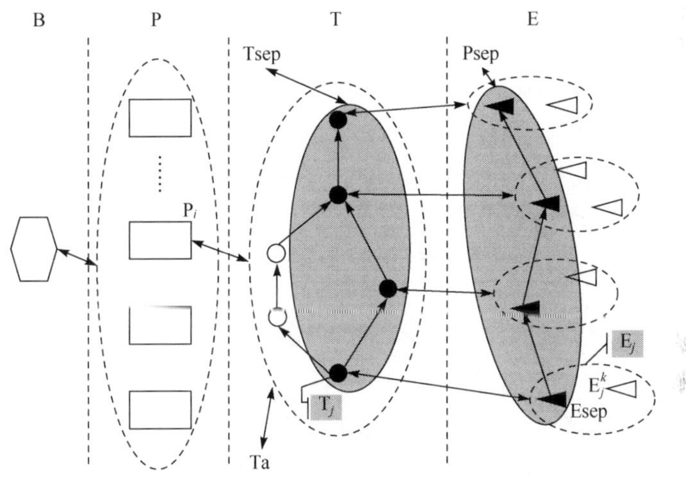

图 5.91　车间工序物流布局模型

2. 扩展活动网络图原理

针对车间工序物流的动态性、多层次性和复杂性的特点，以及活动网络图工作流模型的优点，可采用基于活动网络图的工作流模型实现对车间工序物流的动态建模，解决的关键问题包括以下 4 方面：

(1) 模型映射，即如何实现将活动网络图工作流模型正确映射为车间工序物流模型。

(2) 节点映射，即如何用活动网络图工作流模型的“活动”节点来表征和实现车间工序物流的“控制节点”和“执行节点”的功能。

(3) 状态、条件定义及映射，即如何在活动网络图中加入“状态”与“条件”这两个概念以增强过程模型的语义，使其能够处理足够复杂的过程；如何用此“状态”和“条件”来隐形地控制车间内部零件的工序物流过程。

(4) 控制逻辑和数据流向的显式表示,即如何使用活动网络图工作流模型的逻辑节点、标志性节点以及控制和数据连接弧来显式地表达车间工序物流节点之间的复杂逻辑控制和数据流向关系。

为解决以上问题,就需要对传统的基于活动网络图的工作流模型进行扩展。由传统定义知,一个工作流可以看成是一个节点和连接弧所构成的有向图。其中节点代表活动,而连接弧则代表活动间的数据和控制信息流向。为了更好地表达工件工序物流节点之间的关系及单个节点的状态,使之适用于车间工序物流的控制逻辑,需要在节点层面上进行扩展,同时定义状态、条件关系来增强对过程模型的语义描述,使之能够处理车间工序物流的逻辑过程。下面对扩展活动网络图工作流模型的基本概念和关键技术进行阐述。

1) 节点

节点代表了组成一个实际经营过程中所需要的各种类型的活动与任务。为了更清晰地描述车间工序物流的复杂层次关系,将节点划分为"过程"和"原子"两种不同粒度的节点。其中,"原子节点"指的是结构和功能上都不能再进行细分的节点,它对应于车间工序物流中的执行设备,是构成扩展活动网络图工作流模型的最基本组成单元。"过程节点",是一类能够分解的节点类型,它通常由一系列"原子节点"组成,可以包含组成工作流模型的所有元素,实质上就是一个子工作流。"过程节点"的引入增加了过程模型的表达能力,使模型具有了层次化的概念,并支持自顶向下的建模过程,在车间工序物流模型中它对应于零件的工序物流。

2) 连接弧

作为活动网络图的组成元素,连接弧是连接节点的有向线段,它由前驱节点指向后继节点。根据不同连接弧所表达的含义不同,可以把连接弧分为两类:控制连接弧和数据连接弧。控制连接弧体现了过程的控制逻辑和节点间的时序关系,控制连接弧的转移意味着节点状态的转移与整个过程的演进。数据连接弧在它所连接的两个节点间建立了一种数据输出/输入的关系,前趋节点的输出数据可以通过数据连接弧来提供给后继节点,作为后继节点的输入数据。数据连接弧的引入是为了解决控制流与数据流不一致的问题,它可以在单独存在数据关系的不同节点间建立连接,从而提供一种区别于控制连接弧的连接接口。在本节中,用扩展活动网络图对零件工序物流进行建模,数据流和控制流是一致的,故本节不设置数据连接弧,需要指出的是此处的控制连接弧主要用来表征物料在设备节点间的转移,即物流过程。

3) 状态

"状态"这一概念原本属于工作流执行期间的概念范畴,在建模阶段就明确地提出它,主要是为了解决活动网络图模型在状态表达方面的能力欠缺问题。与基于状态的过程模型(如 Petri 网)相比,活动网络图隐去了节点的可见状态,这样就造成了模型语义上的模糊，使过程模型的表达能力不足。比如，当某一控制连接弧发生转移以后，其指向的后继节点就被使能，但并不一定立刻开始执行，这种情况用活动网络图表达就会显得很含糊。因此，在活动网络图中明确"状态"，建立一种与显式逻辑表达相辅助的隐式表达方式，将明显增强活动网络图的描述能力。对于一个可执行的活动，其可能的状态转换过程如图 5.92 所示。

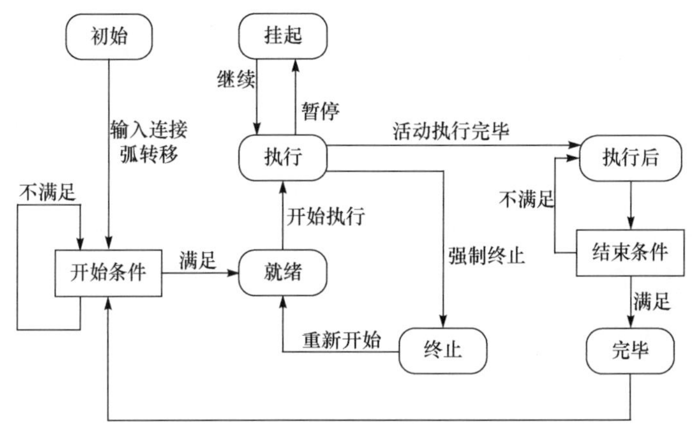

图 5.92　活动扩展网络图状态变迁

将工作流的不同状态应用于车间工序物流模型中，可以为"原子节点"设置状态语义，表征加工设备的当前状态用以辅助零件工序物流的控制，特别为后续工作中在制品工序物流跟踪环节的实现奠定基础。对于一个加工设备来说，定义"就绪"状态表明该设备正在进行加工前的准备工作，如更换夹具、刀具等；"执行中"顾名思义表示该设备正在进行加工；"挂起"则出现在设备故障的突发情况下；"终止"标志着设备此时正在加工的零件订单被撤销；"执行后"意味着设备完成了工件加工任务，但仍有一些如质检等环节使得设备无法开始加工下一零件；"完毕"则表明该设备完成了一个加工任务，可以进行下一任务的执行。

4) 条件

模型中条件的设置是用来决定活动在不同的情况下所要进行的不同处理方式。条件类型共三种，分别是：转移条件、开始条件、结束条件。

转移条件是定义在控制连接弧上的条件，它是一种显式的条件定义。转移条件决定了在工作流执行过程中所实际选择的由开始节点到结束节点之间的路径，不同的执行情况将造成工作流数据的不同，从而使不同的有条件连接弧发生转移来激活不同的后继节点。

开始条件与结束条件是定义在活动内部的条件，它们是隐式的条件定义，分别决定了活动节点在什么情况下才能够真正开始执行和真正结束。在上面的状态转换图中，给出了这两种条件被判断后的状态走向：只有满足开始条件，活动节点才能由“初始”状态进入到“就绪”状态(被使能的状态);只有满足结束条件,活动节点才能由“执行后”状态进入到“完成”状态(真正结束的状态)。

通过以上对于扩展活动网络图工作流模型的定义和关键问题的阐述,为车间工序物流的动态建模提供了工具和实现途径。

3. 车间工序物流建模

定义 5.21 设基于特定制造任务的工序物流是一项复杂工作 U,并定义为一个扩展活动网络图工作流,其对应于车间工序物流的总执行过程 B;设过程 W 是 U 的基本组成单元,并且有

$$U=W_s=\{W_i \mid i\in N\} \tag{5.160}$$

这里,过程集 W_s 与扩展活动网络图工作流中的“过程节点”集对应,W_i 对应于车间工序物流中具体工序的加工过程 Psep^i,即零件工序物流。

定义 5.22 设过程 W 由一系列的原子节点 A_i 组成,A_i 对应于工序物流中的执行设备 M_k^i。可以通过对 A_i 的操作得到零件工序物流,A_i 是工作流中的最小组成单元。有

$$W=\{A_i \mid i\in N\} \tag{5.161}$$

定义 5.23 定义有向图 $G=(A_s,L,S)$ 为一个三元组,其中 A_s 为任务执行设备 A_i 的集合,表示为 $A_s=\{A_1,A_2,\cdots,A_n\}$,$L$ 为连接弧的集合,表现为 $L=\{l_1,l_2,\cdots,l_n\}$,有 $l=\{A_i,A_j\}$ 表示由 A_i 指向 A_j 的连接弧,且活动 A_i,A_j 有严格的前后顺序,称 A_i 为 A_j 的前驱节点,A_j 为 A_i 的后继节点。S 是后继节点 A_j 实时状态的集合,表现为 $S=\{s_1,s_2,\cdots,s_n\}$,它与连接弧 L 有着一一对应的关系,如 $l=\{A_i,A_j\}$,则 s 表示了后继节点 A_j 的当前状态。在前面定义的 7 个状态分别简化为“就绪——R”,“执行中——E”,“挂起——S”,“终止——T”,“执行后——Ed”,“完毕——F”。

5.5.3 车间工序物流路径规划建模

1. 工序物流路径规划问题描述

在对服务型制造车间的工序物流分析中得知,对车间底层配置完成基于制造节点的制造资源布局后,批次零件的工序流所对应的制造资源(这里主要指加工设备)则由来自生产排程的甘特图确定,而将工序流配置映射到车间的物理布局中即形成了车间的工序物流,工序物流的流转即是批次零件的工件物料在制造节点之间的转移过程。从上述对车间工序物流的描述中了解到批次零件制造任务在加工设备之间的物料转移采用基于托盘运输的方式由托盘车或者运送小车进行,在每个加工设备节点上,托盘车运送的加工零件物料将从上一个加工工序的出缓存区

运送到该加工工序的入缓存区，并依次完成各加工工序直到运送至成品库存节点；且由车间工序物流的图式操作模型对触发时间点的描述可以看出，各个制造节点之间存在有由运送小车完成运送任务的运输时间，运送小车在运输时间中所完成的即是将该制造节点加工完成的批次零件工序物料转移到由排程甘特图确定的下一个制造节点。此时，由运送小车完成的在制造节点之间的物料转移形成车间工序物流流转的路径，由此本节将工序物流路径规划问题定义为运送小车在各制造节点之间进行的工件物料运送路径转移问题。

在以往对车间工序物流路径规划的研究中，运送小车的运送信息因无法与车间制造节点的实时信息(如加工任务开始和完成时间信息等)进行判断比较，从而出现无法根据当前各目标制造节点运送任务的实时紧急度进行优先级规划、物料运送至某制造节点后导致当前运送小车等待闲置等问题。在以服务驱动的服务型制造车间中，其配置的 RFID 传感网络提供了获取车间实时数据的技术支撑。如图 5.93 所示，零件的每道工序在相应的制造节点上加工，制造节点的入缓存区、在加工区、出缓存区配置有 RFID 监控设备，在制造节点加工过程中，RFID 设备能够实时采集和获取当前入缓存区、在加工区和出缓存区的加工状况信息，如入缓存区和出缓存区的工件物料进出时间等。

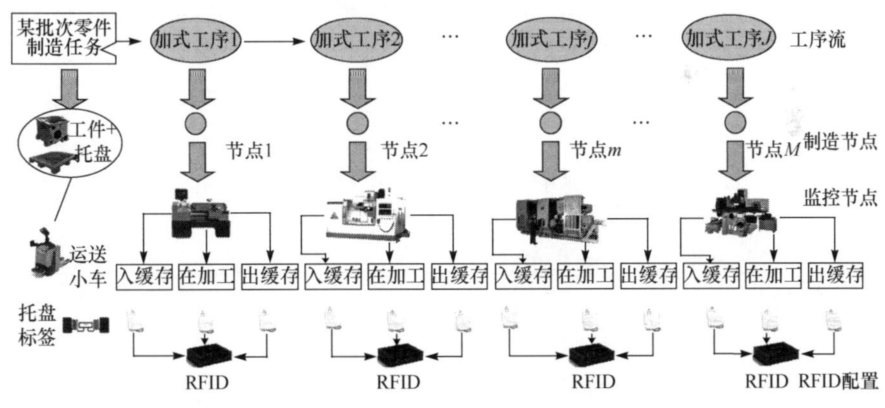

图 5.93　车间 RFID 跟踪环境配置

如此在服务型制造车间中，制造资源配置完成的布局结果使得制造节点具备获取底层实时数据信息的能力，以 RFID 传感网络为物理支持的数据实时采集技术使得运送小车的工序物流流转过程具备动态监控和动态调整性。运送小车可根据 RFID 数据采集网络获取的当前各制造节点物料加工实时状态信息进行判断和计算，得到各目标制造节点的时间紧急度信息，并对当前的批次工件物料运送任务进行规划更新。为清晰地表述该工序物流路径规划问题，做如下假设。

假设 1　物料运送任务为以零件加工批次为单元的具备时间约束的由运行小

车完成的工件物料制造节点转移安排。

假设 2　配置有 RFID 传感网络的制造节点对流转中的工序物流具备实时可监控性，其获取的节点实时时间信息构成触发时间点集合 $T_{i,j}^{tk}(t_{i,j}^{tk}\in T_{i,j}^{tk})$。

假设 3　零件的工序物流转移映射为运送小车物料的搬运，运送小车的容载量为 Q，该容载量根据不同的零件进行折算。车间运送小车的数量一定为 P，车间批次零件按照排队论等分为一定容量 Q_k 的运送任务集合（任务池）$\mathrm{TK}_k::=\{\mathrm{TK}_1,\mathrm{TK}_2,\cdots,\mathrm{TK}_k,\cdots\}$其中，$\mathrm{TK}_k::=<Q_k,L_k>$表示运送任务元素。$\mathrm{TK}_k$ 的元素个数 N_{TK_k} 由下式决定：

$$N_{\mathrm{TK}_k}=\left[\sum_{k=1}^{N}\sum_{l=1}^{k}B_lN_{l,m}/Q_k\right]\tag{5.162}$$

式中，B_l 为零件的加工批量；N_l 为零件批量所对应的加工批次；$N_{l,m}$为零件加工批次下的工件数目；Q_k 为单个运送任务的工件数目容量，由零件加工任务属性确定，且 $Q_k<Q$。

假设 4　对批次零件 $D_{k,m}$，运送小车 $p(p\in P,P$ 为车间运送小车集合)到达加工工序 i 的制造节点 M_i^k 缓冲区的时间 T_{ia}^p 较 $P_{n_{D_{k,m}}}^k$ 中 $O_{i,1}^{pk}$ 的事件 $E_{i,1}^{pk}$ 的触发时间 $t_{i,1}^{pk}(t_{i,1}^{pk}\in T_{i,j}^{pk})$的拖期时间不超过 $\xi_{M_i^kD_{k,m}}$（$t_{i,1}^{pk}+\xi_{M_i^kD_{k,m}}$ 为该制造节点对加工批次零件 $D_{k,m}$的交货期）。$\xi_{M_i^kD_{k,m}}$与加工过程时间有关。为便于研究，设 $\xi_{M_i^kD_{k,m}}$ 为目前已完成加工过程时间的线形预测函数，即

$$T_{ia}^p-t_{i,1}^{pk}\leqslant\xi_{M_i^kD_{k,m}}\tag{5.163}$$

$$\xi_{M_i^kD_{k,m}}=P_{M_i^kD_{k,m}}\left|t_{i,4}^{pk}-t_{i,3}^{pk}\right|\tag{5.164}$$

式中，$|t_{i,4}^{pk}-t_{i,3}^{pk}|$为目前已完成的加工过程时间的表示；$P_{M_i^kD_{k,m}}$ 为系数；$\xi_{M_i^kD_{k,m}}$ 越小，表示该制造节点的运送任务时间紧急度越高。

假设 5　运送小车单位距离的运送成本为 c，不计不同运送任务对单位距离成本的影响，到达各目标制造节点的装卸时间成本确定。

假设 6　批次零件 $D_{k,m}$运送至制造节点 M_i^k 的拖期一次性惩罚成本为 $a_{i,D_{k,m}}$。

假设 7　批次零件 $D_{k,m}$运送至制造节点 M_i^k 除一次性惩罚成本外的单位拖期时间惩罚成本为 $r_{i,D_{k,m}}^a$，为便于研究，设运送任务的拖期成本 $c_i{}^p$ 为拖期时间的线形函数。

2. 工序物流路径规划数学模型

从上述对某批次零件的工序物流路径规划问题分析中可知，运送小车运送任务集合的元素个数决定了其目标制造节点的个数，各目标制造节点在加工批次零件时具备不同的拖期时间规定，即在制造节点入缓存处的 RFID 监控到入缓存的工件物料被移出入缓存进行加工时，当前 RFID 获取入缓存处的下一次工件物料运送任务的交货期限，该交货期限为加工过程时间的线性函数。交货期限越短，当

前目标制造节点的运送任务时间紧急度越高。同时对于运送小车 p，其目标是在满足各目标制造节点运送任务交货期限的前提下尽可能地获得最低的成本。在本节中，将该成本定义为小车的运送距离成本和运送任务的拖期成本之和。由此可得到该工序物流路径规划问题的数学模型为

$$\text{minmize } y = f(M_i^k) = z_{M_i^k M_j^k p}\Big(\sum_j^{N_{\mathrm{TK}_k}}\sum_j^{N_{\mathrm{TK}_k}} d_{M_i^k M_j^k}\cdot c + \sum_j^{N_{\mathrm{TK}_k}} c_i^p\Big) \tag{5.165}$$

$$c_i^p = a_{i,D_{k,m}} + r_{i,D_{k,m}}^a \max(0, T_{ia}^p - t_{i,1}^{pk}) \tag{5.166}$$

$$\text{s. t.}\begin{cases} M_i^k, M_j^k \in M_{\mathrm{D}_k}^k \\ d_{M_i^k M_j^k} \in d_{M_{\mathrm{D}_k}^k M_{\mathrm{D}_k}^k}, \quad \forall i,j,k \in N \\ T_{ia}^p - t_{i,1}^{pk} > 0 \end{cases} \tag{5.167}$$

其中式(5.165)的意义为运送小车的运送任务总成本目标最小化，$z_{M_i^k M_j^k p}$ 为运行小车 p 选择路径决策变量；$d_{M_i^k M_j^k}$ 为制造节点 M_i^k 与制造节点 M_j^k 之间的最短路径（$d_{M_i^k M_j^k}$ 为制造节点集合 M^k 中各制造节点之间的最短路径集合），$d_{M_i^k M_j^k}$ 由欧氏平面的欧氏距离进行计算获得；

$$z_{M_i^k M_j^k p} = \begin{cases} 1, & \text{小车 } p \text{ 有从制造节点 } M_i^k \text{ 到 } M_j^k \text{ 的运送任务} \\ 0, & \text{否则} \end{cases} \tag{5.168}$$

$\max(0, T_{ia}^p - t_{i,1}^{pk})$ 为运送小车 p 运送批次零件到制造节点 M_i^k 的拖期时间。

5.5.4　车间工序物流路径规划仿真

1. 基于蚁群算法的模型解算

根据上述对工序物流路径规划问题的数学建模过程可以看出，该问题的优化目标为实现运送小车在完成所有运送任务时所耗费的总成本最小，若将路径转移的制造节点看成城市目标，运送小车看成旅行商人，则该问题可看成时间约束下的自由端点旅行商问题（从起点依次到达终点不返回到起点），由于该类问题属于 NP-hard 问题，解决该类问题的方法通常采用启发式算法。

与一般旅行商问题不同的是，在该路径规划问题中，基于 RFID 实时监控时间信息的获取使得目标制造节点具备不同的时间紧急度要求，即文中所描述的拖期时间要求；显然，在时间约束下时间紧急度更高的制造节点更可能被首先选择；该值越小表示时间紧急度越高，将该意义定义为时间窗约束。由此该问题可以转化为带时间约束的自由端点旅行商问题，与一般自由端点旅行商问题不同的是，本问题中的每次旅行起始点是唯一固定的，需要建立相应的起点约束。对于该问题，本节拟采用蚁群算法进行求解。

蚁群算法是源于大自然生物界的仿生类算法，其主要借用蚂蚁行为特性中的自催化行为搜索机制达到路径选择的目的，蚂蚁在搜索路径中能在其走过的路径

上释放信息素，当该路径上的蚂蚁越来越多时，其留下的信息素轨迹也随之增多，则后续蚂蚁选择该路径的概率也越大。蚁群算法的正反馈机制、通用型随机优化和全局优化的显著特点使得其被广泛应用于旅行商和二次分配问题中。本节在基本蚁群算法的基础上进行改进以适应本问题的求解，其解算过程设计如下：

(1) 蚁群中蚂蚁数量设为 m，t 时刻位于目标制造节点 M_i^k 的蚂蚁个数为 $b_{M_i^k}(t)$，m 个蚂蚁均从当前的起始制造节点出发。

(2) t 时刻制造节点 M_i^k 与制造节点 M_j^k 运送路径上的信息素强度为 $\tau_{M_i^kM_j^k}(t)$。当 $t=0$ 时，各路径上的信息素强度设置为相同，$\tau_{M_i^kM_j^k}(0)=c_0$。

(3) 设蚂蚁 k 当前走过的制造节点集合为禁忌表 tabu_k，该禁忌表根据运行小车运送状态作动态调整。

(4) 时间紧急度越高的制造节点被选择的概率越大，根据标准蚁群算法的蚂蚁转移路径概率计算公式，t 时刻蚂蚁 $k(k=1,2,\cdots,m)$ 由制造节点 M_i^k 转移到制造节点 M_j^k 的概率设计为

$$p_{M_i^kM_j^k}^k(t)=\begin{cases}\dfrac{[\tau_{M_i^kM_j^k}(t)]^\alpha[\eta_{M_i^kM_j^k}(t)]^\beta[\omega_{M_i^k}(t)]^\lambda}{\sum\limits_{j\notin\text{tabu}_k}[\tau_{M_i^kM_j^k}(t)]^\alpha[\eta_{M_i^kM_j^k}(t)]^\beta[\omega_{M_i^k}(t)]^\lambda}, & j\notin\text{tabu}_k\\ 0, & \text{否则}\end{cases}\tag{5.169}$$

式中，α 为制造节点 M_i^k 与制造节点 M_j^k 运送路径上残留信息素的重要程度；$\eta_{M_i^kM_j^k}(t)$ 为制造节点 M_i^k 到制造节点 M_j^k 的可见度，$\eta_{M_i^kM_j^k}(t)=1/d_{M_i^kM_j^k}$；$\beta$ 为衡量 $\eta_{M_i^kM_j^k}(t)$ 的参数，表示蚂蚁选择该运送路径的重视程度；$\omega_{M_i^k}(t)$ 为制造节点 M_i^k 的当前时间紧急度影响因素；

$$\omega_{M_i^k}(t)=\exp(1/\xi_{M_i^kD_{k,m}})\tag{5.170}$$

λ 为 $\omega_{M_i^k}(t)$ 的影响因素权重。

(5) 蚂蚁 k 走完制造节点的集合后，更新每条路径上的信息素，制造节点 M_i^k 与制造节点 M_j^k 间的信息素更新为

$$\tau_{M_i^kM_j^k}(t+n)=\rho\tau_{M_i^kM_j^k}=(t)+\Delta\tau_{M_i^kM_j^k}\tag{5.171}$$

式中，$\rho\in[0,1]$，是控制 $\tau_{M_i^kM_j^k}(t)$ 减小的参数；$\Delta\tau_{M_i^kM_j^k}$ 表示制造节点 M_i^k 与制造节点 M_j^k 间路径上信息素的总增长，由式(5.172)获得。

$$\Delta\tau_{M_i^kM_j^k}=\sum_{k=1}^{m}\Delta\tau_{M_i^kM_j^k}^k\tag{5.172}$$

式中，$\Delta\tau_{M_i^kM_j^k}^k$ 表示蚂蚁在制造节点 M_i^k 与制造节点 M_j^k 间路径上信息素的增长，由式(5.173)获得。

$$\Delta\tau_{M_i^kM_j^k}^k=\begin{cases}Q/L_k, & \text{当 } k \text{ 只蚂蚁经过制造节点 } M_i^k \text{ 与 } M_j^k\\ 0, & \text{其他}\end{cases}\tag{5.173}$$

式中,Q 为常数;L_k 为第 k 只蚂蚁在它的旅行中所耗费的总成本,由式(5.174)获得。

$$L_k = f(M_i^k) \tag{5.174}$$

(6) 对 m 只蚂蚁进行距离计算,清空禁忌表,重新循环直至终止条件满足。

根据以上设计,该蚁群算法的解算流程可表示为如图 5.94 所示。

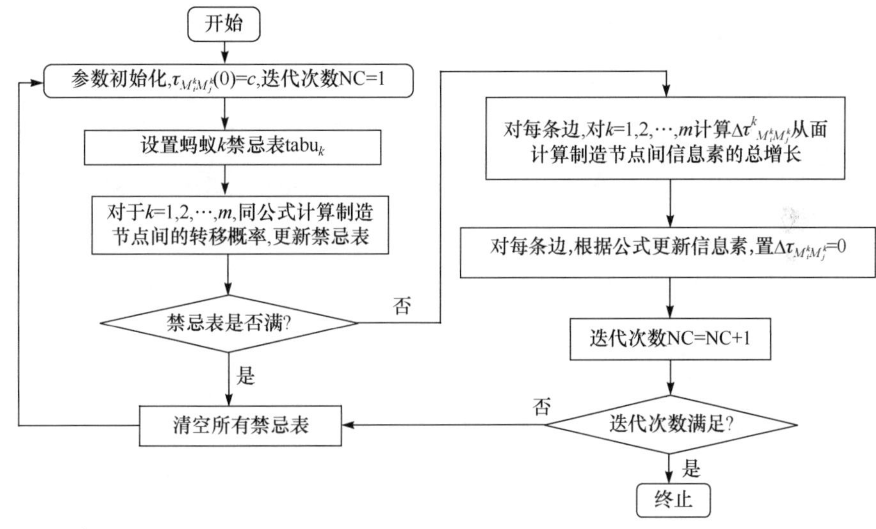

图 5.94　蚁群算法解算流程

2. 实例分析

为验证上述所设计蚁群算法的可行性,本节将通过具体的应用实例对工序物流路径规划过程进行验证。首先根据服务型制造车间制造资源布局生成车间的制造节点位置布局,根据甘特图调度输入确定当前的运送目标制造节点集合,同时计算当前各目标制造节点中由 RFID 监控信息获得的运送时间紧急度,采用蚁群算法对当前工序物流的目标制造节点进行路径转移规划。实例中制造节点布局如图 5.95 所示。

为保证仿真的顺利进行,设置算法中用 到的各参数值分别为:

(1) 设置 50 只蚂蚁,位于起始点,参数 $\alpha=1.0$,$\beta=2.0$,$\lambda=0.8$,$\rho=0.5$,$Q=100$,终止条件为迭代次数 $NC_{max}=100$。

(2) 以目前制造节点 RFID 监控获取的时间信息估算 $\xi_{M_i^k D_{k,m}}$ 值,以求得蚂蚁选择下一个制造节点的概率。为便于计算,设 $c=1$。

第一步,根据甘特图调度结果,从原材料库出发有 10 个目标制造节点运送任务,根据当前实时监控信息,由式(5.164)计算各目标制造节点的运送时间紧急度;

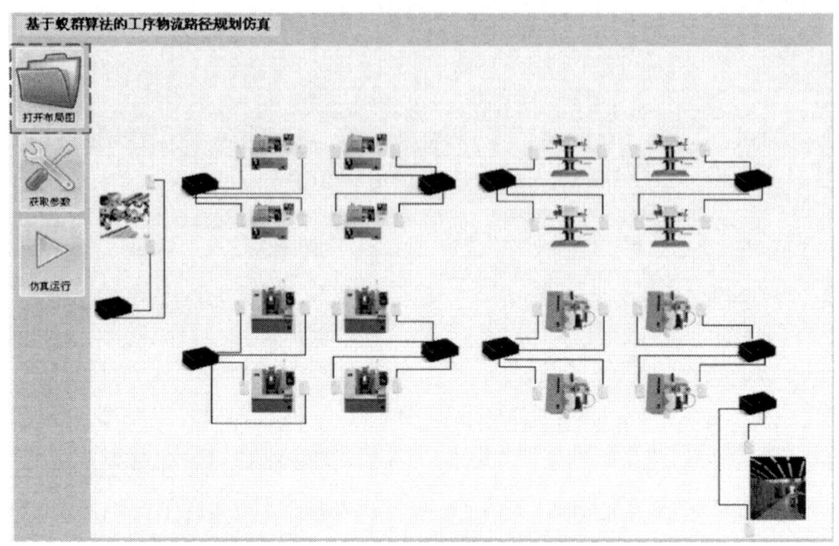

图 5.95　案例车间布局结果

由布局结果得到各制造节点集合的位置坐标分别为(1|(11,175))、(2|(180,105))、(3|(282,188)),(4|(504,292)),(5|(282,374)),(6|(180,279)),(7|(180,374)),(8|(504,105)),(9|(615,189)),(10|(504,390))(|前数字表示制造节点索引,|后数字为其坐标值)。根据该制造节点坐标集合进行路径转移仿真。计算该次路径规划目标制造节点的各参数如表 5.39 所示。

表 5.39　计算参数

参数＼节点索引	2	3	4	5	6	7	8	9	10
$P_{M_i^k D_{k,m}}$	0.4	0.6	1	1.5	0.8	1	2	1.4	2
$t_{i,4}^{pk}-t_{i,3}^{pk}$	3	4	4	5	3	6	5	10	10
$a_{i,D_{k,m}}$	100	100	100	100	100	100	100	100	100
$r_{i,D_{k,m}}^{a}$	4	6	8	10	10	15	20	8	10

第二步,代入表 5.39 中的计算参数,调用蚁群算法模块进行解算,得到最优目标值下的制造节点路径索引,仿真得到相应的制造节点转移路线,调用仿真分析结果在车间实际布局图中得到工序物流路径转移线路,此时即完成一次路径规划,如图 5.96 所示,该次路径转移线路为“1”—“2”—“3”—“6”—“7”—“5”—“10”—“4”—“9”—“8”,由式(5.174)计算得到该次路径转移 $L_{k\min}$为 2423。

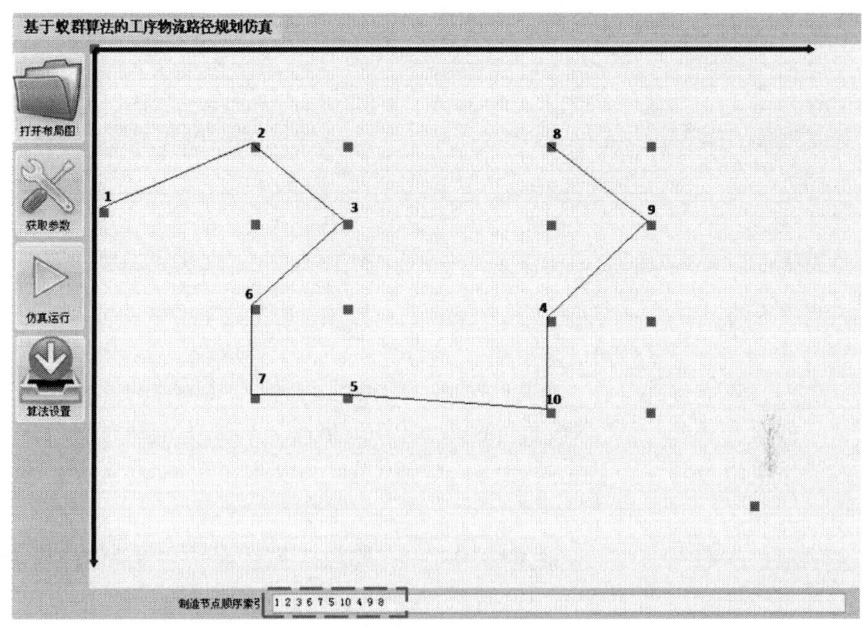

图 5.96　案例仿真结果

将表 5.39 中提供的各目标制造节点各项数据和仿真得到的路径转移线路进行比较分析可知，采用该蚁群算法得到的仿真结果符合数据事实，故通过将制造节点 RFID 获取的实时监控信息以时间紧急度因素考虑到制造节点路径选择中，按照上述基于遗传算法的规划流程可解决服务型制造车间的工序物流路径规划问题。

5.6　服务型制造执行过程的库存与在制品跟踪

5.6.1　事件驱动的物流跟踪图式模型

这里首先介绍“事件-触发时间-状态”的图式模型，如图 5.97 所示[82]。

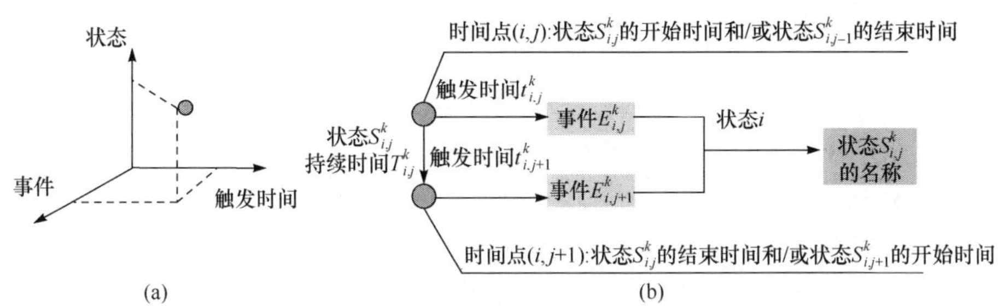

图 5.97　基于“事件-触发时间-状态”的图式描述操作单元

在图 5.97(b)中所表示的图式描述单元中，其相关概念描述为：

事件：一种发生在特点时间点上的、并引起状态变化的操作/动作。用符号 $E_{i,j}^k$ 表示，对应于制造任务分解的加工工序在制造节点上的加工操作。

触发时间：引起操作/动作事件发生变化的特定时间点，用符号 $t_{i,j}^k$ 表示，对应于制造任务分解产生的工序物流流转动作触发的时间。

状态：保持在一定时间内不变的动作状况。用符号 $S_{i,j}^k$ 表示，状态 $S_{i,j}^k$ 的起始时间是事件 $E_{i,j}^k$ 的触发时间 $t_{i,j}^k$，而其终止时间为事件 $E_{i,j+1}^k$ 的触发时间 $t_{i,j+1}^k$，对应于制造任务分解产生的工序物流流转结果。

如图 5.97(a)所示，其描述的"事件-触发时间-状态"构成了工序物流在特定制造节点上的实体动作操作点，类似于物理空间中的点，该点某事件的发生将引起其对应状态的改变，同时可得到该事件触发的时间，而事件的发生也同时表示了上一个状态的结束以及下一个状态的开始，事件状态的持续时间即为相邻两个触发事件发生的时间差。

利用上述所定义的"事件-触发时间-状态"的图式描述操作单元模型可形式化的表述加工工序和库存工序，而根据图 5.86 中对服务型制造车间的工序物流的描述，则可以构建基于"事件-触发时间-状态"的工序物流图式操作模型。

在建立模型之前，首先对相关内容作如下定义约束。

定义 5.24 加工零件的批量为持续的一段特定时间内某种工件的生产总量，零件 k 的批量集合 $B_k::=\{B_1,B_2,\cdots,B_k,\cdots\}$，其中 B_k 表示批量标识变量，且 $B_k::=<N_k,D_k>$。N_k 表示该批量下的批次数目，D_k 由定义 5.25 获得。

定义 5.25 加工零件的批次为持续的一段特定时间内，将某种零件的批量划分为若干段连续时间内进行生产，每个连续时间段内所生产的工件量即构成了批次。批次集合 $D_k::=\{D_{k,1},D_{k,2},\cdots,D_{k,m},\cdots,D_{k,N_k}\}$，$D_{k,1},D_{k,2},\cdots,D_{k,m},\cdots$ 分别表示 N_k 个由批量 B_k 分解出来的批次集合元素，且 $D_{k,m}::=<N_{k,m},L^k>$，L^k 由定义 5.26 获得，$N_{k,m}$ 表示该批次下工件的数目。

定义 5.26 零件 k 的工序物流 L^k 为以最小加工批次 $D_{k,m}$ 为单位的包括原材料库存、n 个加工工序、在制品库存和成品库存，在以加工设备为单元的制造节点集合 M^k 上的物料路径映射和对应制造节点 M^k 上的操作集合。其中：

$$L^k::=\{V_1^k,P_1^k,W_1^k,P_2^k,W_2^k,\cdots,P_i^k,W_i^k,\cdots,W_m^k,P_n^k,V_n^k\} \tag{5.175}$$

$$M^k::=\{M_1^k,M_2^k,\cdots,M_k^k,\cdots\} \tag{5.176}$$

其中式(5.176)中的 M_k^k 表示原材料库存节点或单个工序加工节点或成品库存节点，L^k 中各个元素的定义由定义 5.27 获得。

定义 5.27 在工序物流流转的制造节点中，将库存拓展为一种工序节点，其中，V_1^k 表示原材料库存工序，P_n^k 表示加工设备工序，W_m^k 表示在制品库存工序，V_n^k 表示成品库存工序。其中

$$V_1^k::=\{O_{i,1}^{1_k},O_{i,2}^{1_k},\cdots,O_{i,j}^{1_k},\cdots\} \tag{5.177}$$

$$P_n^k::=\{O_{i,1}^{p_k},O_{i,2}^{p_k},\cdots,O_{i,j}^{p_k},\cdots\} \tag{5.178}$$

$$W_n^k::=\{O_{i,1}^{w_k},O_{i,2}^{w_k},\cdots,O_{i,j}^{w_k},\cdots\} \tag{5.179}$$

$$V_n^k::=\{O_{i,1}^{v_k},O_{i,2}^{v_k},\cdots,O_{i,j}^{v_k},\cdots\} \tag{5.180}$$

$O_{i,j}^{1_k},O_{i,j}^{v_k},O_{i,j}^{p_k},O_{i,j}^{w_k}$表示在规定制造节点上的基于“事件-触发时间-状态”的图式描述操作单元，j 为该制造节点上根据实际执行状态分解的工序操作/动作个数，j 的取值大小根据工序物流中工序操作的划分粒度而定，划分粒度越精细，工序操作节点的操作/动作描述越清晰，由于工序流具备先后时间约束，$O_{i,j}^{1_k},O_{i,j}^{v_k},O_{i,j}^{p_k},O_{i,j}^{w_k}$ 中的各元素将受时间约束，具有先后次序关系。

定义 5.28　$O_{i,j}^{t_k}$表示在规定制造节点上的基于“事件-触发时间-状态”的图式描述操作单元，根据图 5.97 中的描述，可将 $O_{i,j}^{t_k}$表达为如下所示的七元组：

$$O_{i,j}^{t_k}::=<E_{i,j}^{t_k},t_{i,j}^{t_k},E_{i,j+1}^{t_k},t_{i,j+1}^{t_k},S_{i,j}^{t_k},T_{i,j}^{t_k},M_i^k>,\quad t\in\{1,v,p,w\} \tag{5.181}$$

式中，$E_{i,j}^{t_k}$为加工工序在制造节点上的加工操作动作事件；$t_{i,j}^{t_k}$为引起加工工序在制造节点上的加工操作动作事件的触发时间点；$E_{i,j+1}^{t_k}$为加工工序在该制造节点上的下一个加工操作动作事件；$t_{i,j}^{t_k}$为引起加工工序在该制造节点上的下一个加工操作动作事件的触发时间点；$S_{i,j}^{t_k}$为加工工序在制造节点上的加工操作动作事件发生后的稳定工作状况；$T_{i,j}^{t_k}$为 $S_{i,j}^{t_k}$状态所持续的时间间隔，$T_{i,j}^{t_k}=t_{i,j+1}^{t_k}-t_{i,j}^{t_k}$；$M_i^k$ 为执行加工操作动作事件的制造节点表示，$M_i^k\in M^k$。

5.6.2　在制品状态监控模型

车间制造中，批次零件的状态不仅仅包含其工序间的状态，也包含批次零件在制造资源 e-服务节点上的状态。根据基于制造任务的实时状态描述模型，批次零件在整个工序物流的流转过程中，其零件加工状态的表述可如图 5.98 所示。

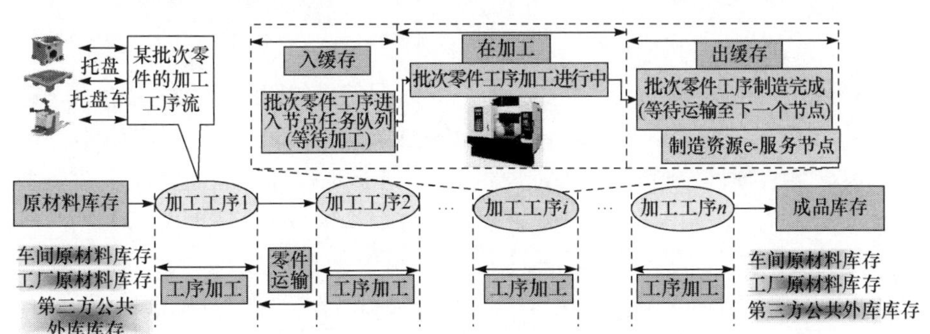

图 5.98　工序物流流转状态

批次零件从一个工序节点流转到另外一个工序节点，对应其物理位置也从一个制造资源 e-服务节点转运到另一个制造资源 e-服务节点。批次零件 $P_j^{K_i}$ 的第 $k2$ 道工序 $\mathrm{Pr}[K_i, k2]$的“事件-角色-状态-触发时间”图示模型可如图 5.99 所示，该加工工序是指在一个制作资源 e-服务节点上连续完成的加工操作/动作序列，而“事件-角色-状态-触发时间”图示模型中的“事件”对应于工序 $\mathrm{Pr}[K_i, k2]$的一个“操作/动作”，“角色”对应于执行“事件”的人员，“状态”对应于事件发生后，工序 $\mathrm{Pr}[K_i, k2]$所处的状态，“触发时间”指时间发生的时间。事件根据粒度划分的不同，可形成图 5.99 所示的两种时间序列。其中左侧事件序列由 11 个事件构成，右侧事件序列由 4 个事件构成。

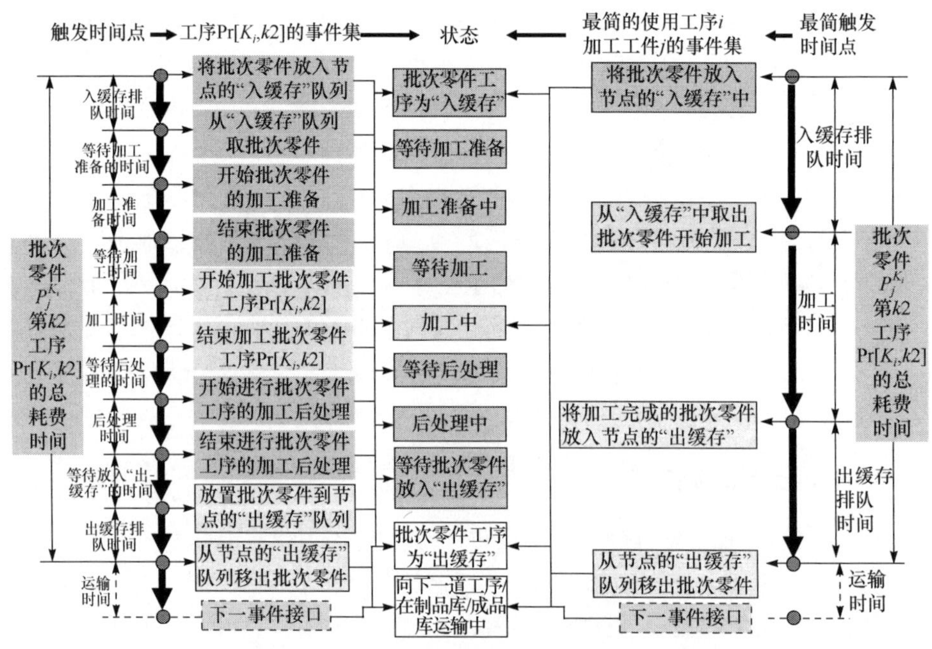

图 5.99　工序物流流转状态

事件粒度划分得越细致，跟踪得精度越高，但相应的跟踪难度就会加大。超高频 RFID 设备的特点是区域监控，核心是确定区域监控点进行跟踪，即根据“事件-角色-状态-触发时间”所对应的事件发生区域，进行跟踪环境的配置及跟踪模型的实现。图 5.99 中左侧中事件较多，且多个事件发生区域为重叠区域，难以达到 11 个事件的跟踪粒度；故采用事件发生区域不重叠的事件粒度划分方法，即采用图 5.99中右侧 4 种事件划分粒度来构建实时状态监控模型。其状态的变化为：入缓存→在加工→出缓存→运输中→入缓存→在加工→出缓存。

定义 5.29　令批次零件 $P_j^{K_i}$ 的第 $k2$ 道工序 $\mathrm{Pr}[K_i, k2]$的实时状态集合为 $P_j^{K_i}\_\mathrm{St}_{k2}$，则

$$P_j^{K_i}\_St_{k2}=\{Pr[K_i,k2],E\_Nd_{yk2},P_j^{K_i}\_G_{k2}\tag{5.182}$$

式中，E_Nd_{yk2}为工序$Pr[K_i,k2]$加工所在的制造资源e-服务节点；$P_j^{K_i}_G_{k2}$为批次零件$P_j^{K_i}$的第$k2$道工序$Pr[K_i,k2]$在工序内所处的状态。

令$P_j^{K_i}_lnbuffer_{k2}$表示工序$Pr[K_i,k2]$所处的入缓存节点，$P_j^{K_i}_Inprocess_{k2}$表示工序$Pr[K_i,k2]$所处的在加工节点，$P_j^{K_i}_Outbuffer_{k2}$表示工序$Pr[K_i,k2]$所处的出缓存节点，则

$$P_j^{K_i}\_lnbuffer_{k2}=\{P_j^{K_i}\_IE_{k2},P_j^{K_i}\_IP_{k2},P_j^{K_i}\_ISt_{k2},P_j^{K_i}\_It_{k2}\}\tag{5.183}$$

$$P_j^{K_i}\_Inprocess_{k2}=\{P_j^{K_i}\_InE_{k2},P_j^{K_i}\_InP_{k2},P_j^{K_i}\_InSt_{k2},P_j^{K_i}\_Int_{k2}\}\tag{5.184}$$

$$P_j^{K_i}\_Outbuffer_{k2}=\{P_j^{K_i}\_OE_{k2},P_j^{K_i}\_OP_{k2},P_j^{K_i}\_OST_{k2},P_j^{K_i}\_Ot_{k2}\}\tag{5.185}$$

式中，$P_j^{K_i}\_IE_{k2}$、$P_j^{K_i}\_PE_{k2}$、$P_j^{K_i}\_OE_{k2}$，分别表示进入入缓存事件、进入在加工事件、进入出缓存事件；$P_j^{K_i}\_IP_{k2}$、$P_j^{K_i}\_InP_{k2}$、$P_j^{K_i}_OP_{k2}$分别表示上述三个事件的执行者；$P_j^{K_i}\_ISt_{k2}$、$P_j^{K_i}\_InSt_{k2}$、$P_j^{K_i}_OSt_{k2}$表示在发生上述三个事件后，批次零件$P_j^{K_i}$工序$Pr[K_i,k2]$的状态；$P_j^{K_i}\_It_{k2}$、$P_j^{K_i}\_Int_{k2}$、$P_j^{K_i}_Ot_{k2}$分别表示上述三个事件发生的时间。

因此，上文中批次零件$P_j^{K_i}$的第$k2$道工序$Pr[K_i,k2]$的开始时间$P_j^{K_i}_TS_{yk2}^{k2}$为

$$P_j^{K_i}\_TS_{yk2}^{k2}=P_j^{K_i}\_Pt_{k2}\tag{5.186}$$

批次零件$P_j^{K_i}$的第$k2$道工序$Pr[K_i,k2]$的结束时间$P_j^{K_i}_TE_{yk2}^{k2}$为

$$P_j^{K_i}\_TS_{yk2}^{k2}=P_j^{K_i}\_Ot_{k2}\tag{5.187}$$

根据图论的相关知识，以入缓存区、在加工区、出缓存区为节点，构建工序实时状态模型，可得

$$P_j^{K_i}\_G_{k2}=\{P_j^{K_i}\_V_{k2},P_j^{K_i}\_\Sigma_{k2},P_j^{K_i}\_E_{k2}\}\tag{5.188}$$

$P_j^{K_i}_V_{k2}$表示节点的集合，有

$$P_j^{K_i}\_V_{k2}=\{P_j^{K_i}\_Inbuffer_{k2},P_j^{K_i}\_Inprocess_{k2},P_j^{K_i}\_Outbuffer_{k2}\}\tag{5.189}$$

$P_j^{K_i}_E_{k2}$表示边的集合，有

$$\begin{aligned}P_j^{K_i}\_E_{k2}=\{&(P_j^{K_i}\_Inbuffer_{k2},P_j^{K_i}\_\Sigma_{k2[I,P]},P_j^{K_i}\_Inprocess_{k2}),\\&(P_j^{K_i}\_Inprocess_{k2},P_j^{K_i}\_\Sigma_{k2[P,O]},P_j^{K_i}\_Outbuffer_{k2})\}\end{aligned}\tag{5.190}$$

$P_j^{K_i}_\Sigma_{k2}$表示标号的集合，有

$$P_j^{K_i}\_\Sigma_{k2}=\{P_j^{K_i}\_\Sigma_{k2[I,P]},P_j^{K_i}\_\Sigma_{k2[P,O]}\}\tag{5.191}$$

$P_j^{K_i}_\Sigma_{k2[I,P]}$和$P_j^{K_i}_\Sigma_{k2[P,O]}$取值为$\{0,1,2\}$，$P_j^{K_i}_\Sigma_{k2[I,P]}$取0时，表示批次零件$P_j^{K_i}$的第$k2$道工序$Pr[K_i,k2]$尚未到达入缓存区；取1时，表示在某个时间点已到达过入缓存区，尚未到达在加工区域；取2时，表示批次零件已经经由入缓存区，在某个时间点到达在加工区。$P_j^{K_i}_\Sigma_{k2[P,O]}$取0时，表示批次零件$P_j^{K_i}$的第$k2$道工序$Pr[K_i,k2]$尚未到达在加工区；取1时，表示在某个时间点已到达过在加工区，但

尚未到达出缓存区；取 2 时，表示批次零件已经经由在加工区，在某个时间点到达出缓存区。

针对批次零件 $P_j^{K_i}$ 的工序物流，其实时状态集合可以通过每道工序的状态来表示，以 $P_j^{K_i}$_Gs 表示批次零件 $P_j^{K_i}$ 的实时状态，有

$$P_j^{K_i}\_\mathrm{Gs} = \{P_j^{K_i}\_\mathrm{Vs}, P_j^{k_i}\_\Sigma\mathrm{s}, P_j^{k_i}\_\mathrm{Es}\} \tag{5.192}$$

$P_j^{k_i}$_Vs 表示节点的集合，此处为批次零件的工序节点的状态，则

$$P_j^{K_i}\_\mathrm{Vs} = \{P_j^{K_i}\_G_1, P_j^{K_i}\_G_2, \cdots, P_j^{k_i}\_G_{k3}\} \tag{5.193}$$

$P_j^{K_i}$_Es 表示边的集合，即工序工序间的关系，文中的关系指工序的次序关系，

$$P_j^{K_i}\_\mathrm{Es} = \{(P_j^{K_i}\_G_1, P_j^{K_i}\_\Sigma s_{1,2}, P_j^{K_i}\_G_2), \cdots, (P_j^{K_i}\_G_{k3-1}, P_j^{K_i}\_\Sigma s_{k3-1,k3}, P_j^{K_i}\_G_3)\}$$

$P_j^{K_i}$_Σs 表示标号的集合，有

$$P_j^{K_i}\_\Sigma s = \{P_j^{K_i}\_\Sigma s_{1,2}, \cdots, P_j^{K_i}\_\Sigma s_{k3-1,k3}\} \tag{5.194}$$

标号集合中的元素取{0,1,2}，针对 $P_j^{K_i}\_\Sigma s_{k2-1,k2}$，取 0 时表示批次零件尚未到达第 $k2$ 道工序；取 1 表示批次零件在某个时间点已到达第 $k2$ 到工序，但尚未离开第 $k2$ 道工序；取 2 时表示批次零件已经完成了在 $k2$ 道工序的加工，并在某个时间点离开了第 $k2$ 道工序。

5.6.3 车间生产库存物流建模

1. 车间生产库存服务的特点

服务型制造车间中，库存具有两种模式：一种是车间内设备层设置缓存，即上文中的入缓存、出缓存及在加工等缓存；另一种是车间级生产库存，如图 5.100 所示。

服务型制造车间库存具有如下特点：

(1) 服务型制造车间设置设备级缓存以平顺生产，在制造资源 e-服务节点层面上，分别设置入缓存、在加工及出缓存三种缓存状态，用以平顺服务型制造执行系统的运行过程。

(2) 服务型制造具有车间级生产库存，该库存主要用于成品/半成品/在制品库存，为服务型制造车间提供库存支撑。生产库存可由专业的第三方库存服务供应商提供，以库存 iPSS 服务的模式为服务型制造车间提供支撑。

(3) 生产库存服务具备实时状态监控功能，并提供实时状态监控信息给服务型制造车间，辅助服务型制造执行系统的顺利运行，从而在车间层面上实现制造与服务的融合。

本节主要研究对象为车间级生产库存的实时状态监控，通过获取生产库存服务的实时信息，为服务型制造车间提供有力的库存服务支撑。

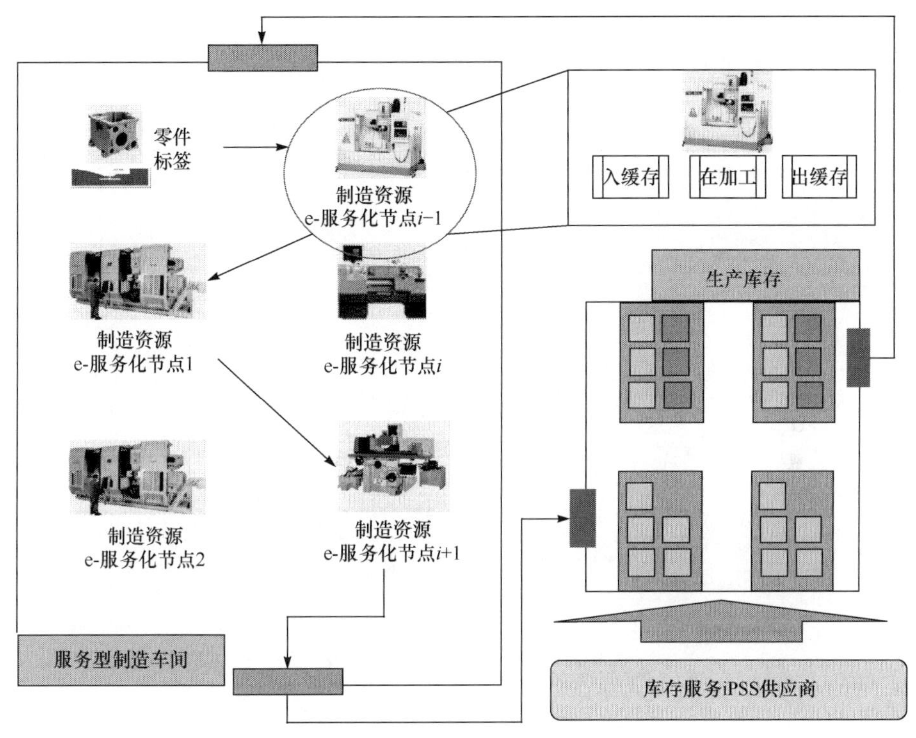

图 5.100　服务型制造车间库存模式

2. 车间生产库存物流模型

服务型制造执行系统中，可以将自身的库存以服务的模式外包给第三方专业服务提供商，以综合利用资源并降低成本。在此模式下，如何解决零件存储过程的物流建模及跟踪逻辑等新问题将面临研究和应用两方面的巨大挑战。第三方库存服务提供商在文中被定义为：以集群企业为客户群的第三方物流供应链服务管理商，为生产企业提供运输、仓储、装卸、搬运、配送等多个环节的库存管理服务。其服务对象是企业的库存需求，包括为实现库存服务的一系列设备，如立体化仓库、叉车、物流跟踪设备等，此第三方专业库存服务提供商与企业的合作模式可以如图 5.101所示。

图 5.101 中，被服务企业可以将其原材料、半成品或成品等物料的存储服务交给库存服务提供商。企业与库存服务供应商之间的运输模式可以分为三种：库存服务提供商提供的运输服务、企业自身拥有的运输能力及第三方物流公司提供的运输服务。本节为了更好地将问题聚焦于车间生产库存实时状态监控方面，将企业与库存服务供应商之间的运输模式设置为由库存服务供应商来提供。

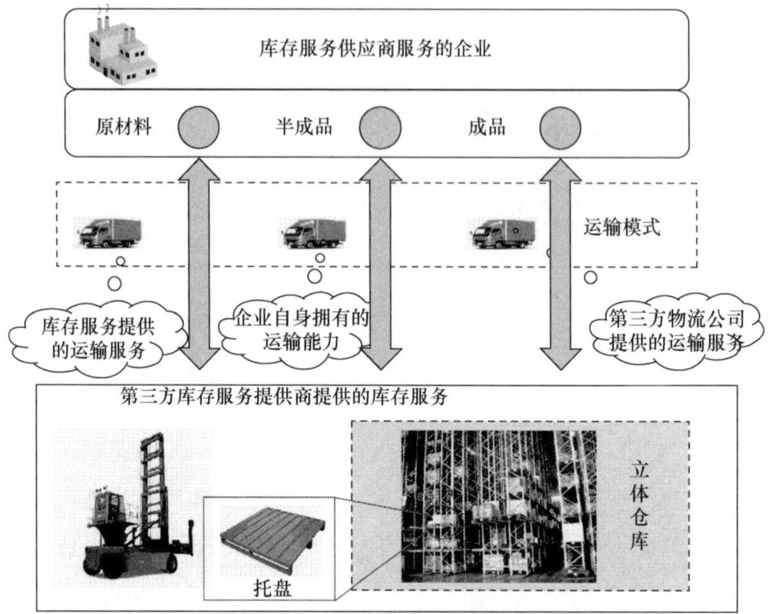

图 5.101　库存服务提供商与企业合作模式

被存储物料在库存服务中的流转方式可以如图 5.102 所示，企业存储的物料在各个节点间依次转移，实现库存的物流过程。其流程为：物料的起点为库存服务供应商所服务的企业制造车间，被存储物料被运输到库存，首先进入生产库存的入缓存区，进行物料的分拣、货位的分配及运输指令，然后经由库存门禁节点进入库存，被叉车将物料运输到指定的货位上，进行物料的保存。在需要出库时，叉车将

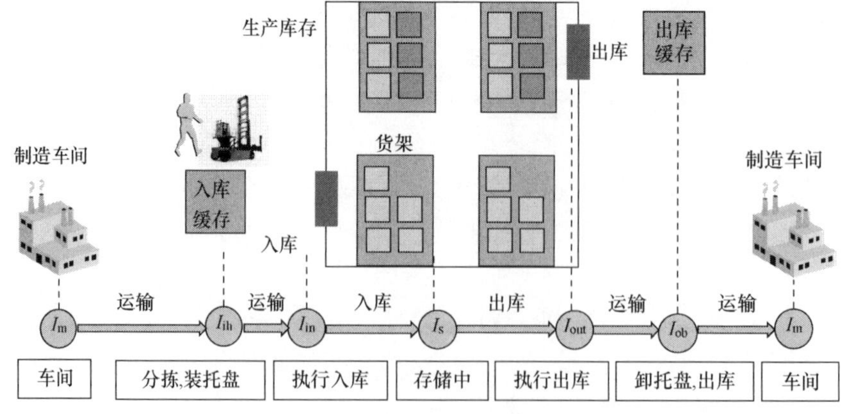

图 5.102　物料在生产库存中的流转

物料经由出库门禁运转至出库缓存，等待运输设备将其运出库存，并执行出库操作，最终将物料送达指定企业的制造车间。

3. 基于“事件-角色-状态-触发时间”的生产库存出入库流程建模

为了更好地描述生产库存的物流流转过程，分别采用基于“事件-角色-状态-触发时间”的方法从入库、出库及转库这三个方面对存储物料的物流流程进行图示化的描述。

定义 5.30　令制造车间所在的节点为 I_m，生产库存的入库缓存节点为 I_{ib}，入库门禁节点为 I_{in}，存储物料节点为 I_s，出库门禁节点为 I_{out}，出库缓存节点为 I_{ob}。

根据图 5.103 的“事件-角色-状态-触发时间”的图示模型，以 I_{ti} 表示运输工具在入缓存区触发事件的节点，以 I_{to} 表示运输工具在出缓存区触发事件的节点，有

$$I_m=\{I_m\_E, I_m\_P, I_m\_St, I_m\_t\} \tag{5.195}$$

$$I_{ib}=\{I_{ib}\_E, I_{ib}\_P, I_{ib}\_St, I_{ib}\_\mathrm{t}\} \tag{5.196}$$

$$I_{in}=\{I_{in}\_E, I_{in}\_P, I_{in}\_St, I_{in}\_t\} \tag{5.197}$$

$$I_s=\{I_s\_E, I_s\_P, I_s\_St, I_s\_t\} \tag{5.198}$$

$$I_{out}=\{I_{out}\_E, I_{out}\_P, I_{out}\_St, I_{out}\_t\} \tag{5.199}$$

$$I_{ob}=\{I_{ob}\_E, I_{ob}\_P, I_{ob}\_St, I_{ob}\_t\} \tag{5.200}$$

$$I_{ti}=\{I_{ti}\_E, I_{ti}\_P, I_{ti}\_St, I_{ti}\_t\} \tag{5.201}$$

$$I_{to}=\{I_{to}\_E, I_{to}\_P, I_{to}\_St, I_{to}\_t\} \tag{5.202}$$

上述式中，I_m_E、I_m_P、I_m_St、I_m_t 分别表示制造车间节点 I_m 所发生的事件、事件的执行者、事件发生后物料的状态及事件发生的时间；I_{ib}_E、I_{ib}_P、I_{ib}_St、I_{ib}_t分别表示生产库存入库缓存节点 I_{in}所发生的事件、事件的执行者、事件发生后物料的状态及事件发生的时间；I_{in}_E、I_{in}_P、I_{in}_St 及 I_{in}_t 分别表示入库门禁节点 I_{in}所发生的事件、事件的执行者、事件发生后物料的状态及事件发生的时间；I_s_E、I_s_P、I_s_St 及 I_s_t 分别表示存储节点 I_s 所发生的事件、事件的执行者、事件发生后物料的状态及事件发生的时间；I_{out}_E、I_{out}_P、I_{out}_St、I_{out}_t 分别表示出库门禁节点 I_{out}所发生的事件、事件的执行者、事件发生后物料的状态及事件发生的时间；I_{ob}_E、I_{ob}_P、I_{ob}_St、I_{ob}_t 分别表示出库缓存节点 I_{ob}所发生的事件、事件的执行者、事件发生后物料的状态及事件发生的时间；I_{ti}_E、I_{ti}_P、I_{ti}_St、I_{ti}_t 分别表示运输工具在入缓存区触发事件的节点 I_{ti}时所发生的事件、事件的执行者、事件发生后物料的状态及事件发生的时间；I_{to}_E、I_{to}_P、I_{to}_St、I_{to}_t 分别表示运输工具在出缓存区触发事件的节点 I_{to}时所发生的事件、事件的执行者、事件发生后物料的状态及事件发生的时间。

车间生产库存的入库流程的图示模型可以如图 5.103 所示。物料经由触发事件点实现入库流程，每个触发事件点对应一个事件及事件发生的时间。相邻两个

触发事件点之间为物料所处的状态，并对应于不同的角色。事件触发点对应一个具体的物理位置。

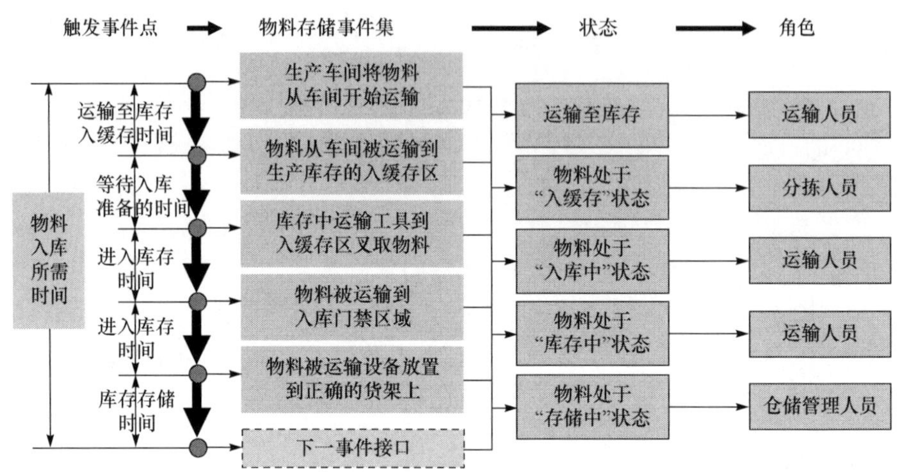

图 5.103　基于“事件-角色-状态-触发时间”的入库图示流程模型

令 $\mathrm{In\_IG}_i$ 表示物料 i 的入库流程，描述物料 i 的入库流程，那么有

$$\mathrm{In\_IG}_i = \{\mathrm{In\_IV}_i, \mathrm{In\_\Sigma}_i, \mathrm{In\_IE}_i\} \tag{5.203}$$

$\mathrm{In\_IV}_i$ 表示物料 i 入库流程节点的集合，有

$$\mathrm{In\_IV}_i = \{I_{\mathrm{m}}, I_{\mathrm{ib}}, I_{\mathrm{ti}}, I_{\mathrm{in}}, I_{\mathrm{s}}\} \tag{5.204}$$

$\mathrm{In\_IE}_i$ 表示物料 i 入库流程边的集合，有

$$\mathrm{In\_IE}_i = \{(I_{\mathrm{m}}, \mathrm{In\_\Sigma}_{i[\mathrm{m,ib}]}, I_{\mathrm{ib}}), \cdots, (I_{\mathrm{in}}, \mathrm{In\_\Sigma}_{i[\mathrm{in,s}]} I_{\mathrm{s}})\} \tag{5.205}$$

$\mathrm{In\_I\Sigma}_i$ 表示物料 i 入库流程标号的集合，有

$$\mathrm{In\_I\Sigma}_i = \{\mathrm{In\_I\Sigma}_{i[\mathrm{m,ib}]}, \mathrm{In\_I\Sigma}_{i[\mathrm{ib,ti}]}, \mathrm{In\_I\Sigma}_{i[\mathrm{ti,in}]}, \mathrm{In\_I\Sigma}_{i[\mathrm{in,s}]}\} \tag{5.206}$$

$\mathrm{In\_I\Sigma}_{i[\mathrm{m,ib}]}$、$\mathrm{In\_I\Sigma}_{i[\mathrm{ib,ti}]}$、$\mathrm{In\_I\Sigma}_{i[\mathrm{ti,in}]}$、$\mathrm{In\_I\Sigma}_{i[\mathrm{in,s}]}$ 取值为 $\{0,1,2\}$。$\mathrm{In\_I\Sigma}_{i[\mathrm{m,ib}]}$ 取 0 时，表示物料 i 尚未进入节点 I_{m}，取 1 时，表示物料 i 在某个时间点已到达过节点 I_{m}，但尚未到达节点 I_{ib}，取 2 时，表示物料 i 在某个时间点已到达节点 I_{ib}；$\mathrm{In\_I\Sigma}_{i[\mathrm{ib,ti}]}$ 取 0 时，表示物料 i 尚未进入节点 I_{ib}，取 1 时，表示物料 i 在某个时间点已到达过节点 I_{ib}，但尚未到达节点 I_{ti}，取 2 时，表示物料 i 在某个时间点已到达节点 I_{ti}；$\mathrm{In\_I\Sigma}_{i[\mathrm{ti,in}]}$ 取 0 时，表示物料 i 尚未进入节点 I_{ti}，取 1 时，表示物料 i 在某个时间点已到达过节点 I_{ti}，但尚未到达节点 I_{in}，取 2 时，表示物料 i 在某个时间点已到达节点 I_{in}；$\mathrm{In\_I\Sigma}_{i[\mathrm{in,s}]}$ 取 0 时，表示物料 i 尚未进入节点 I_{in}，取 1 时，表示物料 i 在某个时间点已到达过节点 I_{in}，但尚未到达节点 I_{s}，取 2 时，表示物料 i 在某个时间点已到达节点 I_{s}。

车间生产库存的出库流程的图示模型可以如图 5.104 所示。令 $\mathrm{In\_OG}_i$ 表示

物料 i 的出库流程，以图论来描述物料 i 的入库流程，那么有

$$\text{In\_OG}_i = \{\text{In\_OV}_i, \text{In\_O}\Sigma_i, \text{In\_OE}_i\} \tag{5.207}$$

In_OV_i 表示物料 i 出库流程节点的集合，有

$$\text{In\_OV}_i = \{I_s, I_{\text{out}}, I_{\text{to}}, I_{\text{ob}}, I_m\} \tag{5.208}$$

In_OE_i 表示物料 i 出库流程边的集合，有

$$\text{In\_OE}_i = \{(I_s, \text{In\_O}\Sigma_{i[s,\text{out}]}, I_{\text{out}}), \cdots, (I_{\text{ob}}, \text{In\_O}\Sigma_{i[\text{ob},m]}, I_m)\} \tag{5.209}$$

$\text{In\_O}\Sigma_i$ 表示物料 i 出库流程标号的集合，有

$$\text{In\_O}\Sigma_i = \{\text{In\_O}\Sigma_{i[s,\text{out}]}, \text{In\_O}\Sigma_{i[\text{out},\text{to}]}, \text{In\_O}\Sigma_{i[\text{to},\text{ob}]}, \text{In\_O}\Sigma_{i[\text{ob},m]}\} \tag{5.210}$$

$\text{In\_O}\Sigma_{i[s,\text{out}]}$、$\text{In\_O}\Sigma_{i[\text{out},\text{to}]}$、$\text{In\_O}\Sigma_{i[\text{to},\text{ob}]}$、$\text{In\_O}\Sigma_{i[\text{ob},m]}$ 取值为{0,1,2}。$\text{In\_O}\Sigma_{i[s,\text{out}]}$ 取 0 时，表示物料 i 尚未进入节点 I_s；取 1 时，表示物料 i 在某个时间点已到达过节点 I_s，但尚未到达节点 I_{out}；取 2 时，表示物料 i 在某个时间点已到达节点 I_{out}。$\text{In\_O}\Sigma_{i[\text{out},\text{to}]}$ 取 0 时，表示物料 i 尚未进入节点 I_{out}；取 1 时，表示物料 i 在某个时间点已到达过节点 I_{out}，但尚未到达节点 I_{to}；取 2 时，表示物料 i 在某个时间点已到达节点 I_{to}。$\text{In\_O}\Sigma_{i[\text{to},\text{ob}]}$ 取 0 时，表示物料 i 尚未进入节点 I_{to}；取 1 时，表示物料 i 在某个时间点已到达过节点 I_{ob}，但尚未到达节点 I_{ob}；取 2 时，表示物料 i 在某个时间点已到达节点 I_{ob}。$\text{In\_O}\Sigma_{i[\text{ob},m]}$ 取 0 时，表示物料 i 尚未进入节点 I_{ob}；取 1 时，表示物料 i 在某个时间点已到达过节点 I_{ob}，但尚未到节点 I_m；取 2 时，表示物料 i 在某个时间点已到达节点 I_m。

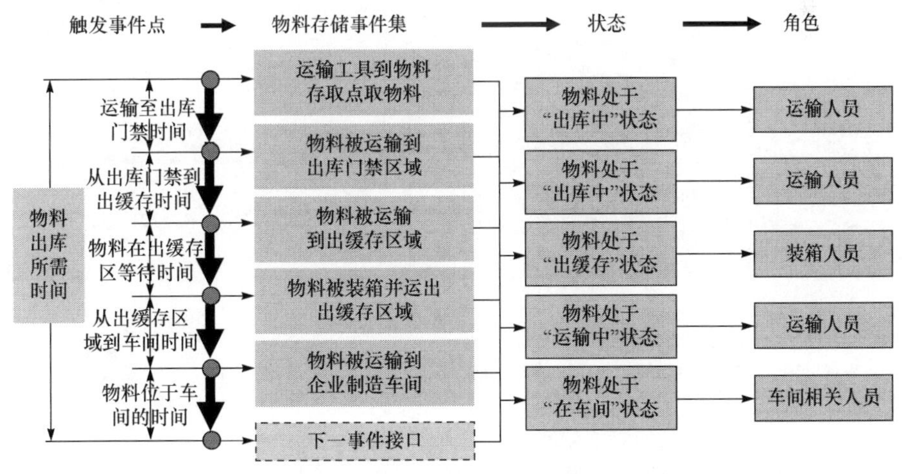

图 5.104　基于“事件-角色-状态-触发时间”的出库图示流程模型

车间生产库存的转库流程的图示模型可以如图 5.105 所示。文中转库定义为：在多库存环境下，物料被运输工具由一个库存经由出入库门禁转移到另一个库存中。令 In_TG_i 表示物料 i 的出库流程，以图论来描述物料 i 的入库流程，那

么有

$$\mathrm{In\_TG}_i = \{\mathrm{In\_TV}_i, \mathrm{In\_T}\Sigma_i, \mathrm{In\_TE}_i\} \tag{5.211}$$

$\mathrm{In\_TV}_i$ 表示物料 i 转库流程节点的集合，有

$$\mathrm{In\_TV}_i = \{I_s, I_{out}, I_{in}, I_s\} \tag{5.212}$$

$\mathrm{In\_TE}_i$ 表示物料 i 转库流程边的集合，有

$$\mathrm{In\_TE}_i = \{(I_s, \mathrm{In\_T}\Sigma_{i[s,out]}, I_{out}), (I_{out}, \mathrm{In\_T}\Sigma_{i[out,in]}, I_{in}), (I_{in}, \mathrm{In\_T}\Sigma_{i[in,s]}, I_s)\} \tag{5.213}$$

$\mathrm{In\_T}\Sigma_i$ 表示物料 i 转库流程标号的集合，有

$$\mathrm{In\_T}\Sigma_i = \{\mathrm{In\_T}\Sigma_{i[s,out]}, \mathrm{In\_T}\Sigma_{i[out,in]}, \mathrm{In\_T}\Sigma_{i[in,s]}\} \tag{5.214}$$

$\mathrm{In\_T}\Sigma_{i[s,out]}$、$\mathrm{In\_T}\Sigma_{i[out,in]}$、$\mathrm{In\_T}\Sigma_{i[in,s]}$ 取值为{0,1,2}。$\mathrm{In\_T}\Sigma_{i[s,out]}$ 取 0 时，表示物料 i 尚未进入节点 I_s；取 1 时，表示物料 i 在某个时间点已到达过节点 I_s，但尚未到达节点 I_{out}；取 2 时，表示物料 i 在某个时间点已到达节点 I_{out}。$\mathrm{In\_T}\Sigma_{i[out,in]}$ 取 0 时，表示物料 i 尚未进入节点 I_{out}；取 1 时，表示物料 i 在某个时间点已到达过节点 I_{out}，但尚未到达节点 I_{in}；取 2 时，表示物料 i 在某个时间点已到达节点 I_{in}。$\mathrm{In\_T}\Sigma_{i[in,s]}$ 取 0 时，表示物料 i 尚未进入节点 I_{in}；取 1 时，表示物料 i 在某个时间点已到达过节点 I_{in}，但尚未到达节点 I_s；取 2 时，表示物料 i 在某个时间点已到达节点 I_s。

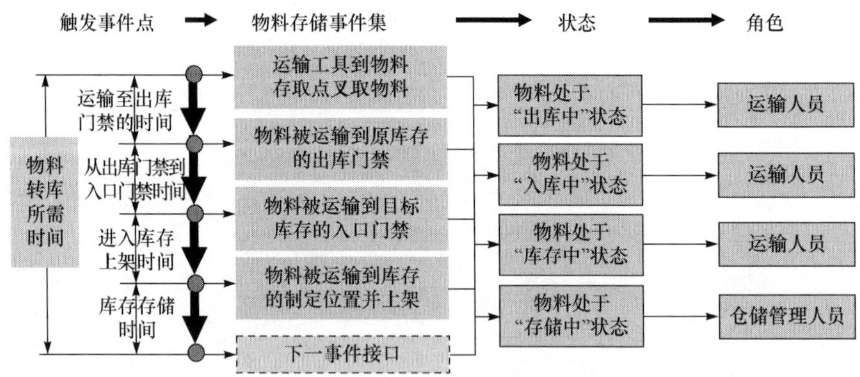

图 5.105 基于“事件-角色-状态-触发时间”的转库图示流程模型

上述基于“事件-角色-状态-触发时间”的入库、出库及转库流程模型描述了生产库存中物料的实时状态流转过程。

5.6.4 实时数据跟踪可视化看板

1. 看板的功能模块划分

对于离散车间工序物流跟踪系统，可视化看板属于应用层，其面向的对象是生产管理者和生产过程参与者，需要将复杂多变的生产状态信息进行形象化的展示。

由于生产管理和调度的灵活性和复杂性，生产管理者在做出合理决策前往往需要多种生产信息作为参考，也就要求看板能多层次多维度的展现生产信息。按照看板面向的对象和实现的功能将其划分为库存 RFID 门禁看板、车载 RFID 导航看板和在制品跟踪看板三种，如图 5.106 所示。

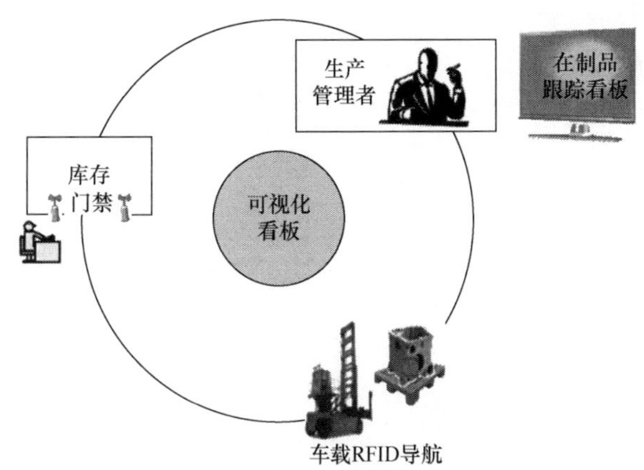

图 5.106　车间工序物流可视化看板模块

库存 RFID 门禁看板向库存管理人员展示了出入库物料的信息，人员信息和叉车信息等，管理人员以看板来实现对出入库信息的基本管理。车载 RFID 导航模块，主要是给叉车操作者提供一个可视化界面，实现运输任务，运输货物信息，运输路径，导航地图信息等的可视化。在制品跟踪可视化看板面向生产管理和调度者，实时展现了生产加工进度、生产资源和设备的分布情况，以及工艺信息等，如图 5.107 所示。

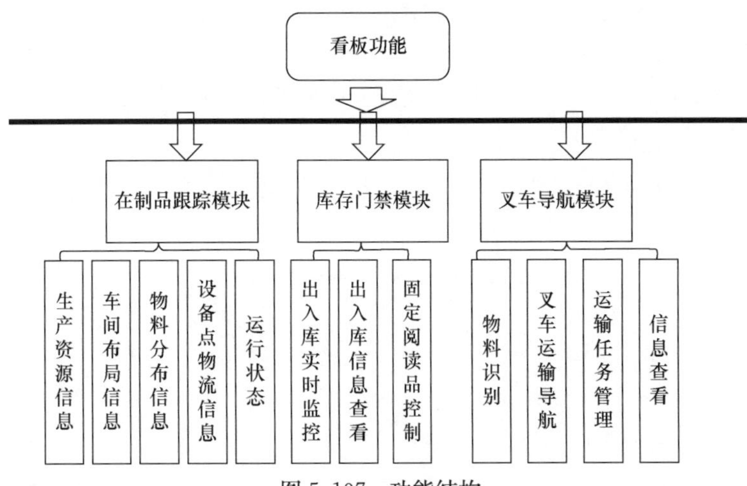

图 5.107　功能结构

为保证生产管理和决策者充分掌握车间状况，做出合理的生产调度和车间生产管理，看板需要从多层次多维度的方面进行信息展现。

如图 5.108 所示，可视化看板可采用多种不同的形式，从不同的层次和维度进行生产信息的展现，将多种信息融合到一起，便于生产管理者和生产过程操作者综合地了解生产信息。

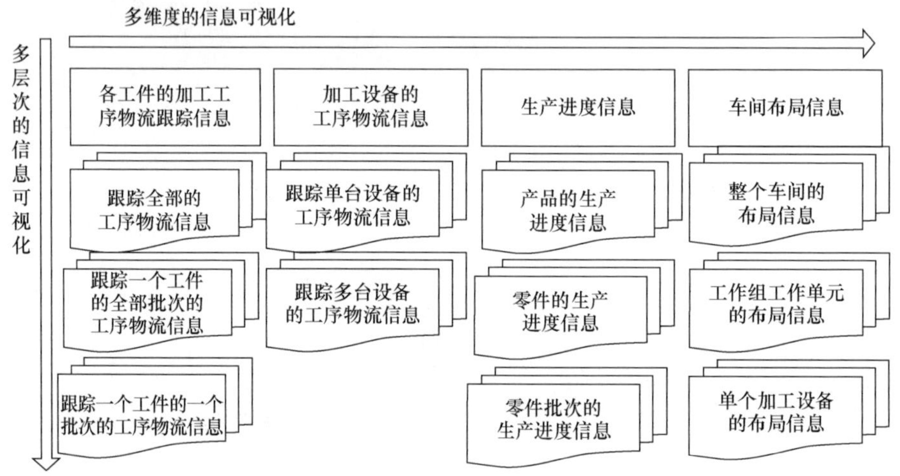

图 5.108　多层次多维度的信息可视化

2. 可视化看板实现机理

对于在制品跟踪模块，由于零件在加工过程中产生的生产信息量大，且变化更新快，为保证信息展示的实时性，提出了基于事件触发的可视化看板实现机理，通过 RFID 中间件获取的触发事件来驱动看板动作[119]。

1) 看板信息模型

针对看板所展示的生产工序物流信息，作如下的信息模型定义：

(1) 零件工艺路径信息。

$$\mathrm{P}^k\_\mathrm{propath}=\{\mathrm{P}^k\_\mathrm{propath\_V},\mathrm{P}^k\_\mathrm{propath\_E},\mathrm{P\_propath\_S}\} \tag{5.215}$$

$$\mathrm{P}^k\_\mathrm{propath\_E}=\{\langle \mathrm{M}_k^1\_\mathrm{node},\mathrm{M}_k^2\_\mathrm{node}\rangle,\langle \mathrm{M}_k^2\_\mathrm{node},\mathrm{M}_k^3\_\mathrm{node}\rangle,\cdots,\langle \mathrm{M}_k^n\_\mathrm{node},\mathrm{M}_k^{n+1}\_\mathrm{node}\rangle\} \tag{5.216}$$

$$\mathrm{P}^k\_\mathrm{propath\_V}=\{\mathrm{M}_k^1\_\mathrm{node},\mathrm{M}_k^2\_\mathrm{node}\cdots,\mathrm{M}_k^n\_\mathrm{node},\mathrm{M}_k^{n+1}\_\mathrm{node}\} \tag{5.217}$$

$$\mathrm{P}^k\_\mathrm{propath\_S}=\{\mathrm{S}_k^1,\mathrm{S}_k^2,\cdots,\mathrm{S}_k^n,\mathrm{S}_k^{n+1}\} \tag{5.218}$$

式中，P^k_propath 为工艺路径信息集，描述了批次零件 k 的工艺路径信息；P^k_propath_E为工艺路径边的信息集，包含零件批次 k 的所有工艺路径有向边，组成工艺路径；P^k_propath_V 为工艺路径节点信息集，其中 M_k^n_node 为零件批次 k 第 n 个加工制造节点；P^k_propath_S 为表示零件批次 k 在各个制造节点所进行的加工任务的完成状态标志，0 表示未进行，1 表示正在进行，2 表示已经完成。

(2) 制造节点的任务队列。

$$M^n\_Tl=\{T_1\langle id_1, d_1, p_1\rangle, T_2\langle id_2, d_2, p_2\rangle, \cdots, T_i\langle id_i, d_i, p_i\rangle\} \quad (5.219)$$

式中，M^n_Tl 为制造节点 n 的制造任务队列信息集，包含基本的任务单元；$T_i\langle id_i, d_i, p_i\rangle$ 为在制造节点上进行的一个单一的制造任务单元，表示零件 id_i 的 p_i 道工序在制造节点 n 处完成 d_i 的制造任务。

(3) 制造节点的物流状态信息。

$$L(M^n)=\{Pa\langle Pa\_id, Pa\_p, Pa\_d\rangle, Pe\langle Pe\_id, Pe\_d\rangle, To\langle To\_id, To\_d\rangle, Wr\langle Wr\_id, Wr\_d\rangle, Ti\} \quad (5.220)$$

式中，$L(M^n)$为表示制造节点 n 在 Ti 时刻的物流状态信息，即人员、零件、刀夹具和错误运输资源的分布信息。Pa⟨Pa_id，Pa_p，Pa_d⟩为 Ti 时刻位于制造节点 n 的零件信息集；Pe⟨Pe_id，Pe_d⟩为 Ti 时刻位于制造节点 n 的人员自信集；To⟨To_id，To_d⟩为 Ti 时刻位于制造节点 n 的刀夹具信息集；Wr⟨Wr_id，Wr_d⟩为 Ti 时刻错误运输到制造节点 n 的生产资源信息集。

2) 看板实现机理

基于事件触发的可视化看板以 RFID 中间件事件触发器产生的事件为驱动，进行生产状态信息的更新。摒弃了主动监控的方式，不需要循环扫描生产状态信息数据表来获取更新信息，显著提高了看板的运作效率，大大优化了信息显示的实时性。下面对于涉及的触发事件进行概念描述。

IN 事件：当人员、在制品和工夹刀量具等生产资源严格按照生产条件的约束进入到加工工序的某一个设备节点(如入缓存)时产生。

OUT 事件：当人员、在制品和工夹刀量具等生产资源离开加工工序的某个设备节点时产生。

WRONG 事件：错误运输事件，当生产资源未能按照生产条件约束，如工夹具调度约束，工件加工工艺路径约束等，进入到某个设备节点时产生。

STOP 事件：当 RFID 中间件正常关闭某个设备节点上的 RFID 阅读器时产生，表明阅读器暂时停止工作。

EXCEPTION 事件：异常事件，在基于 RFID 的工序物联网运作的过程中，当 RFID 阅读器出现故障，或者 RFID 阅读器网络掉线，或者 RFID 中间件出现异常时产生。

RFID 中间件的事件触发器产生触发事件后，通过网络套接字(Socket)将事件信息传递给可视化看板，可视化看板的事件监听模块负责接收事件信息，为保证RFID中间件和看板能有效进行事件传递，确保事件信息传递的安全性，本节将所有的事件信息用事件类进行封装，按照指定的格式描述事件信息，然后通过事件类序列化和反序列化技术将事件信息转化为便于传输的二进制数据流，显著提高了触发事件传递的速度。对于各个事件类的属性结构如图 5.109 所示。

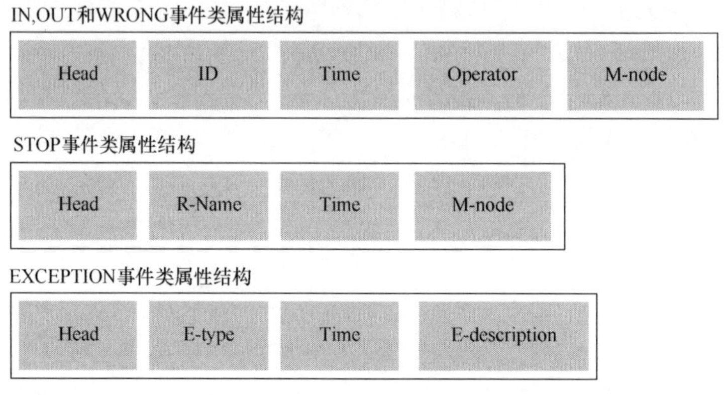

图 5.109　事件类属性结构

其中 Head 属性是对事件类型的描述，决定了后续属性的结构，ID 为事件对象的编码，Time 为事件发生的时间，Operator 是 IN、OUT 和 WRONG 事件的执行者，M-node 是事件发生的设备节点信息，R-Name 为正常关机的 RFID 阅读器的名称，E-type 是异常事件的类型，E-description 则是对异常信息的描述。因此本质上讲每一个触发事件都是事件类的一个具体实例。

图 5.110 为基于事件触发的可视化看板的运作机理模型。如图 5.110 所示，基于事件触发的可视化看板包括五个主要的功能模块：看板初始化模块，事件监听器模块，触发事件处理器模块，信息查询模块，以及看板动态显示模块。当可视化看板程序启动时，看板初始化模块运作，通过信息查询模块与数据库交互，获取制造车间实时生产状态信息，并根据制造车间的实际布局情况完成车间设备布局看板的显示。看板初始化完成后，事件监听器启动，开始监听触发事件的通信端口，当 RFID 中间件事件触发器产生的触发事件到来时，事件监听器捕获二进制数据流，进行数据反序列化，产生对应的事件类实例，然后将事件类实例提交给触发事件处理器进行事件解析，触发事件处理器接到事件类实例后，首先提取事件类实例的 Head 属性，判定触发事件的类别，确定触发事件的属性结构，从事件类实例中解析出事件信息，并用这些事件信息驱动动态显示模块运作。动态显示模块主要是根据触发事件信息，对看板进行实时更新。

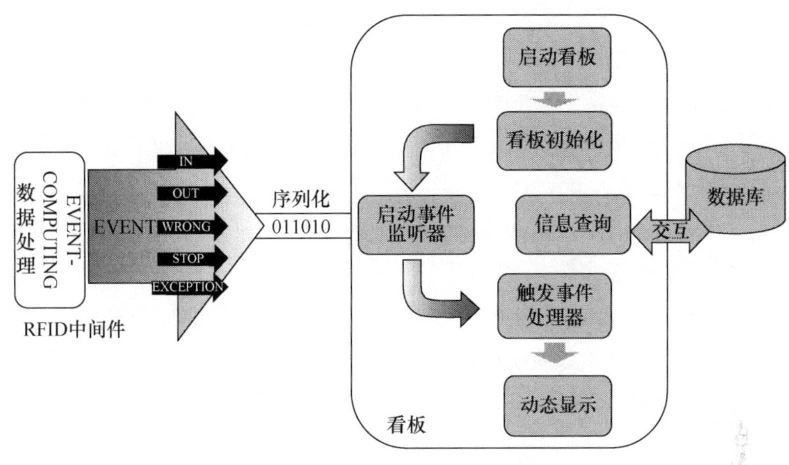

图 5.110　基于事件触发的可视化看板运作机理

3. 异常处理及看板显示

离散型制造车间的生产环境非常复杂，在各种因素的综合影响下，RFID 阅读器以及 RFID 中间件可能会出现一些运行异常，虽然这些异常发生的概率不高，但如果不对其进行考虑，采取合理的应对措施，异常一旦发生，将对程序造成致命的破坏，甚至导致程序崩溃，数据丢失。因而对异常的监控是尤为重要的，在分析系统运行过程的基础上，通过实验验证总结出了以下几种异常情况，如图 5.111 所示。

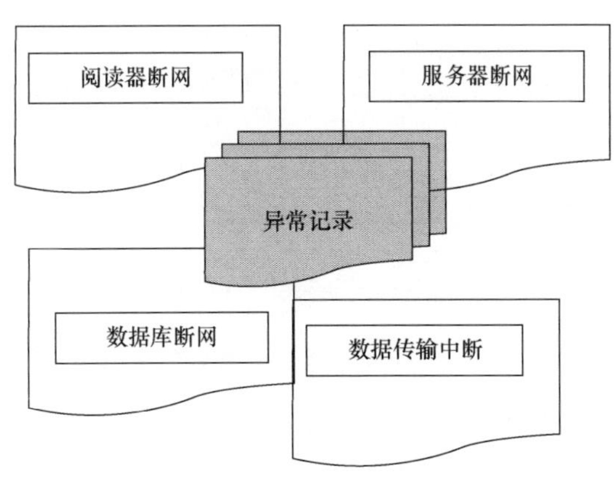

图 5.111　运行异常分类

(1) 阅读器断网异常：RFID 阅读器作为工序物流局域物联网的感知器件，与制造节点绑定，直接曝露在复杂的制造车间环境中，极易受到外界因素的影响而不能正常工作，当阅读器突然死机，掉电或者网线断裂时，阅读器将与物联感知网络断开连接而产生阅读器断网异常。

(2) 服务器断网异常：当服务器供电断开或者车间网络异常时，导致服务器与车间局域网断开而产生的异常情况，这将导致某个制造节点或者整个跟踪系统失去作用，需要及时处理。

(3) 数据库断网异常：数据库网络断开是产生的异常，产生的概率很小，但是一旦发生会使得生产工序物流跟踪系统无法运行。

(4) 数据传输中断异常：在 RFID 阅读器监控制造节点工序物流的过程中，由于制造节点长期没有物流线路通过，RFID 阅读器为减少不必要的工作，会自动断开与服务器之间的网络通信，进入休息状态，但是需要 RFID 中间件再次发生启动指令才能使阅读器进入工作状态。

在车间工序物流局域物联网的运作过程中，为保证系统的稳定运行，需要捕获这些异常信息，及时提交给生产管理和控制者，迅速作出合理的处理。图 5.112 为异常事件捕获和可视化的控制流程。

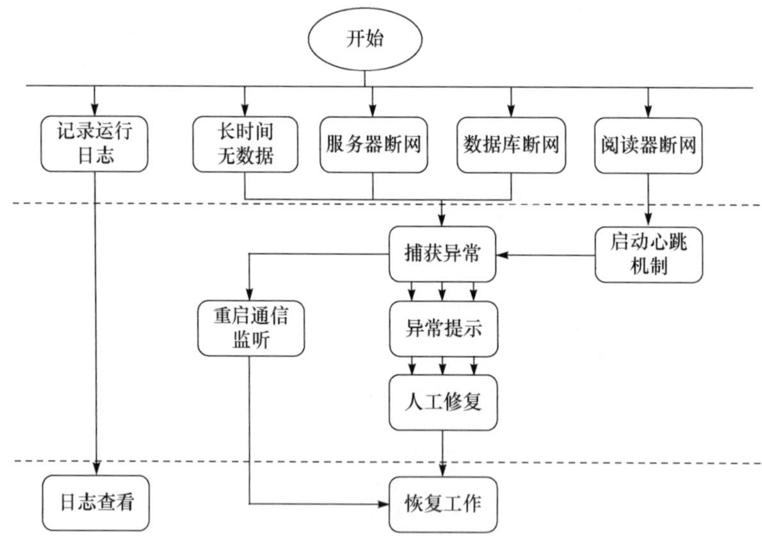

图 5.112　异常捕获和可视化控制流程

如图 5.112 所示，在系统运行过程中，RFID 中间件会不断检测异常情况，并将运行过程的关键步骤与结果存储在运行日志中，为异常原因追溯提供最原始的数据。当服务器和数据库断网异常发生时，RFID 中间件的异常处理模块会捕获异常信息，事件触发器产生异常事件触发类然后传递给可视化看板，实现异常信息的显示，并提示车间管理人员及时作出网络维护处理。在阅读器断网的时候，其不同于服务器断网，并不会抛出异常信息，RFID 中间件无法得知其出现异常。因为通常情况下阅读器断网后其不能够成功地向服务器发送自己断网的消息，所以要解决这个问题，采用一种“心跳机制”，即当服务器超过一段时间没有从阅读器获得数据信息，则以一定的周期向阅读器发送验证信息，如果阅读器不能做出响应，则表示阅读器已经断网，然后产生异常事件，传递给可视化看板实现异常信息的显示。

5.7　本章小结

本章针对服务型制造执行过程的关键使能技术进行了研究，涵盖了面向加工装备的 e-服务化节点模型、生产排程与运行调度、生产过程质量控制与追踪、生产维护、物流布局与路径规划、库存与在制品跟踪等方面内容。本章主要内容包括：

(1) 针对车间 soMES 运行中设备级制造与服务融合的问题，提出了基于制造节点的制造资源 e-服务化技术，采用集合论对制造资源进行描述，通过制造资源 e-服务化节点，将服务型制造执行系统与涵盖工业产品服务系统的生产性服务机制有机地融合起来。在此基础上构建制造资源 e-服务化模型，以信息服务为主线整合车间制造资源，并对制造资源 e-服务化节点进行评价，为车间底层生产排程提供支撑。

(2) 针对车间 soMES 生产排程与运行调度问题，建立了基于遗传算法的批次优化模型，对零件的加工批次进行合理的优化。建立多品种多批次生产排程静态模型，设计了基于遗传算法的分次计算对模型进行优化求解。在此基础上，考虑到制造车间的实际加工情况将动态任务加入和设备维护周期作为动态事件，并根据动态模型和静态模型的不同，设计了相应的基于遗传算法的动态调整策略，并对模型进行优化求解。

(3) 针对车间 soMES 工序质量控制与跟踪问题，提出了一种面向多工序加工过程的质量控制节点模型——e-QC 节点模型的建模与实现方法，其中，针对工序质量状态稳态判别与诊断问题，提出了基于神经网络-数值拟合的控制图模式识别方法和基于小波多尺度理论的过程质量监控与诊断方法，实现了工序异常状态监控与诊断的集成，在此基础上，采用层次模板法实现了对工序流质量信息的跟踪与控制，并建立了工序节点间的协调优化机制。

(4) 针对 soMES 单设备系统维护问题，采用基于本体与产生式规则相结合的方法建立了故障推理模型，对设备的突发故障进行判断推理，采用逻辑回归模型描述设备的状态，运用支持向量机对设备的状态趋势进行预测。针对设备系统维护问题，以设备的总维修费用最小为优化目标，以设备的可靠度及加工任务区间为约束,并采用遗传算法来优化多设备系统的预防维护时间点。此外,分析了刀具、量具、备件等设备附件的台帐管理流程及数据模型。

(5) 针对车间 soMES 工序物流的布局和路径规划问题,采用扩展活动网络图对车间工序物流进行建模,并对混流生产下的工序物流路径规划问题进行了建模分析,构建了工序物流路径规划数学模型。基于车间 RFID 实时状态信息获取,将该路径规划问题表达为带时间约束的自由端点旅行商问题并采用蚁群算法进行求解。

(6) 针对车间 soMES 的库存和在制品跟踪问题,提出了一种基于“事件-触发时间-状态”的工序物流图式操作模型对该混流特性下的工序物流和库存进行形式化描述,建立了基于事件触发的可视化看板,阐述了看板运作的机理,有效提高了信息的实时性,采用图形化的信息呈现方式,实现了信息多层次、多维度的展示。

第 6 章　服务型制造执行系统 soMES 的研发

6.1　服务型制造执行系统 soMES 的系统设计

服务型制造执行系统原型的体系结构如图 6.1 所示。

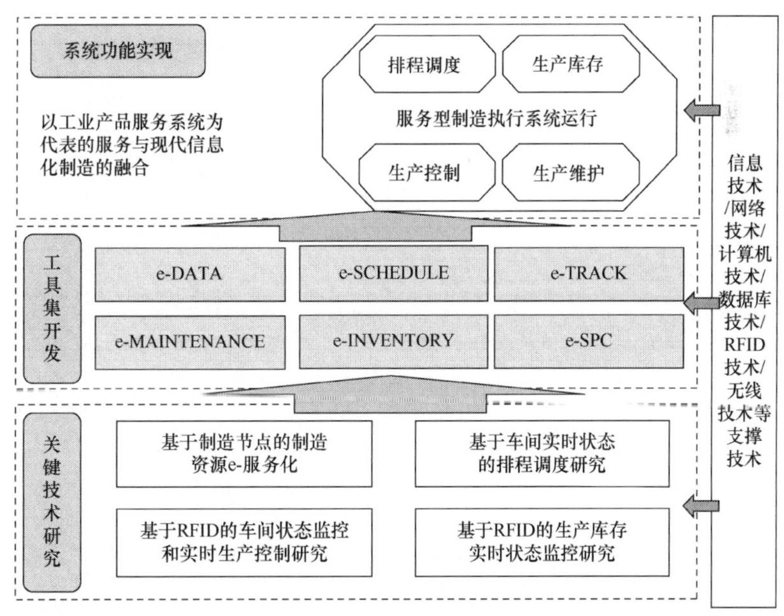

图 6.1　原型系统体系结构设计

在关键使能技术研究成果的基础上，首先开发出对应于以下六项功能的工具，这六项功能包括服务型制造车间生产排程和运行调度、制造资源 e-服务化节点、实时状态监控与实时生产控制、生产库存实时状态监控、质量控制及生产性维护服务，对应的工具分别为 e-SCHEDULE、e-DATA、e-TRACK、e-INVENTORY、e-SPC 和 e-MAINTENANCE。然后通过平台集成形成一个完整的服务型制造执行原型系统。

6.2　服务型制造执行系统 soMES 的运行流程

根据服务型制造执行系统运行体系结构，原型系统运行流程如图 6.2 所示，并可解释如下：

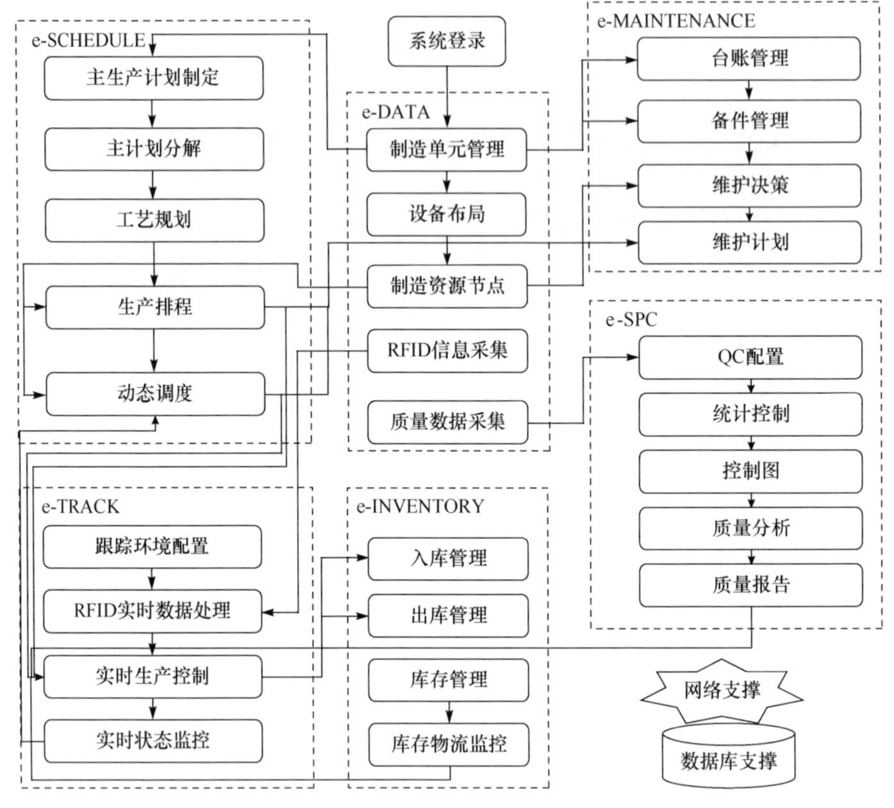

图 6.2 原型系统运行流程

(1) 车间管理员登录进入系统,对车间的制造单元及设备、人员等进行管理,并通过 e-DATA 模块中的设备布局功能,对制造资源 e-服务化节点进行配置(包括刀具 iPSS、夹具 iPSS 及设备 iPSS 等配置),实现 iPSS 供应商与车间底层制造的集成。

(2) 在此基础上,计划调度人员通过 e-SCHEDULE 工具中的主生产计划制定模块对新增的制造任务进行主生产计划的制定,然后再进行分解,并确定哪些工序外包、哪些工序采用 iPSS 设备进行加工,哪些工序由车间自身完成加工。

(3) 对分解后的主生产计划的制造任务进行工艺规划。

(4) 在制造资源 e-服务化节点当前状态的基础上,对含有工序外包服务的制造任务进行生产排程,采用遗传算法对其进行优化,形成生产任务甘特图。排程的结果一方面进入到 e-TRACK 工具中,为实时生产控制提供信息支撑,另一方面进入到 e-MAINTENANCE 工具中,为维护计划服务提供相应的信息支撑;并为刀具 iPSS、夹具 iPSS 及设备 iPSS 等提供车间底层的服务需求。

(5) 在实时生产控制中,需要对车间底层实时状态跟踪环境进行配置,包括

RFID 读写器的配置及零件标签、人员标签的配置。

(6) 在跟踪环境配置的基础上,采用 RFID 采集车间底层的实时数据,并将原始数据送入到 e-TRACK 工具中的 RFID 实时信息处理模块,采用 Auto-ID 计算进行数据处理。

(7) RFID 实时跟踪信息经处理后,需将相应的信息应用于实时生产控制及实时状态监控中,以提供真实可靠的车间实时加工信息。

(8) 实时状态监控的结果作为 e-SCHEDULE 工具中动态调度的输入信息,为其提供实时的车间底层状态监控数据。

(9) 设备状态的变更、实时的生产状态发生较大的变化时,计划调度人员会根据相应的情况进行动态的重调度。

(10) 工人登录各自制造资源 e-服务化节点的电子看板,根据排程的结果和 RFID 的实时信息,获取其实时的制造任务及任务队列,刀具 iPSS、夹具 iPSS 及设备 iPSS 等信息服务提供商根据各个制造资源 e-服务化节点的制造任务,进行刀夹具等配送及相关的设备服务,实现制造与服务的融合。

(11) 如果工人加工零件的工序为质控点,则需要使用 e-DATA 工具中的质量数据采集模块来采集质量数据,采集方法分为手持移动终端+采集工具、PC 采集终端+采集工具两种。

(12) 采集到的质量数据录入到 e-SPC 工具中,并分别通过手持终端 PDA 和 PC 机进行统计过程质量分析。其中,e-SPC 工具的主要功能有 QC 配置、统计控制、控制图、质量分析、质量报告等。

(13) 制造过程中属于车间的刀具、夹具、量具、化学品及设备附件等的管理通过 e-MAINTENANCE 工具中的台帐管理和备件管理来实现,并针对不同的维护模式设置不同的备件管理策略。

(14) e-MAINTENANCE 工具中的生产性维护服务根据不同的设备信息提供不同的维护服务,并提供给维护人员多种维护决策工具集。

(15) 系统通过权限管理来确认不同人员的权限,并针对不同权限的人员设置不同的操作内容,不同人员之间通过协同工具来解决制造中的实时问题,通过不同权限人员间的操作,将六个工具集有机的连接起来。

(16) 系统通过数据库来保存各种信息,并建立无线局域网络环境来解决各种设备(如 PC、PDA、RFID 读写器、手持终端等)之间的通信问题。

6.3　服务型制造执行系统 soMES 的模块开发

采用基于 Web 的信息服务架构开发了 6 个软件工具,并将这 6 个工具按照一定的逻辑进行了集成,形成了 soMES 平台[120]。现将这些软件工具作一一介绍。

6.3.1 车间工序物流布局可视化工具 e-LAYOUT

e-LAYOUT 软件工具主要包括车间设备布局配置、车间库存布局配置、车间工序物流布局配置三个子模块，在功能实现的过程中不仅实现了布局录入功能，还能对后两种布局进行优化，以达到优化生产流程的目的。

用户登录本系统成功后，查看车间设备布局信息是否完整，如果不完整，则将车间设备的实际物流布局输入到系统中，对设备布局进行输入前，需要厂房的初始参数，包括车间的编号、类型、车间的尺寸和设备数等。图 6.3(a)给出了一个设备布局的基本流程。对设备布局配置的步骤如下：首先用户通过点选工具栏上设备类型的图标确定设备类型以及设备是否是 iPSS 设备等；其次为设备设立相应编号；接着手动输入设备位置坐标或者用鼠标选取放置点来对设备位置进行定位；然后还可以根据需要对设备设置服务，设备如果带有外包服务，这说明凡有加工工序在此设备上进行的工件，就属于工序外协件；当上述信息确立完毕后，点击确定放置按钮即可。设备布局输入完毕，可以对布局进行察看可视化查看。另外还可以对车间内设备的类型、位置、编号进行修改。

车间设备布局输入完毕之后，开始针对设备布局为车间配置库存。在对车间节点内的库存类型进行分析和设定后，将生产车间的库存分为仓库和缓冲。仓库可以分为原材料，半成品，成品库；缓冲区是在设备前后的暂存区，分为入缓冲区、出缓冲区。图 6.3(b)显示了对车间级仓库进行设置的具体步骤，首先选择车间仓库的类型，并点击添加按钮，选择仓库在厂房的方位，然后确定仓库放置位置，用鼠标点击相应位置来选择坐标点，接着输入仓库的具体尺寸，信息输入完毕后，点击确定按扭，就实现了车间半成品库的配置。对于设备级缓冲区的设置，其方式与车间级仓库略有不同。因为缓冲区与设备有着相互关联对应的关系，所以定位一个缓冲区的时候必须首先选择放置设备，实现过程为：首先用鼠标左键点取任意一个设备，单击右键会出现车间级缓冲区的具体类型，选择入缓冲类型，此时缓冲区的放置栏可用，在该放置栏为缓冲区设置方位，即位于设备的哪个方位，选择确定后，就可以看到该缓冲区出现在设备的相应位置。对于出缓冲区的设置方法与上述步骤类似，此处不再赘述。

车间库存布局好后，还需要对布局进行优化，如图 6.3(c)所示。首先图 6.3(c)-(1)显示了车间库存布局初步设置的结果，可以看出此时每个设备都具有出/入缓冲区，缓冲区设置较为冗余，影响了车间在制品库存水平。图 6.3(c)-(2)表示的是车间工序物流布局优化后库存布局的设置，根据缓冲区设置的规则，结合设备任务，设备状态等信息综合判断，剔除不必要的缓冲区，实现库存布局优化。

在车间库存初设完毕后，可以根据车间设备信息和库存信息对车间内加工任务的工序物流布局进行优化，如图 6.3(d)。首先系统自动读取当日该车间的生产计划，显示到工序物流优化的界面上，即生产计划表格；然后生产管理人员在该表格

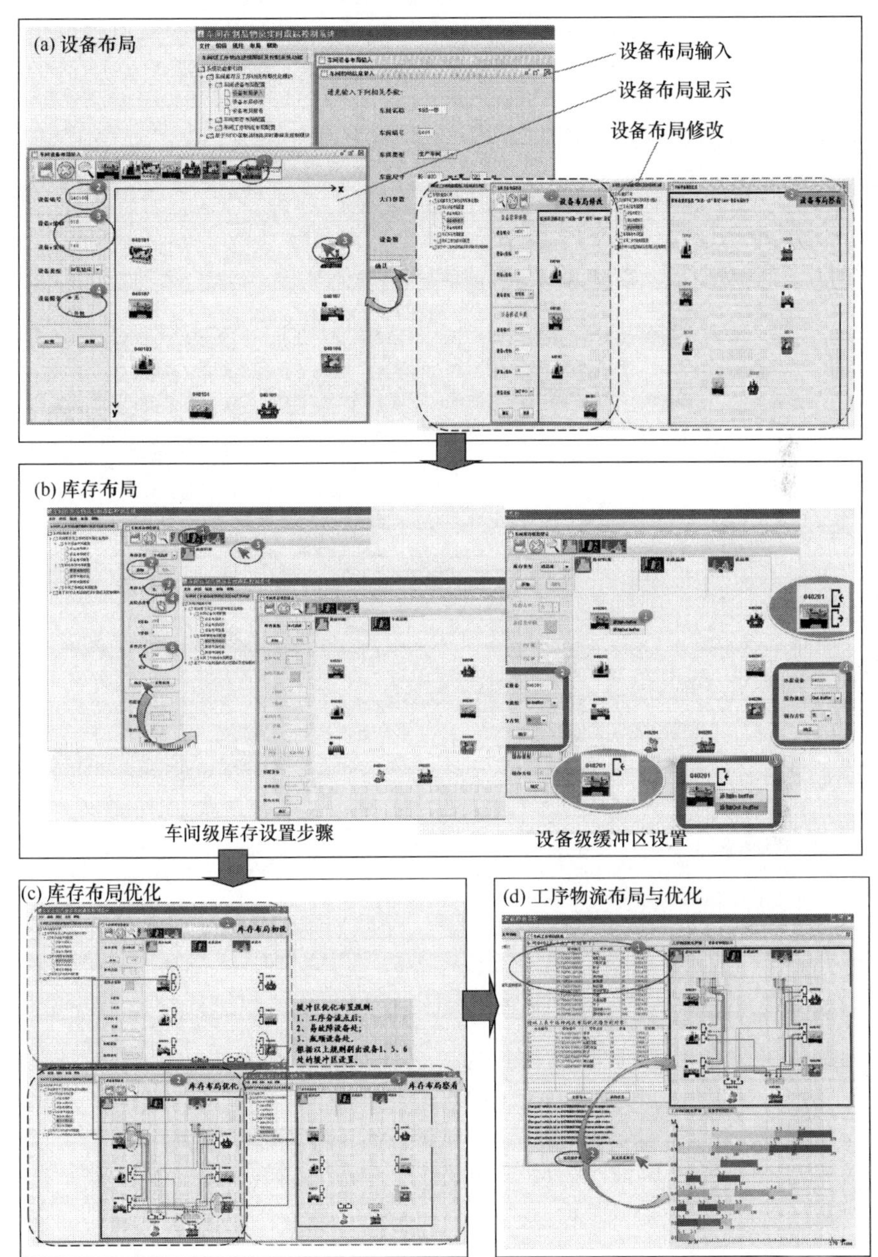

图 6.3　跨企业车间级工序物流布局可视化工具

中选择该时段优化生产的加工任务进行工序物流优化，选取的任务将显示到优化对象表格中；点击优化操作执行按钮，系统开始调用遗传算法实现对于零件加工工艺路线的选择和设备加工任务的调度；计算完成后将结果显示到界面中，该界面显示两个主要内容:一是工序物流布局;二是设备任务计划。如果对结果满意,可点击优化结果接受,将结果存入数据库;否则可以继续进行优化操作,直至结果满意为止。

6.3.2 车间工序排程与动态调度工具 e-SCHEDULE

工序排程与动态调度工具 e-SCHEDULE 如图 6.4 所示,主要包含两大部分的内容:一是根据生产计划,进行工序排程;二是在实际生产过程,考虑随机因素的影响,对排产结果进行动态变更,以实现工序的动态调度。

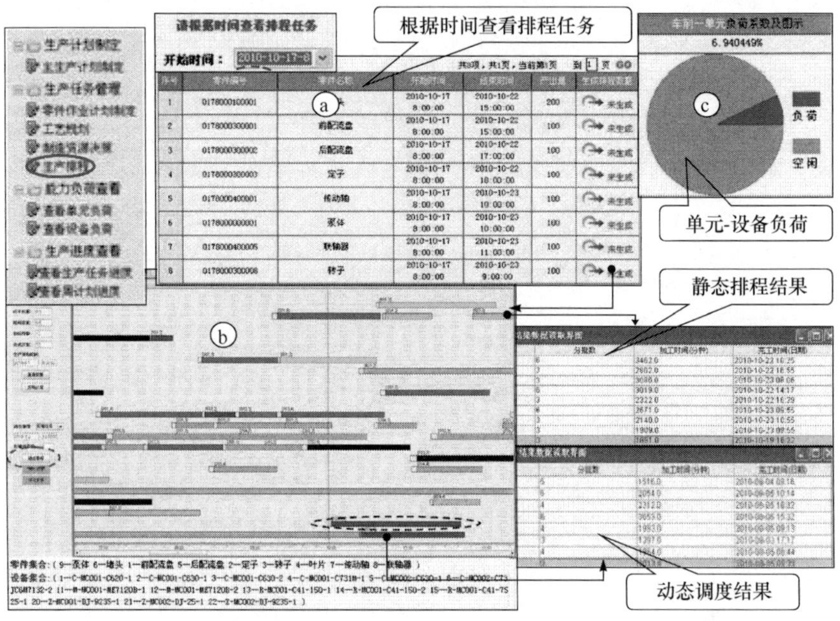

图 6.4 工序排程与动态调度工具

零件工序与设备间存在一对多的映射关系集,根据零件的加工工艺和 e-LAYOUT建立的设备模型,为排产层提供所需的输入信息包括:加工零件及数量,加工设备,加工时间和成本,辅助时间,加工成本,按照车间内配送任务小车的类型及最大载重量,确定出加工批次的优化范围,从而建立多品种且具有一定批量的混流生产排产模型,采用遗传算法实现模型求解,获取生产排产甘特图。将排产完的结果(甘特图)显示在车间看板上,工人进行生产加工,并对这一周转向油泵下属各零件的生产过程进行跟踪统计汇报,并将加工过程中的设备及单元负荷情况,向上层汇报,从而管理层下期主计划制定提供决策支持。

在实际生产过程当中,往往会有一些动态因素的影响,这就使得实际加工过程和计划的结果出现偏差,为了使车间顺利地进行生产,需要针对具体的动态因素采取一定的动态调整策略,课题对动态任务的加入和设备维护周期进行了分析研究,以扰动时间点为基础,从而建立了动态扰动事件下的调度模型,并设计了相应的动态调整策略，采用遗传算法完成了动态优化解算，将动态结果再次刷新显示在车间看板上，保证生产的平稳进行直至主生产计划全部完成。

6.3.3　车间工序与设备数据采集与处理工具 e-DATA

工序与设备数据采集主要聚焦在 RFID 数据采集与传输、手持式终端数据采集等方面。如图 6.5 所示，将车间人员、设备、物料信息存储于相应的 RFID 标签中，在物料、人员流动过程中，RFID 读写器会采集到相对应的标签信息，该标签信息会存储到设备端数据库中，软件实现主要包括读写设备的参数设置以及读写程序的实现。通过远程数据同步方法方法将制造数据实时同步到后台数据库服务器中，从而实现数据的采集与传输。

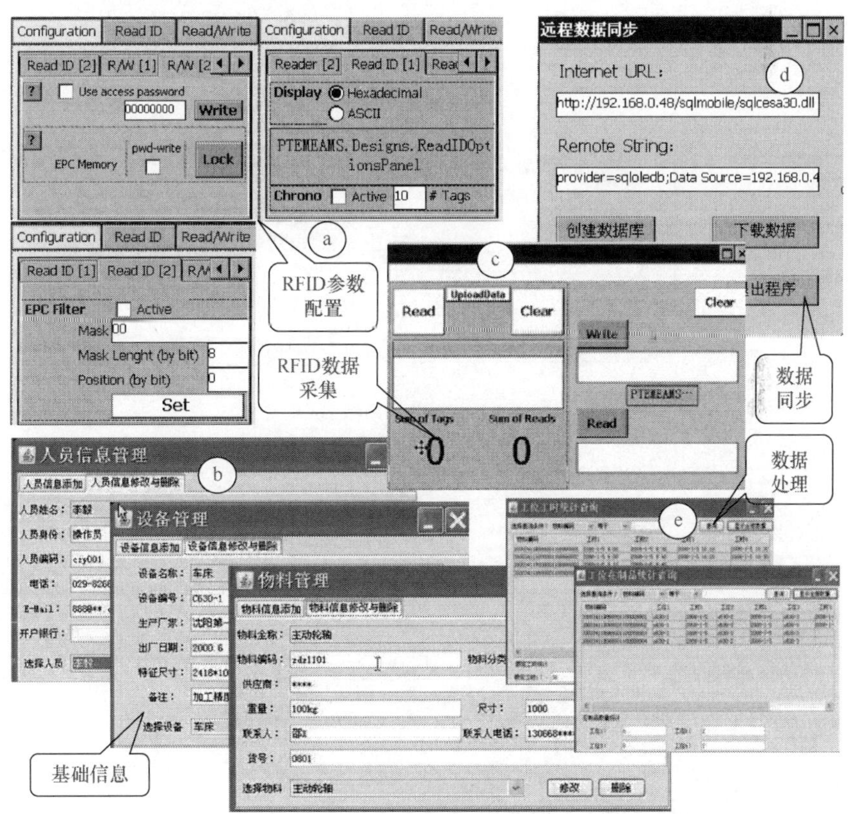

图 6.5　工序与设备数据采集与处理工具

在数据处理方面，实现了标签数据的更改和统计。标签数据更改有两种模式：一种是在 RFID 手持终端上直接更改，这种方式仅对手持式带 mobile 操作系统的 RFID 有效；另一种是通过远程同步，更改服务器上的信息，并将其存储于服务器数据库，通过 WiFi，实现服务器数据库和 RFID 设备数据库同步，从而实现标签数据的更改。标签数据统计首先根据读取的标签信息，采用“事件-触发时间-状态”模型，确定个标签对应的工件、工具、人员等的状态，进而完成生产信息的统计，为制造过程决策提供数据支持。

6.3.4　车间过程质量控制工具 e-SPC

开发了两种类型的 e-SPC 工具(如图 6.6 所示)：一种是基于手持式设备(如 PDA、智能手机等)的 e-SPC[121,122]；另一种是基于 PC 的 e-SPC 工具。

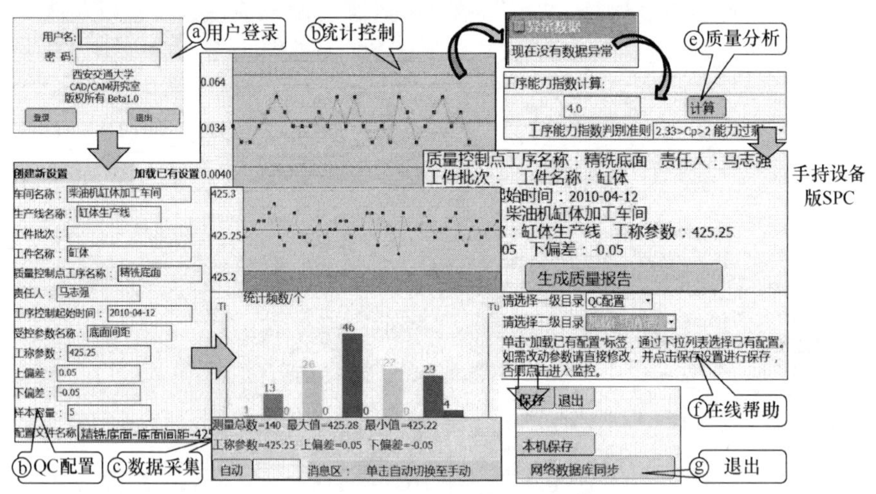

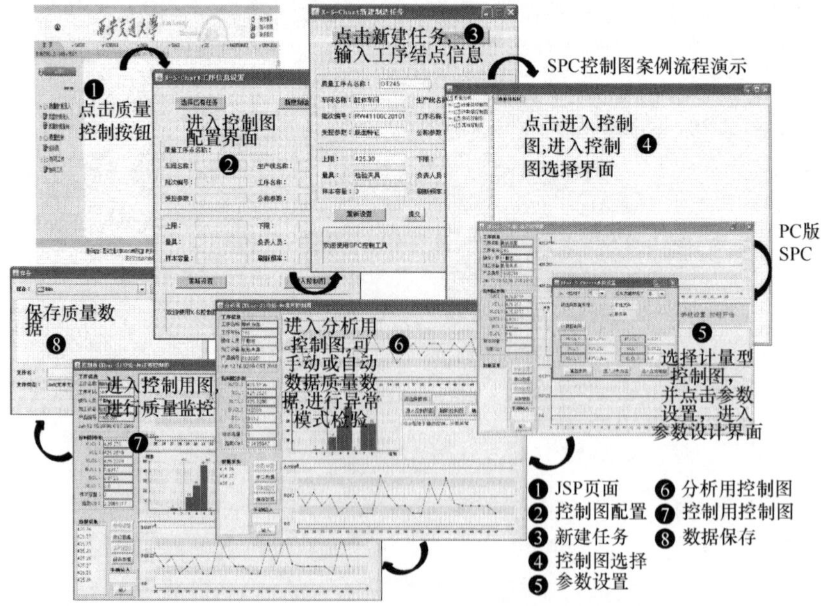

图 6.6　过程质量控制工具

手持设备版的 e-SPC 运行过程如下所述。质检员通过身份验证登录后，填写质量控制点信息，包括质量控制节点名称、控制参数、工序名称、上下公差(偏差)等信息，之后采集样本数据(可以通过数显测量仪器直接传输测量数据到手持设备，也可以手动输入测量数据)，剔除异常点，使之进入稳态阶段，并以此为基础，对后续的加工过程进行判稳。另外该 e-SPC 工具还可以计算工序能力指数，采用前述的数据同步方法，可以将采集的质量数据以及生成的质量报告发送至远程网络服务器。PC 版 e-SPC 与手持设备版 e-SPC 运行流程基本一样。

这两种版本的工具互有优劣，手持设备版 e-SPC 轻便、易于携带，但由于受限于手持设备的计算能力，难以处理大规模的数据；PC 版 e-SPC 不便于携带，但数据处理能力强。随着手持设备计算能力的不断增强，手持设备版 e-SPC 是未来 SPC 工具发展方向之一。

6.3.5　车间制造实时信息可视化跟踪工具 e-TRACK

采用 RFID 实现了制造信息的实时跟踪，为制造过程可视化提供支持。如图 6.7所示，制造信息跟踪工具从不同的角度对工序物流进行了跟踪，一个是从零件在制品的角度，另一个是从车间加工任务的角度对信息进行汇总。这两个不同的跟踪角度对应了不同的功能模块，前者为在制品工序物流跟踪，后者为在制品车间物流跟踪。

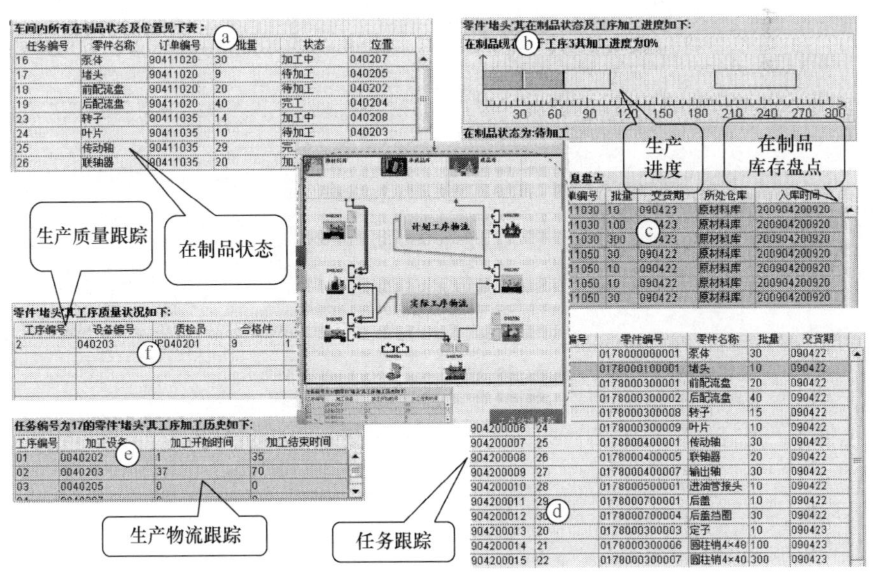

图 6.7　制造实时信息可视化跟踪工具

在制品车间物流跟踪主要包括的功能有在产设备监视、在制品实时状态位置、在制品库存盘点等，这里主要详述在制品工序物流跟踪。在制品工序物流跟踪的主要内容有在制品实时工序物流跟踪、在制品生产进度汇总、在制品生产质量追踪。首先系统读取车间中的生产任务，并将生产任务信息显示在跟踪任务表格中；车间管理人员可以任意选取该表格中的任务对其相关信息进行跟踪。e-TRACK工具还可以跟踪在制品的实时工序物流信息，此处的工序物流有两条：一条是在制品的计划工序物流用灰色的线表示；一条是在制品实际工序物流用黑色线表示，同时工序物流界面的下方，有零件各个加工工序的实际开始和结束时间。以工序物流追踪为基础，e-TRACK 工具可以追踪当前工序的生产进度，以及在制品现在的生产状态，可以看到在制品在各个质量监测点的相关质量信息，如质检员信息、合格品数量、返修品数量及报废品数量，并用表格的形式直观地表现出来。

6.3.6　车间设备维护工具 e-MAINTENANCE

构建了跨企业模式下服务型制造系统设备维护工具 e-MAINTENANCE(如图 6.8 所示)，包含以下几个方面的内容。

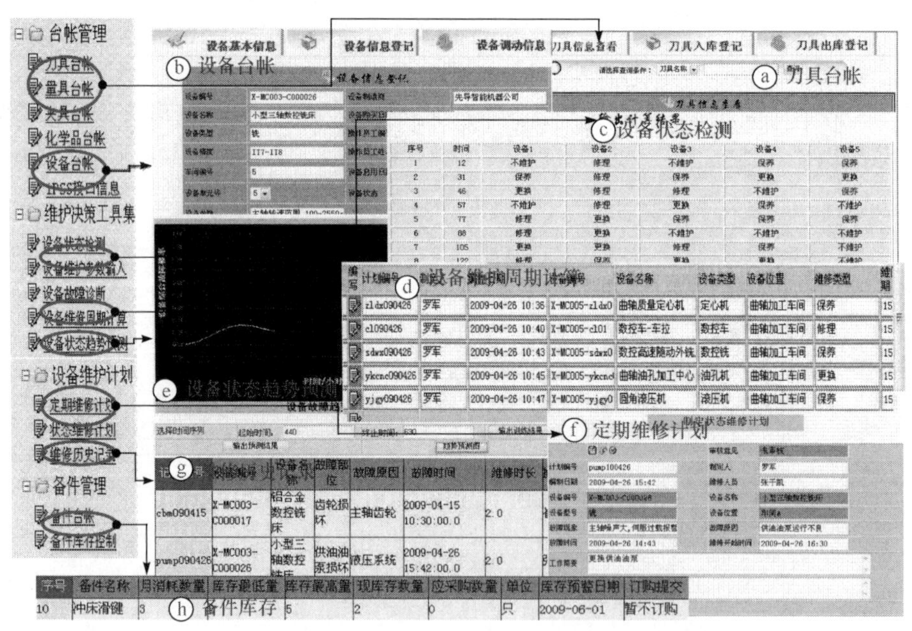

图 6.8　服务型制造系统设备维护工具

1）台帐管理模块

(1) 设备附件台帐：刀具、量具、夹具、化学品以及备件的台帐管理主要包括入库登记、信息查看、出库登记等。

(2) 设备台帐：设备台帐部分包括设备信息登记、信息查看及调动记录等，其中信息查看页面提供监测信号数据接口，查看设备的监测状态。

(3) 备件库存：该部分统计备件特定时间内的消耗情况，计算库存最低最高量以及应采购数量，并判断是否采购备件。

2) 基于本体与规则推理的设备维护

维护人员提交故障现象，并从故障现象列表中选择当前设备故障现象相应的描述，添加到故障现象输入框中，点击推理诊断按钮，e-MAINTENANCE 系统可推理出故障原因，并根据推理结果，设备维护人员可进行维修计划安排。

3) 基于支持向量机的设备状态趋势预测

假设某设备的故障时间服从威布尔分布，采用蒙特卡罗仿真得到该设备的主轴径向振动、横向振动以及温度数据。维护人员通过在页面中输入起始、终止时间，调出数据库中的监测数据作为支持向量机的输入，设备维护人员点击“支持向量训练”及“预测”按钮对数据进行训练预测，最后输出设备故障概率曲线图，当曲线图出现异常时，即故障概率超过一定值或突然变化时，需对设备进行停机检查。

4) 多设备维修计划

多设备维修计划的目的对工序流上的多台设备进行预防维护决策。首先在计算前将设备的平均预防维护成本等参数保存到数据库中；继而选择加工任务编号，系统将加载该加工任务的时间以及所用的设备总数和各设备编号，输入算法所需的各参数；调用遗传算法运行得到设备维护排产结果；最后根据设备维护排产结果编写维修计划。

6.4　服务型制造执行系统 soMES 的运行案例

6.4.1　系统运行案例描述

以来自某企业某型号批次雷达天馈线部件在制造车间的生产案例为基础，对所开发的原型系统进行验证。

该制造车间包含的制造单元有：钳检单元一(16 个钳工台，2 个检验台)；钳检单元二(4 个钳工台，4 个检验台)；车铣单元一(1 台铣床，3 台可转头铣床，2 台车床)；钻床单元一(8 台台式钻床)；电火花单元(8 台电火花线切割机)；数控加工单元一(2 台数控加工中心 HARDING COBRA 42，2 台数控加工中心 LGMAZAK 640T，2 台数控加工中心 长城 CH786)。其中，假设数控加工中心 HARDING COBRA 由设备 iPSS 供应商提供，数控加工中心 LGMAZAK 640T 的刀具服务由刀具 iPSS 供应商提供。据此配置出带有 iPSS 的服务型制造车间。

选取天馈线部件中四个具有装配关系的零件，它们分别为转换器、腔、底板、座，对应的工艺卡分别如表 6.1、表 6.2、表 6.3 和表 6.4 所示(因保密性缘故，零件图未列出)。其中，假设座零件的第一道工序车工序的加工以工序外包实现。生产排程工序时间数据按照表中的固定工时计算。

在制订主生产计划时，成本以工人工资和设备损耗估计。其中，钳工：工人工资计 20 元/小时，设备损耗计 40 元/小时。检验：工人工资计 18 元/小时，设备损耗计 40 元/小时。普通车铣：工人工资计 12 元/小时，设备损耗计 25 元/小时。加工中心：工人工资计 20 元/小时，设备损耗计 180 元/小时。

表 6.1 转换器的工艺卡

零件工艺过程卡			图号			
			名称		转换器	
件数：1	材料牌号	毛坯尺寸	材料毛重		单价	
工序号	工序名称	工序内容	备工装	操作者	估工	固定
1	钳	(1) 齐套零件 (2) 试装，修不适处 (3) 验后拆检，送镀涂			1.0	0.5
2	钳	正装件 1-6，注意装件 6 时 $\phi7$ 孔因向上			0.25	0.5
3	钳	按技术要求 2 将 3 涂胶后拧紧，注意胶不要涂太多			0.35	0.5
4	检	检验				0.1

表 6.2 腔的工艺卡

零件工艺过程卡			图号			
			名称		腔	
件数：1	材料牌号	毛坯尺寸	材料毛重		单价	
工序号	工序名称	工序内容	备工装	操作者	估工	固定
1	铣	(1) 铣六面达尺寸，对角尺 $R_a3.2$ (2) 按图加工两侧斜边及凸台达要求 (3) 重新装夹，加工一处斜面达图 (4) 点 2-M4，$\phi8.2$ 处中心孔 3-$\phi2$			4	2
2	钳	(1) 加工螺纹孔 2-M4，深 15 (2) 打孔 $\phi8.2$ 达要求 (3) 去毛刺			0.3	0.5
3	检	检验				0.1

通过生产排程模块来生成批次零件加工过程甘特图，并将制造任务下达到服务型车间制造资源 e-服务化节点。其中，座零件的第一道工序车工序的外包服务提供商通过制造资源 e-服务化节点集成到服务型制造执行系统中，并由外包服务提供商提供所需加工时间数据及成本数据等数据与信息；设备为数控加工中心 HARDING COBRA 的制造资源 e-服务化节点，其设备由设备 iPSS 供应商提供，其相应的加工时间数据及成本数据也由设备 iPSS 供应商提供；设备为数控加工中

心 LGMAZAK 640T 的制造资源 e-服务化节点，其设备所需的刀具服务由刀具 iPSS 供应商提供，刀具服务所需的数据与信息则由该刀具服务提供商提供。其他制造资源 e-服务化节点中的制造资源及信息服务均由服务型制造车间提供。据此，验证四种情形下制造资源 e-服务化节点的运行。

表 6.3　底板的工艺卡

零件工艺过程卡			图号			
			名称		底板	
件数:1	材料牌号	毛坯尺寸	材料毛重		单价	
工序号	工序名称	工序内容	备工装	操作者	估工	固定
1	铣	(1) 加工六面到尺寸 8×41.3×62 (2) R_a3.2，公差±0.1			0.35	0.5
2	数铣	(1) 找正，保护装夹，加工端头圆弧处形 (2) 点 3-ϕ1 中心孔			0.25	1
3	钳	(1) 加工:2-M4 深 10，加工 1/4-20UNC 钢丝螺套孔 (2) 去各处毛刺，修光滑接刀痕			0.5	0.5
4	钳	装 1/4-20UNC 钢丝螺套			0.35	0.5
5	检	检验				0.1

表 6.4　座零件工艺卡

零件工艺过程卡			图号			
			名称		座	
件数:	材料牌号	毛坯尺寸	材料毛重		单价	
工序号	工序名称	工序内容	备工装	操作者	估工	固定
1	车	(1) 车台阶圆达 O39，O20(四方处按 O39 车出)，注意清根，R×0.2 (2) 加工 O8+0.1-0，O3.5 及倒角 0.5×R5，R_a6.3 (3) 掉头，找正，平端面保证总长 13.2			1	1
2	铣	(1) 找正，对称铣四方 26.5×26.5，并加工四周圆角 4-R1 (2) 保护表面			0.4	0.5
3	数钻	(1) 找正外圆点 7 处中心孔(4-O3.5，3-M3 处) (2) 保护表面			0.1	0.1

续表

零件工艺过程卡			图号			
			名称		座	
件数:	材料牌号	毛坯尺寸	材料毛重		单价	
工序号	工序名称	工序内容	备工装	操作者	估工	固定
4	钳	(1) 加工 4-O3.5,3-M3 深 6 (2) 去各处毛刺 (3) 保护表面			0.3	0.5
5	检	检验				0.1

零件在车间加工时,由布置在服务型制造车间的 RFID 读写器采集实时的标签数据,并经由基于 Auto-ID 计算的数据处理方法,获取零件工序物流的实时状态信息。对于 RFID 环境,在实验室中模拟案例中批次零件的加工过程,以此获取实时标签数据。

零件加工完成后,将其运送到第三方库存服务提供商进行存储,通过生产库存实时状态监控模块对物料的库存状态进行监控,并将其实时状态信息提供给服务型制造车间。

在零件的加工过程中,需要对其质量进行控制,因保密性缘故,验证 e-SPC 工具的质量数据未从某型号批次雷达天馈线部件的相关零件中选取,而是以一拖(洛阳)柴油机发动机缸体生产车间的缸体加工工序中关键工序精铣底面质量控制点的质量数据来验证。缸体的零件图如图 6.9 所示,采集到的精铣底面质控点 SPC

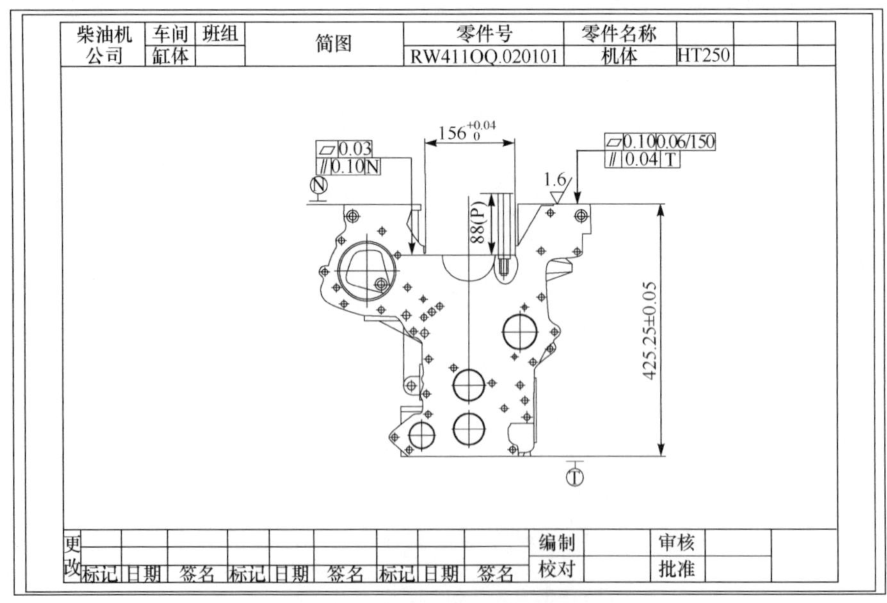

图 6.9 缸体质控点测量数据图

数据如图 6.10 所示。

缸体车间　　　　　　编号：

零件名称	缸体	NO.	日期	X_1	X_2	X_3	X_4	X_5	平均值 $\overline{X}$	极差 R
零件号	RW41100020101FE	1	12/4	−1	2	−1	0	0	0.4	3
工序名称	245#	2	13/4	−1	0	1	−1	0	−0.2	2
工序内容	精铣底面	3	14/4	1	2	0	0	0	0.6	2
使用设备	914350	4	15/4	−1	2	2	0	1	0.8	3
质量要求	425.25±0.05	5	16/4	−2	0	2	1	1	0.4	4
取样方法	全数群内间断	6	17/4	−2	1	−1	3	1	0.4	5
作业者		7	19/4	−1	−2	0	1	2	0	4
测量工具	检夹	8	20/4	1	1	−1	−2	−2	−0.6	3
测量人员		9	21/4	−1	−2	1	0	0	−0.4	3
记录人员		10	22/4	2	−1	0	2	0	−0.6	3
记录起始日期		11	23/4	−2	−1	0	2	0	−0.2	4
2010 年 4 月 12 日		12	26/4	1	2	0	−1	0	0.4	3
记录结束日期		13	27/4	−2	3	0	1	0	0.4	5
年　月　日		14	28/4	1	2	2	−1	0	0.8	3
注：我公司产品属于全数群内间断取样方式，按照每班（天）的班（天）首、班中、班末的平均取样。		15	29/4	−1	−2	3	0	0	0	5
		16	30/4	2	1	0	0	−1	0.4	3
		17	3/5	2	1	1	0	1	1	2
		18	4/5	−1	0	−1	2	0	0	3
		19	5/5	−1	0	0	1	1	0.2	2
		20	6/5	2	3	−1	−2	0	0.4	5
		21	7/5	2	−1	−1	−2	0	−0.4	4
		22	8/5	1	−1	0	0	1	0.2	2
		23	10/5	1	−1	0	0	2	0.4	3
		24	11/5	2	−2	2	0	0	0.4	4
		25	12/5	−3	2	0	0	0	−0.2	5
		26	13/5	2	1	−1	0	0	0.4	3
		27	14/5	1	2	−1	−2	0	0	4
		28	15/5	1	−1	0	0	1	0.2	2

图 6.10　精铣底面质控点 SPC 数据

6.4.2 案例运行过程及界面

车间管理员以管理员角色登录到 e-DATA 工具中，对车间的制造单元进行初设，录入案例中的制造单元信息，将设备与制造单元对应起来，并将人员与设备组成映射关系，可查看车间制造单元及设备负荷，以及生产进度，如图 6.11 所示。针对雷达天馈线部件的生产，配置制造资源 e-服务化节点以信息代理的模式分别集成工序外包服务提供商、设备 iPSS 服务提供商及刀具 iPSS 服务提供商，为服务型制造车间提供数据与信息支撑。

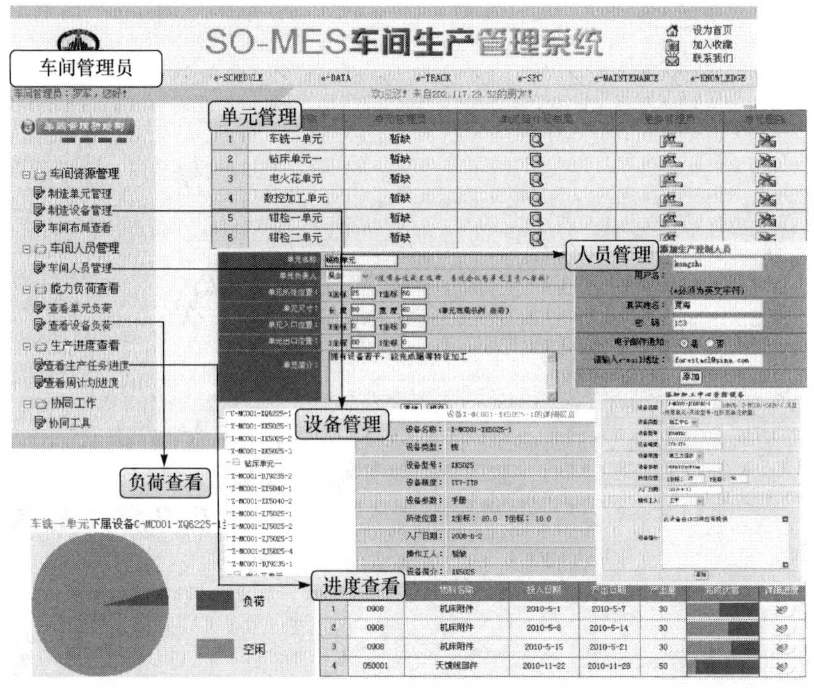

图 6.11　车间管理软件界面

计划调度人员登录系统，加入案例描述中所述的馈线生产线中具有装配关系的四种零件的主生产计划。通过 e-SCHEDULE 工具中的主生产计划制定模块对新增的制造任务进行主生产计划制定，然后再进行分解。对分解后的制造任务进行工艺规划和制造资源 e-服务化节点的决策，并确定执行工序外包服务的工序，在此基础上，以生产时间和制造成本为目标，对其进行生产排程，排程结果甘特图如图 6.12 所示。

在生产排程的基础上，e-DATA 工具中制造资源 e-服务化节点根据该节点上的制造任务获得相应的信息服务，如图 6.13 所示的设备服务、调度执行服务、状态

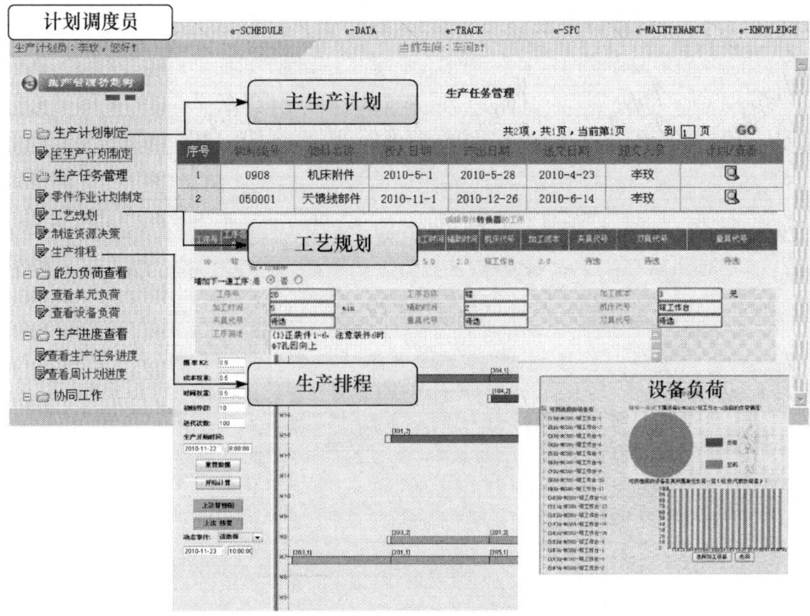

图 6.12　生产计划及生产排程制定软件界面

监控服务、质量控制服务、刀具服务、夹具服务、加工优化服务及协同服务等。部分信息服务如刀具服务、设备服务和夹具服务由专业的第三方服务提供商如刀具 iPSS、设备 iPSS 及夹具 iPSS 等服务提供商提供。

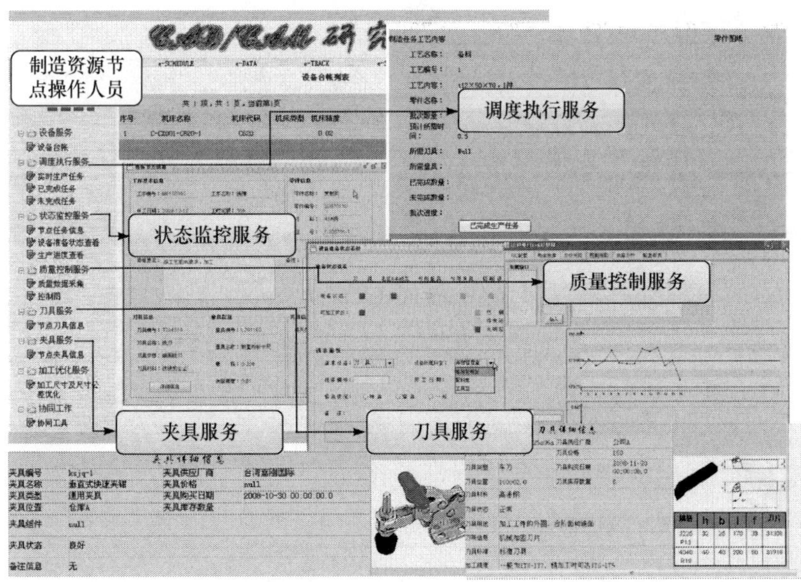

图 6.13　制造资源 e-服务化节点软件界面

在对制造车间底层物流进行实时状态监控时，首先需要对其进行跟踪环境的配置，包括 RFID 读写器和 RFID 标签的配置。在本案例中，RFID 读写器配置在每个制造资源 e-服务化节点上，用于监控当前位于制造资源 e-服务化节点上的零件、人员的实时状态信息；RFID 标签的配置包括零件、人员及设备等标签的配置，如图 6.14 所示。将 RFID 标签绑定到零件、人员及设备等物体上，以标签为信息载体，实现车间底层批次零件物流信息的跟踪。在图 6.14 中，批次号为 200010001201 批转换器零件绑定的 RFID 标签代码为 E2003411B802011186234580，并以此编码作为对应该批次零件的唯一 ID 号。

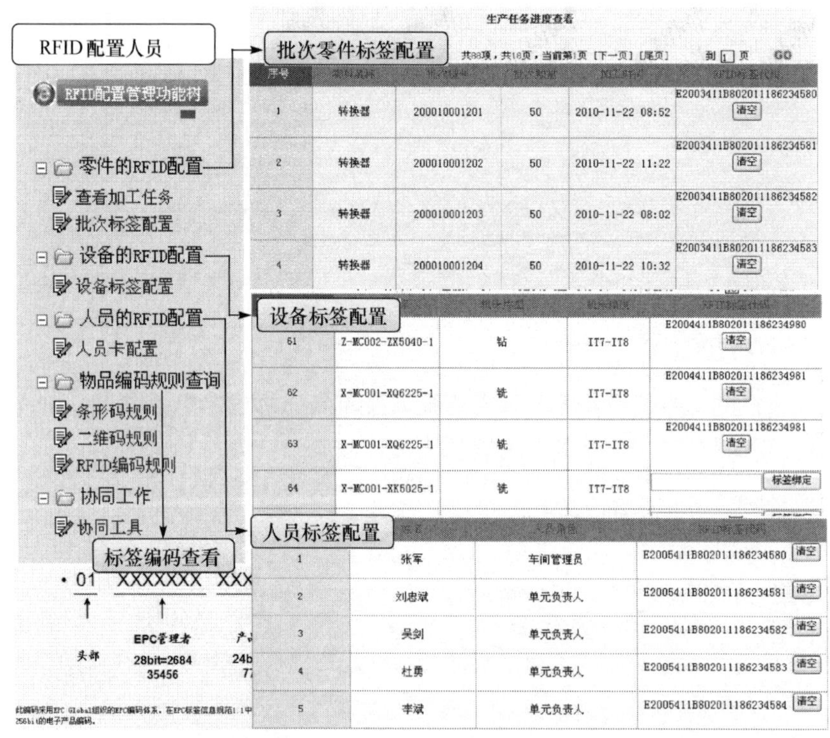

图 6.14　基于 RFID 的车间底层跟踪环境配置软件界面

被跟踪零件放置在小托盘内，与零件绑定的标签贴在托盘的外表面，放置零件的托盘在车间底层进行流转。在 e-TRACK 工具中，布置在各个制造资源 e-服务化节点上的 RFID 读写器获取实时的标签数据，并将它们传递到数据处理服务器中，通过 Auto-ID 计算对取得的实时数据进行处理计算，获得车间底层实时物流状态信息，并将其显示在实时状态看板上，如图 6.15 所示。图中实时状态监控看板显示了所选择的批次零件转换器的实时状态跟踪路线图。

使用 e-SCHEDULE 工具进行车间动态调度触发条件有三种：①在车间实时

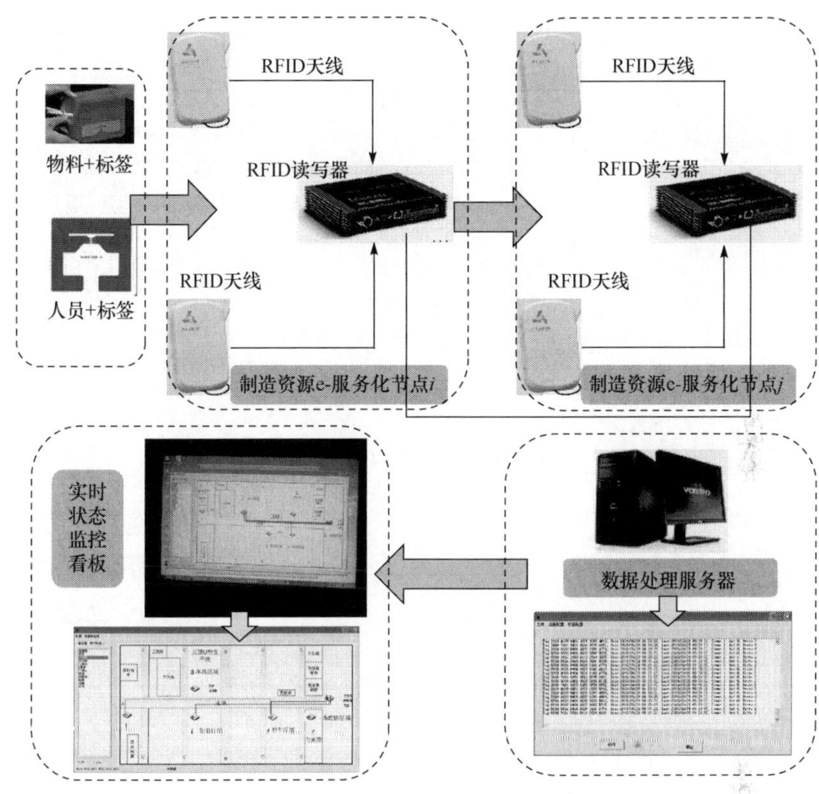

图 6.15　车间底层实时状态监控软件界面

状态监控的基础上,由获取的底层物流实时信息判断出的车间实际生产偏离生产排程甘特图的时刻;②某个制造资源 e-服务化节点中的某个设备发生故障(如数控加工单元一中制造资源 e-服务化节点中的设备数控加工中心 HARDING COBRA 42);③某动态任务(如腔(50 个))的加入。这三种条件任意一种均可触发动态调度的执行。图 6.16 显示了在车间实际生产偏离生产甘特图后进行的动态调度、某个制造资源 e-服务化节点上的设备发生故障后的动态角度及新增制造任务后的动态调度结果。

根据车间生产排程与实时状态跟踪的结果,通过 e-TRACK 工具,工人获得各自的制造任务,并按工艺内容进行加工。如图 6.17 所示,各个制造资源 e-服务化节点上的制造工人可以获取该制造资源 e-服务化节点的制造任务队列及各自当前的实时任务。图中分别显示了三个制造资源 e-服务化节点上的任务队列,并显示出了在各自制造资源 e-服务化节点上进行加工制造的三个工人的实时制造任务。

根据车间实时生产的需求,需要将原材料/半成品/成品等进行库存,即将存储

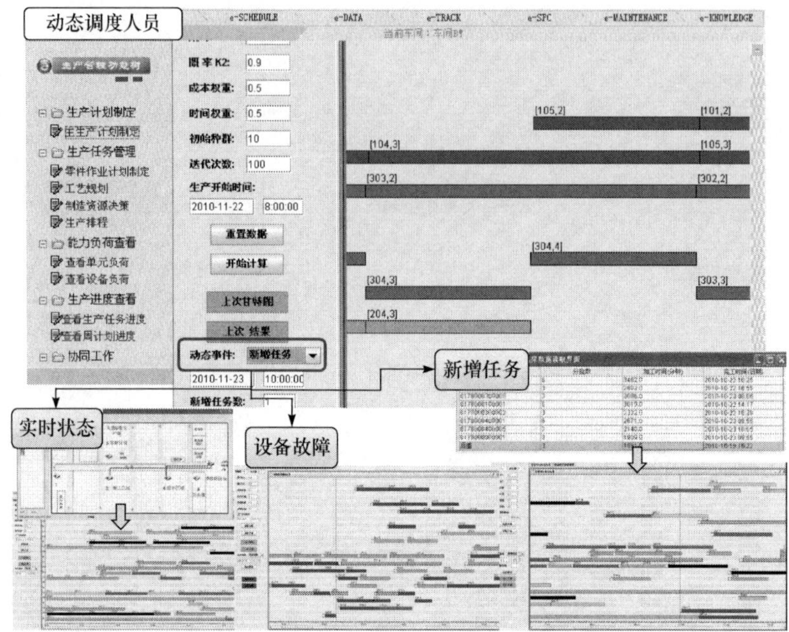

图 6.16　车间异常时动态调度软件界面

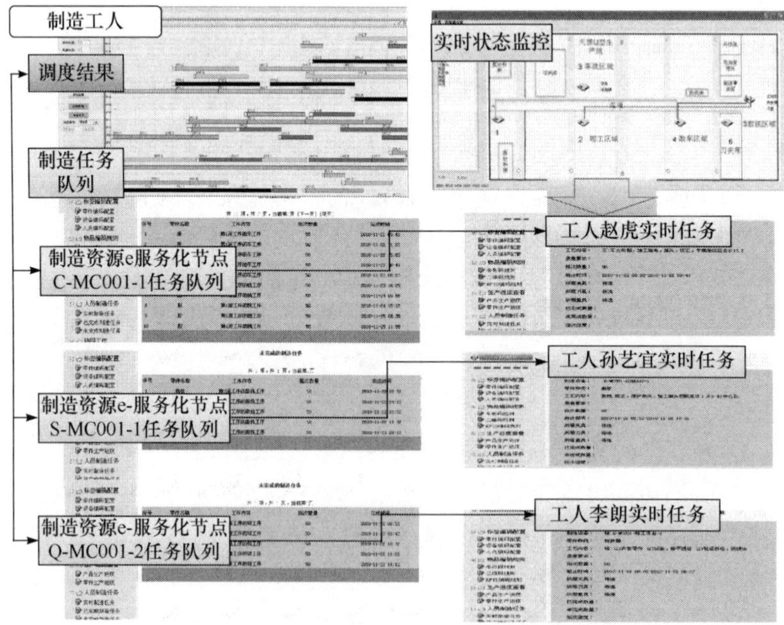

图 6.17　车间底层实时生产控制软件界面

需求输入到 e-INVENTORY 工具中。根据该需求，库存管理人员对原材料/半成品/成品等执行出入库的管理。如图 6.18 所示，库存管理人员分别发布了转换器零件的入库指令及另一批次转换器零件的出库指令，运输人员根据车载终端的提示执行出入库操作，布置在各个监控节点的 RFID 读写器及车载读写器获取实时库存物流状态信息，并矫正运输人员运输物料及运达目标的正确性。最后，库存物流实时监控看板实时地将该转换器出入库库存物流过程以可视化的方式展现出来，如图 6.19 所示。

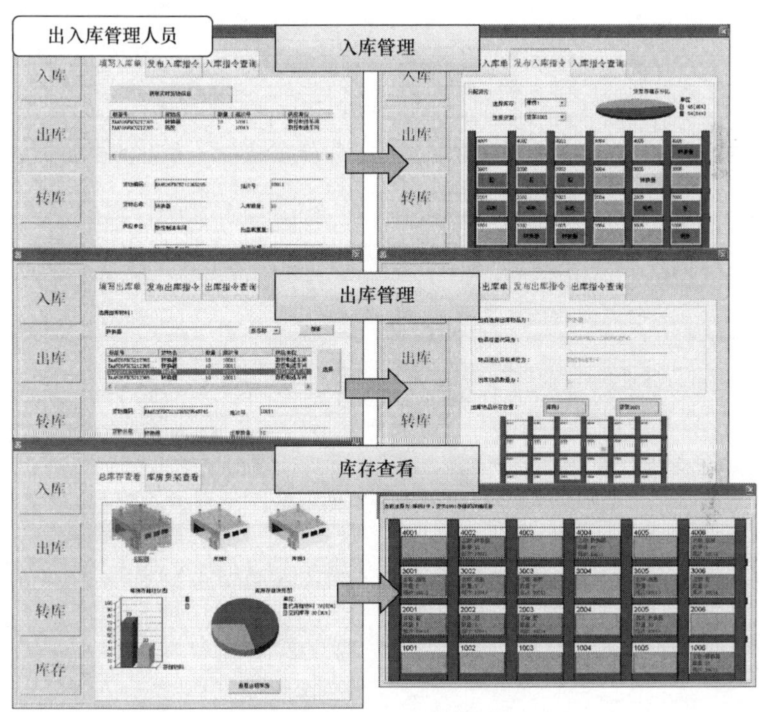

图 6.18　生产库存出入库指令发布软件界面

生产排程和动态调度的结果输入到 e-MAINTENANCE 工具中。如图 6.20 所示，该工具包含台帐管理、维护决策工具集、设备维护计划及备件管理等功能模块。其中，台帐管理模块包括刀具、量具、夹具、化学品以及备件的台帐管理，主要包括入库登记、信息查看、出库登记等页面；设备维修计划模块则提供设备维护的一些子模块集，其根据生产排程和动态调度的结果，对工序流上的多台设备进行预防维护决策，并确定设备维护计划；备件管理模块统计备件特定时间内的消耗情况，计算库存最低最高量以及应采购数量，并判断是否采购备件。以数控铣床的丝杠轴承备件为例，可计算出其库存最低量为 2 组，库存最高量为 5 组，现库存量有 2 组，判断显示不需要采购备件。

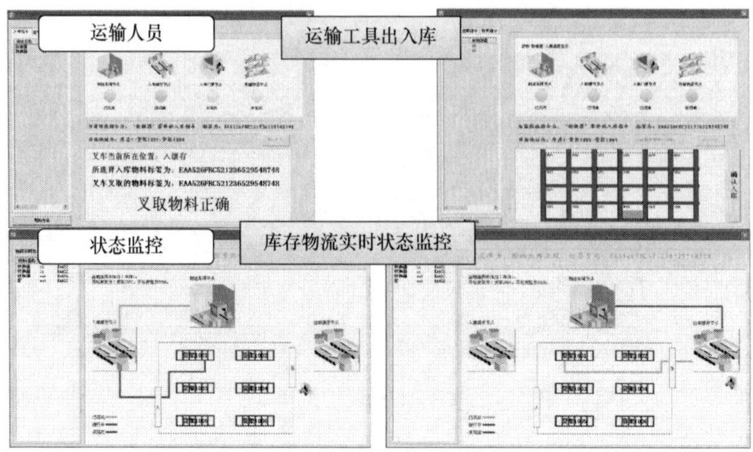

图 6.19　运输工具操作及实时状态监控软件界面

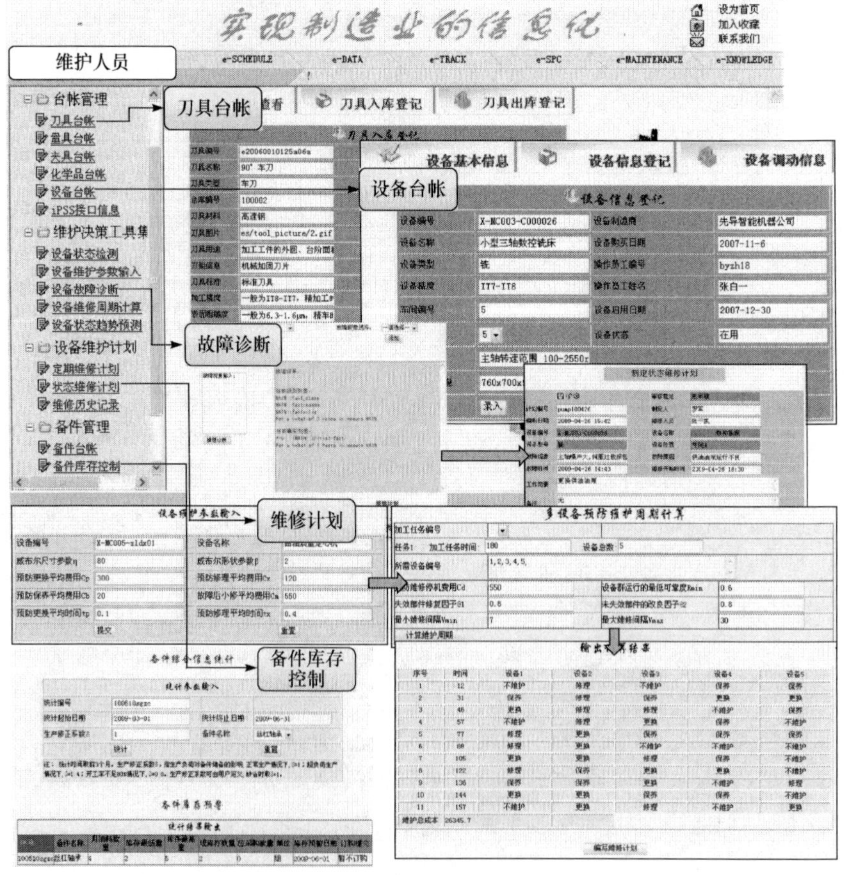

图 6.20　生产维护服务软件界面

在服务型制造执行系统运行中，需要对某些关键工序进行质量控制，e-SPC 工具提供手持终端（该功能模块由作者所在的课题组成员王宪翔开发）和 PC 机两种使用方式。

如图 6.21 所示，手持终端使用方式的 e-SPC 工具包含用户登录、QC 配置、数据采集、统计控制、质量分析、在线帮助和退出操作等功能模块。运行过程涉及：①车间质量检测员通过身份验证登录到 e-SPC 工具；②填写质量控制点的工序名称（如精铣底面）、受控参数（如底面间距）、工称参数（如 425.25）和偏差（如 0.05）等参数，进行 QC 节点的新配置；③将工人采集到的质量数据录入到 e-SPC 工具中，在本例中采集 28 组数据；④对 X-R 图中的异常节点进行删除，使之进入稳态阶段，本例中 X-R 图中均无异常节点；⑤计算其工序能力指数为 1.3，表明目前状态良好，生成质量报告；⑥使用在线帮助查询在 QC 配置功能中如何加载已有配置；⑦最后，选择网络数据库同步，以 WiFi 方式将采集数据及生成的质量报告发送至网络服务器。

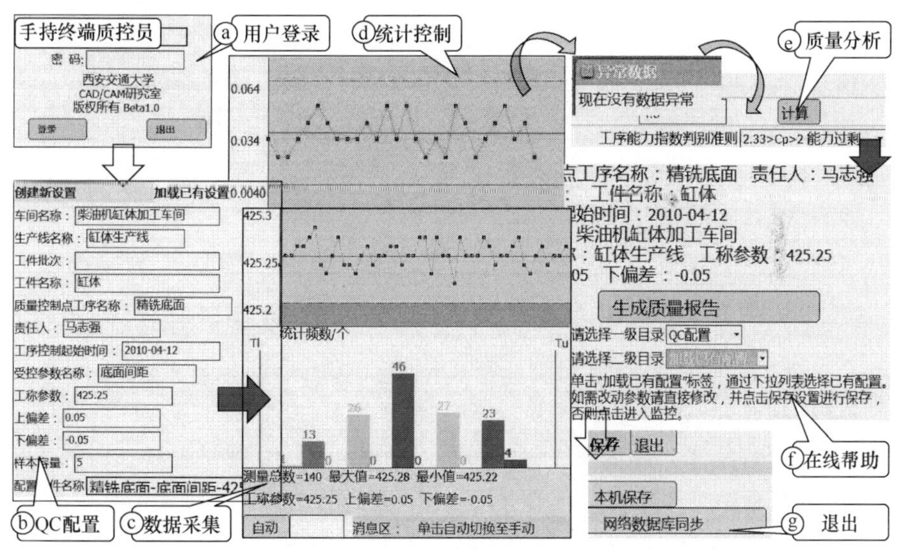

图 6.21　手持 e-SPC 工具软件界面

PC 机使用方式的 e-SPC 工具的功能模块与手持终端版基本相同，不同之处仅在于工具的运行界面。图 6.22 展示了 PC 机使用方式下的 e-SPC 工具的运行界面。

由上述运行案例可知，所提出的服务型制造执行系统运行的关键使能技术能很好地解决服务与制造的融合及车间底层实时信息的获取等问题，相关的原型系统为实现服务驱动的车间级生产排程与调度、生产控制、生产库存和生产维护提供了有效的工具，进一步为制造车间的服务化、信息化提供了必要的基础。

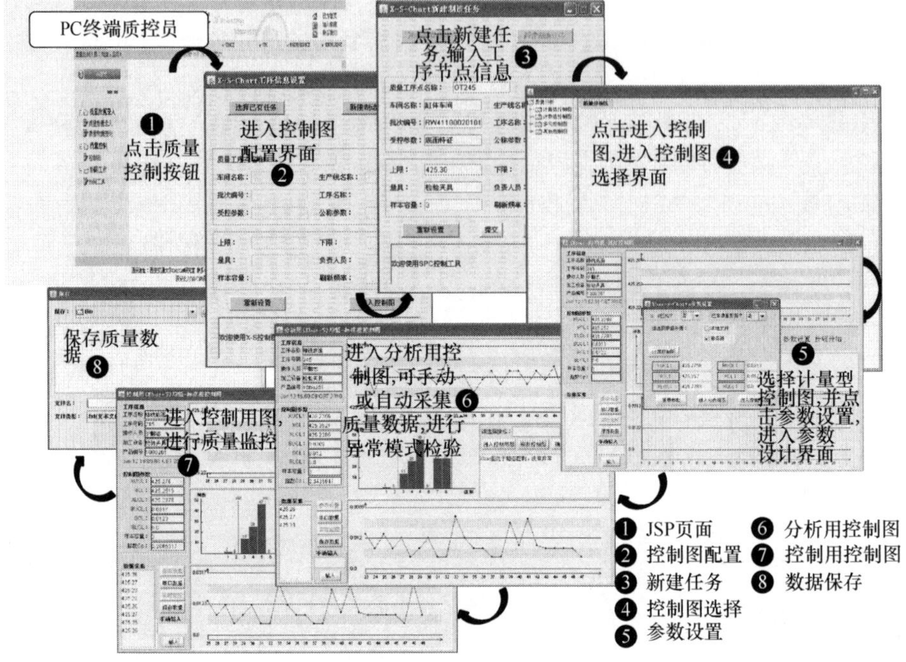

图 6.22 PC 端 e-SPC 软件工具

6.5 本章小结

本章介绍了编者开发的一套服务型制造执行系统的原型软件,首先介绍了 soMES 原型系统的体系结构,对其运行流程做了仔细阐述;然后采用基于 Web 的信息服务架构开发了六个软件工具,并将这六个工具按照一定的逻辑进行集成,形成 soMES 平台;具体的六个模块包括车间工序物流布局可视化工具 e-LAYOUT、车间工序与设备数据采集与处理工具 e-DATA、车间过程质量控制工具 e-SPC、车间制造实时信息可视化跟踪工具 e-TRACK 和车间设备维护工具 e-MAINTENANCE;最后通过具体的案例对其可行性进行了验证。

参考文献

[1] 国家统计局. 第二次全国经济普查主要数据公报(第二号)[R]. 2009.

[2] 国家发展和改革委员会. 国民经济和社会发展第十二个五年规划纲要(全文) [R]. 2011.

[3] 中华人民共和国国务院. 国家中长期科技发展规划纲要(2006—2020 年) [R]. 2011.

[4] 汪应洛. 推进服务型制造:优化我国产业结构调整的战略思考[J]. 西安交通大学学报(社会科学版), 2010, 30 (2): 26-31,40.

[5] 朱森第. 从"中国制造"走向"中国智造"[J]. 中国制造业信息化: 应用版, 2011, 4 (2): 40-42.

[6] Shen W, Hao Q, Wang S, et al. An agent-based service-oriented integration architecture for collaborative intelligent manufacturing[J]. Robotics and Computer-Integrated Manufacturing, 2007, 23 (3): 315-325.

[7] Cheng J C P, Law K H, Bjornsson H, et al. A service oriented framework for construction supply chain integration[J]. Automation in Construction, 2010, 19 (2): 245-260.

[8] Iravani S M, Kolfal B, van Oyen M P. Capability flexibility: A decision support methodology for parallel service and manufacturing systems with flexible servers[J]. IIE Transactions, 2011, 43 (5): 363-382.

[9] Ordanini A, Pasini P. Service co-production and value co-creation: The case for a service-oriented architecture (SOA)[J]. European Management Journal, 2008, 26 (5): 289-297.

[10] Li G, Muthusamy V, Jacobsen H A. A distributed service-oriented architecture for business process execution[J]. ACM Transactions on the Web (TWEB), 2010, 4 (1): 2.

[11] Klöpper B, Pater J P, Honiden S, et al. A multi-objective evolutionary approach to scheduling for evolving manufacturing systems[J]. Evolving Systems, 2012, 3(1): 31-44.

[12] 孙林岩, 高杰, 朱春燕,等. 服务型制造: 新型的产品模式与制造范式[J]. 中国机械工程, 2008, 19 (21): 2600-2604.

[13] Dong B, Qi G, Gu X, et al. Web service-oriented manufacturing resource applications for networked product development[J]. Advanced Engineering Informatics, 2008, 22 (3): 282-295.

[14] 王伟然, 范玉顺. 业务服务配置模型与运行机制[J]. 计算机集成制造系统, 2011, 17 (12): 2732-2742.

[15] Liu D, Jiang P. The complexity analysis of a machining error propagation network and its application[J]. Proceedings of the Institution of Mechanical Engineers, Part B: Journal of Engineering Manufacture, 2009, 223 (6): 623-640.

[16] Zhang F Q, Jiang P Y. Community structure in service-oriented enterprises collaboration network[J]. Advanced Materials Research, 2011, 314-316: 2033-2036.

[17] Zhang F Q, Jiang P Y. Complexity analysis of distributed measuring and sensing network in multistage machining processes[J]. Journal of Intelligent Manufacturing, 2013, 24(1): 55-69.

[18] Fu J, Jiang P Y. Research on modeling the machining error propagation and clustering analysis based on complex network[C]. The 4th International Conference on Material and Manufacturing Technology, Chengdu, 2010: 204-208.

[19] Zhang F Q, Jiang P Y, Zhu Q Q, et al. Modeling and analyzing of an enterprise collaboration network supported by service-oriented manufacturing[J]. Proceedings of the Institution of Mechanical Engineers, Part B: Journal of Engineering Manufacture, 2012, 226 (9): 1579-1593.

[20] Jia F, Jiang P Y, Liu D Y. A method of change management in error analysis for multistage machining processes[C]. International Conference on Intelligent Robotics and Applications, Wuhan, 2008: 431-439.

[21] Liu D Y, Jiang P Y. Modeling of machining error propagation network for multistage machining processes[C]. International Conference on Intelligent Robotics and Applications, Wuhan, 2008: 408-418.

[22] MESA. MES functionalities & MPP to MES data flow possibilities[R]. Pittsburgh: Manufacturing Enterprise Solutions Association, 1997. http://www. mesa. org

[23] MESA. Collaborative manufacturing explained [R]. http://www. mesa. org/. 2003.

[24] van Leeuwen E, Norrie D. Holons and holarchies[J]. Manufacturing Engineer, 1997, 76 (2): 86-88.

[25] van Brussel H, Wyns J, Valckenaers P, et al. Reference architecture for holonic manufacturing systems: PROSA[J]. Computers in Industry, 1998, 37 (3): 255-274.

[26] Gaxiola L, Ramírez M J, Jimenez G, et al. Proposal of holonic manufacturing execution systems based on web service technologies for Mexican SMEs[J]. Holonic and Multiagent Systems for Manufacturing, 2003: 1090.

[27] Cheng F T, Chang C F, Wu S L. Development of holonic manufacturing execution systems [J]. Journal of Intelligent Manufacturing, 2004, 15 (2): 253-267.

[28] Wada H, Okada S. An autonomous agent approach for manufacturing execution control systems[J]. Integrated Computer Aided Engineering, 2002, 9 (3): 251-262.

[29] Huang C Y. Distributed manufacturing execution systems: A workflow perspective[J]. Journal of Intelligent Manufacturing, 2002, 13 (6): 485-497.

[30] Blanco P M P A, Poli M A, Barretto M R P. OPC and CORBA in manufacturing execution systems: A review[C]. IEEE Conference on Emerging Technologies and Factory Automation (ETFA'03),Lisbon, 2003: 50-57.

[31] Soplop J, Wright J, Kammer K, et al. Manufacturing execution systems for sustainability: Extending the scope of MES to achieve energy efficiency and sustainability goals[C]. The 4th IEEE Conference on Industrial Electronics and Applications, Xi'an, 2009: 3555-3559.

[32] Simão J M, Stadzisz P C, Morel G. Manufacturing execution systems for customized production[J]. Journal of Materials Processing Technology, 2006, 179 (1): 268-275.

[33] Hwang Y D. The practices of integrating manufacturing execution systems and six sigma methodology[J]. The International Journal of Advanced Manufacturing Technology, 2006,

31 (1)：145-154.

[34] Jimenez G，Molina A，Canche L. Manufacturing execution systems interoperability and web services technologies[C]. ASME 2005 International Mechaical Engineering Congress and Exposition，Florida，2005：191-197.

[35] Chen K Y，Wu T C. Data warehouse design for manufacturing execution systems[C]. IEEE International Conference on Mechatronics(ICM'05)，Taipei，2005：751-756.

[36] Couturier P，Diep D. Control of execution in distributed manufacturing systems[C]. IEEE International Symposium on Industrial Electronics，Ajaccio，2004：751-756.

[37] Blumenthal R. Manufacturing execution systems to optimize the pharmaceutical supply chain[J]. Pharmazeutische Industrie，2004，11a：1414-1429.

[38] Alves G R，da Costa J D，Armellini F，et al. Petri net's execution algorithm for applications in manufacturing systems control[C]. IEEE Conference on Emerging Technologies and Factory Automation(ETFA'03)，Lisbon，2003：218-223.

[39] Li D，Liu L，Zhu W，et al. Material-flow modeling technology and its application in manufacturing execution systems of petrochemical industry[J]. Chinese Journal of Chemical Engineering，2008，16 (1)：71-78.

[40] Huang Z，Kan S，Wei Y，et al. Research on agile manufacturing execution systems for the auto electronic parts industry[C] . The 7th World Congress on Intelligent Control and Automation，(WCICA 2008)，Chongqing，2008：8435-8440.

[41] Guo L，Tang W，Li F. Study on modeling of distributed manufacturing execution systems based on grid computing technology[C]. Liverpool，2008：496-501.

[42] Liang C，Li Q. Fuzzy theory and AHP based manufacturing execution systems (MES) vendor service quality evaluation method study[C]. Proceeding of Service Operations and Logistics，and Informatics(SOLI'06)，Shanghai，2006：764-769.

[43] 赵刚，姜汉斌，张映锋，等. 基于 ASP 的机电产品网上销售平台的研究[J]. 计算机工程，2005,06.

[44] Jiang P Y，Zhou G H，Zhao G，et al. e2-MES：An e-service-driven networked manufacturing platform for extended enterprises[J]. International Journal of Computer Integrated Manufacturing，2007，20 (2-3)：127-142.

[45] Tate W L，Ellram L M，Bals L，et al. Offshore outsourcing of services：An evolutionary perspective[J]. International Journal of Production Economics，2009，120 (2)：512-524.

[46] Kumar S，Zampogna P，Nansen J. A closed loop outsourcing decision model for developing effective manufacturing strategy[J]. International Journal of Production Research，2010，48 (7)：1873-1900.

[47] Solakivi T，Töyli J，Ojala L. Logistics outsourcing，its motives and the level of logistics costs in manufacturing and trading companies operating in Finland[J]. Production Planning & Control，2012：1-11.

[48] Lockamy A，McCormack K. Analysing risks in supply networks to facilitate outsourcing

decisions[J]. International Journal of Production Research, 2010, 48 (2): 593-611.

[49] 尹超，李涛，刘飞，等. 网络化外协加工资源选择的决策框架模型及应用[J]. 机械工程学报，2010，46 (19)：133-139.

[50] Howe J. Crowdsourcing: Why the power of the crowd is driving the future of business [M]. London: Crown Business, 2009.

[51] 李伯虎，张霖，任磊，等. 再论云制造[J]. 计算机集成制造系统，2011，17 (3)：449-457.

[52] Rossen B, Lok B. A crowdsourcing method to develop virtual human conversational agents [J]. International Journal of Human-Computer Studies, 2012, 70 (4): 301-319.

[53] Brabham D C. Moving the crowd at iStockphoto: The composition of the crowd and motivations for participation in a crowdsourcing application[J]. First Monday, 2008, 13 (6): 1-22.

[54] Hirth M, Hoβfeld T, Tran-Gia P. Analyzing costs and accuracy of validation mechanisms for crowdsourcing platforms [J]. Mathematical and Computer Modelling, 2012, 3 (12): 1-15.

[55] 谭婷婷，蔡淑琴，胡慕海. 众包国外研究现状[J]. 武汉理工大学学报：信息与管理工程版，2011，33 (2)：263-266.

[56] 杨叔子，史铁林. 走向“制造-服务”一体化的和谐制造[J]. 机械制造与自动化，2009，38 (1)：1-5.

[57] Evans S, Partidario P J, Lambert J. Industrialization as a key element of sustainable product-service solutions[J]. International Journal of Production Research, 2007, 45 (18-19): 4225-4246.

[58] Meier H, Roy R, Seliger G. Industrial product-service systems-IPS[J]. CIRP Annals-Manufacturing Techndogy, 2010, 59(2): 607-627.

[59] Richter A, Sadek T, Steven M. Flexibility in industrial product-service systems and use-oriented business models[J]. CIRP Journal of Manufacturing Science and Technology, 2010, 3 (2): 128-134.

[60] Rese M, Karger M, Strotmann W C. The dynamics of industrial product service systems (IPS^2)—Using the net present value approach and real options approach to improve life cycle management[J]. CIRP Journal of Manufacturing Science and Technology, 2009, 1 (4): 279-286.

[61] Kuo T C. Simulation of purchase or rental decision-making based on product service system [J]. The International Journal of Advanced Manufacturing Technology, 2011, 52 (9): 1239-1249.

[62] Schweitzer E, Aurich J. Continuous improvement of industrial product-service systems[J]. CIRP Journal of Manufacturing Science and Technology, 2010, 3 (2): 158-164.

[63] 江平宇，朱琦琦，张定红. 工业产品服务系统及其研究现状[J]. 计算机集成制造系统，2011，(9)：2071-2078.

[64] 江平宇，朱琦琦. 产品服务系统及其研究进展[J]. 制造业自动化，2009，30 (12)：10-17.

[65] Zhu Q Q, Jiang P Y, Huang G, et al. Implementing an industrial product-service system for CNC machine tool[J]. The International Journal of Advanced Manufacturing Technology, 2011, 52 (9): 1133-1147.

[66] Zhu Q Q, Jiang P Y, Zheng M, et al. Modelling machining capabilities of an industrial product service system for a machine tool[J]. International Journal of Internet Manufacturing and Services, 2010, 2 (2): 203-213.

[67] Jiang P Y, Fu Y B, Zheng M. Using iPSS as a new run-time for service-oriented manufacturing executive systems[C]. International Conference on Computers & Industrial Engineering, Troyes, 2009: 635-639.

[68] Jiang P Y, Fu Y. A new conceptual architecture to enable iPSS as a key for service-oriented manufacturing executive systems[J]. International Journal of Internet Manufacturing and Services, 2009, 2 (1): 30-42.

[69] Fu Y B, Jiang P Y. Service-oriented manufacturing execution systems supported by IPSS [J]. Applied Mechanics and Materials, 2009, 16: 660-664.

[70] 顾新建，李晓，祁国宁，等. 产品服务系统理论和关键技术探讨[J]. 浙江大学学报：工学版，2009，43 (12)：2237-2243.

[71] Huang Y, Williams B C, Zheng L. Reactive, model-based monitoring in RFID-enabled manufacturing[J]. Computers in Industry, 2011, 62 (8): 811-819.

[72] Kiritsis D. Closed-loop PLM for intelligent products in the era of the internet of things[J]. Computer-Aided Design, 2011, 43 (5): 479-501.

[73] Xu X, Chen T, Minami M. Intelligent fault prediction system based on internet of things [J]. Computers & Mathematics with Applications, 2012, 64(5): 833-839.

[74] Makris S, Michalos G, Chryssolouris G. RFID driven robotic assembly for random mix manufacturing[J]. Robotics and Computer-Integrated Manufacturing, 2012, 8: 359-365.

[75] Lee E K, Oh S Y, Gerla M. RFID assisted vehicle positioning in VANETs[J]. Pervasive and Mobile Computing, 2012, 8 (2): 167-179.

[76] Zhou W, Piramuthu S. Manufacturing with item-level RFID information: From macro to micro quality control[J]. International Journal of Production Economics, 2011, 135 (2): 929-938.

[77] Ma H D. Internet of things: Objectives and scientific challenges[J]. Journal of Computer Science and Technology, 2011, 26 (6): 919-924.

[78] 闫新庆，尹周平，熊有伦. 射频识别的随机模型及参数分析[J]. 华中科技大学学报：自然科学版，2009，37 (1)：96-99.

[79] 臧传真，范玉顺. 基于智能物件的实时企业复杂事件处理机制[J]. 机械工程学报，2007，43 (2)：22-32.

[80] 顾新建，祁国宁，唐任仲. 智慧制造企业——未来工厂的模式[J]. 航空制造技术，2010，23 (12)：89-95.

[81] Fu Y, Jiang P Y. RFID Based e-quality tracking in service-oriented manufacturing execu-

tion system [J]. Chinese Journal of Mechanical Engineering (English Edition), 2012, 25 (5): 974-981.

[82] Jiang P Y, Fu Y, Zhu Q, et al. Event-driven graphical representative schema for job-shop-type material flows and data computing usingautomatic identification of radio frequency identification tags[J]. Proceedings of the Institution of Mechanical Engineers, Part B: Journal of Engineering Manufacture, 2012, 226 (2): 339-352.

[83] 付颖斌. 基于RFID的车间级服务型制造执行系统运行关键技术研究[D]. 西安：西安交通大学，2012.

[84] 苏森，李飞，杨放春. 分布式环境中服务组合的迭代选择算法[J]. 中国科学：E 辑，2009，38 (10)：1717-1732.

[85] Yeo C S, Venugopal S, Chu X, et al. Autonomic metered pricing for a utility computing service[J]. Future Generation Computer Systems, 2010, 26 (8): 1368-1380.

[86] Zhao Y F, Xu X. Enabling cognitive manufacturing through automated on-machine measurement planning and feedback[J]. Advanced Engineering Informatics, 2010, 24 (3): 269-284.

[87] Zaeh M F, Reinhart G, Ostgathe M, et al. A holistic approach for the cognitive control of production systems[J]. Advanced Engineering Informatics, 2010, 24 (3): 300-307.

[88] Haikonen P O A. XCR-1: An experimental cognitive robot based on an associative neural architecture[J]. Cognitive Computation, 2011, 3 (2): 360-366.

[89] 刘征，孙守迁，吴剑锋，等. 基于用户认知的产品外观创新设计知识模型[J]. 计算机集成制造系统，2009，15 (2)：265-270.

[90] Holweg M, Disney S M, Hines P, et al. Towards responsive vehicle supply: A simulation-based investigation into automotive scheduling systems[J]. Journal of Operations Management, 2005, 23 (5): 507-530.

[91] 张国辉，高亮，李培根，等. 改进遗传算法求解柔性作业车间调度问题[J]. 机械工程学报，2009，45 (7)：145-151.

[92] 周光辉，江平宇，黄国全. 客户竞争驱动的任务调度非合作博弈[J]. 机械工程学报，2006，42 (7)：56-61.

[93] Zhou G H, Jiang P Y, Zhang G H. Game theoretical framework for process plan decision of jobs in networked manufacturing[C]. International Conference on Automation and Logistics, 2007: 1868-1873.

[94] Eihafsi M. Optimal integrated production and inventory control of an assemble-to-order system with multiple non-unitary demand classes[J]. European Journal of Operational Research, 2009, 194 (1): 127-142.

[95] 任显林，张根保. 复杂产品质量特性波动混沌分形传递模式及其应用[J]. 计算机集成制造系统，2010，16 (11)：2475-2483.

[96] Jula P, Kones I. Scheduling a single machine to maintain a dynamic WIP profile in coordinated manufacturing chains[J]. The International Journal of Advanced Manufacturing Technology, 2012, 59 (9): 1167-1179.

[97] Chazalet A P L. Deployment of service-oriented applications integrating physical and IT systems[C]. The 21st International Conference on Advanced Networking and Applications (AINA'07), Niagara, 2007: 38-45.

[98] He Y, Keung L K. Supply chain integration and service oriented transformation: Evidence from Chinese equipment manufacturers[J]. International Journal of Production Economics, 2011, 135: 791-799.

[99] Popescu C, Martinez Lastra J. An incremental petri net-derived approach to modeling of flow and resources in service-oriented manufacturing systems[C]. The 8th IEEE International Conference on Industrial Informatics (INDIN), Osaka, 2010: 253-259.

[100] 黄毅，郑力，向晴，等. 支持跨粒度重构的制造执行系统体系结构[J]. 计算机集成制造系统，2011，17 (4): 747-759.

[101] 王琦峰，刘飞，黄海龙. 面向服务的离散车间可重构制造执行系统研究[J]. 计算机集成制造系统，2008，14 (4): 737-743.

[102] 朱琦琦，江平宇，张朋，等. 数控加工装备的产品服务系统配置与运行体系结构研究[J]. 计算机集成制造系统，2009，15 (6): 1140-1147.

[103] Zhu Q Q, Jiang P Y. Operations of an industrial product service system based on machine tool at user factory[C]. International Conference on Digital Manufacturing and Automation (ICDMA), Changsha, 2010: 50-53.

[104] Jiang P Y, Zhu Q Q. A new methodology for modeling and controlling design processes [C]. Proceedings of the 6th CIRP-Sponsored International Conference on Digital Enterprise Technology, 2010: 315-325.

[105] Zhou G H, Zhang G H, Jiang P Y. Using extended activity-network diagram to design a process quality control model[C]. Wireless Communications, Networking and Mobile Computing, Shanghai, 2007: 5111-5114.

[106] 李培根. 制造系统性能分析建模：理论与方法[M]. 武汉：华中科技大学出版社，1998.

[107] 张朋. 服务型制造车间 e-Service 节点建模及运行控制研究[D]. 西安：西安交通大学，2011.

[108] 杨叔子. 机械加工工艺师手册[M]. 北京：机械工业出版社，2002.

[109] 艾兴，肖诗纲. 切削用量简明手册[M]. 北京：机械工业出版社，1995.

[110] Jiang P Y, Gu X. Editorial: Digital enterprises with e-commerce engineering[J]. International Journal of Internet and Enterprise Management, 2005, 3(3): 215-217.

[111] Zhou G H, Jiang P Y. Using mobile agents to encapsulate manufacturing resources over the internet[J]. The International Journal of Advanced Manufacturing Technology, 2005, 25 (1): 189-197.

[112] 刘道玉，江平宇. 面向多工序制造过程的 e-质量控制体系结构研究[J]. 计算机集成制造系统，2007，13 (4): 782-790.

[113] Liu D Y, Jiang P Y, Zhang Y F. An e-quality control model for multistage machining processes of workpieces[J]. Science in China Series E: Technological Sciences, 2008, 51

(12)：2178-2194.

[114] 唐德修. 设备机械故障预测技术[M]. 重庆：西南交通大学出版社，2007.

[115] 徐久军. 机械可靠性与维修性[M]. 大连：大连海事大学出版社，2000.

[116] Tsai Y T，Wang K S，Tsai L C. A study of availability-centered preventive maintenance for multi-component systems [J]. Reliability Engineering & System Safety, 2004，84 (3)：261-270.

[117] Wang K S，Tsai Y T，Lin C H. A study of replacement policy for components in a mechanical system[J]. Reliability Engineering & System Safety，1997，58 (3)：191-199.

[118] Jiang P Y，Fu Y B，Zheng M. Tracking and visualizing rfid-driven material flows for multistage machining processes[C]. International Conference on Manufacturing Automation, Hongkong，2010：186-190.

[119] 张映锋，黄国全，江平宇. 基于 RFID 技术的无线制造车间智能看板管理系统研究[J]. 制造业自动化，2008，29 (4)：16-19.

[120] Jiang P Y，Cao W，Zhu Q，et al. Hand-held computing devices for industrial applications：Some case studies[C]. ASME，The International Design Engineering Technical Conferences and Computers and Information in Engineering Conference，Quebec，2010：1085-1098.

[121] Jiang P Y，Chen B，Liu D，et al. SPC service using wireless PDA and digital calipers[C]. International Conference on Advances in Management Science and Engineering，Guiyang，China，2006：344-348.

[122] Jiang P Y，Zhang D，Li Z. Mobile statistic process control e-service supported with wireless PDA and digital calipers[J]. International Journal of Materials and Product Technology，2008，33 (1)：20-36.

[123] 李伯虎，张霖，王时龙. 云制造——面向服务的网络化制造新模式[J]. 计算机集成制造系统，2010，16 (1)：1-7.

[124] 郑镁，罗磊，江平宇. 基于语义 Web 的云设计服务平台及关键技术[J]. 计算机集成制造系统，2012，(7)：1426-1434.